中國佛教典籍選刊

古尊宿語録

上

〔宋〕賾藏主 編集

蕭萐父 吕有祥 蔡兆華 點校

圖書在版編目(CIP)數據

古尊宿語録/(宋)賾藏主編集;蕭萐父,吕有祥,蔡兆華點校. —北京:中華書局,1994.5(2024.7 重印)
(中國佛教典籍選刊)
ISBN 978-7-101-00956-9

Ⅰ.古… Ⅱ.①賾…②蕭…③吕…④蔡… Ⅲ.禪宗-宗教經典-中國-宋代 Ⅳ.B946.5

中國版本圖書館 CIP 數據核字(2011)第 018904 號

責任編輯:劉浜江
封面設計:周 玉
責任印製:陳麗娜

中國佛教典籍選刊
古尊宿語録
(全二册)
〔宋〕賾藏主 編集
蕭萐父 吕有祥 蔡兆華 點校
*
中華書局出版發行
(北京市豐臺區太平橋西里 38 號 100073)
http://www.zhbc.com.cn
E-mail:zhbc@zhbc.com.cn
北京建宏印刷有限公司印刷
*
850×1168 毫米 1/32 · 32 印張 · 5 插頁 · 679 千字
1994 年 5 月第 1 版 2024 年 7 月第 9 次印刷
印數:20201-21700 册 定價:128.00 元

ISBN 978-7-101-00956-9

中國佛教典籍選刊編輯緣起

佛教是世界三大宗教之一，約自東漢明帝時開始傳入中國，但在當時並沒有産生多大影響。到魏晉南北朝時期，佛教和玄學結合起來，有了廣泛而深入的傳播。隋唐時期，中國佛教走上了獨立發展的道路，形成了衆多的宗派，在社會、政治、文化等許多方面特别是哲學思想領域産生了深刻的影響。這時佛教已經中國化，完全具備了中國自己的特點。而且，隨着印度佛教的衰落，中國成了當時世界佛教的中心。宋以後，隨着理學的興起，佛教被宣布爲異端而逐漸走向衰微。但是，佛教的部分理論同時也被理學所吸收，構成了理學思想體系中的有機組成部分。直到近代，佛教的思想影響還在某些著名思想家的身上時有表現。總之，研究中國歷史和哲學史，特别是魏晉南北朝隋唐時期的哲學史，佛教是一項重要内容。佛學做爲一種宗教哲學，在人類的理論思維的歷史上留下了豐富的經驗教訓。因此，應當重視佛學的研究。

佛教典籍有其獨特的術語概念以及細密繁瑣的思辨邏輯，研讀時要克服一些特殊的困難，不少人視爲畏途。解放以後，由於國家出版社基本上没有開展佛教典籍的整理出版工作，因此，對於系統地開展佛學研究來説，急需解決基本資料缺乏的問題。目前對佛學有較深研究的專家、學者，不少人年事已高，如果不抓緊組織他們整理和注釋佛教典籍，將來再開展這項工作就會遇到更多困難，也不利於中青年研究工作者的成長。爲此，我們在廣泛徵求各方面意見的基礎上，初步擬訂了中國佛教典籍選刊（第一輯）的整理出版計劃。其中，有幾部重要的佛教史籍，有中國佛教幾個主要宗派（天台宗、三論宗、唯識宗、華嚴宗、禪宗）的代表性著作，也有少數與中國佛學淵源關係較深的佛教譯籍。所有項目都要選擇較好的版本作爲底本，經過校勘和標點，整理出一個便於研讀的定本。對於其中的佛教哲學著作，還要在此基礎上，充分吸取現有研究成果，寫出深入淺出、簡明扼要的注釋來。

由於整理注釋中國佛教典籍困難較多，我們又缺乏經驗，因此，懇切希望能够得到各方面的大力支持和協助，使這項工作得以順利完成。

中華書局編輯部
一九八一年

目録

卷十一

卷十二

卷十三

卷十四

前言

蕭萐父　呂有祥

印度佛教傳入中國，經過兩種異質文化的衝突和涵化，歷時近千年，終于融入中華文化的浩浩長流，滲進民族精神生活的許多層面，成爲不可分割的有機組成部分。隋、唐統一，經濟文化空前繁榮，佛教也經過長期譯介、研究而進入消化、融會時期。以寺院經濟爲基礎，以師徒承傳爲紐帶，以印度佛教某部經論爲依託，相繼形成了具有中國思想特色的佛教宗派。在衆多佛教宗派中，禪宗創立較晚，但後來居上。當中唐以後，一方面，由于唐帝國的衰落，佛教各宗以其與世俗政權的利益矛盾，而失去了皇權的支持和依存的經濟基礎；另一方面，由于佛教各宗理論自身的繁瑣化，而喪失了活力，開始由盛轉衰。這時，禪宗以大膽「革新」佛教教義的姿態出現在南方論壇，獨樹一幟，別開生面。它以獨特的理論思辨和簡捷的修持方法，吸引着廣大的信徒；它从形式上擺脱了一些佛教傳統教條和宗教儀式的約束，主張「不讀經」、「不禮佛」、「不坐禪」，倡導「直指人心，見性成佛」，乃至發表「超佛越祖」、「訶佛罵祖」的偏激言論，來宣揚佛教的根本精神，從而爲佛教的中國化和哲理化開拓出新的前景。禪宗興起于唐中葉，蓬勃發展于唐末五代及兩宋時期，對後期封建社會乃至近代社會的哲學思想、文化心理以及文學藝術諸領域都產生了極爲深遠的影響。

禪，梵語「禪那」(Dhyāna)的音譯，意爲「静慮」或「思維修」，兼涵「静其慮」(止、定、寂)和「静中慮」(觀、慧、照)二義。原爲印度一般修行的方法之一。南北朝時期傳入的小乘禪法，被稱爲舊禪；而菩提達摩西來(約于梁武帝普通年間，公元五二〇年—五二六年)所傳的新禪法，源出于楞伽經的「二入四行」，即把入道門徑分爲「理入」(舍妄歸真、凝住壁觀)和「行入」(括爲四行：報怨行、隨緣行、無所求行、稱法行)，藉教悟宗，旨在寂然無爲，安心漸修，區别于小乘禪而被稱爲「如來禪」。往後禪宗的「禪」，承繼了達摩的如來禪，但更有新發展，實爲慧能及其後繼者所獨創的「頓悟法門」，被稱爲「祖師禪」。

就禪宗的師承世系而言，禪宗自稱「教外别傳」，假託所謂靈山會上，釋迦拈花示衆，迦葉破顔微笑，即心心相印的傳法。傳至印度第二十八祖之菩提達摩(？—五二八)來華是爲東土禪宗初祖，慧可(四八七—五九三)爲二祖，僧璨(？—六〇六)爲三祖，道信(五八〇—六五一)爲四祖，弘忍(六〇二—六七五)爲五祖。弘忍寂後，門下兩大弟子神秀(六〇六—七〇六)與慧能(六三八—七一三)分别開創「北漸」、「南頓」二派。神秀傳法於北方貴族階層，因循師法，被稱爲「漸教」；其弟子普寂(六五一—七三九)、義福(六五八—七三六)以神秀爲達摩正宗法嗣，立爲六祖而自稱第七祖。慧能傳法於南方中下階層，住廣東韶州曹溪寶林寺，后傳法大梵寺，超邁師門，自稱「頓教」、「最上乘禪」，其弟子法海集其言行爲六祖壇經。開元時，慧能的晚期弟子神會(六八八—七六二)在滑台大雲寺召開的定南北是非大會(七三四)，極力攻擊神秀一派爲「師承是旁，法門是漸」，爲慧能南派争得正宗地位，尊慧能爲六祖，神會後來成爲第七祖。自此，慧能一派勢力日盛，神秀一派勢力日衰，未逾百年，「天下凡言禪皆本曹溪」(柳宗元賜謚大鑒禪師碑)。

慧能門下著名弟子有南嶽懷讓(六七七—七四四)、青原行思(?—七四〇)、荷澤神會(六六八—七六〇)、永嘉玄覺(六六五—七一三)、南陽慧忠(?—七七五)等,各爲一方大師。其中,南嶽懷讓和青原行思兩系繁衍最盛。青原行思傳石頭希遷(七〇〇—七九〇),希遷門下在百年之中衍爲三家:洞山良价(八〇七—八六九)與曹山本寂(八六〇—九〇一)創「曹洞宗」,雲門文偃(八四七—八七二)創「雲門宗」,法眼文益(八八五—九五八)創「法眼宗」。南嶽一系,懷讓傳馬祖道一(七〇九—七八八),再傳百丈懷海(七二〇—八一四),其門下衍爲兩宗,由潙山靈祐(七七一—八五一)及仰山慧寂(八〇七—八八三)合創「潙仰宗」,由臨濟義玄(?—八六七)嗣黄檗希運(?—八五〇),創「臨濟宗」。以上「兩系五宗」,各立宗風,在唐末五代,盛極一時。至北宋末年,「潙仰」、「法眼」、「雲門」三宗法嗣無人,相繼湮滅;「曹洞」宗也日益衰微,唯「臨濟」宗獨盛,流傳最廣最久。從義玄下傳數代至石霜楚圓(九八六—一〇三九),楚圓門下分化爲黄龍慧南(一〇〇二—一〇六九)和楊歧方會(九九二—一〇四九)兩派,而楊歧派尤盛,名僧遞出,代有傳人,其法嗣一直延續到近代,且遠播到日本。(關於禪宗傳法世系,參見附表)

就禪宗的教義思想而言,禪宗自稱其宗旨是達摩西來所傳的「心印之法」,實際上後期禪宗所本乃慧能創立的獨具中國特色的禪學思想體系。慧能以前的禪法可稱作禪宗前史,其思想的根本特點是「籍教悟宗」、「由定入慧」。達摩入嵩山少林寺,依楞伽經,修持「二入四行」。僧璨著信心銘,主張「一心不生，萬法無咎」、「得失是非，一時放却」，就能進入「真如法界」。道信將楞伽經與文殊般若經合修，主張「離心別無佛」，倡「一行三昧」説，主「入道安心」的「五方便門」，並勸僧俗「專心一佛，稱念名字」，「卽於念中見一切佛」，稍變專重楞伽之風。弘忍師承道信，以山林佛教宗風，在黄梅開創「東山法門」，晚年講金剛般若經，著最上乘論，提出「自心本來清浄」、「卽心是佛」之説，是禪宗思想一大轉折，但其禪法「蕭然静坐」、「凝然守心」，仍未超出「依教明禪」、「由定入慧」的傳統禪法之範圍。

慧能出生于嶺南山區少數民族的一個貧苦家庭，相傳他隻字不識，但特别聰敏。當他初參弘忍時，弘忍劈頭就問：「汝是嶺南人，又是獦獠（對少數民族的蔑稱），若爲堪作佛！」（壇經，據郭朋校釋本。下同）慧能當卽反問道：「人卽有南北，佛性卽無南北，獦獠身與和尚不同，佛性有何差别？」八個月後，弘忍欲傳衣鉢，令門人各作一偈爲證。門人遞相謂曰：「神秀上座是教授師，我等不敢作偈。」神秀雖爲教授師，也良久思惟，歎道：「甚難！甚難！」只好夜至三更，不令人見，偷書偈於壁上曰：「身是菩提樹，心如明鏡臺，時時勤拂拭，莫使惹塵埃。」實啓以後北宗「拂塵看浄，方便通經」的「漸修」法門。慧能則與之不同，他不以文化低而自卑，毫不猶豫地作一偈請人代書於神秀偈旁：「菩提本無樹，明鏡亦非臺，佛性常清浄，何處惹塵埃！」顯然與神秀相抗辯。慧能這種佛性人人平等，人性本來清浄的思想，實爲以後南宗「頓悟」法門之先聲；而其自信不卑、勇于創新的氣魄和心態，乃是他以後傳法成功的重要因素。

慧能的思想大體保留在壇經一書中。他以金剛般若經中的「應無所住而生其心」爲起點，圍繞着

「心」這一特殊範疇展開，發揮東山法門中「心佛不離」的思想精髓和南朝竺道生的「悟」必須「頓」的理論，从而形成了爲後世所本的以「心」爲宗的禪學體系。這個禪學體系的基本環節是：一、「萬法盡在自心」。慧能認爲，人「心」廣大無邊，是一切物質現象和精神現象的「本源」。人們見聞覺知的一切內容都是「自心」作用的表現，「心生種種法生，心滅種種法滅」。因此，世界的一切都依存于「自心」，「風動」、「幡動」皆取決于「心動」。二、「自心卽佛」。既然「萬法盡在自心」，所以「真如佛性」就不是超出「心」外而獨存的性體，「佛」並不在遥遠的彼岸，就在自心之中。「只汝自心，更別無佛」，「三世諸佛，十二部經論亦在人性中本自具有」。但佛又不是自心的全部，它只是「心體」，又稱「念之體」、「自性」、「人性」，其特點是「清浄」、「本浄」，因此又叫「本源清浄心」或「自性本浄」、「人性本浄」。這個「本浄」的「心體」常被它的作用（見聞覺知等「妄念」）所染污、覆蓋而不能顯現，于是慧能引出「定慧一體」、「頓悟成佛」的方法論。三、「定慧一體」，「但行直心」。傳統禪法皆「定慧雙修」，「从定發慧」，達摩「壁觀」，道信立身心「不動門」，弘忍「蕭然静坐」。慧能却說：「我此法門，以定慧爲本。第一莫言定慧別，定慧不二；莫言先定發慧、先慧發定。」他對「禪定」進行了全新的解釋：「何名禪定？外離相曰禪，內不亂曰定。」顯然，所謂「定慧一體」，實乃以「慧」爲本。因此他說：「道在心悟」，「直言坐不動，……卽同無情，却是障道因緣」。「一行三昧者，於一切處，行住坐卧，常行直心是也」。甚至說，若能「心悟」、「行直心」，不持戒，不出家，「一切盡不妨」。四、「無念爲宗」，「頓悟成佛」。定慧的根本在「心悟」，「心悟」的關鍵在「無念」。「無念」並非心如死灰，「百物不思」，而是「於念而無念，於相而離相」，「見一切法，不住一切法」；

「於一切境上不染，名爲無念」。所謂「用智慧觀照，于一切法不取不捨，即見性成佛道」。慧能把這種方法比做「雲散日出」，心體如日月，妄念如浮雲，吹散浮雲，日月體現。既然成佛在于「無念」，所以佛與衆生只有一念之隔，「前念迷即凡夫，後念悟即佛」，「迷來經累劫，悟則刹那間」。（以上均見壇經）

慧能爲禪宗奠定了基本理論，他的弟子們在此基礎上繼續前進，通過把某一方面推向極致的方式，豐富發展了禪宗理論。

從「自心即佛」到「即人即佛」。慧能提出「自心即佛」，但凡夫與佛畢竟有一念之隔。而懷海、希運、義玄等人以「自心即佛」爲基礎，進而强調「即人即佛」。懷海説：「自古自今，佛只是人，人只是佛。」（古尊宿語録卷二）希運説：「據我禪宗中，前念不是凡，後念不是聖，決不分别佛與衆生，始得入我曹溪門下。」「祖師西來，直指一切人全體是佛。」（希運傳心法要）臨濟義玄對他的門徒更是反復强調説：「你欲識佛祖麼？只你面前聽法的是。」（古尊宿語録卷四）他們認爲，離衆生别無佛，全體人個個是佛，禪宗人必須首先樹立自己本來是佛的自信自覺。他們給「迷」與「悟」增加新的含義，認爲不相信自己本來是佛，是迷；堅信自己是佛，是悟。簡言之，迷者，迷自己不是佛，悟者，悟自己本來是佛。打消自卑意識，唤起主體自覺，樹立自尊自信的信念，成爲後期禪師們傳法施教的一個重要内容。

從「清净佛性」到「無依道人」。慧能認爲禪的目標是「見性成佛」，佛性即人的本性，特徵是「清净」。「清净」者，一塵不染也，亦即無境相之「妄念」所繫縛也，無繫縛即是解脱。因此，慧能所謂的「見性成佛」，實則追求一種不爲境相所繫累的清净的精神境界。而慧能的再傳弟子們對「佛性」的看法有所改變，他們不再強調佛性的「清净」特性，而強調毫無繫縛的「自在」「自由」。懷海說：「佛只是來去自由」，「只如今于一切境法都無染，亦莫依住智解，便是自由人。」（古尊宿語録卷二）他的名詩曰：「放出潙山水牯牛，無人堅執鼻繩頭，緑楊芳草春風岸，高卧横眠得自由。」臨濟義玄發揮懷海「自由人」的思想，進一步提出了作「無位真人」、「無依道人」的主張。他說：「現今目前聽法無依道人，雖是五蘊漏質，便是地行神通。」「你若欲得生死去住著脱自由，即今識取聽法的人，無形無相，無根無本，無住處，活潑潑地。」（古尊宿語録卷四）在他們看來，佛的本質特徵就是「自由」，這種「自由」的佛性是人人都具有的，它無形無相，獨立自主，不受時空的限制，不被任何境相牽累，「處處不滯，通貫十方」。這實際上是一種幻想中的精神自由。它與莊子幻想的「至人」、「真人」、「神人」，有着本質的聯係。如果說初期的慧能禪主要在于實現心境的「清净」，那麽後來的洪州禪、臨濟禪注入了莊子的「逍遥遊」精神，主要在于追求幻想中的無拘無束、自由自在的理想人格。

從「道不在坐」到「隨緣任運」。慧能說：「道在心悟，豈在坐焉！」認爲悟道只是内心觀念的升華，而不在外在的修持形式。這一思想被他的弟子們充分發展。古尊宿語録卷一記載：馬祖居南嶽傳法院，獨處一庵，唯習坐禪，凡有來訪者都不顧，師（懷讓）往彼亦不顧。一日，懷讓將甎于庵前磨，馬祖問曰：「作什麽？」懷讓云：「磨作鏡。」馬祖云：「磨甎豈得成鏡？」懷讓云：「磨甎既不成鏡，坐禪豈能成佛！」又云：「若學坐禪，禪非坐卧，若學坐佛，佛非定相，於無法不應取捨。汝若坐佛，即是殺佛，若執坐相，非達其理。」馬祖一聞，豁然開悟。後來在江西傳法，主張「平常心是道」，「無修無証」，任運自在。黄檗希運明確提出「愚人除事不除心，智者除心不除事」，認爲語默動靜，一切聲色，盡是佛事。希運的弟子義玄更激烈地反對坐禪習定、持戒禁欲、禮佛讀經等傳統的修行方式，他說：「你言六度萬行齊修，我見皆是造業，……看經看教是造業，厭喧求靜是外道法」，他主張「佛法無用功處，只是平常無事，屙屎送尿，著衣吃飯，困來卽眠」，「隨緣消舊業，任運著衣裳，要行卽行，要坐卽坐。」（古尊宿語録卷四）在他們看來，悟道只是內心的事，與外在的行爲没有關係，因此一切作爲（包括縱情聲色、殺人放火等）都不會妨礙悟道；一方面，所謂「佛」，就是自心，其本性是「自由」，這內在的精神自由的外在化，就是隨緣任運，無所用心。如希運所說：「終日不離一切事，不被諸境惑，名『自在人』。念念不見一切相，安然端坐，任運不拘，名『解脱』。」（黄檗斷際禪師宛陵録）

基于絶對自由的主體精神和任運不拘的禪的生活的追求，訶佛罵祖，詆毁經論，一時成爲禪宗的風尚，其中臨濟義玄和德山宣鑑最有代表性。義玄說：「你欲得如法見解，但莫受人惑，向裏向外，逢著便殺。逢佛殺佛，逢祖殺祖，逢羅漢殺羅漢，逢父母殺父母，逢親眷殺親眷，始得解脱，不與物拘，透脱自在。」（同上）德山宣鑑說：「這裏無祖無佛，達摩是老臊胡，釋迦老子是乾屎橛，文殊、普賢是擔屎漢，等妙二覺是破執凡夫，菩提涅槃是繫驢橛，十二分教是鬼神簿、拭瘡疣紙，四果三賢、初心十地是守古塚鬼，自救不了。」（五燈會元卷七）在他們看來，佛祖、經論、果位這些傳統的偶像權威，都是束縛人的個體精神的桎梏，不否定它們的權威性、神聖性，就没有人的自尊、自信和自由。他們這種蔑視權威取消偶像的激烈言論，可以說是在龐大的佛教理論體系和煩瑣的佛教儀式壓抑下所産生的心理上的逆反和超越，也是慧能後繼者不斷強化自我意識的結果。在主觀動機上，它有挽救佛教危機的一面；在客觀上却不自覺地開發了人的主體意識，起了某種解放思想的歷史作用。

從「説卽不中」到應機勘辨。慧能以「清浄」爲佛性，後期禪宗又賦予「自由」的内涵。「清浄」意謂毫不住相，「自由」意謂毫不滯礙，而作爲語言和思維基本要素的名詞概念都是對一定境相的表徵，都有其約定俗成的特定的内涵和外延。因此他們認爲，人的語言及理性思維都不能直接表達和把握佛性，對於佛性，「説似一物卽不中」（懷讓語），「擬議卽差，動念卽乖」（義玄語）。不僅一般人對佛性的思議是「妄生分別」、「根本顛倒」，而且連佛教的一切教義，一經説出，也都成了「麁言」、「死語」、「戲論之糞」。希運説：「如來所説，皆爲化人，如將黄葉爲金，止小兒啼，……與你本體有甚交涉？」（傳心法要）有僧問義玄：「三乘十二分教豈不是明佛性？」義玄云：「荒草未曾鋤。」（古尊宿語録卷四）他痛斥講經説教是「把屎塊子向口裏含了，吐過與別人（同上）。」他們對學人提出的什麽是「佛法」、「第一義」、「西來意」、「涅槃」等根本問題，都不正面回答，而通過似答非答、雙關語、棒喝、隱語、唸詩、豎拂子、擎拳舉指等奇特的暗示方式讓學人自己體悟。例如：

有僧問馬祖：「如何是西來意？」馬祖便打，曰：「我不打汝，諸方笑我也。」

有僧問義玄：「如何是佛法大意？」義玄豎起拂子，僧便喝，義玄便打。義玄云：「我在黄檗處，三次發問，三次被打，你纔開口，早無交涉。」

有僧問首山省念：「如何是古佛心？」云：「鎮州蘿蔔重三斤。」

有僧問趙州真際：「如何是祖師西來意？」云：「庭前柏樹子。」

有僧問文益：「如何是第一義？」曰：「我向爾道，是第二義。」

李翺問藥山：「如何是道？」山以手指上下，曰：「會麽？」李翺曰：「不會。」山曰：「雲在青天水在瓶。」

道悟問石頭希遷如何是佛法大意，希遷云：「長空不礙白雲飛。」

如此等等，在禪宗語録中隨處可見，其目的不外乎宣揚佛教所謂「真如本體」的絶對性和超驗性，對它衹能體知而不能認知，衹可意會而不可言傳。他們在論證中觸及並且突出了語言文字等認識工具和思想載體的相對性和局限性。這在哲學認識史上具有重要意義。禪宗肯定所謂「第一義不可説」，實際陷入了某種悖論；爲解決這一邏輯上的困境和矛盾，禪宗各派競相發展了「應機接化」的宣教方法，顯示其各具特色的認識理論。

在禪宗看來，對學人的提問，不能正面回答，但也不能隨便回答，而要根據學人根機的深淺而採取不同的施教方式，即所謂「路逢劍客須呈劍，不是詩人莫獻詩」，這就叫「應機接化」或「應機勘辨」。由于禪師們應機勘辨的方式方法不同，形成了不同風格，于是後期禪宗有「五家七宗」之分。如溈仰宗的接引方式常以手畫各種圓相（如○、卍⃝、牛⃝、佛⃝、觀⃝等）拓呈。曹洞宗以「五位君臣」（君位：正中偏；臣位：偏中正；君視臣：正中來；臣向君：偏中至；君臣合：兼中到）來勘辨學人見解的真僞、修証的深淺。雲門宗以「函蓋乾坤」、「截斷衆流」、「隨波逐浪」三句標示宗綱和接引徒衆。臨濟宗接引學人的方法有「四料簡」、「四照用」、「四賓主」、「四種喝」等。「四料簡」即「有時奪人不奪境，有時奪境不奪人，有時人境俱奪，有時人境俱不奪」。「四照用」即「有時先照後用，有時先用後照，有時照用同時，有時照用不同時」。「照」相當于「奪境」，「用」相當于「奪人」。「四賓主」即「賓看主」（學生勘驗老師）、「主看賓」（老師勘驗學生）、「主看主」（老師學人都進入最高境界）、「賓看賓」（老師學人都未進入最高境界）。「四種喝」即「有時一喝如金剛寶劍，有時一喝如踞地獅子，有時一喝如探竿影草，有時一喝不作一喝用」。法眼宗接引學人不拘一格，「對病施藥，相身裁縫，隨其器量，掃除情解」。

禪宗在理論上既有獨創性，又注意對病施藥、靈活多樣的施教方式，晚唐五代，風靡一時，不僅迎合了中下層文人學士的精神需要，對廣大勞苦民衆也具有一定吸引力。尤其在學術思想上，禪宗以中國化佛教哲學的充分發展的最後一個形態，結束了佛教哲學在中國的發展；而其思辨結構則直接影響到李翺的復性書及周敦頤的易通而成爲宋、明道學（包括理學與心學）的重要理論來源。至於禪宗高揚心力，反對權威，破除教條，取消偶像的思想因素，在特定歷史條件下，曾對不少進步思想家產生過積極的啓發作用。南宋時，禪門臨濟、曹洞二宗傳去日本；近些年，經過中、日學者的介紹，禪宗思想更風行歐、美，與西方哲學、心理學、文化學的現代思潮相融會，頗有薪盡火傳之勢。

早期禪宗自稱「教外別傳，不立文字」，在理論上試圖排斥經教，否定語言文字的表達功能。然而，語言文字在文化創造和思想傳播中的實際作用是否定不了的，因此，入宋以後，不少禪師已主張禪教合一，提倡「繞路説禪」或「文字禪」。隨着印刷術的普及，各種禪宗論著和語録編印也盛行起來。有集某一禪師言行者，有集某一宗派言行者；有頌古、評唱，有記言，有譜録，規模愈來愈大，字數愈來愈多。

單就兩宋時流行的五種傳燈録就達一百五十卷。

古尊宿語録，就是晚唐五代至南宋初期禪宗的一部重要語録匯編。此書四十八卷，收集了上自南嶽懷讓，下至南嶽下十六世佛照德光，共三十七家禪師的言行，其中青原一系有五家，南嶽一系有三十二家。而南嶽一系中收録得最多的是臨濟宗，這一情況説明了臨濟宗在當時獨盛的地位，以及人們對臨濟禪的重視程度。古尊宿語録收録的禪師人數不及五燈會元收録得多，但對禪師的言行記述則比較詳盡，有行迹、拈古、偈頌、奏文、與帝王的對答等，彌補了其它燈録之不足。通過古尊宿語録，不僅可以把握禪宗盛期之梗概，亦可觀禪宗主要代表人物的思想全貌。它是研究禪宗特別是禪宗盛期必不可少的思想資料。

關於古尊宿語録的編者，宋咸淳丁卯年（一六六七），物初大觀的「重刻古尊宿語録序」記爲賾藏主。然而賾藏主何許人？「賾」是姓還是名字？史無此人傳記，無從確定。呂澂在新編漢文大藏經目録中謂「古尊宿語録，四十八卷，宋渭賾藏主集，明浄戒重校」。「渭」是人名還是地名？若是地名，應是陝西甘肅一帶，而物初大觀的序明確記載：「刊行於閩中」。若是人名，有何根據？也不得而知。日本宇井伯壽博士在第二禪宗史研究一書中提出，賾藏主可能是古尊宿語録卷三十七末尾的士圭跋文中所提到的守賾僧挺，柳田聖山也同意此説，但都無確實證據。因此，關於此書的原編者仍待考。

關於古尊宿語録的刊行過程，據已知文獻記載，至少進行過兩次修訂增補。其一，「重刻古尊宿語録序」記載：「異時有賾藏主者，旁蒐廣採，僅得南泉下二十二家示衆機語。厥後又得雲門、真浄、佛眼、佛照等數家，總曰古尊宿語。」就是説，賾藏主編的古尊宿語只有二十二家，而雲門、真净、佛眼、佛照几家，是覺心居士捐資重刻時新增加的。其二，古尊宿語録入明版大藏經時，净戒所作的「校刊記」記載：「新藏經板初賜天禧，凡禪宗古尊宿語、頌古，雪竇、明教、大慧等語，多有損失。永樂二年，敬捐衣資，命工刊補。今奉欽依取僧，就靈谷寺校正。」這次入藏，在原古尊宿語的基礎上進行了刊補校訂是無疑的，但没有説明根據的哪種版本，增補了多少家。

柳田聖山對古尊宿語録的刊行過程進行了考辨。首先，他認爲，青欒文庫舊藏的十九世紀末無著道忠校訂的四册手抄本古尊宿語要，即是南宋紹興年間（約一一三一——一一三八）福州鼓山守賾僧挺第一次編印的二十家古尊宿語要。這四册手抄本的目録是：

第一册：南泉語要、投子語録、睦州語録、趙州語要。

第二册：南院語要、首山語録、葉縣語録、神鼎語録、承天語録、石門聰語録。

第三册：法華語要、大愚語録、雲峰語録、楊歧語録、道吾語録。

第四册：大隋語要、子湖語録、鼓山法堂玄要廣集、洞山初語録、智門語録。

這四册古尊宿語要凡二十家，而物初大觀的序却稱「二十二家」，原因可能是把趙州和雲峰看成了四家，因爲這兩家語録各分上下卷，物初大觀可能把二十二卷誤作二十二家。

其次，柳田聖山認爲，在距守賾僧挺第一次編印古尊宿語要近百年之後，宋咸淳三年由覺心居士捐資重刻古尊宿語録時，在原二十家基礎上又新增加了臨濟、雲門文偃、東林和尚、雲門庵主、瑯琊慧覺、白雲法演、寶峰真淨、佛眼這八家。明永樂十一年（一四一四），古尊宿語録入藏時，又在覺心居士重刻本的基礎上增加了懷讓、馬祖、百丈、黄檗、汾陽、石霜、興化、風穴、佛照這九家，成爲三十七家、四十八卷的古尊宿語録。

古尊宿語要二十家的編排順序，除首山法嗣十一家基本按師承關係外，其它九家是雜亂的。後來兩次刊行，打亂了原本的順序，填補了師承關係上的某些環節，但没有統一的體例。如黄檗以前的法嗣用「大鑑下」，黄檗以後的法嗣用「南嶽下」，自十三卷開始又取消了法嗣世系。又如慧能以下的世系，自南嶽懷讓始，計爲「大鑑下一世」，而南嶽下的第一世馬祖，却計爲「南嶽下二世」。又如石門慈照和汾陽善昭同嗣首山省念，而慈照計爲「南嶽十世」，善昭計爲「南嶽下九世」。這些錯亂，都可能是在增補過程中，由於資料來自不同版本，又没有細察而造成的。但這絲毫不影響古尊宿語録對研究我國禪宗盛期思想的史料價值。

點校凡例

一、本書點校，以一九三一年上海佛學書局影印明萬曆年間徑山化城寺刻本爲底本，以日本卍續藏經本（簡稱續藏本）和柳田聖山主編禪學叢書中影印日本無著校寫宋本古尊宿語要（簡稱語要）爲參校本，同時參考蘇淵雷點校五燈會元。

二、底本的譌、衍、脱、舛改正時，一般作校勘記。但異體字、避諱字和明顯的誤刻字則徑改。同名異譯，前後歧出者，如「涅槃」、「泥洹」；「般若波羅密」、「般若波羅密多」等，乃仍舊，不復改正。

三、本書分段，一般保持原貌。但原文未分段或段落特長者，按上下文意作適當劃分。

四、凡經論書名，無論全稱或簡稱，一律加書名線。例如：涅槃經、唯識論、法界品、方等、十地。

五、凡國名、地名、朝代、年號，均加專名線。例如：波斯國、武周天授、汝州。

六、凡佛、菩薩、和尚、禪師、居士、帝王、官職，均連同主名加專名線。例如：如來佛、觀音菩薩、守芝和尚、匡真禪師、龐居士、梁武帝、忠懿王、王太尉。但只有稱號而無主名者，則不加專名線。例如：師云、居士云、上座云。

七、禪師籍貫、山名、寺名、賜號、謚號、諱名、法號，均分斷加專名線。例如：袁州楊岐山普通禪院方會和尚

八、凡師僧問答，不論長短，均加冒號、單引號。問答中復有引語者，加雙引號。例如：問：「承師有言：『金沙灘頭馬郎婦』意旨如何？」師云：「高梳雲鬢，恐人怪笑。」

九、舉古或舉公案後發表議論的情況大體有兩種：

（一）舉罷公案後有「師云」字樣的，則公案中的引語和本師對公案的評論，分別用引號標明。例如：舉僧問首山：「如何是和尚家風？」山云：「一言截斷千江口，萬仞峰前始得玄。」師云：「首山只解説家風，不解用家風。」

（二）舉罷公案後無「師云」字樣的，則在舉下加單引號，公案中的引語加雙引號。例如：舉「肇法師道：『智有窮幽之鑒而無知焉，神有應會之用而無慮焉。』古人與麽道，也大殺費力……。」

十、原書無總目，此次點校時予以增補。原書每卷標題不統一，爲了統一標題，以便查檢，此次整理時，對原標題作了某些增補。增補的字放在括號内。

十一、原書部分卷尾復有卷次、施資者、書刻者。此次整理時一並删去。

重刻古尊宿語録序

過去如是如是，見在如是如是，未來如是如是。幸自可憐生，無端黄面老漢拈花瞬目，金色頭陀忍俊脱頤，不覺漏泄。一人傳虚，萬人傳實，何時而已哉！人根有利鈍，故機語有開斂。鍼砭藥餌，膏肓頓起。縱横展拓，太虚不痕。雖古人用過，時無古今。死路活行，死棋活著。觀照激發，如龍得水。故曰：「言語載道之器，雖佛祖不得而廢也。」七佛偈及西天此土三十三傳，枝出派别，莫知其幾。授受證據，洎夫抑揚示晦，見於傳燈。而多有載不盡者，往往散落。異時有賾藏主者，傍蒐廣採，僅得南泉而下二十二家示衆機語，厥後又得雲門、真淨、佛眼、佛照等數家，總曰古尊宿語。非止乎此也，據其所蒐採而言耳。夫古人得親故用親，行到故説到，其所説者，如國家兵器不得已而用之。從上爲人，只貴眼正，是豈末流刻楮畫花、雕蚶鏤蛤、瞎學者眼，所可同日語！

覺心居士出善女倫，秉烈丈夫志操，不爲富貴所障、世相所縻，著淨名衣，坐空生室，安住正受，動静提撕，是孰使之然哉？謂賾所編古尊宿語刋于閩中而板亦漫矣，兩浙叢林得之惟艱。勇捐己資，鋟梓流通。命禪衲精校重楷，不鄙索序。噫，亦異矣！昔月上女抗舍利弗，發明大涅槃；庵提遮對曼殊室利「不生生不死死」之義。達磨來震旦以後，其間善女等倫横機諸大老，發明向上者多矣。近世秦國計氏與夫空室道人，皆以鐘鼎家世而爲般若眷屬。今覺心則發揮古宿機語，以遺佛種，無二無二分，無别無斷故。

覺心魏氏，紹興丞相文節公孫，余文昌之室。先瑩住林庵，虛席，命慈林解無言者攝。解催請主庵人。覺心著語云：「庵主只在庵中，爲甚麽不見？道有又無，道無却有。又不近，又不遠。舉頭鷂子過新羅，參得着，喫碗麪。」餘偈語多有，皆不計較而得，則日用中無非禪悅法喜之樂矣，併見于此。時聖宋咸淳丁卯春清明日，江浙等處明州府阿育王山廣利禪寺住持沙門物初大觀序。

唐、宋諸碩師傳佛心宗，道大德備，室中垂〔一〕示，勘辨學者，徵拈代別，皆有機語，流布寰中久矣。惟傳燈一書嘗賜入藏。諸師之語，傳燈不能備載者，有賾公藏主別集南泉、趙州、黄檗、臨濟、雲門、真淨、佛眼、東山二十餘家，總若干卷，題之曰古尊宿語，實有補於宗門。

〔一〕「垂」，原作「無」，據續藏本改。

明版古尊宿語録影印序

圓瑛

夫大道無言，真宗絶相，向上一路，千聖不傳。所以達摩西來，不立語言文字，教外別傳，直指人心，見性成佛。由是一花現瑞，五葉流芳，禪宗一脈，弗絶如縷。古尊宿，一一無非悟無言之道，契絶相之宗，而假立言相，接引機宜，爲學者解黏去縛，拔楔抽釘。雖有一言半句，如施鍼砭之功，頓起膏肓之疾，未可作葛藤會也。是書係宋時藏主賾公搜集傳燈録中所載未盡諸家機語，實禪門至寶。惜年湮代遠，舊板無存，卽流通書本亦不多見。時有明州阿育王寺後堂一超禪師往朝五臺，至西山某寺藏經樓，於殘篇斷簡中得此一書。檢閲全部，幅帙無損，生大歡喜，以爲必有鬼神擁護，故得楮墨煥然。遂携歸欲付剞劂，奈所願未果，世緣將畢，乃出此書，請該寺宗亮老和尚發心印刷流通，以續僧伽命脈。宗公一閲，視爲禪宗骨髓，人天眼目，未可令其湮没，卽商之於余。余爲送上海佛學書局出版，影印六百部。宗公義徒育王寺住持源龍，爲宗公六十壽辰慨捐鉢資一千二百元，認購三百部，分送各叢林，用廣法施，藉報師恩。謹序數語，以誌因緣云爾。

民國二十年九月，天童寺住持圓瑛序於中國佛教會。

古尊宿語録卷第一

大鑑下一世(南嶽懷讓大慧禪師)

南嶽大慧禪師，諱懷讓，金州人也。俗姓杜，於儀鳳二年四月八日降誕，感白氣，應於玄象，在安康之分。太史瞻見，遂奏聞高宗皇帝。帝乃問：「何祥瑞？」太史對曰：「國之法器，不染世榮。」帝傳敕金州太守韓偕親往存慰其家。家有三子，惟師最小。年始三歲，炳然殊異，性惟恩讓，父乃安名懷讓。至年十歲，惟樂佛書。時有三藏玄静過舍，見而奇之，告其父母曰：「此子若出家，必獲上乘，廣度衆生。」

至垂拱三年，方十五歲，辭親往荆州玉泉寺，依弘景律師出家。通天二年受戒，後習毗尼藏。一日自歎曰：「夫出家者爲無爲法，天上人間無有勝者。」時同學坦然知師志氣高邁，勸師同謁嵩山安禪師。安啓發之，乃直詣曹谿禮六祖。六祖問：「什麼處來？」師云：「嵩山安和尚處來。」祖云：「什麼物與麼來？」師無語。遂經八載，忽然有省。乃白祖云：「某甲有箇會處。」祖云：「作麼生？」師云：「説似一物卽不中。」祖云：「還假修證也無？」師云：「修證卽不無，污染卽不得。」祖云：「祇此不污染是諸佛之護念，汝既如是，吾亦如是。西天二十七祖般若多羅讖汝曰：『震旦雖闊無别路，要假兒孫脚下行。金鷄解御一粒粟，供養什邡羅漢僧。』又讖傳道一法。『心裏能藏事，説向漢江濱，湖波探水月，將照二三人。』」祖云：

「先師有言：『從吾向後勿傳此衣，但以法傳。若傳此衣，命如懸絲。惟示道化。』聽吾偈曰：『心地含諸種，普雨悉皆萌，頓悟華情已，菩提果自成。』汝向後出一馬駒，蹋殺天下人。應在汝心，不須速説。」師侍奉一十五載。

唐先天二年，始往南嶽，居般若寺。示徒云：「一切萬法，皆從心生。心無所生，法無能住。若達心地，所作無礙。非遇上根，宜慎辭哉！」僧問：「如鏡鑄像，像成後光歸何處？」師云：「如大德未出家時，相狀向什麼處去？」僧云：「成後爲什麼不鑑照？」師云：「雖然不鑑照，謾他一點不得。」

馬祖居南嶽傳法院，獨處一庵，唯習坐禪，凡有來訪者都不顧。師往，彼亦不顧。師觀其神宇有異，遂憶六祖讖，乃多方而誘導之。一日將甎於庵前磨，馬祖亦不顧。時既久，乃問曰：「作什麼？」師云：「磨作鏡。」馬祖云：「磨甎豈得成鏡！」師云：「磨甎既不成鏡，坐禪豈能成佛！」祖乃離座云：「如何卽是？」師云：「譬牛駕車，車若不行，打牛卽是？打車卽是？」又云：「汝學坐禪？爲學坐佛？若學坐禪，禪非坐卧。若學坐佛，佛非定相。於無住法，不應取捨。汝若坐佛，卽是殺佛。若執坐相，非達其理。」馬祖聞斯示誨，豁然開悟，禮拜，問云：「如何用心，卽合無相三昧？」師云：「汝學心地法門，如下種子。我説法要，譬彼天澤，汝緣合故，當見其道。」馬祖云：「道非色相，云何能見？」師云：「心地法眼能見乎道，無相三昧亦復然矣。」祖云：「有成壞否？」師云：「若以成壞聚散而見道者，非也。聽吾偈曰：『心地含諸種，遇澤悉皆萌。三昧華無相，何壞復何成？』」馬祖一蒙開悟，心地超然。侍奉十秋，日益深奧。師入室弟子六人，各印可。曰：「汝等六人同證吾身，各契其一。一人得吾眉，善威儀。常浩。一人得吾眼，善顧眄。智達。一人得吾耳，善聽理。坦然。一人得吾鼻，善知氣。神照。一人得吾舌，善談説。嚴峻。一人得吾心，善古今。道一。」後馬祖闡化於江西開元寺。師問衆曰：「道一爲衆説法否？」衆曰：「已爲衆説法。」師云：「未見通箇消息來。」遂遣一僧去，囑云：「待伊上堂時，但問：『作麼生？』記取答話來。」僧如教，回擧似師：「馬祖云：『自從胡亂後，三十年不曾少鹽醬。』」師然之。

師天寶三年八月十一日示寂於南嶽。敕謚大慧禪師，最勝輪之塔，吏部侍郎歸登撰塔記。

大鑑下二世（馬祖道一大寂禪師）

馬祖大寂禪師，師諱道一，漢州什邡人也，俗姓馬氏，江西法嗣布於天下，時號馬祖焉。

問：「如何是修道？」師云：「道不屬修。若言修得，修成還壞，卽同聲聞。若言不修，卽同凡夫。」云：「作何見解，卽得達道？」云：「自性本來具足，但於善惡事上不滯，喚作修道人。取善捨惡，觀空入定，卽屬造作。更若向外馳求，轉疏轉遠。但盡三界心量。一念妄想，卽是三界生死根本；但無一念，卽除生死根本，卽得法王無上珍寶。無量劫來，凡夫妄想，諂曲邪僞，我慢貢高，合爲一體。故經云：『但以衆法合成此身。』起時唯法起，滅時唯法滅。此法起時不言我起，滅時不言我滅。前念、後念、中念，念念不相待，念念寂滅，喚作海印三昧，攝一切法。如百千異流，同歸大海，都名海水。住於一味卽攝衆味，住於大海卽混諸流。如人在大海中浴，卽用一切水。所以聲聞悟迷，凡夫迷悟。聲聞不知聖心本無地位、因果、階級心量，妄想修因證果，住其空定，八萬劫二萬劫，雖卽已悟，却迷。諸菩薩觀如地獄苦，沉空滯寂，不見佛性。若是上根衆生，忽遇善知識指示，言下領會，更不歷於階級、地位，頓悟本性。故經云：『凡夫有反覆心，而聲聞無也。』對迷，説悟。本既無迷，悟亦不立。一切衆生從無量劫來，不出法性三昧，長在法性三昧中。著衣喫飯，言談祇對，六根運用，一切施爲，盡是法性。不解返源，隨名逐相，迷情妄起，造種種業。若能一念返照，全體聖心。汝等諸人，各達自心，莫記吾語。縱饒説得河沙道理，其心亦不增。總説不得，其心亦不減。説得亦是汝心，説不得亦是汝心。乃至分身放光現十八變，不如還我死灰來。淋過死灰無力，喻聲聞妄修因證果。未淋過死灰有力，喻菩薩道業純熟，諸惡不染。若説如來權教三藏，河沙劫説不可盡，猶如鈎鎖，亦不斷絶。若悟聖心，總無餘事。久立，珍重！」

上堂，龐居士問：「不與萬法爲侶者，是什麽人？」師云：「待汝一口噏盡西江水，卽向汝道。」又問：「不昧本來身，請師高著眼。」師直下覰。士云：「一等没弦琴，唯師彈得妙。」師直上覰。士禮拜。師歸方丈，居士隨後。云：「適來弄巧成拙。」問：「如何是佛？」師云：「卽心是佛。」問：「離四句，絶百非，請師直指西來意。」師云：「我今日無心情，汝去西堂問取智藏。」僧至西堂問，西堂以手指頭云：「我今日頭痛，不能爲汝説得，汝去問海兄。」僧去問海兄，海兄云：「我到者裏却不會。」僧迴舉似師，師云：「藏頭白，海頭黑。」

師採藤次，見水潦便作放勢。水潦近前接，師卽便踏倒。水潦起來，呵呵大笑云：「無量妙義，百千三昧，盡在一毛頭上識得根源去。」

師令僧馳書與徑山欽和尚。書中畫一圓相，徑山纔開見，索筆於中著一點。後有僧舉似忠國師，國師云：「欽師猶被馬師惑。」

問：「和尚爲甚麽説卽心卽佛？」師曰：「爲止小兒啼。」曰：「啼止時如何？」師曰：「非心非佛。」曰：「除此二種人來，如何指示？」師曰：「向伊道：不是物。」曰：「忽遇其中人來時如何？」師曰：「且教伊體會大道。」問：「如何是西來意？」師曰：「卽今是甚麽意？」

師問僧：「什麽處來？」云：「湖南來。」師云：「東湖水滿也未？」云：「未。」師云：「許多時雨水尚未滿。」道吾云：「滿也。」雲巖云：「湛湛地。」洞山云：「什麽劫中曾欠少？」又問：「如水無筋骨，能勝萬斛舟，此理如何？」師曰：「這裏無水亦無舟，説甚麽筋骨！」

一夕，西堂、百丈、南泉隨侍翫月次。師問：「正恁麽時如何？」堂曰：「正好供養。」丈曰：「正好修行。」泉拂袖便行。師曰：「經歸藏，禪歸海，唯有普願獨超物外。」師問百丈：「汝以何法示人？」丈豎起拂子。師曰：「祇這箇，爲當別有？」丈拋下拂子。

僧問：「如何得合道？」師曰：「我早不合道。」問：「如何是西來意？」師便打曰：「我若不打汝，諸方笑我也。」

有小師耽源行脚回，於師前畫一圓相，就上拜了立。師曰：「汝莫欲作佛否？」曰：「某甲不解揑目。」師曰：「吾不如汝。」小師不對。

有講僧來問曰：「未審禪宗傳持何法？」師却問曰：「座主傳持何法？」主曰：「忝講得經論二十餘本。」

師曰：「莫是師子兒否？」主曰：「不敢。」師作嘘嘘聲。主曰：「此是法。」師曰：「是甚麽法？」主曰：「師子出窟法。」師乃默然。主曰：「此亦是法。」師曰：「是甚麽法？」主曰：「師子在窟法。」師曰：「不出不入是甚麽法？」主無對。百丈代云：「見麽？」遂辭出門。師召曰：「座主！」主回首，師曰：「是甚麽？」主亦無對。師曰：「這鈍根阿師。」

洪州廉使問曰：「喫酒肉即是，不喫即是？」師曰：「若喫是中丞禄，不喫是中丞福。」

師入室弟子一百二十九人，各爲一方宗主，轉化無窮。師於貞元四年正月中，登建昌石門山，於林中經行，見洞壑平坦。謂侍者曰：「吾之朽質，當於來月歸茲地矣。」言訖而回，既而示疾。院主問：「和尚近日尊候如何？」師曰：「日面佛，月面佛。」二月一日沐浴，跏趺入滅。元和中，謚大寂禪師，塔名大莊嚴。

大鑑下三世（百丈懷海大智禪師）

百丈懷海禪師，福州長樂人也。師參馬大師爲侍者，檀越每送齋飯來，師纔揭開盤蓋，馬大師拈起一片胡餅示衆云：「是甚麽？」每日如此。師經三年，一日隨侍馬祖路行次，聞野鴨聲。馬祖云：「什麽聲？」師云：「野鴨聲。」良久馬祖云：「適來聲向什麽處去？」師云：「飛過去。」馬祖回頭將師鼻便搊，師作痛聲。馬祖云：「又道飛過去！」師於言下有省。卻歸侍者寮，哀哀大哭。同事問曰：「汝憶父母耶？」師曰：「無。」曰：「被人駡耶？」師曰：「無。」曰：「哭作甚麽？」師曰：「我鼻孔被大師搊得痛不徹。」同事曰：「有甚因緣不契？」師曰：「汝問取和尚去。」同事問大師曰：「海侍者有何因緣不契，在寮中哭。告和尚爲某甲說。」大師曰：「是伊會也，汝自問取他。」同事歸寮曰：「和尚道汝會也，教我自問汝。」師乃呵呵大笑。同事曰：「適來哭，如今爲甚卻笑？」師曰：「適來哭，如今笑。」同事罔然。明日，馬祖昇堂，纔坐，師出來卷卻簟。馬祖便下座。師隨至方丈。馬祖云：「適來要舉轉因緣，你爲什麽卷卻簟？」師曰：「爲某甲鼻頭痛。」馬祖云：「你什麽處去來？」師云：「昨日偶有出入，不及參隨。」馬祖喝一喝，師便出去。

馬祖一日問師：「什麽處來？」師云：「山後來。」祖云：「還逢著一人麽？」師云：「不逢著。」祖云：「爲什麽不逢著？」師云：「若逢著，卽舉似和尚。」祖云：「什麽處得者箇消息來？」師云：「某甲罪過。」祖云：「却是老僧罪過。」師再參馬祖，祖豎起拂子。師云：「卽此用，離此用？」祖挂拂子於舊處。良久，祖云：「你已後開兩片皮，將何爲人？」師遂取拂子豎起。祖云：「卽此用，離此用？」師亦挂拂子於舊處。祖便喝。師直得三日耳聾。後住洪州大雄山，以居處巖巒峻極，故號百丈。既處之未朞月，參玄之賓，四方麏至。溈山、黃檗當其首。

一日師謂衆曰：「佛法不是小事，老僧昔被馬大師一喝，直得三日耳聾。」黃檗聞舉，不覺吐舌。師曰：「子已後莫承嗣馬祖去麽？」檗曰：「不然。今日因和尚舉，得見馬祖大機大用。然且不識馬祖，若嗣馬祖，已後喪我兒孫。」師曰：「如是，如是。見與師齊，減師半德。見過於師，方堪傳授。子甚有超師之見。」檗便禮拜。因僧問西堂：「有問有答卽且置，無問無答時如何？」堂曰：「怕爛卻那。」師聞舉乃曰：「從來疑這箇老兄。」曰：「請和尚道。」師曰：「一合相不可得。」師謂衆曰：「有一人長不喫飯不道饑，有一人終日喫飯不道飽。」衆無對。雲巖問：「和尚每日區區爲阿誰？」師曰：「有一人要。」巖曰：「因甚麽不教伊自作？」師曰：「他無家活。」

僧問：「抱璞投師，請師一決。」師云：「昨夜南山虎咬大蟲。」云：「不繆真詮，爲甚麽不垂方便？」師云：「掩耳偷鈴漢。」云：「不得中郎鑑，還同野舍薪。」師便打。僧云：「蒼天！蒼天！」師云：「得與麽多口。」云：「罕遇知音。」拂袖便出。師云：「百丈今日輸卻一半。」佛鑑云：「雖得一場榮，刖却一雙足。」至晚，侍者問：「和尚被這僧不肯了便休。」師便打。者云：「蒼天！蒼天！」師云：「罕遇知音。」者作禮。師云：「一狀領過。」

有一僧哭入法堂。師云：「作什麽？」僧云：「父母俱喪，請師揀日。」師云：「明日一時埋卻。」問：「如何是奇特事？」師云：「獨坐大雄峯。」僧禮拜，師便打。西堂問師：「你向後作麽生開示於人？」師以手卷舒兩邊。堂云：「更作麽生？」師以手點頭三下。

上堂云：「靈光獨耀，迥脱根塵。體露真常，不拘文字。心性無染，本自圓成。但離妄緣，卽如如佛。」問：「依經解義，三世佛冤。離經一字，如同魔説時如何？」師云：「固守動静，三世佛冤。此外別求，如同魔説。」馬祖令人馳書并醬三甕與師，師令排向法堂前。乃上堂。衆纔集，師以拄杖指醬甕云：「道得卽不打破，道不得卽打破。」衆無語。師便打破，歸方丈。

上堂，衆纔集，師以拄杖趁下。却召大衆，大衆回頭。師云：「是什麽？」潙山問仰山：「百丈再參馬祖竪拂因緣，此二尊宿意旨如何？」仰山云：「此是顯大機大用。」潙山云：「馬祖出八十四人善知識，幾人得大機？幾人得大用？」仰山云：「百丈得大機，黄檗得大用。餘者盡是唱道之師。」潙山云：「如是，如是。」

師因普請開田回，問：「運闍黎開田不易。」檗云：「衆僧作務。」師云：「有煩道用。」檗云：「爭敢辭勞！」師云：「開得多少田？」檗作鋤田勢。師便喝。檗掩耳而出。師問黃檗：「甚處來？」檗云：「山下採菌子來。」師云：「山下有一虎子，汝還見麽？」檗便作虎聲。師於腰下取斧作斫勢。檗約住便掌。師至晚上堂云：「大衆，山下有一虎子，汝等諸人出入好看。老僧今朝親遭一口。」後溈山問仰山云：「黃檗虎話作麽生？」仰山云：「和尚如何？」溈山云：「百丈當時便合一斧斫殺，因什麽到如此？」仰山云：「不然。」溈山云：「子又作麽生？」仰山云：「不唯騎虎頭，亦解把虎尾。」溈山云：「寂子甚有險崖之句。」

師每日上堂，常有一老人聽法，隨衆散去。一日不去，師乃問：「立者何人？」老人云：「某甲於過去迦葉佛時曾住此山，有學人問：『大修行底人還落因果也無？』對云：『不落因果。』墮在野狐身。今請和尚代一轉語。」師云：「汝但問。」老人便問：「大修行底人，還落因果也無？」師云：「不昧因果。」老人於言下大悟，告辭師云：「某甲已免野狐身，住在山後。乞依亡僧燒送。」師令維那白槌告衆：「齋後普請送亡僧。」大衆不能詳。至晚參，師舉前因緣次。黃檗便問：「古人錯對一轉語，落在野狐身。今人轉轉不錯，是如何？」師云：「近前來！向汝道。」黃檗近前，打師一掌。師云：「將謂胡鬚赤，更有赤鬚胡。」時溈山在會下作典座，司馬頭陀舉野狐話問典座：「作麽生？」典座以手撼門扇三下。司馬云：「太粗生。」典座云：「佛法不是者箇道理。」後溈山舉黃檗問野狐話問仰山，仰山云：「黃檗常用此機。」溈山云：「汝道天生得，從人得？」仰山云：「亦是稟受師承，亦是自宗通。」溈山云：「如是，如是。」

黃檗問：「從上古人，以何法施人？」師良久。黃檗云：「後代兒孫將何傳授？」師云：「將謂你者漢是箇人。」便歸方丈。

師與潙山作務次，師問：「有火也無？」潙山云：「有。」師云：「在什麼處？」潙山把一莖柴吹過與師。師接云：「如蟲蝕木。」因普請钁地次，有僧聞鼓聲，舉起钁頭大笑歸去。師云：「俊哉！此是觀音入理之門。」後喚其僧問：「你今日見甚道理？」云：「某甲早辰未喫粥，聞鼓聲歸喫飯。」師呵呵大笑。問：「如何是佛？」師云：「汝是阿誰？」云：「某甲。」師云：「汝識某甲否？」云：「分明箇。」師竪起拂子問：「汝見拂子否？」云：「見。」師更不管。師令僧去章敬處，見伊上堂說法，你便展開坐具，禮拜起，將一隻鞋以袖拂却上塵，倒頭覆下。其僧到章敬，一依師旨。章敬云：「老僧罪過。」

廣録

夫語須辯緇素，須識總別語，須識了義、不了義教語。了義教辯清，不了義教辯濁。說穢法邊垢揀凡，說淨法邊垢揀聖。從九部教說，向前衆生無眼，須假人雕琢。若於聾俗人前說，直須教渠出家、持戒、修禪、學慧。若是過量俗人，亦不得向他與麼說，如維摩詰傅大士等類。若於沙門前說，他沙門已受白四羯磨訖，具足全是戒定慧力，更向他與麼說，名非時語。說不應時，亦名綺語。若是沙門，須說淨法邊垢，須說離有無等法，離一切修證，亦離於離。若於沙門中剗除習染，沙門除貪瞋病不去，亦名聾俗，亦須教渠修禪、學慧。若是二乘僧，他歇得貪瞋病去盡，依住無貪將爲是，是無色界，是障佛光明，是出佛身血，亦須教渠修禪、學慧。

須辯清濁語。濁法者，貪瞋愛取等多名也。清法者，菩提涅槃解脱等多名也。祇如今鑑覺，但於清濁兩流凡聖等法、色聲香味觸法、世間出世間法，都不得有纖毫愛取。既不愛取，依住不愛取將爲是，是初善，是住調伏心，是聲聞人，是戀筏不捨人，是二乘道，是禪那果。既不愛取，亦不依住不愛取，是中善，是半字教，猶是無色界，免墮二乘道，免墮魔民道，猶是禪那病，是菩薩縛。既不依住不愛取，亦不作不依住知解，是後善，是滿字教，免墮無色界，免墮禪那病，免墮菩薩乘，免墮魔王位。爲智障地障行障，故見自己佛性，如夜見色。如云佛地斷二愚：一，微細所知愚；二，極微細所知愚。故云：有大智人，破塵出經卷，若透得三句過，不被三段管。教家舉喻，如鹿三跳出網，喚作纏外佛，無物拘繫得渠，是屬然燈後佛，是最上乘，是上上智，是佛道上立此人，是佛有佛性，是導師，是使得無所礙風，是無礙慧。於後能使得因果福智自由，是作車運載因果。處於生，不被生之所留。處於死，不被死之所礙。處於五陰，如門開，不被五陰礙。去住自由，出入無難。若能與麽，不論階梯勝劣乃至蟻子之身，但能與麽，盡是淨妙國土，不可思議。此猶是解縛語。

彼自無瘡，勿傷之也。佛瘡菩薩等瘡，但説有無等法，盡是傷也。有無管一切法，十地是濁流河，衆作清流，説豎清相，説濁過患。向前十大弟子，舍利弗、富樓那、正信阿難、邪信善星等，箇箇有勝樣，箇箇有則候，一一被導師説破，不是四禪八定、阿羅漢等，住定八萬劫，他是依執所行，被淨法酒醉故。聲聞人聞佛法，不能發無上道心，所以斷善根人無佛性。教云喚作解脱深坑，可畏之處，一念心退墮地獄，猶如箭射。亦不得一向説退，亦不得一向説不退。祇如文殊、觀音、勢至等却來須陁洹地，同類誘引，不得言他退。當與麽時，祇喚作須陁洹人。祇如今鑑覺，但不被一切有無諸法管，透三句及一切逆順境得過，聞百千萬億佛出世間，如不聞相似。亦不依住不聞，亦不作不依住知解。説他者箇人退不得，量數管他不著，是佛常住世間，而不染世法。説佛轉法輪退，亦是謗佛法僧。説佛不轉法輪不退，亦是謗佛法僧。肇云：「菩提之道，不可圖度。高而無上，廣不可極。淵而無下，深不可測。」語也垛生招箭，言鑑覺猶不是。從濁辯清，許説如今鑑覺是。除鑑覺外別有，盡是魔説。若守住如今鑑覺，亦同魔説，亦名自然外道。説如今鑑覺是自己佛，是尺寸語，是圖度語，似野干鳴，猶屬黐膠門。本來不認自知自覺是自己佛，向外馳求覓佛。假善知識説出自知自覺作藥，治箇向外馳求病。既不向外馳求，病瘥須除藥。若執住自知自覺，是禪那病，是徹底聲聞。如水成冰，全冰是水，救渴難望。亦云必死之病，世醫拱手。無始不是佛，莫作佛解。佛是衆生邊藥，無病不要喫，藥病俱消。喻如清水，佛似甘草和水，亦如蜜和水，極是甘美。若同清水邊數則不著。不是無，是本有。亦云此理是諸人本有。諸佛菩薩喚作示珠人，從來不是箇物。不用知渠解渠，不用是渠非渠。但割斷兩頭句，割斷有句不有句，割斷無句不無句。兩頭迹不現，兩頭提汝不著，量數管汝不得。不是欠少，不是具足。非凡非聖，非明非暗。不是有知，不是無知。不是繫縛，不是解脱。不是一切名目。何以不是？實語，若爲雕琢虛空作得佛相貌？若爲説道虛空是青黃赤白作得？如云法無有比，無可喻故。法身無爲，不墮諸數。故云聖體無名，不可説。如實理空門難湊，喻如太末蟲處處能泊，唯不能泊於火燄之上。衆生亦爾，處處能緣，唯不能緣於般若之上。參善知識，求覓一知一解，是善知識魔，生語見故。若發四弘誓願，願度一切衆生盡，然後我始成佛，是菩薩法智魔，誓願不相捨故。若持齋戒修禪學慧，是有漏善根，縱然坐道場示現成等正覺，度恒沙數人盡，證辟支佛果，是善根魔，起貪著故。若於諸法都無貪染，神理獨存，住甚深禪定，更不昇進，是三昧魔，久躭翫故。至上涅槃離欲寂靜，是魔業。若智慧脱若干魔網不去，縱解百本圍陁經盡，是地獄滓，若見如佛相似，無有是處。如今聞説，不著一切善惡有無等法，卽爲墮空，不知棄本逐末却是墮空也。求佛求菩提及一切有無等法，是棄本逐末。祇如今粗食助命，補破遮寒，渴則掬水喫，餘外但是一切有無等法都無纖毫繫念，此人漸有輕明分。善知識不執有不執無，脱得十句魔語出，語不繫縛人，所有言説，不自稱師説。如谷響言滿天下，無口過，堪依止。若道我能説能解，説我是和尚，汝是弟子，者箇同於魔説。無端説道目擊道存，是佛不是佛，是菩提涅槃解脱等；無端説一知一解，見舉一手豎一指，云是禪是道，者箇語繫縛人。未有住時祇是重增比丘繩索。縱然不説，亦有口過。寧作心師，不師於心。不了義教，有人天師，有導師；了義教中，不爲人天師，不師於法。未能依得玄鑑，且依得了義教，猶有相親分。若是不了義教，祇合聾俗人前説。祇如今但不依住一切有無諸法，亦不住無依住，亦不作不依住知解，是名大善知識。亦云唯佛一人是大善知識，爲無兩人。餘者盡名外道，亦名魔説。如今祇是説破兩頭句，一切有無境法但莫貪染，及解縛之事，無別語句教人。若道別有語句教人，別有法與人者，此名外道，亦名魔説。

須識了義教不了義教語，須識遮語不遮語，須識生死語，須識藥病語，須識逆順喻語，須識總別語。説道修行得佛，有修有證，是心是佛，卽心卽佛，是佛説，是不了義教語，是不遮語，是總語，是升合擔語，是揀穢法邊語，是順喻語，是死語，是凡夫前語。不許修行得佛，無修無證，非心非佛，佛亦是佛說，是了義教語，是遮語，是別語，是百石擔語，是三乘教外語，是逆喻語，是揀淨法邊語，是生語，是地位人前語。從須陁洹向上，直至十地，但有語句，盡屬法塵垢。但有語句，盡屬煩惱邊收。但有語句，盡屬不了義教。了義教是持，不了義教是犯。佛地無持犯，了義不了義教盡不許也。從苗辯地，從濁辯清。祇如今鑑覺，若從清邊數，鑑覺亦不是清，不鑑覺亦不是清，亦不是不清。亦不是聖，亦不是不聖，亦不是見水濁說水濁過患。水若清，都無可說，說却濁他水。若有無問之問，亦有無說之說。佛不爲佛說法，平等真如法界無佛，不度衆生。佛不住佛，名真福田。

須辯主客語。貪染一切有無境法，被一切有無境惑亂，自心是魔王，照用屬魔民。祇如今鑑覺，但不依住一切有無諸法、世間出世間法，亦不作不住知解，亦不依住無知解。自心是佛，照用屬菩薩心。心是主宰，照用屬客塵。如波說水，照萬像以無功。若能寂照不自玄旨，自然貫串於古今。如云：神無照功，至功常存。能一切處爲導師，衆生性識他，爲未曾踏佛階梯，是黐膠性。多時黏著有無諸法，乍喫玄旨藥不得，乍聞格外語他信不及。所以菩提樹下四十九日默然，思惟智慧，冥矇難說，無可比喻。說衆生有佛性，亦謗佛法僧，說衆生無佛性，亦謗佛法僧。若言有佛性，名執著謗。若言無佛性，名虛妄謗。如云：說佛性有，則增益謗。說佛性無，則損減謗。說佛性亦有亦無，則相違謗。說佛性非有非無，則戲論謗。始欲不說，衆生無解脱之期；始欲說之，衆生又隨語生解，益少損多。故云：「我寧不說法，疾入於涅槃。」向後返尋，過去諸佛皆說三乘之法。向後假說假立名字。本不是佛，向渠說是佛。

本不是菩提，向渠說是菩提涅槃解脫等。知渠擔百石擔不起，且與渠一升一合擔。知渠難信了義教，且與渠說不了義教。且得善法流行，亦勝於惡法。善果限滿，惡果便到。得佛則有衆生到，得涅槃則有生死到，得明則有暗到，但是有漏因果翻覆，無有不相酬獻者。若欲免見翻覆之事，但割斷兩頭句。量數管不著，不佛不衆生，不親不疏，不高不下，不平不等，不去不來。但不著文字，隔渠兩頭，捉汝不得，免苦樂相形，免明暗相酬。實理，真實亦不真實，虛妄亦不虛妄，不是量數物，喻如虛空不可修治。若心有少許作解，卽被量數管著。亦如封兆被金木水火土管，亦如黐膠五處俱黏。魔王捉得，自在還家。夫教語皆三句相連，初、中、後善。初直須教渠發善心，中破善心，後始名好善。菩薩卽非菩薩，是名菩薩法，非法非非法，總與麽也。若祇說一句，令衆生入地獄。若三句一時說，渠自入地獄，不干教主事。說到如今鑑覺是自己佛，是初善。不守住如今鑑覺，是中善。亦不作不守住知解，是後善。如前屬然燈後佛，祇是不凡亦不聖。莫錯說！佛非凡非聖。此土初祖云：「無能無聖爲佛聖。」若言佛聖者，亦非九品精靈龍畜等類，及釋梵已來，皆能通變。上品精靈，亦知今古百劫時事，豈得是佛！如阿修羅王身極長大，敵兩倍須彌山，與帝釋戰時，知力不如，領百萬兵衆入藕絲孔裏藏。通變辯才不少，他且不是佛教語，節級、奢緩、陞降不同。未悟未解時，名貪瞋。悟了，喚作佛慧。故云：「不異舊時人，祇異舊時行履處。」

問：「斬草伐木，掘地墾土，爲有罪報相否？」師云：「不得定言有罪，亦不得定言無罪。有罪無罪，事在當人。若貪染一切有無等法，有取捨心在，透三句不過，此人定言有罪。若透三句外，心如虛空，亦莫作虚空想，此人定言無罪。」又云：「罪若作了，道不見有罪，無有是處。若不作罪，道有罪，亦無有是處。如律中本迷煞人，及轉相煞，尚不得煞罪。何況禪宗下相承，心如虚空，不停留一物，亦無虚空相，將罪何處安著？亦云禪道不用修，但莫污染。亦云但融冶表裏心盡卽得。亦云但約照境，祇如今照一切有無等法，都無貪取，亦莫取著。亦云合與麽學，學似浣垢衣，衣是本有，垢是外來，聞説一切有無聲色如垢膩，都莫將心湊泊。菩提樹下三十二相、八十種好，屬色；十二分教，屬聲。祇如今截斷一切有無聲色流過，心如虚空相似。合與麽學，如救頭然始得。臨命終時尋舊熟路行尚不徹。到與麽時，新調始學，無有得期。臨終之時，盡是勝境現前，隨心所愛，重處先受。祇如今不作惡事，當此之時，亦無惡境，縱有惡境，亦變成好境。若怕臨終之時慞狂不得自由，卽須如今便自由始得。祇如今於一一境法都無愛染，亦莫依住知解，便是自由人。如今是因，臨終是果，果業已現，如何怕得！怕是古今。古若有今，今亦有古，古若有佛，今亦有佛。如今若得，直至未來際得。祇如今一念一念不被一切有無等法管，自古自今，佛祇是人，人祇是佛。亦是三昧定。不用將定入定，不用將禪想禪，不用將佛覓佛。如云：法不求法，法不得法，法不行法，法不見法，自然得法。不以得更得。所以菩薩應如是正念於法，磐然獨存，亦無知獨存之法智。性自如如，非因所置。亦名體結，亦名體集，不是智知，不是識識。絶思量處，凝寂體盡，忖度永亡。如海大流盡，波浪不復生。亦云如大海水，無風匝匝之波，忽知匝匝之波。此是細中之粗。亡知於知，還如細中之細，是佛境界。從此初知，名三昧之頂，亦名三昧王，亦名爾燄智。出生一切諸三昧，灌一切諸法王子頂，於一切色聲香味觸法刹土成等正覺，内外通達，悉無有閡。

一色一塵，一佛一色，一切佛一切色，一切塵一切佛，一切色聲香味觸法，亦復如是。一一偏滿一切刹土，此是細中之粗，是善境界，是一切上流。知覺聞見，亦是一切上流。出生入死，度一切有無等，是上流。所説亦是上流。涅槃是無上道，是無等等呪，是第一之説。於諸説中最爲甚深，無人能到。諸佛護念，猶如清波，能説一切水清濁深流廣大之用。諸佛護念，行住坐卧，若能如是，我時爲現清淨光明身。」又云：「如汝自等語等，我亦如然。一佛刹聲、一佛刹香、一佛刹味、一佛刹觸、一佛刹事，悉皆如是。從此上至蓮華藏世界，縱廣總皆如是。若守初知爲解，名頂結，亦名墮頂結，是一切塵勞之根本自生知見，無繩自縛，所知故繫。世有二十五，又散一切諸煩惱門縛著於他。此初知，二乘見之，名爲爾餤識，亦名微細煩惱。便卽斷除，既得除已，名爲回神住空窟，亦名三昧酒所醉，亦名解脱魔所縛。世界成壞，定力所持，漏向別國土，都不覺知，亦名解脱深坑。可畏之處，菩薩悉皆遠離，亦云失脚作轉輪王。令四天下人一日行十善，此福智猶不能算。自己鑑覺名王，緣念著有無諸法，名轉輪王。祇如今於藏腑中都不納一切有無等法，離四句外，名空空，名不死藥。爲唤前王，名不死藥。雖云不死藥，與王共服，亦非二物，亦非一物。若作一二解，亦名轉輪王。祇如今有人以福智四事供養四百萬億阿僧祇世界，六趣四生隨其所欲。滿八十年已後作是念，然此衆生皆已衰老。我當以佛法而訓導之，令得須陀洹果，乃至阿羅漢道。如是施主，但施衆生一切樂，具功德尚自無量，何況令得須陁洹果，乃至阿羅漢道。功德無量無邊，猶不如第五十人聞經隨喜功德。報恩經云：摩耶夫人生五百太子，盡得辟支佛果。而皆滅度，各各起塔供養，一一禮拜。歎言：不如生於一子，得無上菩提，省我心力！祇如今於百千萬衆中有一人得者，價直三千大千世界。所以常勸衆人須玄解自理。自理若玄，使得福智，如貴使賤，亦如無住車。若守此作解，名髻中珠，亦名有價寶珠，亦名運糞入。若不守此爲解，如王髻中明珠與之，亦名無價大寶，亦名運糞出。佛直是纏外人，却來纏内。與麽作佛？直是生死那邊人，直是玄絶那邊人，却來向者岸。與麽作佛？人及獼猴，俱不能行。人喻十地菩薩，獼猴喻凡夫。讀經看教，求一切知解，不是一向不許。解得三乘教，善得瓔珞莊嚴，具得三十二相窟宅，覓佛卽不得。教云：貪著小乘三藏學者，猶不許親近，何況自爲是破戒比丘、名字羅漢。涅槃經中被配入十六惡律儀中，同於畋獵漁捕爲利養故殺害。大乘、方等猶如甘露，亦如毒藥。消得去如甘露，消不去如毒藥。讀經看教，若不解他生死語，決定透他義句不過，莫讀最第一。亦云須看教，亦須參善知識，第一須自有眼，須辯他生死語始得。若辯白不得，決定透不過，衹是重增比丘繩索。所以教學玄旨人，不遣讀文字。如云：說體不說相，說義不說文，如是說者，名真說。若說文字，皆是誹謗，是名邪說。菩薩若說，當如法說，亦名真說。當令衆生持心不持事，持行不持法，說人不說字，說義不說文。說道欲界無禪，亦是帶一隻眼人語。既云欲界無禪，憑何得至色界？先因地上習二種定，然後得至初禪、有想定、無想定。有想定，生色界四禪等天。無想定，生無色界四空等天。欲界灼然無禪，禪是色界。」問：「如今說此土有禪，如何？」師云：「不動不禪，是如來禪，離生禪想。」問：「如何是有情無佛性，無情有佛性？」師云：「從人至佛是聖情執，從人至地獄是凡情執。衹如今但於凡聖二境有染愛心，是名有情無佛性。衹如今但於凡聖二境及一切有無諸法都無取捨心，亦無無取捨知解，是名無情有佛性。衹是無其情繫，故名無情，不同木石太虛黃華翠竹之無情，將爲有佛性。若言有者，何故經中不見受記而得成佛者？祇如今鑑覺，但不被有情改變，喻如翠竹。無不應機，無不知時，喻如黃華。」又云：「若踏佛階梯，無情有佛性。若未踏佛階梯，有情無佛性。」

古尊宿語録卷第二

大鑑下三世(百丈懷海大智禪師)語録之餘

百丈大智禪師。僧問:「大通智勝佛,十劫坐道場,佛法不現前,不得成佛道。如何?」師云:「劫者滯也,亦云住也。住一善,滯於十善。西國云佛,此土云覺,自己鑒覺。滯著於善,善根人無佛性。故云:『佛法不現前,不得成佛道。』觸惡住惡,名衆生覺。觸善住善,名聲聞覺。不住善惡二邊,不依住將爲是者,名二乘覺,亦名辟支佛覺。既不依住善惡二邊,亦不作不依住知解,名菩薩覺。既不依住,亦不作無依住知解,始得名爲佛覺。如云:佛不住佛,名真福田。若於千萬人中,忽有一人得者,名無價寶。能於一切處爲導師,無佛處云是佛,無法處云是法,無僧處云是僧,名轉大法輪。」

問:「從上祖宗,皆有密語遞相傳授。如何?」師云:「無有密語。如來無有祕密藏。祇如今鑑覺,語言分明,覓形相了不可得,是密語。從須陁洹向上,直至十地,但有語句,盡屬法之塵垢;但有語句,盡屬煩惱邊收;但有語句,盡屬不了義教;但有語句,盡不許也。了義教俱非也,更討什麼密語?」

問:「空生大覺中,如海一漚發。如何?」師云:「空喻於漚,海喻於性。自己靈覺之性過於虚空,故云空生大覺中,如海一漚發。」問:「伐林莫伐樹,如何?」師云:「林者喻於心,樹者喻於身。因説林故生怖，故云伐林莫伐樹。」

問：「語也垛生招箭。言既垛生，不得無患。患累既同，緇素何辯？」師云：「但却發箭途中相拄，如其相差，必有所傷。谷中尋響，累劫無形。響在口邊，得失在於來問。却問所歸，還被於箭。亦如知幻不是幻。三祖云：『不識玄旨，徒勞念靜。』亦云認物爲見。如持瓦礫，用將何爲？若言不見，木石何殊？是故見與不見，二俱有失。舉一例諸。」問：「本無煩惱三十二相，如何？」師云：「是佛邊事，本有煩惱，今有三十二相，祇如今凡情是。」問：「無邊身菩薩，不見如來頂相，如何？」師云：「爲作有邊見無邊見，所以不見如來頂相。祇如今都無一切有無等見，亦無無見，是名頂相現。」

問：「如今沙門，盡言我依佛教，學一經一論、一禪一律、一知一解，合受檀越四事供養，爲消得否？」師云：「但約如今照用，一聲一色，一香一味，於一切有無諸法，一一境上，都無纖塵取染，亦不依住無取染，亦無不依住知解，者箇人日食萬兩黄金，亦能消得。祇如今照一切有無等法，於六根門頭刮削併當貪愛，有纖毫治不去，乃至乞施主一粒米、一縷線，箇箇披毛戴角，牽犂負重，一一須償他始得。爲不依佛，佛是無著人，無求人，無依人，如今波波貪覓佛，盡皆背也。故云：『久親近於佛，不識於佛性，唯觀救世者，輪迴六趣中。久乃見佛者，爲説佛難值。』文殊是七佛祖師，亦云是娑婆世界第一主首菩薩。無端作見佛想聞法想，被佛威神力故，猶降二鐵圍山。不是不解，特與諸學人作標則，令諸後學人莫作與麽見聞。但無一切有無等法、有無等見，一一箇箇透過三句外，是名如意寶，是名寶華承足。若作佛見法見，但是一切有無等見，名眼翳，見所見故。亦名見纏，亦名見蓋，亦名見孽。祇如今念念及一切見聞覺知，及一切塵垢祛得盡，但是一塵一色總是一佛，但起一念總是一佛。三世五陰，念念誰知其數！是名佛。闔塞虚空，是名分身佛，是名寶塔。是以常歎言：嗟！見今日所依之命，依一顆米一莖菜，餉時不得食飢死，不得水渴死，不得火寒死。欠一日不生，欠一日不死，被四大把定。不如先達者入火不燒，入水不溺。倘要燒便燒，要溺便溺，要生卽生，要死卽死，去住自由，者箇人有自由分。心若不亂，不用求佛求菩提涅槃。若著佛求，屬貪，貪變成病，故云佛病最難治。謗佛毁法，乃可取食。食者是自己靈覺性、無漏飯、解脱食。此語治十地菩薩病，是從初至十地也。祇如今但有一切求心，盡名破戒比丘、名字羅漢，盡名野干，灼然銷他，供養不得。祇如今聞聲如響等，齅香如風等，離一切有無等法，亦不住於離，亦無不住知解，此人一切罪垢不能相累，爲求無上菩提涅槃故。名出家猶是邪願，況乎世間諍論，覓勝負，説我能我解！貪一門徒，愛一弟子，戀一住處，結一檀越，一衣一食，一名一利，又言我得一切無閡，祇是自誑。祇如今能於自己五陰不爲其主，被人割截，節節支解，都無怨吝之心，亦不煩惱。乃至自己弟子被人鞭打，從頭至足。如上一一等事，都無一念生彼我心，猶依住無一念將爲是，此名法塵垢，十地之人脱不去，流入生死河。所以常勸衆人，須懼法塵煩惱如懼三塗，乃有獨立分。假使有一法過於涅槃者，亦無少許生珍重想，此人步步是佛，不假脚踏蓮華，分身百億。祇如今於一切有無等法，有纖毫愛染心，縱然脚踏蓮華，亦同魔作。若執本清淨、本解脱，自是佛、自是禪道解者，卽屬自然外道。若執因緣修成證得者，卽屬因緣外道。執有，卽屬常見外道。執無，卽屬斷見外道。執亦有亦無，卽屬邊見外道。執非有非無，卽屬空見外道，亦云愚癡外道。祇如今但莫作佛見涅槃等見，都無一切有無等見，亦無無見，名正見。無一切聞，亦無無聞，名正聞。是名摧伏外道。無凡夫魔來，是大神呪。無二乘魔來，是大明呪。無菩薩魔來，是無上呪。乃至亦無佛魔來，是無等等呪。一變衆生諂曲修羅，二變二乘諂曲修羅，三變菩薩諂曲修羅，是三變淨土。但是一切有無凡聖等法喻如金鑛，自己如理喻如於金。金與鑛各相去離，真金露現。忽有人覓錢寶，變金爲錢與他。亦如麨體真正無諸沙鹵，有人乞餹，變麨爲餹與他。亦如智臣善解王意，王若行時，索僊陁婆卽便奉馬；食時，索僊陁婆卽便奉鹽。此等喻學玄旨人善能通達，應機不失，亦云六絶師子。誌公云：「隨人造作百變，十地菩薩不飢不飽，入水不溺，入火不燒。倘要燒且不可得燒，他被量數管定。佛則不與麽入火不燒，倘要燒便燒，要溺便溺。他使得四大風水自由。一切色是佛色，一切聲是佛聲。自己滓穢諂曲心盡，透過三句外，得説此語。菩薩清淨，弟子明白。所有言説，不執無有。一切照用，不拘清濁。有病不喫藥是愚人，無病喫藥是聲聞人。定執一法，名定性聲聞。一向多聞，名增上慢聲聞。知他，名有學聲聞。沈空滯寂及自知，名無學聲聞。貪瞋癡等是毒，十二分教是藥。毒未銷，藥不得除。無病喫藥，藥變成病。病去藥不消，不生不滅，是無常義。涅槃經云有三惡欲：一欲得四衆圍繞，二欲得一切人爲我門徒，三欲得一切人知我是聖人及阿羅漢。迦葉經云：一欲求見未來佛，二欲求轉輪王，三欲求刹利大姓，四欲得婆羅門大姓，乃至厭生死求涅槃。如是惡欲，先須斷之。祇如今但有取染動念，盡名惡欲，盡屬六天，總被波旬管。」

問：「二十年中常令除糞，如何？」師云：「但息一切有無知見，但息一切貪求，箇箇透過三句外，是名除糞。祇如今求佛求菩提，求一切有無等法，是名運糞入，不名運糞出。祇如今作佛見、作佛解，但有所見所求所著，盡名戲論之糞，亦名粗言，亦名死語。如云大海不宿死屍，等閑説話，不名戲論。説者辯清濁，名戲論。教文都總有二十一般空，淘擇衆生塵累。沙門持齋持戒，忍辱柔和，慈悲喜捨，尋常是僧家法則，會與麽會，宛然依佛教，祇是不許貪著依執。若希望得佛得菩提等法者，似手觸火。文殊云：『若起佛見法見，應當害己。』所以文殊執劍於瞿曇，鴦掘持刀於釋氏。如云菩薩行五無間而不入無間地獄，他是圓通無間，不同衆生五逆無間。從波旬直至佛，盡是垢膩，都無纖毫依執，如是名二乘道。況乎諍論覓勝負，説我能我解，祇名諍論僧，不名無爲僧。祇如今但不貪染一切有無諸法，是名無生，是名正信。信著一切法，名信。不具，亦名信不圓，亦名偏信。不具，故名一闡提。如今欲得驀直悟解，但人法俱泯，人法俱絶，人法俱空，透三句外，是名不墮諸數。人者是信，法者是戒施聞慧等。菩薩忍不成佛，忍不作衆生，忍不持戒、忍不破戒，故云不持不犯。智濁照清，慧清識濁。在佛名照慧，在菩薩名智，在二乘及衆生邊則名識，亦名煩惱。在佛名果中説因，在衆生名因中説果。在佛名轉法輪，在衆生名法輪轉。在菩薩名瓔珞莊嚴具，在衆生名五陰叢林。在佛名本地無明，是無明明，故云無明爲道體，不同衆生暗蔽無明。彼是所，此是能；彼是所聞，此是能聞。不一不異，不斷不常，不來不去，是生語句，是出轍語句。不明不暗，不佛不衆生，總與麽也。來去斷常、佛與衆生，是死語。偏不偏、同異、斷常等，是外道義。般若波羅蜜是自己佛性，亦云摩訶衍。摩訶是大義，衍是乘義。若守住自己知覺又成自然外道。不用守如今鑑覺，不用別求佛。若更別求，又屬因緣外道。此土初祖云：心有所是，必有所非。若貴一物則被一物惑，若重一物則被一物惑。信被信惑，不信又成謗。莫貴莫不貴，莫信莫不信。佛亦不是無爲，雖不是無爲，又不是冥寞，猶如虛空。佛是大心衆生，鑑覺多。鑑覺雖多，他鑑覺清淨，貪瞋鬼捉他不著。佛是纏外人，無纖毫愛取，亦無無愛取知解，是名具足六度萬行。若要莊嚴，具種種皆有。如不要他，不用亦不失他。使得因果福智自由是修行，非是執勞負重喚作修行。却不與麼。三身一體，一體三身。一者，法身實相佛。法身佛不明不暗，明暗屬幻化。實相由對虛得名，本無一切名目。如云佛身無爲，不墮諸數，成佛獻蓋等，是升合擔語。要從濁辯清得名，故云實相法身佛，是名清淨法身毗盧遮那佛，亦名虛空法身佛，亦名大圓鏡智，亦名第八識，亦名性宗，亦名空宗，亦名佛居不淨不穢土，亦名在窟師子，亦名金剛後得智，亦名無垢檀，亦名第一義空，亦名玄旨。三祖云：『不識玄旨，徒勞念靜。』二，報身佛。菩提樹下佛，亦名幻化佛，亦名相好佛，亦名應身佛，是名圓滿報身盧舍那佛，亦名平等性智，亦名第七識，亦名酬因答果佛。同五十二禪那數，同阿羅漢辟支佛，同一切菩薩等，同受生滅等苦，不同衆生繫業等苦。三，化身佛。祇如今於一切有無諸法都無貪染，亦無無染。離四句外，所有言説辯才名化身佛，是名千百億化身釋迦牟尼佛，亦名大神變，亦名遊戲神通，亦名妙觀察智，亦名第六識。供養者淨三業：前際無煩惱可斷，中際無自性可守，後際無佛可成，是三際斷，是三業清淨，是三輪空，是三檀空。云何比丘給侍於佛？所謂不漏六根者，亦名莊嚴空無諸漏，林樹莊嚴空無諸染，華果莊嚴空無佛眼，約修行人法眼，辯清濁亦不作辯清濁知解，是名乃至無眼。寶積經云：法身不可以見聞覺知求。非肉眼所見，以無色故。非天眼所見，以無妄故。非慧眼所見，以離相故。非法眼所見，以離諸行故。非佛眼所見，以離諸識故。若不作如是見，是名佛見。同色非形色，名真色。同空非太虛，名真空。色空亦是藥病相治語。法界觀云：「不可言即色不即色，亦不可言即空不即空。」眼耳鼻舌身意不納一切有無諸法，名轉入第七地。七地菩薩不退，七地向上三地菩薩心地明白易染，說火即燒。從色界向上布施是病，慳貪是藥。從色界向下慳貪是病，布施是藥。有作戒者割斷世間法，但不身手作無過，名無作戒，亦云無表戒，亦云無漏戒。但有舉心動念，盡名破戒。祇如今但不被一切有無諸境惑亂，亦不依住不惑亂，亦無不依住知解，是名徧學，是名勤護念，是名廣流布。未悟未解時名母，悟了名子。亦無無悟解知解，是名母子俱喪。無善纏，無惡纏，無佛纏，無衆生纏，量數亦然，乃至都無一切量數纏，故云佛是出纏過量人。貪愛知解義句，如母愛子，唯多與兒酥喫，消與不消都總不知。此語喻十地受人天尊貴煩惱，生色界無色界禪定福樂煩惱，不得自在神通、飛騰隱顯、徧至十方諸佛淨土聽法之煩惱，學慈悲喜捨因緣煩惱，學空平等中道煩惱，學三明六通四無閡煩惱，學大乘心發四弘誓願煩惱，初地二地三地四地明解煩惱，五地六地七地諸知見煩惱，八地九地十地菩薩雙照二諦煩惱，乃至學佛果百萬阿僧祇諸行煩惱。唯貪義句知解，不知却是繫縛煩惱，故云見河能漂香象。」問：「見否？」答曰：「見。」問：「見後如何？」答曰：「見無二。」「既云見無二，不以見見於見。若見更見，爲前見是？爲後見是？」「如云見見之時，見非是見，見猶離見，見不能及，所以不行見法，不行聞法，不行覺法，諸佛疾與授記。」難曰：「見既不是授記之言，復何用記？」師云：「先悟宗人不被一切有無諸法相拘，如浣垢衣，故云離相名佛。虛實盡不存，中旨獨玄玄，達一路同道，後進契其階，故云授記耳。無明爲父，貪愛爲母。自己是病，還醫自己是藥。自己是刀，還殺自己無明貪愛父母，故云殺父害母。一語類破一切法，喫非時食者，亦復如是。祇如今但是一切有無等法，盡是喫非時食，亦名惡食。是穢食置於寶器，是破戒，是妄語，是雜食。佛是無求人。如今貪求一切有無諸法，但是所有所作皆背也，却是謗佛。但有貪染，盡名授手。祇如今但不貪染，亦不依住不貪染，亦無不依住知解，是名般若火，是燒手指，是不惜軀命，是節節支解，是出世間，是掌世界於他方。祇如今若於十二分教及一切有無諸法，於藏腑中有纖毫停留，是不出網。但有所求所得，但有生心動念，盡名野干。祇如今於藏腑中都無所求，都無所得，此人是大施主，是師子吼。亦不依住無所得，亦無不依住知解，是名六絶師子。人我不生，諸惡不起，是納須彌於芥子中。不起一切貪瞋八風等，是悉能噏四大海水入口中。不受一切虛妄語言，是不入耳中。不令身起一切惡於人，是納一切火於腹中。祇如今於一一境不惑不亂不瞋不喜，於自己六根門頭刮削併當得淨潔，是無事人，勝一切知解頭陁精進，是名天眼，亦名了照爲眼，是名法界性，是作車載因果。佛出世度衆生，則前念不生，後念莫續。前念業謝，名度衆生。前念若瞋，即將喜藥治之，即名爲有佛度衆生。但是一切言教祇如治病，爲病不同，藥亦不同。所以有時說有佛，有時說無佛。實語治病，病若得瘥，箇箇是實語。治病若不瘥，箇箇是虛妄語。實語是虛妄，語生見故。虛妄是實語，斷衆生顛倒故。爲病是虛妄，祇有虛妄藥相治。佛出世度衆生，是九部教語，是不了義教語。瞋及喜病及藥，總是自己，更無兩人。何處有佛出世？何處有衆生可度？如經云：實無衆生得滅度者。亦云：不愛佛菩提，不貪染有無諸法，名爲度他；亦不守住自己，名爲自度。爲病不同，藥亦不同，處方不同，不得一向固執。依佛依菩提等法，盡是依方。故云至於智者，不得一向。教中所辯，喻於黄葉，亦如空拳誑小兒。若人不知此理，名同無明。如云行般若菩薩，不得取我語及依教敕。瞋如石頭，愛如河水。祇如今但無瞋無愛，是透山河石壁，直爲治聾俗病，多聞辯説治眼病。從人至佛是得，從人至地獄是失。是非亦然。三祖云：『得失是非，一時放却。』不執住一切有無諸法，是名不住有緣，亦不依住不依住，是名不住空忍。執自己是佛，自己是禪道解者，名内見；執因緣修證而成者，名外見。誌公云：『内見外見俱錯。』眼耳鼻舌各各不貪染一切有無諸法，是名受持四句偈，亦名四果六入無迹，亦名六通。祇如今但不被一切有無諸法閡，亦不依住不閡，亦無不依住知解，是名神通。不守此神通，是名無神通。如云無神通菩薩足迹不可尋，是佛向上人，最不可思議。人是自己，天是智照。讚即喜。喜者屬境，境是天，讚是人，人天交接，兩得相見。亦云淨智爲天，正智爲人。本不是佛，向渠説是佛，名體結。祇如今但莫作佛知解，亦無無不依住知解，是名滅結，亦名真如，亦名體如。求佛求菩提，名現身意。祇如今但有一切求心，盡名現身意。如云求菩提睢是勝求，重增塵累。求佛是佛衆。求一切有無諸法是衆生衆。祇如今鑑覺，但不依住一切有無諸法，是不入衆數。祇如今於一一聲香味觸法等不愛，於一一境不貪，但無十句濁心，是了因成佛。學文句覓解者，名緣因成佛。見佛知佛則得，説佛有知有見却是謗佛。若云佛知佛見、佛聞佛説即得。見火即得，火見即不得。如刀割物即得，物割刀即不得。知佛人、見佛人、聞佛人、説佛人，如恒河沙。是佛知、是佛見、是佛聞、是佛説，萬中無一。祇爲自無眼，依他作眼，教中喚作比量智。祇如今貪佛知解，亦是比量智。世間譬喻是順喻，不了義教是順喻，了義教是逆喻，捨頭目髓腦是逆喻，如今不愛佛菩提等法是逆喻。難捨喻於頭目髓腦。如照著一切有無境法名頭，被一切有無境法相撓著名手，都未照前境時名髓腦。聖地習凡因，佛入衆生中，同類誘引化導。同渠餓鬼肢節火然。與渠説般若波羅蜜，令渠發心。若一向在聖地，憑何得至彼共渠語？佛入諸類，與衆生作船筏，同渠受苦，無限勞極。佛入苦處，亦同衆生受苦。佛祇是去住自由，不同衆生。佛不是虛空，受苦何得不苦？若説不苦，此語違負。等閑莫説錯。説佛神通自在不自在，且慚愧人。不敢説佛是有爲是無爲，不敢説佛自由不自由。除讚藥方外，不欲得露現兩頭醜陋。教云：若人安佛菩提，置有所是邊，其人得大罪。亦云：如不識佛人前，向渠與麽説無過。如無漏牛乳能治有漏病。其牛者不在高原，不居下隰，此牛乳堪作藥。高原喻於佛，下隰喻於衆生。如云如來實智法身，又無此病，辯才無閡，昇騰自在，不生不滅。是名生老病死，疼痛瘤瘤，是暗。喫菌虀患痢疾而終，是暗爲藏明。頭迹明暗都遣，莫取無取，亦無無取。他不明不暗，王宫生，納耶輸陁羅，八相成道。聲聞外道，妄想所計。如云非雜食身，純陁云：我知如來決定不受不食。第一須具兩隻眼，照破兩頭事。莫祇帶一隻眼，向一邊行。卽有那箇邊到功德，天黑暗女相隨，有智主人，二俱不受。祇如今心如虛空相似，學始有所成。西國高祖云：『雪山喻大涅槃。』此土初祖云：『心心如木石。』三祖云：『兀爾忘緣。』曹谿云：『善惡都莫思量。』先師云：『如迷人不辯方所。』肇公云：『閉智塞聰，獨覺冥冥者矣。』文殊云：『心同虛空故，敬禮無所觀。甚深修多羅，不聞不受持。』祇如今但是一切有無諸法都不見不聞，六根杜塞，若能與麽學，與麽持經，始有修行分。者箇語逆耳苦口，可中與麽作得，至第二第三生，能向無佛處坐大道場，示現成等正覺，變惡爲善，變善爲惡，使惡法教化十地菩薩，使善法教化地獄餓鬼，能向明處解明縛，能向暗處解暗縛。撮金成土，撮土成金，百般作得，變弄自由。於恒沙世界外有求救者，婆伽婆即披三十二相現其人前，同渠語音，與渠説法，隨機感化，應物殊形，變現諸趣，離我我所，猶屬彼邊事，猶是小用，亦是佛事門中收。大用者，大身隱於無形，大音匿於希聲，如木中之火，如鐘皷之聲，因緣未具時，不可言其有無。傍報生天，棄之如涕唾。菩薩六度萬行，如乘死屍過岸，如在牢獄厠孔得出。佛披三十二相，相喚作垢膩之衣。亦云若説佛一向不受五陰，無有是處。佛不是虚空，何得一向不受？佛祇是去住自由，不同衆生從一天界至一天界，從一佛刹至一佛刹。諸佛常法。又云若據三乘教，受他信施供養，他在地獄中，菩薩行慈悲，同類化導報恩，不可常在涅槃。又云如火見火，但莫手觸，火不燒人。祇如今但無十句：濁心、貪心、愛心、染心、瞋心、報心、住心、依心、著心、取心、戀心。但是一句各有三句，箇箇透過三句外。但是一切照用，任聽縱横。但是一切舉動施爲，語默啼笑，盡是佛慧。」

大鑑下四世（黄檗希運斷際禪師）

筠州黄檗斷際禪師，諱希運，乃福州人也。師初到洛京，行乞吟添鉢聲，有一嫗出林扉間云：「太無厭生。」師云：「汝猶未施，責我無厭，何耶？」嫗笑而掩扉。師異之。進而與語，多所發。檗須臾辭去。

嫗告之曰：「可往南昌見馬大師。」師至南昌，大師已遷寂。聞塔於石門，遂往瞻禮。時百丈大智禪師廬于塔傍，師序其遠來之意，願聞平日得力句。百丈乃問：「巍巍堂堂從何方來？」師曰：「巍巍堂堂從嶺南來。」丈曰：「巍巍堂堂當爲何事？」師曰：「巍巍堂堂不爲別事。」便禮拜。又舉「我再參馬大師侍立次，大師顧繩牀角拂子。我問：『卽此用，離此用？』大師云：『汝他後開兩片皮，將何爲人？』我取拂子豎起，大師云：『卽此用，離此用？』我掛拂子舊處，被大師震威一喝，我直得三日耳聾。」師聞是語，不覺吐舌。丈云：「子已後莫承嗣馬大師去否？」師云：「不然。今日因師舉得，見馬祖大機大用，且不識馬祖，若嗣馬祖，已後喪我兒孫。」丈云：「見與師齊，減師半德。子甚有超師之作。」

百丈一日問師：「甚處來？」師云：「大雄山下採菌子來。」丈云：「還見大蟲麽？」師作大蟲聲。丈拈斧作斫勢。師與丈一掌。丈吟吟而笑，卽歸，上堂云：「大雄山下有一大蟲，汝等諸人也須好看。百丈老漢今日親遭一口。」師在百丈普請開田次，丈問：「運闍黎開田不易。」師云：「隨衆作務。」丈云：「有煩道用？」師云：「爭敢辭勞！」丈云：「開得多少田？」師將钁築地三下，丈便喝，師掩耳而去。師問百丈：「從上宗乘如何指示於人？」丈據坐。師云：「後代兒孫將何傳受？」丈云：「我將謂你是箇人。」便起去。

南泉問師：「黃金爲城白銀爲壁，是甚麽人居止處？」師云：「聖人居止處。」泉云：「更有一人居何國土？」師近前叉手而立。泉云：「道不得，何不請王老師道！」師云：「更有一人居何國土？」泉云：「可惜許。」

師上堂，大衆纔集，師拈拄杖一時打散。復召大衆，衆回首。師云：「月似彎弓，少雨多風。」師一日捏拳謂衆云：「天下老和尚總在這裏。我若放一線道，從汝七縱八横；若不放過，不消一捏。」時有僧問：「放一線道時如何？」師云：「七縱八横。」云：「不放過時如何？」師云：「普。」

裴相國一日請師至郡，以所解一編示師。師接置於座，略不披閲，良久曰：「會麽？」裴曰：「未測。」

師曰：「若便恁麽會得，猶較些子。若也形於紙墨，何有吾宗！」裴乃贈詩一章曰：「自從大士傳心印，額有圓珠七尺身。掛錫十年棲蜀水，浮杯今日渡漳濱。一千龍象隨高步，萬里香華結勝因。擬欲事師爲弟子，不知將法付何人。」師亦無喜色。自爾，黄檗門風盛于江表矣。

問：「如何是道？如何修行？」師云：「道是何物，汝欲修行？」問：「諸方宗師相承，參禪學道，如何？」師云：「接引鈍根人語，未可依憑。」云：「此既是接引鈍根人語。未審接上根人復説何法？」師云：「若是上根人，何處更就他覓！他自己尚不可得，何況更别有法當情！不見教中云：法法何狀！」云：「若如此，則都不要求覓也？」師云：「若與麽，則省心力。」云：「如是則渾成斷絶，不可是無也？」師云：「阿誰教他無？他是阿誰，你擬覓他？」云：「既不許覓，何故又言莫斷他？」師云：「若不覓卽便休。誰教你斷？你見目前虚空作麽生斷他？」云：「此法可得便同虚空否？」師云：「虚空，早晚向你道有同有異，我暫如此説，你便向者裏生解。」云：「應是不與人生解耶。」師云：「我不曾障你，要且解，屬於情。情生則智隔。」云：「向者裏莫生情是否？」師云：「若不生情，阿誰道是？」

問：「纔向和尚處發言，爲什麽便道話墮？」師云：「汝自是不解語人，有什麽墮負？」問：「向來如許多言説，皆是抵敵語，未曾有實法指示於人。」師云：「實法無顛倒，汝今問處自生顛倒。覓什麽實法？」

云：「既是問處自生顛倒，和尚答處如何？」師云：「你且將物照面看，莫管他人。」又云：「只如箇癡狗相似，見物動處便吠，風吹草木也不別。」又云：「我此禪宗從上相承已來，不曾教人求知求解，祇云學道早是接引之詞。然道亦不可學。情存學者却成迷道。道無方所，名大乘心。此心不在內外中間，實無方所。第一不得作知解，祇是説汝如今情量處爲道。情量若盡，心無方所。此道天真，本無名字。祇爲世人不識，迷在情中。所以諸佛出來説破此事，恐你諸人不了，權立道名，不可守名而生解。故云得魚忘筌，身心自然達道。識心達本源，故號爲沙門。沙門果者，從息慮而成，不從學得。汝今如將心求心，傍他家舍，祇擬學取，有什麼得時？古人心利，纔聞一言，便乃絶學，所以喚作絶學無爲閑道人。今時人祇欲得多知多解，廣求文義，喚作修行。不知多知多解翻成壅塞。唯知多與兒酥乳喫，消與不消都總不知。三乘學道人皆是此樣，盡名食不消者。所謂知解不消，皆爲毒藥，盡向生滅中取。真如之中都無此事，故云我王庫內無如是刀。從前所有一切解處盡須併却，令空即是空如來藏。如來藏者，更無纖塵可有，即是破有法王出現世間，亦云我於然燈佛所無少法可得。此語祇爲空你情解知量，但消融表裏情盡，都無依執，是無事人。三乘教網祇是應機之藥，隨宜所説，臨時施設，各各不同。但能了知，即不被惑。第一不得於一機一教邊守文作解。何以如此？實無有定法如來可説。我此宗門，不論此事。但知息心即休，更不用思前慮後。」

問：「從上來皆云即心是佛，未審即那箇心是佛？」師云：「你有幾箇心？」云：「爲復即凡心是佛，即聖是佛？」師云：「何處有凡聖心耶？」云：「即今三乘中説有凡聖，和尚何得言無？」師云：「三乘中分明向你道凡聖心是妄，你今不解，返執爲有，將空作實，豈不是妄！妄故迷心。汝但除卻凡情聖境，心外更無别佛。祖師西來，直指一切人全體是佛。汝今不識，執凡執聖，向外馳騁，還自迷心。所以向汝道卽心是佛，一念情生卽墮異趣。無始已來，不異今日，無有異法。故名成等正覺。」云：「和尚所言卽者，是何道理？」師云：「覓什麼道理！纔有道理，便卽心異。」云：「前言無始已來不異今日，此理如何？」師云：「祇爲覓故，汝自異他。汝若不覓，何處有異！」云：「既是不異，何更用説卽？」師云：「汝若不認凡聖，阿誰向汝道卽？卽若不卽，心亦不心，可中心卽俱忘，阿你更擬向何處覓去？」

問：「妄能障自心，未審而今以何遣妄。」師云：「起妄遣妄亦成妄。妄本無根，祇因分别而有。你但於凡聖兩處情莫計念，自然無妄。更擬若爲遣他，都不得有纖毫依執，名爲我捨兩臂，必當得佛。」云：「既無依執，當何相承？」師云：「以心傳心。」云：「若心相傳，云何言心亦無？」師云：「不得一法，名爲傳心。若了此心，卽是無心無法。」云：「若無心無法，云何名傳？」師云：「汝聞道傳心，將謂有可得也，所以祖師云：『認得心性時，可説不思議。了了無所得，得時不説知。』此事若教會，何堪也！」問：「祇如目前虚空可不是境，豈無指境見心乎？」師云：「什麼心教汝向境上見？設汝見得，祇是箇照境底心。如人以鏡照面，縱然得見眉目分明，元來祇是影像，何關汝事？」云：「若不因照，何時得見？」師云：「若也涉因，常須假物，有什麼了時？汝不見他向汝道：撒手似君無一物，徒勞謾説數千般。」云：「他若識了，照亦無物耶？」師云：「若是無物，更何用照？你莫開眼寱語去！」

上堂云：「百種多知，不如無求最第一也。道人是無事人，實無許多般心，無事亦無，散去！」問：「如何是世諦？」師云：「説葛藤作什麼？本來清淨，何假言説問答！但無一切心，卽名無漏智。汝每日行住坐卧、一切言語，但莫著有爲法。出言瞬目，盡同無漏。如今末法向去多是學禪道者，皆著一切聲色。何不與我心心同虚空去，如枯木石頭去，如寒灰死火去，方有少分相應。若不如是，他日盡被閻老子拷你在。你但離却有無諸法，心如日輪，常在虚空，光明自然，不照而照。不是省力底事。到此之時，無棲泊處，卽是行諸佛路，便是應無所住而生其心。此是你清淨法身，名爲阿耨菩提。若不會此意，縱你學得多知、勤苦修行、草衣木食，不識自心，盡名邪行，定作天魔眷屬。如此修行，當復何益！故誌公云：『佛本是自心作，那得向文字中求？』假饒你學得三賢四果、十地滿心，也祇是在凡聖内坐。不見道：諸行無常是生滅法。勢力盡，箭還墜，招得來生不如意，争似無爲實相門，一超直入如來地。爲你不是與麼人，須要向古人建化門廣學知解。誌公云：『不逢出世明師，枉服大乘法藥。』你如今一切時中行住坐卧，但學無心，久久雖實，爲你力量小，不能頓超。但得三年五年或十年，須得箇入處，自然會去。爲汝不能如是，須要將心學禪學道，佛法有什麼交涉！故云：如來所説，皆爲化人。如將黄葉爲金，止小兒啼，決定不實。若有實得，非我宗門下客，且與你本體有甚交涉！故經云：『實無少法可得，名爲阿耨菩提。』若也會得此意，方知佛道魔道俱錯。本來清淨，皎皎地，無方圓、無大小、無長短等相。無漏無爲、無迷無悟，了了見無一物。亦無人、亦無佛，大千沙界海中漚，一切聖賢如電拂，一切不如心真實。法身從古至今與佛祖一般，何處欠少一毫毛！既會如是意，大須努力！盡今生去，出息不保入息。」

問：「六祖不會經書，何得傳衣爲祖？秀上座是五百人首座，爲教授師，講得三十二本經論，云何不傳衣？」師云：「爲他有心，是有爲法，所修所證將爲是也。所以五祖付六祖。六祖當時祇是默契，得密授如來甚深意，所以付法與他。汝不見道：『法本法無法，無法法亦法，今付無法時，法法何曾法！』若會此意，方名出家兒，方好修行。若不信，云何明上座走來大庾嶺頭尋六祖，六祖便問：『汝來求何事？爲求衣、爲求法？』明上座云：『不爲衣來，但爲法來。』六祖云：『汝且暫時斂念，善惡都莫思量。』明上座乃稟言。六祖云：『不思善，不思惡，正當與麽時，還我明上座父母未生時面目來！』明上座於言下忽然默契。便禮拜云：『如人飲水，冷暖自知。某甲在五祖會中枉用三十年功夫，今日方知不是。』六祖云：『如是。』到此之時，方知祖師西來，直指人心，見性成佛，不在言説。豈不見阿難問迦葉云：『世尊傳金襴外，别傳何法？』迦葉召阿難，阿難應諾。迦葉云：『倒卻門前刹竿著。』此便是祖師之標牓也。甚生阿難，三十年爲侍者，祇爲多聞智慧，被佛呵云：『汝千日學慧，不如一日學道。若不學道，滴水也難消。』夫出家人，須知有從上來事分始得。且如四祖下牛頭横説豎説，猶未知向上關棙子。有此眼目，方辯得邪正宗黨。且當人事宜不能體會得，但知學言語，念向皮袋裏安著，到處稱我會禪，還替得汝生死麽？輕忽老宿，入地獄如箭。我纔見汝入門來，便識得了也。還知麽？急須努力！莫容易事，持片衣口食空過一生。明眼人笑汝，久後總被俗漢算將去在。宜自看遠近，是阿誰面上事。若會卽便會，若不會卽散去。珍重！」問：「如何是西來意？」師便打。自餘施設，皆被上機。中下之流，莫窺涯涘。

唐大中年終於本山，謚斷際禪師，塔曰廣業。

古尊宿語録卷第三

黄檗(希運)斷際禪師宛陵録

丞相裴公問曰:「山中四五百人,幾人得和尚法?」師云:「得者莫測其數。何故?道在心悟,豈在言説!言説祇是化童蒙耳。」問:「如何是佛?」師云:「卽心是佛,無心是道。但無生心動念、有無長短、彼我、能所等心。心本是佛,佛本是心。心如虚空,所以云佛真法身猶如虚空。不用別求,有求皆苦。設使恒沙劫數行六度萬行,得佛菩提,亦非究竟。何以故?爲屬因緣造作故。因緣若盡,還歸無常。所以云:報化非真佛,亦非説法者,但識自心,無我無人,本來是佛。」問:「聖人無心卽是佛,凡夫無心莫沉空寂否?」師云:「法無凡聖,亦無沉寂。法本不有,莫作無見。法本不無,莫作有見。有之與無,盡是情見,猶如幻翳。所以云:見聞如幻翳,知覺乃衆生。祖宗門中,祇論息機忘見。所以忘機則佛道隆,分別則魔軍熾。」

問:「心既本來是佛,還修六度萬行否?」師云:「悟在於心,非關六度萬行。六度萬行,盡是化門接物度生邊事。設使菩提真如實際解脱法身,直至十地四果聖位,盡是度門,非關佛心。心卽是佛,所以一切諸度門中佛心第一。但無生死煩惱等心,卽不用菩提等法。所以道:『佛説一切法,度我一切心。我無一切心,何用一切法!』從佛至祖,並不論別事,唯論一心,亦云一乘。所以十方諦求,更無餘乘。此衆無枝葉，唯有諸真實。所以此意難信。達磨來此土，梁魏二國祇有可大師一人密信自心，言下便會。卽心是佛，身心俱無，是名大道。大道本來平等，所以深信含生同一真性。心性不異，卽性卽心。心不異性，名之爲祖。所以云：『認得心性時，可說不思議。』」

問：「佛度衆生否？」師云：「實無衆生如來度者。我尚不可得，非我何可得？佛與衆生，皆不可得。」云：「現有三十二相及度衆生，何得言無？」師云：「凡所有相，皆是虛妄。若見諸相非相，卽見如來。佛與衆生，盡是汝作妄見。祇爲不識本心，謾作見解。纔作佛見，便被佛障。纔作衆生見，便被衆生障。作凡作聖、作淨作穢等見，盡成其障，障汝心故，總成輪轉，猶如獼猴放一捉一，無有歇期。一等是學直須無學，無凡無聖、無淨無垢、無大無小、無漏無爲。如是一心中，方便勤莊嚴。聽汝學得三乘十二分教，有一切見解，總須捨卻。所以除去所有，唯置一牀，寢疾而卧。祇是不起諸見，無一法可得，不被法障，透脫三界凡聖境域，始得名爲出世佛。所以云：稽首如虛空，空無所依。出過外道，心既不異，法亦不異。心既無爲，法亦無爲。萬法盡由心變。所以我心空故諸法空，千品萬類悉皆同。盡十方空界同一心體，心本不異，法亦不異。祇爲汝見解不同，譬如諸天同寶器食，隨其福德，飯色有異。十方諸佛，實無少法可得，名爲阿耨菩提。祇是一心，實無異相。亦無光彩，亦無勝負。無勝故無佛相，無負故無衆生相。」云：「心既無相，豈得全無三十二相、八十種好、化度衆生耶？」師云：「三十二相屬相。凡所有相，皆是虛妄。八十種好屬色，若以色見我，是人行邪道，不能見如來。」

問：「佛性與衆生性，爲同爲別？」師云：「性無同異。若約三乘教，卽說有佛性有衆生性，遂有三乘因果，卽有同異。若約佛乘及祖師相傳，卽不說如是事，唯指一心，非同非異，非因非果。所以云：『唯此一乘道，無二亦無三，除佛方便說。』」

問：「無邊身菩薩爲什麽不見如來頂相？」師云：「實無可見。何以故？無邊身菩薩便是如來，不應更見。祇教汝不作佛見，不落佛邊。不作衆生見，不落衆生邊。不作有見，不落有邊。不作無見，不落無邊。不作凡見，不落凡邊。不作聖見，不落聖邊。但無諸見，卽是無邊身。若有見處，卽名外道。外道者，樂於諸見。菩薩於諸見而不動。如來者，卽諸法如義。所以云：彌勒亦如也，衆聖賢亦如也。如卽無生，如卽無滅，如卽無見，如卽無聞。如來頂卽圓，亦無無圓。無圓見，故不落圓邊。所以佛身無爲，不墮諸數。權以虛空爲喻，圓同太虛，無欠無餘。等閑無事，莫强辯他境，辯著便成識。所以云：圓成沉識海，流轉若飄蓬。祇道我知也、學得也、契悟也、解脫也、有道理也，强處卽喜，弱處生瞋，似者箇見解，有什麽用處？我向汝道：等閑無事，莫謾用心，不用求眞，唯須息見。所以內見外見俱錯，佛道魔道俱惡。所以文殊暫起二見，貶向二鐵圍山。文殊卽實智，普賢卽權智。權實相對治，究竟亦無權實。唯是一心。心且不佛不衆生，無有異見。纔有佛見，便作衆生見。有見無見、常見斷見，便成二鐵圍山，被見障故。祖師直指一切衆生本心本體，本來是佛，不假修成、不屬漸次、不是明暗。不是明故無明，不是暗故無暗。所以無無明，亦無無明盡。入我此宗門，切須在意。如此見得，名之爲法。見法故，名之爲佛。佛法俱無，名之爲僧，喚作無爲僧，亦名一體三寶。夫求法者，不著佛求，不著法求，不著衆求，應無所求。不著佛求，故無佛。不著法求，故無法。不著衆求，故無僧。」

問：「和尚見今説法，何得言無僧亦無法？」師云：「汝若見有法可説，卽是以音聲求我。若見有我，卽是處所。法亦無法，法卽是心。所以祖師云：『付此心法時，法法何曾法？無法無本心，始解心心法。』實無一法可得，名坐道場。道場者，祇是不起諸見。悟法本空，喚作空如來藏。本來無一物，何處有塵埃！若得此中意，逍遥何所論！」問：「本來無一物，無物便是否？」師云：「無亦不是。菩提無是處，亦無無知解。」

問：「何者是佛？」師云：「汝心是佛，佛卽是心，心佛不異，故云卽心卽佛。若離於心，别更無佛。」云：「若自心是佛，祖師西來，如何傳授？」師云：「祖師西來，唯傳心佛。直指汝等心，本來是佛。心心不異，故名爲祖。若直下見此意，卽頓超三乘一切諸位，本來是佛，不假修成。」云：「若如此，十方諸佛出世，説於何法？」師云：「十方諸佛出世，祇共説一心法。所以佛密付與摩訶大迦葉。此一心法體盡虚空、徧法界，名爲諸佛理論。者箇法，豈是汝於言句上解得他！亦不是於一機一境上見得他。此意唯是默契得。者一門名爲無爲法門。若欲會得，但知無心忽悟卽得。若用心擬學取，卽轉遠法〔一〕。若無歧路心、一切取捨心，心如木石，始有學道分。」云：「如今現有種種妄念，何以言無？」師云：「妄本無體，卽是汝心所起。汝若識心是佛、心本無妄，那得起心更認於妄？汝若不生心動念，自然無妄。所以云：『心生則種種法生，心滅則種種法滅。』」「今正妄念起時，佛在何處？」師云：「汝今覺妄起時，覺正是佛。可中若無妄念，佛亦無。何故如此？爲汝起心作佛見，便謂有佛可成；作衆生見，便謂有衆生可度。起

〔一〕「法」，疑作「去」。

心動念，總是汝見處。若無一切見，佛有何處所？如文殊纔起佛見，便貶向二鐵圍山。」云：「今正悟時，佛在何處？」師云：「問從何來？覺從何起？語默動靜、一切聲色，盡是佛事，何處覓佛？不可更頭上安頭，嘴上加嘴。但莫生異見，山是山，水是水，僧是僧，俗是俗，山河大地，日月星辰，總不出汝心。三千世界，都來是汝箇自己。何處有多般？心外無法，滿目青山。虛空世界，皎皎地無絲髮許與汝作見解。所以一切聲色是佛之惠。法不孤起，仗境方生。爲物之故，有其多智。終日説，何曾説？終日聞，何曾聞？所以釋迦四十九年説，未曾説著一字。」云：「若如此，何處是菩提？」師云：「菩提無是處，佛亦不得菩提，衆生亦不失菩提。不可以身得，不可以心求。一切衆生卽菩提相。」云：「如何發菩提心？」師云：「菩提無所得，你今但發無所得心，決定不得一法，卽菩提心。菩提無住處，是故無有得者。故云：『我於然燈佛所，無有少法可得。佛卽與我授記。』明知一切衆生本是菩提，不應更得菩提。你今聞發菩提心，謂將一箇心學取佛去。唯擬作佛道，任汝三祇劫修，亦祇得箇報化佛，與你本源真性佛有何交涉？故云：『外求有相佛，與汝不相似。』」

問：「本既是佛，那得更有四生六道種種形貌不同？」師云：「諸佛體圓，更無增減。流入六道，處處皆圓。萬類之中，箇箇是佛。譬如一團水銀分散諸處，顆顆皆圓。若不分時，祇是一塊。此一卽一切，一切卽一。種種形貌，喻如屋舍。捨驢屋入人屋，捨人身至天身，乃至聲聞、緣覺、菩薩、佛屋，皆是汝取捨處，所以有別。本源之性，何得有別？」

問：「何者是精進？」師云：「身心不起，是名第一牢強精進。纔起心向外求者，名爲歌利王愛遊獵去。心不外遊，即是忍辱僊人。身心俱無，即是佛道。』問：「若無心行此道，得否？」師云：「無心即便是行此道，更說什麽得與不得！且如暫起一念，便是境。若無一念，便是境忘心自滅，無復可追尋。」

問：「如何是出三界？」師云：「善惡都莫思量，當處便出三界。如來出世，爲破三有。若無一切心，三界亦非有。如一微塵破爲百分，九十九分是無，一分是有，摩訶衍不能勝出。百分俱無，摩訶衍始能勝出。」

上堂云：「即心是佛。上至諸佛，下至蠢動含靈，皆有佛性，同一心體。所以達磨從西天來，唯傳一心法，直指一切衆生本來是佛，不假修行。但如今識取自心，見自本性，更莫別求。云何識自心？即如今言語者正是汝心。若不言語，又不作用，心體如虛空相似，無有相貌，亦無方所。亦不一向是無，有而不可見故。祖師云：『真性心地藏，無頭亦無尾。應緣而化物，方便呼爲智。』若應緣之時，不可言其有無。正應之時，亦無踪跡。既知如此，如今但向無中棲泊，即是行諸佛路。經云：『應無所住而生其心。』一切衆生輪迴不息生死者，意緣走作心於六道不停，致使受種種苦。淨名云：『難化之人，心如猿猴。』故以若干種法制禦其心，然後調伏。所以心生種種法生，心滅種種法滅。故知一切諸法皆由心造，乃至人天六道、地獄修羅，盡由心造。如今但學無心，頓息諸緣，莫生妄想分別。無人無我、無貪瞋、無憎愛、無勝負，但除卻如許多種妄想，性自本來清淨，即是修行菩提法佛等。若不會此意，縱你廣學、勤苦修行、木食草衣，不識自心，皆名邪行，盡作天魔外道、水陸諸神。如此修行，當復何益？誌公云：『本體是自心作，那得文字中求！』如今但識自心，息卻思惟妄想，塵勞自然不生。淨名云：『唯置一牀，寢疾而卧，心不起也。』如人卧疾，攀緣都息，妄想歇滅，即是菩提。如今若心裏紛紛不定，任你學到三乘四果、十地諸位，合殺祇向凡聖中坐，諸行盡歸無常，勢力皆有盡期。猶如箭射於空，力盡還墜，卻歸生死輪迴。如斯修行，不解佛意，虚受辛苦，豈非大錯！誌公云：『未逢出世明師，枉服大乘法藥。』如今但一切時中，行住坐卧但學無心，亦無分別，亦無依倚，亦無住著。終日任運騰騰，如癡人相似。世人盡不識你，你亦不用教人識。不識之心如頑石頭，都無縫罅。一切法透汝心不入，兀然無著，如此始有少分相應。透得三界境過，名爲佛出世。不漏心相，名爲無漏智。不作人天業、不作地獄業、不起一切心，諸緣盡不生，即此身心是自由人。不是一向不生，祇是隨意而生。經云：『菩薩有意，生身是也。』忽若未會，無心著相，皆屬魔業。乃至作淨土佛事，並皆成業，乃名佛障，障汝心故。被因果管束，去住無自由分。所以菩提等法本不是有，如來所説皆是化人。猶如黄葉爲金錢，權止小兒啼。故實無有法，名阿耨菩提。如今既會此意，何用驅驅！但隨緣消舊業，更莫造新殃。心裏明明，所以舊時見解，總須捨卻。淨名云：『除去所有。』法華云：『二十年中常令除糞。』祇是除去心中作見解處。又云：『蠲除戲論之糞。』所以如來藏本自空寂，祇是並不停留一法。故經云：『諸佛國土，亦復皆空。』若言佛道是修學而得，如此見解，全無交涉。或作一機一境，揚眉動目，祇對相當，便道契會也，得證悟禪理也。忽逢一人不解，便道都無所知。對他若得道理，心中便歡喜。若被他折伏，不如他，便卽心懷惆悵。如此心意學禪，有何交涉？任汝會得少許道理，祇得箇心所法，禪道總没交涉。所以達磨面壁，都不令人有見處。故云：『忘機是佛道，分别是魔境。』此性，縱汝迷時亦不失，悟時亦不得。天真自性，本無迷悟。盡十方虛空界，元來是我一心體。縱汝動用造作，豈離虛空！虛空本來無大無小、無漏無爲、無迷無悟，了了見無一物，亦無人，亦無佛，絶纖毫的量；是無依倚、無黏綴，一道清流；是自性、是無生法忍。何有擬議！真佛無口，不解説法。真聽無耳，其誰聞乎！珍重！」

有僧辭歸宗，宗云：「往甚處去。」云：「諸方學五味禪去。」宗云：「諸方有五味禪，我者裏祇是一味禪。」云：「如何是一味禪？」宗便打。僧云：「會也，會也。」宗云：「道！道！」僧擬開口，宗又打。其僧後到師處。師問：「甚麽處來？」云：「歸宗來。」師云：「歸宗有何言句？」僧遂舉前話。師乃上堂舉此因緣云：「馬大師出八十四人善知識，問著箇箇屙漉漉地。祇有歸宗較些子。」

師在鹽官會裏，大中帝爲沙彌。師於佛殿上禮佛，沙彌云：「不著佛求，不著法求，不著衆求。長老禮拜，當何所求？」師云：「不著佛求、不著法求、不著衆求，常禮如是事。」沙彌云：「用禮何爲？」師便掌。沙彌云：「太粗生！」師云：「者裏是什麽所在？説粗説細！」隨後又掌。沙彌便走。

師行脚時到南泉。一日齋時，捧鉢向南泉位上坐。南泉下來見便問：「長老什麽年中行道？」師云：「威音王已前。」南泉云：「猶是王老師孫在。」師便下去。師一日在茶堂内坐，南泉下來問：「定慧等學，明見佛性，此理如何？」師云：「十二時中不依倚一物。」泉云：「莫便是長老見處麽？」師云：「不敢。」泉云：「漿水錢且置，草鞋錢教什麽人還？」師便休。後潙山舉此因緣問仰山：「莫是黄檗搆他南泉不得麽？」仰山云：「不然。須知黄檗有陷虎之機。」潙山云：「子見處得與麽長。」

一日五人新到，同時相看。一人不禮拜，以手畫一圓相而立。師云：「還知道好隻獵犬麽？」云：「尋羚羊氣來。」師云：「羚羊無氣，汝向什麽處尋？」云：「尋羚羊蹤來。」師云：「羚羊無踪，汝向什麽處尋？」云：「尋羚羊跡來。」師云：「羚羊無跡，汝向什麽處尋？」云：「與麽則死羚羊也。」師便休。來日陞座退，問：「昨日尋羚羊僧出來！」其僧便出。師云：「老僧昨日後頭未有語在，作麽生？」其僧無語。師云：「將謂是本色衲僧，元來祇是義學沙門。」師曾散衆在洪州開元寺。裴相公一日入寺行次，見壁畫，乃問寺主：「者畫是什麽？」寺主云：「畫高僧。」相公云：「形影在者裏，高僧在什麽處？」寺主無對。相公云：「是間莫有禪僧麽？」寺主云：「有一人。」相公遂請師相見，乃舉前話問師。師召云：「裴休！」休應諾。師云：「在什麽處？」相公於言下有省，乃再請師開堂。

夫學道者，先須併卻雜學諸緣，決定不求，決定不著。聞甚深法，恰似清風屆耳，瞥然而過，更不追尋，是爲甚深。入如來禪，離生禪想。從上祖師唯傳一心，更無二法。指心是佛，頓超等妙二覺之表，決定不流至第二念，始似入我宗門。如斯之法，汝取次人到者裏擬作麽生學？所以道：擬心時被擬心魔縛，非擬心時又被非擬心魔縛，非非擬心時又被非非擬心魔縛。非外來，出自你心。唯有無神通菩薩足跡不可尋。若以一切時中心有常見，卽是常見外道。若觀一切法空，作空見者，卽是斷見外道。所以三界唯心，萬法唯識。此猶是對外道邪見人說。若說法身以爲極果，此對三賢十聖人言。故佛斷二愚：一者微細所知愚，二者極微細所知愚。佛既如是，更說什麽等妙二覺來！所以一切人但欲向明不欲向暗，但欲求悟不愛煩惱無明，便道佛是覺，衆生是妄。若作如是見解，百劫千生輪迴六道，更無斷絕。何以故？爲謗諸佛本源自性故。他分明向你道：佛且不明，衆生不暗，法無明暗故；佛且不强，衆生且不弱，法無强弱故；佛且不智，衆生且不愚，法無愚智故。是你出頭總道解禪，開著口便病發。不説本，衹説末；不説迷，衹説悟；不説體，衹説用。總無你話論處。他一切法且本不有，今亦不無。緣起不有，緣滅不無。本亦不有，本非本故。心亦不心，心非心故。相亦非相，相非相故。所以道：無法無本心，始解心心法。法卽非法，非法卽法，無法無非法，故是心心法。忽然瞥起一念，了知如幻如化，卽流入過去佛。過去佛且不有，未來佛且不無，又且不喚作未來佛。現在念念不住，不喚作現在佛。佛若起時，卽不擬他是覺是迷、是善是惡，輒不得執滯他、斷絶他。如一念瞥起，千重關鎖鎖不得，萬丈繩索索他不住。既若如是，争合便擬滅他止他！分明向你道爾燄識，你作麽生擬斷他？喻如陽燄，你道近，十方世界求不可得；始道遠，看時衹在目前；你擬趁他，他又轉遠去；你始避他，他又來逐你。取又不得，捨又不得。既若如此，故知一切法性自爾，卽不用愁他慮他。

如言前念是凡，後念是聖，如手翻覆一般，此是三乘教之極也。據我禪宗中，前念且不是凡，後念且不是聖；前念不是佛，後念不是衆生。所以一切色是佛色，一切聲是佛聲。舉著一理，一切理皆然。見一事，見一切事。見一心，見一切心。見一道，見一切道。一切處無不是道。見一塵，十方世界山河大地皆然。見一滴水，卽見十方世界一切性水。又見一切法，卽見一切心。一切法本空。心卽不無，不無卽妙有。有亦不有，不有卽有，卽真空妙有。既若如是，十方世界不出我之一心，一切微塵國土不出我之一念。若然，説什麽内之與外！如蜜性甜，一切蜜皆然。不可者箇蜜甜，餘底苦也。何處有與麽事！所以道：虚空無内外，法性自爾；虚空無中間，法性自爾。故衆生卽佛，佛卽衆生。衆生與佛，元同一體。生死涅槃、有爲無爲，元同一體。世間出世間，乃至六道四生、山河大地、有性無性，亦同一體。言同者，名相亦空。有亦空，無亦空，盡恒沙世界元是一空。既若如此，何處有佛度衆生！何處有衆生受佛度！何故如此？萬法之性自爾故。若作自然見，卽落自然外道。若作無我無我所見，墮在三賢十聖位中。你如今云何將一尺一寸便擬量度虚空？他分明向汝道：法法不相到，法自寂故。當處自住，當處自真。以身空，故名法空。以心空，故名性空。身心總空，故名法性空。乃至千途異説，皆不離你之本心。如今説菩提涅槃、真如佛性、二乘菩薩者，皆指葉爲黄金，拳掌之説。若也展手之時，一切大衆若天若人，皆見掌中都無一物。所以道：「本來無一物，何處有塵埃！」本既無物，三際本無所有。故學道人單刀直入，須見者箇意始得。故達磨大師從西天來至此土，經多少國土，祇覓得可大師一人，密傳心印。印你本心，以心印法，以法印心。心既如此，法亦如此。同真際，等法性。法性空中，誰是授記人？誰是成佛人？誰是得法人？他分明向你道：菩提者，不可以身得，身無相故。不可以心得，心無相故。不可以性得，性卽便是本源自性、天真佛故。不可以佛更得佛，不可以無相更得無相，不可以空更得空，不可以道更得道。本無所得，無得亦不可得。所以道：「無一法可得。」祇教你了取本心。當下了時，不得了相。無了無不了相亦不可得。如此之法，得者卽得，得者不自覺知。不得者亦不自覺知。如此之法，從上已來，有幾人得知。所以道：天下忘己者有幾人？如今於一機一境、一經一教、一世一時、一名一字，六根門前領得，與機關木人何别！忽有一人出來，不於一名一相上作解者，我説此人盡十方世界覓者箇人不可得，以無第二人故。繼於祖位，亦云釋種，無雜純一故。言王若成佛時，王子亦隨出家，此意大難知。祇教你莫覓，覓便失卻。如癡人山上叫一聲，響從谷出，便走下山趁。及乎覓不得，又叫一聲，山上響又應，亦走上山上趁。如是千生萬劫，祇是尋聲逐響人、虛生浪死漢。汝若無聲，即無響。湼槃者，無聞無知無聲，絕迹絕蹤。若得如是，稍與祖師鄰房也。

問：「如『王庫藏內都無如是刀』。伏願誨示。」師云：「王庫藏者，即虛空性也。能攝十方虛空世界，皆總不出你心，亦謂之虛空藏菩薩。你若道是有是無、非有非無，總成羊角。羊角者，即你求覓者也。」問：「王庫藏中有真刀否？」師云：「此亦是羊角。」云：「若王庫藏中本無真刀，何故云王子持王庫中真刀出至異國？何得言無？」師云：「持刀出者，此喻如來使者。你若言王子持王庫中真刀出去，者庫中應空去也。本源虛空性，不可被異人將去。是什麼語？設你有者，皆名羊角。」問：「迦葉受佛心印，得爲傳語人否？」師云：「是。」云：「若是傳語人，應不離得羊角。」師云：「迦葉自領得本心，所以不是羊角。若以領得如來心、見如來意、見如來色相者，即屬如來使，爲傳語人。所以阿難爲侍者二十年，但見如來色相，所以被佛呵云：『唯觀救世者，不能離得羊角。』」

問：「文殊執劍於瞿曇前者，如何？」師云：「五百菩薩得宿命智，見過去生業障。五百者，即你五陰身是。以見此夙命障，故求佛求菩提湼槃。所以文殊將智解劍，害此有見佛心故，故言你善害。」云：「何者是劍？」師云：「解心是劍。」云：「解心既是劍，斷此有見佛心。祇如能斷見，心何能除得？」師云：「還將你無分別智，斷此有見分別心。」云：「如作有見有求佛心，將無分別智劍斷。爭奈有智劍在何？」師云：「若無分別智害有見無見，無分別智亦不可得。」云：「不可以智更斷智，不可以劍更斷劍？」師云：

「劍自害劍，劍劍相害，卽劍亦不可得。智自害智，智智相害，卽智亦不可得。母子俱喪，亦復如是。」

問：「如何是見性？」云：「性卽是見，見卽是性，不可以性更見性。聞卽是性，不可以性更聞性。祇你作性見、能聞能見性，便有一異法生。他分明道：所可見者，不可更見。你云何頭上更著頭？他分明道：如盤中散珠，大者大圓，小者小圓，各各不相知，各各不相礙。起時不言我起，滅時不言我滅。所以四生六道未有不如時。且衆生不見佛，佛不見衆生。四果不見四向，四向不見四果。三賢十聖不見等妙二覺，等妙二覺不見三賢十聖。乃至水不見火，火不見水。地不見風，風不見地。衆生不入法界，佛不出法界。所以法性無去來、無能所見。既如此，因什麼道我見我聞，於善知識處得契悟，善知識與我說法，諸佛出世與衆生說法？迦旃延祇爲以生滅心傳實相法，被淨名呵責。分明道：一切法本來無縛，何用解他？本來不染，何用淨他？故云：實相如是，豈可說乎！汝今祇成是非心、染淨心，學得一知一解繞天下行，見人便擬定當，取誰有心眼，誰强誰弱。若也如此，天地懸殊。更說什麼見性？」

問：「既言性卽見，見卽性，祇如性自無障礙、無劑限，云何隔物卽不見？又於虛空中近卽見、遠卽不見者如何？」師云：「此是你妄生異見。若言隔物不見、無物言見，便謂性有隔礙者，全無交涉。性且非見非不見，法亦非見非不見。若見性人，何處不是我之本性！所以六道四生、山河大地，總是我之性淨明體。故云：見色便見心，色心不異故。祇爲取相作見聞覺知，去卻前物始擬得見者，卽墮二乘人中依通見解也。虛空中，近則見、遠則不見。此是外道中收。分明道：非內亦非外，非近亦非遠，近而不可見者萬物之性也。近尚不可見，更道遠而不可見，有什麼意旨？」

問：「學人不會，和尚如何指示？」師云：「我無一物。從來不曾將一物與人。你無始已來祇爲被人指示，覓契覓會，此可不是弟子與師俱陷王難？你但知：一念不受，卽是無受身；一念不想，卽是無想身；決定不遷流造作，卽是無行身；莫思量卜度分明，卽是無識身。你如今纔別起一念，卽入十二因緣。無明緣行，亦因亦果。乃至老死，亦因亦果。故善財童子一百一十處求善知識，祇向十二因緣中求。最後見彌勒，彌勒卻指見文殊。文殊者，卽汝本地無明。若心心別異，向外求善知識者，一念纔生卽滅，纔滅又生。所以汝等比丘亦生亦老，亦病亦死。酬因答果已來，卽五聚之生滅。五聚者，五陰也。一念不起，卽十八界空，卽身便是菩提華果，卽心便是靈智，亦云靈臺。若有所住著，卽身爲死屍，亦云守死屍鬼。」

問：「淨名默然，文殊讚歎云『是真入不二法門』，如何？」師云：「不二法門卽你本心也。說與不說，卽有起滅。無言說時，無所顯示，故文殊讚歎。」云：「淨名不說，聲有斷滅否？」師云：「語卽默，默卽語，語默不二，故云聲之實性，亦無斷滅。文殊本聞，亦不斷滅。所以如來常說，未曾有不說時。如來說卽是法，法卽是說，法說不二故。乃至報化二身、菩薩聲聞、山河大地、水鳥樹林，一時說法。所以語亦說，默亦說，終日說而未嘗說。既若如是，但以默爲本。」

問：「聲聞人藏形於三界，不能藏於菩提者，如何？」師云：「形者質也。聲聞人但能斷三界見，修已離煩惱，不能藏於菩提。故還被魔王於菩提中捉得，於林中宴坐，還成微細見菩提心也。菩薩人已於三界菩提決定不捨不取。不取，故七大中覓他不得。不捨，故外魔亦覓他不得。汝但擬著一法，印子早成也。印著有，卽六道四生文出。印著空，卽無相文現。如今但知決定不印一切物，此印爲虛空，不一不二。空本不空，印本不有。十方虛空世界，諸佛出世，如見電光一般。觀一切蠢動含靈，如響一般。見十方微塵國土，恰似海中一滴水相似。聞一切甚深法，如幻如化。心心不異，法法不異，乃至千經萬論，祇爲你之一心。若能不取一切相，故言：『如是一心中，方便勤莊嚴。』」

問：「如我昔爲歌利王割截身體，如何？」師云：「僊人者，即是你心。歌利王好求也，不守王位，謂之貪利。如今學人不積功累德，見者便擬學，與歌利王何別？如見色時，壞卻僊人眼。聞聲時，壞卻僊人耳。乃至覺知時，亦復如是，喚作節節支解。」云：「祇如僊人忍時，不合更有節節支解。不可一心忍、一心不忍也。」師云：「你作無生見、忍辱解、無求解，總是傷損。」云：「僊人被割時，還知痛否？」又云：「此中無受者，是誰受痛？」師云：「你既不痛，出頭來覓箇甚麼？」

問：「然燈佛授記，爲在五百歲中？五百歲外？」師云：「五百歲中不得授記。所言授記者，你本決定不忘不失，有爲不取菩提，但以了世非世。亦不出五百歲外別得授記，亦不於五百歲中得授記。」云：「了世三際相不可得已否？」師云：「無一法可得。」云：「何故言：頻經五百世，前後極時長？」師云：「五百世長遠，當知猶是僊人。故然燈授記時，實無少法可得。」問「教中云『銷我億劫顛倒想，不歷僧祇獲法身』者，如何？」師云：「若以三無數劫修行有所證得者，盡恒沙劫不得。若於一刹那中獲得法身直了見性者，猶是三乘教之極談也。何以故？以見法身可獲故，皆屬不了義教中收。」

問：「見法頓了者，見祖師意否？」師云：「祖師心出虛空外。」云：「有限劑否？」師云：「有無限劑，此皆數量對待之法。祖師云：且非有限量、非無限量、非非有無限量，以絶待故。你今學者未能出得三乘教外，争喚作禪師？分明向汝道：一等學禪，莫取次妄生異見。如人飲水，冷暖自知。一行一住，一剎那間念念不異。若不如是，不免輪迴。」

問：「佛身無爲，不墮諸數。何故佛身舍利八斛四斗？」師云：「你作如是見，祇見假舍利，不見真舍利。」云：「舍利爲是本有？爲復功勳？」師云：「非是本有，亦非功勳。」云：「若非本有，又非功勳，何故如來舍利唯鍊唯精，金骨常存？」師乃呵云：「你作如此見解，争喚作學禪人？你見虛空曾有骨否？諸佛心同太虛，覓什麽骨？」云：「如今見有舍利，此是何法？」師云：「此從你妄想心生，卽見舍利。」云：「和尚還有舍利否？請將出來看！」師云：「真舍利難見。你但以十指撮盡妙高峰爲微塵，卽見真舍利。」

「夫參禪學道，須得一切處不生心。祇論忘機卽佛道隆，分別卽魔軍盛。畢竟無毛頭許少法可得。」

問：「祖傳法，付與何人？」師云：「無法與人。」云：「云何是二祖請師安心？」師云：「你若道有二祖，卽合覓得心。覓心不可得故。所以道：『與你安心竟。』若有所得，全歸生滅。」問：「佛窮得無明否？」師云：「無明卽是一切諸佛得道之處。所以緣起是道場，所見一塵一色，便合無邊理性。舉足下足，不離道場。道場者，無所得也。我向你道，祇無所得名爲坐道場。」云：「無明者，爲明爲暗？」師云：「非明非暗。明暗是代謝之法。無明且不明亦不暗。不明，祇是本明不明。不暗，祇者一句子亂卻天下人眼。所以道：假使滿世間皆如舍利弗，盡思共度量，不能測佛智。其無礙慧出過虛空，無你語論處。釋迦量等三千大千世界。忽有一菩薩出來，一跨跨卻三千大千世界，不出普賢一毛孔。你如今把什麽本領擬學他？」云：「既是學不得，爲什麽道『歸源性無二，方便有多門』？如之何？」師云：「歸源性無二者，無明實性卽諸佛性。方便有多門者，聲聞人見無明生、見無明滅；緣覺人但見無明滅，不見無明生，念念證寂滅；諸佛見衆生終日生而無生，終日滅而無滅。無生無滅，卽大乘果。所以道：果滿菩提圓，華開世界起。舉足卽佛，下足卽衆生。諸佛兩足尊者，卽理足、事足、衆生足、生死足，一切等足。足故不求。是你今念念學佛，卽嫌著衆生。若嫌著衆生，卽是謗他十方諸佛。所以佛出世來，執除糞器，蠲除戲論之糞。祇教你除卻從來學心見心，除得盡，卽不墮戲論，亦云搬糞出。祇教你不生心。心若不生，自然成大智者。決定不分別佛與衆生，一切盡不分別，始得入我曹谿門下。故自古先聖云：『少行我法門。』所以無行爲我法門，祇是一心門。一切人到者裏，盡不敢入。不道全無，祇是少人得。得者卽是佛。珍重！」

問：「如何得不落階級？」師云：「但終日喫飯，未曾齩著一粒米；終日行，未曾踏著一片地。與麼時，無人無我等相，終日不離一切事，不被諸境惑，方名自在人。念念不見一切相，莫認前後三際。前際無去，今際無住，後際無來，安然端坐，任運不拘，方名解脫。努力！努力！此門中千人萬人，祇得三箇五箇，若不將爲事，受殃有日在。故云：著力今生須了卻，誰能累劫受餘殃。」

古尊宿語録卷第四

鎮州臨濟(義玄)慧照禪師語録

住三聖嗣法小師慧然集

府主王常侍與諸官請師升座。師上堂云:「山僧今日事不獲已,曲順人情,方登此座。若約祖宗門下稱揚大事,直是開口不得,無你措足處。山僧此日以常侍堅請,那隱綱宗?還有作家戰將直下展陣開旗麼?對衆證據看!」僧問:「如何是佛法大意?」師便喝,僧禮拜。師云:「這個師僧却堪持論。」問:「師唱誰家曲,宗風嗣阿誰?」師云:「我在黄檗處三度發問,三度被打。」僧擬議,師便喝。隨後打云:「不可向虚空裏釘橛去也。」有座主問:「三乘十二分教,豈不是明佛性?」師云:「荒草不曾鋤。」主云:「佛豈賺人也?」師云:「佛在什麼處?」主無語。師云:「對常侍前擬瞞老僧,速退速退!妨他别人請問。」復云:「此日法筵爲一大事故,更有問話者麼?速致問來!你纔開口,早勿交涉也。何以如此?不見釋尊云:『法離文字,不屬因、不在緣故。』爲你信不及,所以今日葛藤。恐滯常侍與諸官員昧他佛性,不如且退。」喝一喝云:「少信根人,終無了日。久立,珍重!」

師一日到河北府,府主王常侍請師升座。時麻谷出問:「大悲千手眼,那箇是正眼?」師云:「大悲千手眼，那箇是正眼？速道速道！」麻谷拽師下座，麻谷却坐。師近前云：「不審。」麻谷擬議。師亦拽麻谷下座，師却坐。麻谷便出去，師便下座。

上堂云：「赤肉團上有一無位真人，常從汝等諸人面門出入。未證據者看看！」時有僧出問：「如何是無位真人？」師下禪牀把住云：「道！道！」其僧擬議。師托開云：「無位真人是什麽乾屎橛？」便歸方丈。

上堂，有僧出禮拜，師便喝。僧云：「老和尚莫探頭好。」師云：「你道落在什麽處？」僧便喝。又有僧問：「如何是佛法大意？」師便喝，僧禮拜。師云：「你道好喝也無？」僧云：「草賊大敗。」師云：「過在什麽處？」僧云：「再犯不容。」師便喝。是日兩堂首座相見，同時下喝。僧問師：「還有賓主也無？」師云：「賓主歷然。」師云：「大衆，要會臨濟賓主句，問取堂中二首座。」便下座。

上堂，僧問：「如何是佛法大意？」師豎起拂子。僧便喝，師便打。又僧問：「如何是佛法大意？」師亦豎起拂子。僧便喝，師亦喝。僧擬議，師便打。師乃云：「大衆，夫爲法者，不避喪身失命。我二十年在黄檗先師處，三度問佛法的的大意，三度蒙他賜杖，如蒿枝拂著相似。如今更思得一頓棒喫，誰人爲我行得？」時有僧出衆云：「某甲行得。」師拈棒與他，其僧擬接，師便打。

上堂，僧問：「如何是劒刃上事？」師云：「禍事禍事。」僧擬議，師便打。問：「祇如石室行者踏碓，忘却移脚，向什麽處去？」師云：「没溺深泉。」師乃云：「但有來者，不虧欠伊，總識伊來處。若與麽來，恰似失却；不與麽來，無繩自縛。一切時中，莫亂斟酌。會與不會，都來是錯。分明與麽道，一任天下人貶剥。久立，珍重！」

上堂云：「一人在孤峯頂上無出身之路，一人在十字街頭亦無向背。那箇在前那箇在後？不作維摩詰，不作傅大士。珍重！」

上堂云：「有一人論劫在途中不離家舍，有一人離家舍不在途中。那箇合受人天供養？」便下座。

上堂，僧問：「如何是第一句？」師云：「三要印開朱點窄，未容擬議主賓分。」問：「如何是第二句？」師云：「妙解豈容無著問，漚和争負截流機？」問：「如何是第三句？」師云：「看取棚頭弄傀儡，抽牽都藉裏頭人。」師又云：「一句語須具三玄門，一玄門須具三要。有權有用，汝等諸人作麼生會？」下座。

師晚參，示衆云：「有時奪人不奪境，有時奪境不奪人，有時人境俱奪，有時人境俱不奪。」時有僧問：「如何是奪人不奪境？」師云：「煦日發生鋪地錦，嬰孩垂髮白如絲。」僧云：「如何是奪境不奪人？」師云：「王令已行天下徧，將軍塞外絶烟塵。」僧云：「如何是人境兩俱奪？」師云：「并汾絶信，獨處一方。」僧云：「如何是人境俱不奪？」師云：「王登寶殿，野老謳謌。」師乃云：「今時學佛法者，且要求真正見解。若得真正見解，生死不染，去住自由，不要求殊勝，殊勝自至。道流，祇如自古先德皆有出人底路。如山僧指示人處，祇要你不受人惑，要用便用，更莫遲疑。如今學者不得，病在甚處？病在不自信處。你若自信不及，即便茫茫地狥一切境轉，被他萬境回換，不得自由。你若能歇得念念馳求心，便與祖佛不別。你欲得識祖佛麽？祇你面前聽法底是。學人信不及，便向外馳求，設求得者，皆是文字勝相，終不得他活祖意。莫錯，諸禪德！此時不遇，萬劫千生輪迴三界，狥好境掇去驢牛肚裏生。道流，約山僧見處，與釋迦不別。今日多般用處欠少什麽？一道神光未曾間歇。若能如是見得，祇是一生無事人。大德，三界無安，猶如火宅，此不是你久停住處。無常殺鬼，一刹那間，不揀貴賤老少。你要與祖佛不別，但莫外求。你一念心上清淨光，是你屋裏法身佛。你一念心上無分別光，是你屋裏報身佛。你一念心上無差別光，是你屋裏化身佛。此三種身是你，卽今目前聽法底人。祇爲不向外馳求，有此功用。據經論家，取三種身爲極則。約山僧見處不然，此三種身是名言，亦是三種依。古人云：身依義立，土據體論。法性身、法性土，明知是光影。大德，你且識取弄光影底人是諸佛之本源，一切處是道流歸舍處。是你四大色身不解説法聽法，脾胃肝膽不解説法聽法，虚空不解説法聽法。是什麽解説法聽法？是你目前歷歷底，勿一箇形段孤明，是這箇解説法聽法。若如是見得，便與祖佛不別。但一切時中更莫間斷，觸目皆是。祇爲情生智隔，想變體殊，所以輪迴三界，受種種苦。若約山僧見處，無不甚深，無不解脱。道流，心法無形，通貫十方。在眼曰見，在耳曰聞，在鼻齅香，在口談論，在手執捉，在足運奔。本是一精明，分爲六和合。一心既無，隨處解脱。山僧與麽説，意在什麽處？祇爲道流一切馳求心不能歇，上他古人閑機境。道流，取山僧見處，坐斷報化佛頭，十地滿心，猶如客作兒。等妙二覺擔枷鎖漢，羅漢辟支猶如厠穢，菩提涅槃如繫驢橛。何以如此？祇爲道流不達三祇劫空，所以有此障礙。若是真正道人，終不如是。但能隨緣消舊業，任運著衣裳，要行卽行，要坐卽坐，無一念心希求佛果。緣何如此？古人云：『若欲作業求佛，佛是生死大兆。』大德，時光可惜，祇擬傍家波波地學禪學道，認名認句，求佛求祖，求善知識意度。莫錯！道流，你祇有一箇父母，更求何物？你自返照看！古人云：『演若達多失却頭，求心歇處卽無事。』大德，且要平常，莫作模樣。有一般不識好惡禿奴，便卽見神見鬼，指東劃西，好晴好雨，如是之流，盡須抵債，向閻老前呑熱鐵丸有日。好人家男女，被這一般野狐精魅所著，便卽捏怪。瞎屢生，索飯錢有日在。」

師示衆云：「道流，切要求取真正見解，向天下横行，免被這一般精魅惑亂。無事是貴人，但莫造作，祇是平常。你擬向外傍家求過覓脚手，錯了也。祇擬求佛，佛是名句。你還識馳求底麽？三世十方佛祖出來，也祇爲求法。如今參學道流也祇爲求法。得法始了。未得，依前輪迴五道。云何是法？法者是心法。心法無形，通貫十方，目前現用。人信不及，便乃認名認句，向文字中求意度佛法，天地懸殊。道流，山僧説法，説什麽法？説心地法，便能入凡入聖、入淨入穢、入真入俗。要且不是你真俗凡聖，能與一切真俗凡聖安著名字。真俗凡聖與此人安著名字不得。道流，把得便用，更不著名字，號之爲玄旨。山僧説法與天下人別。祇如有箇文殊普賢出來目前，各現一身問法，纔道咨和尚，我早辨了也。老僧穩坐，更有道流來相見時，我盡辨了也。何以如此？祇爲我見處別，外不取凡聖，内不住根本，見徹更不疑謬。」

師示衆云：「道流，佛法無用功處，祇是平常無事，屙屎送尿，著衣喫飯，困來卽卧。愚人笑我，智乃知焉。古人云：『向外作工夫，總是癡頑漢。』你且隨處作主，立處皆真，境來回換不得。縱有從來習氣，五無間業，自爲解脱大海。今時學者總不識法，猶如觸鼻羊，逢著物安在口裏，奴郎不辨，賓主不分。如是之流，邪心入道，鬧處卽入，不得名爲真出家人，正是真俗家人。大出家者，須辨得平常真正見解，辨佛辨魔，辨真辨僞，辨凡辨聖。若如是辨得，名真出家。若魔佛不辨，正是出一家入一家，喚作造業衆生，未得名爲真出家。祇如今有一箇佛魔同體不分，如水乳合，鵞王喫乳。如明眼道流，魔佛俱打。你若愛聖憎凡，生死海裏浮沉。」

問：「如何是佛魔？」師云：「你一念心疑處是佛魔。你若達得萬法無生，心如幻化，更無一塵一法，處處清淨，是佛。然佛與魔是染淨二境。約山僧見處，無佛無衆生、無古無今。得者便得，不歷時節。無修無證，無得無失。一切時中更無別法，設有一法過此者，我說如夢如化，山僧所說皆是。道流，即今目前孤明歷歷地聽者，此人處處不滯，通貫十方，三界自在。入一切境，差別不能回換。一刹那間透入法界，逢佛說佛，逢祖說祖，逢羅漢說羅漢，逢餓鬼說餓鬼，向一切處遊履國土教化衆生。未曾離一念，隨處清淨，光透十方，萬法一如。道流，大丈夫兒今日方知本來無事。祇爲你信不及，念念馳求，捨頭覓頭，自不能歇。如圓頓菩薩，入法界現身，向淨土中厭凡忻聖。如此之流，取捨未忘，染淨心在。如禪宗見解又且不然，直是現今更無時節。山僧說處，皆是一期藥病相治，總無實法。若如是見得，是真出家，日消萬兩黄金。道流，莫取次，被諸方老師印破面門，道我解禪解道，辯似懸河，皆是造地獄業。若是真正學道人，不求世間過，切急要求真正見解。若達真正見解圓明，方始了畢。」

問：「如何是真正見解？」師云：「你但一切入凡入聖、入染入淨、入諸佛國土、入彌勒樓閣、入毗盧遮那法界，處處皆現國土成住壞空。佛出于世，轉大法輪，却入涅槃。不見有去來相貌，求其生死了不可得。便入無生法界，處處遊履國土，入華嚴世界，盡見諸法空相，皆無實法。唯有聽法無依道人，是諸佛之母。所以佛從無依生，若悟無依，佛亦無得。若如是見得者，是真正見解。學人不了，爲執名句，被他凡聖名碍，所以障其道眼，不得分明。祇如十二分教皆是表顯之説，學者不會，便向表顯名句上生解，皆是依倚，落在因果，未免三界生死。你若欲得生死去住脱著自由，即今識取聽法底人。無形無相、無根無本、無住處，活潑潑地，應是萬種施設。用處祇是無處，所以覓著轉遠，求之轉乖，號之爲祕密。道流，你莫認著箇夢幻伴子，遲晚中間便歸無常。你向此世界中覓箇什麽物作解脱？覓取一口飯喫，補毳過時？且要訪尋知識，莫因循逐樂，光陰可惜。念念無常，粗則被地水火風，細則被生住異滅四相所逼。道流，今時且要識取四種無相境，免被境擺撲。」

問：「如何是四種無相境？」師云：「你一念心疑，被地來礙；你一念心愛，被水來溺；你一念心嗔，被火來燒；你一念心喜，被風來飄。若能如是辨得，不被境轉，處處用境，東涌西没，南涌北没，中涌邊没，邊涌中没，履水如地，履地如水。緣何如此？爲達四大如夢如幻故。道流，你祇今聽法者，不是你四大，能用你四大。若能如是見得，便乃去住自由。約山僧見處，勿嫌底法。你若愛聖，聖者聖之名。有一般學人向五臺山裏求文殊，早錯了也。五臺山無文殊。你欲識文殊麽？祇你目前用處始終不異，處處不疑，此箇是活文殊。你一念心無差別光，處處總是真普賢。你一念心自能解縛，隨處解脱，此是觀音三昧法。互爲主伴，出則一時出，一卽三，三卽一。如是解得，始好看教。」

師示衆云：「如今學道人且要自信，莫向外覓，總上他閑塵境，都不辨邪正。祇如有祖有佛，皆是教迹中事。有人拈起一句子語，或隱顯中出，便卽疑生，照天照地，傍家尋問，也大茫然。大丈夫兒，莫祇麽論主論賊、論是論非、論色論財、論説閑話過日。山僧此間不論僧俗，但有來者，盡識得伊。任伊向甚處出來，但有聲名文句，皆是夢幻。却見乘境底人，是諸佛之玄旨。佛境不能自稱我是佛境，還是這箇無依道人乘境出來。若有人出來問我求佛，我卽應清淨境出。有人問我菩薩，我卽應慈悲境出。有人問我菩提，我卽應淨妙境出。有人問我涅槃，我卽應寂静境出。境卽萬般差別，人卽不別。所以應物現形，如水中月。道流，你若欲得如法，直須是大丈夫兒始得。若萎萎隨隨地，則不得也。夫如甁嗄上音西，下所嫁切。之器，不堪貯醍醐。如大器者，直要不受人惑，隨處作主，立處皆真。但有來者，皆不得受。你一念疑卽魔入心，如菩薩疑時生死魔得便。但能息念，更莫外求，物來卽照。你但信現今用底，一箇事也無。你一念心生三界，隨緣被境，分爲六塵。你如今應用處欠少什麽？一剎那間便入淨入穢、入彌勒樓閣、入三眼國土，處處遊履，唯見空名。」

問：「如何是三眼國土？」師云：「我共你入淨妙國土中，著清淨衣，説法身佛；又入無差別國土中，著無差別衣，説報身佛；又入解脱國土中，著光明衣，説化身佛。此三眼國土皆是依變。約經論家，取法身爲根本，報、化二身爲用。山僧見處，法身卽不解説法。所以古人云：『身依義立，土據體論。』法性身、法性土，明知是建立之法依通國土，空拳黄葉用誑小兒。蒺藜菱刺枯骨上覓什麽汁？心外無法，内亦不可得，求什麽物？你諸方言道有修有證。莫錯！設有修得者，皆是生死業。你言六度萬行齊修，我見皆是造業。求佛求法卽是造地獄業，求菩薩亦是造業，看經看教亦是造業。佛與祖師是無事人。所以有漏有爲，無漏無爲，爲清淨業。有一般瞎禿子飽喫飯了，便坐禪觀行，把捉念漏，不令放起，厭喧求靜，是外道法。祖師云：『你若住心看靜，擧心外照，攝心内澄，凝心入定，如是之流，皆是造作。』是你如今與麽聽法底人，作麽生擬修他證他、莊嚴他？渠且不是修底物，不是莊嚴得底物。若教他莊嚴，一切物卽莊嚴得。你且莫錯！道流，你取這一般老師口裏語，爲是真道，是善知識不思議。我是凡夫心，不敢測度他老宿。瞎屢生！你一生祇作這箇見解，孤負這一雙眼，冷噤噤地如凍凌上驢駒相似。我不敢毁善知識，怕生口業。道流，夫大善知識始敢毁佛毁祖，是非天下，排斥三藏教，罵辱諸小兒，向逆順中覓人。所以我於十二年中，求一箇業性，如芥子許不可得。若似新婦子禪師，便卽怕趁出院，不與飯喫，不安不樂。自古先輩到處人不信，被遞出始知是貴。若到處人盡肯，堪作什麽？所以師子一吼，野干腦裂。道流，諸方説有道可修、有法可證，你説證何法修何道？你今用處欠少什麽物？修補何處？後生小阿師不會，便卽信這般野狐精魅，許他説事，繫縛他人，言道理行相應，護惜三業，始得成佛。如此説者，如春細雨。古人云：『路逢達道人，第一莫向道。』所以言：『若人修道道不行，萬般邪境競頭生。智劒出來無一物，明頭未顯暗頭明。』所以古人云：『平常心是道。』大德覓什麽物？現今目前聽法無依道人，歷歷地分明，未曾欠少。你若欲得與祖佛不別，但如是見，不用疑誤。你心心不異，名之活祖。心若有異，則性相別。心不異故，卽性相不別。」

問：「如何是心心不異處？」師云：「你擬問，早異了也。性相各分。道流，莫錯！世出世諸法皆無自性，亦無生性，但有空名，名字亦空。你祇麽認他閑名爲實，大錯了也。設有，皆是依變之境。有箇菩提依、涅槃依、解脱依、三身依、境智依、菩薩依、佛依，你向依變國土中覓什麽物？乃至三乘十二分教皆是拭不淨故紙，佛是幻化身，祖是老比丘。你還是娘生已否？你若求佛，卽被佛魔攝。你若求祖，卽被祖魔縛。你若有求，皆苦，不如無事。有一般禿比丘向學人道：『佛是究竟，於三大阿僧祇劫修行果滿，方始成道。』道流，你若道佛是究竟，緣什麼八十年後，向拘尸羅城雙林樹間側卧而死去？佛今何在？明知與我生死不別。你言三十二相八十種好是佛，轉輪聖王應是如來。明知是幻化。古人云：『如來舉身相，爲順世間情。恐人生斷見，權且立虛名。假言三十二，八十也空聲。有身非覺體，無相乃真形。』你道佛有六通，是不可思議。一切諸天神仙、阿修羅、大力鬼，亦有神通，應是佛否？道流，莫錯！祇如阿修羅與天帝釋戰，戰敗，領八萬四千眷屬入藕絲孔中藏，莫是聖否？如山僧所舉，皆是業通依通。夫如佛六通者不然，入色界不被色惑，入聲界不被聲惑，入香界不被香惑，入味界不被味惑，入觸界不被觸惑，入法界不被法惑，所以達六種色聲香味觸法皆是空相，不能繫縛。此無依道人雖是五蘊漏質，便是地行神通。道流，真佛無形，真法無相。你祇麼幻化上頭作模作樣，設求得者，皆是野狐精魅，並不是真佛，是外道見解。夫如真學道人，並不取佛，不取菩薩羅漢，不取三界殊勝。逈然獨脱，不與物拘。乾坤倒覆，我更不疑。十方諸佛現前，無一念心喜。三塗地獄頓現，無一念心怖。緣何如此？我見諸法空相，變卽有，不變卽無，三界唯心，萬法唯識。所以夢幻空花，何勞把捉！唯有道流目前現今聽法底人，入火不燒，入水不溺，入三塗地獄如遊園觀，入餓鬼畜生而不受報。緣何如此？無嫌底法。你若愛聖憎凡，生死海裏沉浮。煩惱由心故有，無心煩惱何拘？不勞分別取相，自然得道須臾。你擬傍家波波地學得，於三祇劫中終歸生死，不如無事向叢林中、牀角頭交脚坐。道流，如諸方有學人來，主客相見了，便有一句子語，辨前頭善知識，被學人拈出箇機權語路，向善知識口角頭攛過，看你識不識。你若識得是境，把得便抛向坑子裏。學人便即尋常，然後便索善知識語。依前奪之。學人云：『上智哉！』是大善知識即云：『你大不識好惡。』如善知識把出箇境塊子向學人面前弄，前人辨得了，不作主，不受境惑，善知識便即現半身，學人便喝。善知識又入一切差別語路中擺撲。學人云：『不識好惡，老秃奴！』善知識歎曰：『真正道流！』如諸方善知識不辨邪正，學人來問菩提涅槃、三身境智，瞎老師便與他解説，被他學人駡著，便把棒打他，言無禮度。自是你善知識無眼，不得嗔他。有一般不識好惡秃奴，即指東劃西，好晴好雨，好燈籠露柱。你看眉毛有幾莖？這箇具機緣。學人不會，便即心狂。如是之流，總是野狐精魅魍魎，被他好學人嗌嗌微笑，言瞎老秃奴惑亂他天下人。道流，出家兒且要學道。祇如山僧往日曾向毗尼中留心，亦曾於經論尋討。後方知是濟世藥，表顯之説，遂乃一時抛却，即訪道參禪。後遇大善知識，方乃道眼分明，始識得天下老和尚，知其邪正。不是娘生下便會，還是體究練磨，一朝自省。道流，你欲得如法見解，但莫受人惑。向裏向外逢著便殺，逢佛殺佛，逢祖殺祖，逢羅漢殺羅漢，逢父母殺父母，逢親眷殺親眷，始得解脱，不與物拘，透脱自在。如諸方學道流，未有不依物出來底，山僧向此間從頭打，手上出來手上打，口裏出來口裏打，眼裏出來眼裏打。未有一箇獨脱出來底，皆是上他古人閑機境。山僧無一法與人，祇是治病解縛。你諸方道流試不依物出來，我要共你商量，十年五歲，並無一人。皆是依草附葉，竹木精靈野狐精魅，向一切糞塊上亂咬。瞎漢枉消他十方信施，道我是出家兒，作如是見解。向你道無佛無法、無修無證。祇與麽傍家，擬求什麽物？瞎漢！頭上安頭，是你欠少什麽？道流，是你目前用底與祖佛不別。祇麽不信，便向外求。莫錯！向外無法，内亦不可得。你取山僧口裏語，不如休歇無事去。已起者莫續，未起者不要放起，便勝你十年行脚。約山僧見處，無如許多般。祇是平常著衣喫飯，無事過時。你諸方來者，皆是有心求佛求法，求解脱，求出離三界。癡人，你要出三界什麽處去？佛祖是賞繫底名句。你欲識三界麽？不離你今聽法底心地。你一念心貪，是欲界；你一念心嗔，是色界；你一念心癡，是無色界。是你屋裏家具子。三界不自道我是三界，還是道流目前靈靈地照燭萬般，酌度世界底人，與三界安名。大德，四大色身是無常，乃至脾胃肝膽髮毛爪齒，唯見諸法空相。你一念心歇得處，唤作菩提樹。你一念心不能歇得處，唤作無明樹。無明無住處，無明無始終。你若念念心歇不得，便上他無明樹，便入六道四生，披毛戴角。你若歇得，便是清淨身界。你一念不生，便是上菩提樹。三界神通變化，意生化身，法喜禪悦，身光自照。思衣，羅綺千重。思食，百味具足。更無横病。菩提無住處，是故無得者。道流，大丈夫漢更疑箇什麽？目前用處更是阿誰？把得便用，莫著名字，號爲玄旨。與麽見得，勿嫌底法。古人云：『心隨萬境轉，轉處實能幽。隨流認得性，無喜亦無憂。』道流，如禪宗見解，死活循然。參學之人大須子細。如主客相見，便有言論往來。或應物現形，或全體作用，或把機權喜怒，或現半身，或乘師子，或乘象王。如有真正學人便喝，先拈出一箇膠盆子，善知識不辨是境，便上他境上作模作樣，學人便喝，前人不肯放，此是膏肓之病不堪醫，唤作客看主。或是善知識不拈出物，隨學人問處卽奪，學人被奪，抵死不放，此是主看客。或有學人應一箇清淨境，出善知識前，善知識辨得是境，把得抛向坑裏，學人言：『大好！』善知識即云：『咄哉，不識好惡！』學人便禮拜，此唤作主看主。或有學人披枷帶鎖出善知識前，善知識更與安一重枷鎖，學人歡喜，彼此不辨，呼爲客看客。大德，山僧如是所舉，皆是辨魔揀異，知其邪正。道流，實情大難，佛法幽玄，解得可可地。山僧竟日與他説破，學者總不在意。千徧萬徧脚底踏過，黑没焌地。無一箇形段，歷歷孤明。學人信不及，便向名句上生解。年登半百，衹管傍家負死屍行，擔却擔子天下走，索草鞋錢有日在。大德，山僧説向外無法，學人不會，便即向裏作解，便即倚壁坐，舌拄上齶，湛然不動。取此爲是祖門佛法，也大錯！是你若取不動清淨境爲是，你即認他無明爲郎主。古人云：『湛湛黑暗深坑，實可怖畏。』此之是也。你若認他動者是，一切草木皆解動，應可是道也。所以動者是風大，不動者是地大，動與不動俱無自性。你若向動處捉他，他向不動處立。你若向不動處捉他，他向動處立。譬如潛泉魚，皷波而自躍。大德，動與不動是二種境，還是無依道人用動用不動。如諸方學人來，山僧此間作三種根器斷。如中下根器來，我便奪其境而不除其法。或中上根器來，我便境法俱奪。如上上根器來，我便境法人俱不奪。如有出格見解人來，山僧此間便全體作用，不歷根器。大德，到這裏學人著力處不通風，石火電光即過了也。學人若眼定動，即没交涉。擬心即差，動念即乖。有人解者，不離目前。大德，你擔鉢囊屎擔子傍家走，求佛求法，即今與麼馳求底，你還識渠麼？活潑潑地衹是勿根株，擁不聚，撥不散，求著即轉遠，不求還在目前。靈音屬耳。若人不信，徒勞百年。道流，一刹那間便入華藏世界、入毗盧遮那國土、入解脱國土、入神通國土、入清淨國土、入法界、入穢入淨、入凡入聖、入餓鬼畜生。處處討覓尋，皆不見有生有死，唯有空名。幻化空花，不勞把捉。得失是非，一時放却。道流，山僧佛法的的相承，從麻谷和尚、丹霞和尚、道一和尚、廬山拽石頭和尚，一路行徧天下，無人信得，盡皆起謗。如道一和尚用處，純一無雜，學人三百五百，盡皆不見他意。如廬山和尚自在真正順逆用處，學人不測涯際，悉皆茫然。如丹霞和尚翫珠隱顯，學人來者，皆悉被罵。如麻谷用處，苦如黄檗，近傍不得。如石鞏用處，向箭頭上覓人，來者皆懼。如山僧今日用處，真正成壞，翫弄神變，入一切境，隨處無事，境不能換。但有來求者，我卽便出看渠。渠不識我，我便著數般衣，學人生解，一向入我言句，苦哉！瞎秃子無眼人，把我著底衣認青黄赤白。我脱却入清淨境中，學人一見便生忻欲。我又脱却，學人失心，茫然狂走，言我無衣。我卽向渠道：『你識我著衣底人否？』忽爾回頭認我了也。大德，你莫認衣，衣不能動，人能著衣。有箇清淨衣、有箇無生衣、菩提衣、涅槃衣，有祖衣有佛衣。大德，但有聲名文句，皆悉是衣變。從臍輪氣海中鼓激，牙齒敲磕成其句義，明知是幻化。大德，外發聲語業，内表心所法，以思有念，皆悉是衣。你祇麼認他著底衣爲實解，縱經塵劫，祇是衣通，三界循還，輪迴生死。不如無事，相逢不相識，共語不知名。今時學人不得，蓋爲認名字爲解，大策子上抄死老漢語，三重五重複子裹，不教人見，道是玄旨，以爲保重。大錯！瞎屢生。你向枯骨上覓什麼汁？有一般不識好惡，向教中取，意度商量，成於句義。如把屎塊子向口裹含了，吐過與別人。猶如俗人打傳口令相似，一生虚過也。道我出家，被他問著佛法，便卽杜口無詞，眼似漆突，口如楄檐。如此之類，逢彌勒出世，移置他方世界，寄地獄受苦。大德，你波波地往諸方覓什麼物？踏你脚板闊，無佛可求，無道可成，無法可得。外求有相佛，與汝不相似。欲識汝本心，非合亦非離。道流，真佛無形，真道無體，真法無相，三法混融，和合一處。辨既不得，喚作茫茫業識衆生。」

問：「如何是真佛真法真道？乞垂開示。」師云：「佛者，心清淨是。法者，心光明是。道者，處處無礙淨光是。三即一，皆是空名而無實有。如真正學道人，念念心不間斷。自達磨大師從西土來，祇是覓箇不受人惑底人。後遇二祖，一言便了，始知從前虛用功夫。山僧今日見處與祖佛不別。若第一句中得，與祖佛爲師；若第二句中得，與人天爲師；若第三句中得，自救不了。」

問：「如何是西來意？」師云：「若有意，自救不了。」云：「既無意，云何二祖得法？」師云：「得者是不得。」云：「既若不得，云何是不得底意？」師云：「爲你向一切處馳求心不能歇，所以祖師言：咄哉丈夫，將頭覓頭！你言下便自回光返照，更不別求，知身心與祖佛不別，當下無事，方名得法。大德，山僧今時事不獲已，話度説出許多不才淨。你且莫錯！據我見處，實無許多般道理，要用便用，不用便休。祇如諸方説六度萬行以爲佛法，我道是莊嚴門、佛事門，非是佛法。乃至持齋持戒，擎油不潤，道眼不明，盡須抵債，索飯錢有日在。何故如此？入道不通理，復身還信施，長者八十一，其樹不生耳。乃至孤峯獨宿，一食卯齋，長坐不卧，六時行道，皆是造業底人。乃至頭目髓腦、國城妻子、象馬七珍，盡皆捨施，如是等見，皆是苦身心，故還招苦果。不如無事，純一無雜。乃至十地滿心菩薩，皆求此道流蹤跡了不可得。所以諸天歡喜，地神捧足，十方諸佛無不稱歎。緣何如此？爲今聽法道人用處無蹤跡。」

問：「大通智勝佛，十劫坐道場，佛法不現前，不得成佛道。未審此意如何？乞師指示。」師云：「大通者，是自己於處處達其萬法無性無相，名爲大通。智勝者，於一切處不疑，不得一法，名爲智勝。佛者，心清淨光明，透徹法界，得名爲佛。十劫坐道場者，十波羅密是。佛法不現前者，佛本不生，法本不滅，云何更有現前？不得成佛道者，佛不應更作佛。古人云：『佛常在世間，而不染世間法。』道流，你欲得作佛，莫隨萬物。心生種種法生，心滅種種法滅，一心不生，萬法無咎。世與出世，無佛無法，亦不現前，亦不曾失。設有者，皆是名言章句，接引小兒，施設藥病，表顯名句。且名句不自名句，還是你目前昭昭靈靈，鑒覺聞知照燭底，安一切名句。大德，造五無間業，方得解脱。」

問：「如何是五無間業？」師云：「殺父害母，出佛身血，破和合僧，焚燒經像等，此是五無間業。」云：「如何是父？」師云：「無明是父。你一念心，求起滅處不得，如響應空，隨處無事，名爲殺父。」云：「如何是母？」師云：「貪愛爲母。你一念心，入欲界中求其貪愛，唯見諸法空相，處處無著，名爲害母。」云：「如何是出佛身血？」師云：「你向清淨法界中無一念心生解，便處處黑暗，是出佛身血。」云：「如何是破和合僧？」師云：「你一念心，正達煩惱結使，如空無所依，是破和合僧。」云：「如何是焚燒經像？」師云：「見因緣空、心空、法空，一念決定斷，逈然無事，便是焚燒經像。大德，若如是達得，免被他凡聖名礙。你一念心，祇向空拳指上生實解，根境法中虛捏恠。自輕而退屈，言我是凡夫他是聖人。秃屢生！有甚死急？披他師子皮，却作野干鳴。大丈夫漢不作丈夫氣息，自家屋裏物不肯信，祇麽向外覓，上他古人閑名句，倚陰博陽，不能特達，逢境便緣，逢塵便執，觸處惑起，自無準定。道流，莫取山僧説處。何故？説無憑據，一期間圖畫虛空，如彩畫像等喻。道流，莫將佛爲究竟。我見猶如厠孔，菩薩羅漢盡是枷鎖縛人底物。所以文殊仗劒殺於瞿曇，鴦掘持刀害於釋氏。道流，無佛可得。乃至三乘五性圓頓教迹，皆是一期藥病相治，並無實法。設有，皆是相似表顯，路布文字。差排且如是說。道流，有一般秃子便向裏許著功，擬求出世之法，錯了也。若人求佛，是人失佛。若人求道，是人失道。若人求祖，是人失祖。大德，莫錯！我且不取你解經論，我亦不取你國王大臣，我亦不取你辯似懸河，我亦不取你聰明智慧，唯要你真正見解。道流，設解得百本經論，不如一箇無事底阿師。你解得，卽輕蔑他人，勝負修羅，人我無明，長地獄業。如善星比丘解十二分教，生身陷地獄，大地不容。不如無事休歇去，飢來喫飯，睡來合眼。愚人笑我，智乃知焉。道流，莫向文字中求，心動疲勞，吸冷氣無益。不如一念緣起無生，超出三乘權學菩薩。大德，莫因循過日。山僧往日未有見處時，黑漫漫地，光陰不可空過，腹熱心忙，奔波訪道。後還得力，始到今日共道流如是話度。勸諸道流，莫爲衣食。看世界易過，善知識難遇，如優曇花時一現耳。你諸方聞道有箇臨濟老漢出來，便擬問難，教語不得，被山僧全體作用。學人空開得眼口，總動不得，懵然不知以何答我。我向伊道：龍象蹴踏，非驢所堪。你諸處祇指胸點肋，道我解禪解道，三箇兩箇到這裏不奈何。咄哉！你將這箇身心，到處簸兩片皮，誑諕閭閻，喫鐵棒有日在。非出家兒，盡向阿修羅界攝。夫如至理之道，非諍論而求。激揚鏗鏘以摧外道。至於佛祖相承，更無別意。設有言教，落在化儀，三乘五性，人天因果。如圓頓之教又且不然。童子善財皆不求過。大德，莫錯用心。如大海不停死屍，祇麼擔却擬天下走。自起見障，以礙於心。日上無雲，麗天普照。眼中無翳，空裏無花。道流，你欲得如法，但莫生疑。展則彌綸法界，收則絲髮不立。歷歷孤明，未曾欠少。眼不見，耳不聞，喚作什麼物？古人云：『說似一物則不中。』你但自家看，更有什麼？說亦無盡。各自著力，珍重！」

勘辨

黄檗因入厨次，問飯頭：「作什麽？」飯頭云：「揀衆僧米。」黄檗云：「一日喫多少？」飯頭云：「二石五。」黄檗云：「莫太多麽？」飯頭云：「猶恐少在。」黄檗便打。飯頭却擧似師。師云：「我爲汝勘這老漢。」纔到侍立次，黄檗擧前話。師云：「飯頭不會，請和尚代一轉語。」師便問：「莫太多麽？」黄檗云：「何不道來日更喫一頓！」師云：「説什麽來日，卽今便喫。」道了便掌。黄檗云：「這風顛漢，又來這裏捋虎鬚。」師便喝，云：「出去！」後潙山問仰山：「此二尊宿意作麽生？」仰山云：「和尚作麽生？」潙山云：「養子方知父慈。」仰山云：「不然。」潙山云：「子又作麽生？」仰山云：「大似勾賊破家。」

師問僧：「什麽處來？」僧便喝，師便揖坐，僧擬議，師便打。師見僧來，便竪起拂子。僧禮拜，師便打。又見僧來，亦竪起拂子。僧不顧，師亦打。

師一日同普化赴施主家齋次。師問：「毛吞巨海，芥納須彌。爲是神通妙用，本體如然？」普化踏倒飯牀。師云：「太粗生！」普化云：「這裏是什麽所在？説粗説細！」師來日又同普化赴齋。問：「今日供養，何似昨日？」普化依前踏倒飯牀。師云：「得卽得，太粗生！」普化云：「瞎漢，佛法説什麽粗細！」師乃吐舌。

師一日與河陽木塔長老同在僧堂地爐内坐。因説普化每日在街市掣風掣顛，知他是凡是聖？言猶未了，普化入來。師便問：「汝是凡是聖？」普化云：「汝且道我是凡是聖？」師便喝。普化以手指云：「河陽新婦子，木塔老婆禪，臨濟小廝兒，却具一隻眼。」師云：「這賊！」普化云：「賊，賊！」便出去。

一日，普化在僧堂前喫生菜。師見云：「大似一頭驢。」普化便作驢鳴。師云：「這賊！」普化云：「賊，賊！」便出去。

因普化常於街市摇鈴云：「明頭來明頭打，暗頭來暗頭打，四方八面來旋風打，虚空來連架打。」師令侍者去。纔見如是道，便把住云：「總不與麽來時如何？」普化托開云：「來日大悲院裏有齋。」侍者回舉似師。師云：「我從來疑著這漢。」

有一老宿參師，未曾人事便問：「禮拜卽是，不禮拜卽是？」師便喝，老宿便禮拜。師云：「好箇草賊！」老宿云：「賊，賊！」便出去。師云：「莫道，無事好。」首座侍立次，師云：「還有過也無？」首座云：「有。」師云：「賓家有過，主家有過？」首座云：「二俱有過。」師云：「過在什麽處？」首座便出去。師云：「莫道，無事好。」後有僧舉似南泉。南泉云：「官馬相踏。」

師因入軍營赴齋門，首見員僚，師指露柱問：「是凡是聖？」員僚無語。師打露柱云：「直饒道得，也祇是箇木橛。」便入去。

師問院主：「什麽處來？」主云：「州中糶黄米去來。」師云：「糶得盡麽？」主云：「糶得盡。」師以杖面前畫一畫云：「還糶得這箇麽？」主便喝，師便打。典座至，師舉前語。典座云：「院主不會和尚意。」師云：「你作麽生？」典座便禮拜，師亦打。

有座主來相看次，師問座主：「講何經論？」主云：「某甲荒虚，粗習百法論。」師云：「有一人於三乘十二分教明得，有一人於三乘十二分教明不得，是同是別？」主云：「明得卽同，明不得卽別。」樂普爲侍者，在師後立云：「座主，這裏是什麽所在，説同説別？」師回首問侍者：「汝又作麽生？」侍者便喝。師送座主回來，遂問侍者：「適來是汝喝老僧？」侍者云：「是。」師便打。

師聞第二代德山垂示云：「道得也三十棒，道不得也三十棒。」師令樂普去問：「道得爲什麽也三十棒？待伊打汝，接住棒送一送，看他作麽生。」普到彼，如教而問。德山便打。普接住送一送。德山便歸方丈。普回擧似師。師云：「我從來疑著這漢。雖然如是，汝還見德山麽？」普擬議，師便打。

王常侍一日訪師，同師於僧堂前看。乃問：「這一堂僧還看經麽？」師云：「不看經。」侍云：「還學禪麽？」師云：「不學禪。」侍云：「經又不看，禪又不學，畢竟作箇什麽？」師云：「總教伊成佛作祖去。」侍云：「金屑雖貴，落眼成翳。又作麽生？」師云：「將謂你是箇俗漢。」

師問杏山：「如何是露地白牛？」山云：「吽，吽！」師云：「啞那？」山云：「長老作麽生？」師云：「這畜生。」

師問樂普云：「從上來一人行棒，一人行喝，阿那箇親？」普云：「總不親。」師云：「親處作麽生？」普便喝，師乃打。

師見僧來，展開兩手。僧無語。師云：「會麽？」云：「不會。」師云：「渾崙擘不開，與你兩文錢。」

大覺到參，師擧起拂子。大覺敷坐具，師擲下拂子。大覺收坐具入僧堂。衆僧云：「這僧莫是和尚親故，不禮拜，又不喫棒？」師聞，令喚覺，覺出。師云：「大衆道汝未參長老。」覺云：「不審。」便自歸衆。

趙州行脚時參師，遇師洗脚次。州便問：「如何是祖師西來意？」師云：「恰值老僧洗脚。」州近前作聽勢。師云：「更要第二杓惡水潑在。」州便下去。

有定上座到參，問：「如何是佛法大意？」師下繩牀，擒住與一掌，便托開。定佇立。傍僧云：「定上座何不禮拜？」定方禮拜，忽然大悟。

古尊宿語録卷第五

臨濟(義玄慧照)禪師語録之餘

師問洛浦云：「從上來一人行棒，一人行喝，阿那箇親？」洛浦云：「總不親。」師曰：「親處作麽生？」洛浦便喝，師便打。

一日，大覺到參，師舉起拂子。大覺敷坐具，師擲下拂子。大覺收坐具入僧堂。衆僧云：「這僧莫是和尚親故，不禮拜，又不喫棒？」師聞，令唤覺，覺出。師云：「大衆道汝未參長老。」覺云：「不審。」便自歸衆。麻谷到參，敷坐具，問：「十二面觀音，阿那面正？」師下繩牀，一手收坐具，一手搊麻谷云：「十二面觀音向什麽處去也？」麻谷轉身擬坐繩牀。師拈拄杖打。麻谷接却，相捉入方丈。

師問僧：「有時一喝如金剛王寶劒，有時一喝如踞地金毛師子，有時一喝如探竿影草，有時一喝不作一喝用。汝作麽生會？」僧擬議，師便喝。師問一尼：「善來，惡來？」尼便喝。師拈棒云：「更道，更道！」尼又喝，師便打。

龍牙問：「如何是祖師西來意？」師云：「與我過禪板來。」牙便過禪板與師，師接得便打。牙云：「打卽任打，要且無祖師意。」牙後到翠微。問：「如何是祖師西來意？」微云：「與我過蒲團來。」牙便過蒲團與翠微，翠微接得便打。牙云：「打卽任打，要且無祖師意。」牙住院後，有僧入室請益云：「和尚行脚時，參二尊宿因緣，還肯他也無？」牙云：「肯卽深肯，要且無祖師意。」徑山有五百衆，少人參請。黃檗令師到徑山，乃謂師曰：「汝到彼作麽生？」師云：「某甲到彼自有方便。」師到徑山，裝腰上法堂見徑山。徑山方擧頭，師便喝。徑山擬開口，師拂袖便行。尋有僧問徑山：「這僧適來有什麽言句，便喝和尚？」徑山云：「這僧從黃檗會裏來，你要知麽？自問取他。」徑山五百衆，太半分散。

普化一日於街市中就人乞直裰，人皆與之。普化俱不要。師令院主買棺一具。普化歸來，師云：「我與汝做得箇直裰了也。」普化便自擔去繞街市叫云：「臨濟與我做直裰了也，我往東門遷化去。」市人競隨看之。普化云：「我今日未，來日往南門遷化去。」如是三日，人皆不信。至第四日，無人隨看。獨出城外，自入棺內，倩路行人釘之。卽時傳布市人，競往開棺，乃見全身脱去，祇聞空中鈴響，隱隱而去。

行録

師初在黃檗會下，行業純一。首座乃歎曰：「雖是後生，與衆有異。」遂問：「上座在此多少時？」師云：「三年。」首座云：「曾參問也無？」師云：「不曾參問，不知問箇什麽？」首座云：「汝何不去問堂頭和尚如何是佛法的的大意？」師便去。問聲未絶，黃檗便打。師下來，首座云：「問話作麽生？」師云：「某甲問聲未絶，和尚便打。某甲不會。」首座云：「但更去問。」師又去問，黃檗又打。如是三度發問，三度被打。師來白首座云：「幸蒙慈悲，令某甲問訊和尚，三度發問，三度被打。自恨障緣，不領深旨。今且辭去。」

首座云：「汝若去時，須辭和尚去。」師禮拜退。首座先到和尚處云：「問話底後生甚是如法。若來辭時，方便接他，向後穿鑿，成一株大樹，與天下人作陰凉去在。」師去辭黃檗。檗云：「不得往别處去。汝向高安灘頭大愚處去，必爲汝説。」師到大愚。大愚問：「什麼處來？」師云：「黃檗處來。」大愚云：「黃檗有何言句？」師云：「某甲三度問佛法的的大意，三度被打。不知某甲有過無過？」大愚云：「黃檗與麼老婆心切，爲汝得徹困，更來這裏問有過無過。」師於言下大悟，云：「元來黃檗佛法無多子。」大愚搊住云：「這尿牀鬼子，適來道有過無過，如今却道黃檗佛法無多子。你見箇什麼道理？速道，速道！」師於大愚脅下築三拳。大愚托開云：「汝師黃檗，非干我事。」師辭大愚，却回黃檗。黃檗見來，便問：「這漢來來去去，有什麼了期？」師云：「祇爲老婆心切。」便人事了侍立。黃檗問：「什麼處去來？」師去〔一〕：「昨奉慈旨，令參大愚去來。」黃檗云：「大愚有何言句？」師遂舉前話。黃檗云：「作麼生得這漢來，待痛與一頓。」師云：「説什麼待來，即今便喫。」隨後便掌。黃檗云：「這風顛漢，却來這裏捋虎鬚。」師便喝。黃檗云：「侍者引這風顛漢參堂去！」後潙山舉此話問仰山：「臨濟當時得大愚力，得黃檗力？」仰山云：「非但騎虎頭，亦解把虎尾。」

師栽松次，黃檗問：「深山裏栽許多作什麼？」師云：「一與山門作境致，二與後人作標榜。」道了，將钁頭打地三下。黃檗云：「雖然如是，子已喫吾三十棒了也。」師又以钁頭打地三下，作噓噓聲。黃檗云：「吾宗到汝，大興於世。」後潙山舉此語問仰山：「黃檗當時祇囑臨濟一人，更有人在？」仰山云：「有，

〔一〕「去」，續藏本亦作「去」。按文意應作「云」，疑刻誤。

祇是年代深遠，不欲舉似和尚。」溈山云：「雖然如是，吾亦要知，汝但舉看！」仰山云：「一人指南，吴越令行，遇大風卽止。」讖風穴和尚也。

師侍立德山次，山云：「今日困。」師云：「這老漢寐語作什麼？」山便打。師掀倒繩牀，山便休。

師普請鋤地次，見黄檗來，拄钁而立。黄檗云：「這漢困那？」師云：「钁也未舉，困箇什麼？」黄檗便打。師接住棒一送，送倒。黄檗喚：「維那維那，扶起我！」維那近前扶云：「和尚爭容得這風顛漢無禮？」黄檗纔起，便打維那。師钁地云：「諸方火葬，我這裏一時活埋。」後溈山問仰山：「黄檗打維那，意作麼生？」仰山云：「正賊走却，邏蹤人喫棒。」

師一日在僧堂前坐，見黄檗來，便閉却目。黄檗乃作怖勢，便歸方丈。師隨至方丈禮謝。首座在黄檗處侍立，黄檗云：「此僧雖是後生，却知有此事。」首座云：「老和尚脚跟不點地，却證據箇後生。」黄檗自於口上打一摑。首座云：「知卽得。」

師見普化乃云：「我在南方馳書到溈山時，知你先在此住待我來。及我來，得汝佐贊。我今欲建立黄檗宗旨，汝切須爲我成褫。」普化珍重下去。克符後至，師亦如是道。符亦珍重下去。三日後，普化却上問訊云：「和尚前日道甚麼？」師拈棒便打下。又三日，克符亦上問訊。乃問：「和尚前日打普化作什麼？」師亦拈棒打下。

師會下有同學二人相問：「離却中下二機，請兄道一句子。」一人云：「擬問卽失。」一人云：「恁麼則禮拜老兄去也。」前人云：「賊！」師聞得，陞堂云：「要會臨濟賓主句，問取堂中二禪客。」便下座。有僧來問：「禮拜則是，不禮拜則是？」師便喝，僧作禮。師云：「這賊！」僧亦云：「這賊！」便出去。師云：「莫道，無事好。」首座侍立，師回顧云：「還有過也無？」座云：「有。」師云：「賓家有過，主家有過？」座云：「二俱有過。」師云：「過在甚麽處？」座便出去。師云：「莫道，無事好。」後有僧舉似南泉。泉云：「官馬相踏。」師問僧：「什麽處來？」僧便喝，師便揖坐。僧擬議，師便打。師見僧來，便竪起拂子。僧禮拜，師便打。又見僧來，亦竪起拂子。僧不顧，師亦打。

示衆云：「參學之人大須子細。如賓主相見，便有言論往來。或應物現形，或全體作用，或把機權喜怒，或現半身，或乘師子，或乘象王。如有真正學人便喝，先拈出一箇膠盆子。善知識不辨是境，便上他境上作模作樣，便被學人又喝，前人不肯放下。此是膏肓之病，不堪醫治，喚作賓看主。或是善知識不拈出物，祇隨學人問處卽奪。學人被奪，抵死不肯放。此是主看賓。或有學人應一箇清淨境出善知識前，知識辨得是境，把得抛向坑裏。學人言：『大好，善知識！』知識卽云：『咄哉，不識好惡！』學人便禮拜。此喚作主看主。或有學人披枷帶鎖出善知識前，知識更與安一重枷鎖，學人歡喜，彼此不辨，喚作賓看賓。大德，山僧所舉，皆是辨魔揀異，知其邪正。」師到明化。化問：「來來去去作什麽？」師云：「祇徒踏破草鞋。」化云：「畢竟作麽生？」師云：「老漢話頭也不識。」又往鳳林，路逢一婆。婆問：「甚處去？」師云：「鳳林去。」婆云：「恰值鳳林不在。」師云：「甚處去？」婆便行。師乃喚婆，婆回頭，師便行。

師陞堂，有僧出，師便喝。僧亦喝，便禮拜，師便打。問僧：「甚處來？」曰：「定州來。」師拈棒，僧擬議，師便打。僧不肯，師曰：「已後遇明眼人去在。」僧後參三聖，纔舉前話，三聖便打。僧擬議，聖又打。

師應機多用喝，會下參徒亦學師喝。師曰：「汝等總學我喝，我今問汝：有一人從東堂出，一人從西堂出。兩人齊喝一聲，這裏分得賓主麽？汝且作麽生分？若分不得，已後不得學老僧喝。」

示衆云：「我有時先照後用，有時先用後照，有時照用同時，有時照用不同時。先照後用，有人在。先用後照，有法在。照用同時，驅耕夫之牛，奪饑人之食，敲骨取髓，痛下鍼錐。照用不同時，有問有答，立賓立主，合水和泥，應機接物。若是過量人，向未舉已前撩起便行，猶較些子。」

師見僧來，舉起拂子。僧禮拜，師便打。又有僧來，師亦舉拂子。僧不顧，師亦打。又有僧來參，師舉拂子。僧曰：「謝和尚指示。」師亦打。

師在堂中睡，黄檗下來見，以拄杖打板頭一下。師舉頭見是黄檗，却睡。黄檗又打板頭一下，却往上間，見首座坐禪，乃云：「下間後生却坐禪，汝這裏妄想作什麽？」首座云：「這老漢作什麽？」黄檗打板頭一下，便出去。後潙山問仰山：「黄檗入僧堂意作麽生？」仰山云：「兩彩一賽。」

一日普請次，師在後行，黄檗回頭見師空手，乃問：「钁頭在什麽處？」師云：「有一人將去了也。」黄檗云：「近前來，共汝商量箇事。」師便近前，黄檗竪起钁頭云：「祇這箇天下人拈掇不起。」師就手掣得竪起云：「爲什麽却在某甲手裏？」黄檗云：「今日大有人普請。」便歸院。後潙山問仰山：「钁頭在黄檗手裏，爲什麽却被臨濟奪却？」仰山云：「賊是小人，智過君子。」

師爲黄檗馳書去潙山時，仰山作知客，接得書便問：「這箇是黄檗底，那箇是專使底？」師便掌。仰山約住云：「老兄知是般事便休。」同去見潙山，潙山便問：「黄檗師兄多少衆？」師云：「七百衆。」潙山云：「什麽人爲導首？」師云：「適來已達書了也。」師却問潙山：「和尚此間多少衆？」潙山云：「一千五百衆。」師云：「太多生。」潙山云：「黄檗師兄亦不少。」師辭潙山，仰山送出云：「汝向後北去，有箇住處。」師云：「豈有與麽事？」仰山云：「但去已後，有一人佐輔老兄在。此人祇是有頭無尾，有始無終。」師後到鎮州，普化已在彼中。師出世，普化佐贊於師。師住未久，普化全身脱去。

師因半夏上黄檗，見和尚看經。師云：「我將謂是箇人，元來是揞黑豆老和尚。」住數日，乃辭去。黄檗云：「汝破夏來，不終夏去。」師云：「某甲暫來禮拜和尚。」黄檗遂打趁令去。師行數里，疑此事，却回終夏。師一日辭黄檗。檗問：「什麽處去？」師云：「不是河南，便歸河北。」黄檗便打。師約住與一掌。黄檗大笑，乃唤侍者：「將百丈先師禪板机案來。」師云：「侍者將火來！」黄檗云：「雖然如是，汝但將去，已後坐却天下人舌頭去在。」後潙山問仰山：「臨濟莫辜負他黄檗也無？」仰山云：「不然。」潙山云：「子又作麽生？」仰山云：「知恩方解報恩。」潙山云：「從上古人，還有相似底也無？」仰山云：「有，祇是年代深遠，不欲舉似和尚。」潙山云：「雖然如是，吾亦要知，子但舉看！」仰山云：「祇如楞嚴會上阿難讚佛云：『將此深心奉塵刹，是則名爲報佛恩。』豈不是報恩之事？」潙山云：「如是如是。見與師齊，減師半德。見過於師，方堪傳授。」

師到達磨塔頭。塔主云：「長老先禮佛，先禮祖？」師云：「佛祖俱不禮。」塔主云：「佛祖與長老是什麽冤家？」師便拂袖而出。師行脚時到龍光。光上堂，師出問云：「不展鋒鋩，如何得勝？」光據坐。師云：「大善知識豈無方便？」光瞪目云：「嗄。」師以手指云：「這老漢今日敗闕也。」

到三峰，平和尚問曰：「什麼處來？」師云：「黃檗來。」平云：「黃檗有何言句？」師云：「金牛昨夜遭塗炭，直至如今不見蹤。」平云：「金風吹玉管，那箇是知音？」師云：「直透萬重關，不住清霄內。」平云：「子這一問太高生。」師云：「龍生金鳳子，衝破碧琉璃。」平云：「且坐喫茶。」又問：「近離甚處？」師云：「龍光。」平云：「龍光近日如何？」師便出去。

到大慈，慈在方丈內坐。師問：「端居丈室時如何？」慈云：「寒松一色千年別，野老拈花萬國春。」師云：「今古永超圓智體，三山鎖斷萬重關。」慈便喝，師亦喝。慈云：「作麼？」師拂袖便出。

到襄州華嚴，嚴倚拄杖作睡勢。師云：「老和尚瞌睡作麼？」嚴云：「作家禪客，宛爾不同。」師云：「侍者點茶來與和尚喫。」嚴乃喚：「維那，第三位安排這上座。」

到翠峯，峯問：「甚處來？」師云：「黃檗來。」峯云：「黃檗有何言句指示於人？」師云：「黃檗無言句。」峯云：「爲什麼無？」師云：「設有，亦無舉處。」峯云：「但舉看！」師云：「一箭過西天。」

到象田，師問：「不凡不聖，請師速道！」田云：「老僧祇與麼。」師便喝云：「許多禿子在這裏覓什麼椀？」

到鳳林，林問：「有事相借問得麼？」師云：「何得剜肉作瘡！」林云：「海月澄無影，遊魚獨自迷。」師云：「海月既無影，遊魚何得迷？」林云：「觀風知浪起，翫水野帆飄。」師云：「孤輪獨照江山靜，自笑一聲天地驚。」林云：「任將三寸輝天地，一句臨機試道看。」師云：「路逢劍客須呈劍，不是詩人莫獻詩。」鳳林便休。師乃有頌：「大道絕同，任向西東。石火莫及，電光罔通。」溈山問仰山：「石火莫及，電光罔通。從上諸聖將什麼爲人？」仰山云：「和尚意作麼生？」潙山云：「但有言說，都無實義。」仰山云：「不然。」潙山云：「子又作麼生？」仰山云：「官不容針，私通車馬。」

到金牛，牛見師來，橫按拄杖，當門踞坐。師以手敲拄杖三下，却歸堂中第一位坐。牛下來見，乃問：「夫賓主相見，各具威儀。上座從何而來？太無禮生！」師云：「老和尚道什麼？」牛擬開口，師便打。牛作倒勢，師又打。牛云：「今日不著便。」潙山問仰山：「此二尊宿還有勝負也無？」仰山云：「勝卽總勝，負卽總負。」

師臨遷化時，據坐云：「吾滅後，不得滅却吾正法眼藏。」三聖出云：「争敢滅却和尚正法眼藏！」師云：「已後有人問你，向他道什麼？」三聖便喝。師云：「誰知吾正法眼藏，向這瞎驢邊滅却。」言訖端然示寂。

興化（存奬）禪師語録 南嶽下六世，嗣臨濟

師諱存奬。初謁臨濟，濟令師充侍者。濟問新到：「甚處來？」云：「鑾城。」濟云：「有事相借問得麼？」云：「新戒不會。」濟云：「打破大唐國，覓箇不會人難得。參堂去！」師問：「適來新到是成褫伊耶？」濟云：「我誰管你成褫不成褫。」師云：「和尚只會將死雀就地彈，不解將一轉語蓋覆却。」濟云：「你又作麼生？」師云：「請和尚作新到。」濟遂云：「新戒不會。」師云：「却是老僧罪過。」濟云：「你語藏鋒。」師擬

議，濟便打。至晚，濟謂師云：「我今日問新到，是將死雀就地彈，就窠裏打。及你出得語，又喝起向青雲裏打。」師云：「草賊大敗。」濟又打。

師開堂日，拈香云：「此一炷香本爲三聖師兄。三聖爲我太孤，便合承嗣大覺，大覺爲我太賒。我於三聖處會得賓主句。若不遇大覺師兄，洎乎誤却我平生。我於大覺處喫棒，見得臨濟先師在黄檗處喫棒底道理。此一炷香供養我臨濟先師。」

示衆云：「今日不問如何若何，便請單刀直入，興化與你證明。」時有旻德長老出作禮，起便喝，師亦喝。德又喝，師又喝。德作禮歸衆。師云：「適來若是別人，三十棒一棒也不較。何故？爲他旻德長老會一喝不作一喝用。」師入堂見首座，乃云：「我見你了也。」座便喝。師打露柱一下，便出去。首座隨後上方丈，云：「適來觸忤和尚。」便作禮。師就地打一棒，座無語。

師見同參來，纔上法堂，師便喝，僧亦喝。行三兩步，師又喝，僧亦喝。須臾近前，師拈棒，僧又喝。師云：「你看這瞎漢猶作主在。」僧擬議，師便打，直打下法堂。時有僧問：「這僧有甚觸忤和尚處？」師云：「是伊適來，也有權也有實，也有照也有用。及乎我將手向伊面前橫兩遭，便去不得。似這般瞎漢，不打更待何時？」僧問：「四方八面來時如何？」師云：「打中間底。」僧作禮。師云：「興化今日赴箇村齋，中路遇一陣卒風暴雨，却去古廟裏避得過。」僧問：「多子塔前共談何事？」師云：「一人傳虚，萬人傳實。」師舉三聖僧問：「如何是祖師西來意？」三聖云：「臭肉來蠅。」師云：「興化即不然。破脊驢上足蒼蠅。」

上堂云：「我聞三聖道：『我逢人即出，出即不爲人。』興化即不然。我逢人即不出，出即便爲人。」下座。師巡堂次，垂語云：「我有一隻聖箭，遇作家即分付。」至下間有一道者云：「便請！」師云：「你喚什麼作聖箭？」道者把衲衣便拂。師接住云：「祇者箇，別更有在？」道者擬議，師便打。

師到雲居，問：「權借一問，以爲影草時如何？」雲居道不得。師三度舉話頭，雲居無語。師云：「情知和尚道不得，且禮三拜。」雲居一日上堂云：「我二十年前，興化問我，當時機思遲鈍，道不得。爲他致得問頭奇特，不敢辜他。如今祇消一箇『何必』。」後有僧舉似師。師云：「二十年祇道得箇何必。興化即不然，不消一箇不必。」後三聖拈云：「二十年道得底是雲居。如今商量，猶較興化半月程。」

師見僧來，云：「你未恁麼來，山僧早行了也。」僧便喝。師云：「據令而行。」僧又喝。師云：「作家。」僧又喝，師便打。問：「王程有限時如何？」師云：「日馳五百。」

同光帝駕幸河北，回至魏府行宮。帝坐朝，僧録名員來朝後，帝遂問左右：「此間莫有德人否？」近臣奏曰：「適來僧録名員皆是德人。」帝曰：「此是名利之德，莫有道德之人否？」近臣奏曰：「此間有興化長老，甚是德人。」帝乃召之。師來朝見，帝賜坐。茶湯畢，帝遂問：「朕收下中原，獲得一寶，未曾有人酬價。」師云：「如何是陛下中原之寶？」帝以手舒幞頭脚。師云：「君王之寶，誰敢酬價！」聖顔大悦，賜紫衣師號，師皆不受。宣馬一疋與師乘騎，馬忽驚墜師，遂傷足。帝聞，宣藥救療。師喚院主，院主至侍立次。師云：「與我作箇木枴子。」院主做了將來，師接得遶院行。問僧云：「汝等還識老僧麼？」僧云：「和尚，争得不識？」師云：「瘸脚法師說得行不得。」又至法堂上，令維那聲鐘上堂，師如前垂示，衆皆無對。師擲下柺子，端然而逝。勅謚廣濟大師，塔曰通寂。

臨濟慧照禪師塔記

師諱義玄，曹州南華人也，俗姓邢氏。幼而穎異，長以孝聞。及落髮受具，居於講肆，精究毗尼，博賾經論。俄而歎曰：「此濟世之醫方也，非教外別傳之旨。」卽更衣遊方。首參黃檗，次謁大愚。其機緣語句載于行錄。既受黃檗印可，尋抵河北鎮州城東南隅，臨滹沱河側小院住持，其臨濟因地得名。時普化先在彼，佯狂混衆，聖凡莫測。師至，卽佐之。師正旺化，普化全身脱去，乃符仰山小釋迦之懸記也。適丁兵革，師卽棄去。太尉默君和於城中捨宅爲寺，亦以臨濟爲額，迎師居焉。後拂衣南邁，至河府，府主王常侍延以師禮。住未幾，卽來大名府興化寺，居于東堂。師無疾，忽一日攝衣據坐，與三聖問答畢，寂然而逝。時唐咸通八年丁亥孟陬月十日也。門人以師全身建塔於大名府西北隅，勅謚慧照禪師，塔號澄靈。合掌稽首，記師大略。住鎮州保壽嗣法小師延沼謹書。

住大名府興化嗣法小師存獎校勘

古尊宿語録卷第六

睦州（道蹤）和尚語録南嶽下五世，嗣黄檗

上堂對機第一

上堂云：「你諸人還得箇入頭處也未？若未得箇入頭，須得箇入頭。若得箇入頭，不得辜負老僧。」又云：「明明向你道尚自不會，豈況蓋覆將來。」問：「如何是學人自己？」師云：「觀世音菩薩。」進云：「學人不會。」師云：「大慈悲菩薩。」問：「如何是祖師西來意？」師云：「一隊衲僧來，一隊師僧去。」問：「如何是展演之言？」師云：「量才補職。」進云：「如何是不展演之言？」師云：「伏惟尚饗。」問：「如何是向上一路？」師云：「你問將來，我與你道。」進云：「便請道。」師云：「抖擻多年穿破衲，襤毵一半逐雲飛。」問：「請師講經。」師云：「買帽相頭。」進云：「謝師慈悲。」師云：「拈頭作尾，拈尾作頭。還我第三段來。」問：「如何是徑截一路？」師云：「大衆久立，速禮三拜！」進云：「請師道。」師云：「有頭無尾漢。」又云：「來來！還我徑截一路來！」僧無語。

有座主問：「某甲雖講得經兼行脚，不會教意時如何？」師云：「灼然。實語當懺悔。」進云：「乞師指

示。」師云：「你若不問，老僧緘口無言。你既問，老僧不可緘口去也。」進云：「便請道。」師云：「心不負人，面無慚色。」問：「知時者是大沙門。如何是大沙門？」師云：「我向鼻孔裏問你。」進云：「作麽生問？」師云：「自領。出去！」又云：「來來！我共你葛藤，你却問我。」問：「如何是大沙門？」師云：「觀世音菩薩，會麽？」進云：「不會。」師云：「大慈悲菩薩。」問：「以一重去一重卽不問，不以一重去一重時如何？」師云：「昨日栽茄子，今朝種冬瓜。」問：「一句道盡時如何？」師云：「義墮也。」進云：「什麽處是某甲義墮處？」師云：「三十棒教誰喫？」問：「祖意與教意是同是別？」師云：「青山自青山，白雲自白雲。」進云：「如何是青山？」師云：「還我一滴雨來。」進云：「學人道不得，請師道。」師云：「法華峰〔一〕前陣，涅槃句後收。」

上堂，大衆雲集。師云：「章表將來！」時有僧出應諾。師云：「據狀領過。」問：「佛法大意，請師舉唱。」師云：「我者裏不曾泥裏洗土塊。你諸方作麽生道？」僧無語。

有大德曾講法華經，來問和尚：「某甲雖講，不會教家大意極則處。」師云：「不得錯舉。」問：「如何是向上事？」師指一僧云：「那箇師僧何不問？」僧無語。有僧舉雪峰語，乞師指示。「峰云：『是什麽？』學云：『乞師指示。』峰云：『因什麽到與麽地？』」舉了，僧遂問：「祇如雪峰和尚意作麽生？」師便打。

師看經次，僧問：「看什麽經？」師云：「金剛經。」僧云：「六朝翻譯，次當第幾？」師云：「一切有爲法，如夢幻泡影。」問：「如何是教意？」師云：「我不答你。」進云：「和尚爲什麽不答？」師云：「爲你念來。」問：

〔一〕「峰」，五燈會元作「鋒」。

「如何是西來意？」師云：「那箇師僧何不近前來？」僧便近前。師云：「我喚浙東人，干浙西人什麼事？」問：「如何是曹溪的的意？」師云：「路逢劍客須呈劍，不是詩人莫獻詩。」時有座主問：「三乘十二分教，某甲粗知。未審宗門事，乞師提綱。」師云：「問著宗門事，有什麼難道？恰問著老僧鼻孔。你頭上漫漫，脚下漫漫，教家喚作什麼？」主云：「教家無這箇意旨。」師以拄杖趁。

上堂云：「汝等快與快與！老僧七十九也，看看脱去也。」僧便問：「師百年後向什麼處去？」師云：「三十年後有人舉在。」問：「迦葉上行衣，誰人合得披？」師云：「抖擻多年穿破衲，襤毵一半逐雲飛。會麼？」僧云：「不會。」師云：「有時掛向肩頭上，也勝時人著錦衣。」問：「終日著衣喫飯，如何免得著衣喫飯？」師云：「著衣喫飯。」進云：「不會。」師云：「不會卽著衣喫飯。」有座主問：「三乘十二分教卽不問，如何是宗門中事？」師云：「老僧入你鉢囊裏。」主云：「和尚爲什麼在學人鉢囊裏？」師云：「有什麼檳榔豆蔻？速將來！」主云：「和尚欠少箇什麼？」師云：「這賊！今日敗也。」進云：「學人乍入叢林，乞師指示。」師云：「量才補職。」進云：「學人咨和尚。」師咄云：「這扶籬摸壁漢，三家村裏保頭也不能作得。」

師因赴齋回，有僧就師乞嚫錢。師云：「赴齋得三十文。」僧云：「便請。」師云：「施者雖無厭，受者應知足。」問：「佛法大意，請師提綱。」師云：「拈將來！與你提綱。」進云：「便請和尚道。」師云：「拆東籬補西障。」有僧名宗闡，宗闡咨和尚。師云：「住。」僧便住。師咄云：「名也不識。」又云：「有闡卽判，快道快道！」闡無對。

有俗官問：「一氣還轉得一大藏經麼？」師云：「有什麼絁紬？快將來！」問：「古人有言究竟一路。如何是究竟一路？」師云：「吽，吽！你這牓子，我這裏難遇。筆墨兩狀，一時領過。」進云：「某甲有什麽過？」師便打趁。問：「從上已來老宿作家，還有差別異路難會底道理麽？」師云：「有。」進云：「如何是差別異路，難會底道理？」師云：「待你三生六十劫信去始得。」進云：「某甲乍入叢林。乞師指示。」師云：「你不解問。」進云：「和尚作麽生？」師云：「放你三十棒，自領。出去！」

問：「十方國土中，唯有一乘法。如何是一乘法？」師云：「你若不問，我即不知；你若問我，我即知。」進云：「爲什麽如此？」師云：「吽，吽！什麽處得這箇問來？」僧無語。問：「説即振動乾坤，不説即絲毫不掛。説即是，不説即是？」師云：「道什麽？」僧再舉。師云：「這脱空謾語漢！」進云：「某甲話在。」師云：「説即振動乾坤，是你恁麽道？」僧云：「是。」師拈拂子便打。云：「吽，吽！這裏嚇我來！」問：「教意請師提綱。」師云：「但問將來，我與你道。」進云：「便請道。」師云：「佛殿裏裝香，三門頭合掌。」問：「學人有問，未審師還許也無？」師云：「灼然。賊來須打，客來須看。」進云：「未審和尚作麽生道？」師云：「這賊不能打得你。」問：「三乘十二分教從何而得？」師云：「對機故得。」問：「請和尚答一轉語得麽？」師云：「得。」進云：「請便道。」師拽拄杖趁。

上堂云：「不受謾底人出來！」有僧出應諾。師云：「被我挑一塊屎，擗喉嚨塞却，擗眼打，也争不受謾。」師因看金剛般若經，僧問：「和尚看甚經？」師云：「無二無二分，無别無斷故。會麽？」僧云：「不會。」師云：「我念經也不得。」有俗官問：「和尚依教不依教？」師云：「光剃頭，淨洗鉢，作麽生不依教？」師因齋次，有俗官問：「請師施食。」師云：「三德六味，施佛及僧。吽，吽！快將來！老僧要喫。」俗官云：「請和尚施財。」師云：「弟子施財，和尚施法。先到老僧，後到佛。」又俗官問：「弟子今日開藏經，乞師一句提綱藏經。」師云：「此問難得。」官云：「便請提綱。」師云：「對牛彈琴。」

師因看經次，僧問：「和尚看什麼經？」師云：「涅槃經茶毗品最在後。」問：「如何是超佛越祖之談？」師驀拈拄杖，示衆云：「我喚作拄杖，你喚作什麼？」僧無語。師再將拄杖示之，云：「超佛越祖之談是你問麼？」僧無語。

師因焦山借斧頭，師喚童子：「取斧頭來！」童子取得來向師前，云：「未有繩墨，且斫粗。」師遂喝。又喚童子：「來來！作麼生是你斧頭？」童子遂作斫勢。師云：「斫你屋裏老爺頭不得。」師舉黄檗和尚語云：「天下老和尚一氣道在我者裏。要放你，也在我這裏；要不放你，也在我這裏。」僧便問：「如何是一氣道？」師云：「量才補職。」僧云：「如何是不放一氣道？」師云：「伏惟尚饗。」問：「如何是禪？」師云：「猛火著油煎。」問：「不擇一切，請師提綱佛法。」師云：「山河大地，畜生驢馬。」進云：「爲什麼不會？」師云：「你若被我把住，直須百雜碎。」僧云：「和尚不可一向。」師云：「不信道百雜碎。」問：「近入叢林，乞師方便。」師云：「你近入叢林？」進云：「是。」師云：「心不負人，面無慚色。」進云：「某甲不會。」師云：「近前來！與你注解。」僧近前，師云：「去！」

上堂，大衆侍立，師喝：「出去！」大衆不出去。師又再喝，大衆茫然。師舉拄杖一時趁下去。

師因看華嚴經，僧問：「是什麼經？」師云：「大光明雲，青色光明雲，紫色光明雲。那邊是什麼雲？」僧云：「南邊是黑雲。」師云：「今日應有雨。」又云：「將爲是箇師子兒，元來是箇老鼠兒。」

上堂云：「還有踏倒禪牀底，出來！」有僧出來應諾。師云：「北〔一〕來抛鈎釣鯨鯢，下場頭却釣得箇蝦蟆出來。」問：「如何是禪？」師云：「還我第二段來！」進云：「不會。」師云：「三段不同，萬里崖州。」問：「如何是佛？」師云：「裂轉鼻孔。」問：「如何是葛藤一句？」師云：「山河大地是你問。」進云：「如何提綱拈掇？」師云：「到我問。」問：「托卽乾坤大地，不托卽絲髮不逢時如何？」師云：「吽吽！不曾見。」師却問：「先踍跳三千里，倒退八百，你作麽生學？」云：「諾。」師云：「先責一狀，好打者漢。」又云：「來來！我共你葛藤。托卽乾坤大地。你且道洞庭湖水深多少？」進云：「不曾量度。」師云：「是洞庭湖水又作麽生？」進云：「祇爲今時。」師云：「這葛藤尚不會得。」便打。問：「大衆雲臻，合談何事？」師云：「作麽？」問：「華藏海卽不問，如何是向上一路？」師云：「好來，好來。」

師舉古人語次，問大衆云：「三乘十二分教，成得箇什麽邊事？」有僧云：「今日大衆普請不易。」師云：「不要將出來。」僧云：「打鼓喫藥石〔二〕。」師云：「莫拈出。」僧云：「和尚得恁麽忉忉生？」師云：「我也祇要你恁麽道。」問：「如何是觸途成滯底句？」師云：「我也祇道。」進云：「作麽生道？」師云：「吽，吽！箭過西天十萬里，向大唐國裏等候。」僧打門問：「己事不明，乞師指示。」師纔開門，僧擬開口問，師便擗口摑。問：「如何是學人入頭處？」師云：「一不得了。」進云：「某甲不會。」師云：「這箇語話三十年後大行。」問：「如何是禪？」師云：「摩訶般若波羅蜜。」進云：「不會。」師云：「抖擻多年穿破衲，襤毿一半逐雲飛。」

〔一〕「北」，語要作「比」。

〔二〕「藥石」，語要作「藥食」，義同。

睦州僧正并諸大德，衆請師上堂。師問僧正，僧正應諾。師云：「監寺吶？」正云：「不在。」師云：「都監闍黎吶？」正云：「不在。」師云：「上座吶？」正云：「不在。」師云：「三段不同，今當第一；向下文長，赴在來日。不詞謹退。」便起。諸大德罔措。

師舉古人語云：「揑聚也在我，裂破也在我。」僧問：「如何是裂開？」師云：「菩提涅槃，真如解脱，三九二十七，還我第一籌來！」又云：「即心是佛，我且恁麼道，你作麼生？」僧云：「某甲不恁麼道。」師云：「盞子落地，楪子成七片。」僧云：「如何揑聚？」師乃斂手而坐。

一日，睦州刺史問：「如何是禪宗事？」師云：「近前來！近前來！」史近前。師云：「得恁麼脱空妄語。」史無語。師遂問：「曾見什麼人來？」史云：「曾見恁麼老宿來。」師云：「更作麼生？」史云：「看經來。」師驀打牀一下，云：「教中喚這箇作什麼？」史云：「教中不説。」師云：「教中道：『治生產業，與正理不相違背。』又作麼生？」史無對。師又打牀一下云：「大凡喚這箇作什麼？」史云：「喚作牀。」師云：「這喫飯粘漢！」睦州陳操尚書因齋次，尚書自行餅餤與僧。僧遂引手接，尚書却縮手，僧無語。尚書與諸官在鎮樓上坐，忽見有數僧來。官人云：「有幾箇衲僧來？」尚書云：「不是。」官人云：「爭知不是？」書云：「待來到這裏，與你勘。」其僧遂至，尚書驀喚云：「上座！上座！」僧回首無語。書云：「不信，道！」

上堂，衆集。師云：「忽然，忽然。」有僧出來云：「却請大衆歸堂去。」師拍繩牀一下云：「苦殺人。」僧遂回頭，師舉拄杖一時趁下。問：「如何是佛法徑截？」師云：「三人兩人不問。」進云：「便請和尚道。」師云：「三人一狀領過。」問：「一言道盡時如何？」師云：「吽，吽！築著老僧當門齒。」進云：「已蒙和尚指示。」師云：「有頭無尾漢，錢唐去國三千里。」僧無語。問：「一句淨盡時如何？」師云：「摘却你眉毛，換却你眼睫。」僧無語。師云：「吽！吽！脱空謾語漢。」問：「如何是向上一路？」師云：「朝看東南，暮看西北。」問：「不涉廉纖，請師道。」師云：「三段不同，今當第一。向下文長，赴在來日。」問：「如何是教意？」師云：「還我一問來！」進云：「未審和尚作麽生道？」師云：「吽，吽！不敢望你，分外話也不領。」問：「如何是量才補職？」師云：「不要補。」進云：「爲什麽不要補？」師云：「蝦蟆之類。」別有一僧出來，請和尚道。師云：「不要攪擾百姓，養子方知父慈。會麽？」僧云：「如何是養子方知父慈？」師云：「心不負人，面無慚色。」問：「如何是禪？」師云：「歸依佛法僧。」進云：「不會。」師云：「咄，這蝦蟆得與麽惡業！」問：「學人有疑，請師一決。」師云：「獨掌不浪鳴。」進云：「不會。」師云：「隻絲不成束，自領出去。」

問：「徑截處，乞師指示。」師云：「早朝有人問了也。」進云：「早朝有人問了且致，請師道。」師云：「三門頭市合金剛，脚下小兒子簸錢。」問：「如何是教意？」師云：「一問不再舉。」問：「如何是一代時教？」師云：「上大人，丘乙己。」問：「如何是急？」師云：「通你一問。」進云：「如何是急中急？」師云：「朝向西瞿耶尼，暮向北鬱單越。」俗官問：「弟子廣陳供養，師有何方便？」師云：「祇怕你不問。」官云：「便請和尚道。」師云：「心不負人，面無慚色。」問：「以八不成，是何章句？」師彈指一下云：「會麽？」進云：「不會。」師云：「上來講讚無限勝因。蝦蟆踍跳上天，蚯蚓驀過東海。」問：「如何是鶻子？」師云：「這死雀兒。」進云：「如何是鶻子之機？」師云：「昨日有師僧趁出去，你今日又來這裏。」進云：「過在什麽處？」師云：「敕貶朝官。」問：「如何是機前一句？」師云：「老僧一問，教你摸。」進云：「莫便是麽？」師云：「對牛彈琴。」問：「正當説時時如何？」師云：「你爲什麼話墮？」進云：「什麼處是話墮處？」師云：「擔枷過狀，萬里崖州，自領出去。」問：「大衆雲集，合談何事？」師云：「那箇師僧置將一問來？」學人舉頭，師便打云：「老僧却不恁麼？」進云：「未審和尚作麼生問？」師云：「佛殿裏裝香，三門頭合掌。」又云：「你不解問。」進云：「未審作麼生問？」師云：「速禮三拜，放你三十棒。」又云：「後園生菜，熟水淘飯。」問：「如何是向上事？」師云：「向下文長。」又云：「慚愧解問。」進云：「請和尚道。」師云：「心不負人，面無慚色。」問：「如何是教眼？」師云：「十方國土中，唯有一乘法。」進云：「此是經文。」師云：「驢年會麼？」進云：「如何是教眼？」師云：「量才補職。」問：「如何是衲僧眼？」師云：「朝看東南，暮看西北。」

上堂云：「觀自在菩薩，行深般若波羅蜜多時，信受奉行。」問僧：「我適來念什麼？」僧云：「和尚念經。」師便打云：「此老古錐。心不負人，面無慚色。」問：「如何是諸佛師？」師云：「釘釘東東，骨低骨董。」進云：「乞師慈悲。」師云：「我問你，第二句作麼生道？」進云：「不會。」師云：「灼然，灼然。」師坐次，有僧驀然問：「請師道！」師云：「蘇嚕蘇嚕娑婆訶。」問：「如何是向上關捩子？」師云：「新羅國裏坐朝，大唐國裏打鼓。」

上堂云：「爍電之機罕遇，且向摸窑村裏作活計。」僧問：「如何是摸窑村裏作活計？」師云：「歸依佛法僧。」進云：「如何是爍電之機罕遇？」師云：「灼然。」問：「三界唯心，萬法唯識時如何？」師云：「牙齒敲磕，更置將一問來！」僧無語。師云：「舌頭無骨。」又拈拄杖一劃云：「會麼？」僧云：「不會。」師云：「鵓鳩鳥。」問：「不落玄機，便請道。」師云：「老僧三十年來行脚，未曾置此一問。」進云：「請師答話。」師云：「這箇阿師什麽處得此一箇問頭來？」問：「高揖釋迦，不拜彌勒時如何？」師云：「到老僧這裏覓箇什麽？速禮三拜！」又云：「近前來，早是教七教八。」進云：「也知和尚恐某甲不實。」師云：「拄杖不在，掃帚柄打三十下。」問：「古人點土成金，意旨如何？」師云：「老僧不與麽道。」進云：「和尚作麽生道？」師云：「金變爲土。」問：「學人乍入叢林，乞師指示。」師云：「飽喫飯了，顛言倒語作什麽？」進云：「與麽卽一切法不可得也。」師云：「你道我語作麽生？」進云：「一切法不可得也。」師便打。問：「學人近入叢林，乞師指示。」師云：「不得埋没老僧。」進云：「乞師慈悲。」師云：「一箭過西天，一不成兩不是。」

有長講法華經座主來問：「某甲雖講經，不明教意。乞師方便。」師云：「悟卽實。初三十一，中九下七。面前背後，相去多少？」主云：「某甲不會，乞師指示。」師云：「拈起著。」主再問。師云：「摩訶般若波羅蜜。」進云：「某甲不會。」師云：「入鄉隨俗。」進云：「如何是教意？」師云：「妙法緊那羅王，大法緊那羅王。」主云：「某甲不會。」師云：「真箇是無孔鐵槌。近前來！」主便近前。師以手空撈一轉，却云：「會麽？」主云：「不會。」師云：「不在這裏。」

上堂云：「識賤卽貴。」僧便問：「祇如長街裏還有貴也無？」師云：「有。」進云：「如何長街裏貴？」師云：「陳薑，陳薑。」進云：「恁麽則學人買得也。」師云：「一兩二兩，還我三文錢來。」僧無語。師云：「吽，吽！這脱空妄語漢！」師問僧：「什麽處來？」僧云：「天台來。」師云：「見說石橋作兩段，是否？」僧云：「和尚什麽處得這箇消息？」師云：「將爲是華頂峰前客，元來是平田莊裏人。」

因見新到，師云：「老僧不曾向第二句裏勘人。近前來！」僧遂近前。師云：「近離什麽處？」僧云：

「請和尚辯。」師云：「今日雲色稍高。」問僧：「什麼處來？」僧云：「和尚合知。」師云：「我即知。」僧云：「且道某甲從什麼處來？」師云：「猪跳圈不出。」問僧：「你是行脚僧是否？」僧云：「諾。」師云：「築著便蝦蟆叫。」僧云：「某甲未曾有語在。」師云：「來來！作麼生道？」僧云：「還曾遏得住也無？」師便打。問僧：「近離什麼處？」僧喝。師云：「老僧今日被你喝一喝。」僧又喝。師云：「三喝四喝後作麼生？」僧無語。師便打云：「這掠虛漢！」問僧：「什麼處來？」僧便喝。師云：「你以古人作得主？」僧又喝。師云：「話破也。」僧云：「某甲什麼處是話破處？」師便棒。問僧：「什麼處來？」僧云：「請和尚鑒。」師拈起拄杖云：「你喚作箇什麼？」僧云：「請和尚鑒看。」師便打。問僧：「什麼處來？」僧云：「知道和尚有此一問。」師云：「一破兩破三破作麼生？」僧云：「和尚什麼處得許多破來？」師云：「吽，吽！這箇阿師好與三十棒。」問僧：「夏在什麼處？」僧叉手退後。師云：「鉢盂裏失却匙筯，草鞋根下失却一文古老錢。」僧云：「某甲不與麼。」師云：「共你葛藤，尚自不會。來來！實道夏在什麼處？」僧云：「江西。」師云：「念你遠來，放你三十棒。」問僧：「什麼處來？」僧云：「徑山來。」師云：「何得五戒不持？」僧云：「過在什麼處？」師云：「我這裏不著沙彌。」

師見新到來參，云：「尅尤叵耐。」僧罔測，一邊立。師云：「什麼處得這一隊打野榸漢？出去！」問僧：「什麼處來？」其僧瞪目視。師云：「驢前馬後漢。」問僧：「什麼處來？」僧云：「適來有人問了也。」師云：「因什麼敗闕？」僧云：「莫錯！」師云：「自領出去。」問僧：「什麼處來？」僧云：「識得即知來處。」師喝云：「這蝦蟆，保老和尚作活計。」僧云：「莫錯！」師云：「放你三十棒，自領出去。」問僧：「莫是從河北來麼？」僧云：「某甲近離江西。」師云：「大展坐具禮三拜著。」其僧禮拜了，便出去。師云：「不空，不空。」僧回首。師云：「來來，近前來！皓是黑，正好辯。」僧無語。問僧：「幾人新到？」僧云：「五人。」師云：「瓦解冰消。」僧云：「和尚未曾有問。」師云：「賊把贓爲驗。」問僧：「近離什麼處？」僧云：「也知和尚有此一問。」師云：「脱空妄語漢。」僧云：「什麼處是妄語？」師云：「三十棒教阿誰喫？」問僧：「夏在什麼處？」僧云：「待和尚有箇住處，卽説似和尚。」師云：「狐非師子類，燈非日月明。」問僧：「什麼處來？」僧云：「靈山來。」師云：「涅槃是第幾座？」僧無語。師又問：「迦葉什麼處去？」僧云：「不知。」師云：「脱空妄語漢。」

有時纔見新到，云：「現成公案，放你三十棒。」僧云：「某甲如是。」師云：「三門頭金剛爲什舉麼却起拳？」僧云：「金剛尚乃如是。」師便打。問僧：「什麼處來？」僧云：「須知有不涉程途者。」師乃咄云：「開口便作屎臭氣。」有僧參師，師乃拈起針云：「一時穿過鼻孔。」僧云：「莫錯！」師云：「吽，吽！近前來！你適來道什麼？」僧云：「和尚莫錯！」師云：「西天斬頭截臂，這裏自領出去。」

師有時見新到，云：「何得五戒不持？」僧云：「某甲未曾人事。」師云：「這沙彌！」問僧：「什麼處來？」僧云：「婺州來。」師云：「還見傅大士麼？」僧云：「某甲不見。」師云：「在雙林寺裏。」問僧：「什麼處來？」僧云：「婺州來。」師云：「鄉中偏出此人。」問僧：「什麼處來？」僧云：「適來途中早有人問了也。」師云：「這裏爲什麼瓦解冰消？」僧云：「某甲過在什麼處？」師云：「擔枷過狀漢。」問僧：「什麼處來？」僧云：「那處來。」師云：「老僧屈。」僧云：「和尚知便得。」師云：「擔枷過狀。」便打。問僧：「什麼處來？」僧云：「莫錯伸此一問。」師云：「嗄，江西來。」僧云：「莫錯！」師云：「三十棒教阿誰喫？」問僧：「什麼處來？」僧便喝。師拍手大笑，僧罔措，師便打。問僧：「什麼處來？」僧云：「深知和尚有此一問。」師云：「七縱八横，老僧鼻孔在什麼處？」僧云：「和尚鼻孔，爲什麼却問某甲？」師云：「吽，吽！放你三十棒。」問僧：「什麼處來？」僧云：「靈泉來。」師云：「吽，吽！放你三十棒。」又云：「你適來恁麼道[口尔]？」僧云：「是。」師云：「三門頭金剛，爲什麼倒地？」僧無語。師云：「將爲是箇僧，元來祇是蝦蟆。」問僧：「什麼處來？」僧云：「請和尚辨。」師云：「向你脚下辨。」僧無語。師云：「吽，吽，什麼處並無主宰？」問僧：「什麼處來？」僧云：「洎錯祇對和尚。」師咄云：「將一條繩縛保老師著。」僧云：「某甲有什麼過？」師云：「去。」問僧：「什麼處來？」僧云：「靈山來。」師云：「近日打殺一門僧，是否？」僧無語。師云：「這箇〔一〕蝦蟆。」問僧：「什麼處來？」僧叉手近前。師云：「太狼籍生。」僧無語。師云：「這掠虛漢！」問僧：「什麼處來？」僧云：「江西來。」師云：「江西米貴賤？」僧云：「不曾入鄽。」師云：「念你遠來，放你三十棒。」問僧：「什麼處來？」僧云：「江西來。」師云：「江西此去多少？」僧云：「不曾量度。」師云：「文彩已彰。」問僧：「什麼處來？」僧云：「江西來。」師云：「夏在什麼處？」僧云：「雲居。」師云：「有何言教？」僧云：「即今作麼？」師云：「這箇師僧親從高處來。」僧云：「和尚爲什麼與麼道？」師云：「本色打米餅保老師。」問僧：「什麼處來？」僧云：「江西來。」師作打勢云：「踏破多少草鞋？」僧無語。師云：「來來，你曾過梅嶺麼？」僧云：「過。」師云：「今日好秋凉。」問僧：「什麼處來？」僧云：「江西來。」師云：「還有不喫飯底麼？」僧云：「有。」師云：「這箇是噇飯底。」問僧：「你頭上一問，爲什麼不道？」僧云：「什麼處不道？」師云：「且喜得你出頭來。」問僧：「什麼處來？」僧云：「雙林來。」師云：「途中事借問得麼？」僧云：「和尚問什麼處？」師云：「你上大人也未曾夢見。出去！」

〔一〕「箇」，語要作「死」。

勘看經僧第二

問僧：「看什麽經？」僧云：「般若經。」師云：「鼻孔裏藏身，鉢盂裏藏却匙筯，眼睛裏换却髑髏，刪在什麽經裏？」僧云：「某甲不知刪在什麽經裏。」師云：「來，來！祇如大般若經『一切智智清淨』是麽？」僧云：「是。」師拈起拄杖云：「見這箇麽？」僧云：「此是色法。」師云：「忽有人供養看經僧，你也隨隊喫飯。」問僧：「曾看經是麽？」僧云：「是。」師云：「是。」又云：「不得謾我。」僧云：「和尚爲什麽不領話？」師云：「果然誵我」。

問僧：「什麽處來？」僧云：「雙林寺來。」師云：「傅大士道什麽？」僧云：「他不問和尚，和尚又問他作什麽？」師云：「什麽處得這老婆説話來？」問僧：「什麽處來？」僧云：「雙林寺來。」師云：「還見傅大士麽？」僧云：「不錯祇對和尚。」師云：「吽，吽！牢裏作活計。」問僧：「什麽處來。」僧云：「雙林寺裏來。」師云：「在彼看經麽？」僧云：「和尚什麽處得這箇消息？」師云：「兩俱失。」

有同學師兄來相看，喫茶次。師兄問：「行脚事作麽生？」師恰遇沙彌過茶次，便與一摑。「咄，這沙彌！」師兄云：「是卽是，你道我作麽生？」師云：「蝦跳不出斗。」問一僧：「今日施主開經麽？」僧云：「是。」師云：「好生著，莫教錯。」僧云：「某甲不教錯。」師云：「入地獄如箭射。」問僧：「曾講經麽？」僧云：「不會。」師云：「去！」問僧：「看什麽經？」僧云：「涅槃經。」師云：「茶毗品最在後，曾看麽？」僧云：「曾看。」師云：「大喻三千，小喻八百。」

問僧：「什麽處來？」僧云：「齋來。」師云：「將䞋錢來！」僧云：「和尚欠少什麽？」師云：「蝦蟆叫。」問僧：「什麽處來？」僧云：「齋來。」師云：「猴猻繫露柱。」問僧：「什麽處來？」僧云：「齋來。」師云：「打草蛇驚。」問僧：「什麽處去來？」僧云：「齋來。」師云：「施主還具眼麽？」僧云：「某甲罪過。」師云：「你爲什麽隨我？」僧無語。問僧：「什麽處來？」僧云：「齋來。」師云：「將什麽報答施主？」僧云：「不用更言。」師云：「斤不當兩。」僧云：「此是和尚分上事。」師云：「吽，吽！且放你三十棒。」問僧：「什麽處來？」僧云：「和尚，莫錯伸一問！」師云：「争奈頭上一條繩何？」僧云：「莫錯！」師云：「枷上更著杻。」問僧：「什麽處去來？」僧云：「齋來。」師云：「施主眼瞎。」

師見僧，瞻視云：「你大有年幾也？」僧云：「請和尚道。」師云：「四十六也未？」僧云：「莫錯！」師云：「這死蝦蟆！」問僧：「今日喫得多少鹽醋？」僧拈起鉢盂。師云：「可惜許鹽醋，牛欄裏作活計。」問一上座：「何不覓箇住處？」座云：「盡大地覓箇住處不可得。」師云：「繩子爲什麽在我手裏？」座云：「和尚恁麽道即得。」師云：「非但髑髏，鼻孔也穿過。」問覺上座：「見説在叢林裏，多口把不住，是闍黎麽？」覺云：「和尚什麽處得這箇消息？」師云：「一任踍跳。」覺云：「不可，語不得。」師云：「吽，吽！轉見敗闕。」又云：「老僧若置一問，教你喪身失命。」覺云：「和尚不可壓良爲賤。」師云：「蘇嚕蘇嚕娑訶。」又云：「來來，是你曾看教麽？教中道：『謗斯經故獲罪如是。』作麽生是教意？」覺云：「教中不説有意。」師云：「入地獄。」又拈起拄杖云：「這箇是什麽？」覺云：「拄杖。」師云：「這粘鑊湯漢！」

問河北僧：「彼中有趙州和尚，你曾到麽？」僧云：「某甲近離彼中。」師云：「有何言教示後徒？」僧云：「尋常問新到：『什麼處來？』僧云：『南方來。』州云：『喫茶去。』」師乃呵呵大笑云：「慚愧。」又問：「祇如趙州意作麼生？」僧云：「此亦是方便。」師云：「趙州被你一杓屎潑。」僧無語。師見僧辭去，問：「什麼處去？」僧云：「往徑山去。」師云：「忽然有人問你，作麼生道得一句語，塞得伊口？」僧云：「某甲有語。」師云：「去！」問僧：「什麼處去？」僧云：「禮拜徑山去。」師云：「這老漢好打破髑髏著。」師見一僧云：「恰似箇律師一般，驀然悟去，一箭穿過髑髏三千里。」僧擬作問勢，師云：「蘇嚕蘇嚕娑訶。」

勘講經論座主大師第三

師問僧正，正應諾。師云：「講唯識論麼？」正云：「不敢。小年曾讀文字來。」師拈起糖餅擘破作兩片：「你作麼生？」正無語。師問僧正：「喚作糖餅是，不喚作糖餅是？」正云：「不可不喚作糖餅。」師却喚沙彌：「來來，你喚作什麼？」沙彌云：「糖餅。」師云：「你也講得唯識論。」有紫衣大師來參師，師見來，便拈起帽子問大師：「京中喚作什麼？」大師云：「朝天帽。」師云：「恁麼則老僧不去也。」大師無語。師問大德：「曾蘊何業？」德云：「小年曾習唯識論。」師云：「三界唯心，萬法唯識。是麼？」德云：「是。」師指門扇云：「這箇是什麼？」德云：「色法。」師云：「簾前賜紫，對御談玄，五戒不持〔一〕。」德無語。

問座主：「講什麼經？」主云：「法華經。」師云：「與老僧講來。」主云：「某甲依章疏。」師云：「你不會講。」主云：「某甲實不會講，却請和尚講。」師云：「你不是聽經人。」主云：「昨日蒙和尚慈悲，爲某甲今日

〔一〕「五戒不持」，五燈會元作「何得不持五戒」。

講。」師云：「三段不同，今當第一。」主云：「此是古人章疏。」師云：「你見箇什麼道理？」主無語。師云：「這喫夜飯漢！不能打得你去。」有座主善解二十四家書。師問：「你解二十四家書是否？」主云：「不敢。」師遂於空中作書勢云：「是什麼字？」主云：「不會。」師云：「吽，吽！這箇阿師脱空妄語，道我解二十四家書，永字八法也不識。」主無語。師云：「來來，曾講華嚴經否？」主云：「不敢。」師云：「不怪，伸一問得麽？」主云：「和尚問什麽？」師咄云：「講得椀裏。」又云：「你問我。」主云：「請和尚講。」師云：「心不負人。」主云：「不會。」師云：「對牛彈琴。」問座主：「講什麽經？」主云：「涅槃經。」師云：「開口便作屎臭氣。」主云：「争奈古教何？」師云：「奴見婢，慇懃不肯休。」主無語。師云：「近前來！」主便近前。師云：「祇這也無主宰。」便打。

一日，有座主來。師問：「見説座主講得經是否？」主云：「不敢。」師云：「吽，吽！這喫夜飯保老！」師云：「來來！講得什麽經論？」主云：「唯識、法華經。」師云：「拈起鼻孔，將兩耳來！」主云：「鼻孔作麽生拈得？」師云：「這念言語漢！」又云：「法華經云：『十方國土中，唯有一乘法。』是否？」主云：「是。」師云：「佛殿裏卽不問，三門頭鵰鳩上道將一句來！」主云：「此是玄機。」師云：「玄你屋裏老爺。脱空妄語漢！」

有講論座主來參師，師云：「你爲什麽義墮？」主云：「和尚未曾問某甲。」師云：「西天則斬頭截臂。我這裏與你口喫飯。」有一座主講得七本經論，來參師。師云：「你是講得七本經論是否？」主云：「不敢。」師拈起拄杖，驀頭打一下。主云：「某甲不因和尚，洎虚過一生。」師云：「道什麽？」主擬開口，師便打。主云：「謝和尚重重相爲。」師云：「依稀近佛，莽鹵爲僧。」有一座主講得六本經論，來參師。師云：「見經中有問，論中有主。」主云：「某甲依章疏講，不會玄機。」師云：「你講得椀裏。」主云：「某甲也未曾分外。」師云：「出去！」有座主來參師。師問：「莫便是講唯識論，是麽？」主云：「不敢。」師云：「朝去西天，暮歸唐土。會麽？」主云：「不會。」師云：「吽，吽！五戒不持。」問座主：「講什麽經？」主云：「講華嚴經。」師云：「更有箇漢子卽不問你，文殊普賢又作麽生？」主云：「不會。」師云：「近前來！」主便近前，師便打一棒，云：「會麽？」主云：「不會。」師云：「飢逢王膳不能食，病遇醫王爭得瘥。與你註解了。」問：「僧〔一〕講什麽經？」主云：「金剛經。」師云：「曾講辨正論麽？」主云：「不敢。」師云：「五戒不持。」又問：「講金剛經是否？」主云：「是。」師拈拄杖云：「是什麽？」主云：「此是色法。」師云：「講得椀裏。」又云：「經中道：『凡所有相，皆是虛妄。若見諸相非相，卽見如來。』是否？」主云：「是。」師云：「這脫空妄語漢，喫夜飯保老！」師問座主：「蘊何業？」主云：「唯識論。」師云：「教中言作麽生？」主云：「某甲祇是尋行數墨，却是禪門中不知。」師云：「實語當懺悔。」問講金剛經座主：「荷擔如來卽不問，你寺門前金剛爲什麽入你鼻孔裏去？」主云：「和尚什麽語話？」師云：「你講得夢裏。」問講楞嚴經座主：「經中有八還四義，是否？」主云：「是。」師以拄杖點一童子頂上一下，云：「是什麽義？」主無語。師云：「此義文長，赴在來日。」問：「如何是自己事？」師云：「老僧不解相怪，速禮三拜！」又云：「觀世音菩薩。」進云：「不會。」師云：「大慈悲菩薩。」西峯長老來，罷茶果次，師問：「今夏在甚麽處安居？」峯云：「蘭溪。」師云：「多少衆？」云：「七十餘人。」師云：「時中將何示徒？」峯拈起柑子。師云：「著甚死急？」師問僧：「近離甚處？」云：「瀏陽。」師云：「彼中老宿祇對佛法

〔一〕「僧」，疑爲「曾」。

大意道甚麽？」云：「偏地無行路。」師云：「老宿實有此語那？」云：「實有。」師拈拄杖打云：「這念言語漢！」師見僧行胡餅，乃問：「行甚麽？」云：「胡餅。」師云：「這俗漢！」雲門來敲門，師云：「阿誰？」門云：「文偃。」師開門，攔胸扭住云：「道！道！」門擬議，師便推出，云：「秦時𨍏轢鑽。」師問秀才：「先輩治甚經？」才曰：「治易。」師云：「易中道：『百姓日用而不知。』且道不知箇甚麽？」才曰：「不知其道。」師曰：「作麽生是道？」才無對。

僧問：「一氣還轉得一大藏教也無？」師曰：「有甚饆饠餡子？快下將來！」問：「如何是禪？」師曰：「猛火著油煎。」師臨終召門人曰：「此處緣息，吾當逝矣。」乃跏趺而寂。郡人以香薪焚之，舍利如雨。乃妝靈骨，塑像於寺。壽九十八，臘七十六。

睦州和尚語録小序

師法嗣黄檗。初住睦州觀音院，常餘百衆，得數十載。後捨衆，住開元寺房，織蒲鞋鬻，養母親，時人號爲陳蒲鞋。其機鋒語句，今集之一二三焉。

睦州和尚名道蹤〔一〕，嚴州人，姓陳氏。受業不載，得法於黄檗運和尚，馬祖第四世，唐宣宗懿宗時人。

〔一〕「道蹤」，五燈會元作「道明」。

古尊宿語録卷第七

汝州南院(慧顒)禪師語要 南嶽下七世，嗣興化

師諱慧顒，河北人也。

上堂云：「赤肉團上，壁立千仞。」有僧問：「赤肉團上，壁立千仞。豈不是和尚語？」師云：「是。」僧便掀倒禪牀。師云：「你看這瞎漢亂做。」僧擬議，師便打，趁出院。

上堂云：「諸方祇具啐啄同時眼，不具啐啄同時用。」僧問：「如何是啐啄同時用？」師云：「作家不啐啄，啐啄同時失。」僧云：「猶是學人問處。」師云：「你問處作麽生？」僧云：「失。」師便打。其僧不肯，後到雲門會裏，舉前因緣，説不肯。其時有傍僧云：「當時南院棒折那？」僧聞此語，言下大悟，方見南院答話處。僧却來汝州省覲，值南院已遷化，却上風穴禮拜。風穴認得便問：「上座是當時問南院『啐啄同時』話者否？」僧云：「是。」穴云：「會也未？」僧云：「會也。」穴云：「當時作麽生？」僧云：「當時如在燈影裏行相似。」穴云：「你會也。」

問：「大用不逢人時如何？」師云：「鷄鵝舞道，引入千峯。」問：「十方通暢時如何？」師云：「八極連門禍。」問：「龍躍江湖時如何？」師云：「瞥嗔瞥喜。」問：「傾湫倒岳時如何？」師云：「老鴉無觜。」問：「從上古

人見不盡處，師還見也無？」師云：「握髮吐飡人不顧，滿朝盡道好周公。」僧向口上打。師云：「道者大煞瞎。」僧云：「有恁麽瞎老漢恁麽道。」師便打。問：「從上諸聖向什麽處去也？」師云：「不上天堂，卽入地獄。」僧云：「和尚作麽生？」師云：「你還知寶應老落處也無？」僧擬議，師便打一拂云：「你還知喫拂子底麽？」僧云：「不會。」師云：「正令却是你行。」又打一拂子。問：「如何是第一句？」師云：「你試道看！」僧便喝。師拍手云：「大衆，好喝！」僧又喝，師便打。問：「回旋空中時如何？」師云：「四面連架打。」問：「龍獸相交時如何？」師云：「狗脊坡頭。」問：「丹霄獨步時如何？」師云：「日馳五百。」問：「金榜題名，請師印可。」師云：「日下拽脚。」問：「大震虹霓，請師引驗。」師云：「日下三刻。」問：「黄巢過後，何處回避？」師云：「六纛旗下。」問：「忽遇捉著時如何？」師云：「賊首頭犯。」

問：「寶劒未出匣時如何？」師云：「泥乾跌宕？」僧云：「出匣後如何？」師云：「天魔唱快。」問：「楊朱泣歧時如何？」師云：「白狗臨刑莫怨天。」問：「人逢碧眼時如何？」師云：「鬼争漆桶。」問：「獨步青霄時如何？」師云：「四衆圍繞。」僧云：「四衆圍遶時如何？」師云：「梵音絶處行。」問：「寂寂無聲時如何？」師云：「打了拖聲勢。」問：「鳳栖不到處時如何？」師云：「忽聞庭前撲煞老鵶梟。」問：「如何是歸宗理事絶？」師云：「納襦處錯。」問：「如何是日輪正當午？」師云：「理事甚分明。」便打。

問：「如何是獨步四山頂？」師云：「深深海底行。」問：「如何是自在如師子？」師云：「金鎚勒咽索，白棒擁將行。」問：「久在貧中，如何得濟？」師云：「滿掬摩尼親自捧。」學云：「教人眼瞎。」師云：「眼裏無筋一世貧。」學云：「挑筋了瞎。」師便打。

問：「奔流度刃，疾焰過風時如何？」師云：「住。」學云：「住卽瞎。」師打禪床，僧便喝。師拈棒，僧云：「老和尚莫掣猱，奪棒打老和尚去在。」師云：「今日被這瞎漢鈍置煞我。」僧云：「陣敗不禁苕帚掃。」問：「疋馬單鎗來時如何？」師云：「且待我斫棒。」問：「如何是佛法大意？」師云：「無量大病源。」僧云：「請師醫。」師云：「世醫拱手。」問：「師唱誰家曲，宗風嗣阿誰？」師云：「掌塔戴鶡冠，口中更河海。」問：「如何是無相涅槃？」師云：「前三點，後三點。」僧云：「無相涅槃，請師證照。」師云：「三點前，三點後。」問：「萬里無雲時如何？」師云：「飢虎投崖。」問：「古殿重興時如何？」師云：「明堂瓦插簷。」僧云：「與麽則莊嚴畢備也。」師云：「斬草蛇頭落。」問：「二王相見時如何？」師云：「十字街頭吹尺八。」問：「如何是無相道場？」師云：「斫破鬼神村。」

上堂云：「是你諸人盡曾向諸方去來，不是不知不見，還知老僧這裏有諱麽？」僧便問：「請和尚諱。」師云：「推筭決疑。」問：「如何是薝蔔林？」師云：「鬼厭箭。」問：「如何是不動尊？」師云：「邂逅到崖州。」問：「擬驀要津時如何？」師云：「灰糞堆。」問：「百了千當時如何？」師云：「未是好手。」問：「大義爭權時，如何支擬？」師云：「光漆交社。」僧云：「將何奉獻？」師云：「切以生蒭祭惶驢糞。」問：「如何是乾坤主？」師云：「周人遺刀，心剜九竅。」問：「麟閣圖形，請師憐念。」師云：「纓拂面塵。」問：「如何是解脱槳？」師云：「苞茆滲血，篚物不多。」問：「如何是金剛不壞身？」師云：「老僧在你脚底。」僧便喝。師云：「未在不是。」僧又喝，師便打。

問：「南宗北祖，如何顯示？」師云：「大庾嶺頭雲，太行山下賊。」僧云：「如何明會？」師云：「幽燕經刼殺，吳越笑呵呵。」僧云：「畢竟如何？」師云：「莫言無法說，最苦是新羅。」問：「薄地天龍，如何辨識？」師云：「有什麼難辨？」僧云：「便請辨。」師云：「瘦眼生盲，茲毛礫索。」僧云：「如何醫治？」師云：「氣針抉舌上，雷電震雲間。」僧云：「忽遇葉公時如何？」師云：「見假不知驚著否，至今猶是眼翻天。」問：「日出扶桑時如何？」師云：「閻浮樹下過。」問：「凡聖同居時如何？」師云：「兩箇猫兒一箇獰。」問：「旃檀鬱密時如何？」師云：「獨柳樹下坐。」問：「近不得時如何？」師云：「寃家難解脫。」

問：「萬仞龍門，今朝透過時如何？」師云：「全存霹靂聲。」僧云：「恁麼則全承布雨去也。」師云：「泥人眼赤。」問：「如何是道？」師云：「鷹過長空無一物。」問：「獨遊滄海時如何？」師云：「雷震青空，畜生燒尾。」問：「運足不知路時如何？」師云：「鳥道盲人遇。」問：「中間不會時如何？」師云：「靜處踝了打。」問：「投機不遇時如何？」師云：「足下全身去。」問：「金鎖斷時如何？」師云：「失。」僧云：「金鎖既斷，爲什麼却失？」師云：「崖州路上問行人。」問：「燃燈前卽不問，燃燈後亦不問，如何是正燃燈？」師云：「滅。」

僧從東過西邊，立。師云：「野狐精！」問：「不施寸刃，便登九五時如何？」師云：「單杖控天街，太白過後望。」問：「如何是無縫塔？」師云：「八花九裂。」問：「如何是塔中人？」師云：「頭不梳，面不洗。」問：「萬里無雲時如何？」師云：「寸步不可過。」問：「剪鐵鏌鎁猶恨鈍，齧鏃當鋒事如何？」師云：「剪卽死。」僧便喝。師拍膝一下，僧又喝。師拈棒，僧云：「老和尚莫盲枷瞎棒。奪却棒來打老和尚去，莫言不道。」師云：「今日無端黃面浙子鈍置一場。」僧云：「老和尚莫掣猱好。」問：「如何是佛？」師云：「如何不是佛？」問：「惜宗風，護三乘，如何是道？」師云：「更夢見什麼？」

上堂云：「過去祖佛盡皆恁麼道。」時有僧問：「道箇什麼？」師云：「大哉！」問：「上上根器人來，師還接也無？」師云：「接。」僧云：「便請和尚接。」師云：「且喜共你平交。」問：「如何是佛？」師云：「我不曾知。」僧禮拜，師便打。

上堂云：「有解問話者，出來！」時有僧出，禮拜。師云：「是者老漢罪過。」便下座。問：「如何是和尚家風？」師云：「秋收冬藏。」問：「如何是寶應正主？」師云：「杓大椀小。」問：「如何是寶應水？」師云：「了。」云：「飲者如何？」師云：「了。」問：「牛頭未見四祖時如何？」師云：「今日不答話。」問：「擬伸一問，師意如何？」師云：「是何公案？」僧應諾。師云：「放你三十棒。」問：「如何是祖師西來意？」師云：「五男二女。」問：「如何是寶應劍？」師云：「天下老和尚答話了也，將此語別處問去。」僧云：「用者如何？」師便打。問：「祖意與教意是同是別？」師云：「黄尚書，李僕射。」僧云：「不會。」師云：「牛頭南，馬頭北。」問：「萬代留名時如何？」師云：「光漆郊社。」問：「如何是佛法大意？」師便喝。僧云：「老和尚莫探頭好。」師又喝，僧便禮拜。師云：「放過卽不可。」便打。問：「如何是佛法大意？」師便喝，僧便禮拜。師云：「今夜兩箇俱是作家禪客，與寶應老稱提臨際〔一〕正法眼藏。若要一喝下辨賓主，問取二禪客。」問：「學人有一問在和尚處時如何？」師云：「你問道什麼？」僧便喝，師便休。至明日上堂，衆集。師云：「昨日問話師僧在什麼處？」僧纔出，師拈棒便打。問：「如何是佛？」師云：「待有卽向你道。」僧云：「與麼則和尚無佛也？」師云：「正當好處。」僧云：「如何是好處？」師云：「今日是三十日。」

〔一〕「臨際」，疑爲「臨濟」。

上堂云：「諸方盡是把虵頭求歇，終不敢向第二頭答賓家話。若是本色衲僧，便莫共語。作麽生是本色衲僧？」良久云：「有輸有贏。」有防禦使問：「長老還具見聞覺知也無？」師與一踏踏倒。

勘辨

問僧：「近離什麽處？」云：「襄州。」師云：「來作什麽？」僧云：「特來禮拜和尚。」師云：「恰遇寳應不在。」僧便喝。師云：「向你道不在，又喝作什麽？」僧又喝，師便打，僧禮拜。師云：「這棒本是你打我，我且打你。要此話行〔一〕，瞎漢，參堂去！」

師見新到來，豎起拂子。僧云：「敗闕。」師放下拂子。僧云：「猶有這箇在。」師便打。問：「園頭瓠子開花也未？」僧云：「開花已久。」師云：「還著子也無？」僧云：「昨日遭霜了也。」師云：「大衆喫箇什麽？」僧擬議，師便打。

問風穴：「南方一棒，作麽商量？」穴云：「作奇特商量。」穴却問：「和尚此間一棒作麽商量？」師拈拄杖云：「棒下無生忍，臨機不讓師。」問僧：「近離甚處？」云：「長水。」師云：「東流，西流？」僧云：「總不恁麽。」師云：「作麽生？」僧珍重，師便打。問僧：「近離什麽處？」僧云：「龍興。」師云：「發足莫離葉縣否？」僧便喝。師云：「好好問你，又惡發作什麽？」僧云：「喚作惡發卽不得。」師便喝云：「你既惡發，我也惡發。近前來！」僧近前。師云：「我也没量大罪過。瞎漢，參堂去！」

〔一〕「要此話行」，五燈會元作「要此話大行」。

師有時把住一僧云：「作麽作麽？」僧無對。師云：「三十年來弄馬騎。」有時把住一僧云：「會麽？」僧云：「不會。」師云：「牛頭南，馬頭北。」問僧：「夏在什麽處？」僧云：「五臺。」師云：「文殊還説著老僧也無？」僧云：「不説著。」師云：「今日遇作家。」有時見僧來參，便把住參頭云：「是什麽？」僧無語。師云：「三十年弄馬騎，今日被驢撲。」又自云：「大衆，莫道閑處語。」

問僧：「近離甚處？」云：「襄州。」師云：「什麽物恁麽來？」云：「和尚試道看！」師云：「適來禮拜底。」僧云：「錯。」師云：「錯箇什麽？」僧云：「再犯不容。」師云：「三十年弄馬騎，今日被驢子撲。瞎漢，參堂去！」問：「大德講什麽經？」僧云：「維摩經。」師指云：「會麽？」僧云：「不會。」師云：「侍者點茶來！」問僧：「夏在什麽處？」云：「湖南。」師云：「喚維那來，上板頭安排著。」問僧：「名什麽？」云：「普參。」師云：「忽遇屎橛，作麽生？」僧不審，師便打。

風穴（延沼）禪師語録南嶽下八世，嗣南院

師諱延沼，餘杭劉氏子也。

上堂，舉寒山詩曰：「梵志死去來，魂識見閻老。讀盡百王書，未免受捶拷。一稱南無佛，皆以成佛道。」

問：「滿目荒郊翠，瑞草却滋榮時如何？」師曰：「新出紅罏金彈子，簉破闍黎鐵面皮。」問：「如何是互

換之機？」師曰：「和盲愬愬瞎。」問：「真性不隨緣，如何得證悟？」師曰：「猪肉案上滴乳香。」問：「如何是清淨法身？」師曰：「金沙灘頭馬郎婦。」問：「一色難分，請師顯示。」師曰：「滿罏添炭猶嫌冷，路上行人衹守寒。」問：「如何是學人立身處？」師曰：「井底泥牛吼，林間玉兔驚。」問：「如何是道？」師曰：「五鳳樓前。」曰：「如何是道中人？」師曰：「問取皇城使。」問：「不傷物義，請師便道。」師曰：「劈腹開心，猶未性燥。」問：「未定渾濁，如何得照？」師曰：「下坡不走快，便難逢。」問：「如何是衲僧行履處？」師曰：「頭上喫棒，口裏喃喃。」問：「靈山話月，曹谿指月。去此二途，請師直指。」師曰：「無言不當痖。」曰：「請師定當。」師曰：「先度汨羅江。」問：「任性浮沉時如何？」師曰：「牽牛不入欄。」問：「凝然便會時如何？」師曰：「截耳卧街。」問：「狼煙永息時如何？」師曰：「兩脚捎空。」問：「祖令當行時如何？」師曰：「點。」問：「不施寸刃，便登九五時如何？」師曰：「鞭屍屈項。」

上堂，舉古云：「我有一隻箭，曾經九磨煉。射時徧十方，落處無人見。」師云：「山僧卽不然。我有一隻箭，未嘗經磨煉。射不徧十方，要且無人見。」僧便問：「如何是和尚箭？」師作彎弓勢，僧禮拜。師曰：「拖出這死漢！」

問：「牛頭未見四祖時如何？」師曰：「披席把盌。」曰：「見後如何？」師曰：「披席把盌。」問：「未達其源時如何？」師曰：「鶴冷移巢易，龍寒出洞難。」問：「不露鋒鋩句，如何辯主賓？」師曰：「口銜羊角鰾膠粘。」問：「將身御險時如何？」師曰：「布露長書寫罪原。」問：「學人解問諦訛句，請師舉起訝人機。」師曰：「心裹分明眼睛黑。」問：「生死到來時如何？」師曰：「青布裁衫招犬吠。」曰：「如何得不吠去？」師曰：「自宜躲避寂無聲。」問：「如何是真道人？」師曰：「竹竿頭上禮西方。」問：「魚隱深潭時如何？」師曰：「湯盪火燒。」問：「如何是諸佛行履處？」師曰：「青松緑竹下。」問：「如何是大善知識？」師曰：「殺人不眨眼。」曰：「既是大善知識，爲甚麽殺人不眨眼？」師曰：「塵埃影裏不拂袖，畫戟門前磨寸金。」問：「一卽六，六卽一。一六俱亡時如何？」師曰：「一箭落雙鵰。」曰：「意旨如何？」師曰：「身亡跡謝。」問：「摘葉尋枝卽不問，直截根源事若何？」師曰：「赴供凌晨去，開塘帶雨歸。」問：「問問盡是捏恠，請師直指根源。」師曰：「罕逢穿耳客，多遇刻舟人。」問：「正當恁麽時如何？」師曰：「盲龜值木雖優穩，枯木生花物外春。」

上堂，大衆集定，師曰：「不是無言，各須英鑒。」問：「大衆雲集，師意如何？」師曰：「景謝祁寒，骨肉疎冷。」

師在南院作園頭。一日，南院到園問云：「南方一棒作麽生商量？」師曰：「作奇特商量。」良久，師却問：「和尚此間作麽生商量？」南院拈棒云：「棒下無生忍，臨機不讓〔一〕師。」師於是豁然大悟。南院云：「汝乘願力來荷大法，非偶然也。汝聞臨濟將終時語不？」曰：「聞之。」南院云：「臨濟道：『誰知吾正法眼藏，向這瞎驢邊滅却。』渠平生如師子，逢人卽殺。及其將死，何故屈膝妥尾如此？」對曰：「密付將終，全主卽滅。」又問：「三聖如何亦無語乎？」對曰：「親承入室之真子，不同門外之遊人。」南院頷之。又問：「汝道四種料簡語，料簡何法？」對曰：「凡語不滯凡情，卽墮聖解，學者大病。先聖哀之，爲施方便，如

〔一〕「讓」，五燈會元作「見」。

楔出楔。」云：「如何是奪人不奪境？」曰：「新出紅爐金彈子，簉破闍黎鐵面門。」又問：「如何是奪境不奪人？」曰：「蒭草乍分頭腦裂，亂雲初綻影猶存。」又問：「如何是人境俱奪？」曰：「躡足進前須急急，促鞭當鞅莫遲遲。」又問：「如何是人境俱不奪？」曰：「常憶江南三月裏，鷓鴣啼處百花香。」又問：「臨濟有三句。當日有問：『如何是第一句？』臨濟云：『三要印開朱點窄，未容擬議主賓分。』」師隨聲便喝。「又問：『如何是第二句？』臨濟云：『妙解豈容無着問，漚和争赴截流機。』」師曰：「未問已前錯。」「又問：『如何是第三句？』臨濟云：『但看棚頭弄傀儡，抽牽全藉裏頭人。』」師曰：「明破卽不堪。」於是南院以爲可以支臨濟，不辜負興化先師所以付託之意。師依止六年而南院歿。

後唐長興二年，雲遊至汝水，見草屋數椽依山，如逃亡人家。問田父：「此何所？」田父云：「古風穴寺，世以律居僧物故。又歲饑，衆棄之而去，餘佛像鼓鐘耳。」師曰：「我居之可乎？」田父云：「可。」師乃入留止。晝乞村落，夜燃松脂。單丁者七年。檀信爲新之成叢林。晉天福二年，州牧聞其風，盡禮致之。上元日，開法嗣南院。漢乾祐二年，牧移守郢州，師又避寇，往依之牧館。於郡齋陞座曰：「祖師心印，狀似鐵牛之機。去卽印住，住卽印破。秖如不去不住，印卽是？不印卽是？」時有盧陂長老出問：「某甲有鐵牛之機，請師不搭印。」師曰：「慣釣鯨鯢澄巨浸，却嗟蛙步驟泥沙。」盧陂佇思。師喝曰：「長老何不進語？」盧陂擬議，師打一拂子曰：「還記得話頭麽？試舉看！」盧陂擬開口，師又打一拂子。牧主云：「信知佛法與王法一般。」師問曰：「太守見何道理？」牧主云：「當斷不斷，反受其亂。」師便下座。

寇平，汝州有宋太師者，施第爲寶坊，號新寺，迎師居焉。法席冠天下，學者自遠而至。周廣順元年，賜寺名廣惠〔一〕。師凡住二十有二年。以皇宋開寶六年癸酉八月旦日，登座説偈曰：「道在乘時須濟物，遠方來慕自騰騰。他年有叟情相似，日日香烟夜夜燈。」至十五日跏趺而化。前一日，手書別檀越。閱世七十有八，坐五十有九夏。

〔一〕「廣惠」：五燈會元作「廣慧」。

古尊宿語録卷第八

汝州首山(省)念和尚語録 南嶽下九世，嗣風穴

師諱省念，萊州狄氏子。〔一〕

入院，上堂云：「佛法付與國王大臣、有力檀那，令其佛法不斷絶，燈燈相續，至于今日。大衆，且道續箇甚麽？」良久云：「今日須是迦葉師兄始得。」時有僧問：「靈山一會，何異今朝？」師云：「墮坑落塹。」僧云：「爲什麽如此？」師云：「瞎。」僧問：「師唱誰家曲，宗風嗣阿誰？」師云：「少室巖前親掌示。」僧云：「更請洪音和一聲。」師云：「如今也要大家知。」問：「如何是和尚家風？」師云：「一言截斷千江口，萬仞峯前始得玄。」問：「如何是首山境？」師云：「一任衆人看。」僧云：「如何是境中人？」師云：「喫棒得也未？」僧禮拜，師云：「喫棒且待別時。」問：「如何是佛法大意？」師云：「楚王城畔，汝水東流。」僧云：「如何是學人親切處？」師云：「五九盡日又逢春。」僧云：「畢竟事如何？」師云：「冬到寒食一百五。」問：「司徒郎中臨座側，祖胤西來願舉揚。」師云：「王臣三請今朝赴，萬民樂業普皆安。」僧云：「與麽則慈雲普潤，處處皆通也。」師云：「野老謳歌，時人皆唱。」復云：「諸上座，佛法無多子，祇是你諸人自信不及。若也自信得

〔一〕語要在「狄氏子」下有：「受業于本郡南禪，才具尸羅，徧遊業席，晚造風穴會中。」

去，千聖出頭來你面前，亦無下口處。何故？祇爲你自信得及，不向外馳求，所以奈何不得。直饒釋迦老子到這裏，也與三十棒。然則如此初心後學，憑箇什麼道理？且問你諸人，還得恁麼也未？」良久云：「若得恁麼，直須恁麼。無事，珍重！」

上堂，僧問：「從上諸聖，向什麼處行履？」師云：「牽犁拽杷。」問：「古人拈槌豎拂，意旨如何？」師云：「孤峯無宿客。」僧云：「未審意旨如何？」師云：「不是守株人。」問：「如何是菩提道？」師云：「此去襄縣五里。」僧云：「向上事如何？」師云：「往來不易。」

上堂，僧問：「如何是首山？」師云：「東山高，西山低。」僧云：「如何是山中人？」師云：「恰遇棒不在。」僧禮拜，師便打。問：「如何是道？」師云：「爐中有火無心撥，處處無蹤任意遊。」僧云：「如何是道中人？」師云：「坐看煙霞秀，不與白雲齊。」問：「諸聖説不到處，請師提唱。」師云：「萬里神光都一照，誰人敢並日輪齊？」問：「學人身心聚散時如何？」師云：「不聞天樂響。」僧云：「如何收攝？」師云：「莫逐四時移。」問：「菩薩未成佛時如何？」師云：「衆生。」僧云：「成佛後如何？」師云：「衆生，衆生。」問：「覺花未發時，如何辨真實？」師云：「冬不寒，臘後看。」僧云：「莫便是也無？」師云：「錯。」問：「六國未寧時如何？」師云：「什麼處去來？」僧云：「寧後如何？」師云：「大地火起。」問：「寶劍未出匣時如何？」師云：「怨阿誰？」僧云：「出匣後如何？」師云：「不斬無罪之人。」僧禮拜。師云：「斬。」問：「寶劍未出匣時如何？」師云：「你不惜猶可。」僧云：「出後如何？」師云：「伏惟尚響。」僧云：「忽遇師子吼時如何？」師云：「一任野干鳴。」僧便喝。師云：「果然。」僧又喝。師云：「放你三十棒。」僧禮拜。師云：「這瞎漢！」復云：「諸上座，不得盲喝亂喝。

者裏尋常向你道：賓則始終賓，主則始終主。賓無二賓，主無二主。若有二賓二主，即是兩箇瞎漢。所以我若立時，你須坐。我若坐時，你須立。坐則共你坐，立則共你立。雖然如是，到這裏急著眼始得。若是眼孔定動，即千里萬里。何故如此？如隔牕看馬騎相似，擬議即没交涉。諸上座既然於此留心，直須子細，不要掠虚好。他日異時賺著你在。諸人若也有事近前，無事珍重！」

上堂，僧問：「蓮花未出水時如何？」師云：「徧天徧地。」問：「出水後如何？」師云：「特地一場愁。」問：「殺父殺母，佛前懺悔。殺佛殺祖，向什麽處懺悔？」師云：「水深一丈。」問：「離凡離聖，請師一句。」師云：「不可錯怪老僧也。」僧云：「謝師指示。」師便打。

問：「魚鼓未鳴時如何？」師云：「望天不見天。」僧云：「鳴後如何？」師云：「覰地不見地。」問：「和尚是大善知識，爲什麽却首山？」師云：「不坐孤峯頂，常伴白雲閑。」問：「四衆圍繞，師説何法？」師云：「打草祇要驚蛇。」僧云：「未審怎生下手？」師云：「適來泊合喪身失命。」問：「不落三寸，請師速道。」師云：「老僧到這裏却道不得，闍黎道看！」僧云：「猶落三寸，請師别道。」師云：「首山今日失利。」

問：「如何是首山境？」師云：「千花迴秀，一葉長芳。」僧云：「如何是境中人？」師云：「好事不如無。」問：「因緣未熟時如何？」師云：「進。」僧云：「熟後如何？」師云：「退。」問：「二龍争珠，誰是得者？」師云：「得者失。」僧云：「不得者又如何？」師云：「珠在什麽處？」僧擬議，師便打。問：「維摩默然，未審意旨如何？」師云：「罕逢穿耳客，多遇刻舟人。」問：「如何是首山出身路。」師云：「誰人障閡得？」僧云：「與麽則自在去也。」師云：「去即打折你腰。」師乃云：「要得親切，第一莫將問來問。還會麽？問在答處，答在問處。你若將問來問，老僧在你脚底。你若擬議，則没交涉。」時有僧出禮拜，師便打。僧問：「掛錫幽巖時如何？」師云：「錯。」僧云：「錯。」師便打。

上堂，僧問：「終日忙忙，那事無妨。如何是那事？」師云：「孤峯頂上千花秀，萬仞嵯峨嶮處行。」僧云：「莫便是和尚爲人處也無？」師云：「大衆謳謡送，千峯永不回。」僧云：「回來底事又作麽生？」師云：「粉骨碎身猶未報，三年一度送錢財。」僧禮拜。師云：「嘘，嘘！」問：「一切諸佛皆從此經出，未審此經從何而出？」師云：「低聲，低聲。」僧云：「如何受持？」師云：「切不得染汙。」問：「作何行業，報得四恩三有？」師云：「殺人放火。」僧云：「與麽則大作業底人也。」師云：「苦痛深。」問：「世尊滅後，法付何人？」師云：「好箇問頭，無人答得。」僧云：「如何是世尊不説説？」師云：「任從滄海變，終不爲君通。」僧云：「如何是迦葉不聞聞？」師云：「聵人徒側耳。」問：「古人言：『見色便見心。』諸法無形，將何所見？」師云：「一家有事百家忙。」僧云：「學人不會，乞師再指。」師云：「三日後看取。」問：「入京朝聖主，祇到潼關却便回時如何？」師云：「猶是鈍漢。」問：「路逢達道人，不將語默對。未審將什麽對？」師云：「瞥爾三千界。」僧云：「與麽則目視不勞也。」師云：「天恩未遇，後悔難追。」問：「仗鏌鋣劒，來取師頭時如何？」師嘘一聲。僧云：「苦痛深。」師便打。問：「得船便渡時如何？」師云：「猶是鈍漢。」問：「權借一問，以爲影草時如何？」師云：「放你三十棒。」問：「久在貧中，請師賑接。」師云：「不接。」僧云：「爲什麽不接？」師云：「喫棒得也未？」隨聲便打。

問：「如何是古佛心？」師云：「鎮州蘿蔔重三斤。」問：「龍宫海藏，當有何物？請師一别。」師云：「不掛三寸舌。」僧云：「爲什麽不掛三寸舌？」師云：「誰知句後親？」問：「不落僧祇，如何修證？」師云：「近前來，與你道。」僧近前，師便打。

問：「丹霞掩耳，黄檗拄杖，意旨如何？」師云：「坐參都不問，暢殺子平生。」僧云：「稀逢難遇，請師指示。」師云：「莫椀鳴。」問：「虚空以何爲體？」師云：「老僧在你脚底。」僧云：「和尚爲什麽在學人脚底？」師云：「知你是瞎漢。」問：「祇如和尚道：『老僧在你脚底。』意旨如何？」師云：「横身不怕侵泥水，識者方知大作家。」問：「祇如和尚道：『知你是箇瞎漢。』又作麽生？」師云：「將寳奉君君不識，却令瞽叟墮生盲。」問：「如何是玄中的？」師云：「有言須道却。」僧云：「此意如何？」師云：「無言鬼也嗔。」問：「如何是衲僧眼？」師云：「此問不當。」僧云：「當後如何？」師云：「堪作恁〔一〕麽。」問：「如何得離衆縁去？」師云：「千年一遇。」僧云：「不離時如何？」師云：「立在衆人前。」問：「諸佛未見時如何？」師云：「拈匙不把筯。」僧云：「見後如何？」師云：「喫飯忘却匙。」問：「佛未出世時如何？」師云：「不可錯怪老僧也。」僧云：「出後如何？」師云：「舉似天下人。」問：「如何是超毗盧之句，稱釋迦之譚？」師云：「妙語無多子，親言舉似誰？」僧云：「湛然時如何？」師云：「未明心地諦，難過首山關。」僧擬進語，師便打。問：「如何是大安樂底人？」師云：「不見有一法。」僧云：「將何爲人？」師云：「謝闍黎領話。」問：「如何是常在底人？」師云：「亂走作什麽？」問：「一毫未發時如何？」師云：「路逢穿耳客。」僧云：「發後如何？」師云：「不用更遅疑。」問：「無絃一曲，請師音韻。」師良久云：「還聞麽？」僧云：「不聞。」師云：「何不高聲問著？」問：「大悲千手眼，那箇是正眼？」師云：「卽便歡瞎。」僧云：「歡瞎後如何？」師云：「撈天摸地。」問：「如何是和尚説法底口？」師云：「掛

〔一〕「恁」，語要作「什」。

在壁上。」僧云：「忽有人來問時如何？」師云：「待我取回來卽向你道。」問：「學人此處不薦，擬向南方時如何？」師云：「速。」僧云：「却不恁麼去時如何？」師云：「後會難逢。」問：「如何是離凡聖〔一〕底句？」師云：「嵩山安國師。」僧云：「莫便是和尚極則處也無？」師云：「南岳讓和尚。」僧云：「如何是和尚家風？」師云：「無絲傀儡有人牽。」僧云：「牽後如何？」師云：「妙有無言不較多。」僧云：「如何是妙有無言不較多？」師云：「有言須得句。」僧云：「如何是無絲傀儡有人牽？」師云：「當明提祖道，方得後人棲。」

問：「學人乍入叢林，乞師指示。」師云：「闍黎到老僧會裏得多少時？」僧云：「經冬過夏。」師云：「莫錯舉似人。」問：「有一人蕩盡來時，師還接也無？」師云：「蕩盡卽致，那一人是誰？」僧云：「風高月冷。」師云：「僧堂內幾人坐卧？」僧無語。師云：「賺殺老僧。」問：「學人求出世間時如何？」師云：「借水獻花先供養，莫教落後索香錢。」僧云：「死生事大，乞師一薦。」師云：「透漏遺蹤無走路。」僧云：「恁麼則被他捉著也。」師云：「今日到長安。」問：「如來演說三乘教。未審是什麼教？」師云：「千言無一中。」僧云：「爲什麼千言無一中？」師云：「不是上鈎人。」問：「一切法皆空，如何悟得真空理？」師云：「南地先抽笋，寒北著皮裘。」僧云：「莫落是非也無？」師云：「自家看取。」問：「青青翠竹，還有佛性也無？」師云：「南天北地。」僧云：「恁麼則推窮佛理也。」師云：「北地南天。」問：「鐘鼓未鳴時如何？」師云：「問前不鳴問後打。」僧擬議，師便喝。問：「如何是迦葉門前一盞燈？」師云：「孤峯朗月連天照，性似寒泉徹底清。」僧云：「勞而無功時如何？」師云：「日輪當午無私照，自是時人見有移。」

〔一〕「離凡聖」，語要作「離凡離聖」。

問：「寶劍未出匣時如何？」師云：「大洋海底澄心鏡。」僧云：「出匣後如何？」師云：「天外吒沙獨擺捎。」師乃云：「第一句薦得，堪與祖佛爲師。第二句薦得，堪與人天爲師。第三句薦得，自救不了。」時有僧問：「如何是第一句？」師云：「大用不揚眉，棒下須見血。」僧云：「慈悲何在？」師云：「送出三門外。」問：「如何是第二句？」師云：「不打恁麽驢漢。」僧云：「將接何人？」師云：「如斯争奈何？」問：「如何是第三句？」師云：「解問無人答。」僧云：「即今祇對者是誰？」師云：「莫使外人知。」僧云：「和尚是第幾句薦得？」師云：「月落三更穿市過。」問：「維摩一默，文殊讚善。未審此意如何？」師云：「當時聽衆必不如是。」僧云：「既不如是，維摩默然又且如何？」師云：「知恩者少，負恩者多。」乃云：「若論此事，實不掛一箇元字脚。」便下座。

次住廣教語録

師入院上堂，有僧問：「曹溪一句，天下人聞。廣教一句，什麽人聞？」師云：「不出三門外。」僧云：「爲什麽不出三門外？」師云：「舉似天下人。」僧問：「如何是真如體？」師云：「徧乾坤。」僧云：「如何是真如用？」師云：「動天地。」問：「如何是大海？」師云：「出頭天外看。」僧云：「恁麽則包含不盡也。」師云：「不見本來身。」問：「如何是學人自己？」師云：「是你自己。」問：「黑豆未生芽時如何？」師云：「萬里崖州君自去，臨行惆悵怨他誰。」僧云：「有何罪過？」師云：「昨夜貶文殊。」僧云：「未審什麽時回？」師云：「專候天恩。」僧云：「天恩到時如何？」師云：「齊賀太平年。」

問：「牛頭未見四祖時如何？」師云：「不唧嚠。」僧云：「見後如何？」師云：「不唧嚠。」問：「久負沒絃琴，請師彈一曲。」師云：「正值嚴凝久，披蓑帶雨歸。」問：「觀身無相，觀法亦然時如何？」師云：「晴天開水路。」僧云：「恁麼則掃地而盡去也。」師云：「孤月照高岑。」問：「萬機喪盡時如何？」師云：「死水不藏龍。」僧云：「轉動後如何？」師云：「碧眼胡僧笑點頭。」問：「如何是正修行路？」師云：「貧兒不雜食。」僧云：「撒手歸家去也。」師云：「香臭不曾聞。」僧云：「三春無二月，十五正團圓。」師云：「不是闍黎用心處。」僧云：「如何是學人用心處？」師云：「要行卽行，要坐卽坐。」問：「十二時中作何行業卽免生死？」師云：「你喚什麼作生死？」僧云：「與麼則無生死可免。」師云：「大衆盡皺眉。」問：「如何是超佛越祖之談？」師云：「塞北風霜緊，江南雪不寒。」問：「承古有言：『自從一見桃花後，直至而今更不疑。』意旨如何？」師云：「三尺杖子兩人舁。」僧云：「還許學人舁也無？」師云：「放下著。」

師問僧：「恁麼來者，是甚麼人？」僧云：「問者是誰？」師云：「老僧。」僧便喝。師云：「向你道是老僧，又惡發作麼？」僧又喝。師云：「恰遇棒不在手。」僧云：「草賊大敗。」師云：「今日又似得便宜，又似落便宜。」問：「如何是道？」師云：「脚下深三尺。」問：「蓮花未出水時如何？」師云：「水深一丈。」進云：「出水後如何？」師云：「從地高三尺。」其時有化主問：「學人與麼去時，將何稟受？」師云：「叉手奉賓德，擧似莫沉吟。」僧云：「恁麼還當也無？」師云：「物逐人興。」僧云：「今日點茶，當爲何人？」師云：「去此無消息，無心永莫回。」問：「如何是真如體？」師云：「敲磚打瓦。」僧云：「此意如何？」師云：「切忌踏著。」僧云：「有一人不會唐言梵語來時，師還接也無？」師云：「舉意便知有，何勞側耳聽。」問：「學人不識文墨，拾得箇字來，未審喚作什麽字？」師云：「久爲雲水客，休作問禪賓。」問：「如何是現前三昧？」師云：「三更不閉户。」僧云：「還許學人商量也無？」師云：「切忌五更初。」問：「若能轉物，即同如來。三門佛殿，請師轉。」師云：「長安道上無私曲，縱遇知音到者稀。」

問：「學人親到寶山，空手回時如何？」師云：「家家門前火把子。」問：「靈丹一粒，點鐵成金。至理一言，轉凡成聖。如何是至理一言？」師云：「更舉一徧。」僧云：「與麽則退身三步。」師云：「笑破大衆口。」問：「如何是學人自己？」師云：「放參三下鼓，喫粥五更鐘。」問：「久輔不逢時如何？」師云：「闍黎有問，老僧有答。」僧云：「如何得逢？」師云：「闍黎不問，老僧不答。」問：「維摩方丈，不以日月爲明。未審和尚方丈以何爲明？」師云：「穿破天下人髑髏。」問：「久負無絃琴，請師彈一曲。」師云：「無言顯大道。」僧云：「還許學人和也無？」師云：「更莫遲疑。」問：「十方薄伽梵，一路湼槃門。如何是一路湼槃門？」師云：「龍蟠鳳舞子時前，日出崑崙照大千。」

問：「塵塵見佛，刹刹聞經。如何是塵塵見佛？」師云：「好箇燈籠。」僧云：「學人不會意旨如何。」師云：「還我話頭來！」問：「無邊身菩薩爲什麽不見如來頂相？」師良久云：「即今還見也無？」僧擬議，師便打。問：「如何是學人本來身？」師云：「牽牛不入市。」僧云：「如何是有相身中無相身？」師云：「洎合錯對闍黎。」問：「萬仞峯前，如何卓立？」師云：「窄。」僧云：「意旨如何？」師云：「苦。」問：「巧説不得，祇要心傳。如何是心傳底法？」師云：「有疑須假問。」僧云：「恁麽則巧説不得也。」師云：「無言正好聽。」

問：「如何是佛法的的大意？」師云：「不將小意對闍黎。」僧云：「如何領會？」師云：「逢人莫錯舉。」問：「德山棒，臨濟喝。未審明得什麽邊事？」師云：「你試道看！」僧便喝。師云：「瞎！」僧又喝。師云：「這瞎漢祇管亂喝作什麽？」僧欲禮拜，師擬拈棒。僧約住云：「莫亂打人好。」師擲下拄杖云：「明眼人難瞞。」僧云：「草賊大敗。」問：「如何是生滅法？」師云：「新羅喫冷淘。」問：「久處沉迷，請師一接。」師云：「老僧無恁麽閑工夫。」僧云：「和尚豈無方便？」師云：「要行卽行，要坐卽坐。」僧云：「臨機一句，截斷衆流。請師垂示。」師云：「棒下迸流星。」僧云：「恁麽則萬象顯然。」師云：「遣人拽出。」

問：「世尊説法如雷吼。未審誰是不聞者？」師云：「無人敢定當。」僧云：「爲什麽無人敢定當？」師云：「果然不聞。」問：「亡僧遷化，向什麽處去？」師云：「散闕正望三泉路，厚朴花開始覺春。」問：「古人道東山西嶺青，意旨如何？」師云：「一回舉著一回新。」僧云：「謝師指示。」師云：「功不浪施。」

問：「如何是佛？」師云：「苦。」問：「如何是然燈前？」師云：「諸佛在我前。」僧云：「如何是然燈後？」師云：「諸佛在我後。」僧云：「如何是正然燈？」師云：「青山無異路。」問：「有問有答，盡在魔界。無問無答事如何？」師云：「庭前罷舞休思曲。」僧云：「大衆證明也。」師云：「野老謳謌正好音。」問：「如何是和尚截人之機？」師云：「三門前點燈。」僧云：「未審意旨如何？」師云：「佛殿後燒香。」問：「如何是佛？」師云：「新婦騎驢阿家牽。」僧云：「未審此語什麽句中收？」師云：「三玄收不得，四句豈能該？」僧云：「此意如何？」師云：「天長地久，日月齊明。」問：「如何是佛？」師良久云：「會麽？」僧云：「不會。」師云：「何不高聲問？」僧再問。師云：「瞎漢！顛言倒語作什麽？」問：「如何是寂寂惺惺底人？」師云：「莫向白雲深處坐，切忌寒灰煨煞人。」師復舉：「興化示衆云：『今日放諸人一線道，不用如何若何，便請單刀直入。興化爲你證明。』有旻德長老出衆禮拜，起來便喝。興化亦喝。旻德又喝，興化又喝。德禮拜，興化却云：『適來若是別人，三十棒一棒也不較。何故？爲他旻德會一喝不作一喝用。』」師云：「看他興化與麽作用，爲什麽放得伊過？諸上座，且道什麽處是一喝不作一喝用？是前一喝，是後一喝？那箇是賓，那箇是主？雖然如此，也須子細始得。」良久云：「二俱有過，二俱無過。珍重！」

次住寶應語録

師入院上堂，有僧問：「盡大地人來，各各置一問，問問各別，未審寶應如何祇對？」師云：「好。」僧禮拜。師云：「見何道理？」僧云：「謝師答話。」師云：「賊是小人，智過君子。」劉司徒問：「龍庭金口問，如何對玉機？」師云：「一輪逈脱三界外，當軒照破萬家門。」司徒云：「臨行一句，請師指示。」師云：「莫錯認定盤星。」座主問云：「如從飢國來，忽遇王饍，未敢便飡。飡卽是，不飡卽是？」師云：「名利已彰天下播，手中如意有誰知。」主云：「與麽則珍重去也。」師云：「真師子兒，一撥便轉。」問：「既是清淨伽藍，爲什麽打魚鼓喫飯？」師云：「知恩者少，負恩者多。」問：「承師有言：『金沙灘頭馬郎婦。』意旨如何？」師云：「高梳雲鬟，恐人怪笑。」問：「得力處，乞師一言。」師云：「山高無異路。」僧云：「畢竟如何？」師云：「莫守白雲閑。」問：「向上一路，請師指示。」師云：「對面不相識。」僧云：「爲什麽不相識？」師云：「問處分明答處親。」問：「如何是觀音門入者？」師云：「超然一境無異路。」僧云：「如何是普賢門入者？」師云：「野雲不向目前飛。」問：「有問有答，皆落脣吻。無問無答，請師道看！」師云：「不可錯怪老僧也。」僧云：「猶落脣吻。」師云：「落在什麽處？」僧無語，師便打。

問：「萬法歸於一體時如何？」師云：「三斗喫不足。」僧云：「畢竟歸於何處？」師云：「二斗却有餘。」問：「文殊讚維摩不二法門，意旨如何？」師云：「問前不明問後瞎。」僧云：「未審此意畢竟如何？」師云：「瞎。」問：「離聲離色，如何舉唱？」師云：「一點青霄異。」僧云：「如何是異？」師云：「透過萬重關。」僧云：「祇這如何透？」師便打。云：「言前薦得，辜負平生。句後投機，殊乖道體。離此二途，請師方便。」師竪拂云：「争奈這箇何？」僧云：「與麽則太保證明。」師云：「你莫帶累太保。」問：「如何是佛？」師云：「朝看東南，暮看西北。」問：「德山棒，臨濟喝。意旨如何？」師云：「寶應今日不用。」僧擬進語，師云：「瞎漢！」便打。問：「疑則與賊爲伴，不疑則野塚爲家時如何？」師云：「北邙山下千丘萬丘，未審那箇是你家？」僧以坐具摵一摵。師云：「泊不問過。」問：「如何是古佛心？」師云：「三箇婆婆排班拜。」問：「如何是清淨法身？」師云：「新羅人不裹頭。」僧云：「向上還有事也無？」師云：「有。」僧云：「如何是向上事？」師云：「新羅人不裹頭。」

安員外問：「弟子不會，請師垂示。」師云：「水急浪開漁父見，錦鱗透過碧波中。」員外云：「承教有言：『是法住法位，世間相常住。』如何是常住底法？」師竪起拄杖，召員外云：「且道這箇是住底法，不是住底法？」員外云：「未曉之徒，如何賑濟？」師云：「依稀似曲纔堪聽，又被風吹別調中。」員外云：「一物不將來時如何？」師云：「何得對衆妄語！」員外擬議，師便喝。問：「如何是祖師西來意？」師云：「風吹日炙。」問：「祇如龍牙問德山，山乃引頸。此意如何？」師云：「德山引頸，寶應即偃身縮項。」

問：「祇如和尚道：『新婦騎驢阿家牽。』意旨如何？」師云：「百歲翁翁失却父。」僧云：「百歲翁翁豈有父？」師云「汝會也。」

師復云：「諸上座不見興化老人道：『直饒汝喝得興化向虛空裏撲下來，一點氣也無。忽然甦息，却向汝道未在。何故？我未向紫羅帳裏撒真珠，與你諸人胡喝亂喝作麽？』」師云：「實爲如斯。今時兄弟祇管横喝竪喝，及至窮著，並無言説。看他臨濟會下有僧出來禮拜，臨濟便喝，僧云：『老漢莫探頭好。』濟云：『汝道落在什麽處？』僧便喝。又有僧問：『如何是佛法大意？』濟便喝，僧禮拜。濟乃召衆云：『你道適來這一喝好喝也無？』僧云：『草賊大敗。』濟云：『過在什麽處？』僧云：『再犯不容。』濟云：『要識臨濟賓主話，問取堂中二禪客。』」師云：「諸兄弟學般若菩薩，直須諦當去始得。雖然如是，曉者還稀。珍重！」

師一日上堂，汾陽昭和尚出問：「百丈卷席，意旨如何？」答云：「龍袖拂開全體現。」進云：「未審師意如何？」答云：「象王行處絶狐蹤。」昭於是言下大悟。遂提起坐具顧視大衆云：「萬古碧潭空界月，再三撈漉始應知。」禮拜，歸衆。時葉縣省和尚作首座，纔退便問：「昭兄，你適來見箇什麽道理，便與麽道？」云：「正是我放身捨命處。」省便休。

小參示衆云：「老僧擬欲歸鄉，什麽人隨得去？」時有僧問：「未審和尚什麽時去？」師云：「待有伴，即向汝道。」僧云：「無伴底事作麽生？」師云：「盡日不逢人，明明不知處。」僧云：「忽遇一人又作麽生？」師云：「迷子不歸家，失却來時路。」僧云：「請師指箇歸鄉路。」師云：「枯木藏龍，不存依倚。」僧云：「和尚什麽時節却回？」師云：「一去不知音，六國無消息。」僧云：「正當歸鄉底事又作麽生？」師云：「獨唱胡家曲，無人和得齊。」僧云：「忽遇知音在時如何？」師云：「山上石人齊拍掌，溪邊野老笑呵呵。」僧云：「歸鄉回來底事又作麽生？」師云：「八國奉朝衣，四相無遷改。」僧云：「未審居何位次？」師云：「文殊不坐金臺殿，自有逍遥竹拂枝。」

問：「如何是梵音？」師云：「驢鳴狗吠。」問：「如何是截徑一路？」師云：「或在山間，或在樹下。」問：「如何是和尚不欺人底眼？」師云：「看看冬到來。」僧云：「畢竟如何？」師云：「即便春風至。」問：「遠聞和尚無絲可掛，及至到來，爲什麽有山可守？」師云：「道什麽？」僧便喝，師亦喝。僧禮拜，師云：「放你三十棒。久立衆慈，伏惟珍重！」

師出鏡清十二問答，洎翠岩代語，師於一語下代三轉

問：「時至草庵無一物，爲什麽却有盈餘？」清云：「要道何難。」岩云：「適來道什麽？」師代云：「自不知。」又云：「洎成忘却。」又云：「共語不知音。」

問：「盡乾坤不出一刹那，今時人向什麽處辨明？」清云：「共語商量。」岩云：「向你道什麽處辨明？」師代云：「不問他別人。」又云：「明眼人笑你。」又云：「用辨卽非。」

問：「無神通菩薩，爲什麽蹤跡難尋？」清云：「波斯眼黑。」岩云：「莫鬼語！」師代云：「不是用心處。」又云：「被他捉著。」又云：「不勞舉步。」

問：「辨得親疏底人，爲什麽却被親疏不肯？」清云：「不平按劒。」岩云：「當得也無。」師代云：「莫守閑。」又云：「大有人不解恁麽問。」又云：「不可辨親疏。」

問：「明知生是不生之相，爲什麽却被生之所流？」清云：「明知無力。」岩云：「不關老兄事。」師代云：「自領過。」又云：「唤什麽作生死？」又云：「争得不知有？」

問：「人人具眼，逢訪道人，道卽是？不道卽是？」清云：「頭上仙陁。」岩云：「莫道乞辨明。」師代云：「分明舉似他。」又云：「莫道乞答話。」又云：「若不是寶應，洎合遭他毒手。」

問：「體本無瑕翳，爲什麽坐施良藥？」清云：「却正道著。」岩云：「且放老僧過。」師代云：「知過人難得。」又云：「更教誰喫棒？」又云：「今日草賊大敗。」

問：「達者同遊一路行，爲什麽不行？」清云：「已到平頭。」岩云：「老兄還達也未？」師云：「不争先。」又云：「到了不知。」又云：「但請先行。」

問：「盡令提綱，爲什麽不塞時人口？」清云：「自還得。」岩云：「老兄還知明州米價麽？」師代云：「還曾失麽？」又云：「須知老兄。」又云：「争知今日？」

問：「無形本寂寥，爲什麽有物先天地？」清云：「寶公曲尺，誌公剪刀」岩云：「領過得也未？」師代云：「欺他作什麽？」又云：「阿誰與麽道？」又云：「不是闍黎置問。」

問：「十方薄伽梵，爲什麽一路涅槃門？」清云：「家無二主。」岩云：「怪得人麽？」師代云：「到者方知。」又云：「一尚不可得。」又云：「常防此問。」

問：「同氣連枝，爲什麽却根莖有異？」清云：「邵案进彩。」岩云：「阿誰道有異？」師代云：「紹得麽？」又云：「見有前後。」又云：「今朝二十五。」

師出風穴四賓主語。僧云：「如何是賓中賓？」穴云：「攢眉看白雲。」師別云：「去來長自在，不與白雲齊。」問：「如何是賓中主？」穴云：「入市雙瞳瞽。」師別云：「高聲唱叫遶街行。」問：「如何是主中賓？」穴云：「回鑾兩耀新。」師別云：「定國安邦賀太平。」問：「如何是主中主？」穴云：「磨礱三尺劍，待斬不平人。」師別云：「收番猛將，寸草不留。」

師出四種照用語。問：「如何是先照後用？」師云：「南岳嶺頭雲，太行山下賊。」問：「如何是先用後照？」師云：「太行山下賊，南岳嶺頭雲。」問：「如何是照用同時？」師云：「收下南岳嶺頭雲，捉得太行山下賊。」問：「如何是照用不同時？」師云：「昨日有雨今日晴。」

師出四賓主語。問：「如何是賓中賓？」師云：「青山緑水分。」問：「如何是賓中主？」師云：「棒下取分明。」問：「如何是主中賓？」師云：「退己讓人。」問：「如何是主中主？」師云：「斬盡不留身。」

師出四料簡語。問：「如何是奪人不奪境？」師云：「人前把出，遠送千峯。」問：「如何是奪境不奪人？」師云：「打了不曾嗔，冤家難解免。」問：「如何是人境兩俱奪？」師云：「萬人作一塚，時人盡帶悲。」問：「如何是人境俱不奪？」師云：「問處分明答處親。」

師出德山三轉語，於一句中各下三轉。問：「如何是函蓋乾坤句？」師云：「大地雪漫漫。」又云：「普天匝地。」又云：「海底紅塵起。」「如何是截斷衆流句？」師云：「不通凡聖。」又云：「泊合放過。」又云：「横身三界外。」問：「如何是隨波逐浪句？」師云：「要道便道。」又云：「有問有答。」又云：「此去西天十萬八千。」

師舉僧問禾山：「如何是道？」山云：「耕人田不種。」僧云：「如何是道中人？」山云：「禾熟不臨場。」因僧問師出語云：「耕人田不種。意旨如何？」師云：「大勛不竪賞。」僧云：「禾熟不臨場。意旨如何？」師云：「任從風雨爛。」師出盤龍和尚問行者：「接待不易。」行者云：「開心椀子盛將來，無縫合兒合將去。」師云：「横擔拄杖登霄漢，使煞農夫煮粥人。」師出僧問：「如何是祖師西來意？」答云：「風吹日炙。」師又云：「多年塵土無人拂，一身常在鎮天涯。」

勘辨語

師在風穴會中，密常勤誦蓮經，衆咸謂念法華也。偶知客退，卽就請師。一日，風穴見師侍立次，乃垂涕告之曰：「不幸臨濟〔一〕之道，至吾將墜于地矣。」師云：「觀此一衆，豈無人邪？」穴云：「雖敏者多，見性者少。」師云：「如某者如何？」穴云：「吾雖望子之久，猶恐耽著此經，不能放下。」師云：「此亦可事，願聞其要。」於是風穴上堂，擧世尊以青蓮目顧視大衆：「迦葉正當與麽時，且道説箇什麽？若道不説而

〔一〕「濟」，原作「際」，據五燈會元改。

説，又是埋没先聖。且道説箇什麽？」師乃拂袖而退。穴擲下拄杖，便歸方丈。侍者隨後入室請益：「念法華爲什麽不祇對和尚？」穴云：「念法華會也。」次日，師與真園頭同上問訊次，穴又問真曰：「作麽生是世尊不説説？」真曰：「鵓鳩樹頭鳴。」穴云：「你作許多癡福作什麽？何不體究言句？」又問師曰：「汝作麽生？」師曰：「動容揚古路，不墮悄然機。」穴云：「你何不看法華下語？」師受風穴印可之後，泯迹韜光，人莫知其所以。

因楚和尚初至汝州宣化安下，風穴令師傳語。纔相見，展坐具次，便問：「展卽是，不展卽是？」楚云：「自家看取。」師便喝。楚云：「我曾親近知識來，未嘗輒敢恁麽造次。」師云：「草賊大敗。」楚云：「來日若見風穴和尚，待一一舉似。」師云：「一任一任，不得忘却。」師乃先回舉似風穴。穴云：「今日又被你收下一員草賊。」師云：「好手不張名。」楚次日纔到，相見便舉前話。穴云：「非但昨日，今日連贓捉敗。」於是師乃名振四方，遠近學者承風而湊。初住汝州首山，爲第一世也。石門遣使馳開堂書至，師乃集衆於法堂上，使纔近前人事，師約住云：「是洞上宗乘？是雪嶺家風？」使云：「書中已載。」師云：「一不成，二不是。」使無語。師云：「且坐喫茶。」

一日，師問僧：「近離甚處？」僧云：「襄州。」師云：「路上曾逢達磨也無？」僧近前不審。師云：「這箇是驢前馬後底。」僧云：「和尚又如何？」師云：「非公境界，且坐喫茶。」僧纔坐，師又問：「在什麽處過夏？」僧云：「石門。」師云：「水牯牛安樂麽？」僧云：「及時水草。」師云：「爲什麽傷人苗稼？」僧云：「對和尚不敢造次。」師云：「放過卽不可。」便打。

師一日問僧：「是凡是聖？」僧云：「非凡非聖。」師云：「太不定生。」僧云：「離此二途，請師速道。」師云：「首山今日燒香供養你去也。」僧云：「某甲特來禮拜。」師云：「滴水難消。」一日，問僧：「近離什麼處？」僧云：「廣慧。」師云：「穿雲不渡水，渡水不穿雲。離此二途，速道！速道！」僧云：「某甲昨夜宿長橋。」師云：「你恁麼合喫首山棒。」僧云：「某甲未曾參堂。」師云：「兩重公案。」僧云：「恰是。」師云：「那，那。」又一日，師見僧參次，乃問：「近離甚處？」僧云：「襄州。」師云：「夏在甚處？」僧云：「洞山。」師云：「還我洞山鼻孔來。」僧云：「不會。」師云：「却是老僧罪過。」又一日，問僧：「上人近離甚處？」僧云：「南方。」師云：「遠來不易，且坐喫茶。」又一日，問僧：「近離甚處？」僧云：「襄州。」師云：「有事相借問得麼？」僧云：「便請。」師云：「且喜没交涉。」又云：「鷂子過新羅。」又問僧：「近離甚處？」僧云：「西京。」師云：「路上還逢達磨也無？」僧云：「適來已參見和尚了也。」師云：「爲什麼築著鼻孔？」僧云：「已知痛痒。」師云：「打破大唐國裏，覓箇知痛痒底人，了不可得。且坐喫茶。」有僧來參，師乃問：「近離甚處？」僧云：「龍門。」師拽傍僧摑一摑，喝出去。一日，有僧侍次，師乃喚僧名，僧應諾。師云：「且去，別時來爲你說。」僧云：「而今尚自不說，別時決定不說。」師云：「我也罪過，你也罪過。」

僧一日入室，師云：「且去，別時來。」僧應諾，師便打。師每見僧來，便云：「恁麼來者是誰？」僧云：「問者是誰？」師云：「是老僧。」僧便喝。師云：「向道是老僧，又惡發作什麼？」僧又喝。師云：「恰遇棒不在。」僧云：「草賊大敗。」師云：「得便宜，是落便宜。」有僧入室，師便喝。僧亦喝，師又喝。僧禮拜，師便打，云：「伏惟尚饗。」一日，因僧入室，師喚僧名，僧應諾。師云：「錯！」僧云：「某甲有什麼敗闕處？」師云：「錯！」有新到相見，師問：「從什麼處來？」僧云：「芭蕉來。」師云：「芭蕉有何言教？」僧云：「曾見有僧問：『牛頭未見四祖時如何？』蕉云：『知。』僧云：『見後如何？』蕉云：『不知。』後有僧舉問襄陽石門徹禪師：『祇如二尊宿意旨如何？』徹云：『先行不到，末後爲初。』」

僧一日入室，師云：「恁麼來者是誰？」僧云：「某甲。」師云：「莫道是別人。」僧禮拜。師云：「適來見箇什麼道理，即禮拜？」僧云：「今日大似因齋慶讚。」師云：「我適來一期向你恁麼道，速須吐却！」僧云：「也知和尚曲爲某甲。」師云：「後有人問你，向他道什麼？」僧拂袖便出去。師召僧名，僧回首，師便喝。僧云：「這老賊！」師乃以頌示之曰：「四門通一要，一要具三玄。在賓全正令，立主要須圜。」又一夜，師行道次，見暗裏有僧。師乃問：「是誰？」僧不對。師云：「我也識得你。」僧大笑。師云：「你不得道是別人。」復作一頌示之：「輕輕踏步恐人知，語笑分明更莫疑。智者祇此猛提取，莫待天明失却鷄。」

師次住寶安山廣教禪院，亦爲第一世。後徇衆請入城下寶應禪院（即南院第三代）。三處法席，海衆常臻。淳化三年十二月初四日午時，上堂示衆曰：「今年六十七，老病隨緣且遣日。今年記却來年事，來年記著今朝日。」果至四年十二月日，與時無爽前記。上堂辭衆，仍作偈曰：「白銀世界金色身，情與無情共一真。明暗盡時俱不照，日輪午後是全身。」言訖安坐，日將昳而逝。壽年六十八，茶毗收舍利。

偈頌

示衆

諸子謾波波，過却幾恒河。觀音指彌勒，文殊不奈何。

靈雲見桃花

分明歷世三十春，因悟桃花色轉新。人人盡得靈雲意，不識靈雲是何人。

玄沙云諦當甚諦當

玄沙道處少人知，密密相逢更莫疑。今古相傳親的旨，少年多是白頭兒。

四賓主頌

悟了却從迷裏悟，迷悟從來無差互。始知本末至于今，今古相承無别路。無别路，莫問人。説今古，問來事。元是主，從他人。問賓主，識得賓，全是主。主中賓，賓中主，更互用，無差互。賓中賓，主中主，兩家用，莫讓主。把定乾坤大作主，不容擬議斬全身，始得名爲主中主。

偶作三頌

我有一機，不假修持。若人問著，便唤沙彌。

我有一著，不自棲泊。若人更問，劈口便著。

我有一宗，勿示西東。若人擬議，别唤王公。

送化主四頌

報你參禪賓，人中有見親。若求端的旨，臈月望陽春。

臨行少語足人憐，莫辱家風汙舊賢。保護盡從今日去，静坐寒窻月那邊。

幾多真子向西東，物外縱橫莫用功。隨處化緣皆是道，臨行一句盡流通。

廓然無事少人聞，任意縱横勿計程。步步登高看前路，莫教失脚墮深坑。

示衆三首

背陰山子向陽多，南來北往意如何？若人問我西來意，東海東面有新羅。

咄哉巧女兒，攛梭不解織。貪看鬬鷄兒，水牛也不識。

咄哉拙郎君，巧妙無人識。打破鳳林關，穿靴水上立。

古尊宿語録卷第九

石門山慈照禪師鳳巖集南嶽下十世，嗣首山

師開堂〔一〕，拈香云："西天二十八祖，唐土六祖，過去聖人盡得傳衣付法。至唐代六祖之後，得道者如稻麻竹葦。不傳其衣，祇傳其法，皆以香爲信。今日一瓣香爲什麽人通信？某甲雖不言，大衆已委悉爇此一炷香也。"僧問："師唱誰家曲？宗風嗣阿誰？"師云："山連嵩嶺，地近洛川。"問："和尚開堂於此日，先將何法報君恩？"師云："撑天拄地。"云："君恩如此，祖意如何？"師云："分明領話。"問："如何是佛？"師云："邛州多出九節杖。"云："謝師指示。"師云："莫作荅佛話會却。"問："如何是祖師西來意？"師云："九里江上望舶船。"云："意旨如何？"師云："市舶亭前人不識。"問："寳劒未出匣時如何？"師云："在匣裏。"云："出匣後如何？"師云："放汝一線道。"僧禮拜，師便打。

上堂云："上上之機，人法俱遣；中下之機，但除其問，猶有法在；下下之機，據問而行。若是出格道人，全體作用。諸上座盡是出格道人，老僧争敢作用。"問："如何是一着子？"師云："明明似日連天照，暗暗昏昏人自迷。"云："如何得不迷？"師云："千里萬里。"

早參，示衆云："且道昨日與今朝是同是别？古人道：『昨日今朝事恰同。』又道：『昨日今朝事不

〔一〕"開堂"，語要作"開堂日"。

同。」同與不同卽且置，且道卽今一句作麽生？波隨月照，影逐日移。」師入州看官，路逢延慶長老問：「中路相逢一句作麽生道？」師云：「某甲禮拜和尚有分。」明日，到院茶話次：「昨日聞學士説新石門和尚，和尚久在石門，爲什麽説新去？」師云：「腦後合掌。」問：「來時無物去時空。二路都迷，如何得不迷去？」師云：「秤頭半斤，秤尾八兩。」

上堂云：「十五日已前諸佛生，十五日已後諸佛滅。十五日已前諸佛生，你不得離我這裏，若離我這裏，我有鈎子鈎你。十五日已後諸佛滅，你不得住我這裏，若住我這裏，我有錐子錐你。且道正當十五日，用鈎卽是？用錐卽是？遂有頌云：『正當十五日，鈎錐一時息。更擬問如何，囘頭日又出。』」問：「如何是無縫塔？」師云：「直下看。」云：「如何是塔中人？」師云：「退後，退後。」問：「如何是古佛心？」師云：「踏著秤槌硬似鐵。」云：「意旨如何？」師云：「明日向你道。」問：「青山緑水卽不問，急切一句作麽生道？」師云：「垂手過膝，兩耳垂肩，汝州先師忌。」問：「先師還來也無？」師云：「三巡茶罷一炷香。」云：「齋後向什麽處去？」師云：「風搖樹響人不顧，葉落歸根始知音。」

上堂云：「鳳凰巖下，鐘鼓喧轟。石門家風，朝朝舉唱。問答賓主，甚是分明。棒喝臨機，誰人同道？若是同道者，對衆證據！」良久云：「霜天冷徹骨，雪路少人行。」問：「如何是石門境？」師云：「一任衆人看。」云：「如何是境中人？」師云：「明日來喫棒。」問：「嵩少地近，汝海波深。石門玄機，請師指示。」師云：「幾時到汝海來？」僧無語，師便打。問：「如何是和尚家風？」師云：「一句每當機，逢人直是道。」問：「如何是賓中賓？」師云：「禮拜甚分明。」云：「如何是賓中主？」師云：「覷地無囘顧。」云：「如何是主中賓？」師云：「往復問前程。」云：「如何是主中主？」師云：「萬里絶同侶。」問：「如何是奪人不奪境？」師云：「山河大地。」云：「如何是奪境不奪人？」師云：「番人失氈帳。」云：「如何是人境俱奪？」師云：「有何佛祖？」云：「如何是人境俱不奪？」師云：「問答甚分明。」問：「如何是先照後用？」師云：「突兀峯頭點巨火，長安城裏不通風。」云：「如何是照用同時？」師云：「突兀峯頭無巨火，長安城裏絶人行。」云：「如何是照用不同時？」師云：「昨日十五，今日十六。」

大傑張茂崇〔一〕問：「摩騰入漢，已涉繁詞。達磨單傳，請師指示。」師云：「冬不寒，臘後看。」問：「五目不覩其容，二聽不聞其響。落聲色卽是？不落聲色卽是？」師云：「問從何來？」問：「瞻之在前，忽然在後。復是何物？」師云：「築着鼻孔。」問：「若能轉物，卽同如來。萬象是物，如何轉得？」師云：「喫了飯，無些子意智。」問：「拈槌竪拂，皆是止啼之説。揚眉瞬目，未爲作者之機。如何是現前受用？」師云：「早衙放過，晚後出來。」問：「寸絲不掛，法網無邊。爲什麼却分迷悟？」師云：「兩桶一擔。」問：「心隨境轉，境逐心生。心境兩忘，甚處卽是？」師云：「待你悟始得。」問：「有情有用，無情無用。如何是無情應用？」師云：「獨扇門子晝〔二〕夜開。」問：「法尚應捨，何況非法。如何是非法？」師云：「喫粥喫飯。」問：「愛河浮更没，苦海出還沉。如何出得？」師云：「錯。」

早參，示衆云：「月未没，日已出，萬象凝然，什麽處不分明？既然分明，分明一句作麽生道？」良久

〔一〕「大傑張茂崇」，五燈會元作「張茂崇太保」。

〔二〕「晝」，語要作「盡」。

云：「日月照臨無影樹，不勞把住遶街行。」

示衆：「問答須教起倒全，龍頭虵尾自欺瞞。如王秉劒由王意，似鏡當臺要絶觀。開口早經千萬里，低頭思慮萬重關。指人若也無正眼，何啻前程作野干。」

上堂云：「朝朝鼓響，夜夜鐘鳴。聚集衆流，復有何事？過去諸聖，成就此門。諸上座各各不欠少，某甲已是不識好惡，諸上座更要喫辛受苦。」

上堂云：「無事不要生事。歸堂。」

上堂云：「鐘鼓才罷，賓主已分。大衆齊來，照用俱了。若恁麽會得，繼紹古人。若會不得，實爲罔措。莫有會者麽？出來對衆證據。」

上堂云：「切忌蹉過。歸堂喫茶。」

上堂云：「第一句道得，石裏迸出。第二句道得，挨拶將來。第三句道得，自救不了。歸堂。」

上堂云：「但得本，莫愁末。如何是諸上座本？莫是上來下去，禮佛禮塔，入室摳衣，歡娯笑樂麽？若認得這箇是四大五蘊，莫是趣寂息念，不出不入，不聚不散麽？會得認得箇精魂，如何是上座本？」良久云：「歸堂。」

上堂云：「春景温和，萬物蘇舒。山青水緑，真堪養道。遊方禪子，甚是及時。祖佛家風，且喜没交涉。」僧侍立次，師云：「已是撒沙着諸人眼裏也，如今更不敢不識好惡。歸堂。」問：「寒時又寒，熱時又熱。寒底是，熱底是？」師云：「杖頭傀儡人長弄。」問：「逐日開單展鉢，以何報答施主之恩？」師云：「被這一問，和我愁殺。」云：「恁麼則謝供養也。」師云：「得什麼人氣力？」僧禮拜。師云：「明日更喫一頓。」

上堂云：「春景温和，春雨普潤，萬物生芽，什麼處不沾恩。且道承恩力一句作麼生道？」良久云：「春雨一滴滑如油。」問：「如何是學人自己法身？」師云：「每日搬柴不易。」云：「此是大衆底。如何是學人自己底？」師云：「三生六十劫。」問：「大悲千手眼，爲什麼在此？」師云：「見箇什麼？」云：「恁麼則千百億化身。」師云：「且領前話。」乃云：「上來下去，爲什麼事？若有所得，埋没諸兄弟。若無所得，圖箇什麼？得與不得且置，如何是見前妙用底事？」良久云：「雲覆千山不露頂，雨滴街前漸漸深。歸堂。」問：「請師指示箇修行路。」師云：「殺人放火。」云：「彼此修行，爲什麼却如此？」師云：「果然不修行。」問：「親切處，請師的旨。」師云：「莫忘却。」云：「莫忘却時如何？」師云：「一年三百六十日。」云：「恁麼則不忘却也。」師云：「你見箇什麼道理？」云：「適來謝茶。」師云：「未在。」云：「請師别道。」師云：「兩社一寒食。」

早參，示衆：「月未没，日又出，日月往來無間隔。奉勸禪流莫追尋，追尋特地生疑惑。」

上堂云：「鳳凰山下，鐘皷喧轟。石門家風，朝朝舉唱。大衆上來，賓主已分。開口動舌，照用俱了。若恁麼薦得，甚處有佛祖。若未薦得，憑何過日？薦得薦不得即且致，作麼生是無佛祖底句？」良久，敲禪牀，下座。

小參：「早朝擊皷，法堂上聚會。晚後鐘聲，方丈裏相見。法堂上聚會即不問，作麼生是方丈裏相見底句？」自代云：「不通風。」問：「還有不報四恩三有者麼？」師云：「有。」云：「如何是不報四恩三有者？」師云：「撒手卧長街，光音非旨趣。」問：「牛頭未見四祖時，爲什麼百鳥啣花獻？」師云：「果熟馨香鳩〔一〕鳥啄。」云：「見後爲什麽不啣花？」師云：「萬象頓息鬼神愁。」云：「見與不見，是同是别？」師云：「山河不礙青霄路，妙用縱横處處通。」問：「親到寶山求寶時如何？」師云：「求得即不中。」云：「求得後如何？」師云：「不中，不中。」乃云：「擬心即差，動念即乖。不擬不動，正在死水裏作活計。作麽生是衲僧轉動一句？」良久云：「朝聞皷動，暮聽鐘聲。」

上堂云：「三春景裏，日暖風和。水畔經行，林間宴坐。覩兹時景，賓主已分。開口動舌，照用俱了。若能如是解去，會得賓中主。作麽生是主中主？」良久云：「一條濟水透過新羅。」

一日，問直歲：「清凉堰從你堰，若遇洪水滔天時，堰得麽？」云：「在裏頭。」師云：「與誰同伴？」歲無語。却請和尚代云：「透過新羅。」問：「和尚若遇洪水滔天時，堰得麽？」師云：「上拄天，下拄地。」云：「若遇劫火洞然時，作麽生？」師云：「横出竪没。」

上堂云：「四山霧起，大地黯黑，日月收光。正當與麽時，如何辨主？」良久，拍禪牀，下座。師浴出，僧問：「三身中那身澡洗？」師云：「困。」送亡僧歸喫茶次，問：「亡僧遷化，向什麽處去？」師云：「風摇樹響，葉落歸根。」學人良久。師云：「會麽？」云：「不會。」師乃澆茶三滴。問：「如何得人身去？」師云：「我常欲作驢身。」

上堂云：「上來下去，參請不無。作麽生是依時及節底句？」良久云：「朝聞皷響，夜聽鐘聲。歸堂。」問：「門外三車，學人欲上牛車時如何？」師云：「未是極則處。」云：「如何是極則處？」師云：「犬吠虚聲切，

〔一〕「鳩」，語要作「鵶」。

癡人望太陽。」問：「三叉路頭，未審教學人往何路？」師云：「莫錯！」

上堂云：「鐘聲才罷鼓聲喧，鐘鼓相交會人天。臨機妙用無別法，開口動舌顯三玄。臨機照用須子細，互換賓主疾如烟。進前更欲求佛祖，擬議早是隔西天。」

上堂云：「五白猫兒爪距獰，養來堂上絶蟲行。分明上樹安身法，切忌遺言許外甥。作麽生是許外甥底句？莫錯舉。」

上堂，舉普化語。僧便問：「大悲院裏有齋，意旨如何？」師云：「日暖限陽坐，天寒不舉頭。」

上堂云：「聞鐘聲卽尋鐘聲來，無鐘聲向什麽處來？若不來，叢林何在？既來，是何面目？直饒不來不去，正在死水裏作活計。作麽生是衲僧出氣一句？」良久云：「珍重！」問：「十二時中，如何用心？」師云：「喫粥喫飯。」云：「與麽則打軟去也。」師云：「打軟去也。」問：「昨夜轉一位，今朝轉一位。兩頭俱轉時如何？」師云：「未是衲僧極則。」云：「如何是衲僧極則？」師云：「春末臨朱夏。」云：「畢竟了如何？」師云：「九九八十一。」

上堂云：「各各英雄丈夫兒，堂堂物我更何疑。現前歷歷明如日，展縮當人示疾時。超然不得長空路，獨脱禪光得自知。多聞方便談今古，濟物須彰閃電機。」良久云：「去去西天路，迢迢十萬餘。」

上堂云：「天地與我同根，萬物與我一體。諸上座，維那打鐘，還覺心痛也無？若不覺痛，與古人相違。若覺痛，爲什麽含笑上來？直須子細。」僧入室，問：「正當與麽時，還有師也無？」師云：「燈明連夜照，甚處不分明。」云：「畢竟事如何？」師云：「來日是寒食。」問：「古人急水灘頭毛毬子，意旨如何？」師云：「雲開月朗。」問：「急水灘頭連底石，意旨如何？」師云：「屋破見青天。」云：「屋破見青天，意旨如何？」師云：「通上徹下。」

小參，示衆云：「學般若菩薩，須具般若眼。不具般若眼，卽被般若謾却你去。作麽生是上座般若眼？出來對衆道看！」良久云：「沉却也。珍重！」問：「如何是佛法大意？」師云：「出你口，入你耳。」云：「莫祇這便是也無？」師云：「分明聞，分明聽。」問：「爲什麽朝朝風起，雨點全無？」師云：「祇是龍王不動頭。」云：「畢竟事如何？」師云：「待雨下了向你道。」云：「雨下了，和尚爲什麽不説？」師云：「老僧罪過。」問：「如何是人境兩俱奪？」師展兩手云：「不會。」師彈指三下。問：「十二時中，如何辨主？」師云：「着衣喫飯量家第。」云：「辨得後如何？」師云：「作麽生是主？」僧無語。

上堂云：「擬心卽差，動念卽乖。不擬不動，正在死水裏作活計。作麽生是衲僧轉身處？祇如古人與麽道，還有爲人處也無？若言爲人，依言縛殺你。若言不爲人，意在什麽處？所以道：涅槃心易曉，差別智難明。」又云：「知見立，知卽無明本；知見無見，斯卽涅槃。若向這裏明得去，未具衲僧眼，直須子細。」

上堂云：「三春景謝，朱夏將臨，是禪子罷遊之際，幽窻掛錫之辰。林下相逢，合談何事？」良久云：「擬指千差路，回光百萬程。」問：「牛頭未見四祖時如何？」師云：「雲散見青天。」云：「見後如何？」師云：「澄潭月現。」問：「如何是道？」師云：「車碾馬踏。」云：「如何是道中人？」師云：「竪坐横眠。」

上堂云：「香烟纔起，是處皆知。大衆雲臻，從上宗乘，祇可如是。若能如是解，揫鼓奪旗，互換主賓；照用同時，棒喝齊彰。直饒你如是解，祇是箇賓中主。作麽生是主中主？」便有僧問：「香烟才起，是處皆知。未審主山後如何？」師云：「向你道，還信麽？」云：「特伸請益。」師便喝。云：「和尚爲什麽諱人道着？」師云：「瞎！」僧禮拜。乃云：「一句語中須具三玄，一玄門中須具三要。從上諸聖總具三玄三要。他若不具三玄三要，總屬盲用。既能如此留心，直須子細。」良久云：「石門後輩，諸事寡拙。」久立，先參，歸堂憩歇。」問：「佛未出世時如何？」師云：「平。」云：「出世後如何？」師云：「平。」云：「未審出世與未出世是一是二？」師云：「妙用當機顯，回光祇在人。」問：「大事未辦時如何？」師云：「切。」云：「辦後如何？」師云：「切。」問：「如何是玄談？」師云：「掉向墻南。」問：「如何是祖師西來意？」師云：「叉手當胸。」云：「意旨如何？」師云：「打躬近前。」問：「一處火發，任從你救。八方齊發如何？」師云：「快。」云：「還求出也無？」師云：「若求出，即燒殺你。」僧禮拜。師云：「直饒你不求出，也燒殺你。」

大雨，上堂云：「朝陽雲掩，夜月收光。四山烟霧起，大地絶纖埃。正當與麽時，什麽人作主？雖然如是，争奈千江競注，萬派流源，被大海一時包了也。莫道總包容了，争奈奔波濟水，透過新羅。」

上堂云：「金烏西墜，玉兔東升。晝夜循環，有何了日。何不日南午處，正位上看；半夜子時，長連牀上偃息！正當與麽時，可謂千聖情盡，影像全無。雖然如是，未是極則處。直須動轉始得。直饒動轉，祇是肯得洛浦灌溪，未肯得他三聖興化。開口動舌早成病，棒喝臨機構也難，眨〔一〕眼直須行正令。」

上堂云：「晚看千家户不扃，時聽秋杵一聲聲。途中多少未歸客，却到家中事怎生。諸上座休向途

〔一〕「眨」，原作「貶」，據語要改。

中，直須歸家。若得歸家，直得親於父母，不得教生其恩愛。直須殺却父母。既殺却父母，便須出家。既然出家，便能親於佛祖。雖然如是，須去却佛祖始得。既殺却父母，去却佛祖，方可有纖粟衲僧見解，猶未得衲僧全體作用。」良久云：「作麽生是衲僧全體作用？殺父殺母，去佛去祖，未是衲僧極則處。進前更擬問如何，北邙山下有甚數。」

上堂云：「雲山聚會，意爲平生。挈杖諸方，擬逃生死。何得空過遣日，爲什麽不進步商量？若欲進步商量，特地乖違。便言祇恁麽休去，更辜負平生。總不如是，又向什麽處留心？」良久云：「歸堂。」

上堂云：「龍騰滄海，魚鼈潛蹤。虎嘯高岩，野狐屏跡。象王蹴踏，寶岸皆崩。師子嚬呻，百獸隱匿。鳳凰展翅，衆鳥迷巢。祖師家風，中下莫湊。目連鶖子，運智運通。金色頭陁，瞬眸釋主。聲聞莫測，十地寧知。空生纔唱，天早雨花。豈況繁詞，率爾亂説。通一線道，直須滿口道將來。道！道！直饒道得，也是順邈將來。」

上堂云：「參玄上士，遊方高人，直須具衲僧眼目。」良久云：「開口直教千聖情盡、萬緣無繫、父母俱亡、賓主不立。若如是解者，猶是衲僧少許見解，未是衲僧全體受用。作麽生是全體受用？」良久云：「歸堂喫茶。」

上堂云：「諸上座，各各氣宇如王，須具衲僧眼目。大地山河，不碍眼光，莫受人瞞。且道于闐國王作何面目？」時有僧問：「承和尚有言：『山河大地，不碍眼光。』未審于闐國王作何面目？」師云：「不出户。」云：「未審與什麽人同道？」師云：「至切是家親。」

上堂云："朝朝擊鼓，夜夜鐘聲。聚集禪流，復有何事？若言無事，屈延諸德。若言有事，埋沒從上宗乘。開口動舌，總没交涉。雖然如是，初機後學，須藉言語顯道。作麽生是顯道底？"良久云："林中百鳥鳴，柴門閑不扃。"

上堂。問："承古有言：『十五日已前用鈎，十五日已後用錐。』即今十五日，和尚用什麽？"師云："這一條拄杖是清化主捨。"云："和尚莫盲枷瞎棒。"師云："罪不重科。"乃云："虚空有盡，此道無窮。如拳作手，如手作拳，皆是自己展縮，並不欠少。不由他人，各各具足。不肯承當，勸請諸上座承當埋没諸上座。直下承當去，承當箇什麽？歸堂喫茶。"

董侍郎問："文殊是七佛之師。未審文殊以何爲師？"師云："獨鎮五峰頭。"查學士與師坐次，弄鎗客參。士便問："弄鎗如何下手？"師云："逢場作戲。"問："無情説法，意旨如何？"師云："朝朝樹響，夜夜風鳴。"云："如何委悉？"師云："晝有日照，夜有月明。"問："德山棒，臨濟喝。如何是一喝下事？"師云："我不作這活計。"云："意旨如何？"師云："非公境界。"問："金鱗未出網時如何？"師云："待汝出網來，向汝道。"云："即今出也，師意如何？"師云："西海裏事作麽生？"僧便喝。師云："瞎。"僧禮拜。問："若能轉物，卽同如來。未審三門佛殿如何轉？"師云："我向汝道，汝還信麽？"云："和尚誠言，安敢不信！"師云："這漆桶！"僧禮拜。問："如何是衲衣下事？"師云："露地不通風。"云："與麽則一百五日看也。"師云："放你三十棒。"僧禮拜。問："不施寸刃，便登九五時如何？"師云："七縱八横。"云："與麽則簾卷扇開去也。"師云："舌拄上齶。"僧禮拜。問："黑豆未生芽時如何？"師云："正與麽。"云："生芽後如何？"師云：

「鬼門關外今霄路，萬里崖州獨自行。」問：「如何是吹毛劍？」師云：「鍜。」云：「用後如何？」師云：「伏惟尚饗。」

僧侍立次，師問：「什麼處坐？」云：「後架裏坐。」師云：「你向什麼處舉話？」云：「與主人公舉話。」師云：「主人公姓什麼？」云：「不得姓。」師云：「名什麼？」云：「不得名。」師云：「與麼則不識主人公也。」僧便喝，師不對。

問：「如何是互換之機？」師云：「東邊立了西邊立。」云：「還相見也無？」師云：「相見事作麼生？」僧便喝。師云：「瞎。」僧禮拜。問：「師唱誰家曲，宗風嗣阿誰？」師云：「汝水河邊曾對勝，失却橈棹至于今。」云：「汝原一曲師親唱，向上宗乘事若何？」師云：「當處不留人，劃時送千里。」

師勘僧云：「孤輪獨照深山裏，近離何方到此來？」云：「近離白馬。」師云：「更不再勘。」僧無語。師云：「且坐喫茶。」師問僧：「韶陽境土君知好，六祖家風試道看！」僧無語。師云：「却是石門罪過。且坐喫茶。」舉鹽官和尚喚侍者：「將犀牛扇子來！」者云：「扇子破也。」官云：「扇子既破，還我犀牛兒來。」者無語。代云：「欄下。」舉僧問龍牙：「十二時中，如何著力？」牙云：「如無手人行拳始得。」師云：「道即殺道，祇得一半。」云：「和尚作麼生？」師云：「如無舌人欲唱歌始得。」舉僧問石門徹和尚：「實際理地，如何進步？」徹云：「鳥道無前。」僧進語云：「幽谷白雲藏白雀，擬心棲處隔山迷。」師別云：「棲心不住棲心地，物外縱横任法閑。」舉徹和尚離谷隱，有僧問：「師住襄陽去，盡襄陽男女各置一問，問問各別，和尚如何支遣？」徹云：「一音剖出塵沙句，豁達虛空應萬機。」師別云：「頭頭上活，物物上具。」師問僧：「昔日叢林親際會，再登鳳嶺事若何？」云：「奉别和尚經今一年。」師云：「本分行脚僧。」僧無語。師云：「坐，喫茶。」

次住谷隱山太平寺語

陞座，拈香云：「此一炷香，供養十方諸佛、人天大衆。先願國安民泰，教法興隆〔一〕。此一炷香，十五年前已呈醜拙了也。如今還有委悉者麼？對衆商量。」時有僧問：「不施寸刃，便登九五時如何？」師云：「罕逢此問。」云：「與麼則人天有賴，大衆沾恩。」師云：「是何言歟？」乃云：「問話且止。欲得親切，莫將問來問。你擬進前，早没交涉了也。豈況忉忉，有何所益？若論佛法，不在問處。雖然如是，早是多途，況久立尊官。珍重。」

上堂云：「襄陽蕩蕩廣闊，而無際無涯。漢水滔滔深遠，而有終有始。峴山一帶，横貫乾坤。楚岫千峰，竪該日月。鳳林關下，直透荆南。來往遊人，且無障碍。諸上座盡是透關底人，作麼生是透關底句？試道看！擬議千差路，回光萬里程。」問：「祖令未行時如何？」師云：「獨卧沙場。」云：「未審其中事作麼生？」師云：「寒灰不再焰。」問：「終日忙忙，那事無妨。如何是那事？」師云：「覓頭不見。」云：「爲什麼如此。」師云：「三日後看。」僧禮拜，師嘘。問：「如何是沙門行？」師云：「三三兩兩，各不相知。」云：「畢竟如何？」師云：「截舌有分。」問：「一陽才啓，天地咸知。依時及節事如何？」師云：「午夜燈光連宵照。」

〔一〕「先願國安民泰，教法興隆」，語要作「先願今上皇帝萬歲，諸君千秋，文武采僚咸崇禄位，府主舍人内佐聖明，外揚佛教」。

云：「照後如何？」師云：「茶烟香篆一時清。」問：「逐境不入流時如何？」師云：「早入了也。」云：「入流不逐境時如何？」師云：「未是極則處。」云：「如何是極則處？」師云：「七棒對十三。」

問：「如何是奪人不奪境？」師云：「峴山亭邊好用功。」云：「如何是奪境不奪人？」師云：「雪消流水湧。」云：「如何是人境俱奪？」師云：「霜結滿亭寒。」云：「如何是人境俱不奪？」師云：「放你一線道。」問：「日往月來遷，不覺年衰老。還有不老者麽？」師云：「有。」云：「作麽生是不老者？」師云：「虬龍筋力高聲叫，晚後精靈轉更多。」問：「如何是學人深深處？」師云：「烏龜水底深藏六〔一〕。」云：「未審其中事若何？」師云：「路上行人莫與知。」問：「如何是印空底句？」師云：「舌拄上齶。」云：「如何是印水底句？」師云：「説話對聾人。」云：「如何是印泥底句？」師云：「頭上喫棒，口裏喃喃。」問：「一句當機，請師説法。」師云：「莫妄想。」云：「不妄想後如何？」師云：「仙人禮枯骨，餓鬼打死屍。」問：「浩浩之中，如何辨主？」師云：「襄江競渡船。」云：「未曉之人，如何領會？」師云：「且領前話。」問：「學人擬歸鄉，請師指路頭。」師云：「借人扶上馬。」云：「莫便是和尚爲人處也無？」師云：「葛嶺那邊看。」問：「師子是獸中之王，爲什麽却被六塵吞？」師云：「須知六塵好手。」僧禮拜。師云：「得便宜是落便宜。」問：「不斷廉纖句，如何絶联迹。」師云：「絶迹卽不好。」云：「與麽去如何？」師云：「瞎。」僧禮拜。問：「只尺之間，爲什麽不覩師顔？」師云：「折角泥牛無欄圈。」云：「與麽則依而行之。」師云：「徧地閑田任意耕。」問：「承教有言：『當觀法王法，法王法如是。』如何是法王法？」師云：「如是。」云：「畢竟如何？」師云：「我知你與麽道。」問：「王子未

〔一〕「六」，五燈會元校改爲「穴」。

登九五時如何？」師云：「六宮深處坐。」云：「登朝後如何？」師云：「當殿不稱尊。」問：「世尊説法，天雨四花。和尚説法，有何祥瑞？」師云：「莫椀鳴。」問：「有問有答，俱落魔境。無問無答，如何辨道？」師云：「舌拄上齶。」云：「與麽則學人罪過。」師云：「放你三十棒。」

問：「如何是先照後用？」師云：「外頭月明屋裏黑。」云：「如何是先用後照？」師云：「屋裏月明外頭黑。」云：「如何是照用同時？」師云：「今日好寒。」云：「如何是照用不同時？」師云：「喫棒了呈款。」問：「如何是函蓋乾坤句？」師云：「好雪寒。」云：「如何是截斷衆流句？」師云：「好怕你。」云：「如何是隨波逐浪句？」師云：「今日立春。」問：「馬大師一喝，百丈直得三日耳聾，如何？」師云：「萌芽未出土，枯葉已遭風。」僧擬議，師便喝。僧云：「喝即任喝，某甲不耳聾。」師云：「罪不重科。」問：「海宴河清，爲什麽龍王不現？」師云：「待有卽現。」云：「卽今爲什麽不現？」師云：「疏田不貯水，龍王不奈何。」問：「若人有福，曾供養佛。未審佛曾供養什麽人來？」師云：「明月照臨山谷裏，背岩陰樹不招風。」云：「恁麽則早晨燒香，晚後禮拜。」師云：「苦痛蒼天，伏惟尚饗。」問：「承古有言：『祇這如今誰動口。』意旨如何？」師云：「莫認驢鞍鞽作阿爺下頷。」問：「伯牙遇子期時如何？」師云：「夜静更深彈一曲。」云：「遇後如何？」師云：「琴破絲斷一時休。」問：「承教有言：『如我按指，海印發光。汝暫舉心，塵勞先起。』如何是海印發光？」師云：「青霄無異路。」問：「説通行不通時如何？」師云：「莫以己妨人。」云：「行通説通時如何？」師云：「未信你在。」問：「不施寸刃，便登九五時如何？」師云：「南面事作麽生？」云：「才施小刃，便獲大功也。」師云：「大好不施寸刃。」問：「如何是和尚不涉衆詞底句？」師云：「我向你道，還信麽？」云：「與麽則鐵卵生兒樹上飛。」

師云：「一任揑怪。」

上堂云：「二年前葛藤，今日再舉。知有者已暢平生，不知有者對面千里。諸上座盡是知有者，二年前事作麽生道？」良久云：「顔回不知何處去，却教夫子淚漣漣。」

上堂云：「道安岩下，朝朝鐘鼓聲喧；傘盖山前，日日烟霞覆地。猿啼嶺上，魚躍淵中。山高則九夏花開，谷深則三冬積雪。知有者暢快於平生，不知有者空愛好山好水。諸上座盡是知有者，不喚作山，不喚作水，且道喚作什麽？開口卽逊，擬議卽差。」

上堂次，遇狂風起。乃曰：「狂風忽起，拔樹鳴條。祖令正行，誰人當抵。善戰者不顧其首，善鬭者必獲其功。莫有善戰妙鬭者麽？出來，山僧爲你證明。」良久云：「陣雲横海上，拔劍攪乾坤。」

上堂云：「寶花王座，獨有慈尊。旃檀林中，別無異黨。狐非師子類，燈非日月明。知有者已暢平生，未知有者直須子細。」

上堂，舉仰山三生話次。僧問：「古人且致，和尚卽今第幾生中？」師云：「快活，快活。」云：「與麽則隨流認得無碍去也。」師云：「縛繫不自在。」

上堂云：「若據對答，如撒砂相似。若約提綱宗乘，舉唱佛法，無一人半人。雖然如是，被箇衲子出來請師舉唱佛法，向伊道什麽卽得？若打他，卽龍頭虵尾。且道向伊道什麽？」良久云：「山僧與上座，兩家不着便。」

偈頌

歲旦示衆

一句爲君宣，今朝是大年。桃符已入土，徧地撒金錢。俗情多失位，山僧獨欣然。直饒不恁麼，塚上别鉏田。

冬日示衆

一句爲君説，諸法及時節。冬月是冬寒，夏熱是夏熱。甚處不周旋，何勞苦施設。施設不施設，言詞盡須決。更擬問如何，船底用鑌鐵。

僧請益潙山三生話，師以頌答

昨夜三更得一夢，清凉河裏泥牛鬭。天明問取郭大翁，識得南莊李胡子。

拄杖

我有一條拄杖，亘日横按膝上。大小節目分明，頭尾無非一樣。卓下大地豁開，竪起擎撐萬象。鬧市若遇知音，回頭擗脊便棒。

照用

照時把斷乾坤路，驗破賢愚喪膽魂。饒君解佩蘇秦印，也須歸款候天恩。用便生擒到命終，却令蘇息盡殘軀。歸款已彰天下報，放汝殘年解也無。

照用同時棒下玄，不容擬議髣愚賢。輪劍直衝龍虎陣，馬喪人亡血滿田。

照用不同時，人人會者稀。秋空黄葉墜，春盡落花飛。

總頌

一喝分賓主，照用一時行。會得箇中意，日午打三更。

三玄

報你諸方道，三玄句不分。欲明親的旨，臘月太陽春。

三句

第一句，點刻分明莫莽鹵。更擬進前問如何，西天移來安此土。第二句，妙用臨機無差互。開口動舌勿交涉，棒下分明須薦取。第三句，問答分明有言語。諸方盡有好商量，三歲孩兒皆怕苦。

石門山慈照禪師鳳巖集序

夫能仁出現，若秋月落於寒潭；祖意西來，似春雷開於蟄户。繫生靈之聵耳，指演若之迷頭。不凡〔一〕超凡，唯能轉物。得道者世無窮數，紹法者代有奇人。師汝水投針，首山立雪，親傳祖印，匣祕禪刀。查太守致三請之書，遠禪師付一乘之座。揮倚天之寶劍，外道魂亡；振踞地之金毛，野干腦裂。縱

〔一〕「凡」，語要作「必」。

卽立明方便，互換主賓；奪卽坐斷乾坤，誰論佛祖。喝明四種，棒顯三玄。照出千差，用非一句。以此參徒逷集，學者雲臻。師旣露於詞鋒，禪子常親於語要。編成二卷，集號鳳巖。光溥幸愧得聞，實慚序引。

古尊宿語録卷第十

汾陽（善）昭禪師語録南嶽下九世，嗣首山念

師太原俞氏子。剃髮受具，杖策遊方，所至少留，隨機叩發，歷參知識七十一員。後到首山，問：「百丈卷席，意旨如何？」山曰：「龍袖拂開全體現。」曰：「師意如何？」山曰：「象王行處絶狐蹤。」師於言下大悟，拜起而曰：「萬古碧潭空界月，再三撈漉始應知。」有問者曰：「見何道理，便爾自肯？」師云：「正是我放身命處。」後遊衡湘及襄沔間，每爲郡守以名剎力致，乃曰：「我長行粥飯僧，傳佛心宗，非細事也。」前後八請，堅卧不答。洎首山歿，西河道俗遣僧契聰迎請住持。師閉關高枕，聰排闥而入，讓之曰：「佛法大事，靖退小節。風穴懼應讖，憂宗旨墜滅。幸而有先師，先師已棄世。汝有力荷擔如來大法者，今何時而欲安眠哉？」師矍起，握聰手曰：「非公不聞此語，趣辦嚴，吾行矣。」既至，燕坐一榻，足不越閫者三十年。道俗同曰汾州，而不敢名。

住後，上堂謂衆曰：「汾陽門下有西河師子，當門踞坐，但有來者，即便齩殺。有何方便入得汾陽門，見得汾陽人？若見汾陽人者，堪與祖佛爲師。不見汾陽人，盡是立地死漢。如今還有人入得麽？快須入取，免得孤負平生。不是龍門客，切忌遭點額。那箇是龍門客，一齊點下。」舉起拄杖曰：「速退，速

退！珍重！」

上堂：「先聖云：『一句語須具三玄門，一玄門須具三要。』阿那箇是三玄三要底句？快會取好。各自思量，還得穩當也未？古德已前行脚，聞一箇因緣，未明中間，直下飲食無味，睡卧不安，火急決擇，莫將爲小事。所以大覺老人爲一大事因緣出現於世，想計他從上來行脚，不爲遊山翫水，看州府奢華，片衣口食，皆爲聖心未通。所以驅馳行脚，決擇深奥，傳唱敷揚，博問先知，親近高德。蓋爲續佛心燈，紹隆祖代，興崇聖種，接引後機，自利利他，不忘先跡。如今還有商量者麽？有卽出來，大家商量。」僧問：「如何是接初機底句？」師曰：「汝是行脚僧。」曰：「如何是辨衲僧底句？」師曰：「西方日出卯。」曰：「如何是正令行底句？」師曰：「千里持來呈舊面。」曰：「如何是立乾坤底句？」師曰：「北俱盧州長粳米，食者無貪亦無嗔。」乃曰：「將此四轉語驗天下衲僧，纔見你出來驗得了也。」問：「如何是學人着力處？」師曰：「嘉州打大像。」曰：「如何是學人轉身處？」師曰：「陜府灌鐵牛。」曰：「如何是學人親切處？」師曰：「西河弄師子。」乃曰：「若人會得此三句，已辨三玄。更有三要語在，切須薦取，不是等閑。與大衆頌出：『三玄三要事難分，得意忘言道易親。一句明明該萬象，重陽九日菊花新。』」

上堂：「汾陽有三訣，衲僧難辨別。更擬問如何，拄杖驀頭楔。」時有僧問：「如何是三訣？」師便打，僧禮拜。師曰：「爲汝一時頌出：『第一訣，接引無時節，巧語不能詮，雲綻青天月。第二訣，舒光辨賢哲，問答利生心，拔却眼中楔。第三訣，西國胡人説，濟水過新羅，北地用鑌鐵。』」復曰：「還有人會麽？會底出來，通箇消息。要知遠近，莫祇恁麽記言記語，以當平生，有甚利益！不用久立，珍重！」

問：「布鼓當軒掛，誰是知音者？」師曰〔一〕：「停俎傾麥飯，卧草不擡頭。」問：「如何是道場？」師曰：「下脚不得。」問：「如何是祖師西來意？」師曰：「徹骨徹髓。」曰：「此意如何？」師曰：「徧天徧地。」問：「真正修道人，不見世間過。未審不見箇甚麽過？」師曰：「雪埋夜月深三尺，陸地行舟萬里程。」曰：「和尚是何心行？」師曰：「却是你心行。」問：「大悲千手眼，如何是正眼？」師曰：「瞎。」曰〔二〕：「恁麽則一條拄杖兩人舁。」師曰：「三家村裏唱巴歌。」曰：「恁麽則和尚同在裏頭。」師曰：「謝汝殷勤。」問：「如何是和尚家風？」師曰：「三玄開正道，一句破邪宗。」曰：「如何是和尚活計？」師曰：「尋常不掌握，供養五湖僧。」曰：「未審喫箇甚麽？」師曰：「天酥酡飯非珍饌，一味糧羹飽即休。」

問：「牛頭未見四祖時如何？」師曰：「新神更着師婆賽。」曰：「見後如何？」師曰：「古廟重遭措大題。」

僧問：「如何是大道之源？」師曰：「掘地覓青天。」云：「何得如此？」師曰：「識取幽玄。」

師舉三玄語曰：「汝還會三玄底時節麽？直須會取古人意旨，然後自心明去，更得通變自在，受用無窮，唤作自受用身佛。不從他教，便識得自家活計。所以南泉云：『王老師十八上已解作活計。』僧便問：「古人十八上已解作活計，未審作箇什麽活計？」答曰：「兩隻水牯牛，雙角無欄棬。」復曰：「若要於此明得去，直須得三玄旨趣，始得受用無礙，自求慶快，以暢平生。大丈夫漢莫教自辜，觸事不通，彼此無利濟。與汝一切頌出曰：『第一玄，法界廣無邊，森羅及萬象，總在鏡中圓。第二玄，釋尊問阿難，

〔一〕原本無「師曰」，據五燈會元補。
〔二〕原本無「曰」，據五燈會元補。

多聞隨事答，應器量方圓。第三玄，直出古皇前，四句百非外，閻氏問豐干。』」乃曰：「這箇是三玄底頌。作麽生是三玄底旨趣？直教決擇分明，莫祇與麽妄道。我曾親近和尚來，與我說了。脫空謾語，誑嚇他人，喫鐵棒有日。莫言不道。」

又因採菊，謂衆曰：「金花布地，玉蕋承天。杲日當空，乾坤朗耀。雲騰致雨，露結爲霜。不傷物義，道將一句來！還有道得底麽？若道不得，眼中有屑，直須出却始得。所以風穴云：『若立一塵，家國興盛，野老嚬蹙。不立一塵，家國喪亡，野老安貼。』於此明去，闍黎無分，全是老僧。於此不明，老僧卽是闍黎。闍黎與老僧，亦能悟却天下人，亦能瞎却天下人。要知闍黎與老僧麽？」拊其兩膝曰：「這裏是闍黎，這裏是老僧。且問諸上座，老僧與闍黎是同是別？若道是同去，上座自上座，老僧自老僧。若道是別去，又道老僧卽是闍黎。若能於此明得去，一句中有三玄三要，賓主歷然，平生事辦，參尋事畢。所以永嘉云：『粉骨碎身未足酬，一句了然超百億。』」又曰：「臨濟兩堂首座一日相見，齊下喝。僧問臨濟：『還有賓主也無？』答云：『賓主歷然。』」師作偈曰：「兩堂首座總作家，其中道理有紛拏。賓主歷然明似鏡，宗師爲點眼中花。」師舉揚宗乘渠渠，惟以三玄三要爲事，臨濟宗真要訣也。

汾州在河東，地苦寒，立者往往足指墮。師因此罷夜參。一日宴坐，有異僧仗錫乘雲而至，問曰：「和尚何故罷夜參？」師答以苦寒之故。異僧云：「和尚會下有六人成大器，願勿惜法施。」言訖，乘雲而去。師明日陞座，記以偈曰：「胡僧金錫光，爲法到汾陽。六人成大器，勸請爲宣揚。」自此，夜參遂不復罷。時楚圓守芝慧覺智圓谷泉齊舉等，俱在座下，叢林知名。

師初開堂，有僧問：「靈山一會，迦葉親聞。今日一會，什麼人得聞？」師云：「大衆側聆。」進云：「恁麼則羣生有賴。」師云：「不因陞寶座，爭顯六師能。」問：「師唱誰家曲，宗風嗣阿誰？」師云：「不歷僧祇刼，直出古皇前。」進云：「恁麼則郡城有望。」師云：「五嶽峯巒秀，四海盡歸潮。」問：「虛空權譬喻，隨處得彰名。未審是箇什麼物？」師云：「居天人不測，入地更深埋。」進云：「恁麼則學人雖不識，歷刼盡沾恩。」師云：「劒良胳膊從他閙，劈腹開心始是明。」

師小參，云：「莫有人問話麼？有卽出來。」僧問：「冰綻魚散時如何？」師云：「水清魚不現，長波自往來。」進云：「龍王當居何位？」師云：「在處存金殿，乾坤我獨尊。」進云：「恁麼則更無過者。」師云：「按劒誰得妙，當人不自傷。」師乃云：「若是按劒手，汾陽不奈何。還識得劒麼？與你註破。寰中無當剋，海內獨橫行。珍重。」問：「如何是祖師西來意？」師云：「多年松樹饒皴皵，心間自有一條明。」問：「凡有問答，賓主各逞嘉奇。少室無言，將何委的？」師云：「千人叢裏，罕逢此問。」學云：「千山萬水來於此，已奉慈悲事坦然。」師云：「坐斷日頭天地黑，萬象森羅在目前。」學云：「官不容鍼，私通車馬。學人禮拜。」師云：「不禮拜更待何時？」問：「如何是一句前事？」師云：「不落言詮明的旨，纖毫纔動卽參差。」學云：「如何是一句後事？」師云：「兩陣相逢不迴避。」學云：「恁麼則透皮徹骨去也。」師云：「橫拖倒拽任塵漫。」學云：「終不敢辜負和尚。」師云：「至孝是重華。」問：「如何是法眼？」師云：「已曾歡瞎。」學云：「未審向上事如何？」師云：「撈天摸地。」問：「久嚮汾陽威勢全，略展金毛示衆看。」師云：「三日後露。」學云：「恁麼則退身三步。」師云：「一月後再來。」問：「祖師心印，絶有言詮。臨機一句事如何？」師云：「三千里外看途程。」學云：「恁麽卽退後去也。」師云：「萬仞峯巒不離此處。」問：「問問不轉時如何？」師云：「龍馬加鞭急，鑾鈴響洛川。」問：「久嚮西河師子，及乎到來，爲什麽不見？」師云：「汝識師子？」學云：「恁麽則大衆盡得隨喜。」師云：「腦裂始知忙。」問：「正法門中，如何是和尚得入處？」師云：「衆星攢夜月，不落紫微宮。」學云：「恁麽則朗月獨當天也。」師云：「不昧夜行人。」

師上堂云：「一切衆生，本源佛性。譬如明月當空，祇爲浮雲遮障，不得顯現。」便有僧問：「明月當天，却被片雲遮時如何？」師云：「老僧有過，闍黎須知。」學云：「恁麽則分明辨的。」師云：「退後莫思量。」問：「舉步涉千谿，尋源路轉迷。箇中一句子，請師爲提撕。」師云：「千年無影樹，今日見枝柯。」學云：「若不申此問，争得見師機？」師云：「瞽人看畫壁。」

上堂云：「夫説法者，須及時節，觀根逗機，應病用藥。不及時節，總喚作非時語。所以楞嚴會上云：『欲知佛性義，當觀時節。』因緣若明，君臣父子，邪正濁〔一〕淨，顯然自分。喚作野老謳歌，皇道坦然。佛法現前，擒縱自在，生殺臨機。或明賓中主，或明主中賓，或明賓中賓，或明主中主。或兼帶，或探竿影草。或一句中有三玄三要。還有問者麽？出來對衆商量。」時有僧問：「智慧門難解難入。學人不會，請師指示。」師云：「真正無私語，句下要分明。」學云：「恁麽則謝師親開方便門也。」師云：「千萬年後不得忘却。」

問：「靈龜未兆時如何？」師云：「海裏搖船笑，舉棹望程途。」問：「甘露水頻淋，爲什麽百草不生芽？」

〔一〕「濁」原作「觸」，據文意改。

師云：「田疎不貯水，龍王争奈何。」問：「寒暑漸盛，貧者何依？」師云：「不掛無私服，終日樂哈哈。」學云：「恁麼則應不孤露也。」師云：「深巖隱不得，露地不彰形。」問：「不悟祖宗、不信大道時如何？」師云：「打破琉璃卵，透出鳳凰兒。」學云：「今日親見和尚也。」師云：「三千里外筭途程。」問：「匹馬單鎗，離羣獨戰時如何？」師云：「舉手不拈弓，低頭失却箭。」學云：「和尚是大善知識，爲什麼如此？」師云：「敗將不斬。」問：「學人欲涉雲霄去，到彼如何爲有情？」師云：「塞外將軍行正令，不展紅旗得勝歸。」問：「面前無障礙，爲什麼開口不得？」師云：「盡日無記説，喃喃語更新。」學云：「恁麼則已能師子吼也。」師云：「不用野干鳴。」學人便喝。師云：「恰是。」學人擬議，師便喝。學人禮拜，師云：「敗將不斬。」問：「如何是衲衣下事？」師云：「赫赤窮漢。」學云：「乞師方便，指妙捷句來看。」師云：「木女穿鍼山色秀，石人牽線海雲生。」問：「涅槃無異路，方便有多門。作麼生是無異路底句？」師云：「鍾鼓分明在，日月不曾昏。」學云：「恁麼則狗子吠人聲。」師云：「不咬破人衣。」

師上堂，纔陞座，便有僧問：「從上一人行棒，一人行喝，未審成得箇什麼邊事？」師云：「總不曾用。」學云：「堪嗟楚下鍾離昧。」師云：「庶子當機失戰場。」學人便喝。師云：「作家。」學人禮拜。師云：「却不作家。」以拄杖點，便喝。問：「殺父殺母佛前懺悔，殺佛殺祖，向什麼處懺悔？」師云：「燈連挑夜月，度盡幾多人。」學云：「恁麼則水精宫裏觀明月。」師云：「映輝明寶燭，炎赫爍旌幢。」問：「日裏不點燈即不問，如何是黑裏不揚眉？」師云：「牀底掃不出。」學云：「恁麼則和尚是用心人也。」師云：「天外豈能知。」

師上堂，大衆方集，便有僧問：「如何是汾陽境？」師云：「子夏峯高登者少，西河水滿問津多。」學云：

「如何是境中人?」師云:「坐久看風信,燒香燭聖燈。」師因頌「五位」纔畢,便有僧問:「如何是正中來?」師云:「旱地蓮花朵朵開。」學云:「開後如何?」師云:「金蓋銀絲承玉露,高僧不坐鳳凰臺。」問:「如何是正中偏?」師云:「玉兔就明初夜後,金鷄須報五更前。」問:「如何是偏中正?」師云:「毫末成大樹,滴水作江河。」問:「如何是兼中至?」師云:「意氣不從天地得,英雄豈藉四時推。」問:「如何是兼中到?」師云:「玉女抛梭機軋軋,石人打鼓響韸韸。」師因僧請問,逐位頌出云:「正中來,金剛寶劍拂天開,一片神光横世界,晶輝朗耀絶塵埃。正中偏,霹靂鋒機着眼看,石火電光猶是鈍,思量擬議隔千山。偏中正,看取輪王行正令,七金千子總隨身,途中猶自覓金鏡。兼中至,三歲金毛牙爪備,千邪百怪出頭來,哮吼一聲皆伏地。兼中到,大顯無功休作造,木牛步步火中行,真箇法王妙中妙。」

六相頌

見是阿那律,分明無一物,大地及山河,演出波羅蜜。聞是跋難陀,聲通總莫過,遠近一齊了,更不念摩訶。香是殑加女,慈悲心徧普,淨穢盡能知,即此我人母。味是憍梵鉢,甜苦尋常説,入口辨辛酸,恰似當天月。觸是瞬若多,善惡總能和,屠割無瞋喜,衹箇是彌陀。意是大迦葉,毗盧俱一法,幽室顯然分,枝派千花葉。

龍德府尹李侯與師有舊,虚承天寺致之。使者三反不赴,使者受罰。復至云:「必欲得師俱往。不然,有死而已。」師笑曰:「老僧業已不出院,借往當先後之,何必俱耶?」使者云:「師諾,則先後惟所擇。」

師乃令設饌。具裝畢，告衆曰：「老僧去也，誰人隨得？」一僧出云：「某甲隨得。」師曰：「汝日行幾里？」僧云：「五十里。」師云：「汝隨我不得。」又一僧出云：「某甲隨得。」師曰：「汝日行幾里？」僧云：「七十里。」師云：「汝也隨我不得。」侍者出云：「某甲隨得。但和尚到處，某甲卽到。」師曰：「汝却隨得老僧。」言訖，謂使者曰：「吾先行矣。」怡然坐逝，侍者卽立化。師壽七十八，坐六十五夏。

并州承天（智）嵩禪師語録南嶽下十世，嗣首山念

上堂云：「文殊仗劒，五臺橫行。唐明一路，把斷譊〔一〕訛。三世諸佛，未出教乘。網底遊魚，龍門難渡。垂鈎四海，祇釣獰龍。格外玄談，爲求知識。若也舉揚宗旨，須彌直須粉碎。若也説佛説祖，海水便須枯竭。寶劒揮時，神光萬里。放汝一路，通方説話。把斷咽喉，諸人甚處出氣？」師問僧：「迦葉門前客，祇園會裏人？」云：「特來禮拜。」師云：「洎不問過。」僧便喝。師云：「錯。」僧又喝。師云：「放你三十棒。」僧云：「許和尚具一隻眼。」師云：「喫棒了聽款。」問：「師唱誰家曲，宗風嗣阿誰？」師云：「地連嵩嶽，水接伊川。」云：「與麼則風穴一句親明旨。未審家風事若何？」師云：「汝原無異路，寶應萬羣機。」問：「萬法還從一法生，一法從甚處生？」師云：「湘州匙筯管陶綿。」問：「如何是學人的的用心處？」師云：「着衣喫飯自家事。」云：「與麼則和尚慈悲也。」師云：「寒温冷暖大家知。」問：「如何是承天家風？」師

〔一〕「譊」，語要、五燈會元均作「妖」。

云：「胡餅日日新鮮，佛法年年依舊。」云：「祇這便是？爲別更有？」師云：「更有則錯。」云：「與麼則笑殺衲僧口也。」師云：「不得不笑。」云：「洎合不問過。」師云：「苦痛蒼天。」問：「鈍根樂小法，不自信作佛。作佛後如何？」師云：「水裏捉麒麟。」云：「與麼則便登高座也。」師云：「騎牛上三十三天。」問：「古人『東山西嶺青』，意旨如何？」師云：「波斯鼻孔大。」云：「與麼則西天迦葉，東土我師。」師云：「金剛手板闊。」問：「大悲千手眼，那箇是正眼？」師云：「開化石佛拍手笑，晉祠娘子解謳歌。」問：「如何是不動尊？」師云：「鎮天涯。」云：「意旨如何？」師云：「或在山中，或在樹下。」問：「如何是佛？」師云：「金榜題名天下傳。」云：「與麼則承天鼓響，天下咸聞。」師云：「紫羅帳裏盛，莫遣外人聞。」問：「古人拈槌竪拂，意旨如何？」師云：「騎驢不着靴。」

上堂云：「全衆生之佛性，寂寂涅槃，便得心心寂照，法法虛融，物物是道，佛佛密契，祖祖潛通，三世坦然，十方不泯。祇爲衆生不了，迷己認他，便乃塵勞擾擾，妄想攀緣，卽相離真，迷己逐物。都爲一念不覺，便見空裏花生，不覺眼中有翳。此迷無本，性畢竟空。覺本無迷，似有迷覺。覺迷迷滅，覺不生迷。所以經云：『諸法如是生，諸法如是滅。若能如是解，諸佛常現前。』誰復釋迦毗盧文殊普賢是有是無？若道是有，作何面目？若道是無，諸上座向什麼處行立？諸上座何不外遺於法界，內脱於身心。心不繫身，身如虛空；身不繫心，心同法界。且道喚作虛空卽是，喚作法界卽是？若喚作虛空，又不與諸人説話；若喚作法界，三界無法，何處求心？衲僧分上還怎生得？若於本分，猶是葛藤。」

問：「有相卽不問，如何是無相？」師云：「忻州齊和尚。」云：「如何會得？」師云：「代州鴈門關。」問：

「牛頭未見四祖時如何？」師云：「魚龍攪不轉。」云：「見後如何？」師云：「河枯水竭。」問：「未具胞胎時還有語句也無？」師云：「百尺竿頭，揚眉瞬目。」云：「未審意旨如何？」師云：「路上行人點頭噓唾。」問：「六國未寧時如何？」師云：「王令不在。」云：「寧後如何？」師云：「獨坐無憂樹，自然見太平。」問：「隔闊年深時如何？」師云：「迷子不歸家。」云：「歸後如何？」師云：「誰肯問孫臏？」問：「如何是一色？」師云：「九月嚴寒節。」云：「一色後如何？」師云：「家家造寒衣。」問：「臨濟推倒黃檗，爲什麽維那喫棒？」師云：「正狗不偷油，鷄啣燈盞走。」問：「劒刃磨來久，請師握刃看。」師云：「戾首甑人携劒去。」云：「與麽則喚九作十也。」師云：「國除三害定無迍。」問：「蓮華未出水時如何？」師云：「隱隱地。」云：「出水後如何？」師云：「不礙衆人看。」師掛紫衣，僧問：「和尚是大善知識，不拘名利，爲什麽却著紫衣？」師云：「世尊黄金相，老僧紫磨身。」云：「與麽則前佛後佛同一字也？」師云：「過去梵王引，現在釋迦欽。」

問：「如何是奪人不奪境？」師云：「家鄉有路無人到。」云：「如何是奪境不奪人？」師云：「暗傳天子勅，陪行一百程。」云：「如何是人境兩俱奪？」師云：「無頭蝦蟇脚指天。」云：「如何是人境俱不奪？」師云：「晉祠南畔長柳巷。」問：「十二時中，如何用心？」師云：「鵶寒上樹，鴨寒下水。」云：「與麽則不假修證，不尋佛祖？」師云：「省得山僧一半力。」問：「萬法歸一，一歸何所？」師云：「梁王城畔趙官家。」云：「與麽則四海歸依也。」師云：「當今天子聖，堯舜也不如。」

師因開方丈門不得，有僧問：「石壁山河無阻礙，此門鎖爲什麽開不得？」師云：「石壁山河卽易，就中此門難開。」云：「開後如何？」師云：「是什麽？」問：「如何是此經？」師云：「郭家剪子，天下人聞。」問：

「和尚能救世間苦，還救得這箇也無？」師云：「喚什麼作這箇？」云：「與麼則漸漸地凍，冬後數九。」師以手一劃云：「爭奈者箇何？」云：「和尚今日上堂。」師云：「祇有牽船人，不知有梢翁。」問：「如何是賓中主？」師云：「相逢不相識。」云：「如何是主中賓？」師云：「家貧未是貧，路貧愁殺人。」云：「如何是主中主？」師云：「王言如絲，其出如綸。」

師因賀歲，太保問：「今日新歲已臨，舊歲何在？」師云：「今日釘桃符。」保無語。師云：「會麽？」云：「不會。」師云：「去年今日事。」保罔措。乃有頌：「今日釘桃符，摧邪道自如。誰人相委悉，除是碧眼胡。」問：「三乘教外，别傳一句。如何是别傳一句？」師云：「高麗元是新羅國。」云：「法海之中得其用也。」師云：「波斯鼻孔長三尺，新羅走馬大唐知。」問：「到此城幾里？」師云：「五里。」云：「往還不易。」師云：「賊打不防家。」問：「如何是吹毛劍？」師云：「好。」云：「用者如何？」師云：「棺木裏努眼。」問：「不在内，不在外，不在中間，在什麽處？」師云：「露地白牛齁瑞草。」云：「未審意旨如何？」師云：「滿目溪山一帶烟。」

上堂云：「第一單鎗甲馬，第二甲馬單鎗，第三撒星排陣，第四衣錦歸鄉。」有僧問：「如何是單鎗甲馬？」師云：「不是金牙作，爭敢射尉遲。」云：「如何是甲馬單鎗？」師云：「金鏃馬前落，婁樊喪膽魂。」云：「如何是撒星排陣？」師云：「陣雲横海上，未辨聖明君。」云：「如何是衣錦歸鄉？」師云：「四海無消息，回奉聖明君。」

百法座主問：「百法千重鎖，因明閉不開？」師云：「且出千重鎖。」云：「出後如何？」師云：「處處無障礙，縱横任意遊。」鄭工部入院，見法座便問：「是什麽人位次？」師云：「老僧。」云：「自家争敢！」師云：「工部莫壓良爲賤。」部云：「真箇？」師云：「不敢。」遂把手入方丈。部云：「此室常出入，未嘗有難得之法。長老還有也無？」師以袖拂工部面。云：「與麽則今日得清涼也。」師云：「且與後人作牓樣。」

問：「如何是學人用心處？」師云：「光剃頭，淨洗鉢。」云：「如何是學人行履處？」師云：「僧堂前，佛殿後。」問：「如何是截人之機？」師云：「要用便用。」云：「請和尚便用。」師云：「拖出這死漢！」

有尼大德，會四衆到院設齋，乃脱羅綺，服布素。問：「鈿却珍御服，著弊垢衣，入塵化導，是維摩分上事？是弟子分上事？」師云：「維摩會上誇天女，今日闍黎決衆疑。」云：「今日不昧於當時也。」師云：「真師子兒，一撥便轉。」女弟子問：「金剛經中六波羅密，那箇第一？」師云：「長城齊崩倒，方見本來人。」云：「學人不會，請師直指。」師云：「白骨如山嶽，滴血驗真容。」問：「如何是佛？」師云：「擬心卽差，用心卽乖。」云：「畢竟如何？」師云：「大盡三十日，小盡二十九。」問：「祖師西來，三藏東被，當明何事？」師云：「佛殿部署蓋，僧堂老僧脩。」云：「恁麽則全明今日事也。」師云：「今日事作麽生？」僧便喝。師云：「放汝三十棒。」

鄭工部至，茶話次。云：「汾陽有箇昭禅師，愛看讀某甲留一偈。」師云：「略請見示。」部舉云：「黄紙休遮眼，青雲自有陰。莫將閑學解，埋没祖師心。」師云：「工部慣得其便。」部云：「者賊！」師云：「更不再勘。」工部問：「百尺竿頭獨打毬，萬丈懸崖絲繫腰時如何？」師云：「幽州著脚，廣南厮撲。」部無語。師云：「勘破這漢。」部云：「二十年江南界裏，這回却見禅師。」師云：「瞎老婆吹火。」

知郡張侍郎與部署到，見方丈割破，問：「和尚有護法善神，爲什麽却被惡人窺筭？」師云：「號是小人，智過君子。」

上堂：「辭親割愛，抛離俗網，來入寶所，禮拜金仙爲師，作釋種眷屬。既離苦海，已達彼岸。長行般若之慈舟，撈漉愛河之溺子。脚踏十方，肩擔四海。口說一乘之法，眼識不二之門。內無所有，外無所依，身如虛空，虛空難比。豈不號爲無着邪！既到此地，黄河爲酥酪，須彌爲飯食，大地爲卧具。帝釋梵王執侍巾瓶，維摩爲侍者，文殊普賢掃床摺被，等妙二覺隨驢把馬。所以經云：『一切衆魔，及諸外道，皆吾侍者。』諸德，不教你作鄉頭、里正、耆長、大户，一箇箇作師子兒去，成佛作祖去，入如來藏去。如來者，諸法如義，無所從來，亦無所去，故號如來，豈不快哉！諸德，三界無法，何處求心？四大本空，佛依何住？莫袈裟下多藏毒藥，自傷其身。」乃有頌曰：「苦哉苦哉實苦哉！萬劫千生金地來。袈裟底下藏毒藥，却教佛自受沉埋。」

問：「靈草未生芽時如何？」師云：「切忌動著。」云：「生芽後如何？」師云：「昨夜遭霜了。」問：「師子未出窟時如何？」師云：「衆獸潛藏。」云：「出窟後如何？」師云：「衆獸腦裂。」問：「二邊純莫立，中道不須安。意旨如何？」師云：「廣南出象牙。」云：「不會，請師直指。」師云：「番國皮毬八百價。」

問：「如何是先照後用？」師云：「打動漢下皷，和起楚王歌。」云：「如何是先用後照？」師云：「龍沮解布千般計，韓信能施堰水功。」云：「如何是照用同時？」師云：「長虵偃月齊排出，韓信張良唱大歌。」云：「如何是照用不同時？」師云：「霸王已歸烏江去，竪起金鷄賀太平。」問：「不在內，不在外，不在中間。在什麽處？」師云：「西天白氎，東土絲綿。」云：「未審此語如何？」師云：「南嶽五臺。」問：「寶所化城相去多少？」師云：「舉足下足。」問：「六塵境上施眈染，方便門中爲指歸？」師云：「懷州牛膝，天下人聞。」云：「與麽則慈音一唱開玄路，頓使歸程直到家。」師云：「鎮州蘿蔔可重三斤。」問：「三句之中，那句是極則？」師云：「徧地露形終不見。」云：「更有安身立命處也無？」師云：「一生長是鎮天涯。」

楊大年李駙馬與師問答。問：「彌陁演化在西方，達磨傳心來東土。胡來漢現，水到渠成。五臺鎮静以峥嵘，百谷朝宗而浩渺。一靈之性，托境而現形。三有之中，憑何而立命？」師云：「仙人無婦，玉女無夫。」楊云：「尼剃頭不復生子。」師云：「陝府鐵牛能哮吼，嘉州大像念摩訶。」李云：「側跳上山巔。」師云：「騎牛不着靴。」李問：「玄沙不出嶺，保壽不渡河。善財參知識五十三員，惠遠結黑白一十八士。雪峰三度上投子，智者九旬講法華。這六箇漢，爲復野干鳴？爲復師子吼？道，道！」師云：「水急魚行澁，峰高鳥不栖。」楊云：「泗州大聖。」師云：「土上加泥又一重。」李云：「舌上覆金錢。」師云：「半夜歌樂動，誰人得知音？」又問：「風穴提印，南院傳衣。昭公演化於西河，嵩師領徒於并壘。南宗之旨，北土大興。且道二師承誰恩力？」師云：「不入蓮池浴，懶向雪山遊。」楊云：「清涼山裏萬菩薩。」師云：「維摩會中諸聖集。」李云：「背負乾薪遭野火。」師云：「口是禍門。」問：「忉利透日月之上，四禪免風火之災。三交駕大牛之車，臨汝握全提之印。彌猴有一面古鏡，狸奴有萬里神光。直下承當是何人也？」師云：「朝看東南，暮觀西北。」楊云：「狸奴白牯却知有？」師云：「淹殺擄頭蒿。」李云：「月裏煮油鐺。」師云：「石人腰帶。」又問：「一切諸佛盡在裏許，動卽喪身失命，覷着兩頭俱瞎。擬議之時，千山萬水。直下會得，也是炭庫裏坐地。有不惜眉毛者，通箇消息來！」師云：「百雜碎。」楊云：「平生不妄語。」師云：「也要道過。」李云：「出穴兔遭罝。」師云：「東西無滯礙，南北得自在。」復有頌曰：「一言纔出徹龍庭，攪動須彌帝釋驚。三世諸佛齊坐了，杖頭傀儡弄雙睛。」楊答云：「今年桃李味甘香，一顆千金買得嘗。貯藥胡盧拖鼠尾，穴門小窄轉難藏。」師又答：「千年桃核未聞香，幾度逢春難得嘗。靈龜曳尾除蹤迹，沙中抱子更難藏。」楊又答：「五臺山裏有文殊，羅漢天台洞裏居。爲問紫胡一隻狗，何如普化一頭驢。」師又答：「忽聞師子吼，引出象王威。把定聖凡路，誰人敢揚眉。擬議塵沙劫，動念隔千岐。瞬目他方去，早已著灰泥。」楊再答：「蜘蛛網中坐，蟲兒不敢過。昨夜三尺雪，百鳥盡遭餓。果熟樹低垂，鵝肥甑箄破。借問末山尼，何如劉鐵磨。」師再答：「山高人難上，海深不見底。樵夫謾踏鞋，漁父休誇水。言却超百億，收來維摩詰。若覓同道人，曠劫不相識。」師作宗本頌：「左顧右覷，黄昏莽鹵。展手回來，早是彰露。且道作麽生是彰露底句？」楊云：「正殺人時督出頭。」師云：「兩脚梢空手叉胸。」李云：「左鬢右髮隱文章。」師云：「名利已彰天下去，丫頭女子倒騎牛。」師復云：「維摩一默，文殊贊善。若遇老僧在彼，各與三十棒。且道這二老漢過在什麽處？」楊云：「頭破作七分，如阿梨樹枝。」師云：「迦葉不擎拳，阿難不合掌。」李云：「似犢牛兒未用角時。」師云：「忙屈拳打令。」師復云：「教有明文，佛身充滿於法界。老僧今日充滿於法界，侍郎即今在什麽處？」楊云：「布裙一截泥，努出膝蓋子。」師云：「寬口布袴三尺杖。」李云：「河水一擔直三文。」師云：「祇見鼻頭津，不見頂後濕。」

鄭工部到汾陽昭和尚處，茶話次。部云：「某甲留一偈贈師。」偈曰：「黄紙休遮眼，青雲自有陰。莫將閑學解，埋没祖師心。」復云：「祇將此偈驗天下長老。」汾陽云：「與麽則汾陽也在裏頭。」部云：「擔枷過狀。」昭云：「更不再勘。」部云：「兩重公案。」昭云：「知卽得。」部良久。昭噓一聲，部云：「文賓，文賓。」昭云：「在甚所在？」部云：「不容某甲出氣，争得嗔他道淹滯長老在此。」昭云：「是何言歟？」部云：「實。」昭云：「也不得放過。」部云：「請師一偈。」昭云：「不閑紙墨。」遂上札：「荒草尋幽徑，巖松逈布陰。幾多玄學客，失却本來心。」

師在首山會下，因一日問：「如何是佛法的的大意？」山云：「楚王城畔，汝水東流。」師於此大悟，乃作三玄偈曰：「要用直須用，心意莫定動。三歲師子吼，十方没狐種。我有真如性，如同幕裏隱。打破六門關，顯出毗盧印。真骨金剛體可誇，六塵一拂永無遮。廓落世界空爲體，體上無爲真到家。」時首山聞得，乃請師喫茶。問云：「三頌是汝作耶？」師云：「是。」山云：「或有人教汝現三十二相時如何？」師云：「某甲不是野狐精。」山云：「惜取眉毛。」師云：「和尚落了多少？」山以竹篦向師頭上打，云：「這漢向後亂做去在。」師自後辭山，山以拄杖付師。接得有頌云：「和尚拄杖，照破龍象。臨濟家風，落在我掌。」山云：「莫相帶累。」師以坐具便打。山云：「果然帶累。」師云：「今日捉敗這老漢。」山云：「又似得便宜，又似落便宜。」

古尊宿語録卷第十一

(石霜楚圓)慈明禪師語録 南嶽下十世，嗣汾陽

師諱楚圓，族出全州清湘李氏。少爲書生，年二十二依城南湘山隱静寺得度。其母有賢行，使之遊方。師連眉秀目，頎然豐碩。然忽繩墨，所至爲老宿所呵，以爲少叢林。師笑曰：「龍象蹴踏，非驢所堪。」嘗槖骨董箱以竹杖荷之，遊襄沔間。與守芝谷泉俱結伴入洛中。聞汾陽昭禪師道望爲天下第一，決志親依。時朝廷方問罪河東，澤潞皆屯重兵，多勸其無行。師不顧，渡大河，登太行，易衣類厮養，竄名火隊中，露眠草宿，至龍州，遂造汾陽。先是汾陽預語首座：「非久有異僧至，傳持吾道。」一日，忽率首座遊山。首座云：「何往？」汾州云：「接侍者去。」首座云：「和尚顛倒作什麽？」汾州云：「但去。」果逢師至，卽與同歸。經二年未許入室。師每詣方丈，汾州揣其志，必罵詬，使令者或毁詆諸方，及有所訓，皆流俗鄙事。一夕訴曰：「自至法席，不蒙指示。念歲月飄忽，己事未明，有失出家之利。」語未卒，汾陽叱曰：「是惡知識敢裨販我！」舉杖逐之。師擬伸救，汾陽忽掩其口，乃大悟，曰：「是知臨濟道出常情。」乃服役七稔。去謁唐明嵩、神鼎諲、洞山聰。暨登楊大年李都尉之門，機語契投，於是法道大振。宜春守黄公宗旦請開法南源。次遷道吾、石霜、福嚴。興化都尉李侯遵勗奏賜命服徽號。

僧問：「如何是道？」曰：「踏着不瞋。」云：「如何是道中人？」曰：「胸馱背負。」問：「如何是祖師西來意？」曰：「渾家送上渡頭船。」問：「如何是異類中人？」曰：「頭長脚短。」云：「謝師指示。」曰：「半幅全封。」云：「直恁麽去也？」曰：「闍黎鼻孔爲甚麽在山僧手裏？」僧無語，師便打。問：「蓮花未出水時如何？」曰：「水深蓋不得。」云：「出水後如何？」曰：「不礙往來看。」云：「花開後如何？」曰：「南北馨香。」云：「結子後如何？」曰：「餧魚餧鼈。」問：「如何是禪？」曰：「鼻孔入地。」

師同大愚數輩辭汾陽，相讓不肯作參頭。汾陽云：「此行不可以戒臈推。聽吾偈曰：『天無頭，吉州城外起戈矛，將軍疋馬林下過，員州城裏鬧啾啾。』」師遽出班云：「楚圓何人，敢受和尚如此記莂？」即領衆作禮。汾復祝之曰：「吾在先師處親證三昧。汝今已得，宜往南方大興吾道。」即造洞山寶禪師席，終日面壁。寶問：「達磨九年面壁，意旨如何？」師云：「空腹高心。」寶翌日陞堂，請師充第一座。

師住南源，開堂日白槌云：「法筵龍象衆，當觀第一義。」師乃云：「大衆會麽？宜陽秀水，南嶽石橋。若也不會，謾你諸人去也。所以道『達磨西來，教外別傳』一句，且道別傳個什麽？直指人心，見性成佛。祇如諸人盡是祖師指出底人，還信得及麽？若信得及，與祖佛同參；若信不及，可謂自生退屈。此日一會不是小緣，將一瓣香爲我無得禪師。且道諸人還識無得禪師麽？若也不識，有疑請問。」僧問：「世尊出世，梵王前引，帝釋後隨。今日和尚出世，請師說法。」師云：「好。」僧云：「恁麽則粉骨碎身去也。」師云：「三月野花鋪地錦，九秋黄葉以爲陰。」問：「如何是祖師西來意？」師云：「畝地三蛇九鼠。」

上堂云：「若論此事，絶有言詮。侍者拈香，早成多事。所以釋迦掩室，已涉繁詞。居士默然，却成多説。何故？彼彼出家，彼彼行脚。且問諸人，作麽生是出家行脚底事？莫是着衣喫飯、行住坐卧、廣學多聞、無言無説麽？若恁麽會，大似掉棒打月。既不許恁麽會，又作麽生會？衆中還有識好惡者麽？有卽出來對衆證明。若也未能如是，有疑請問。」僧問：「鼓聲纔罷，大衆雲臻。祖意西來，請師舉唱。」師云：「汝從甚處來？」僧云：「汾陽一句師親唱，南源今日事如何？」師云：「汝見南源？」問：「有言有説皆是世諦之談，無言無説未是衲僧行履處。幸對人天，請師垂示。」師云：「放山僧一線道，與闍黎葛藤。」僧云：「恁麽則專爲流通。」師云：「一片白雲横世界，個中誰是出頭人。」

師入州，崇勝和尚請上堂。云：「者裏崇勝法堂，不可向者裏説佛説法去也。然雖如是，官不容針，私通車馬。恁麽大似擔水河頭賣，衆中還有檢點得底麽？試出來檢點看！有麽，有麽？」時有僧問：「諸法已聞今日響，請師方便演真乘。」師云：「天不高，地不遠。」僧云：「孤峯出羣嶽，萬里百花新。」師云：「不是直鈎客，徒勞到海壖。」問：「昔日靈山分半座，二師相見意如何？」師云：「來風可鑒。」進云：「恁麽則大衆側聆，學人禮拜。」師云：「劍利人難得。」問：「如何是古佛家風？」師云：「金蟾初出海，何處不分明。」進云：「還許學人請益否？」師云：「大海無邊際，不宿水雲人。」乃云：「若向言中取，則埋没宗風。直饒句下精通，敢保此人未悟。所以道：山青水緑，雀噪鴉鳴。萬派同源，海雲自異。未來諸佛口似燈籠，過去諸佛應病施方，現在諸佛墮坑落塹。不落凡聖一句作麽生道？」良久云：「矢上更加尖。」便下座。

師至仰山，請上堂云：「寶鏡當臺，森羅自顯。太阿在手，殺活臨時。且道還有該不着者麼？有卽倒道將一句來；如無，後學初心，有疑請問。」時有僧問：「知師久卧深潭裏，大仰陞堂事若何？」師云：「雨來山裏暗，雲出洞中明。」進云：「學人不會，再伸請益。」師云：「拈取幡竿別處舂。」僧無語。師云：「弄潮須是弄潮人。」問：「大通智勝佛，十刧坐道場，佛法不現前，不得成佛道。未審意旨如何？」師云：「一場懡㦬。」進云：「祇如大通智勝佛又如何？」師云：「八十翁翁若少年。」進云：「學人耳順之年，乞師再垂方便。」師云：「衆人伏事。」問：「如何是佛？」師云：「蓮花捧足。」

上堂，僧問：「油盡燈滅時如何？」師云：「養子不及父。」問：「海上雲遊時如何？」師云：「苦。」問：「如何是和尚受用處？」師云：「困。」僧擬進語，師便打。問：「失前忘後時如何？」師云：「不。」

上堂，竪起拄杖云：「過去諸佛，現在諸佛，未來諸佛，西天二十八祖，唐土六祖，天下老和尚，總變成南源拄杖子去也。汝諸人向什麼處安身立命？看，看！拄杖子穿過你諸人髑髏去也。還有識痛癢者麼？有卽出來對衆踍跳看！若無，南源今日失利。」喝一喝，卓拄杖一下。下座。

示衆云：「無明實性卽佛性，幻化空身卽法身。諸仁者若也信得去，不妨省力。可謂善財入彌勒樓閣，無邊法門悉皆周徧，得大無礙。悟法無生，是謂無生法忍。無邊刹境，自他不隔於毫端；十世古今，始終不離於當念。且問諸人，阿那個是當念？祇如諸人無明之性，卽汝本覺妙明之性。蓋爲不了生死根源，執妄爲實，隨妄所轉，致墮輪迴，受種種苦。若能回光反照，自悟本來真性不生不滅。故無明實性卽佛性，幻化空身卽法身。祇如四大五蘊不淨之身，卽無實義，如夢如幻，如影如響。從無量劫來，流浪生死，貪愛所使，無暫休歇，出此入彼，積骨如毗富羅山，飲乳如四大海水。何故？爲無智慧，不能了知五蘊本空，都無所實。逐妄所生，貪欲所拘，不能自在。所以世尊云：『諸苦所因，貪欲爲本。若滅貪欲，無所依止。』汝等若能了知幻身虚假，本來空寂，諸見不生，無我人衆生壽者，法皆如故，幻化空身卽法身，法身覺了無一物。唯有聽法説法，虚玄大道，無着真宗。故云：『本源自性天真佛。』又云：『五陰浮雲空去來，三毒水泡虚出没。』若如是者，爲度一切苦厄，乃至無量無邊煩惱知解，悉皆清淨，是爲清淨法身。若到這個田地，便能出此入彼，捨身受身，地獄天堂，此界他方，縱横自在，任意浮沉，應物舒光，隨機逗教，唤作千百億化身。恁麼説話，可謂無夢説夢，和泥合水，撒屎撒尿，不識好惡。」乃呵呵大笑云：「若向衲僧門下，十萬八千，未夢見他汙臭氣在。雖然如是，事無一向，但以假名字引導於衆生。」喝一喝。

示衆云：「馬大師卽心卽佛，當人未悟。盤山非心非佛，祇成戲論之談。雪峯輥毬，誑謼小兒之作。雲門顧鑒，笑殺傍觀。少室自傷，一場大錯。德山入門便棒，未遇奇人。臨濟入門便喝，太殺輕薄。黄梅呈頌，人我未忘，更言祖祖相傳，遞相誹謗。到這裏須是個人始得。所以道，鷹生鷹子，鶻生鶻兒。然雖如此，也是鞏縣茶瓶。」乃彈指一下。

示衆云：「上來也步步登高，下去也通身無礙。所以道，有時先敲後唱，有時先唱後敲，有時敲唱同時，有時敲唱不同時。所以王登寶殿，野老謳歌。如今還有謳歌者麼？」良久云：「木人雖舉手，石女不擡頭。」喝一喝。

示衆云：「百千法門同歸方寸，河沙妙義總在心源。無三界可出，無菩提可求。人與非人，性相平等。既然如是，爲甚麽那吒撲帝鍾？」良久云：「波斯鼻孔長又長。」

示衆：「説佛説祖，合泥合水。向上向下，衲僧破草鞋。總不與麽，無繩自縛。且獨脱一句作麽生道？還有人道得麽？試對衆倒道將一句來！有麽，有麽？」良久云：「塚上更加泥。」喝一喝。師問僧：「名甚麽？」僧云：「海滿。」師云：「海無增減，爲甚麽却滿？」云：「和尚莫謾海滿。」師云：「南源罪過。」師問僧：「近離什麽處？」云：「雲過千山碧。」師云：「着忙作甚麽？」云：「鴈去水聲淒。」師便喝，僧亦喝，師便打，僧亦打。師云：「你這瞎漢！本分打出三門外。念汝是新到，且坐喫茶。」師問僧：「行脚人須知有行脚事。作麽生是行脚事？」云：「知。」師云：「知底事作麽生？」云：「山高水深。」師云：「念汝遠來，且坐喫茶。」僧云：「諾，諾。」師問顯英：「首座近離甚處？」云：「金鑾。」師云：「夏在甚處？」云：「金鑾。」云：「前後夏在甚處？」云：「金鑾。」師云：「先前夏甚處？」云：「和尚何不領話？」師云：「我也不能勘得你，教庫下供過奴子來勘，且點一椀茶與你濕口。」師問僧：「近離甚處？」僧以手面前一劃。師云：「是何言歟？」僧便喝。師云：「作甚麽？」僧撫掌一下，便打。師云：「瞎漢，亂做作麽？」以坐具直打出法堂。

師道過瑯琊時，覺禪師住焉。先是舉道者到瑯琊，造方丈。覺問：「近離甚處？」云：「兩浙。」覺云：「船來陸來？」云：「船來。」覺云：「船在甚處？」云：「步下。」覺云：「不涉程途一句，作麽生道？」舉以坐具摵一摵云：「杜撰長老，如麻似粟。」拂袖便出。覺問侍者：「此是甚人？」云：「舉上座。」覺遂親下旦過堂問：「莫是舉上座麽？勿恠適來相觸忤。」舉便喝云：「我在浙江早聞你名，元來見解祇如此，何得名播寰字。」覺遂作禮云：「慧覺罪過。」及師至瑯琊，覺留之，師爲逗遛數日，因夜話及之，師笑曰：「舉見處纔能自了。」覺默然。師爲作牧童歌曰：「牧牛童，實快活，跣足披蓑雙角撮。橫眠牛上向天歌，人問如何牛未渴。回首看，平田闊，四方放去休欄遏。八面無拘任意遊，要收祇在索頭撥。小牛兒，順毛捋，角力未充難提掇。且從放在小平坡，慮上高峯四蹄脱。日已高，休喫草，担定鼻頭無少老。一時牽向圈中眠，和泥看伊東西倒。笑呵呵，好不好，又將橫笛順風吹，震動五湖山海島。倒騎牛，脱布襖，知音休向途中討。若問牧童何處居，鞭指東西無一寶。」覺默得其遊戲三昧。

僧問：「如何是賓中賓？」師云：「禮拜更殷勤。」「如何是賓中主？」師云：「拄杖常在手。」「如何是主中賓？」師云：「拄杖撥乾坤。」「如何是主中主？」師云：「劒握甑人手。」問：「如何是佛？」師云：「瀟湘斑竹杖。」問：「祖佛不立時如何？」師云：「口上生茆。」問：「纔見便回時如何？」師云：「湖南鎮主。」進云：「末後殷勤，請師道。」師云：「多少分明。」進云：「大衆側聆。」師云：「未敢相許。」問：「進前不得時如何？」師云：「截斷衆疑。」問：「步步登高時如何？」師云：「雲生足下。」問：「如何是南源狗？」師云：「牂。」問：「如何是禪？」師云：「鼻孔入地。」問：「如何是佛？」師云：「石打不入。」

上堂云：「諸佛放光明，助發實相義。」乃竪起拄杖子云：「者個是南源拄杖子。阿那個是實相義？你若見去，被見聞所轉也。若不見，行脚眼在什麼處？」喝一喝，下座。

上堂云：「一塵纔舉，大地全收。一毛頭師子，百億毛頭現。百億毛頭師子，一毛頭現。千頭萬頭，但識取一頭。」乃竪起拄杖子云：「者個是南源拄杖子。那個是一頭？」喝一喝，卓拄杖一下，下座。

問：「如何是佛？」師云：「人老病生。」問：「如何是接初機底句？」師云：「一刀兩段。」問：「如何是驗衲僧底句？」師云：「寒山拾得。」問：「如何是正令行底句？」師云：「來千去萬。」問：「如何是立乾坤句？」師云：「天高海闊。」問：「與師並坐時如何？」師云：「線穿黃葉。」

上堂云：「天地與我同根，萬法與我一體。」乃竪起拄杖子云：「者個是南源拄杖子，那個是體？」良久云：「渡河須用筏，到岸不須船。」喝一喝，卓拄杖一下，下座。

上堂，竪起拄杖云：「河沙諸佛，河沙國土，總被南源拄杖子一口吞却。其中衆生不覺不知，你衲僧鼻孔在什麼處？若知去處，橫擔拄杖，目視雲霄。若也不知，長連牀上有粥有飯。」喝一喝，下座。

俗官問：「如何是南源境？」師云：「鑿池秋待月，種竹夏遮陽。」「如何是境中人？」師云：「城中公子般般貴，林下道人事事貧。」問：「久昧衣珠，請師指示。」師云：「草賊大敗。」僧云：「透走無路。」師云：「脚踏不動。」座主問：「承教有言，因緣自然，卽不問，如何是因緣？」師云：「記來多少時也？」進云：「如何是自然？」師云：「速退，速退！妨他別人問。」

師住道吾。上堂，僧問：「達磨西來，曲爲今時。不屈宗乘，請師舉唱。」師云：「雲雨灑長空，花開徧地春。」進云：「澗松清泠澹，曉月照長川。」師云：「一言旣流通，今古誰言異。」進云：「雲生嶺上，花發巖前。」師云：「相逢盡道休官去，林下何曾見一人。」進云：「今日遭逢和尚。」師便喝。

上堂云：「佛以一音演説法，衆生隨類各得解。且道晝行夜卧一句作麼生道？」良久，以拄杖卓一下云：「德山證明。」下座。

問：「獅豸當軒，學人擬議，如何得入？」師云：「還覺頭痛麽？」

上堂云：「心隨萬境轉，轉處實能幽。隨流認得性，無喜復無憂。」拈起拄杖子云：「者個是道吾拄杖子。那個是諸人心？河沙國土，河沙諸佛，西天二十八祖，唐土六祖，盡在道吾拄杖子上轉大法輪。諸人還見麽？若見，朝遊西天，暮歸東土，若也不見，晨朝有粥，齋時有飯。」卓拄杖一下，下座。

上堂云：「有物先天地，無形本寂寥。能爲萬像主，不逐四時凋。」拈拄杖云：「者箇是道吾拄杖，那箇是萬像主？」良久云：「若見諸相非相，卽見如來。」喝一喝，卓拄杖一下，下座。

上堂云：「有時先照後用，有時先用後照，有時照用同時，有時照用不同時。所以道有明有暗，有起有倒。」乃喝一喝云：「且道是照是用，緇素辨得麽？試出來呈醜拙看！若無，道吾今日失利。」喝一喝，下座。

上堂，僧出禮拜起，便喝。師云：「作麽生？」僧又喝。師云：「瞎。」僧禮拜。師云：「三十棒且待別時來與你喫。」問：「古人面壁意旨如何？」師云：「有年無德。」

師住石霜。開堂日，僧問：「維摩一默，未稱師宗。棒喝齊施，中流罔措。今日一會，請師方便。」師云：「石笋逢春長，霜花向日開。」進云：「與麽則陽鳥喃喃語，雨過百花新。」師云：「不因漁父引，焉知水淺深。」僧云：「峻水隨流急，雲開照碧天。」師云：「我行荒草裏，你又入深村。」僧應諾，云：「官不容鍼，更借一問，師意如何？」師云：「放你三十棒，三十年後方始知痛癢。」僧舞袖而退。師云：「夢見。」問：「方木調弦時如何？」師云：「幡竿一尺二。」進云：「恁麽則和尚手出今時也。」師云：「脚撥不動。」僧云：「莫道不知音。」師云：「三十年後悟去不定。」問：「古鏡未磨時如何？」師云：「新羅打鼓。」進云：「磨後如何？」師云：「西天作舞。」

上堂云：「青蓮視瞬已多繁，迦葉微微笑自謾。少室坐羞癡截臂，黄梅呈解頌多般。入門棒喝重重錯，向上宗乘肉自剜。公案現成誰懡㦬，鑒咦啐啄哂傍觀。一宿覺來知是誤，不言師範更無端。丈夫皆有衝天志，北斗南星背面看。」

偈頌

因僧請益三玄三要頌

第一玄，三世諸佛擬何宣，垂慈夢裏生輕薄，端坐還成落斷邊。
第二玄，伶俐衲僧眼未明，石火電光知是鈍，揚眉瞬目涉關山。
第三玄，萬象森羅宇宙寬，雲散洞空山嶽静，落花流水滿長川。
第一要，豈話聖凡妙，擬議涉長途，擡眸七顛倒。
第二要，峯頂敲犍召，神通自在來，多聞門外叫。
第三要，起倒令人笑，掌内握乾坤，千差都一照。
報你通玄士，棒喝要臨時。若明親的旨，半夜太陽輝。

因僧請益臨濟兩堂首座齊下喝頌

啐啄之機箭拄鋒，瞥然賓主當時分。宗師愍物垂緇素，北地黄河徹底渾。

因人請益慧超佛話有頌

僧問如何是佛，師云汝是慧超。禮拜進前叉手，思量十萬迢迢。

因僧請益雲門超佛越祖之談

超佛越祖若何宣，充齋餬餅恣情飡。湖南展鉢新羅咬，大石波斯索渡船。

因僧請益乃述三訣頌

第一訣，大地山河泄，維摩纔默然，文殊便饒舌。
第二訣，展拓看時節，語默豈相干，夜半秋天月。
第三訣，遠路難登涉，陸地弄舟船，眼中藏日月。

三句頌

第一句，天上他方皆罔措，俱輪顛倒論多端，巍巍未到尼俱樹。
第二句，臨濟德山涉路布，未過新羅棒便揮，達者途中亂指注。
第三句，維摩示疾文殊去，對談一默震乾坤，直至如今作笑具。

因僧請益五位有頌

正中偏，半夜烏鷄室裏鳴，海底然燈光世界，石上栽花長枝靈。
偏中正，日落西山觀異影，分明影像顯宗乘，休把眉頭窺月井。

正中來，木馬生兒偏九垓，進退任行通鳥道，豈並巢居界内隈。
兼中至，彼彼丈夫全意氣，矛盾交互不傷鋒，展拓縱横不相離。
兼中到，黑白已前休作造，須明露柱未生兒，莫認狂辭途路走。

都一頌

偏中歸正極幽玄，正去偏來理事全。須知正立非言説，聯兆依俙屬有緣。兼至去來與妙用，到兼何更逐言詮。出没豈能該世界，蕩蕩無依鳥道玄。

因僧請益風穴佛話

杖林山下竹筋鞭，南北禪人萬萬千。莫恠相逢不下馬，東西各白有前程。

寄李駙馬

分身千百億，悲智願難窮。在俗還隨俗，居宫卽順宫。頭頭皆巨護，處處現神通。珍重吾宗幸，多能立古風。仰觀天畔一輪日，幾度清光四上出，大士蓬頭問志公，摩訶般若波羅蜜。

注杜順和尚頌

懷州牛喫禾，河沙世界。益州馬腹脹，蟷衡椀送。天下召醫人，驢頭馬角。灸猪左膊上。畫虎成狸。

冬不人事頌一首示衆云

東山林木高，幾歲幾回雨。南嶺松枝瘦，石生石畔土。金色見瞿曇，二三七八五。

僧請益古人十二時歌乃頌之

鷄鳴丑，夢裏逢人莽莽鹵。平旦寅，覺來路上弄精魂。日出卯，赫赫光明影裏坐。食時辰，食飽還知是病因。禺中巳，買賣論量入市肆。日南午，萬像分明作笑具。日昳未，張公喫酒李公醉。晡時申，省來端坐醉醺醺。日入酉，茆蓬竹户硬撐拄。黄昏戌，日落西山狐魅出。夜半子，一輪明月蘇嚧哩。人定亥，老鼠狀頭作隊隊。

古尊宿語録卷第十二

池州南泉普願禪師語要南嶽下三世，嗣馬祖一

師諱普願，鄭州王氏子也。

示衆云：「王老師賣身去也，還有人買麽？」時有僧出衆云：「某甲買。」師云：「不作貴，不作賤，你作麽生買？」僧無對。

師同魯祖歸宗杉山喫茶次，祖提起盞子云：「世界未成時便有這箇。」師云：「今時衹識這箇，且不識世界。」宗云：「是。」師云：「師兄莫同此見麽？」宗提起盞子云：「向世界未成時道得麽？」師作掌勢，宗以面作受掌勢。

師與魯祖杉山歸宗辭馬祖，各謀住庵。中路分袂次，師插下拄杖云：「道得也被這箇礙，道不得也被這箇礙。」宗拽拄杖便打，云：「也衹是這箇，王老師説甚麽礙不礙？」魯祖云：「衹此一句，大播天下。」宗云：「還有不播底麽？」祖云：「有。」宗云：「作麽生是不播底？」祖作掌勢。

師寄書與茱萸云：「理隨事變，寬廓非外；事得理融，寂寥非内。」僧問茱萸：「如何是寬廓非外？」茱萸云：「問一答百也無妨。」云：「如何是寂寥非内？」萸云：「覩對聲色，不是好手。」又問趙州，州作喫飯

勢。僧進後語，州作拭口勢。又問長沙岑，岑瞪目視之。僧進後語，岑閉目示之。僧舉似師，師云：「此三人不謬爲吾弟子。」趙州問：「和尚百年後向甚麼處去？」師云：「山下作一頭水牯牛去。」州云：「謝師指示。」師云：「昨夜三更月到窗。」

師刈茆次，有僧問：「南泉路向甚麼處去？」師竪起鎌云：「我這鎌子是三十文買。」僧云：「我不問這箇。南泉路向甚麼處去？」師云：「我用得最快。」

師住庵時，有一僧來。師云：「某甲上山作務，齋時上座做飯喫了，却送一分來。」其僧齋時做飯喫了，將家具一時打破，就牀而卧。師伺不來，遂歸，見僧偃卧，師亦去身邊卧，僧便起去。師云：「得恁麼靈利。」師住後云：「我往前住庵時，有箇靈利道者，直至如今不見。」

師問僧：「夜來好風？」云：「夜來好風。」師云：「吹折門前一株松。」僧云：「吹折門前一株松。」又問一僧云：「夜來好風？」云：「是甚麼風？」師云：「吹折門前一株松。」云：「是甚麼松？」師云：「一得一失。」有一庵主，人謂之曰：「南泉近日出世，何不去禮拜？」主云：「非但南泉，直饒千佛出興亦不去。」師聞，令趙州往勘之。州纔見庵主，便作禮。主不顧。州從西過東，從東過西而立。主亦不顧。州云：「草賊大敗。」拽下簾子便行，舉似師，師云：「我從來疑著這漢。」

僧問：「牛頭未見四祖時，爲甚麼百鳥銜花獻？」師云：「爲渠步步踏佛階梯。」云：「見後爲甚麼不銜花獻？」師云：「直饒不來，猶較王老師一綫道。」師問座主：「講甚麼經？」云：「彌勒下生經。」師云：「彌勒幾時下生？」云：「現在天宮未來。」師云：「天上無彌勒，地下無彌勒。」

上堂云：「諸子，老僧十八上解作活計。有解作活計者出來，共你商量。是住山人始得。」良久顧視大衆，合掌曰：「珍重。無事各自修行。」大衆不去。師曰：「如聖果大可畏，勿量大人尚不奈何。我且不是渠，渠且不是我。渠争奈我何？他經論家説法身爲極則，唤作理盡三昧，義盡三昧。似老僧向前，被人教返本還源去，幾恁麽會，禍事。兄弟，近日禪師太多，覓箇癡鈍人不可得。不道全無，於中還少。若有，出來共你商量。如空劫時，有修行人否？有無作麽？不道阿你尋常巧脣薄舌，及乎問著，總皆不道。何不出來！莫論佛出世時事。兄弟，今時人擔佛著肩上行，聞老僧言『心不是佛，智不是道』，便聚頭擬推。老僧無你推處。你若束得虚空作棒打得老僧著，一任推。」時有僧問：「從上祖師至江西大師皆云：『卽心是佛，平常心是道。』今和尚云：『心不是佛，智不是道。』學人悉生疑惑，請和尚慈悲指示。」師乃抗聲答曰：「你若是佛，休更涉疑。却問老僧何處有恁麽傍家疑佛來。老僧且不是佛，亦不曾見祖師。你恁麽道，自覓祖師去。」曰：「和尚恁麽道，教學人如何扶持得？」師曰：「你急手托虚空著。」曰：「虚空無動相，云何托？」師云：「你言無動相，早是動也。虚空何曾解道我無動相！此皆是你情見。」曰：「虚空無動相，尚是情見。前遣某甲托何物？」師曰：「你既知不應言托，擬何處扶持他？」曰：「卽心是佛既不得，是心作佛否？」師曰：「是心是佛，是心作佛，情計所有。斯皆想成佛，是智人心，是采集主，皆對物時，他便妙用。大德，莫認心認佛。設認得是境，被他唤作所知愚。故江西大師云：『不是心，不是佛，不是物，且教你後人恁麽行履。』今時學人披箇衣服，傍家疑恁麽閑事，還得否？」曰：「既不是心不是佛，不是物。和尚今却云：『心不是佛，智不是道。』未審如何？」師曰：「你不認心是佛、智不是道，老僧勿得心來，復何處著？」曰：「總既不得，何異太虛？」師曰：「既不是物，比什麼太虛，又教誰異不異？」曰：「不可無他不是心不是佛不是物？」師曰：「你若認這箇，還成心佛去也。」曰：「請和尚說。」師曰：「老僧自不知。」曰：「何故不知？」師曰：「教我作麼生說？」曰：「可不許學人會道？」師曰：「會什麼道？又作麼生會？」曰：「某甲不知。」師曰：「不知却好。若取老僧語，喚作依通人。設見彌勒出世，還被他撏〔一〕却頭毛。」曰：「使後人如何？」師曰：「你且自看，莫憂他後人。」曰：「前不許某甲會道，今復令某甲自看。未審如何？」師曰：「冥會，妙會。許你作麼生會？」曰：「如何是妙會？」師曰：「還欲學老僧語，縱說是老僧說。大德，如何？」曰：「某甲若自會，即不煩和尚，乞慈悲指示。」師曰：「不可指東指西賺人。你當哆哆和和時，作麼不來問老僧？今時巧黠，始道我不會。圖什麼？你若此生出頭來，道我出家作禪師，如未出家時曾作什麼來？且說看！共你商量。」曰：「恁麼時某甲不知。」師曰：「既不知，即今認得可可是邪。」曰：「認得既不是。不認是否？」師曰：「認不認是什麼語話？」曰：「到這裏某甲轉不會也。」師曰：「你若不會，我更不會。」曰：「某甲是學人即不會，和尚是善知識合會。」師曰：「這漢，向你道不會，誰論善知識！莫巧黠。看他江西老宿在日，有一學士來問：『如水無筋骨，能勝萬斛舟。此理如何？』老宿云：『這裏無水亦無舟，論什麼筋骨。』他學士便休去。可不省力。所以數數向道：佛不會道，我自修行。用知作麼？」曰：「如何修行？」師曰：「不可思量得。向人道恁麼修恁麼行，大難！」曰：「還許學人修行否？」師曰：「老僧不

〔一〕「撏」，語要作「燖」。

可障得你。」曰：「某甲如何修行？」師曰：「要行卽行，不可專尋他輩〔一〕。」曰：「若不因善知識指示，無以得會。如和尚每言修行，須解始得。若不解，卽落他因果，無自由分。未審如何修行，卽免落他因果？」師曰：「更不要商量。若論修行，何處不去得。」曰：「如何去得？」師曰：「你不可逐背尋得。」曰：「和尚未説，教某甲作麽生尋？」師曰：「縱説，何處覓去？且如你從旦至夜，忽東行西行，你尚不商量道去得不得，別人不可知得你。」曰：「當東行西行，總不思量，是否？」師曰：「恁麽時，誰道是不是？」曰：「和尚每言：『我於一切處而無所行，他拘我不得，喚作徧行三昧，普現色身。』莫是此理否？」師曰：「若論修行，何處不去。不説拘與不拘，亦不説三昧。」曰：「何異有法得菩提道？」師曰：「不論異不異。」曰：「和尚所説修行：迢然與大乘別。未審如何？」師曰：「不管他別不別，兼不曾學來。若論看教，自有經論座主。他教家實大可畏，你且不如聽去好。」曰：「究竟令學人作麽生會？」師曰：「如汝所問，元祇在因緣邊看。你且不奈何，緣是認得六門頭事。你但會佛那邊，却來我與你商量。兄弟，莫恁麽尋逐不住，恁麽不取。古人道：行菩薩行，唯一人行。天魔波旬領諸眷屬，常隨菩薩後，覓心行起處便擬撲倒。如是經無量劫，覓一念異處不得，方與眷屬禮辭，讚歎供養，猶是進修位。中下之人便不奈何。況絶功用處，如文殊普賢更不話他。兄弟，作麽生道行是無，覓一人〔二〕行底人不可得？今時傍家，從年至歲，祇是覓究竟，作麽生空弄脣舌生解？」曰：「當恁麽時，無佛名，無衆生名，使某甲作麽圖度？」師云：「你言無佛名，無衆生

〔一〕「輩」，語要作「背」。
〔二〕「人」，語要作「日」。

名，早是圖度了也。亦是記他言語。」曰：「若如是，悉屬佛出世時事了不可不〔一〕言。」師曰：「你作麽生言？」曰：「設使言，言亦不及。」師曰：「若道言不及，是及語。你虛恁麽尋逐，誰與你爲境？」曰：「既無爲境者，誰是那邊人？」師曰：「你若不引教來，即何處論佛？既不論佛，老僧與誰論這邊那邊？」曰：「果雖不住道，而道能爲因。如何？」師曰：「是他古人。如今不可不奉戒。我不是渠，渠不是我。作得伊如狸奴白牯行履，却快活。你若一念異，即難爲修行。」曰：「云何一念異難爲修行？」師云：「纔一念異，便有勝劣二根。不是情見隨他因果，更有什麽自由分？」

曰：「每聞和尚説報化非真佛，亦非説法者。未審如何？」師曰：「緣生故非。」曰：「報化既非真佛，法身是真佛否？」師曰：「早是應身也。」曰：「若恁麽即法身亦非真佛？」師曰：「法身是真非真，老僧無舌不解道，你教我道即得。」曰：「離三身外，何法是真佛？」師曰：「這漢，共八九十老人相罵。向你道了也，更問什麽離不離。擬把楔釘他虛空。」曰：「伏承華嚴經是法身佛説，如何？」師曰：「你適來道什麽語？」其僧重問，師顧視歎曰：「若是法身説，你向什麽處聽？」曰：「某甲不會。」師曰：「大難，大難！汝看亮座主是蜀中人，解講三十二本經論。於江西講次，來見開元寺老宿，宿問：『見説座主解講經，是否？』主云：『不敢。』宿云：『將什麽講？』主云：『將心講。』宿云：『心如工技兒，意如和伎者，爭解講得？』主云：『莫是虛空講得？』宿云：『却是虛空講得。』主拂袖便行。宿召座主，主回首。宿云：『是什麽？』主便開悟。兄弟，看他快利麽？」僧云：「據和尚説，即法身説法。」師云：「若如是會，早應身了也。」僧云：「既是

〔一〕此處疑衍「不」字。

應身，豈無説法者？」師云：「我不知。」僧云：「某不會。」師云：「不會却好，免與他分疎。」問：「教中道：『法身大士會處，卽見法身佛。地位菩薩，卽見報身佛。二乘唯見化身佛。』莫是此理否？」師云：「我眼不曾看教，兼無耳孔，不曾聽，你自看取。若如是憶持，卽已後始不奈何。如似弄珠説珠光徧，有金盤在卽得，忽被拈却金盤去，何處弄珠？向什麼處尋他光徧與不徧？」學人禮拜，和尚笑云：「大難，大難！古人罵你，喚作田獵漁捕，喚作搬糞人。好去，珍重！」

師示衆云：「真理一如，潛行密用，無人覺知，呼爲滲智。亦云無滲，不可思議。等空不動性，非生死流。道是大道，無礙涅槃，妙用自足，始於一切行處而得自在。故云於諸行處無所而行，亦云徧行三昧，普現色身。祇爲無人知他，用處無蹤跡，不屬見聞覺知。真理自通，妙用自足；大道無形，真理無對。所以不屬見聞覺知，無粗細想。如云不聞，不聞是大涅槃道。者箇物不是聞不聞。」僧問：「大道不屬見聞覺知，未審如何契會？」師云：「須會冥契自通。亦云了因，非從見聞覺知。有見知屬緣，對物始有。者箇靈妙不可思議，不是有對。故云妙用自通，不依傍物。所以道通不是依通。事須假物，方始得見。所以道非明暗法，離有離無，潛理幽通，無人覺知。亦云冥會。真理非見聞覺知，故云息心達本源。故號如如佛，畢竟無依自在人。亦云本果，不從生因之所生。文殊云：『惟從了因之所了，不從生因之所生。』從上已來，祇教人會道，更不別求。若思量作得道理，盡屬句義。三乘五性義理，無不喚作行履，處處受用具足卽得。若論道，卽不是一向耽著，被他識拘，亦云世間智。教云：『一向耽著三藏學者，爲田獵漁捕，爲利養故殺害。』大乘亦云：『貪欲成性。』所以云：佛不會道，我自修行，我自有妙用。

亦云正因。了六波羅密空，卽物拘我不得。所以祖師西來，恐你諸人迷著因果地位，故來傳法救迷情。頓悟花情已，性是花種性，亦云菩提花。故江西老宿云：『不是心，不是佛，不是物。』先祖雖説卽心卽佛，是一時間語，空拳黄葉止啼之説。如今多有人喚心作佛，喚智爲道，見聞覺知皆是道。若如是會者，何如演若達多迷頭認影。設使認得，亦不是汝本來頭。故大士呵迦旃延以生滅心，説實相法，皆是情見。若言卽心卽佛者，如兔馬有角；非心非佛，牛羊無角。汝心若是佛，亦何用非他！有無形相，以何是道！所以教中不許，寧作心師，不師於心。心如工伎兒，意如和伎者。故云心智俱不是道。見聞覺知皆屬因緣而有，皆是炤物而有，不可常炤。所以心智俱不是道。且大道非明暗法，離有無數，數不能及。如空劫時，無佛名、無衆生名，與麽時正是道，祇是無人覺知見他，數不及他。喚作無名大道，早屬名句了也。所以真理一如，更無思想。纔有思想，卽被陰拘，便有衆生名、有佛名。佛出世來，喚作三界智人。祇如未出世時喚作什麽？如云智不得有無而興大悲心。佛出世，祇令人會道。體非凡聖，喚作還源歸本，體解大道。今日既如是會道，卽無量劫來，六道四生皆有去來，是暫時行履處。先聖本行集云：我無所不行。一切衆生雖在如是行處，爲無了因，故生貪欲，名爲在纏，不得自在。暫時岐路，雲駛月運，舟行岸移。衆生妄想，物無不住。豈況理能遷變！今既如是會却，向裏許行履，不同前時。爲了因，會本果，故了陰界空，六波羅蜜空，所以得其自在。若不向裏許行履，如何摧剉得五種貪，二種欲？不守住聲聞，隨於劫數。所以諸佛菩薩具福智二嚴，爲了因、了六波羅蜜空，體者箇受用。所以不存知見，始得自在。若有知見，卽屬地位，便有分劑心量，被因果隔，喚作酬因答果佛，不得自在。所以大聖訶他爲内見外見。情量不盡，二障二愚，所以見河能漂香象。真理無形，如何知見？大道無形，理絶思量。今日行六波羅蜜，先用了因會本果，故了此物是方便受用，始得自由，去住自在無障礙。亦云方便懃莊嚴，亦云微妙淨法身，具相三十二，衹是不許分劑心量。若無如是心，一切行處，乃至彈指合掌，皆是正因，萬善皆同，無終始，得自在。所以天魔外道求我不得，喚作無住心，亦云無滲智，不思議，妙用自在。菩提涅槃皆是修行人境界，皆屬明句。若會本來，非是物，卽水不能洗水。何以故？本來無物故。經云：『我王庫中〔一〕無如是刀。』又云：『功德天、黑暗女，有智主人二俱不受。』所以道非明暗。故云性海不是覺海。覺海涉緣，卽須對物，他便妙用，無人覺知，喚作極微，細透金水色塵。菩薩所因，喚作受用具。若水不洗水，卽體不是明暗。亦云無滲智，又云無礙智。若如是，卽一切處拘我不得。如今更別求建立義句，覓勝負知解語言；言衆生劣，有佛聖救衆生，求佛菩提，皆屬貪欲，亦云破戒比丘，與道懸隔。大道無明，未曾有暗，非三界攝，非去來今。如來藏實不覆藏，師子何曾在窟？五陰本空，何曾有處所？且法身無爲，不墮諸數。法無動摇，不依六塵，故經云：『佛性是常，心是無常。』所以智不是道，心不是佛。如今且莫喚心作佛，莫作見聞覺知會。者箇物且本來無許多名字，妙用自通，數量管他不得，是大解脱。所以道，人心無住處，蹤跡不可尋，故云無滲智、不思議智。看他池州崔使君問五祖大師云：『徒衆五百，何以能大師獨受衣傳信，餘人爲什麼不得？』五祖云：『四百九十九人盡會佛法，唯有能大師是過量人。所以傳衣信。』崔云：『故知道非愚智，便告大衆總須記取。』師

〔一〕語要「中」下有「實」字。

云：「記得屬第六識。不堪無事，珍重！」

示衆云：「空劫之時，無一切名字。佛纔出世來，便有名字，所以取相。」師又云：「祇爲今時執著文字限量，不等大道，一切實無凡聖。若有名字，皆屬限量。所以江西老宿云：『不是心，不是佛，不是物。』且教後人與麽行履。今時盡擬將心體會大道。道若與麽學，直至彌勒佛出世，還須發心始得，有什麽自由分？祇如五祖會下，四百九十九人盡會佛法，惟有盧行者一人不會佛法，祇會道，不會别事。若認心是佛，心是三界采集主。若認智是道，智是多矯詐。若論佛出世時，喚作三界智人，説一切教義句理，喚作暫時受用具。若喚心是佛，認智是道，皆是處所。所以道無心意而現行，暫時披垢膩之衣，來爲人説破不是凡聖物。他家早晚與人爲因，亦不曾與人爲果。若與人爲因，卽不自在；被因果所拘，不得自由。佛未出世時，無人會得。若出世邊論，還許少分會。但以冥理自通，無師自爾，本自無物。由是見聞覺知卽是報化，所以三十二相異體。故若離彼，卽同如來，報化佛總打却，何處存立！不是不許，祇如彌勒又作凡夫，他熾然行六波羅蜜，他家觸處去得，因什麽便不許他？他不曾滯著凡聖，所以那邊會了，却來者邊行履，始得自由分。今時學人多分出家，不肯入家；好處卽認，惡處卽不認，争得？所以菩薩行於非道，是爲通達佛道。他家去住得自由且如何？若知，卽被知處所拘；若不恁麽，争得不許他？他者箇定不曾變異，若不定，卽屬造化也。他那箇早晚曾變動。所以十二分教決定不是我，我卽向十二分教中行履得。若十二分教是我，卽受變也。若論有滲果，是二乘位；若論無滲，是大乘名，所以得名爲大乘。若是者箇，不是拘繫底物。所以潛通密理，無人覺知，不是見聞覺知。」問：「以意會得否？」師云：「若以意會，卽思量得也。他教中亦云：『種種生身，我説爲量。』那箇不可思議，不是意會得底物。如水〔一〕裏有水，卽有影；若無水時，喚什麽作影？法身由對報化得名。若無報化，法身向那邊認法身？亦云是影。經論極則頭，祇到法身實入理地，那箇早晚同於經論。經論不管伊，如何排遣？他且不到者裏。大難，大難！」

師示衆云：「佛出世來，祇爲衆生不會道。若不因善知識聞，名無師自爾；若因善知識聞，忽引經論作證。若自作得主，不引經論，最省心力；若引經論，將他眼作自己眼，不得自由。大道一如，無師自爾。若能如如不變，故不曾迷。報化非真佛，莫認法身。凡聖果報皆是影。若認著，卽屬無常生滅也。粗細而論，纖毫不立。窮理盡性，一切全無。如世界未成時，洞然空廓，無佛名無衆生名，始有少分相應。直向那邊會了，却來者裏行履，不證凡聖果位。據本而論，實無少法可得。豈況三乘五性差別名數！但是有因有果，盡屬無常生滅也。並是出世安立假名相説，非關本來事。道不是明暗物，一切莫認著。大道冥通，智莫能測。故云：『相逢不相識，共語不知名。』好去，無事珍重！」

師示衆云：「自夏已來不安，皆是罪過。死者已死，在者好自安排。如今學人直須會取：佛未出世時，都無名字，密意潛通，無人覺知，喚作道人；佛出世權説三乘五性，他不是三乘五性人。從那邊行履，他是自由人。會取今有本有，不從佛聞與他爲緣。如今直須截斷兩頭句，透那邊，不被凡聖拘繫。心如枯木，始有少許相應。引經説義，皆是與他分疎，向他屋裏作活計，終無自由分。恰如水母得蝦爲

〔一〕「水」，疑爲「井」。

眼，如何得自由！佛是受果報人。如今學人極則，祇認得箇法身，猶如水月空花，影象不中。兄弟，直須會取，不從佛聞，無師自爾。報化非真佛，根本一如，無變異故。法過眼耳鼻舌身意心，以無心意而現行。如今知解不是嘍囉漢。此物不是凡聖，不是愚智，強喚作愚智。本不是名字，不得道著，道著則頭角生。喚作如如，早是變也。兄弟，直須向異類中行始得。大難，大難！」

師示衆云：「佛出世來，祇教會道，不爲别事。祖祖相傳，直至江西老宿亦祇教人會者箇道。佛法先到此土五百年，達磨西來此土，恐爾滯著三乘五性名相，所以説法，度汝諸人迷情。且五祖下五百人，祇盧行者一人不會佛法，不識文字，他家祇會道。如今學人直須明其道，不論别智。決定不是物。大道無形，真理無對。等空不動，非生死流。三界不攝，非去來今。所以明暗自去來，虚空不動摇；萬象自去來，明暗實不鑑。如今有人將鑑覺知解者是道，皆前境所引，隨他生死流，何曾得自由。若作此見解，實未有自由分。所以智不是道，可不難矣。云是什麽智，是什麽道。若論世間福智，祇得喚作莊嚴具。亦云福智二嚴，亦云受用具。皆是對治。喚作什麽佛出世？祇得喚作三界智人。未出世時喚作什麽物？若論無滲，本自具足，妙用自通，無人覺知，潛行密用，蹤跡難尋。所以天魔波旬將諸眷屬久遠劫來覓菩薩，一念起處不可得。天魔讚歎云：『佛法至妙，我實難測。』如今但會如如之理，直下修行。何不問如何修行？但會取無量劫來，性不變異，即是修行。妙用而不住，便是菩薩行。達諸法空，妙用自在，色身三昧熾然。行六波羅蜜空，處處無礙。遊於地獄，猶如園觀，不可道伊不得作用。衆生無量劫來迷於本性，不自了體，雲塵暫翳，著諸惡欲。雲駛月運，舟行岸移，暫時岐路，不得自在。種種受苦，不自覺知。乃至今日會取從來性，與今日不別。若言卽心卽佛，如兔馬有角；若言非心非佛，如牛羊無角。所以如來藏實不覆藏，五蘊本空，師子何曾在窟。亦云性水，亦云法水。法水如波，性水如濕。水不洗水，佛不度佛。演若達多迷頭認影，便道失却頭，傍家覓，縱覓得，又不是己頭。功德天、黑暗女，有智主人，二俱不受。直道性無住處，是築著物，亦云聞聞是大涅槃道。者箇物不是聞不聞。江西老宿祇道：『不是心，不是佛，不是物。』直須體會，諳實修行。莫道我是禪師知解，傍家舌上取辦，兩脚稍空。莫將爲是，共道不相應。兄弟，粗細想念分劑，但是貪求，皆屬境。三乘五性，粗細而論，不出情量。纖毫瞥起，精魅所附。他且不許見聞覺知。自似箇癡鈍人、少神人，百事不知最好。普賢其時道：『我將心聞。』文殊云：『初心不能入，云何獲圓通？』被一棒粉碎。無事珍重！」

示衆云：「燃燈佛道了也。若心想所思出生諸法，虛假皆不實。何以故？心尚無有，云何出生諸法。猶如形影分別虛空，如人取聲安置篋中，亦如吹網欲令氣滿。故老宿云：『不是心，不是佛，不是物。』且教你兄弟行履。據説十地菩薩住首楞嚴三昧，得諸佛祕密法藏，自然得一切禪定解脱，神通妙用。至一切世界普現色身，或示成菩薩正覺，轉大法輪。入涅槃，使無量入毛孔。演一句，經無量劫，其義不盡。教化無量億千衆生，得無生法忍，尚喚作所知愚，極微細所知愚，與道全乖。大難，大難！珍重！」

題南泉和尚語要

王老師，眞體道者也。所言皆透脱，無毫髮知見解路。祇貴人離見聞覺知，自透本來底，方得自由。若著法、報、化，便是依他，無自由分。是故發明盧行者不會佛法，祇是體道，所以得衣鉢。此皆過量人行履處，千萬人中難得一箇半箇。眞藥石諦當，直貴無事行履處也。圜悟禪師克勤題。

南泉和尚名普願，鄭州人，姓王氏。大隗山受業，得法於馬祖一和尚。壽八十七，臘五十八，唐文宗大和中示寂。

衢州子湖山第一代（利蹤）神力禪師語録南嶽下四世，嗣南泉

師示衆云：「諸法蕩蕩，何絆何拘，汝等於中自生難易。心源一統，綿亘十方，上上根人，自然明白。不見南泉道，如斯癡鈍，世且還稀；歷歷分明，有無不是。祇少箇丈夫之志，致見如斯疲勞。汝今欲得易麽？自古及今，未曾有一箇凡夫聖人出現汝前，亦無有一箇善語惡語到汝分上。爲什麽故？爲善善無形，爲惡惡無相。既以無我，把什麽爲善惡？立那箇是凡聖？汝信否？還保任否？有什麽回避處？恰似日中逃影相似，還逃得麽？今之既爾，古之亦然。今古齊時，汝還諱得麽？佛法玄妙，了得者

自相策發，無爲小緣妨於大事。汝不見道，寧可終身立法，誰能一旦亡緣。仁者要徑會禪麽，各歸衣鉢下著。」

僧問：「如何是一心三觀？」師云：「我尚不見有一心，你喚什麽作三觀？」進云：「如何是三觀一心？法身還喫飯也無？」師云：「鉢盂鐼子什麽人受持？」進云：「未會，請師慈誨。」師云：「未會幾許法身。」

師示衆云：「幸自可憐生，苦死向人前討些子聲色唇吻作麽？我且問你，聲色兩字作麽生討得？還會麽？我道聲色如泡。爲復爲你説破，爲當爲你討聲色？試商量看！莫生容易志、剛用心。若了根源，終非他物。譬如圓鏡，男來男現，女來女彰。乃至僧俗、青黄、山河萬物，隨其色相，一鏡傳輝，不可是鏡有多般，但能映物而露。仁者還識得鏡未？若不識鏡，盡被男女、青黄、山河類等礙。汝光明有什麽出氣處？若識鏡去，乃至青黄男女、大地山河、有想無想、四足多足、胎卵情生、天堂地獄，咸於一鏡中，悉其得分劑。長短劫數，若色若空，並能了之，更非他物。汝豈不聞諸法如義？光陰箭速，莫謾悠悠。大事因緣，決須了取。」

僧問：「如何是大圓鏡？」師云：「一切物著不得。」進云：「爲什麽一切物著不得？」師云：「汝是一切物，還著得汝否？」僧問：「如何是南泉不變句？」師云：「道什麽？」進云：「如何領會？」師云：「道什麽？」僧問：「一塵之内大千世界，如何是一塵？」師云：「卽汝是。」進云：「如何是大千？」師云：「但識取一塵。」師復云：「説得千般美食，不如一頓粗飡。能奇能異，省徑省心。還假如是疲勞馳求趨逸也無？本自非有，誰强言無？與麽道，可謂虚空之心，合虚空之理。衹少箇承受底漢子，變弄接續得去，能有利人之分也。根劣之徒，自益未圓，焉能益彼！著些子骨氣，秉些子丈夫。作麽生門風？如何圖度？須作難遭之想，可懷負荷之心。歷歷分明，有什麽一錢事到汝意根下，與汝爲於彼此生滅！仁者如世良醫，隨方與藥。先識彼病，然後施方。法法如斯，心心若此。須要作箇無繩自縛漢作麽！莫立。去！」

師示衆云：「子湖一隻狗，上取人頭，中取人心，下取人足。」僧便問：「如何是子湖一隻狗？」師乃吠三聲。進云：「如何領覽？」師云：「縱饒領覽，也祇箇吠聲。」僧問：「如何是祖師西來意？」師云：「你道祖師西來有意麽？」進云：「既無意，用西來作麽？」師乃云：「祖師西來，也祇箇冬寒夏熱，夜暗日明。祇爲你徒無意立意，無事生事，無内外強作内外，無東西謾説東西，所以奢摩不能明了，以至根境不能自由。」僧問：「如何得不被諸境惑去？」師云：「你試點惑你境出看！」進云：「某甲不見。」師云：「你既不見，惑境何來？」僧禮拜。師云：「又見妄想去也。」師云：「心源朗朗，無物莫疑，直下承當，不勞功用。祇少箇信之一字，然實不易信。莫非夙習之徒，聞著便能承受。若是螢學之輩，將三寸脣舌惑亂於人。後進初機，把他古聖言談，向意根下測度，直至頭白齒黄，並無纖毫得力處。仁者須打疊及時，莫待臨終揮攉。佛法因緣浩浩，快須徹了無疑，可中向這箇皮袋子内辨得者箇去，坐却天下人咽喉性命。盡被汝蓋覆乾坤，盡被汝自由自在。皎皎明白，何勞汝上來下去。仁者本性具足，本自周備。直教無纖塵法礙你眼光始得。若有微塵底不盡，不是一生半劫賺汝皮囊、汝性命。根境法中造諸妖怪，山精鬼魅附汝行持，得少爲足。鼓弄片皮，於佛法却爲毒害。譏禮塔廟，毁彼持經，師子身中蟲，自食師子身中肉。仁者，切莫向心田中認些子妄想將爲極則。他上祖是什麽榜樣？下去，莫立。」

問：「未了根源，請師提奬。」師云：「還會麽？」僧云：「未會。」師云：「更問千則萬則也無益。」僧問：「機不曉，如何得心地無疑去？」師云：「心地有多少疑？」僧云：「如何是心地？」師云：「多少分明。」

師示衆云：「據仁者分上，何得一生一滅、一斷一常？與汝爲於拘繫，作其取舍是非及諸顛倒。汝還知道諸聖門風無結縛麽？祇欲仁者承當，還承當得麽？可惜光陰，莫令辜負却。仁者，豈不見目前太虚還有纖毫欠少處麽？若也於中體得者箇消息，不妨出得凡聖境界，了得世間出世間之智。一法既爾，萬法亦然。仁者還樂也無？」僧問：「如何是佛？」師云：「不重道。」僧云：「如何是法？」師云：「嫌什麽？」

師示衆云：「天上人間，輪迴六道，乃至蠢動含靈，未曾於此一分真如中有些子相違處。還信麽？還領受得麽？大凡行脚，也須具大信根，作箇丈夫始得。何處得與麽難信？他古人祇見道箇即心是佛、即心是法，便承信去，隨處茅茨石室，長養聖胎，祇待道果成熟。汝今何不效他行取？仁者可煞分明，並無參雜。治生産業，與諸實相不相違背。」僧問：「如何是千聖不傳底事？」師云：「阿誰向你說？」進云：「與麽則信受奉行去也。」師云：「信得及者即行之，信不及恰莫强爲。不是口頭說信便信得去。如人說食，終不得飽。縱然口頭說飽，争奈肚内飢何。仁者直須飽去，莫謾悠悠。」僧問：「如何是古聖心？」師云：「汝是凡夫心。」僧云：「如何是信得？」師云：「信亦不由汝，不信亦不由汝。」僧云：「信不信且置，作麽生師云是你心？」師云：「仁者還知子湖親切相爲麽？行時但行，坐時但坐，乃至喫茶喫飯種種施爲，有甚麽相隱處？仁者信取，無别强爲。祇是汝今無疑作疑，無事生事，於自心源却生顛倒。譬如百千澄清大海棄之，爲認些子浮漚，目爲全潮。亦認些子螢光作於日焰，還生慚耻麽？諸聖得道得果，數如恒沙。汝今却作箇凡劣凡夫著，恰莫因循。」

僧問：「如何是無礙底心？」師云：「恰是。」師又云：「莫道千聖同風，便當得本參事好。且問仁者，什麽處是千聖同你處？行時坐時、起時卧時？試説看！還有法處麽？仁者，大道無邊，誰前誰後？真空絶際，是正是邪？乃至眩目青黄，作何形段？到汝分上，唤作百工居肆，各遂營生。多少分明，何煩造作。一切普備，無法不彰，了了現前，還諱得麽？」

道郃問：「如何是人人具足底事？」師云：「汝豈不是道郃。」劉鐵磨領衆至。師云〔一〕：「見説劉鐵磨，莫便是否？」磨云：「什麽處得者箇消息？」師云：「左轉右轉。」磨云：「莫顛倒。」被師打出。師半夜巡堂，叫：「有賊！」大衆皆驚動。師於僧堂前見一僧，攔胸把住叫云：「捉得也，唤維那來！」僧云：「不是某甲。」師云：「是卽是，你自不肯承當。」

勝光因在子湖钁地次，勝光钁斷一條蚯蚓。問云：「某甲今日钁斷一條蚯蚓，兩頭俱動，未審性命在那頭？」師提起钁頭向蚯蚓左頭打一下，右頭打一下，中心空處打一下，擲却钁頭便歸。師又於钁地次，亞钁頭回視勝光云：「事卽不無，擬心卽差。」勝光便問：「如何是事？」被師攔胸踏倒，從此省悟。僧問招慶云：「勝光被子湖一踏，意作麽生？」招慶云：「古人參玄，不消一踏。」師嘗作頌云：「三十年來〔二〕住子湖，二時粥飯氣力粗。無事上山走一轉，試問時人會也無〔三〕？」又嘗作頌云：「從來事非物，方便

〔一〕「師云」，語要作「師勸云」。
〔二〕「三十年來」，語要作「三十餘年」。
〔三〕「無事上山走一轉，試問時人會也無」，語要作「每日上山兩三轉，問汝時人會也無」。

名爲佛。中下競是非，上流始知屈。」

師臨行示頌三首：「我聞過去佛，縱横盡丈夫。示汝真歸處，千江月影孤。觀音與文殊，示我常飛動。吾今已歸真，觸處皆無用。佛性本來無阻障，衆生不識難歸向。若見如來成佛時，莫向世間求取相。」

師於門前下牓云：「子湖一隻狗，上取人頭，中取人心，下取人足，往來好看。」臨濟下有二僧聞得，遂遠來尋訪。纔到，果見其牓。遂入門以手揭簾，欲起未起，被師喝云：「看脚下犬！」僧近前禮拜，便問：「承師有言：『子湖有一隻狗，上取人頭，中取人心，下取人足。』如何是子湖狗？」師云：「嗥，嗥！」僧無語。師便歸方丈。後章州羅漢展和尚聞舉，云：「者箇是喫屎狗。」僧便問：「如何是子湖狗？」展云：「擘喋却。」僧擬議。展云：「早被我咬殺了也。」明招和尚在羅山聞舉，遂云：「洎賺數緉草鞋。我本欲遊章南，如今不用去也。休，休！」僧便問：「如何是子湖狗？」招以手按膝，放身近前云：「嘘，嘘！」

子湖山下有陶家，爲無子，夫妻每日焚香發願，求一男子。師遂往其家乞竹。先問：「是汝夫妻每日起心發願，擬作箇什事？」云：「切緣家内無子，願求一男。」師云：「我就汝乞一種物，還得否？」云：「和尚要甚物，但乞指揮。」師云：「不要别物，欲乞一擔竹，與汝一箇男子。」其家忻喜云：「此是小事，一任斫去。」師斫大竹近一千竿。陶公云：「和尚秖討一擔，何斫許多？」師云：「秖此一擔尚未足在。」遂將大竹長者捻數竿破，相接作一束將歸。其家當夜感夢，生得男子。因此遂號神力。

子湖和尚名利蹤，澶州人，姓周氏。幽州開元寺受業，得法於南泉願和尚。壽八十一，臘六十一。馬祖第三世。唐僖宗廣明中示寂。

讚神力禪師〔一〕

住持傳法賜紫慧覺撰

欽哉神力，真善知識！不住有無，寧拘順逆。入門看犬，思量痛惜。上山見路，不妨徑直。三載取人，一言最的。左右轉時，湍流峻激。東西往來，庭趨愕立。清風千古振叢林，萬里無雲轟霹靂。

衢州子湖山定業禪院第一代神力禪師語録序〔二〕

第三代住持傳法賜紫慧覺撰

神力禪師諱文縱，有奇行，藹然叢林。自唐迨今，傳於三百載。所居法席，廢來久矣。所示徒語言，亦無聞於世。其所傳者，唯犬話耳。余自元豐三年來主是席，遂探其語，未之得也。一旦往大雲寘師院，乃獲一小策。開覽玩味，見其言直，其理深。若醍醐之一滴，能散其六斛之驢乳，真南泉之的嗣也。文字訛舛固多，余遂逐一看詳改正，鏤板傳于世。不獨顯當時之盛事，貴有益于來者。時元豐六年癸亥歲五月十有二日序。

〔一〕原本無此讚，據語要補。

〔二〕原本無此序，據語要補。

古尊宿語録卷第十三

趙州(從諗)真際禪師語録并行狀南嶽下四世，嗣南泉

師卽南泉門人也。俗姓郝氏，本曹州郝鄉人也，諱從諗。鎭府有塔記云：「師得七百甲子歟。値武王微沐，避地岨崍，木食草衣，僧儀不易。」師初隨本師行脚到南泉。本師先人事了，師方乃人事。南泉在方丈内卧次，見師來參，便問：「近離什麽處？」師云：「瑞像院。」南泉云：「還見瑞像麽？」師云：「瑞像卽不見，卽見卧如來。」南泉乃起問：「你是有主沙彌？無主沙彌？」師對云：「有主沙彌。」泉云：「那箇是你主？」師云：「孟春猶寒，伏惟和尚尊體起居萬福。」泉乃唤維那云：「此沙彌别處安排。」師受戒後，聞受業師在曹州西，住護國院，乃歸院省覲。到後，本師令郝氏云：「君家之子，遊方已迴。」其家親屬忻懌不已，祗候來日，咸往觀焉。師聞之，乃云：「俗塵愛網，無有了期，已辭出家，不願再見。」乃於是夜結束前邁。其後自携瓶錫，徧歷諸方。常自謂曰：「七歲童兒勝我者，我卽問伊，百歲老翁不及我者，我卽教他。」年至八十，方住趙州城東觀音院，去石橋十里。已來住持，枯槁志效古人。僧堂無前後架旋營齋食，繩牀一脚折，以燒斷薪用繩繫之，每有别制新者，師不許也。住持四十年來，未嘗賫一封書告其檀越。

因有南方僧來，舉：「問雪峰：『古澗寒泉時如何？』雪峰云：『瞪目不見底。』學云：『飲者如何？』峰

云：『不從口入。』」師聞之曰：「不從口入，從鼻孔裏入？」其僧却問師：「古澗寒泉時如何？」師云：「苦。」學云：「飲者如何？」師云：「死。」雪峰聞師此語，讚云：「古佛，古佛。」雪峰後因此不答話矣。

厥後因河北燕王領兵收鎮府，既到界上，有觀氣象者奏曰：「趙州有聖人所居，戰必不勝。」燕、趙二王因展筵會，俱息交鋒。乃問：「趙之金地上士何人？」或曰：「有講華嚴經大師，節行孤邈。若歲大旱，咸命往臺山祈禱。大師未迴，甘澤如瀉。」乃曰：「恐未盡善。」或云：「此去一百二十里，有趙州觀音院，有禪師年臘高邈，道眼明白。」僉曰：「此可應兆乎。」二王稅駕觀焉。既屆院內，師乃端坐不起。燕王問曰：「人王尊耶？法王尊耶？」師云：「若在人王，人王中尊；若在法王，法王中尊。」燕王唯然矣。師良久中間，問：「阿那箇是鎮府大王？」趙王應諾：「弟子。」緣趙州屬鎮府，以表知重之禮。師云：「老僧濫在山河，不及趨面。」須臾，左右請師爲大王説法。師云：「大王左右多，爭教老僧説法。」乃約令左右退。師身畔時有沙彌文遠高聲云：「啓大王，不是者箇左右。」大王乃問：「是什麼左右？」對曰：「大王尊諱多，和尚所以不敢説法。」燕王乃云：「請禪師去諱説法。」師云：「故知大王曩劫眷屬俱是冤家。我佛世尊，一稱名號，罪滅福生。大王先祖，纔有人觸著名字，便生嗔怒。」師慈悲非倦，説法多時，二王稽首讚歎，珍敬無盡。來日將迴，燕王下先鋒使聞師不起，凌晨入院，責師慠亢君侯。師聞之，乃出迎接。先鋒乃問曰：「昨日見二王來，不起。今日見某甲來，因何起接？」師云：「待都衙得似大王，老僧亦不起接。」先鋒聆師此語，再三拜而去。尋後趙王發使取師供養，既屆城門，闔城威儀迎之入內。師纔下寶輦，王乃設拜，請師上殿正位而坐。師良久，以手斫額云：「階下立者是何官長？」左右云：「是諸院尊宿，并大師大德。」師云：「他各是一方化主，若在階下，老僧亦起。」王乃命上殿。是日齋筵將罷，僧官排定，從上至下，一人一問。一人問佛法，師既望見，乃問：「作什麼？」云：「問佛法。」師云：「這裏已坐却老僧，那裏問什麼法？二尊不並化。」此乃語之詞也。王乃令止。其時國后與王俱在左右侍立。國后云：「請禪師爲大王摩頂受記。」師以手摩大王頂云：「願大王與老僧齊年。」是時迎師權在近院駐泊，獲時選地建造禪宫。師聞之，令人謂王曰：「若動著一莖草，老僧却歸趙州。」其時竇行軍願捨菓園一所，直一萬五千貫，號爲真際禪院，亦云竇家園也。師入院後，海衆雲臻。是時趙王禮奉，燕王從幽州奏到命服，鎮府具威儀迎接。師堅讓不受，左右舁箱至師面前云：「大王爲禪師佛法故，堅請師著此衣。」師云：「老僧爲佛法故，所以不著此衣。」左右云：「且看大王面。」師云：「又干俗官什麼事！」乃躬自取衣掛身上。禮賀再三，師惟知應諾而已。

師住趙州二年，將謝世時，謂弟子曰：「吾去世之後焚燒了，不用淨淘舍利。宗師弟子不同浮俗，且身是幻，舍利何生，斯不可也。」令小師送拂子一枝與趙王，傳語云：「此是老僧一生用不盡底。」師於戊子歲十一月十日端坐而終。于時竇家園道俗車馬數萬餘人，哀聲振動〔一〕，於時盡送終之禮。感歎之泣，無異金棺匿彩於俱尸矣。莫不高營鴈塔，特竪豐碑，謚號曰真際禪師光祖之塔。後唐保大十一年孟夏月旬有三日，有學者咨聞東都東院惠通禪師，趙州先人行化，厥由作禮而退。乃授筆録之。〔二〕

師問南泉：「如何是道？」泉云：「平常心是道。」師云：「還可趣向不？」泉云：「擬卽乖。」師云：「不擬爭

〔一〕語要「動」下有「原野，趙王」。
〔二〕語要此處有「具實矣」。

知是道？」泉云：「道不屬知，不知知是妄，覺不知是無記。若真達不疑之道，猶如太虛，廓然蕩豁，豈可强是非也？」師於言下頓悟玄旨，心如朗月。

南泉上堂。師問：「明頭合？暗頭合？」泉便歸方丈。師便下堂云：「這老和尚被我一問，直得無言可對。」首座云：「莫道和尚無語，自是上座不會。」師便打。又云：「這棒合是堂頭老漢喫。」師問南泉：「知有底人向什麼處去？」泉云：「山前檀越家作一頭水牯牛去。」師云：「謝和尚指示。」泉云：「昨夜三更月到窗。」

師在南泉作爐頭。大衆普請擇菜，師在堂内叫：「救火，救火！」大衆一時到僧堂前，師乃關却僧堂門，大衆無對。泉乃抛鎖匙從窗内入堂中，師便開門。師在南泉井樓上打水次，見南泉過，便抱柱懸却脚云：「相救，相救。」南泉上楜梯云：「一二三四五。」師少時間，却去禮謝云：「適來謝和尚相救。」

南泉東西兩堂争猫兒。泉來堂内，提起猫兒云：「道得卽不斬，道不得卽斬却。」大衆下語，皆不契泉意。當時卽斬却猫兒了。至晚間，師從外歸來問訊次，泉乃舉前話了，云：「你作麼生救得猫兒？」師遂將一隻鞋戴在頭上出去。泉云：「子若在，救得猫兒。」師問南泉：「異卽不問，如何是類？」泉以兩手托地。師便踏倒，却歸涅槃堂内叫：「悔，悔！」泉聞，乃令人去問：「悔箇什麼？」師云：「悔不剩與兩踏。」南泉從浴室裏過，見浴頭燒火，問云：「作什麼？」云：「燒浴。」泉云：「記取來喚水牯牛浴。」浴頭應諾。至晚間，浴頭入方丈。泉問：「作什麼？」云：「請水牯牛去浴。」泉云：「將得繩索來不？」浴頭無對。師來問訊泉，泉舉似師。師云：「某甲有語。」泉便云：「還將得繩索來麼？」師便近前驀鼻便拽。泉云：「是卽是，太粗生。」

師問南泉：「離四句，絶百非外，請師道。」泉便歸方丈。師云：「這老和尚每常口吧吧地，及其問著，一言不措。」侍者云：「莫道和尚無語好。」師便打一掌。南泉便掩却方丈門，便把灰圍却。問僧云：「道得卽開門。」多有人下語，並不契泉意。師云：「蒼天，蒼天。」泉便開門。師問南泉云：「心不是佛，智不是道。還有過也無？」泉云：「有。」師云：「過在什麼處？請師道。」泉遂舉。師便出去。

師上堂，謂衆曰：「此事的的，没量大人出這裏不得。老僧到潙山，僧問：『如何是祖師西來意？』潙山云：『與我將牀子來。』若是宗師，須以本分事接人始得。」時有僧問：「如何是祖師西來意？」師云：「庭前柏樹子。」學云：「和尚莫將境示人！」師云：「我不將境示人。」云：「如何是祖師西來意？」師云：「庭前柏樹子。」師又云：「老僧九十年前，見馬祖大師下八十餘員善知識，箇箇俱是作家。不似如今知識枝蔓上生枝蔓，大都是去聖遥遠，一代不如一代。祇如南泉尋常道：『須向異類中行。』且作麽生會？如今黄口小兒，向十字街頭説葛藤，博飯喫，覓禮拜，聚三五百衆，云我是善知識，你是學人。」

僧問：「如何是清淨伽藍？」師云：「丫角女子。」「如何是伽藍中人？」師云：「丫角女子有孕。」問：「承聞和尚親見南泉是否？」師云：「鎮州出大蘿蔔頭。」問：「和尚生緣什麽處？」師以手指云：「西邊更向西。」問：「法無别法，如何是法？」師云：「外空、内空、内外空。」問：「如何是佛真法身？」師云：「更嫌什麽？」問：「如何是心地法門？」師云：「古今榜樣。」問：「如何是賓中主？」師云：「山僧不問婦。」問：「如何是主中賓？」師云：「老僧無丈人。」問：「如何是一切法常住？」師云：「老僧不諱祖。」其僧再問，師云：「今日不答話。」

師上堂云：「兄弟，莫久立。有事商量，無事向衣鉢下坐，窮理好。老僧行脚時，除二時齋粥是雜用心力處，餘外更無別用心處也。若不如此，出家大遠在。」問：「萬物中何物最堅？」師云：「相罵饒汝接嘴，相唾饒汝潑水。」問：「曉夜不停時如何？」師云：「僧中無與麼兩稅百姓。」問：「如何是一句？」師云：「若守著一句，老却你。」師又云：「若一生不離叢林，不語十年五載，無人喚你作啞漢，已後佛也不奈你何。你若不信，截取老僧頭去。」

師上堂云：「兄弟，你正在第三冤裏。所以道：但改舊時行履處，莫改舊時人。共你各自家出家，比來無事。更問禪問道，三十、二十人聚頭來問，恰似欠伊禪道相似。你喚作善知識，我是同受拷。老僧不是戲好，恐帶累他古人，所以東道西説。」問：「十二時中如何用心？」師云：「你被十二時使，老僧使得十二時。你問那箇時？」問：「如何是趙州主人公？」師咄云：「這箍桶漢！」學人應諾。師云：「如法箍桶着。」問：「如何是學人本分事？」師云：「樹搖鳥散，魚驚水渾。」問：「如何是少神底人？」師云：「老僧不如你。」學云：「不占勝。」師云：「你因什麼少神？」問：「至道無難，唯嫌揀擇。是時人窠窟？」師云：「曾有問我，直得五年分疏不得。」有官人問：「丹霞燒木佛，院主爲什麼眉鬚墮落？」師云：「官人宅中變生作熟是什麼人？」云：「所使。」師云：「却是他好手。」僧問：「毗目仙人執善才手見微塵佛時如何？」師遂執僧手云：「你見箇什麼？」有尼問：「如何是沙門行？」師云：「莫生兒。」尼云：「和尚勿交涉。」師云：「我若共你打交涉，堪作什麼？」問：「如何是趙州主人公？」師云：「田庫奴。」問：「如何是王索仙陁婆？」師云：「你道老僧要箇什麼？」問：「如何是玄中玄？」師云：「説什麼玄中玄。七中七，八中八。」問：「如何是仙陀婆？」師云：「靜處薩婆訶。」問：「如何是法非法？」師云：「東西南北。」學云：「如何會去？」師云：「上下四維。」問：「如何是玄中玄？」師云：「這僧若在，合年七十四五。」問：「王索仙陀婆時如何？」師驀起打躬叉手。問：「如何是道？」師云：「不敢，不敢。」問：「如何是法？」師云：「敕敕攝攝。」問：「趙州去鎮府多少？」師云：「三百。」學云：「鎮府來趙州多少？」師云：「不隔。」問：「如何是玄中玄？」師云：「玄來多少時也？」學云：「玄來久矣。」師云：「賴遇老僧，洎合玄殺這屢生。」問：「如何是學人自己？」師云：「還見庭前柏樹子麼？」

師上堂云：「若是久參底人，莫非真實，莫非亘古亘今。若是新入衆底人，也須究理始得。莫趁者邊三百五百一千傍邊，二衆叢林稱道好箇住持，洎乎問著佛法，恰似炒沙作飯相似，無可施爲，無可卜口，却言他非我是，面赫赤地。良由世間出非法語，真實欲明者意。莫辜負老僧。」

問：「在塵爲諸聖説法，總屬披搭。未審和尚如何示人？」師云：「什麼處見老僧？」學云：「請和尚説。」師云：「一堂師僧總不會這僧語話。」別有一僧問：「請和尚説。」師云：「你説我聽。」問：「真化無跡無師弟子時如何？」師云：「誰教你來問？」學云：「更不是別人。」師便打之。問：「此事如何辨？」師云：「我怪你。」學云：「如何辨得？」師云：「我怪你不辨。」學云：「還保任否？」師云：「保任不保任，自看。」問：「如何是無知解底人？」師云：「説什麼事？」問：「如何是西來意？」師下禪牀。學云：「莫便是否？」師云：「老僧未有語在。」問：「佛法久遠，如何用心？」師云：「你見前漢後漢，把攬天下，臨終時半錢也無分。」問：「時人以珍寶爲貴，沙門以何爲貴？」師云：「急合取口。」學云：「合口還得也無？」師云：「口若不合，争能辨得？」問：「如何是趙州一句？」師云：「半句也無。」學云：「豈無和尚在？」師云：「老僧不是一句。」問：「如何得不被諸境惑？」師垂一足，僧便出鞋，師收起足，僧無語。

有俗官問：「佛在日，一切衆生皈依佛。佛滅度後，一切衆生皈依什麼處？」師云：「未有衆生。」學云：「現問次。」師云：「更覓什麼佛？」問：「還有不報四恩三有者也無？」師云：「有。」學云：「如何是？」師云：「這殺父漢！筭你祇少此一問。」問：「如何是和尚意？」師云：「無施設處。」

師上堂云：「兄弟，但改往修來。若不改，大有著你處在。老僧在此間三十餘年，未曾有一箇禪師到此間。設有來，一宿一食急走過，且趁軟暖處去也。」

問：「忽遇禪師到來，向伊道什麼？」師云：「千鈞之弩，不爲鼷鼠而發機。」師云：「兄弟，若從南方來者，卽與下載；若從北方來，卽與裝載。所以道，近上人問道卽失道，近下人問道者卽得道。兄弟，正人説邪法，邪法亦隨正；邪人説正法，正法亦隨邪。諸方難見易識，我者裏易見難識。」問：「善惡惑不得底人，還獨脱也無？」師云：「不獨脱。」學云：「爲什麼不獨脱？」師云：「正在善惡裏。」尼問：「離却上來説處，請和尚指示。」師咄云：「煨破鐵瓶。」尼將鐵瓶添水來，請和尚答話，師笑之。問：「世界變爲黑穴，未審此箇落在何路？」師云：「不占。」學云：「不占是什麼人？」師云：「田庫奴。」問：「無言無意始稱得句。既是無言，喚什麼作句？」師云：「高而不危，滿而不溢。」學云：「卽今和尚是滿是溢？」師云：「争奈你問我。」問：「如何是靈者？」師云：「淨地上屙一堆屎。」學云：「請和尚的旨。」師云：「莫惱亂老僧。」問：「法身無爲，不墮諸數。還許道也無？」師云：「作麼生道？」學云：「與麼，卽不道也。」師笑之。

問：「如何是佛？如何是衆生？」師云：「衆生卽是佛，佛卽是衆生。」學云：「未審兩箇那箇是衆生？」師云：「問，問。」問：「大道無根，如何接唱？」師云：「你便接唱。」「無根又作麽生？」師云：「既是無根，什麽處繫縛你？」問：「正修行底人，莫被鬼神測得也無？」師云：「測得。」云：「過在什麽處？」師云：「過在覓處。」云：「與麽，卽不修行也？」師云：「修行。」問：「孤月當空，光從何生？」師云：「月從何生？」問：「承和尚有言：『道不屬修，但莫染污。』如何是不染污？」師云：「檢校内外。」云：「還自檢校也無？」師云：「檢校。」云：「自己有什麽過自檢校？」師云：「你有什麽事？」

師上堂云：「此事如明珠在掌，胡來胡現，漢來漢現。老僧把一枝草作丈六金身用，把丈六金身作一枝草用。佛卽是煩惱，煩惱是卽佛。」問：「佛與誰人爲煩惱？」師云：「與一切人爲煩惱。」云：「如何免得？」師云：「用免作麽？」

師示衆云：「老僧此間卽以本分事接人。若教老僧隨伊根機接人，自有三乘十二分教接他了也。若是不會，是誰過歟？已後遇著作家漢，也道老僧不辜他。但有人問，以本分事接人。」問：「從上至今，卽心是佛。不卽心，還許學人商量也無？」師云：「卽心且置，商量箇什麽？」問：「古鏡不磨，還照也無？」師云：「前生是因，今生是果。」問：「三刀未落時如何？」師云：「森森地。」云：「落後如何？」師云：「迥迥地。」問：「如何是出三界底人？」師云：「籠罩不得。」問：「牛頭未見四祖，百鳥銜花供養。見後，爲什麽百鳥不銜花供養？」師云：「應世不應世。」問：「白雲自在時如何？」師云：「争似春風處處閑。」問：「如何是露地白牛？」師云：「月下不用色。」云：「食噉何物？」師云：「古今嚼不著。」云：「請師答話。」師云：「老僧合與麽。」

師示衆云：「擬心即差。」僧便問：「不擬心時如何？」師打三下云：「莫是老僧辜負闍黎麽？」問：「凡有問答，落在意根。不落意根，師如何對？」師云：「問。」學云：「便請師道！」師云：「莫向者裏是非。」問「龍女親獻佛，未審將什麽獻？」師以兩手作獻勢。

師示衆云：「此間佛法，道難即易，道易即難。別處難見易識，老僧者裏即易見難識。若能會得，天下横行。忽有人問什麽處來？若向伊道從趙州來，又謗趙州；若道不從趙州來，又埋没自己。諸人，且作麽生對他？」僧問：「觸目是謗，和尚如何得不謗去？」師云：「若道不謗，早是謗了也。」問：「如何是正修行路？」師云：「解修行即得。若不解修行，即參差落他因果裏。」又云：「我教你道，若有問時，但向伊道：『趙州來。』忽問：『趙州説什麽法？』但向伊道：『寒即言寒，熱即言熱。』若更問道：『不問者箇事。』但云：『問什麽事？』若再問：『趙州説什麽法？』便向伊道：『和尚來時不交傳語。上座，若要知趙州事，但自去問取。』」問：「不顧前後時如何？」師云：「不顧前後且置，你問阿誰？」

師示衆云：「迦葉傳與阿難，且道達磨傳與什麽人？」問：「且如二祖得髓，又作麽生？」師云：「莫謗二祖。」師又云：「達磨也有語，在外者得皮，在裏者得骨。且道更在裏者得什麽？」問：「如何是得髓底道理？」師云：「但識取皮，老僧者裏髓也不立。」云：「如何是髓？」師云：「與麽，皮也摸未著。」

問：「與麽堂堂，豈不是和尚正位？」師云：「還知有不肯者麽？」學云：「與麽，即別有位？」師云：「誰是別者？」學云：「誰是不別者？」師云：「一任叫。」問：「上上人一撥便轉，下下人來時如何？」師云：「汝是上上？下下？」云：「請和尚答話。」師云：「話未有主在。」云：「某甲七千里來，莫作心行。」師云：「據你者一問，心行莫不得麽？」此僧一宿便去。

問：「不紹傍來者如何？」師云：「誰？」學云：「惠延。」師云：「問什麽？」學云：「不紹傍來者。」師以手撫之。問：「如何是衲衣下事？」師云：「莫自瞞。」問：「真如凡聖皆是夢言，如何是真言？」師云：「更不道者兩箇。」學云：「兩箇且置，如何是真言？」師云：「唵啷啉[口*發]。」問：「如何是趙州？」師云：「東門、西門、南門、北門。」問：「如何是定？」師云：「不定。」學云：「爲什麽不定？」師云：「活物，活物。」問：「不隨諸有時如何？」師云：「合與麽。」學云：「莫便是學人本分事？」師云：「隨也，隨也。」問：「古人三十年一張弓，兩下箭，祇射得半箇聖人。今日請師全射。」師便起去。

師示衆云：「至道無難，唯嫌揀擇。纔有言語，是揀擇？是明白？老僧却不在明白裏，是你還護惜也無？」問：「和尚既不在明白裏，又護惜箇什麽？」師云：「我亦不知。」學云：「和尚既不知，爲什麽道不在明白裏？」師云：「問事卽得，禮拜了，退。」

師示衆云：「法本不生，今則無滅。更不要道纔語是生、不語是滅。諸人，且作麽生是不生不滅底道理？」問：「早〔一〕是不生不滅麽？」師云：「者漢祇認得箇死語。」問：「至道無難，唯嫌揀擇，纔有言語是揀擇，和尚如何示人？」師云：「何不盡引古人語？」學云：「某甲祇道得到這裏。」師云：「祇這至道無難，唯嫌揀擇。」

〔一〕「早」，語要作「草」。

上堂云："看經也在生死裏，不看經也在生死裏，諸人且作麽生出得去？"僧便問："祇如俱不留時如何？"師云："實卽得。若不實，争能出得生死？"問："利劒鋒頭快時如何？"師云："老僧是利劒，快在什麽處？"問："大難到來如何迴避？"師云："恰好。"

上堂良久："大衆總來也未？"對云："總來也。"師云："更待一人來卽説話。"僧云："候無人來，卽説似和尚。"師云："大難得人。"

師示衆云："心生卽種種法生，心滅卽種種法滅。你諸人作麽生？"僧乃問："祇如不生不滅時如何？"師云："我許你者一問。"

師因參次云："明又未明，道昏欲曉，你在阿那頭？"僧云："不在兩頭。"師云："與麽，卽在中間也？"云："若在中間，卽在兩頭。"師云："這僧多少時在老僧者裏作與麽語話，不出得三句裏。然直饒出得，也在三句裏。你作麽生？"僧云："某甲使得三句。"師云："何不早與麽道。"問："如何是通方？"師云："離却金剛禪。"

師示衆云："衲僧家，直須坐斷報化佛頭始得。"問："坐斷報化佛頭是什麽人？"師云："非你境界。"

師示衆云："大道祇在目前，要且難覩。"僧乃問："目前有何形段令學人覩？"師云："任你江南江北。"學云："和尚豈無方便爲人？"師云："適來問什麽？"問："入法界來還知有也無？"師云："誰入法界？"學云："與麽，卽入法界不知去也。"師云："不是寒灰死木，花錦成現百種有。"學云："莫是入法界處用也無？"師云："有什麽交涉。"問："若是實際理地，什麽處得來？"師云："更請闍黎宣一遍。"問："萬境俱起，還有惑不得者也無？」師云：「有。」學云：「如何是惑不得者？」師云：「你還信有佛法否？」學云：「信有佛法，古人道了。　如何是惑不得者？」師云：「爲什麽不問老僧？」學云：「問了也。」師云：「惑也。」問：「未審古人與今人還相近也無？」師云：「相近即相近，不同一體。」學云：「爲什麽不同？」師云：「法身不説法。」學云：「法身不説法，和尚爲人也無？」師云：「我向惠裏答話。」學云：「爭道法身不説法？」師云：「我向惠裏救你阿爺，他終不出頭。」問：「學人道，不相見時，還迴互也無？」師云：「測得迴互。」學云：「測他不得，迴互箇什麽？」師云：「不與麽，是你自己。」學云：「和尚還受測也無？」師云：「人即轉近，道即轉遠也。」學云：「和尚爲什麽自隱去？」師云：「我今現共你語話。」學云：「爭道不轉？」師云：「合與麽著。」

師示衆云：「教化得底人，是今生事；教化不得底人，是第三生冤。若不教化，恐墮却一切衆生；教化亦是冤。是你，還教化也無？」僧云：「教化。」師云：「一切衆生還見你也無？」學云：「不見。」師云：「爲什麽不見？」學云：「無相。」師云：「即今還見老僧否？」學云：「和尚不是衆生。」師云：「自知罪過即得。」

師示衆云：「龍女心親獻，盡是自然事。」問：「既是自然，獻時爲什麽？」師云：「若不獻，爭知自然？」

師示衆云：「八百箇作佛漢，覓一箇道人難得。」問：「祇如無佛無人處，還有修行也無？」師云：「除却者兩箇，有百千萬億。」學云：「道人來時在什麽處？」師云：「你與麽即不修行也。」其僧禮拜。師云：「大有處著你在。」問：「白雲不落時如何？」師云：「老僧不會上象。」學云：「豈無賓主？」師云：「老僧是主，闍黎是賓。　白雲在什麽處？」問：「大巧若拙時如何？」師云：「喪却棟梁材。」

師示衆云：「佛之一字，吾不喜聞。」問：「和尚還爲人也無？」師云：「爲人。」學云：「如何爲人？」師云：

「不識玄旨，徒勞念靜。」學云：「既是玄，作麽生是旨？」師云：「我不把本。」學云：「者箇是玄，如何是旨？」師云：「答你是旨。」

師示衆云：「各自有禪，各自有道。忽有人問你：『作麽生是禪是道？』作麽生祇對他？」僧乃問：「既各有禪道，從上至今語話爲什麽？」師云：「爲你遊魂。」學云：「未審如何爲人？」師乃退身不語。

師示衆云：「不得閑過，念佛念法。」僧乃問：「如何是學人自己念？」師云：「念者是誰？」學云：「無伴。」師叱云：「者驢！」

上堂示衆云：「若是第一句，與祖佛爲師；第二句，與人天爲師；第三句，自救不了。」有僧問：「如何是第一句？」師云：「與祖佛爲師。」師又云：「大好從頭起。」學人再問。師云：「又却人天去也。」

師示衆云：「是他不是不將來，老僧不是不祇對。」僧云：「和尚將什麽祇對？」師長吁一聲。云：「和尚將這箇祇對，莫辜負學人也無？」師云：「你適來肯我，我卽辜負你；若不肯我，我卽不辜負你。」

師示衆云：「老僧今夜答話去也，解問者出來！」有僧纔出禮拜。師云：「比來抛磚引玉，祇得箇墼子。」問：「狗子還有佛性也無？」師云：「無。」學云：「上至諸佛，下至螘子，皆有佛性，狗子爲什麽無？」師云：「爲伊有業識性在。」問：「如何是法身？」師云：「應身。」云：「學人不問應身。」師云：「你但管應身。」問：「朗月當空時如何？」師云：「闍黎名什麽？」學云：「某甲。」師云：「朗月當空在什麽處？」問：「正當二八時如何？」師云：「東東西西。」學云：「如何是東東西西？」師云：「覓不著。」問：「學人全不會時如何？」師云：「我更不會。」云：「和尚還知有也無？」師云：「我不是木頭，作麽不知。」云：「大好不會。」師拍掌笑之。

問："如何是道人？"師云："我向道是佛人。"問："凡有言句，舉手動足，盡落在學人網中。離此外，請師道。"師云："老僧齋了未喫茶。"馬大夫問："和尚還修行也無？"師云："老僧若修行，即禍事。"云："和尚既不修行，教什麽人修行？"師云："大夫是修行底人。"云："某甲何名修行？"師云："若不修行，争得撲在人王位中，餧得來赤凍紅地，無有解出期。"大夫乃下淚拜謝。

師示衆云："闍黎不是不將來，老僧不是不祇對。"又云："闍黎莫擎拳合掌，老僧不將禪牀拂子對。"問："思憶不及處如何？"師云："過者邊來。"云："過者邊來即是及處，如何是思不及處？"師竪起手云："你唤作什麽？"云："唤作手，和尚唤作什麽？"師云："百種名字，我亦道。"云："不及和尚百種名字，且唤什麽？"師云："與麽，即你思憶不及處。"僧禮拜。師云："教你思憶得及者。"云："如何是？"師云："釋迦教，祖師教，是你師。"云："祖與佛，古人道了也。如何是思憶不及處？"師再舉指云："唤作什麽？"僧良久。師云："何不當頭道著，更疑什麽？"問："如何是和尚家風？"師云："老僧耳背，高聲問！"僧再問。師云："你問我家風，我却識你家風。"

問："萬境俱起時如何？"師云："萬境俱起。"云："一問一答是起，如何是不起？"師云："禪牀是不起底。"僧纔禮拜次，師云："記得問答？"云："記得。"師云："試舉看！"僧擬舉，師問。

問："如何是目前佛？"師云："殿裏底。"云："者箇是相貌佛，如何是佛？"師云："即心是。"云："即心，猶是限量。如何是佛？"師云："無心是。"學云："有心無心，還許學人揀也無？"師云："有心無心，總被你揀了也。更教老僧道什麽即得？"問："遠遠投師，未審家風如何？"師云："不説似人。"學云："爲什麽不說似人？」師云：「是我家風。」學云：「和尚既不說似人，爭奈四海來投？」師云：「你是海，我不是海。」學云：「未審海內事如何？」師云：「老僧釣得一箇。」問：「祖佛近不得底是什麼人？」師云：「不是祖佛。」學云：「爭奈近不得何？」師云：「向你道不是祖佛、不是衆生、不是物，得麼？」學云：「是什麼？」師云：「若有名字，卽是祖佛衆生也。」學云：「不可祇與麼去也。」師云：「卒未與你去在。」

問：「如何是平常心？」師云：「狐狼野干是。」問：「作何方便，卽得聞於未聞？」師云：「未聞且置，你曾聞箇什麼來？」問：「承教有言，隨色摩尼珠，如何是本色？」師召僧名，僧應諾。師云：「過者邊來。」僧便過。又問：「如何是本色？」師云：「且隨色走。」問：「平常心底人還受教化也無？」師云：「我不歷他門戶。」學云：「與麼，則莫沉却那邊人麼？」師云：「大好平常心。」問：「如何是學人保任底物？」師云：「盡未來際揀不出。」問：「如何是大修行底人？」師云：「寺裏綱維是。」

問：「學人纔到，總不知門戶頭事如何？」師云：「上座名什麼？」學云：「惠南。」師云：「大好不知。」問：「學人欲學，又謗於和尚。如何得不謗去？」師云：「你名什麼？」學云：「道皎。」師云：「靜處去，者米囤子。」

問：「如何是和尚大意？」師云：「無大無小。」學云：「莫便是和尚大意麼？」師云：「若有纖毫，萬劫不如。」問：「萬法本閑而人自鬧，是什麼人語？」師云：「出來便死。」問：「不是佛、不是物、不是衆生，這箇是斷語。如何是不斷語？」師云：「天上天下，唯我獨尊。」

問：「如何是毗盧圓相？」師云：「老僧自小出家，不曾眼花。」學云：「和尚還爲人也無？」師云：「願你長見毗盧圓相。」問：「佛祖在日，佛祖相傳，佛祖滅後，什麼人傳？」師云：「古今總是老僧分上。」學云：

「未審傳箇什麽？」師云：「箇箇總屬生死。」云：「不可埋没却祖師也。」師云：「傳箇什麽？」問：「凡聖俱盡時如何？」師云：「願你作大德，老僧是障佛祖漢。」問：「遠聞趙州，到來爲什麽不見？」師云：「老僧罪過。」問：「朗月當空，未審室中事如何？」師云：「老僧自出家，不曾作活計。」學云：「與麽，卽和尚不爲今時也。」師云：「自疾不能救，焉能救諸疾。」學云：「争奈學人無依何？」師云：「依，卽踏著地；不依，卽一任東西。」

問：「在心心不測時如何？」師云：「測阿誰？」學云：「測自己。」師云：「無兩箇。」問：「不見邊表時如何？」師指淨瓶云：「是什麽？」學云：「淨瓶。」師云：「大好不見邊表。」問：「如何是歸根？」師云：「擬卽差。」問：「不離言句，如何得獨脱？」師云：「離言句是獨脱。」學云：「適來無人教某甲來。」師云：「因什麽到此？」學云：「和尚何不揀出？」師云：「我早箇揀了也。」

問：「非心不卽智，請和尚一句。」師云：「老僧落你後。」問：「如何是畢竟？」師云：「畢竟。」學云：「那箇畢竟是？」師云：「老僧是畢竟，你不解問者話。」學云：「不是不問。」師云：「畢竟在什麽處？」問：「不掛寸絲時如何？」師云：「不掛什麽？」學云：「不掛寸絲。」師云：「大好不掛寸絲。」問：「如救頭燃底人如何？」師云：「便學。」學云：「什麽處？」師云：「莫占他位次。」問：「空劫中，阿誰爲主？」師云：「老僧在裏許坐。」學云：「説甚麽法？」師云：「説你問底。」

問：「承古有言，虚明自照。如何是自照？」師云：「不稱他照。」學云：「照不著處如何？」師云：「你話墮也。」問：「如何是的？」師云：「一念未起時。」問：「如何是法王？」師云：「州裏大王是。」云：「和尚不是？」

師云：「你擬造反去，都來一箇王不認。」問：「如何是佛心？」師云：「你是心，我是佛。奉不奉，自看。」學云：「師卽不無，還奉得也無？」師云：「你教化我看。」問：「三身中那箇是本來身？」師云：「闕一不可。」問：「未審此土誰爲祖師？」師云：「達磨來這邊總是。」學云：「和尚是第幾祖？」師云：「我不落位次。」學云：「在什麼處？」師云：「在你耳裏。」問：「不棄本，不逐末，如何是正道？」師云：「大好出家兒。」學云：「學人從來不曾出家。」師云：「歸依佛，歸依法。」學云：「未審有家可出也無？」師云：「直須出家。」學云：「向什麼處安排他？」師云：「且向家裏坐。」問：「明眼人見一切，還見色也無？」師云：「打却著。」學云：「如何打得？」師云：「莫用力。」學云：「不用力如何打得？」師云：「若用力卽乖。」

問：「祖佛大意合爲什麼人？」師云：「祇爲今時。」學云：「争奈不得何。」師云：「誰之過？」學云：「如何承當？」師云：「如今無人承當得。」學云：「與麼，卽無依倚也？」師云：「又不可無却老僧。」問：「了事底人如何？」師云：「正大修行。」學云：「未審和尚還修行也無？」師云：「著衣喫飯。」學云：「著衣喫飯尋常事，未審修行也無？」師云：「你且道我每日作什麼？」

崔郎中問：「大善知識還入地獄也無？」師云：「老僧末上入。」崔云：「既是大善知識，爲什麼入地獄？」師云：「老僧若不入，争得見郎中？」問：「毫釐有差時如何？」師云：「天地懸隔。」云：「毫釐無差時如何？」師云：「天地懸隔。」問：「如何是不睡底眼？」師云：「凡眼肉眼。」又云：「雖未得天眼，肉眼力如是。」學云：「如何是睡底眼？」師云：「佛眼法眼是睡底眼。」

問：「大庾嶺頭趁得及，爲什麼提不起？」師拈起衲衣云：「你甚處得者箇來？」學云：「不問者箇。」師云：「與麼，卽提不起。」問：「不合不散如何辨？」師云：「你有一箇，我有一箇。」云：「者箇是合，如何是散？」師云：「你便合。」問：「如何是不錯路？」師云：「識心見性是不錯路。」問：「明珠在掌，還照也無？」師云：「照卽不無，喚什麼作珠？」問：「靈苗無根時如何？」師云：「你從什麼處來？」云：「太原來。」師云：「大好無根。」問：「學人擬作佛時如何？」師云：「大煞費力生。」云：「不費力時如何？」師云：「與麼，卽作佛去也。」問：「學人昏鈍在，一浮沉如何得出？」師衹據坐。云：「某甲實問和尚。」師云：「你甚處作一浮一沉？」

問：「不在凡，不在聖，如何免得兩頭路？」師云：「去却兩頭來答你。」僧不審。師云：「不審從什麼處起，在者裏時從老僧起，在市裏時從什麼處起？」云：「和尚爲什麼不定？」師云：「我教你，何不道今日好風。」問：「如何是大闡提底人？」師云：「老僧答你，還信否？」云：「和尚重言，那敢不信。」師云：「覓箇闡提人難得。」問：「大無慚愧底人什麼處著得？」師云：「此間著不得。」云：「忽然出頭，爭向？」師云：「將取去。」問：「用處不現時如何？」師云：「用卽不無，現是誰？」問：「空劫中還有人修行也無？」師云：「喚什麼作空劫？」云：「無一物是。」師云：「者箇始稱修行，喚什麼作空劫？」

問：「如何是出家？」師云：「不履高名，不求垢壞。」問：「不指一法，如何是和尚法？」師云：「老僧不說茆山法。」云：「既不說茆山法，如何是和尚法？」師云：「向你道不說茆山法。」云：「莫者箇便是也無？」師云：「老僧未曾將者箇示人。」問：「如何是目前獨脫一路？」師云：「無二亦無三。」云：「目前有路，還許學人進前也無？」師云：「與麼，卽千里萬里。」問：「如何是毗盧向上事？」師云：「老僧在你脚底。」云：「和尚爲什麽在學人脚底？」師云：「你元來不知有向上事。」問：「如何是合頭？」師云：「是你不合頭。」云：「如何是不合頭？」師云：「前句辨取。」問：「如何是和尚的的意？」師云：「止止不須説，我法妙難思。」問：「澄澄絶點時如何？」師云：「墮坑落壍。」云：「有什麽過？」師云：「你屈著與麽人。」問：「未審出家誓求無上菩提時如何？」師云：「未出家被菩提使，既出家，使得菩提。」

有秀才見師手中拄杖，乃云：「佛不奪衆生願，是否？」師云：「是。」秀才云：「某甲就和尚乞取手中拄杖得否？」師云：「君子不奪人所好。」秀才云：「某甲不是君子。」師云：「老僧亦不是佛。」

師因出外見婆子插田，云：「忽遇猛虎作麽生？」婆云：「無一法可當情。」師云：「唵。」婆子云：「唵。」師云：「猶有者箇在。」有秀才辭去云：「某甲在此括撓和尚多時，無可報答和尚，待他日作一頭驢來報答和尚。」師云：「教老僧爭得鞍！」

師到道吾處，纔入僧堂，吾云：「南泉一隻箭來。」師云：「看箭。」吾云：「過也。」師云：「中也。」問：「百骸俱潰散，一物鎮長靈時如何？」師云：「今朝又風起。」問：「三乘十二分教卽不問，如何是祖師西來意？」師云：「水牯牛生兒也好看取。」云：「未審此意如何？」師云：「我亦不知。」問：「萬國來朝時如何？」師云：「逢人不得喚。」問：「十二時中如何淘汰？」師云：「柰河水濁，西水流急。」云：「還得見文殊也無？」師云：「者矇瞳漢什麽處去來？」問：「如何是道場？」師云：「你從道場來，你從道場去。脱體是道場，何處更不是。」問：「萌芽未發時如何？」師云：「齅著卽腦裂。」云：「不齅時如何？」師云：「無者閑工夫。」問：「如何數量？」師云：「一一二三四五。」云：「數量不拘底事如何？」師云：「一二三四五。」問：「什麽世界卽無晝夜？」師云：「即今是晝是夜？」云：「不問即今。」師云：「争奈老僧何。」問：「迦葉上行衣，不踏曹溪路，什麽人得披？」師云：「虚空不出世，道人都不知。」問：「如何是混而不雜？」師云：「老僧菜食長齋。」云：「還得超然也無？」師云：「破齋也。」問：「如何是古人之言？」師云：「諦聽，諦聽。」問：「如何是學人本分事？」師云：「與麽嫌什麽？」問：「萬法歸一，一歸何所？」師云：「我在青州作一領布衫重七斤。」問：「如何是出家兒？」師云：「不朝天子，父母返拜。」問：「覿面事如何？」師云：「你是覿面漢。」

盧山棲賢寶覺禪院住持傳法賜紫沙門澄提重詳定

古尊宿語録卷第十四

趙州（從諗）真際禪師語録之餘

師上堂示衆云：「金佛不度爐，木佛不度火，泥佛不度水，真佛内裏坐。菩提涅槃、真如佛性，盡是貼體衣服，亦名煩惱。不問，卽無煩惱。實際理地，什麽處著？一心不生，萬法無咎。但究理而坐，二三十年若不會，截取老僧頭去。夢幻空花，徒勞把捉，心若不異，萬法亦如。既不從外得，更拘什麽？如羊相似，更亂拾物安口中什麽？老僧見藥山和尚道：『有人問著，但教合取狗口。』老僧亦道合取狗口。取我是垢，不取我是淨，一似獵狗相似，專欲得物喫。佛法向什麽處著？一千人萬人盡是覓佛漢子，覓一箇道人無。若與空王爲弟子，莫教心病最難醫。未有世界，早有此性。世界壞時，此性不壞。從一見老僧後，更不是别人，祇是箇主人公。者箇更向外覓作麽？與麽時，莫轉頭換面卽失却也。」

問：「如何是佛向上人？」師云：「祇者牽耕牛底是。」問：「如何是急？」師云：「老僧與麽道，你作麽生？」云：「不會。」師云：「向你道急急，著靴水上立，走馬到長安，靴頭猶未濕。」問：「四山相逼時如何？」師云：「無路是趙州。」問：「古殿無王時如何？」師咳嗽一聲。云：「與麽，卽臣啓陛下。」師云：「賊身已露。」問：「和尚年多少？」師云：「一串數珠數不盡。」問：「和尚承嗣什麽人？」師云：「從諗。」問：「外方忽有人問趙州説什麽法，如何祇對？」師云：「鹽貴米賤。」

問：「如何是佛？」師云：「你是佛麽？」問：「如何是出家？」師云：「爭得見老僧。」問：「佛祖不斷處如何？」師云：「無遺漏。」問：「本源請師指示。」師云：「本源無病。」云：「了處如何？」師云：「了人知。」云：「與麽時如何？」師云：「與我安名字著。」問：「純一無雜時如何？」師云：「大煞好一問。」問：「無爲寂静底人，莫落在沉空也無？」師云：「落在沉空。」云：「究竟如何？」師云：「作驢作馬。」問：「如何是祖師西來意？」師云：「牀脚是。」云：「莫便是也無？」師云：「是卽脱取去。」問：「澄澄絶點時如何？」師云：「老僧者裏不著客作漢。」問：「鳳飛不到時如何？」師云：「起自何來？」問：「實際理地不受一塵時如何？」師云：「一切總在裏許。」問：「如何是一句？」師應諾。僧再問，師云：「我不患聾。」問：「初生孩子還具六識也無？」師云：「急流水上打毬子。」問：「頭頭到來時如何？」師云：「猶較老僧百步。」問：「如何是和尚家風？」師云：「老僧自小出家，抖擻破活計。」問：「請和尚離四句道。」師云：「老僧常在裏許。」

問：「扁鵲醫王，爲什麽有病？」師云：「扁鵲醫王不離牀枕。」又云：「一滴甘露，普潤大千。」問：「如何是露地白牛？」師云：「者畜生！」問：「如何是大人相？」師側目視之。云：「猶是隔階趨附在。」師云：「老僧無工夫趨得者閑漢。」僧問：「纔有心念，落在人天；直無心念，落在眷屬時如何？」師云：「非但老僧，作家亦答你不得。」問：「凡有施爲，盡落糟粕。 請師不施爲答。」師叱尼云：「將水來添鼎子沸！」問：「如何是般若波羅蜜？」師云：「摩訶般若波羅蜜。」問：「如何是咬人師子？」師云：「皈依佛、皈依法、皈依僧。 莫咬老僧。」問：「離却言句請師道。」師咳嗽。問：「如何得不謗古人，不負恩去？」師云：「闍黎作麽生？」問：

「如何是一句？」師云：「道什麽？」問：「如何是一句？」師云：「兩句。」問：「唯佛一人是善知識如何？」師云：「魔語。」問：「如何是菩提？」師云：「者箇是闡提。」問：「如何是大人相？」師云：「好箇兒孫。」問：「寂寂無依時如何？」師云：「老僧在你背後。」

問：「如何是伽藍？」師云：「别更有什麽？」云：「如何是伽藍中人？」師云：「老僧與闍黎。」問：「二龍争珠，誰是得者？」師云：「老僧祇管看。」問：「如何是離因果底人？」師云：「不因闍黎問，老僧實不知。」問：「衆盲摸象，各説異端。如何是真象？」師云：「無假自是不知。」問：「如何是第一句？」師咳嗽。云：「莫便是否？」師云：「老僧咳嗽也不得。」問：「大海還納衆流也無？」師云：「大海道不知。」云：「因什麽不知？」師云：「終不道我納衆流。」問：「如何是毗盧師？」師云：「毗盧，毗盧。」問：「諸佛還有師也無？」師云：「有。」云：「如何是諸佛師？」師云：「阿彌陁佛，阿彌陁佛。」問：「如何是學人師？」師云：「雲有出山勢，水無投澗聲。」云：「不問者箇。」師云：「是你師不認。」問：「諸方盡向口裏道，和尚如何示人？」師脚跟打火爐示之。云：「莫便是也無？」師云：「恰認得老僧脚跟。」問：「不行大道時如何？」師云：「者販私鹽漢！」云：「却行大道時如何？」師云：「還我公驗來。」

問：「如何是本來身？」師云：「自從識得老僧後，祇這漢更不别。」云：「與麽，卽與和尚隔生去也？」師云：「非但今生，千生萬生亦不識老僧。」問：「如何是祖師西來意？」師云：「東壁上掛葫蘆多少時也？」問：「方圓不就時如何？」師云：「不方不圓。」云：「與麽時如何？」師云：「是方是圓。」

問：「道人相見時如何？」師云：「呈漆器。」問：「諦爲什麽覩不得？」師云：「諦卽不無，覩卽不得。」云：

「畢竟如何？」師云：「失諦。」問：「行又不到，問又不到時如何？」師云：「到以不到，道人看如涕唾。」云：「其中事如何？」師唾地。問：「如何是祖師西來意？」師云：「如你不喚作祖師意，猶未在。」云：「本來底如何？」師云：「四目相覰，更無第二主宰。」問：「不具形儀，還會也無？」師云：「卽今還會麽？」問：「如何是大無慚愧底人？」師云：「皆具不可思議。」問：「學人擬向南方學些子佛法去，如何？」師云：「你去南方，見有佛處急走過，無佛處不得住。」云：「與麽，卽學人無依也？」師云：「柳絮，柳絮。」問：「如何是急切處？」師云：「一問一答。」問：「不籍三寸，還假今時也無？」師云：「我隨你道，你作麽生會？」問：「如何是和尚家風？」師云：「茫茫宇宙人無數。」云：「請和尚不答話。」師云：「老僧合與麽。」問：「二龍争珠，誰是得者？」師云：「失者無虧，得者無用。」問：「如何是大人相？」師云：「是什麽？」

有俗士獻袈裟，問：「披與麽衣服，莫辜負古人也無？」師拋下拂子云：「是古是今？」問：「如何是沙門行？」師云：「展手不展脚。」問：「牛頭未見四祖時如何？」師云：「飽柴飽水。」云：「見後如何？」師云：「飽柴飽水。」問：「如何是學人自己？」師云：「喫粥了也未？」云：「喫粥也。」師云：「洗鉢盂去。」問：「如何是毗盧師？」師云：「白駝來也未？」云：「來也。」師云：「牽去餵草。」問：「如何是無師智？」師云：「老僧不曾教闍黎。」問：「如何是親切一句？」師云：「話墮也。」問：「不借口，還許商量也無？」師云：「正是時。」云：「便請師商量。」師云：「老僧不曾出。」問：「二祖斷臂，當爲何事？」師云：「粉骨碎身。」云：「供養什麽人？」師云：「來者供養。」

問：「無邊身菩薩爲什麽不見如來頂相？」師云：「你是闍黎。」問：「晝是日光，夜是火光。如何是神光？」師云：「日光火光。」問：「如何是恰問處？」師云：「錯。」云：「如何是不問處？」師云：「向前一句裏辨取。」問：「如何是大人相？」師以手摸面，叉手斂容。問：「如何是無爲？」師云：「者箇是有爲。」問：「如何是祖師西來意？」師云：「欄中失却牛。」問：「學人遠來，請和尚指示。」師云：「纔入門，便好驀面唾。」問：「如何是直截一路？」師云：「淮南船子到也未？」云：「學人不會。」師云：「且喜到來。」問：「柏樹子還有佛性也無？」師云：「有。」云：「幾時成佛？」師云：「待虛空落地。」云：「虛空幾時落地？」師云：「待柏樹子成佛。」問：「如何是西來意？」師云：「因什麼向院裏罵老僧？」云：「學人有何過？」師云：「老僧不能就院裏罵得闍黎。」問：「如何是西來意？」師云：「板齒生毛。」

問：「貧子來將什麼過與？」師云：「不貧。」云：「爭奈覓和尚何？」師云：「祇是守貧。」問：「無邊身菩薩爲什麼不見如來頂相？」師云：「如隔羅縠。」問：「諸天甘露什麼人得喫？」師云：「謝你將來。」問：「超過乾坤底人如何？」師云：「待有與麼人，卽報來。」問：「如何是伽藍？」師云：「三門佛殿。」問：「如何是不生不滅？」師云：「本自不生，今亦無滅。」問：「如何是趙州主？」師云：「大王是。」問：「急切處請師道。」師云：「尿是小事，須是老僧自去始得。」問：「如何是丈六金身？」師云：「腋下打領。」云：「學人不會。」師云：「不會請人裁。」問：「學人有疑時如何？」師云：「大宜，小宜？」學云：「大疑。」師云：「大宜東北角，小宜僧堂後。」問：「如何是佛向上人？」師下禪牀，上下觀瞻相云：「者漢如許長大，截作三橛也得。」問什麼向上向下？」尼問：「如何是密密意？」師以手搯之。云：「和尚猶有者箇在？」師云：「是你有者箇。」

師示衆云：「老僧三十年前在南方，火爐頭有箇無賓主話，直至如今無人舉著。」問：「和尚受大王如是供養，將什麼報答？」師云：「念佛。」云：「貧子也解念佛。」師云：「喚侍者將一錢與伊。」問：「如何是和尚家風？」師云：「屏風雖破，骨格猶存。」問：「如何是不遷之義？」師云：「你道這野鴨子飛從東去西去？」問：「如何是西來意？」師云：「什麼處得者消息來？」問：「如何是塵中人？」師云：「布施茶鹽錢來。」問：「大耳三藏第三度覓國師不見，未審國師在什麼處？」師云：「在三藏鼻孔裏。」問：「盲龜值浮木孔時如何？」師云：「不是偶然事。」問：「久居巖谷時如何？」師云：「何不隱去！」問：「如何是佛法大意？」師云：「禮拜著。」僧擬進話次，師喚沙彌文遠。文遠到，師叱云：「適來去什麼處來？」問：「如何是自家本意？」師云：「老僧不用牛刀。」問：「久嚮趙州石橋，到來祇見掠彴子。」師云：「闍黎祇見掠彴子，不見趙州石橋。」云：「如何是石橋？」師云：「過來，過來！」又云：「度驢度馬。」問：「和尚姓什麼？」師云：「常州有。」云：「甲子多少？」師云：「蘇州有。」

上堂云：「纔有是非，紛然失心。還有答話分也無？」有僧出，撫侍者一下云：「何不祇對和尚？」師便歸方丈。後侍者請益：「適來僧是會不會？」師云：「坐底見立底，立底見坐底。」

問：「如何是道？」師云：「牆外底。」云：「不問者箇。」師云：「問什麼道？」云：「大道。」師云：「大道通長安。」問：「撥塵見佛時如何？」師云：「撥塵卽不無，見佛卽不得。」問：「如何是無疾之身？」師云：「四大五陰。」問：「如何是闡提？」師云：「何不問菩提？」云：「如何是菩提？」師云：「祇者便是闡提。」

師有時屈指云：「老僧喚作拳，你諸人喚作什麼？」僧云：「和尚何得將境示人？」師云：「我不將境示人，若將境示闍黎，卽埋沒闍黎去也。」云：「争奈者箇何？」師便珍重。

問："一問一答，總落天魔外道；設使無言，又犯他匡綱。如何是趙州家風？"師云："你不解問。"云："請和尚答話。"師云："若據你，合喫二十棒。"

師示衆云："纔有是非，紛然失心。還有答話分也無？"有僧出，將沙彌打一掌便出去，師便歸方丈。至來日，問侍者："昨日者師僧在什麽處？"侍者云："當時便去也。"師云："三十年弄馬騎，被驢子撲。"問："與麽來底人，師還接也無？"師云："接。"云："不與麽來底人，師還接也無？"師云："接。"云："與麽來從師接，不與麽來師如何接？"師云："止止不須説，我法妙難思。"

鎮府大王問："師尊年有幾箇齒在？"師云："祇有一箇牙。"大王云："爭喫得物？"師云："雖然一箇下下咬著。"問："如何是學人珠？"師云："高聲問。"僧禮拜。師云："不解問。何不道：『高下即不問，如何是學人珠？』何不與麽問？"僧便再問。師云："洎合放過者漢。"問："二邊寂寂，師如何闡揚？"師云："今年無風波。"問："大衆雲集，合談何事？"師云："今日拽木頭竪僧堂。"云："莫祇者箇便是接學人也無？"師云："老僧不解雙陸，不解長行。"問："如何是真實人體？"師云："春夏秋冬。"云："與麽，即學人難會。"師云："你問我真實人體。"問："如何是佛法大意？"師云："你名什麽？"云："某甲。"師云："含元殿裏，金谷園中。"問："如何是七佛師？"師云："要眠即眠，要起即起。"問："道非物外，物外非道。如何是物外道？"師便打。云："和尚莫打某甲，已後錯打人去在。"師云："龍蛇易辨，衲子難瞞。"

師見大王入院，不起，以手自拍膝云："會麽？"大王云："不會。"師云："自小出家今已老，見人無力下禪牀。"問："如何是忠言？"師云："你娘醜陋。"問："從上至今不忘底人如何？"師云："不可得繫心常思念十方一切佛。」問：「如何是忠言？」師云：「喫鐵棒。」問：「如何是佛向上事？」師便撫掌大笑。問：「一燈燃百千燈，一燈未審從什麼處發？」師便趯出一隻履。又云：「作家卽不與麼問。」問：「歸根得旨，隨照失宗時如何？」師云：「老僧不答者話。」云：「請和尚答話。」師云：「合與麼。」問：「如何是不思處？」師云：「快道，快道！」問：「夜昇兜率，晝降閻浮，其中爲什麼摩尼不現？」師云：「道什麼？」僧再問，師云：「毗婆尸佛早留心，直至如今不得妙。」問：「非思量處如何？」師云：「速道，速道！」問：「如何是衣中寶？」師云：「者一問嫌什麼？」云：「者箇是問，如何是寶？」師云：「與麼卽衣也失却。」問：「萬里無店時如何？」師云：「禪院裏宿。」

問：「狗子還有佛性也無？」師云：「家家門前通長安。」問：「覿面相呈，還盡大意也無？」師云：「低口。」云：「收不得處如何？」師云：「向你道低口。」問：「如何是目前一句？」師云：「老僧不如你。」問：「出來底是什麼人？」師云：「佛菩薩。」問：「靈草未生時如何？」師云：「齅著卽腦裂。」云：「不齅時如何？」師云：「如同立死漢。」云：「還許學人和合否？」師云：「人來莫向伊道。」問：「祖意與教意同別？」師云：「纔出家，未受戒，到處問人。」問：「如何是聖？」師云：「不凡。」云：「如何是凡？」師云：「不聖。」云：「不凡不聖時如何？」師云：「好箇禪僧。」問：「兩鏡相向，那箇最明？」師云：「闍黎眼皮蓋須彌山。」

問：「學人近入叢林，乞師指示。」師云：「蒼天，蒼天！」問：「前句已往，後句難明時如何？」師云：「喚作卽不可。」云：「請師分。」師云：「問，問！」問：「高峻難上時如何？」師云：「老僧不向高峯頂。」問：「不與萬法爲侶者，是什麼人？」師云：「非人。」問：「請師宗乘中道一句子。」師云：「今日無錢與長官。」問：「學人不別問，請師不別答。」師云：「奇怪。」問：「三乘教外如何接人？」師云：「有此世界來，日月不曾換。」問：「三處不通，如何離識？」師云：「識是分外。」問：「衆機來湊，未審其中事如何？」師云：「我眼本正，不説其中事。」問：「淨地不止，是什麽人？」師云：「你未是其中人在？」云：「如何是其中人？」師云：「止也。」問：「如何是萬法之源？」師云：「棟梁椽柱。」云：「學人不會。」師云：「拱斗叉手不會。」問：「一物不將來時如何？」師云：「放下著。」問：「路逢達道人，不將語默對。未審將什麽對？」師云：「人從陳州來，不得許州信。」問：「開口是有爲，如何是無爲？」師以手示之云：「者箇是無爲。」云：「者箇是有爲，如何是無爲？」師云：「無爲。」云：「者箇是有爲？」師云：「是有爲。」

師示衆云：「佛之一字，吾不喜聞。」問：「和尚還爲人也無？」師云：「佛，佛！」問：「盡却今時，如何是的的處？」師云：「盡却今時，莫問那箇。」云：「如何是的？」師云：「向你道莫問。」云：「如何得見？」師云：「大無外，小無内。」問：「離四句，絶百非時如何？」師云：「老僧不認得死。」云：「者箇是和尚分上事？」師云：「恰是。」云：「請和尚指示。」師云：「離四句，絶百非，把什麽指示？」

問：「如何是和尚家風？」師云：「内無一物，外無所求。」問：「如何是歸根得旨？」師云：「答你即乖。」問：「如何是疑心？」師云：「答你即乖也。」問：「出家底人還作俗否？」師云：「出家即是。座主出與不出，老僧不管。」云：「爲什麽不管？」師云：「與麽即出家也。」問：「無師弟子時如何？」師云：「無漏智性，本自具足。」又云：「此是無師弟子。」問：「不見邊表時如何？」師云：「因什麽與麽？」問：「澄而不清，渾而不濁時如何？」師云：「不清不濁。」云：「是什麽？」師云：「也可憐生。」云：「如何是通方？」師云：「離却金剛禪。」

問：「如何是囊中寶？」師云：「嫌什麽？」云：「用不窮時如何？」師云：「自家底還重否？」又云：「用者卽重，不用卽輕。」問：「如何是祖師的的意？」師涕唾。云：「其中事如何？」師又唾地。問：「如何是沙門行？」師云：「離行。」問：「真休之處請師指。」師云：「指卽不休。」問：「無問時如何？」師云：「乖常語。」問：「四山相逼時如何？」師云：「無出跡。」問：「到者裏道不得時如何？」師云：「不得道。」云：「如何道？」師云：「道不得處。」問：「但有言句，盡不出頂。如何是頂外事？」師喚沙彌文遠，文遠應諾。師云：「今日早晚也。」問：「如何是毗盧師？」師云：「莫惡口。」問：「至道無難，唯嫌揀擇。如何得不揀擇？」師云：「天上天下，唯我獨尊。」云：「此猶是揀擇。」師云：「田庫奴，什麽處是揀擇？」問：「如何是三界外人？」師云：「争奈老僧在三界内。」問：「知有不有底人如何？」師云：「你若更問，卽故問老僧。」

師示衆云：「向南方趨叢林去，莫在者裏。」僧便問：「和尚者裏是甚處？」師云：「我者裏是柴林。」問：「如何是毗盧師？」師云：「性是弟子。」問：「歸根得旨時如何？」師云：「太慌忙生。」云：「不審。」師云：「不審從甚處起？」劉相公入院見師掃地，問：「大善知識爲什麽却掃塵？」師云：「從外來。」問：「利劒出匣時如何？」師云：「黑。」云：「正問之時如何辨白？」師云：「無者閑工夫。」云：「叉手向人前争奈何？」師云：「早晚見你叉手。」云：「不叉手時如何？」師云：「誰是不叉手者？」問：「如何是沙門得力處？」師云：「你什麽處不得力？」問：「如何是和尚示學人處？」師云：「目前無學人。」云：「與麽卽不出世也。」師便珍重。

問：「祖意與教意同別？」師作拳安頭上。云：「和尚猶有者箇在？」師卸下帽子云：「你道老僧有箇什麽？」問：「心不停不住時如何？」師云：「是活物，是者箇正被心識使在。」云：「如何得不被心識使？」師便低頭。」問：「道從何生？」師云：「者箇卽生也，道不屬生滅。」云：「莫是天然也無？」師云：「者箇是天然，道卽不與麽。」問：「祖意與教意同別？」師云：「會得祖意，便會教意。」問：「如何是異類中行？」師云：「唵啷啉唵啷啉。」問：「高峻難上時如何？」師云：「老僧自住峯頂。」云：「争奈曹溪路側何？」師云：「曹溪是惡。」云：「今時爲什麽不到？」師云：「是渠高峻。」問：「如何是寶月當空？」師云：「塞却老僧耳。」問：「毫釐有差時如何？」師云：「粗。」云：「應機時如何？」師云：「屈。」問：「如何是沙門行？」師展手拂衣。問：「祖佛命不斷處如何？」師云：「無人知。」問：「未審權機喚作什麽？」師云：「喚作權機。」問：「學人近入叢林，不會，乞師指示。」師云：「未入叢林，更是不會。」問：「從上古德將何示人？」師云：「不因你問，老僧也不知有古德。」云：「請師指示。」師云：「老僧不是古德。」

問：「佛〔一〕花未發，如何辨得真實？」師云：「是真是實。」云：「是什麽人分上事？」師云：「老僧有分，闍黎有分。」問：「如何是佛？」師云：「你是什麽人？」問：「驀直路時如何？」師云：「驀直路。」問：「如何是玄中不斷玄？」師云：「你問我是不斷玄。」問：「佛花未發時，如何辨得真實？」師云：「已發也。」云：「未審是真是實？」師云：「真卽實，實卽真。」問：「還有不報四恩三有者也無？」師云：「有。」云：「如何是？」師云：「者辜恩負德漢！」問：「貧子來，將什麽物與他？」師云：「不欠少。」問：「如何是趙州正主？」師云：「老僧是從諗。」有婆子問：「婆是五障之身，如何免得？」師云：「願一切人生天，願婆婆永沉苦海。」問：「朗月當空時如何？」師云：「猶是階下漢。」云：「請師接上階。」師云：「月落了來相見。」

〔一〕「佛」，語要作「覺」。

師有時示衆云：「老僧初到藥山時，得一句子，直至如今齁齁地飽。」師因在室坐禪次，主事報大王來禮拜。大王禮拜了，左右問：「土〔一〕王來，爲什麽不起？」師云：「你不會老僧者裏。下等人來，出三門接；中等人來，下禪牀接；上等人來，禪牀上接。不可喚大王作中等下等人也，恐屈大王。」大王歡喜，再三請入内供養。師因問周員外：「你還夢見臨濟也無？」員外竪起拳。師云：「那邊見？」外云：「者邊見。」師云：「什麽處見臨濟？」員外無對。師問周員外：「什麽處來？」云：「非來非去。」師云：「不是老鵶飛來飛去。」

師示衆云：「纔有是非，紛然失心。還有答話分也無？」後有僧舉似洛浦，洛浦扣齒。又舉似雲居，雲居云：「何必？」僧舉似師，師云：「南方大有人喪身失命。」僧云：「請和尚舉。」師纔舉，僧便指傍僧云：「者箇師僧喫却飯了，作什麽語話？」師休去。

師因看金剛經次，僧便問：「一切諸佛及諸佛阿耨菩提，皆從此經出，如何是此經？」師云：「金剛般若波羅蜜經。如是我聞，一時佛在舍衛國。」僧云：「不是。」師云：「我白理經也不得。」因僧辭去，師云：「闍黎出外，忽有人問：『還見趙州否？』你作麽生祇對？」云：「祇可道見。」師云：「老僧是一頭驢，你作麽生見？」僧無語。師問新到：「從什麽處來？」云：「南方來。」師云：「還知有趙州關麽？」云：「須知有不涉關者。」師叱云：「者販私鹽漢！」又云：「兄弟，趙州關也難過。」云：「如何是趙州關？」師云：「石橋是。」有僧從雪峯來，師云：「上座莫住此間，老僧者裏祇是避難所在，佛法盡在南方。」云：「佛法豈有南北？」師云：

〔一〕「土」，疑作「大」。

「直饒你從雪峯、雪峯〔一〕來，也祇是箇擔板漢。」云：「未審那邊事如何？」師云：「你因甚夜來尿牀？」云：「達後如何？」師云：「又是屙屎。」

示衆云：「我此間有出窟師子，亦有在窟師子，祇是難得師子兒。」時有僧弾指對之。師云：「是什麼？」云：「師子兒。」師云：「我喚作師子兒，早是罪過，你更行趯踏。」師問新到：「離什麼處？」云：「離雪峯。」師云：「雪峯有什麼言句示人？」云：「和尚尋常道盡十方世界是沙門一隻眼，你等諸人向什麼處屙？」師云：「闍黎若迴，寄箇鍬子去。」

師因捨衣俵大衆次，僧便問：「和尚總捨却了，用箇什麼去？」師召云：「湖州子！」僧應諾。師云：「用箇什麼？」

師示衆云：「未有世界，早有此性，世界壞時，此性不壞。」僧問：「如何是此性？」師云：「五蘊四大。」云：「此猶是壞，如何是此性？」師云：「四大五蘊。」

定州有一座主到，師問：「習何業？」云：「經律論不聽便講。」師舉手示之：「還講得者箇麼？」座主茫然不知。師云：「直饒你不聽便講得，也祇是箇講經論漢。若是佛法，未在。」云：「和尚即今語話，莫便是佛法否？」師云：「直饒你問得答得，總屬經論，佛法未在。」主無語。

師問一行者：「從什麼處來？」云：「北院來。」師云：「那院何似者院？」行者無對。有僧在邊立，師令代行者語。僧代云：「從那院來。」師笑之。師又令文遠代之，文遠云：「行者還是不取師語話。」師問座

〔一〕「雪峯、雪峯」，五燈會元作「雪峯、雲居」。

主云：「所習何業？」云：「講維摩經。」師云：「維摩經步步是道場，座主在什麼處？」主無對。師令全益代座主語。全益云：「祇者一問，可識道場麼？」師云：「你身在道場裏，心在什麼處？速道取！」云：「和尚不是覓學人心？」師云：「是。」云：「祇者一問一答是什麼？」師云：「老僧不在心所裏，法過眼耳鼻舌身意而知解。」云：「既不在心數裏，和尚爲什麼覓？」師云：「爲你道不得。」云：「法過眼耳鼻舌身意而不解，作麼生道不得？」師云：「喫我涕唾。」

師問僧：「你曾看法華經麼？」云：「曾看。」師云：「經中道：『衲衣在空閑，假名阿練若，誑惑世間人。』你作麼生會？」僧擬禮拜。師云：「你披衲衣來否？」云：「披來。」師云：「莫惑我。」云：「如何得不惑去？」師云：「自作活計，莫取老僧語。」師問座主：「所習何業？」云：「講維摩經。」師云：「那箇是維摩祖父？」云：「某甲是。」師云：「爲什麼却爲兒孫傳語？」主無對。

師一日上堂，僧纔出禮拜，師乃合掌珍重。又一日，僧禮拜。師云：「好，好！」問云：「如何是禪？」師云：「今日天陰不答話。」

問新到：「從何方來？」云：「無方面來。」師乃轉背，僧將坐具隨師轉。師云：「大好無方面。」問新到：「從什麼處來？」云：「南方來。」師云：「三千里外逢，莫戲。」云：「不曾。」師云：「摘楊花，摘楊花。」

豐干到五臺山下，見一老人。干云：「莫是文殊也無？」老人云：「不可有二文殊也。」干便禮拜，老人不見。有僧舉似師。師云：「豐干祇具一隻眼。」師乃令文遠作老人，我作豐干。師云：「莫是文殊也無？」遠云：「豈有二文殊也？」師云：「文殊，文殊！」師問二新到：「上座曾到此間否？」云：「不曾到。」師云：

「喫茶去。」又問那一人：「曾到此間否？」云：「曾到。」師云：「喫茶去。」院主問：「和尚，不曾到，教伊喫茶去即且置。曾到，爲什麼教伊喫茶去？」師云：「院主！」院主應諾。師云：「喫茶去。」

師到雲居，雲居云：「老老大大，何不覓箇住處？」師云：「什麼處住得？」雲居云：「前面有古寺基。」師云：「與麼，即和尚自住取。」師又到茱萸，茱萸云：「老老大大，何不覓箇住處去？」師云：「什麼處住得？」茱萸云：「老老大大，住處也不識。」師云：「三十年弄馬騎，今日却被驢撲。」師又到茱萸方丈，上下觀瞻。茱萸云：「平地喫交作什麼？」師云：「祇爲心粗。」師一日將拄杖上茱萸法堂上，東西來去。萸云：「作什麼？」師云：「探水。」萸云：「我者裏一滴也無，探箇什麼？」師將杖子倚壁，便下去。

臺山路上有一婆子要問僧。僧問：「臺山路向什麼處去？」云：「驀直去。」僧纔行，婆云：「又與麼去也。」師聞，便去問：「臺山路向什麼處去？」云：「驀直去。」師纔行。婆云：「又與麼去也。」師歸，舉似大衆云：「婆子被老僧勘破了也。」

師見僧來，挾火示之云：「會麼？」僧云：「不會。」師云：「你不得喚作火，老僧道了也。」師挾起火云：「會麼？」云：「不會。」師却云：「此去舒州有投子山和尚，你去禮拜問取。因緣相契，不用更來，不相契，却來。」其僧便去。纔到投子和尚處，投子乃問：「近離什麼處？」云：「離趙州，特來禮拜和尚。」投子云：「趙州老人有何言句？」僧乃具舉前話。投子乃下禪牀行三五步，却坐云：「會麼？」僧云：「不會。」投子云：「你歸舉似趙州。」其僧却歸舉似師。師云：「還會麼？」云：「未會。」師云：「也不較多也。」

洞山問僧：「什麼處來？」云：「掌鞋來。」山云：「自解，依他？」云：「依他。」山云：「他還指闍黎也無？」

僧無對。師代云：「若允卽不違。」

普化喫生菜，臨濟見云：「普化大似一頭驢。」普化便作驢鳴，臨濟便休去。普化云：「臨濟小厮兒，祇具一隻眼。」師代云：「但與本分草料。」

保壽問胡釘鉸：「莫便是胡釘鉸否？」云：「不敢。」保云：「還釘得虛空麼？」云：「請打破虛空來。」保壽便打，却云：「他後有多口阿師與你點破在。」胡釘鉸後舉似師。師云：「你因什麼被他打？」云：「不知過在什麼處。」師云：「祇者一縫，尚不奈何，更教他打破。」釘鉸便會。師又云：「且釘者一縫。」

師因行路次，見一婆子問：「和尚住在什麼處？」師云：「趙州東院西。」師舉問僧云：「你道使那箇西字？」一僧云：「東西字。」一僧云：「依栖字。」師云：「你兩人總作得鹽鐵判官。」師與侍郎遊園，見兔走過，侍郎問：「和尚是大善知識，兔子見，爲什麼走？」師云：「老僧好殺。」

師因見僧掃地次，遂問：「與麼掃還得淨潔也無？」云：「轉掃轉多。」師云：「豈無撥塵者也？」云：「誰是撥塵者？」師云：「會麼？」云：「不會。」師云：「問取雲居去。」其僧乃去問雲居：「如何是撥塵者？」雲居云：「者瞎漢！」

師問僧：「你在此間多少時也？」僧云：「七八年。」師云：「還見老僧麼？」云：「見。」師云：「我作一頭驢，你作麼生見？」云：「入法界見。」師云：「我將爲你有此一著，枉喫了如許多飯。」僧云：「請和尚道。」師云：「因什麼不道向草料裏見？」師問菜頭：「今日喫生菜熟菜？」菜頭提起一莖菜。師云：「知恩者少，負恩者多。」有俗行者到院燒香，師問僧：「伊在那裏燒香禮拜，我又共你在者裏語話，正與麼時，生在那頭？」僧云：「和尚是什麽？」師云：「與麽，卽在那頭也。」云：「與麽，已是先也。」師笑之。

師與小師文遠論義，不得占勝，占勝者輸餬餅。師云：「我是一頭驢。」遠云：「我是驢胃。」師云：「我是驢糞。」遠云：「我是糞中蟲。」師云：「你在彼中作麽？」遠云：「我在彼中過夏。」師云：「把將餬餅來！」

師因入内迴，路上見一幢子無一截。僧問云：「幢子一截上天去也，入地去也？」師云：「也不上天，也不入地。」云：「向什麽處去？」師云：「撲落也。」師坐次。一僧纔出禮拜，師云：「珍重！」僧伸問次，師云：「又是也。」

師因在簷前立，見燕子語。師云：「者燕子喃喃地招人言語。」僧云：「未審他還甘也無？」師云：「依稀似曲纔堪聽，又被風吹别調中。」

有僧辭去，師云：「什麽處去？」云：「閩中去。」師云：「閩中大有兵馬，你須迴避。」云：「向甚處迴避？」師云：「恰好。」有僧上參次，見師衲衣蓋頭坐次，僧便退。師云：「闍黎莫道老僧不祇對。」師問僧：「從什麽處來？」云：「南方來。」師云：「共什麽人爲伴？」云：「水牯牛。」師云：「好箇師僧，因什麽與畜生爲伴？」云：「不異故。」師云：「好箇畜生。」云：「争肯？」師云：「不肯，且從還我伴來。」

師問僧：「堂中還有祖師也無？」云：「有。」師云：「唤來與老僧洗脚。」堂中有二僧相推不肯作第一座，主事白和尚。師云：「總教他作第二座。」云：「教誰作第一座？」師云：「裝香著。」云：「裝香了也。」師云：「戒香定香。」師問僧：「離什麽處？」云：「離京中。」師云：「你還從潼關過麽？」云：「不歷。」師云：「今日捉得者販私鹽漢。」

因送亡僧，師云：「祇是一箇死人，得無量人送。」又云：「許多死漢送一箇生漢。」時有僧問：「是心生，是身生？」師云：「身心俱不生。」云：「者箇作麽生？」師云：「死漢！」有僧見貓兒，問云：「某甲喚作貓兒，未審和尚喚作什麽？」師云：「是你喚作貓兒。」

因鎮州大王來訪師，侍者來報師云：「大王來。」師云：「大王萬福。」侍者云：「未在，方到三門下。」師云：「又道大王來也。」因上東司召文遠，文遠應諾。師云：「東司上不可與你説佛法也。」因在殿上過，乃喚侍者，侍者應諾。師云：「好一殿功德。」侍者無對。

師因到臨濟，方始洗脚，臨濟便問：「如何是祖師西來意？」師云：「正值洗脚。」臨濟乃近前側聆。師云：「若會便會，若不會更莫啗啄作麽。」臨濟拂袖去。師云：「三十年行脚，今日爲人錯下注脚。」

師因到天台國清寺見寒山、拾得。師云：「久嚮寒山、拾得，到來祇見兩頭水牯牛。」寒山、拾得便牛作鬭。師云：「叱叱！」寒山、拾得咬齒相看，師便歸堂。二人來堂内問師：「適來因緣作麽生？」師乃呵呵大笑。一日，二人問師：「什麽處去來？」師云：「禮拜五百尊者來。」二人云：「五百頭水牯牛聻尊者。」師云：「爲什麽作五百頭水牯牛去？」山云：「蒼天，蒼天！」師呵呵大笑。

師行脚時見二菴主，一人作丫角童。師問訊，二人殊不顧。來日早晨，丫角童將一鐺飯來放地上分作三分。菴主將席子近前坐，丫角童亦將席近前相對坐，亦不喚師。師乃亦將席子近前坐，丫童目顧於師。菴主云：「莫言侵早起，更有夜行人。」師云：「何不教詔這行者？」菴主云：「他是人家男女。」師云：「泊合放過。」丫童便起顧視。菴主云：「多口作麽？」丫童從此入山不見。

師因看經次，沙彌文遠入來。師乃將經側示之，沙彌乃出去。師隨後把住云：「速道，速道！」文遠云：「阿彌陁佛，阿彌陁佛。」師便歸方丈。因沙彌童行參，師向侍者道：「教伊去！」侍者向行者道：「和尚教去。」行者便珍重。師云：「沙彌童行得入門，侍者在門外。」

師行脚時到一尊宿院，纔入門相見，便云：「有麽有麽？」尊宿竪起拳頭。師云：「水淺船難泊。」便出去。又到一院，見尊宿便云：「有麽有麽？」尊宿竪起拳頭。師云：「能縱能奪，能取能撮。」禮拜便出去。

師一日拈數珠問新羅長老：「彼中還有者箇也無？」云：「有。」師云：「何似者箇？」云：「不似者箇。」師云：「既有，爲什麽不似？」無語。師自代云：「不見道新羅大唐。」問新到：「什麽處來？」云：「南方來。」師竪起指云：「會麽？」云：「不會。」師云：「動止萬福，不會。」

師行脚時，問大慈：「般若以何爲體？」慈云：「般若以何爲體。」師便呵呵大笑而出。大慈來日見師掃地次，問：「般若以何爲體？」師放下掃箒，呵呵大笑而去，大慈便歸方丈。師到百丈，百丈問：「從什麽處來？」云：「南泉來。」百丈云：「南泉有何言句示人？」師云：「有時道：未得之人亦須峭然去。」百丈叱之，師容愕然。百丈云：「大好峭然。」師便作舞而出。師到投子處，對坐齋，投子將蒸餅與師喫，師云：「不喫。」不久下糊餅，投子教沙彌度與師，師接得餅，却禮沙彌三拜。投子默然。

因僧寫師真呈師，師云：「若似老僧，即打殺我；若不似，即燒却。」師因與文遠行次，乃以手指一片地云：「這裏好造一箇巡鋪子。」文遠便去彼中立云：「把將公驗來！」師便打一摑。遠云：「公驗分明過。」

師問新到：「近離甚處？」云：「臺山。」師云：「還見文殊也無？」僧展手。師云：「展手頗多，文殊難覩。」云：「祇守氣急殺人。」師云：「不覩雲中鴈，焉知沙塞寒？」問：「遠遠投師，請師一接。」師云：「孫臏門下，因什麼鑽龜。」僧拂袖出去。師云：「將爲當榮，折他雙足。」

師與首座看石橋，乃問首座：「是什麼人造？」云：「李膺造。」師云：「造時向什麼處下手？」座無對。師云：「尋常説石橋，問著下手處也不知。」有新羅院主請師齋，師到門首問：「此是什麼院？」云：「新羅院。」師云：「我與你隔海。」問僧：「什麼處來？」云：「雲居來。」師云：「雲居有什麼言句？」云：「有僧問：『羚羊掛角時如何？』雲居云：『六六三十六。』」師云：「雲居師兄猶在。」僧却問：「未審和尚尊意如何？」師云：「九九八十一。」

有一婆子日晚入院來，師云：「作什麼？」婆云：「寄宿。」師云：「者裏是什麼所在？」婆呵呵大笑而去。師出外逢見一箇婆子提一箇籃子。師便問：「什麼處去？」云：「偷趙州筍去。」師云：「忽見趙州又作麼生？」婆子近前打一掌。

師因見院主送生飯，鵶子見便總飛去。師云：「鵶子見你爲什麼却飛去？」院主云：「怕某甲。」師云：「是什麼語話？」師代云：「爲某甲有殺心在。」師問僧：「什麼處來？」云：「江西來。」師云：「趙州著在什麼處？」僧無對。師從殿上過，見一僧禮拜，師打一棒。云：「禮拜也是好事。」師云：「好事不如無。」

師因參潼關，潼關問師云：「你還知有潼關麼？」師云：「知有。」潼關云：「有公驗者即得過，無公驗者不得過。」師云：「忽遇鑾駕來時如何？」闕云：「也須檢點過。」云：「你要造反？」

師到寶壽，寶壽見師來，遂乃背面而坐，師便展坐具。寶壽起立，師便出去。

師在南泉時，泉牽一頭水牯牛入僧堂内，巡堂而轉。首座乃向牛背上三拍，泉便休去。師後將一束草安首座面前，首座無對。有秀才見師，乃讚歎師云：「和尚是古佛。」師云：「秀才是新如來。」有僧問：「如何是涅槃？」師云：「我耳重。」僧再問，師云：「我不害耳聾。」乃有頌：「騰騰大道者，對面涅槃門。但坐念無際，來年春又春。」有僧問：「生死二路，是同是別？」師乃有頌：「道人問生死，生死若爲論。雙林一池水，朗月耀乾坤。喚他句上識，此是弄精魂。欲會箇生死，顛人說夢春。」

有僧問：「諸佛有難，火焰裏藏身；和尚有難，向什麼處藏身？」師乃有頌：「渠說佛有難，我說渠有灾。但看我避難，何處有相隨。有無不是說，去來非去來。爲你說難法，對面識得來[一]。」

十二時歌

鷄鳴丑，愁見起來還漏逗。裙子褊衫箇也無，袈裟形相些些有。裩無腰，袴無口，頭上青灰三五斗。比望修行利濟人，誰知變作不唧溜。

平旦寅，荒村破院實難論。解齋粥米全無粒，空對閑窻與隙塵。唯雀噪，勿人親，獨坐時聞落葉頻。誰道出家憎愛斷，思量不覺淚沾巾。

日出卯，清淨却翻爲煩惱。有爲功德被塵幔，無限田地未曾掃。攢眉多，稱心少，叵耐東村黑黃老。

[一]「來」，語要作「未」。

供利不曾將得來，放驢喫我堂前草。

食時辰，煙火徒勞望四鄰。饅頭䭔子前年別，今日思量空嚥津。持念少，嗟歎頻，一百家中無善人。來者祇道覓茶喫，不得茶噇去又嗔。

禺中巳，削髮誰知到如此。無端被請作村僧，屈辱飢悽受欲死。胡張三，黑李四，恭敬不曾生些子。適來忽爾到門頭，唯道借茶兼借紙。

日南午，茶飯輪還無定度。行却南家到北家，果至北家不推註。苦沙鹽，大麥醋，蜀黍米飯虀萵苣。唯稱供養不等閑，和尚道心須堅固。

日昳未，者回不踐光陰地。曾聞一飽忘百飢，今日老僧身便是。不習禪，不論義，鋪箇破蓆日裏睡。想料上方兜率天，也無如此日炙背。

晡時申，也有燒香禮拜人。五箇老婆三箇瘻，一雙面子黑皺皺。油麻茶，實是珍，金剛不用苦張筋。願我來年蠶麥熟，羅睺羅兒與一文。

日入酉，除却荒涼更何守。雲水高流定委無，歷寺沙彌鎮常有。出格言，不到口，枉續牟尼子孫後。一條拄杖粗楋藜，不但登山兼打狗。

黃昏戌，獨坐一間空暗室。陽焰燈光永不逢，眼前純是金州漆。鐘不聞，虛度日，唯聞老鼠鬧啾唧。憑何更得有心情，思量念箇波羅蜜。

人定亥，門前明月誰人愛。向裏唯愁卧去時，勿箇衣裳着甚蓋。劉維那，趙五戒，口頭說善甚奇怪。任你山僧囊罄空，問着都緣總不會。半夜子，心境何曾得暫止。思量天下出家人，似我住持能有幾。土榻牀，破蘆籐，老榆木枕全無被。尊像不燒安息香，灰裏唯聞牛糞氣。

偈頌〔一〕

見起塔乃有頌

本自圓成，何勞疊石。名邈雕鐫，與吾懸隔。若人借問，終不指畫。

因見諸方見解異途乃有頌

趙州南，石橋北，觀音院裏有彌勒。祖師遺下一隻履，直至如今覓不得。

因魚鼓有頌

四大猶來造化功，有聲全貴裏頭空。莫怪不與凡夫説，祇爲宫商調不同。

因蓮花有頌

奇異根苗帶雪鮮，不知何代別西天。淤泥深淺人不識，出水方知是白蓮。

附趙王與師作真贊

〔一〕「偈頌」二字係點校者補。

碧溪之月，清鏡中頭。我師我化，天下趙州。

哭趙州和尚二首

師離滹水動王侯，心印光潛麈尾收。碧落霧霾松嶺月，滄溟浪覆濟人舟。一燈乍滅波旬喜，雙眼重昏道侶愁。縱是了然雲外客，每瞻瓶几淚還流。

佛日西傾祖印隳，珠沉丹沼月沉輝。影敷丈室爐烟慘，風起禪堂松韻微。隻履乍來留化跡，五天何處又逢歸。解空弟子絶悲喜，猶自潸然對雪幃。

廬山棲賢寳覺禪院住持傳法賜紫沙門澄諟重詳定

古尊宿語録卷第十五

雲門(文偃)匡真禪師廣録上

門人明識大師賜紫守堅集

對機

師上堂，良久云：「夫唱道之機，固難諸剖。若也一言相契，猶是多途，況復忉忉，有何所益？然且教乘之中，各有殊分，律爲戒學，經爲定學，論爲慧學。三藏五乘，五時八教，各有所歸。然一乘圓頓也大難明，直下明得，與衲僧天地懸殊。若向衲僧門下，句裏呈機，徒勞佇思，門庭敲磕，千差萬别。擬欲進步向前，過在尋他舌頭路布。從上來事合作麽生？向者裏道圓道頓，得麽？者邊那邊，得麽？莫錯會好。莫見與麽道，便向不圓不頓處卜度。者裏也須是箇人始得。莫將依師語、相似語、測度語，到處呈，中將爲自己見解，莫錯會。祇如今有什麽事，對衆決擇看！」

時有州主何公禮拜，問曰：「弟子請益。」師云：「目前無異草。」有官問：「佛法如水中月是不？」師云：「清波無透路。」進云：「和尚從何得？」師云：「再問復何來？」進云：「正與麽時如何？」師云：「重疊關山路。」有官問：「千子圍繞，何者爲的？」師云：「化下住持，已奉來問。」問：「今日開筵將何指教？」師云：「來風深辨。」進云：「莫祇者便是麼？」師云：「錯。」問：「從上古德，以心傳心。今日請師，將何施設？」師云：「有問有答。」進云：「與麼，則不虛施設也？」師云：「不問不答。」問：「凡有言句，皆是錯，如何是不錯？」師云：「當風一句，起自何來？」進云：「莫祇者便是也無？」師云：「莫錯。」問：「如何是啐啄之機？」師云：「響。」進云：「還應也無？」師云：「且緩緩。」問：「如何是學人的的事？」師云：「痛領一問。」問：「如何是教外別傳一句？」師云：「對衆問將來。」師云：「莫道今日瞞諸人好，抑不得已，向諸人前作一場狼藉，忽被明眼人見，成一場笑具，如今避不得也。且問汝諸人從來有什麼事？欠少什麼？向汝道無事，已是相埋没也。須到這箇田地始得。亦莫趁口亂問，自己心裏黑漫漫地，明朝後日大有事在。你若根思遲迴，且向古人建化門頭東覰西覰，看是什麼道理。你欲得會麼？都緣是你自家無量劫來妄想濃厚，一期聞人説著，便生疑心，問佛問法，問向上問向下，求覓解會，轉没交涉。擬心卽差，況復有言？莫是不擬心是麼？更有什麼事？珍重！」

問：「如何是雲門一曲？」師云：「臘月二十五。」進云：「唱者如何？」師云：「且緩緩。」問：「如何是祖師西來意？」師云：「日裏看山。」問：「如何是和尚家風？」師云：「久雨不晴。」進云：「如何是久雨不晴？」師云：「曬眼著。」問：「如何是不帶朕？」師云：「天台普請，南嶽遊山。」問：「如何是向上一路？」師云：「九九八十一。」問：「如何是學人自己？」師云：「遊山翫水。」進云：「如何是和尚自己？」師云：「賴遇維那不在。」問：「如何是教主？」師云：「太無禮生。」問：「如何是一代時教？」師云：「對一説。」問：「如何是正法眼？」師云：「普。」問：「如何是端坐念實相？」師云：「河裏失錢河裏摝。」問：「如何是沙門行？」師云：「會不得。」進云：「爲什麽會不得？」師云：「祇守會不得。」問：「如何是尋常之用？」師云：「且那裏葛藤去。」問：「如何是教意？」師云：「你看什麽經？」僧云：「般若經。」師云：「一切智智清淨，還夢見未？」僧云：「一切智智清淨且置，如何是教意？」師云：「心不負人，面無慚色。放你三十棒。」問：「如何報得四恩三有去？」師云：「抱頭哭蒼天。」問：「如何是正法眼？」師云：「粥飯氣。」問：「如何是三昧？」師云：「到老僧一問，還我一句來。」問：「如何是諸佛出身處？」師云：「東山水上行。」問：「乞師指箇入路。」師云：「喫粥喫飯。」

師示衆云：「我事不獲已，向你諸人道直下無事，早是相埋没也。更欲躡步向前，尋言逐句，求覓解會，千差萬別。廣設問難，贏得一場口滑，去道轉遠，有什麽歇時？祇此箇事若在言語上，三乘十二分教，豈是無言語？因什麽道教外別傳？若從學解機智，祇如十地聖人説法，如雲如雨，猶被訶責，見性如隔羅縠。以此故知一切有心，天地懸殊。雖然如是，若是得底人，道火何曾燒口，終日説事，未嘗挂著脣齒，未曾道著一字；終日著衣喫飯，未曾觸著一粒米，掛著一縷絲。雖然如此，猶是門庭之説，須是實得與麽始得。若約衲僧門下句裏呈機，徒勞佇思，直饒一句下承當得，猶是瞌睡漢。」

時有僧問：「如何是一句？」師云：「舉。」問：「如何是説時默？」師云：「清機歷掌。」進云：「如何是默時説？」師云：「嗄。」進云：「不默不説時如何？」師將棒趁僧。問：「如何是雲門劒？」師云：「祖。」問：「如何是諸佛出身處？」師云：「更請一問。」問：「如何是露地白牛？」師云：「覿機無改路。」進云：「放著什麽處？」師云：「再舉不逾塵。」問：「如何是塵塵三昧？」師云：「桶裏水，鉢裏飯。」問：「如何是一如體玄？」師云：「欠你一問。」問：「如何是玄中的？」師云：「⿱祝土。」進云：「如何卽是？」師云：「速退，速退！妨他別人問。」問：

「如何是非思量處？」師云：「識情難測。」問：「鑿壁偷光時如何？」師云：「恰。」問：「一言道盡時如何？」師云：「裂破。」進云：「和尚作麽生下手拈掇？」師云：「拈取糞箕掃箒來！」問：「如何舉唱，卽得不負來機？」師云：「道什麽？」進云：「還可來意也無？」師云：「且緩緩。」

師云：「三乘十二分教横説竪説，天下老和尚縱横十字説，與我拈針鋒許説底道理來看！與麽道，早是死馬醫。雖然如是，有幾箇到此境界？不敢望你言中有響，句裏藏鋒。瞬目千差，風恬浪静，伏惟尚饗。」問：「如何是透法身句？」師云：「北斗裏藏身。」問：「如何是本來宗？」師云：「不問不答。」問：「如何是三界唯心，萬法唯識？」師云：「我今日不答話。」進云：「爲什麽不答話？」師云：「驢年會麽？」問：「如何是吹毛劒？」師云：「骼。」又云：「胔。」問：「如何是内外光？」師云：「向什麽處問？」學云：「如何明達？」師云：「忽然有人問，你作麽生道？」進云：「明達後如何？」師云：「明卽且置，還我達來？」問：「如何是切急一句？」師云：「吃。」

問：「如何是本來心？」師云：「舉起分明。」問：「如何是衲僧孔竅？」師云：「放過一著。」進云：「請師道。」師云：「對牛彈琴。」問：「如何是大乘修行？」師云：「一榼在手。」問：「如何是一切智智清淨？」師云：「僧堂入佛殿。」問：「如何是不掛脣吻一句？」師云：「合取狗口。」問：「如何是海印三昧？」師云：「你但禮拜問著，待我東行西行。」問：「如何轉動卽得，不落階級？」師云：「南斗七，北斗八。」

上堂云：「諸兄弟盡是諸方參尋知識，決擇生死，到處豈無老宿垂慈方便之辭。還有透不得底句麽？出來舉看！待老漢與汝大家商量。有麽有麽？」時有僧出，擬伸問次，師云：「去去，西天路迢迢十萬餘。」便下座。

問：「如何是當今施設？」師云：「道卽不難，鑒從何來？」問：「如何是不睡底眼？」師云：「不省。」問：「如何是不犯之令？」師云：「那箇師僧還見麽？」問：「如何是大人相？」師乃擎拳。問：「如何是學人急切處？」師云：「你怕我不知！」問：「如何是佛法大意？」師云：「一佛二菩薩。」問：「如何是雪嶺泥牛吼？」師云：「山河走。」進云：「如何是雲門木馬嘶？」師云：「天地黑。」問：「如何是兄弟添十字？」師云：「我共你説葛藤。」問：「如何是和尚爲人一句？」師云：「心不負人，面無慚色。速禮三拜。」問：「如何是天然之事？」師云：「蹋步向前作什麽？」問：「如何是教意？」師云：「吃嘹舌頭，更將一問來！」問：「如何是七縱八横？」師云：「放你一著。」

上堂云：「舉一則語，教汝直下承當，早是撒屎著你頭上也。直饒拈一毛頭，盡大地一時明得，也是剜肉作瘡。雖然如此，也須是實到者箇田地始得。若未，且不得掠虛。却須退步向自己脚跟下推尋，看是什麽道理。實無絲髮許與汝作解會、與汝作疑惑。況汝等且各各當人，有一段事，大用現前，更不煩汝一毫頭氣力，便與祖佛無别。自是汝諸人信根淺薄，惡業濃厚，突然起得，如許多頭角。擔鉢囊千鄉萬里受屈作麽？且汝諸人有什麽不足處？大丈夫漢阿誰無分？獨自承當，尚猶不著，便不可受人欺瞞，取人處分。纔見老和尚開口，便好把特石驀口塞。便是屎上青蠅相似，鬬咂將去，三箇五箇聚頭商量。苦屈！兄弟，古人一期爲汝諸人，不奈何，所以垂一言半句，通你入路。知是般事，拈放一邊，自著些子筋骨，豈不是有少許相親處！快與，快與！時不待人，出息不保入息，更有什麽身心閑别處用！切須在意。珍重！」

上堂良久云：「觸目不會道，運足焉知路？」僧問：「如何是觸目菩提？」師云：「與我拈却佛殿。」問：「如何是最初一句？」師云：「九九八十一。」僧便禮拜。師云：「近前來！」僧便近前，師便打。

問：「如何是實學底事？」師云：「大好消息。」進云：「畢竟是誰家之子？」師云：「臘月二十五。」問：「承教有言『一切智智清淨』時如何？」師便唾之。進云：「古人方便又作麽生？」師云：「來，來！截却汝脚跟，換却汝髑髏。鉢盂裏拈却匙筯，拈却鼻孔來。」進云：「甚處有許多般？」師云：「者掠虚漢！」便打。問：「如何是禪？」師云：「是。」進云：「如何是道？」師云：「得。」問：「如何是一切法皆是佛法？」師云：「三家村裏老婆盈衢溢路，會麽？」學云：「不會。」師云：「非但汝不會，大有人不會在。」問：「學人簇簇地商量箇什麽？」師云：「大衆久立。」

上堂云：「盡乾坤一時將來，著你眼睫上，你諸人聞與麽道，不敢望。汝出來性躁，打老僧一摑。且緩緩子細看，是有是無？是箇甚麽道理？直饒你向這裏明得。若遇衲僧門下，好椎脚折；若是箇人，聞道什麽處有老宿出世，便好驀面唾汙我耳目。汝若不是箇手脚，纔聞人舉，便承當得，早落第二機也。汝不看他德山和尚纔見僧入門，拽拄杖便趁。睦州和尚見僧來，便云：『現成公案，放你三十棒。』自餘之輩，合作麽生？若是一般掠虚漢，食人膿唾，記得一堆一擔搕𢶍，到處馳騁，驢脣馬嘴，誇我解問十轉五轉話，饒你從朝問至夜，答到夜。論劫還夢見麽？什麽處是與人著力處？似這般底有人，屈衲僧齋，也道得飯喫，有什麽共語處？他日閻羅王面前不取你口解説。諸兄弟，若是得底人，他家依衆遣日；若未得，切莫掠虛。不得容易過時，大須子細。古人大有葛藤相爲處。祇如雪峰和尚道：『盡大地是你。』夾山和尚道：『百草頭上薦取老僧，鬧市裏識取天子。』洛浦和尚云：『一塵纔起，大地全收。一毛頭，師子全身總是。』你把取翻覆思量看！日久歲深，自然有箇入路。此箇事無你替代處，莫非各在當人分上。老和尚出世，祇爲你作箇證明。你若有箇入路，少許來由，亦昧汝不得；若實未得，方便撥你即不可。兄弟，一等是踏破草鞋行脚，抛却師長父母，直須著些子眼睛始得。若未有箇入頭處，遇著本色咬豬狗手脚，不惜性命，入泥入水相爲。有可咬嚼，眨上眉毛，高掛鉢囊，十年二十年辦取，出頭莫愁不成辦。直是今生未得，來生亦不失却人身。向此門中亦乃省力。不虛辜負平生，亦不辜負施主、師長、父母。直須在意，莫空過時。遊州獵縣，横擔拄杖，一千里二千里走。這邊經冬，那邊過夏，好山好水，堪取性多齋供，易得衣鉢。苦屈，苦屈！圖他一斗米，失却半年糧。如此行脚，有什麽利益信心？檀越一把菜一粒米，怎麽生消得？直須自看，無人替代。時不待人，一日眼光落地，前頭將何抵擬？莫一似落湯螃蠏，手脚忙亂。無你掠虛說大話處，莫將等閑空過時光。一失人身，萬劫不復。不是小事，莫據目前。俗子尚云：『朝聞道，夕死可矣。』況我沙門合履踐何事！大須努力，珍重！」

問：「如何是諸佛出身處？」師云：「佛前裝香，佛後合掌。」問：「十二時中，如何得不被諸境惑去？」師云：「三門頭合掌。」問：「四面森森，如何是靈樹？」師云：「風鳴雨息。」進云：「如何是靈樹枝條？」師云：「曬眼皮草。」問：「如何是觸目菩提？」師云：「拈却露柱。」學云：「露柱豈干他事？」師云：「驢年會麽？」問：「醍醐上味，爲什麽翻成毒藥？」師云：「揑。」問：「如何是活？」師云：「心不負人。」學云：「如何是殺？」師云：「三日後不得唱衣。」學云：「不殺不活時如何？」師以拄杖趁出。問：「學人與麽來，請師實説。」師云：「知。」問：「金剛爲什麽倒地？」師云：「不著力。」問：「殺父殺母，佛前懺悔；殺佛殺祖，向什麽處懺悔？」師云：「露。」問：「不起一念，還有過也無？」師云：「須彌山。」問：「如何是和尚家風？」師云：「有讀書人來報。」問：「學人有疑，請師不責，從上宗乘事作麽生？」師云：「三拜不虚。」問：「生死到來，如何排遣？」師云：「在什麽處？」問：「如來唯一説，無二説，如何是如來説？」師云：「那箇師僧何不問？」問：「闇中如何辨主？」師云：「務原是什麽人坐？」問：「學人實問，請師實答。」師云：「你作麽生辨？」進云：「正當與麽時如何？」師云：「的。」問：「從上古德，以何爲的？」師云：「看取舌頭。」

上堂云：「諸和尚子莫妄想，天是天，地是地，山是山，水是水，僧是僧，俗是俗。」良久云：「與我拈案山來看！」便有僧問：「學人見山是山，見水是水時如何？」師云：「三門爲什麽從這裏過？」進云：「與麽則不妄想去也。」師云：「還我話頭來！」

上堂良久云：「還有人道得麽？道得底出來！」衆無語。師拈拄杖云：「適來是箇小屎坑，如今是箇大屎坑。」下座。

問：「萬法歸一。一卽不問，如何是萬法？」師云：「你來這裏説葛藤瞞我。」問：「聖僧爲什麽被大蟲咬？」師云：「與天下人作榜樣。」問：「十二時中如何用心，卽得不負於上來？」師云：「省力。」進云：「省力事如何？」師云：「省取前話。」問：「萬機不到處，如何知有？」師云：「該得麽！」進云：「日用事如何？」師云：「一箭到新羅，大漢國裏説葛藤。」問：「學人擬伸一問，還許也無？」師云：「佛不奪衆生所願。」問：「如何舉唱，卽得不負來機？」師云：「痛領一問。」問：「千聖功圓冥然時，如何擊琢？」師云：「句裏明人。」問：「三界中何物勝於佛？」師云：「通你一問。」問：「摘葉尋枝卽不問，如何是直截根源？」師云：「速禮三拜。」問：「己事未明，如何指示？」師云：「不避來機，還當得麼？」問：「盡其機來，師還接也無？」師云：「一問不錯。」學云：「一問且置，師還接不？」師云：「細看前話。」問：「毗盧向上卽不問，虛空請師留些子。」師云：「把却汝咽喉，你作麼生道？」問：「如何是學人自己？」師云：「一扠一劄。」進云：「莫便是不？」師云：「蘇嚕蘇嚕。」

上堂云：「今日與諸人舉一則語，大衆聳聽。」良久有僧出禮拜，擬伸問次，師以拄杖趁云：「似這般滅胡種，長連牀上納飯阿師，堪什麼共語處？這般打野榸漢！」以拄杖一時趁下。

問：「大衆雲集，合談何事？」師云：「向下文長，付在來日。」進云：「便與麼去時如何？」師云：「墮。」進云：「什麼處是墮？」師云：「長連牀上飽喫飯了，脫空妄語。」問：「靈山一會，何似今日？」師云：「言中有響。」學云：「當今事作麼生？」師云：「不煩再問。」問：「以字不成，八字不是，未審是什麼字？」師云：「九九八十一。」進云：「學人不會，請師指示。」師云：「我又辜你什麼處？」問：「從上古德，得箇什麼便稱尊貴？」師云：「愛問不愛答。」進云：「與麼則不假和尚舌頭嚼去也。」師云：「熨斗煎茶，銚不同。」問：「和尚爲人語話，還有未道著底句也無？」師云：「說不及。」進云：「爲什麼如此？」師云：「衹爲如此。」問：「大拍盲底人來，師還接也無？」師放身倒。問：「如何是雲門山？」師云：「庚峰定穴。」問：「牙齒敲磕皆落名言，如何得不落古人蹤？」師云：「通機自辨。」問：「如何是和尚家風？」師云：「皮枯骨瘦。」問：「如何是道？」師云：

「七顛八倒。」進云：「爲什麼如此？」師云：「一不得向，二不得開。」問：「暗室得明時如何？」師云：「朗州此去多少？」

上堂云：「一言纔舉，千差同轍。該括微塵，猶是化門之説。若是衲僧，合作麼生？若將祖意佛意這裏商量，曹溪一路平沉，還有人道得麽？道得底出來！」時有僧問：「如何是超佛越祖之談？」師云：「餬餅。」進云：「這箇有什麽交涉？」師云：「灼然。有什麽交涉！」師乃云：「你勿可作了，見人道著祖師意，便問超佛越祖之談。你且唤什麽作佛，唤什麽作祖？即説超佛越祖之談，便問箇出三界。你把將三界來，有什麽見聞覺知隔礙著你？有甚聲色法與汝可了？了箇什麽椀？以那箇爲差殊之見？他古聖勿奈你何。横身爲物，道箇擧體全真，物物覿體不可得。我向汝道，直下無事，早是相埋没了也。你若實未得箇入頭處，且中獨自參詳。除却著衣喫飯，屙屎送尿，更有什麽事？無端起得如許多般妄想作什麽？更有一般底如等閑相似。聚頭擧得箇古人話，識性記持，妄想卜度，道我會佛法了也。祇管説葛藤，取性過日，更嫌不稱意。千鄉萬里抛却父母師資，作這去就，這箇打野榸漢，有什麽死急行脚去？」以拄杖便趁下。

問：「父母不聽，不得出家，如何得出家？」師云：「淺。」進云：「學人不會。」師云：「深。」問：「從上來事，請師提綱。」師云：「朝看東南，暮看西北。」進云：「便與麽會時如何？」師云：「東家點燈，西家暗坐。」問：「當今一句請師道。」師云：「放你一線道，還我一句來。」問：「不涉廉纖，請師道。」師云：「一怕汝不問，二怕汝不擧，三到老僧勃跳，四到你退後。速道，速道！」僧便禮拜，師便打。問：「萬機喪盡時如何？」師云：「與我拈佛殿來，與汝商量。」進云：「豈干他事？」師咄云：「這掠虛漢！」問：「目前蕩盡時如何？」師云：「熱發作麽？」其僧禮拜而退。師云：「且來，且來！」僧近前，師便棒，云：「這掠虛漢謗我。」問：「如何是法王主？」師云：「叉手著。」問：「盲龜值浮木孔時如何？」師云：「老僧叉手去也。」

上堂云：「故知時運澆漓，代干像季。近日師僧北去，言禮文殊；南去，謂遊衡嶽。與麽行脚，名字比丘，虛消信施，苦哉，苦哉！問著黑漆相似，祇管取性過日。設有三箇兩箇狂學多聞，記持話路，到處覓相似語句，印可老宿，輕忽上流，作薄福業，他日閻羅王釘釘之時，莫道無人向汝道。若是初心後學，直須擺動精神，莫空記説，多虛不如少實，向後祇是自賺。有什麽事，近前！」

問：「學人正在迷途，請師一接。」師云：「道什麽？」問：「如何是教意？」師云：「答猶未了。」進云：「和尚什麽處答？」師云：「將謂汝靈利。」問：「如何是衲僧正眼？」師云：「那箇師僧近前來！」其僧近前，師咄云：「去！」問：「如何會得和尚一句？」師云：「臘月二十五。」問：「教中即不問，如何是宗門中事？」師云：「既有來問，速禮三拜。」問：「絶消息處如何履踐？」師云：「三十年後。」進云：「祇今如何？」師云：「莫亂統。」問：「性源還有語也無？」師云：「莫問。」問：「佛病祖病將何醫？」師云：「審即諾。」進云：「將何醫？」師云：「幸有力。」問：「百步穿楊，請師指的。」師云：「答這話去也。」問：「言詮不及處，如何體會？」師云：「對衆快禮三拜。」問：「跉跰之子，如何進步？」師云：「目前不辨。」進云：「豈無尊貴？」師云：「不較多。」進云：「作麽生？」師云：「作麽生。」問：「凡有言説，皆是葛藤，如何是不葛藤？」師云：「大有人見汝問。」問：「急急相投，請師指教。」師云：「作麽生道？」進云：「不會，請師道。」師云：「作麽？」

上堂云：「大衆，汝等還有鄆州針麽，若有，試將來看。有麽有麽？」衆無對。師云：「若無，散披衣裳去也。」便下座。

上堂，大衆集定，乃以拄杖指云：「乾坤、大地、微塵、諸佛，總在裏許，爭佛法、覓勝負，還有人諫得麽？若無人諫得，待老僧與汝諫看。」時有僧云：「請和尚諫。」師云：「這野狐精。」問：「盡大地人來，師如何接？」師云：「提綱有路。」進云：「莫祇這便是指示不？」師云：「合取狗口。」問：「時中不明，如何得不落緣塵去？」師云：「閉門哭蒼天。」問：「十二時中，如何體悉？」師云：「不難辨。」進云：「還有學人入頭處也無？」師云：「細看前話。」問：「靈山一會，迦葉親聞，未審聞箇什麽句？」師云：「不避來鋒，速道，速道！」進云：「是什麽句？」師云：「掣電之機，徒勞佇思。」問：「千聖不傳，古今不歷，如何是和尚接人一句？」師云：「觸忤老兄得麽？」進云：「如何是接人一句？」師云：「作麽？」問：「有何逕要，令學人心息？」師云：「放你三十棒。」問：「目前坦然時如何？」師云：「海水在汝頭上。」進云：「還著得也無？」師云：「向這裏脱空妄語。」問：「施主設齋，將何報答？」師云：「量才補職。」進云：「不會。」師云：「不會卽喫飯。」問：「如何是向上事？」師云：「截却汝肚腸，換却匙筯，拈將鉢盂來看！」僧無對。師云：「這掠虚漢！」問：「如何是佛法大意？」師云：「來鋒有路。」問：「如何是學人轉身處？」師云：「利。」問：「一口吞盡時如何？」師云：「我在汝肚裏。」進云：「和尚爲什麽在學人肚裏？」師云：「還我話頭來！」

上堂良久云：「祇這箇帶累殺人。」便下座。

上堂云：「道卽道了也。」時有僧出禮拜，欲伸問次，師拈拄杖便打，云：「識什麽好惡，這一般打野榸漢，總似這箇僧，爭消得施主信施？惡業衆生，總在這裏，覓什麽乾屎橛咬？」以拄杖一時趁下。

問：「牛頭未見四祖時如何？」師云：「家家觀世音。」進云：「見後如何？」師云：「火裏蝍蟟吞大蟲。」問：「如何是禪？」師云：「拈却一字得麽？」問：「扶桑柯畔，日輪未出時如何？」師云：「知。」問：「背楚投吴時如何？」師云：「面南看北斗。」問：「六國未寧時如何？」師云：「千里何明？」進云：「爭奈不明何？」師云：「賴遇適來道了。」問：「如何是本源？」師云：「受什麽人供養？」問：「如何是直截一路？」師云：「主山後。」進云：「謝師指示。」師曰：「合取皮袋。」問：「曹溪的旨，請師垂示。」師云：「三十年後。」問：「密室玄宫時如何？」師云：「倒。」進云：「宫中事作麽生？」師云：「重。」問：「萬機吐不出時如何？」師云：「大衆不匿。」進云：「猶是學人疑處在。」師云：「語覆前機去。」問：「要急相應，唯言不二時如何？」師云：「對衆舉，大衆可不知。」進云：「如何承當？」師云：「驢年。」問：「一生積惡者不知善，一生積善者不知惡。此意如何？」師云：「燭。」問：「遠遠投師，師意如何？」師云：「七九六十三。」進云：「學人近離衡州。」師喝云：「是你草鞋跟斷。」僧云：「珍重。」師喝云：「靜處薩婆訶。」問：「如何是學人自己？」師云：「一佛二菩薩。」

上堂云：「汝等諸人皆是河南海北來，各各盡有生緣所在，還自知得麽？試出來舉看！老漢與汝證明，有麽有麽？汝若不知，老漢瞞汝去也。汝欲得識麽？生緣若在向北，北有趙州和尚五臺文殊總在這裏。生緣若在向南，南有雪峯臥龍西院鼓山總在這裏。汝欲得識麽？向這裏識取，若不見，莫掠虚。見麽見麽？若不見，且看老漢騎佛殿出去也。珍重！」問：「六國未寧時如何？」師云：「雲擎雨色。」問：「上無攀仰，下無己躬時如何？」師云：「藏身一句作麽生道？」僧便禮拜。師云：「放過一著，置將一問來！」僧無語。師云：「這死蝦蟇！」問：「如何是『色卽是空』？」師云：「拄杖敲汝鼻孔。」問：「如何是和尚非時爲人一句？」師云：「早朝牽犂，晚間拽杷。」問：「三乘五性卽不問，如何是衲僧門下事？」師云：「日勢稍晚，速禮三拜。」問：「久值爲什麽不識？」師云：「測。」問：「如何是心？」師云：「心。」進云：「不會。」師云：「不會。」進云：「究竟如何？」師咄云：「靜處東行西行。」問：「三界唯心，萬法唯識時如何？」師云：「舌根裏藏身。」進云：「藏身後如何？」師云：「蘇嚕蘇嚕。」問：「如何是途中受用？」師云：「七九六十三。」進云：「如何是世諦流布？」師云：「江西湖南新羅渤海。」問：「密室不通風時如何？」師云：「響露鳴風。」進云：「如何是密室中人？」師云：「再陳難辨。」問：「直與麽來時如何？」師云：「照從何立？」進云：「不去不來時如何？」師云：「前語道什麽？」問：「進向無門時如何？」師云：「三千八百。」

上堂云：「放你横説豎説，從朝至暮，無人塞你口。不放你説，又作麽生？」

上堂，大衆集，良久，驀拈拄杖云：「看看！北鬱單越人，見汝般柴不易，在中庭裏相撲供養你，更爲你念般若經云：『一切智智清淨，無二無二分，無別無斷故。』」僧便問：「如何是一切智智清淨？」師云：「西天斲頭截臂，這裏自領出去。」問：「掛錫幽巖時如何？」師云：「在什麽處？」問：「如何是深中淺？」師云：「山河大地。」進云：「如何是淺中深？」師云：「大地山河。」進云：「如何是深？」師云：「朝到西天，暮歸唐土。」問：「迦葉入定時如何？」師云：「匿得麽？」進云：「還見十方不？」師云：「好手透不出。」問：「真如湛寂，妙絶無門時如何？」師云：「自機迴照。」進云：「祇這裏如何？」師云：「莫錯。」問：「千般方便，誘引歸源，未審源中事如何？」師云：「有問有答，速道將來！」僧應諾。師云：「迢遥也。」問：「如何是雲門劍？」師云：「揭。」進云：「用者如何？」師云：「蘇嚕蘇嚕。」問：「如何是祖師西來意？」師云：「沒卽道。」進云：「不會。」師云：「壯一問。」問：「能詮表裏時如何？」師云：「風不入。」進云：「表裏事如何？」師云：「錯。」問：「萬機俱罷時如何？」師云：「塚上生芝草。」問：「觀身無己，觀外亦然時如何？」師云：「熱發作麽？」進云：「與麽則冰消瓦解去也。」師便打。問：「龍門有意，進水無能時如何？」師云：「來機卽易，再舉還難。」進云：「正與麽時如何？」師云：「快。」

上堂云：「我看汝諸人二三機中，尚不能構得，空披衲衣何益？你還會麽？我爲汝注破。久後到諸方，若見老宿舉一指竪一拂子云：『是禪是道？』拽拄杖打破頭便行。若不如此，盡落天魔眷屬，壞滅吾宗。汝若實不會，且向葛藤社裏看。我尋常向汝道：微塵剎土中，三世諸佛，西天二十八祖，唐土六祖，盡在拄杖頭說法，神通變現，聲應十方。你還會麽？若不會，且莫掠虛。雖然如此，且諦當實見，也未直饒到此田地，也未夢見衲僧沙彌在。三家村裏，不逢一人。」師驀拈拄杖劃地一下云：「總在這裏。」又劃一下云：「總在這裏出去也。珍重！」

問：「古人面壁意旨如何？」師云：「念七。」又云：「定。」問：「百不會底人來，師如何接？」師云：「話墮也。」進云：「什麽處是話墮？」師云：「七棒對十三。」問：「承古有言，了卽業障本來空，未了還須償宿債。未審二祖是了未了？」師云：「確。」問：「從上古德相傳何事？」師云：「速禮三拜。」問：「如何是雲門一路？」師云：「親。」進云：「如何卽是？」師云：「顛言倒語作麽！」問：「承古有言，擬心卽差。如何得不差？」師云：「洪機歷掌。」進云：「後人再問，作麽生？」師云：「遲風難改。」問：「三身中阿那身說法？」師云：「要。」問：

「如何是釋迦身?」師云:「乾屎橛。」問:「請師提綱宗門。」師云:「南有雪峯,北有趙州。」問:「大徹底人,見一切法是空不?」師云:「蘇嚕蘇嚕。」問:「終日切切,不得箇入路,乞師指箇入路?」師云:「當機有路。」問:「如何是超佛越祖之談?」師云:「蒲州麻黄,益州附子。」問:「如何是教意?」師云:「撩起來作麼生道?」進云:「便請師道。」師云:「對牛彈琴。」問:「玄機一路,如何體會?」師云:「三十年後。」問:「槨示雙趺當表何事?」師云:「言。」進云:「未審師意如何?」師云:「緊峭草鞋。」問:「不是玄機,亦非目擊時如何?」師云:「倒一説。」問:「劫火洞然時如何?」師云:「更夢見什麼?」

上堂云:「天親菩薩無端變作一條楖栗拄杖。」乃劃地一下云:「塵沙諸佛,盡在這裏説葛藤去。」便下座。

上堂云:「我共汝平展遇人識人,與麼老婆説話,尚自不會,每日飽飯喫了,上來下去,覓什麼椀?這野狐隊仗,向這裏作什麼?」以拄杖一時趁下。

問:「初秋夏末前程忽有人問,如何祇對?」師云:「大衆退後。」進云:「過在什麼處?」師云:「還我九十日飯錢來。」問:「學人近到法席,未審家風事如何?」師云:「不歷一問,作麼生道?」問:「十方國土中,唯有一乘法。如何是一乘法?」師云:「何不别問?」進云:「謝師指示。」師便喝。問:「承古有言,一塵徧含一切塵。如何是一塵?」師云:「乞嘹舌頭,更將一問來!」問:「學人不問,師還答也無?」師云:「將汝口掛壁上不得。」問:「一切尋常時如何?」師云:「雖然屎臭氣熏我,我且問你:晝行三千,夜行八百,你鉢盂裏什麼處著?」僧無對。師云:「脱空妄語漢。」問:「如何是教眼?」師云:「速禮三拜。」問:「承古有言,牛頭橫說竪說，不知有向上關棙子。如何是向上關棙子？」師云：「東山西嶺青。」問：「如何是露地白牛？」師云：「歸依佛，歸依法，歸依僧。」進云：「白牛何在？」師咄之。問：「樹凋葉落時如何？」師云：「體露金風。」問：「如何是布袋裏真珠？」師云：「說得麼？」問：「如何是祖宗的子？」師云：「言中有響。」

上堂云：「夫學般若菩薩，須識得衆生病，卽識得學般若菩薩病，還有人揀得麼？出來對衆揀看！」衆無語。乃云：「若揀不得，莫妨我東行西行。」

上堂云：「我今日共汝說葛藤，屎灰屎火，泥豬疥狗，不識好惡，屎坑裏作活計。所以道，盡乾坤大地，三乘十二分教，三世諸佛，天下老師言教，一時向汝眼睫上會取去。饒汝便向這裏一時明得，亦是不著便漢。無端跳入屎坑，可中於我衲僧門下過，打脚折。」時有三僧出，一時禮拜。師云：「一狀領過。」問：「如何得速超三界去？」師云：「如何得速超三界去？」進云：「是。」師云：「是卽休。」問：「終日忙忙時如何？」師云：「覿機無響路。」進云：「作麼生？」師云：「說不得。」問：「一擺淨盡時如何？」師云：「爭奈老僧何？」進云：「此是和尚分上。」師云：「這掠虛漢。」問：「如何是道？」師云：「透出一字。」進云：「透出後如何？」師云：「千里同風。」問：「古人道，知有極則事。如何是極則事？」師云：「爭奈在老僧手裏何？」進云：「某甲問極則事。」師便棒云：「吽吽，正當撥破，便道請益。這般底，到處但知亂統。近前來，我問你，尋常在長連牀上商量：向上向下，超佛越祖。你道水牯牛還有超佛越祖的道理麼？」僧云：「適來已有人問了也。」師云：「這箇是長連牀上學得底，不要有便言有，無便言無。」僧云：「若有，更披毛戴角作麼？」師云：「將知你秖是學語之流。」又云：「來，來！我更問你，諸人橫擔拄杖，道我參禪學道，便覓箇超佛越祖底道理。我且問你，十二時中，行住坐卧、屙屎送尿，至於茆坑裏蟲子、市肆賣買羊肉案頭，還有超佛越祖底道理麽？道得底，出來！若無，莫妨我東行西行。」便下座。

師見僧入來，便云：「瓦解冰消。」僧云：「學人有什麽過？」師云：「七棒對十三。」問：「如何是西來意？」師云：「長連牀上有粥有飯。」問：「承古有言，道無橫徑，立者皆危。如何是道？」師云：「普請看。」問：「如何是三乘教外一句？」師云：「闍黎一問，老僧勃跳三千里。」進云：「謝師指示。」師云：「住住，你道老僧話作麽生？」僧無對。師云：「三十年後，來與汝三十棒。」問：「大衆雲集，合談何事？」師云：「誮汝屋裏老爺。」問：「曹谿一句，闔國知聞。未審雲門一句，什麽人得聞？」師云：「闍黎不聞。」進云：「學人親近得不？」師云：「子細踟躕看。」

上堂云：「如來明星現時成道。」有僧問：「如何是明星現時成道？」師云：「近前來，近前來！」僧近前，師以拄杖打趁。

上堂，有僧出禮拜，云：「請師答話。」師召大衆，大衆舉頭，師便下座。

上堂良久，有僧出禮拜。師云：「太遲生。」僧應諾，師云：「這漆桶。」

上堂云：「有解問話者，置將一問來！」僧出禮拜，云：「請師鑒。」師云：「抛鈎釣鯤鯨，釣得箇蝦蟇。」僧云：「和尚莫錯。」師云：「朝走三千，暮走八百，作麽生？」僧無語，師便打。

上堂，僧問：「如何是本源？」師拈起拄杖云：「若是提起，卽向上去也。」僧又問：「如何是本源？」師云：「南贍部洲，北鬱單越。」問：「普賢爲什麽騎象？文殊爲什麽騎師子？」師云：「我也無象，也無師子，且騎佛殿出三門去也。」問：「如何是教意？」師云：「山河大地。」又云：「正好辨猶是曲説教意，若約提綱，卽未在。」問：「一切智通無障礙時如何？」師云：「掃地潑水相公來。」問：「隨流認得性時如何？」師云：「東堂月朗西堂闇。」問：「如何是三乘教外别傳底事？」師云：「你若不問，我卽不答；你若問，我卽朝到西天，暮歸唐土。」僧云：「乞師指示。」師云：「一不成二不是。」問：「如何是祖師西來意？」師云：「青天白日，寐語作麽？」問：「如何是佛法大意？」師云：「日裏麒麟看北斗。」問：「學人到這裏爲什麽道不得？」師云：「野狐窟裏坐。」問：「不落古今，是何曲調？」師拽拄杖便下座。

問：「如何是佛法大意？」師云：「面南看北斗。」問：「古人斬蛇，意旨如何？」師便打。問：「如何是和尚家風？」師云：「闍黎受戒太早。」問：「如何是賓中主？」師云：「騎一問。」進云：「如何是主中主？」師云：「叉手著。」進云：「賓主相去多少？」師云：「如眼如目。」進云：「合談何事？」師云：「三九二十七。」問：「自到和尚法席，不會，乞師指示。」師云：「截却你頭得麽？」問：「乞師指示，令學人頓息昏迷。」師云：「襄州米作麽價？」問：「二尊相見時如何？」師云：「不是偶然。」

上堂云：「天帝釋與釋迦老子在中庭裏相争佛法，甚閙。」便下座。

問：「如何是曹溪的的意？」師云：「老僧愛瞋不愛喜。」進云：「爲什麽如此？」師云：「路逢劒客須呈劒，不是詩人不獻詩。」問：「二尊相見，共談何事？」師云：「不決卽道。」問：「人天交接，其意如何？」師云：「對衆呈機。」

上堂云：「和尚子且須明取衲僧鼻孔，且作麽生是衲僧鼻孔？」乃云：「摩訶般若波羅蜜。今日大普請。」便下座。

問：「如何是西來意？」師云：「山河大地。」進云：「向上更有事也無？」師云：「有。」進云：「如何是向上事？」師云：「釋迦老子在西天，文殊菩薩居東土。」問：「父母俱喪時如何？」師云：「俱喪且置，那箇是你父母？」僧云：「苦痛深。」師云：「灼然，灼然。」問：「如何是大施主？」師云：「對機不辨。」問：「徹底冥濛底人來，師如何拯濟？」師云：「兩重公案，一狀領過。」問：「說教當爲何人？」師云：「近前來，高聲問！」僧近前問，師便打。問：「和尚年多少？」師云：「七九六十八。」進云：「爲什麼七九六十八？」師云：「我爲你減却五年。」

上堂云：「和尚子，直饒你道有什麽事，猶是頭上安頭，雪上加霜，棺木裏眨眼，灸瘢上更著艾燌。這箇是一場狼藉不少也，你合作麽生？各自覓箇託生處好，莫空遊州獵縣。祇欲捏搦閑言語，待老和尚口動，便問禪問道，向上向下，如何若何，大卷抄將去，揑向皮袋裏卜度。到處火爐邊，三箇五箇聚頭舉口，喃喃地，便道這箇是公才語，這箇是就處打出語，這箇是事上道底語，這箇是體語。體汝屋裏老爺老孃。喫却飯了，祇管說夢，便道我會佛法了也。將知與麽行脚，驢年得休歇麽？更有一般底，纔聞說箇休歇處，便向陰界裏閉目合眼，老鼠孔裏作活計，黑山下坐，鬼趣裏體當，便道我得箇入路也。還夢見麽？這般底打殺萬箇，有什麽罪過？喚作打底，不遇作家，至竟祇是箇掠虛漢。你若實有箇見處，拈將來共汝商量，莫空過。不識好惡，諗諗詷詷地聚頭說葛藤，莫教老僧見，捉來勘，不相當，槌折腰，莫言不道。汝皮下還有血麽？到處自欲受屈作麽？這滅胡種，盡是野狐羣隊，總在這裏作麽？」以拄杖一時趁下。

問：「十方薄伽梵，一路涅槃門。如何是一路涅槃門？」師云：「我道不得。」進云：「和尚爲什麼道不得？」師云：「是你舉話卽得。」問：「如何是法説？」師云：「大衆久立，速禮三拜。」進云：「如何是隨意説？」師云：「晨時有粥，齋時有飯。」「如何是隨宜説？」師云：「三德六味，施佛及僧。」「如何是方便説？」師云：「是汝鼻孔重三斤半。」「如何是大悲説？」師云：「歸依佛法僧。」問：「生死根源卽不問，如何是目前三昧？」師云：「吃嘹舌頭三千里。」進云：「今日得遇和尚也。」師云：「放你三十棒。」問：「乞師指示。」師云：「上大人，丘乙已。」進云：「學人不會。」師云：「化三千，七十士。」問：「不離三德六味，還有佛法也無？」師云：「祇怕你不問。」進云：「請師道。」師云：「三德六味，施佛及僧。」

上堂云：「眼睫横亘十方，眉毛上透乾坤，下透黄泉，須彌山塞却汝咽喉。還有會處麽？若會得，拽取占波國共新羅國鬬額。」

上堂云：「江西卽説君臣父子，湖南卽説他不與麽。我此間卽不如此。」良久云：「汝還見壁麽？」

上堂云：「去去！遞相鈍置，有什麽了時？」却問衆云：「我與麽道，還有過麽？」問：「如何是祖師西來意？」師云：「一不得問。」進云：「諾。」師咄云：「話也不領。」問：「今日供養羅漢，羅漢還來也無？」師云：「汝若不問，我卽不道。」進云：「請師道。」師云：「三門頭合掌，佛殿裏裝香。」問：「如何是衲僧本分事？」師云：「南有雪峰，北有趙州。」進云：「請和尚不繁辭。」師云：「不得失却問。」學云：「諾。」師便打。問：「承古有言，會卽事同一家，不會卽離牙擘齒。如何得事同一家？」師云：「亂走作麽？」

上堂云：「從上來，且是箇什麽事？如今抑不得已，且向汝諸人道，盡大地有什麽物與汝爲對爲緣？若有針鋒與汝爲隔爲礙，與我拈將來。喚什麼作佛作祖？喚什麼作山河大地日月星辰？將什麼爲四大五蘊？我與麼道，喚作三家村裏老婆説話。忽然遇著本色行脚漢，聞與麼道，把脚拽向階下，有什麼罪過？雖然如此，據箇什麼道理便與麼？莫趁口快向這裏亂道，須是箇漢始得。忽然被老漢脚跟下尋著，勿去處，打脚折，有什麼罪過？既與麼，如今還有問宗乘中話麼？待老漢答一轉了，東行西行。」有僧擬問次，師以拄杖劈口打，便下座。問：「師子嚬呻時如何？」師云：「嚬呻且置，試哮吼看。」僧應諾。師云：「這箇是老鼠啼。」

上堂云：「我有一句語，不敢望你會，還有人舉得麼？」良久云：「將謂胡鬚赤，更有赤鬚胡。」便下座。

上堂云：「不得已，且作死馬醫，向汝道是箇什麼，是東是西，是南是北，是有是無，是見是聞，是向上是向下，是與麼，是不與麼？這箇喚作三家村裏老婆説話。是你有幾箇到此境界？相當卽相當；不相當，靜處薩婆訶。」便下座。

上堂云：「諸方老和尚道：『須知有聲色外一段事。』似這箇語話，誑謼人家男女。三間法堂裏獨自妄想，未曾夢見我本師宗旨在。作麼生消得他信施？臘月三十日，箇箇須償他始得。任汝勃跳去，是你諸人各自努力，珍重！」問：「目前無一法，還免得生死不？」師云：「你驢年未免得在。」問：「如何是道？」師云：「去。」進云：「學人不會，乞師道。」師云：「闍黎公驗分明，何在重判？」問：「維摩一默，還同説也無？」師云：「痛領一問。」進云：「與麼則同説也。」師云：「適來道什麼？」問：「如何是清淨法身？」師云：「花藥欄。」進云：「便與麼會時如何？」師云：「金毛師子。」

上堂，因聞鐘鳴，乃云：「世界與麼廣闊，爲什麼鐘聲披七條？」

上堂云：「不可雪上加霜去也。珍重！」便下座。

上堂云：「諸方老禿奴，曲木禪牀上坐地，求名求利，問佛答佛，問祖答祖，屙屎送尿也。三家村裏老婆傳口令相似，識箇什麼好惡？總似這般底，水也難消。」

上堂云：「人人自有光明在，看時不見暗昏昏。」便下座。

師入京。在受春殿，聖上問：「如何是禪？」師云：「皇帝有敕臣僧對。」師在文德殿赴齋，有鞠常侍問：「靈樹果子熟也未？」師云：「什麼年中得信道生？」

上堂云：「你諸人無端走來這裏覓什麼？老僧祇解喫飯屙屎，别解作什麼？你諸方行脚參禪問道，我且問你諸方，參得底事作麼生？試舉看！」又云：「中間詭汝屋裏老爺得麼？向老漢腽臀後，覓得些子㖒唾嚼，將爲自己，便道我解禪解道，饒你念得一大藏教，擬作麼生去？古人事不得已，見你亂走，向汝道菩提涅槃，是埋没你，是釘橛繫却你。又見你不會，向汝道非菩提涅槃，知是般事，早是不著便也。又更覓他注解，這般底滅胡種族，從上來總似這般，何處到今日？我向前行脚時，有一般人與我注解，他是不惡心，被我一日覷見，是一場笑具。是我三五年不死，這般滅胡種底，一斧打折脚。如今諸方大有出世紐揑你，何不去彼中？在這裏覓什麼乾屎橛？」師便下地，以拄杖一時打趁下去。

問：「如何是萬法一決？」師云：「莫教失却問。」問：「死中得活時如何？」師云：「朝行三千，夜行八百。」問：「大衆雲集，合談何事？」師云：「今日放下，令行去也。」僧禮拜，師便打。問：「如何是學人自己？」

師云：「怕我不知。」問：「如何是透法身句？」師云：「海晏河清。」道士問：「視聽無聲無形，老君說了也。雲門一句，請師指示。」師云：「迢然西天路。」士無語。師擬下座，士云：「再請師舉揚宗旨。」師云：「道得底出來！」衆無對。師云：「與麽則辜負請主去也。」便下座。

上堂，大衆集定，師乃拈起拄杖云：「不得已，且向這裏會取。看看！三門在露柱上。」便下座。

十二時歌

夜半子，愚夫說相似。鷄鳴丑，癡人捧龜首。平旦寅，曉何人。日出卯，韓情枯骨咬。食時辰，歷歷明機是誤真。禺中巳，去來南北子。日南午，認向途中苦。日昳未，夏逢說寒氣。晡時申，張三李四會言真。日入酉，恒機何得守。黄昏戌，看見時光誰受屈。人定亥，直得分明沉苦海。

偈頌

雲門聳剔白雲低，水急遊魚不敢棲。入户已知來見解，何勞更舉轢中泥。

藥病相治學路醫，扶籬摸壁小兒戲。幽谷不語誰人測，管解師承孰不知。

康氏圓形滯不明，魔深虛喪擊寒冰。鳳羽展時超碧漢，晉鋒八博擬何憑。

是機是對對機迷，闢機機遠遠機棲。夕日日中誰有掛，因底底事隔情迷。

太陽溢目極玄微，誰人說道我渠非。句中有路人皆響，覿面難遭第一機。

丱歲依山人事稀，松下相逢話道奇。鋒前一句超調御，擬問如何歷劫違。

翫古松高雲不齊，鴻鵠鶴抱幾年棲。剖鬍同時殊有異，羽張騰漢碧霄低。萬象森羅極細微，素話當人却道非。相逢相見呵呵笑，顧佇停機復是誰。話盡途中事，言多何省機。貴人言是妙，上士見知虧。大道何曾討，無端入荒草。卷來復卷去，不覺虚生老。上不見天，下不見地，塞却咽喉，何處出氣。笑我者多，哂我者少。喪時光，藤林荒。圖人意，滯肌尩。舉不顧，卽差互。擬思量，何劫悟。咄咄咄，力韋希。禪子訝，中眉垂。抽顧頌，鑒咦！

古尊宿語録卷第十六

雲門(文偃)匡真禪師廣録中

門人明識大師賜紫守堅集

室中語要

師示衆云:「盡十方世界乾坤大地。」以拄杖一畫:「百雜碎。三乘十二分教,達磨西來,放過卽不可;若不放過,不消一喝。」

師示衆云:「西天二十八祖,唐土六祖,天下老和尚,總在拄杖頭上。直饒會得倜儻分明,祇在半途;若不放過,盡是野狐精。」師一日云:「古來老宿,皆爲慈悲之故,有落草之談,隨語識人。若是出草之談,卽不與麽。若與麽,便有重話會語。不見仰山和尚問僧:『近離甚處?』僧云:『廬山。』仰山云:『曾遊五老峯麽?』僧云:『不曾遊。』仰山云:『闍黎不曾遊山。』」師云:「此語皆爲慈悲之故,有落草之談。」師有時云:「若言卽心卽佛,權且認奴作郎。生死涅槃,恰似斬頭覓活。若説佛説祖,佛意祖意,大似將木槵子換却你眼睛相似。」擧古云:「聞聲悟道,見色明心。」師云:「作麽生是聞聲悟道,見色明心?」乃云:「觀世音菩薩將錢來買餬餅。」放下手云:「元來祇是饅頭。」師有時云:「燈籠是你自己。把鉢盂喫飯,飯不是你自己。」有僧便問：「飯是自己時如何？」師云：「者野狐精，三家村裏漢！」復云：「來來，不是你道飯是自己？」僧云：「是。」師云：「驢年夢見三家村裏漢。」師有時云：「真空不壞有，真空不異色。」僧便問：「作麼生是真空？」師云：「還聞鐘聲麼？」僧云：「此是鐘聲。」師云：「驢年夢見麼？」舉疏山和尚問僧：「什麼處來？」僧云：「嶺中來。」山云：「曾到雪峯麼？」僧云：「曾到。」山云：「我已前到時，是事不足，如今作麼生？」僧云：「如今足也。」山云：「粥足飯足。」僧無語。師云：「粥足飯足。」

舉孚上座參雪峰，峰聞，乃集衆。孚到法堂上顧視雪峰，便下看知事。明日，却上禮拜云：「某甲昨日觸忤和尚。」峰云：「知是般事便休。」時有僧問師：「作麼生是觸忤和尚處？」師便打。

舉僧問資福：「古人拈槌豎拂，意旨如何？」福云：「古人與麼那？」僧云：「拈槌豎拂又作麼生？」福便喝出。師云：「古人是什麼眼目？」僧云：「和尚作麼生？」師云：「驢年會麼？」僧無對。師復召僧：「來來！」僧近前，師以拂子驀口打。

舉三平頌云：「卽此見聞，非見聞。」師云：「喚什麼作見聞？無餘聲色可呈君。」師云：「有什麼口頭聲色？箇中若了，全無事。」師云：「有什麼事？體用無妨，分不分？」師云：「語是體，體是語。」復拈起拄杖云：「拄杖是體，燈籠是用，是分不分？不見道，一切智智清淨？」

舉一宿覺云：「幻化空身卽法身。」師拈起拄杖云：「盡大地不是法身。」

舉僧問趙州：「某甲乍入叢林，乞師指示。」州云：「喫粥了也未？」僧云：「喫粥了也。」州云：「洗鉢盂去。」師云：「且道有指示無指示？若道有指示，向他道什麼？若道無指示，者僧何得悟去？」

舉僧問雪峰:「乞師指示。」峰云:「是什麼?」其僧於言下大悟。師云:「雪峰向伊道什麼?」師有時云:「平地上死人無數,過得荆棘林是好手。」僧云:「與麼則堂中第一座有長處也。」師云:「蘇嚕蘇嚕。」

舉「無情説法」。忽聞鐘聲,云:「釋迦老子説法也。」驀拈起拄杖問僧:「者箇是什麼?」僧云:「拄杖子。」師云:「驢年夢見。」

師一日云:「三家村裏賣卜,東卜西卜,忽然卜著,也不定。」僧便問:「忽然卜著時如何?」師云:「伏惟。」

師有時云:「大用現前,不存軌則。」僧便問:「如何是大用現前?」師乃拈拄杖高聲唱云:「釋迦老子來也。」師有時以拄杖打火鑪一下,大衆眼目定動,師乃云:「火鑪𨁝跳上三十三天,見麼見麼!」衆無語。師云:「無智人前,莫説打你頭破百裂。」師有時云:「看看!法身變作燈籠,超佛越祖之談,從你脚跟下過也。」僧云:「脚跟下認得時如何?」師云:「鈍置殺我。」僧云:「與麼則迥然不在者裏也。」師云:「十萬八千。」

舉梁山語云:「光境俱忘,復是何物?」師云:「直饒與麼道,猶在半途,未是透脱一路。」僧便問:「如何是透脱一路?」師云:「天台華頂,趙州石橋。」

舉仰山云:「如來禪卽許師兄會。」僧便問:「如何是如來禪?」師云:「上大人。」又拈起扇子云:「我喚作扇子,你喚作什麼?」僧無語。師云:「扇子上説法,燈籠裏藏身,作麼生?」僧却問:「如何是和尚禪?」師叱云:「元來祇在者裏。」

擧雪峰唤僧近前來，僧近前，峰云：「去！」師擧了，問僧：「你作麽生道得叉手句？你若道得叉手句，即見雪峰。」

擧三祖云：「一心不生，萬法無咎。」師云：「衹者裏悟了。」乃拈起拄杖云：「乾坤大地，有什麽過？」

擧一宿覺云：「一切數句非數句，與吾靈覺何交涉？」師云：「行住坐卧不是靈覺，唤什麽作數句？」

擧槃山云：「光境俱忘，復是何物？」師云：「東海裏藏身，須彌山上走馬。」復以拄杖打牀一下，大衆眼目定動。乃拈拄杖趁散，云：「將謂靈利，者漆桶！」

擧僧問乾峰：「十方薄伽梵，一路涅槃門。未審路頭在什麽處？」峰以拄杖劃云：「在者裏。」師拈起扇子云：「扇子勃跳上三十三天，築著帝釋鼻孔。東海鯉魚打一棒，雨似盆傾相似。會麽？」師有時云：「諸方拈槌豎拂云：『會麽？』但云：『莫壓良爲賤。』却云：『是是。』待伊擬議，便打。」

擧教云：「心生種種法生，心滅種種法滅。」乃拈起拄杖云：「重多少？」僧云：「半斤。」師云：「驢年夢見。」

擧夾山語云：「百草頭上薦取老僧。」師合掌云：「不審不審。」又以拄杖指露柱云：「夾山變作露柱也。看看！」

擧仰山問僧：「近離甚處？」僧云：「向南山。」拈起拄杖云：「彼中還説者箇麽？」僧云：「不説。」山云：「不説者箇，還説那箇麽？」僧云：「不説。」山召大德參堂去，其僧便去。山復召其僧，僧應諾。山云：「近前來！」僧近前，山便打。師云：「仰山若無後語，争識得人？」

舉雪峰喚僧近前來，僧近前。峰云：「甚處去？」僧云：「普請去。」峰云：「去！」師云：「此是隨語識人。」

舉參同契云：「回互不回互。」師云：「作麽生是不回互？」乃以手指板頭云：「者箇是板頭，作麽生是回互？」師云：「喚什麽作板頭？」

舉「見聞覺知無障礙，聲香味觸常三昧」。師云：「一切處不是三昧行時，不是三昧有處。云聲香味觸體在一邊，聲香味觸在一邊，見解偏枯。」

舉夾山坐次，洞山到來云：「作麽生？」夾山云：「祇與麽。」師代洞山云：「不放過又作麽生？」代夾山便喝。師又拈夾山云：「祇與麽，元來祇在蝦蟇窟裏。」又云：「祇與麽也難得。」

舉祖師偈云：「法法本來法。」師云：「行住坐卧不是本來法，一切處不是本來法。祇如山河大地，與你日夕著衣喫飯，有什麽過？」又云：「法本法無法。」師拈起拄杖云：「不是本無法。」

舉傅大士頌云：「空手把鋤頭，步行騎水牛。」師云：「是你從向北騎一頭水牯牛到這裏。」乃拈起拄杖云：「不見道，千頭萬頭到這裏，但識取一頭。」

舉寶公云：「如我身空、諸法空，千品萬類悉皆同。」師云：「你立不見立，行不見行，四大五蘊不可得，何處見有山河大地來？是你每日把鉢盂喫飯，喚什麽作飯？何處更有一粒米來？」

舉「一切聲是佛聲，一切色是佛色」。師拈起拂子云：「是什麽？若道是拂子，三家村裏老婆禪也不會。」

舉南方禪客問國師：「此間佛法如何？」國師云：「身心一如，身外無餘。」師云：「山河大地何處有也？」

師有時云：「要識祖師麼？」以拄杖指云：「祖師在你頭上勃跳。要識祖師眼睛麼？在你脚跟下。」又云：「這箇是祭鬼神茶飯。然雖如此，鬼神也無厭足。」師有時云：「若説菩提涅槃、真如解脱，是燒楓香供養你。若説佛説祖，是燒黃熟香供養你。若説超佛越祖之談，是燒餅香供養你。歸依佛法僧。下去！」

師一日拈起拄杖，舉教云：「凡夫實謂之有，二乘析謂之無，緣覺謂之幻有，菩薩當體卽空。」乃云：「衲僧見拄杖，但喚作拄杖，行但行，坐但坐，總不得動著。」

舉夾山語云：「百草頭上薦取老僧，鬧市裏識取天子。」又云：「一塵纔起，大地全收。」

舉雪峰云：「三世諸佛向火焰上轉大法輪。」師云：「火焰爲三世諸佛説法，三世諸佛立地聽。」師因喫茶了，拈起盞子云：「三世諸佛聽法了，盡鑽從盞子底下去也。見麼見麼？若不會，且向多年曆日裏會取。」

舉槃山語云：「光非照境，境亦非存，光境俱忘，復是何物？」師云：「盡大地是光，喚什麼作自己？你若識得光去，境亦不可得，有什麼屎光境？光境既不可得，復是何物？」又云：「此是古人慈悲之故，重話會語，者裏儻分明去，放過卽不可，若不放過。」復舉手云：「蘇盧蘇盧。」

舉傅大士云：「禪河隨浪靜，定水逐波清。」師拈拄杖指燈籠云：「還見麼？若言見，是破凡夫。若言不見，有一雙眼在。你作麼生會？」良久復拈拄杖云：「盡大地不是浪。」

師有時拈拄杖打牀一下云：「一切聲是佛聲，一切色是佛色。你把鉢盂喫飯時，有箇鉢盂見，行時有箇行見，坐時有箇坐見，者般底作，與麽去就。」把棒一時趁散。師有時拈起拂子云：「者裏得箇入處去，捏怪也，日本國裏説禪，三十三天有箇人出來喚云咔咔，特庫兒擔枷過狀。」

舉古人道：「一處不通，兩處失功。兩處不通，觸途成滯。」師拈起拄杖云：「山河大地、三世諸佛，盡在拄杖頭上，有甚滯礙！如今明也。暗向什麽處去？祇者明便是暗。一切衆生祇被色空明暗隔礙，便見有生滅之法。」

舉一宿覺云：「六般神用空不空，一顆圓光色非色。」師拈起拂子云：「者箇是圓光，是色非色，喚什麽作色？與我拈將來看！」

舉夾山云：「百草頭上薦取老僧，鬧市裏識取天子。」師云：「蝦蟇入你耳朶裏，毒蛇穿你眼睛中，且向葛藤處會取。」

舉「十方薄伽梵，一路涅槃門」。師云：「你若不識，大食國裏人在你眼睫裏賣香藥。」

舉般若經云：「無二無二分，無別無斷故。」師乃指露柱云：「與般若經相去多少？」舉經云：「經書呪術，一切文字語言，皆與實相不相違背。」師拈拄杖云：「者箇是什麽？若道是拄杖，入地獄。不是拄杖是什麽？」

師一日拈拂子摵一下云：「日月星辰撲落地上。見麽？」良久起身云：「近後突著你眼睛。」

舉「十方薄伽梵，一路涅槃門」。師云：「者箇是屋，上頭是天，手裏是拄杖，作麽生是涅槃門？」師有時云：「彈指謦欬，揚眉瞬目，拈槌豎拂，或卽圓相，盡是撩鈎搭索。佛法兩字未曾道著，道著卽撒屎撒尿。」

舉瓦官參德山，瓦官爲侍者，同入山斫木。德山將一椀水與瓦官，官接得便喫却。山云：「會麼？」官云：「不會。」山又將一椀水與瓦官，官接得又喫却。山云：「會麼？」官云：「不會。」山云：「何不成褫取那不會底？」官云：「不會，又成褫箇什麼？」山云：「子大似箇鐵橛。」瓦官住院後，雪峰去訪。茶話次，峰云：「當時在德山會裏斫木因緣作麼生？」官云：「先師當時肯我。」峰云：「和尚離先師太早。」其時面前有一椀水。峰云：「將水來！」官便過與雪峰，峰接得便潑却。師代云：「莫壓良爲賤。」

因齋次，將餬餅一咬，云：「咬著帝釋鼻孔，帝釋害痛。」復以拄杖指云：「在你諸人脚跟下變作釋迦老子，見麼見麼？閻羅王聞說，呵呵大笑云：『者箇師僧相當去，不奈你何；若不相當，總在我手裏。』」師有時以拄杖打牀一下云：「你若是箇漢，忽然者裏聞聲悟了，一切山河大地、日月星辰，有什麼過？」

舉洛浦云：「一塵纔起，大地全收。」師云：「烏窠拈布毛，便有人悟去。」

因喫茶次，舉一宿覺云：「三身四智體中圓，八解六通心地印。」師云：「喫茶時，不是心地印。」乃拈拄杖云：「且向者裏會取。」

舉僧問雪峰：「如何是觸目菩提？」峰云：「好箇露柱有處。」云：「還見露柱麼？」師拈起拄杖云：「有底體上會事，見露柱祇喚作露柱有處。道不見有露柱，見解偏枯。見露柱但喚作露柱，見拄杖但喚作拄杖，有什麼過！」

舉僧問靈雲：「佛未出世時如何？」靈雲豎起拂子。僧云：「出世後如何？」雲亦豎拂子。師云：「前頭却實，後底打不著。」又云：「不説出不出，何處有一問時節？祇如雪峰夏末於僧堂前坐，衆纔集，峰拈起拄杖云：『者箇爲中下根人。』便有僧問：『忽遇上上人來時如何？』峰拈起拄杖。」師云：「我不似雪峰打破狼藉。」僧便問：「未審和尚如何？」師便打。

舉僧問玄沙：「如何是學人自己？」沙云：「是你自己。」師云：「没量大人，被語脉裏轉却。」有僧問：「如何是學人自己？」師云：「忽然路上有人喚衲僧齋，你也隨例得飯喫。」

師因齋次，拈起餬餅云：「我祇供養江西兩浙人，不供養向北人。」僧云：「爲什麽祇供養江西兩浙人，不供養向北人？」師云：「天寒日短，兩人共一椀。」

舉國師云：「南方佛法，半生半滅。此間身心一如，身外無餘。」師云：「喚什麽作身心一如？」又云：「汝等要識國師底麽？」自代云：「不可辜負國師去也。」

舉肅宗帝請國師看戲。國師云：「有什麽身心看戲？」帝再請，國師云：「幸自好戲。」師云：「龍頭蛇尾。」舉國師三喚侍者，侍者三應，國師云：「將謂吾辜負你，誰知你辜負吾。」師云：「作麽生是吾辜負你處？你若會得，也是無端。」又云：「作麽生是侍者辜負國師處？」師云：「粉骨碎身未報得。」

舉藥山問僧：「什麽處來？」僧云：「湖南來。」山云：「洞庭湖水滿也未？」僧云：「未滿。」山云：「許多時雨水，爲什麽未滿？」雲巖代云：「湛湛地。」洞山代云：「什麽劫中曾欠少？」師云：「祇在這裏。」

舉雪峰云：「飯籮邊坐餓死人，臨河渴死漢。」玄沙云：「飯籮裏坐餓死漢，水裏没頭浸渴死漢。」師云：「通身是飯，通身是水。」

舉僧問資福：「古人拈槌豎拂，意旨如何？」福云：「嗄。」師云：「雪上加霜。」舉僧問資福云：「如何是一塵入正受？」福作入定勢。僧云：「如何是諸塵三昧起？」福云：「你問阿誰？」師云：「這阿師話墮也不知。」又云：「前頭早是葛藤，又道你問阿誰。」

舉茱萸上堂云：「你諸人莫向虛空裏釘橛。」時有靈虛上座出衆云：「虛空是橛。」茱萸便打。虛云：「和尚莫錯打某甲。」萸便歸方丈。師云：「矢上加尖。」僧云：「和尚適來與麼道那？」師云：「槌鐘謝響，得箇蝦蟇出來。」

與僧問投子：「密巖意旨如何？」子云：「須是與麼人始得。」趙州云：「何不與他本分草料？」師問僧：「作麼生是本分草料？」僧擬議，師便打。

舉古云：「寂寂空形影。」師展兩手云：「山河大地，何處得也？」又云：「一切智通無障礙。」師云：「拄杖走到西天，却歸新羅國裏。」乃敲牀云：「這箇是你鼻孔。」

舉僧問夾山：「如何是道？」山云：「太陽溢目，萬里不掛片雲。」師云：「不喚作一句，不喚作法身，是什麼？」僧問：「如何是學人自己？」師云：「老僧入泥入水。」僧云：「某甲粉骨碎身去也。」師喝云：「大海水在你頭上。速道，速道！」僧無語。師代云：「也知和尚恐某甲不實。」師有時云：「直得乾坤大地無纖毫過患，猶是轉句。不見一色，始是半提。直得如此，更須知有全提時節。」師有時云：「泡幻同無礙。一切處不是幻，一切處不是無礙。」師有時云：「横説豎説，菩提涅槃，真如佛性，總是向下商量。直得拈槌豎拂時節，亦是横説豎説，對前頭猶較些子。」僧問：「請師向上道。」師云：「大衆久立，速禮三拜。」

舉崇壽問僧：「還見燈籠麽？」僧無語。師代云：「推倒燈籠。」

舉趙州問僧：「什麽處去？」僧云：「摘茶去。」師云：「閉口。」

舉法身説法。「青青翠竹，盡是法身，未是提綱拈掇時節。」舉有爲無三世，無爲有三世。「有爲是斷滅法，何處得三世？無爲有三世，不是守寂處法。」舉實學是葛藤言句。「拈槌豎拂時節，於實學猶在半途。」舉三種人：一人因説得悟，一人因唤得悟，第三人見舉便迴去。「你道便迴去意作麽生？」復云：「也好與三十棒。」舉法身喫飯。「早是剜肉作瘡，將謂合有與麽説話。」

舉僧問雲居：「湛然時如何？」居云：「不流。」師云：「不流説什麽湛然？」又云：「此是截鐵之言。」舉藥病相治，盡大地是藥，那箇是你自己。師云：「遇賤即貴。」僧云：「乞師指示。」師拍手一下，拈起拄杖云：「接取拄杖子。」僧接得，拗作兩截。師云：「直饒與麽，也好與三十棒。」

舉翠巖夏末上堂云：「我一夏已來與師僧説話，看翠巖眉毛在麽？」保福云：「作賊人心虚。」長慶云：「生也。」師云：「闗。」師有時云：「不敢望你有逆水之波，且不順水之意也難得。」乃舉良遂初參麻谷，谷見來，便去鋤草。良遂到鋤草處，谷都不顧，便歸方丈，閉却門。良遂連三日去敲門。至第三日，纔敲門，麻谷問：「阿誰？」良遂云：「和尚莫瞞。良遂若不來禮拜和尚，洎被經論賺過一生。」師云：「便有逆水之波，如今得入，是順水之意，亦唤作雙放時節。」又云：「麻谷問『阿誰』，良遂道『莫瞞』。良遂不是識破麻谷。相見時節，若不來禮拜和尚，洎被經論賺過一生，亦知有賺人處。」自後，良遂歸京，辭皇帝及左右街大師，大德再三相留。茶筵次，良遂云：「諸人知處，良遂總知；良遂知處，諸人不知。」師云：「作麼生是良遂知處？」

舉心經云：「無眼耳鼻舌身意。」師云：「爲你有箇眼見，所以言無不可。如今見時不可說無也，然雖如此，見一切有什麼過？一切不可得，有什麼聲香味觸法？」舉「光明寂照徧河沙」。問僧：「豈不是張拙秀才語！」僧云：「是。」師云：「話墮也。」

舉僧辭石霜。霜問：「船去陸去？」僧云：「遇船卽船，遇陸卽陸。」霜云：「我道半途稍難。」僧無語。師代云：「三十年後，此話大行。」又云：「臨行一句，永劫不忘。」

舉生法師云：「敲空作響，擊木無聲。」師以拄杖空中敲，云：「阿耶耶。」又敲板頭云：「作聲麼？」僧云：「作聲。」師云：「這俗漢！」又敲板頭云：「喚什麼作聲？」

舉僧問石霜：「教中還有祖師意麼？」霜云：「有。」僧云：「如何是教中祖師意？」霜云：「莫向卷中求。」師代云：「不得辜負老僧，却向屎坑裏坐地作什麼？」舉石霜云：「須知有教外別傳一句。」僧問：「如何是教外別傳一句？」霜云：「非句。」師云：「非句始是句。」

舉洞山云：「須知有佛向上事。」僧問：「如何是佛向上事？」山云：「非佛。」師云：「名不得，狀不得，所以言非。」舉洞山云：「塵中不染丈夫兒。」師云：「拄杖但喚作拄杖，一切但喚作一切。」舉法身清淨。「一切聲色盡是廉纖語話。不涉廉纖，作麼生是清淨？」又云：「作麼生是法身？」師云：「六不收。」又云：「三十三天二十八宿。」

舉古云：「如我身空、諸法空，千品萬類悉皆同。」師云：「身不可得，一切諸法豈是有也？所以古人道，無情有佛性。」又云：「無情不喚作法身説法。」

師有時云：「光不透脱，有兩般病：一切處不明，面前有物，是一；又透得一切法空，隱隱地似有箇物相似，亦是光不透脱。又法身亦有兩般病：得到法身爲法執，不忘己見，猶存坐在法身邊，是一；直饒透得法身去，放過卽不可，子細點檢來，有什麽氣息，亦是病。」

舉僧問國師：「如何是本身盧舍那？」國師云：「與老僧過淨瓶來！」僧取淨瓶至，國師云：「却安舊處著。」僧送安舊處，又來問：「如何是本身盧舍那？」國師云：「古佛過去久矣。」師云：「無朕跡。」

舉僧問灌溪：「久嚮灌溪，到來祇見箇漚麻池。」溪云：「你祇見漚麻池，且不識灌溪。」僧云：「如何是灌溪？」溪云：「劈箭急。」師云：「何不與第一機祇對？」

舉韋監軍見帳子畫牛抵樹。問僧：「牛抵樹？樹抵牛？」無對。師代云：「歸依佛法僧。」

舉老宿問僧：「聞説雪峰有毬子話，是不？」僧云：「不見説著。」宿云：「聞説有。」僧云：「祇是師僧亂舉。」宿云：「不亂舉底事作麽生？」無對。師代云：「某甲新到，未曾參堂。」

舉佛問外道：「汝義以何爲宗？」師代外道云：「者老和尚，我識得你也。」外道云：「以一切不受爲宗。」代佛云：「放過一著。」佛云：「汝以一切不受爲宗耶？」代外道云：「者瞿曇，莫教失却問。」

舉雪峰云：「盡大地是你，將謂別更有？」師云：「不見楞嚴經云：『衆生顛倒，迷己逐物；若能轉物，卽同如來。』」

舉教云：「諸法寂滅相，不可以言宣。」師云：「見定如今説話，何處有説不説？不見道：去不到去，來不到來。」

舉一切真如含一切。師云：「唤什麽作山河大地？」又云：「是諸法空相，不生不滅，不垢不淨。」師或拈拄杖示衆云：「拄杖子化爲龍，吞却乾坤了也。山河大地甚處得來？」師或畫圓相云：「還有人出得麽？」

舉教云：「是法住法位，世間相常住。」師云：「釋迦老子甚處去也？」

舉僧問投子：「如何是此經？」子云：「維摩、法華。」又問：「塵中不染丈夫兒時如何？」子云：「不著。」師云：「不唤作法身，不唤作第一義。亦爲説法，亦爲説真空。」

師因齋次，拈起匙筯云：「我不供養南僧，祇供養北僧。」時有僧問：「爲什麽不供養南僧？」師云：「我要鈍置伊。」僧云：「爲什麽祇供養北僧？」師云：「一箭兩垛。」有僧拈問：「祇如前意作麽生？」師云：「好卽同榮。」

師或時以拄杖打露柱一下，云：「三乘十二分教説得著麽？」自云：「説不著。」復云：「咄！者野狐精！」僧問：「祇如師意作麽生？」師云：「張公喫酒，李公醉。」

舉古云有驚人之句。僧問：「如何是驚人之句？」師云：「響。」

舉國師云：「語漸也，返常合道；論頓也，不留朕跡。」師云：「拈槌豎拂，彈指時節。若檢點來，也未是無朕跡。」

師有時拈拄杖云：「乾坤大地，殺活總在這裏。」僧便問：「如何是殺？」師云：「七顛八倒。」僧云：「如何是活？」師云：「要作飯頭。」僧云：「不殺不活時如何？」師便起云：「摩訶般若波羅蜜。」師有時云：「遇人卽途中受用。」乃拈起拄杖云：「拄杖不是途，説話不是途。」

舉「法身喫飯，幻化空身卽法身」。師云：「乾坤大地何處有也。物物不可得，以空喫空。若約點檢來，將謂合有與麼説話。」

舉「應化非真佛，亦非説法者」。師曰：「應化之身説，卽是法身説，亦喚作覿體全真。以法身喫法身。」又云：「飯不是法身，拄杖不是法身。」師有時云：「宗門七縱八横，殺活臨時。」僧便問：「如何是殺？」師云：「冬去春來。」僧云：「冬去春來時如何？」師云：「横擔拄杖，東西南北，一任打野榸。」

示衆云：「任你横説豎説，未是宗門苗裔。若據宗門苗裔，是甚熱椀鳴？三乘十二分教説夢，達磨西來説夢。若有老宿開堂爲人説法，將利刀殺却百千萬箇，有什麼過？」又云：「將謂合有與麼説話底道理。」

師一日云：「拈槌豎拂、彈指揚眉、一問一答，並不當向上宗乘。」僧便問：「如何是向上宗乘？」師云：「地下閻浮，大家總道得。祇如鬧市裏坐朝時，猪肉案頭、茆坑裏蟲子，還有超佛越祖之談麼？」僧云：「有底不肯。」師云：「有底不肯，不可商量時便有，不商量時便無也。若約那箇語話，體上會事，直言未到，見解偏枯。」師有時云：「我尋常道：『一切聲是佛聲，一切色是佛色，盡大地是法身，枉作箇佛法中見。』如今見拄杖，但喚作拄杖，見屋但喚作屋。」師有時云：「作而無作，用而無用。」乃拈起拄杖云：「不是用而無用，喚什麽作拄杖？」

舉丹霞云：「百骸俱潰散，一物鎮長靈。」師云：「拄杖不可不靈也，喚什麽作百骸，甚處得來？」

舉「一切賢聖，皆以無爲法而有差别」。師云：「拄杖不是無爲法，一切不是無爲法。」

舉誌公云：「鷄鳴丑，一顆圓光明已久。」師云：「腦後卽不問，你三千里外道將一句來！」

舉睦州喚僧；趙州喫茶入水之義；雪峰輥毬；歸宗拽石；經頭以字；國師水椀；羅漢書字。「諸佛出身處，東山水上行，總是向上時節。」

示衆云：「直得觸目無滯，達得名身句身一切法空。山河大地是名，名亦不可得。喚作三昧性海俱備，猶是無風匝匝之波。直得忘知於覺，覺卽佛性矣。喚作無事人，更須知有向上一竅在。」師有時云：「一切處無不是説法。打鐘打鼓時，不可不是。若與麽，一切處亦不是有，一切處亦不是無。」又云：「不可説時卽有，不説時便無也。若約提唱卽未在，爲人門中卽得。」

舉「生死涅槃合成一塊」。乃拈起扇子云：「是什麽？不是合成一塊，得與麽不靈利？直饒與麽，也是鬼窟裏作活計。」

舉僧問南泉：「牛頭未見四祖時，爲什麽百鳥銜花獻？」泉云：「步步蹋佛階梯。」僧云：「見後爲什麽不銜花獻？」泉云：「直饒不來，猶較王老師一線道。」師云：「南泉祇解步步登高，不解從空放下。」僧云：「如何是步步登高？」師云：「香積世界。」僧云：「如何是從空放下？」師云：「塡溝塞壑。」師有時云：「若問佛法兩字，東西南北，七縱八横，朝到西天，暮歸唐土。雖然如此，向後不得錯舉。」

舉祖師偈云：「心隨萬境轉，轉處實能幽。」僧問：「如何是轉處實能幽？」師云：「吃嘹舌頭，老僧倒走三千里。」又問：「如何是隨流認得性？」師云：「饅頭䭔子，摩訶般若波羅蜜。」

舉玄沙與韋監軍茶話次，軍云：「占波國人語話稍難辨，何況五天梵語，還有人辨得麼？」玄沙提起托子云：「識得這箇卽辨得。」師云：「玄沙何用繁辭！」又云：「適來道什麼？」又云：「有什麼難辨？」

舉古人云：「以空名，召空色。」師云：「拄杖不是空名，召得不是空色，喚什麼作拄杖不是空名？」

因南泉示衆云：「自小養一頭水牯牛，擬向溪東放，不免食他國王水草；擬向溪西放，不免食他國王水草。不如隨處納些些，他總不見。」復有僧舉似師，師云：「南泉水牯牛，隨處納些些。你道在牛内納，牛外納？直饒你向這裏説得納處分明，我更問你索牛在。」後長慶云：「你道古人前頭爲人，從頭爲人？」

舉王大王向雪峰道：「擬蓋一所佛殿去如何？」峰云：「大王何不蓋取一所空王殿！」大王云：「請師樣子。」峰展兩手。」師云：「一舉四十九。」

舉報慈讚龍牙偈云：「日出連山，月圓當户。不是無身，不欲全露。」有僧問：「請師全露。」龍牙撥開帳子云：「還見麽？」僧云：「不見。」牙云：「將眼來！」後報慈聞舉，云：「龍牙祇道得一半。」師令僧舉，我與你道。其僧便舉。師云：「我不妨與你道。」師有時云：「諸方盡向繩墨裏脱出，我者裏卽不然。」僧問：「未審和尚如何？」師云：「草鞋三十文買。」

舉「攬真成立，色相宛然，一切法不遷」。僧便問：「作麽生是不遷？」師云：「還見燈籠麽？」僧云：「見。」師云：「静處薩婆訶。」

示衆云："你等諸人每日上來下去，問訊卽不無。若過水時，將什麼過？"有久住僧對云："步。"師深喜之。

舉僧辭大隨，隨問："什麼處去？"僧云："峨嵋禮拜普賢去。"隨拈起拂子云："文殊普賢總在者裏。"其僧畫一圓相，抛向背後，却展兩手。隨云："侍者將一貼茶來與者僧。"師舉了云："我卽不與麼。"有僧云："和尚又如何？"師云："西天斬頭截臂，者裏自領出去。"

舉黄檗一日舉手作捏勢云："天下老和尚總在者裏。我若放一線道，從汝七縱八横。若不放過，不消一捏。"僧問："放一線道時如何？"檗云："七縱八横。"又問："不放過，不消一捏時如何？"檗云："普。"復有僧問師："如何是七縱八横？"師云："念老僧年老。"僧云："如何是普？"師云："天光迴照。"僧云："如何是天光迴照？"師云："骼胔少人知。"師有時云："一顆圓光明已久。還有人問麼？"僧便問："如何是一顆圓光明已久？"師云："西天斬頭截臂。"又云："除却須彌山，拈却佛殿脊。"

師一日披袈裟云："我抖擻法身也。"總無對。師云："汝問我。"僧便問："和尚抖擻法身，意旨如何？"師云："我也知你親。"

舉玄沙示衆云："諸方老宿盡道接物利生，忽遇三種病人來，作麼生接？患盲者，拈槌豎拂他又不見；患聾者，語言三昧他又不聞；患瘂者，教伊説又説不得。且作麼生接？若接此人不得，佛法無靈驗。"有僧請益師。師云："你禮拜著。"僧禮拜起，師以拄杖便挃。僧退後，師云："你不是患盲。"復喚近前，僧近前，師云："你不是患聾。"乃豎起拄杖云："還會麼？"僧云："不會。"師云："你不是患瘂。"其僧於此有省。

舉古云：「一言纔舉，大地全收。」師云：「且道是什麼言？」自云：「春鳥啼時西嶺上。」遂令僧：「你問我！」僧便問：「是什麼言？」師云：「噫。」

舉馬大師云：「一切語言是提婆宗，以此箇爲主。」師云：「好語，祇是無人問。」僧便問：「如何是提婆宗？」師云：「西天九十六種，你是最下種。」

舉肇法師云：「諸法不異者，不可續鳧截鶴，夷嶽盈壑，然後爲無異者哉！」師云：「長者天然長，短者天然短。」又云：「是法住法位，世間相常住。」乃拈起拄杖云：「拄杖不是常住法。」

舉古云：「一念劫收一切智。」師拈起拄杖云：「乾坤大地總在上頭。若透得去，拄杖也不見有。直饒與麼，也是不著便。」

舉須菩提説法，帝釋雨華。尊者問曰：「此華從天得耶？」帝曰：「弗也。」「從地得耶？」帝曰：「弗也。」「從人得耶？」帝曰：「弗也。」「從何得耶？」帝釋舉手。尊者云：「如是如是。」師云：「帝釋舉手處作麼生？與你四大五蘊、釋迦老子同別？」

舉世尊初生下，一手指天，一手指地，周行七步，目顧四方，云：「天上天下，唯我獨尊。」師云：「我當時若見，一棒打殺與狗子喫却，貴圖天下太平。」

舉禾山示衆云：「有作家戰將麼？出來！」時有僧出云：「未審彼中還有也無？」師云：「格。」

舉僧問雪峯：「佛未出世時如何？」峯横按拄杖而坐。師云：「常。」

生按過!」

舉德山問維那:「有幾人新到?」那云:「八人。」山云:「喚典座來,一時生按過。」師拈云:「更説什麽汙人好。」

舉雪峯勘僧:「什麽處去?」僧云:「識得卽知去處。」峯云:「你是了事人,亂走作什麽?」僧云:「莫塗汙人好。」峯云:「我卽塗汙你,古人吹布毛作麽生?與我説來看!」僧云:「殘羹餿飯,已有人喫了也。」師別前語云:「築著便作屎臭氣。」代後語云:「將謂是鑽天鷂子,元來是死水裏蝦蟇。」

舉韶山勘僧云:「莫便是多口白頭因麽?」因云:「不敢。」山云:「有多少口?」因云:「偏身是。」山云:「大小二事,向甚處屙?」因云:「向韶山口裏屙。」山云:「有韶山口,卽向韶山口裏屙;無韶山口,向甚處屙?」因無語,山便打。師代云:「這話墮阿師,放你三十棒。」又代云:「將謂是師子兒。」又云:「韶山今日瓦解冰消。」

舉僧到曹谿,有守衣鉢上座提起衣云:「此是大庾嶺頭提不起底。」僧云:「爲什麽在上座手裏?」座無語。師云:「彼彼不了。」師代云:「遠嚮不如親到。」又云:「將謂是師子兒。」

舉睦州問僧:「莫便是清華嚴麽?」僧云:「不敢。」州云:「夢見華嚴麽?」僧無語。師云:「門前大狼藉生。」

舉湖南報慈垂語云:「我有一句子偏大地。」僧便問:「如何是偏大地底句?」慈云:「無空缺。」師云:「不合與麽道。」別云:「何不庵外問?」

舉南泉示衆云:「昨夜三更文殊、普賢相打,各與二十棒,貶向二鐵圍山。」趙州出衆云:「和尚棒教誰喫？」泉云：「王老師有什麽過？」州便禮拜。師代云：「深領和尚慈悲，某甲歸衣鉢下，得箇安樂。」

舉崇壽見僧做餬餅次，隔牕問云：「你還見我麽？」僧云：「不見。」壽云：「還我餬餅錢來！」僧無語。師代云：「和尚禮拜餅鑪好。」

舉僧問趙州：「如何是妙峯頂？」州云：「不答你者話。」僧云：「爲什麽不答？」州云：「我若答，落在平地。」師代云：「俱胝和尚。」

舉長慶見僧來，云：「何得無禮！」師代云：「某甲罪過。」又云：「甲辰乙巳。」

舉長慶問秀才云：「佛教云：『衆生日用而不知。』儒書亦云：『日用而不知。』不知箇什麽？」秀才云：「不知大道。」師云：「灼然不知。」

舉僧問睦州：「靈山還有蛇不？」州云：「者蚯蚓！」師代云：「白骨連山。」

舉長慶拈拄杖云：「識得這箇，一生參學事畢。」師云：「識得這箇，爲什麽不住？」

舉雲巖掃地次，道吾云：「何得太區區生？」巖云：「須知有不區區者。」吾云：「與麽則第二月也。」巖竪起掃帚云：「這箇是第幾月？」吾拂袖出去。師云：「奴見婢殷勤。」

舉仰山問俗官云：「官居何位？」官云：「推官。」山乃竪起拂子云：「還推得這箇麽。」官無語。師代云：「久嚮和尚。」

舉僧到翠巖，值巖不在，乃下看主事。主事云：「參見和尚也未？」僧云：「未。」主事却指狗子云：「要見和尚，但禮拜者狗子。」僧無語。後翠巖歸，聞此語云：「作麽生道免得與麽無語？」師代云：「欲觀其師，先觀弟子。」

舉座主就華嚴講，請翠巖齋，巖云：「山僧有箇問，座主若道得，即齋。」巖便拈起餬餅云：「還具法身麼？」主云：「具法身。」巖云：「與麼則喫法身也。」主無語。本講座主代云：「有什麼過？」巖不肯，東使云：「諾，諾。」師代云：「特謝和尚降重空筵。」

舉雪峯示衆云：「世界闊一丈，古鏡闊一丈；世界闊一尺，古鏡闊一尺。」玄沙指面前火鑪云：「火鑪闊多少？」峯云：「似古鏡闊。」沙云：「這老漢脚跟未點地在。」後東使拈問僧：「爲復古鏡致火鑪與麼大，火鑪致古鏡與麼大？」西院云：「與麼問人也未可在。」師云：「餿飯泥茶鑪。」

舉僧問雲居：「山河大地從何而有？」居云：「從妄想有。」僧云：「與某甲想出一鋌金得麼？」居便休去。僧不肯。師聞得，云：「已是葛藤，不能折合得。待伊道想出一鋌金得麼？拈拄杖便打。」

舉閩中韋監軍尋常見僧云：「某甲待官滿，出江西湖南置一問，問殺江西湖南老宿。」僧云：「監軍作麼生問？」軍云：「不勞手脚。」僧無語。師代云：「話墮也。」又云：「伏惟尚饗。」

舉王太傅問北院云：「古人道，普現色身，徧行三昧。佛法爲什麼不到北俱盧洲？」院云：「祇爲徧行，所以不到？」師云：「如法置一問來！」

舉王太尉入佛殿，指鉢盂問僧：「這箇是什麼鉢？」僧云：「藥師鉢。」尉云：「祇聞有降龍鉢。」僧云：「待有龍即降。」尉云：「忽遇拏雲攫浪來，又作麼生？」僧云：「他亦不顧。」尉云：「話墮也。」玄沙云：「盡你神力，走向什麼處去？」保福云：「歸依佛法僧。」百丈作覆鉢勢，師云：「他日生天，莫辜負老僧。」

舉地藏問崇壽：「你久後將什麼利濟於人？」壽云：「無不利濟。」藏云：「無一法得利濟。」師云：「直饒與麼也好喫棒。」又云：「當時但喚近前來，已後教伊無鵮啄處。」

舉泉州王太傅問僧：「上座住甚處？」僧云：「半月山。」傅云：「忽遇月頭月尾，又作麼生？」僧無語。師代云：「將謂與麼，更有與麼。」舉龍牙尋常道：「雲居師兄得第二句，我得第一句。」西院云：「衹如龍牙與麼道，還扶得也無？」師云：「須禮拜雲居始得。」西院云：「傍觀者哂。」

舉崇壽問僧：「還見燈籠麼？」僧云：「見。」壽云：「兩箇。」師代云：「三頭兩面。」又云：「七箇八箇。」

古尊宿語録卷第十七

雲門(文偃)匡真禪師廣録中

門人明識大師賜紫守堅集

垂示代語

師因不安，云："打草鞋行脚去。"無對。師云："汝問，我與汝道。"僧便問："和尚什麽處去？"師云："四維上下，對機設教去。"代前語云："和尚宜喫薑附湯。"

上堂云："劄久雨不晴。"代云："一箭兩垛。"或云："遇賤卽貴，遇明卽暗。"代云："一起一倒。"一日云："咬齒一句作麽生道？"代云："合。"或云："初秋夏末，責情三十棒。"代云："某甲如是。"問僧："新羅國與大唐國是同是别？"代云："僧堂佛殿，厨庫三門。"

上堂云："教意提不起，過在什麽處？"代云："爲你蝦蟇活。"

上堂云："你道古佛與露柱相交，是第幾機？"無對。師云："汝問，我與汝道。"僧便問。師云："一條條三十文。"代前語云："南山起雲，北山下雨。"僧又問："作麽生是一條條三十文？"師云："打與。"一日云："商量舉覺箇什麽？"代云："鹽貴米賤。"或云："佛法兩字拈却成得箇什麽？"代云："死蝦蟇。"或云：

「佛法不用學，燈籠露柱欺你去。作麽生得不欺你去？」代云：「趙州南，石橋北。」

一日云：「古人面壁閉却門，還透得這裏麽？」代云：「這裏是什麽乾屎橛？」又云：「一。」或云：「般柴來去、行住坐卧、四威儀中，還出得釋迦老子鼻孔麽？」代云：「和尚也是量才補職。」師或舉手云：「古佛爲什麽不到這裏？」代云：「不可降尊就卑。」因僧設報慈和尚齋，師問僧：「汝道報慈和尚有幾身？」代云：「今日齋飯如法。」問僧：「般柴來去，普賢菩薩在什麽處？」代云：「般柴早是辛苦。」

上堂，大衆集定。云：「是大過患，子細點檢。」代云：「不用別人。」問僧：「世間是什麽人罪最重？」代云：「平出。」一日云：「古人道：『一句合頭語，萬劫繫驢橛。』作麽生明得免此過？」代云：「趙州石橋，嘉州大像。」或云：「虛空還有長短也無？」代云：「這箇師僧得與麽肥，這箇師僧得與麽瘦。」一日云：「常徒之見，過在什麽處？」代云：「洎作箇中會。」

上堂，大衆集定。云：「有理不伸，死而不弔。有理能伸，罕遇奇人。置將一問來！」代云：「過。」師有時問僧：「作麽生？」代云：「少喫。」或云：「是你諸人繞天下行脚，不知有祖師意。露柱却知有祖師意，你作麽生明得露柱知有祖師意？」代云：「九九八十一。」

示衆云：「一舉不再説，作麽生是一舉？」又云：「你若不相當，且覓箇入頭路，微塵諸佛盡在你舌頭上，三藏聖教在你脚跟下，不如悟去好。還有人悟得麽？出來道看！」代云：「養子之緣。」代前語云：「長安雖樂。」

上堂，大衆集定。云：「風不來，樹不動。」便下座。代云：「樹折船沉。」或云：「第一句作麽生道？若道不得，作麽生得心息？」代云：「和尚莫要草鞋拄杖麽？」一日云：「從上古人作麽生辨人？」代云：「城地因君置。」

師因摘茶，云：「摘茶辛苦，置將一問來！」無對。又云：「你若道不得，且念上大人。更不相當，且順朱。」代云：「功不浪施。」代前語云：「勞而無功。」或云：「今日二十七，拈向什麽處？」代云：「壁上掛。」問僧：「三乘十二分教，什麽人承當得？」代云：「沙彌童行。」一日云：「汝作麽生辨得無礙法？」代云：「閑家具。」或云：「還有句内藏身麽？」代云：「領。」一日云：「京華還有棟梁也無？」代云：「家家觀世音。」或云：「不相當，且順朱識取好。」代云：「因學人置得。」

示衆云：「劄啣難，七九六十三，作麽生道？」代云：「不可總無人去也。」又云：「泊合向後道。」師或云：「日裏來往，日裏辨人。忽然中夜教取箇物來，未曾到處作麽生取？」代云：「瞞却多少人。」

示衆云：「看看！佛殿入僧堂裏去也。」代云：「羅浮打鼓韶州舞。」

上堂，拈起拄杖云：「看看！三千大千世界一時揺動。」便下座。代云：「拽。」一日云：「作麽生是雙明一句？」代云：「一箭兩垛。」或云：「作麽生是不瞞人底句？」代云：「莫道這箇是瞞人底。」一日云：「泥水不分，過在什麽處？」代云：「昨日莫徭人設齋。」或云：「日裏來往總識你，作麽生是影身一句？」代云：「某甲亦見日頭從東邊上。」一日云：「盡力作麽生道？」代云：「五箇餬餅三椀茶。」或云：「作麽生是平伸一問？」代云：「便擲傍僧。」一日云：「空不異色，作麽生道？」代云：「園頭甚要。」或云：「作麽生是不沉影底句？」代云：「現。」

上堂，大衆集。師良久云：「久雨不晴。」代云：「一棚兩當蓋覆將來！」一日云：「教中有言，謗斯經故獲罪如是。拈却當門齒將經來！」代云：「不空罥索。」或云：「你多年在叢林裏。」乃舉手便放下云：「向後不得與麽。」代云：「若與麽，便成辜負和尚。」一日云：「昨日有一句語不敢望你會，還有人舉得麽？」代云：「驀。」又云：「走殺多少人。」

上堂，大衆集定。云：「總上來也，各自東行西行。」便下座。代云：「不少。」或云：「古人一言悟道，觸緣見性。拈起作麽生商量？」代云：「雲居鼓上藍鐘。」一日云：「日裏來往，上上下下，一問一答。住汝當荷夾差一問來。作麽生當荷？」代云：「謂言侵早起，更有夜行人。」又云：「一起一倒。」又云：「生在冀州。」

上堂云：「乾坤側，日月星辰一時黑。作麽生道？」代云：「好事不如無。」師因説事了，起立以拄杖打禪牀一下，云：「適來如許多葛藤，貶向什麽處去？靈利底卽見，不靈利底著我熱瞞。」代云：「雪上加霜。」

示衆云：「日月傍照三天下，正照四天下。我與你注破了也。一句道將來！」代云：「東弗于代、西瞿耶尼。」或云：「佛法不用道著，世間什麽物最貴？」代云：「莫道這箇是賤底。」又云：「乾屎橛。」一日云：「今日十五入夏也，寒山子作麽生？」代云：「和尚問寒山，學人對拾得。」或云：「你諸人傍家行脚，還識西天二十八祖麽？」代云：「坐底坐，卧底卧。」又云：「少喫。」

因齋次，指白磁器云：「這箇知有超佛越祖之談。」代云：「五九四十五。」又云：「和尚自喫飯。」一日云：「是你傍家行脚，作麼生是不落賓主底句？道將來！」代云：「便出去。」或云：「是你師僧在江西湖南所在過夏，衣鉢分付什麼人了來？」代云：「不是瞞却一人來。」又云：「不作大人相。」一日云：「非貴賤，據什麼？」代云：「鰕跳不出斗。」

示衆云：「看看！殺了也。」便作倒勢。云：「會麼？若不會，且向拄杖頭上會取。」代云：「龍頭蛇尾，蛇尾龍頭。」又代作倒勢。一日云：「我每日共你葛藤，不能到夜。如今在這裏置將一問來。」代云：「祇恐和尚不答。」或云：「作麼生是脚跟下一句？」代云：「有麼？」師或問僧：「你爲什麼帶累我？」代云：「某甲帶累和尚。」或云：「作麼生出得這裏？」代云：「朝遊羅浮，暮歸檀特。」一日云：「明己底人，還見有己麼？」代云：「把將來！」又代展兩手。或云：「作麼生是鼈舌一句？」代云：「和尚祇待某甲道。」一日云：「你師僧繞天下行脚，見老和尚開口，便上來東聽西聽。何不向洗鉢盂處置將一問來！」代云：「也知和尚爲物之故。」

因見火頭，云：「你辛苦，我賞你這箇拄杖子，吞却祖師也。」無對。代云：「功不浪施。」又云：「禍不單行。」師因披衲衣，云：「古人道，披衣蓋乾坤。」乃拈起衲衣抖擻，云：「北斗一時黑作麼生？」代云：「也知和尚出身早。」又云：「不道與麼去。」或云：「佛法還有變易也無？」代云：「鉢盂鞋履拄杖針筒。」一日云：「佛法拈却我不問，你還有識世諦法麼？」代云：「某甲若道有，被和尚領過。」或云：「摩毚顯正，過在什麼處？」代云：「有什麼過？」

示衆云：「大衆，函蓋乾坤，目機銖兩，不涉春緣，作麼生承當？」代云：「一鏃破三關。」師或云：「南來北往，飛禽走獸，爲什麽却有異？」代云：「辨却多少人？」或云：「你諸人擔鉢囊行脚，不知有佛法；佛殿上蚩吻，却知有佛法。」代云：「佛殿裏裝香，三門外合掌。」師或以拄杖一劃云：「微塵諸佛盡在這裏，還辨得盡麽？」代云：「日出東方夜落西。」

一日云：「作麽生是扣門一句？」代云：「打。」或云：「迷本底人觸途俱滯，悟本底人爲什麽有四大見？」代云：「益州附子建州薑。」師或云：「你諸方愛答話，還有透不得底句麽？」代云：「來。」或云：「達磨西來，爲什麽難得兒孫？」代云：「放。」師因説事了，起立云：「你諸人忽然今夜總悟去，早起將刀截却我頭。我説了也。」乃拈衲衣抖擻，云：「作麽生？」代云：「學人不得辜負和尚。」或云：「口祇堪喫飯，你道古人拈槌竪拂，揚眉動目，作麽生辨？」代云：「潙山笠子江西别。」又云：「龍頭蛇尾。」或云：「佛法中菩提涅槃、真如解脱，並爲增語。汝道世諦以何爲增語？」代云：「鬧市裏一箇兩箇。」又云：「菩提涅槃。」師或云：「古人道：『觸目是道。』拈却醬甕，阿那箇是道？」無對。師云：「蒼天，蒼天。」代前語云：「是什麽心行？」或云：「見卽不可子細看。」代云：「長安雖樂。」示衆云：「十五日已前不問你，十五日已後道將一句來！」代云：「日日是好日。」

上堂，良久云：「鈍置殺人。」便下座。代云：「不獨。」因看誌公頌，問僧：「半夜子心住，無生卽生死。古人意作麽生？」代云：「不可總作野狐精見解也。」或云：「古人道：『人人盡有光明在，看時不見暗昏昏。』作麽生是光明？」代云：「厨庫、三門。」又云：「好事不如無。」一日云：「佛法大殺有，祇是舌頭短。」代云：「長也。」又云：「大斧斫了手摩抄。」師齋次，問僧：「應是從前叢林學得底言語總拈却，你道我飯作麼生滋味？」代云：「菜裏少鹽醋。」或云：「是你諸人行脚，須知有隔身句。作麼生是隔身句？」代云：「初三十一。」或云：「大智非明，真空絶跡。還有人明得這箇道理麼？若有人明得，出來道看！」代云：「捏。」問僧：「常徒底人，過在什麼處？你與我拈出來！」代云：「不可平地生堆阜。」又云：「和尚佛法身心何在？」或云：「一言纔舉，千差同轍。是什麼言？」代云：「如是我聞。」又云：「要道，有什麼難！」

因見狗子，乃打一下云：「你爲什麼咬這露柱？」代：「但以脚趯狗子，便去。」舉華嚴經云：「『金色光明雲，青色光明雲。』你道我尋常還有這箇時節麼？」代云：「亦不得屈着和尚。」因開法堂門，云：「作麼生是入門一句？」有僧云：「諾。」師云：「漆桶。」無對。代云：「掩面出去。」代後語云：「道著。」一日，衆集定。云：「莫錯認一着。」便下座。代云：「謝和尚重重相爲。」或云：「是你諸人行脚，須知有人頭路。還有人道得麼？出來道看！」代云：「也不得辜負和尚。」

示衆云：「中有一寶，祕在形山。拈燈籠向佛殿裏，將三門來燈籠上。作麼生？」代云：「逐物意移。」又云：「雷起雲興。」一日云：「宗門作麼生舉令？」代云：「吽。」師或云：「阿耶耶，新羅國裏打鐵，火星燒著我指頭。」自代云：「非但指頭。」師或云：「從上祖師、三世諸佛説法，山河大地草木爲什麼不省去？」代云：「新到行人事。」又云：「和尚京中喫麵多。」師或云：「萬法紜紜。三世諸佛、天下老和尚一時出頭，過在什麼處？」代云：「著什麼來由？」一日云：「忽然有一箇老宿把弓刀按劒，入地獄如箭射。還有人會得這箇時節麼？」代云：「鑰匙在和尚手裏。」或云：「古人道，難得不錯怪人句。作麼生是不錯怪人句？」代云：「争塞得人口！」一日云：「眼睫横亘十方，眉毛上透乾坤，下透黄泉；須彌塞却你咽喉。還有人會得麽？若有人會得，拽取占波共新羅鬬額。」代云：「哂。」或云：「古人道，聲香味觸常三昧。我與你葛藤。」乃拈拄杖云：「這箇拄杖子是三昧。你若識得拄杖子，即識得天下老宿。」又云：「你若識得拄杖子，未夢見天下老宿脚跟下一莖毛。」代云：「和尚不使別人。」一日云：「一箭兩垜，作麽生？」代云：「長安雖樂。」或云：「日謝，樹無影。這箇是佛殿，那箇是無影？」代云：「泊分南北。」一日云：「作麽生道，得不落第二問？」代云：「洪州鞋履。」一日拈起拄杖云：「解脫深坑勃跳。」代云：「出。」或云：「一語明得，不要分外。」代云：「將謂是天地。」師或云：「塵無自性，攬真成立。作麽生是成立底事？」代云：「五尺拄杖三尺竹。」一日云：「說，即天地懸殊；不說，即眼睫裏藏身，眉毛上勃跳。」代云：「三三。」或云：「古人道，一語無二語。作麽生是一語？」代云：「早朝粥，齋後茶。」師或拈起拄杖云：「是你諸人作麽生辨雲門？雲門作麽生辨你諸人？」代云：「平。」問僧：「佛法還有青黃赤白也無？」代云：「東方甲乙木，西方庚辛金。」一日云：「作麽生是塵中辨主？」代云：「道州去江華不遠。」師或云：「有一人問著，口似木楔；有一人問著，口似懸河。你道二人過在甚處？」代云：「有過即拈出。」

示衆云：「叢林言話即不要，作麽生是宗門自己？」代但展兩手。或云：「迷身一句作麽生道？」代云：「何處有也？」或云：「目前不溺作麽生道？」代云：「下不舉上。」

示衆云：「江西即說君臣父子，湖南即說他不與麽。我此間總不如是，你還識壁麽？」代云：「何異？」一日云：「作麽生是不續再問？」代云：「秋風過去春風至。」

因齋時聞鼓聲。師云：「釋迦老子叫喚也。」時有僧問：「未審釋迦老子叫喚作麽？」師云：「你與麽，驢年夢見麽?」代云:「今日喫飯甚是遲。」或云:「我今年老七十八也,所作事難也。」良久問僧:「你道淨瓶年多少?」無對。代云:「甲子會。」一日云:「靈利底人難得。作麽生是靈利底人?」代云:「不妨。」或云:「問一答十問十答百底人,從什麽處來?」代云:「西京來。」一日云:「會佛法底人,共什麽人語話?」代云:「行者。」問僧云:「三藏聖教、天下老和尚言語,總拈却蝦蟇口裏。道將一句來!」代云:「昨日新雷起。」師舉古人道:「讀經千徧,紙上見經不識,忽然國師問你,作麽生?」又云:「忽然國師拈起,作麽生?」代前語云:「唵。」代後語云:「朝看華嚴,夜讀般若。」或云:「凡有請問,不得離於祇對,作麽生道?」代云:「路逢劒客須呈劒。」一日云:「作麽生是一句通褒貶?」代云:「雖是善因,而招惡果。」或云:「行住坐卧、著衣喫飯是法身。那箇是你四大?」代云:「和尚今年年尊。」一日云:「你若辨我,我辨你,是尋常。更有一條作麽生辨?」代云:「識。」或云:「節角語須是箇人始得。作麽生是節角語?」代云:「摩斯吒落水。」一日云:「繞天下行脚辨人底人,你道具什麽眼?」代云:「聽水。」

上堂云:「遇人卽鼻孔遼天。」便下座。代云:「識好惡。」師或云:「鬧市裏道將一句來!」代便唱聲云:「人家莫點燈火。」

上堂云:「爲衆竭力,禍出私門。」代云:「衆禍已除。」或云:「照盡一句,作麽生道?」代云:「某甲不欲開蝦蟇口。」師在餬餅寮喫茶,云:「不向汝道罪過。」無對。復云:「第一須忌火。」便起去。代云:「大衆不得辜負和尚。」師或云:「佛法大殺有,祇是灸瘡痛。」代云:「灸瘡痛猶可。」一日云:「臨坑不損人。」代云:「也是。」又云:「某甲識好惡。」或云:「古人道,舉卽易,作麽生?」代云:「以貌取人。」一日云:「驀點是什麼時節？」代云：「不可道是蝦蟇蛤蚾。」或云：「不是雲門罪過。」便起去。代云：「事不孤起。」師或云：「已事若明，始消他供養。作麼生是你明底事？」又云：「舉一明三，萬里崖州。」代云：「一切由和尚。」代前語云：「飽。」師或拈起拄杖問僧：「這箇汝不得道著，作麼生是衲僧孔竅？」無對。又云：「你若道不得，向鼻孔裏道將一句來！」代云：「新羅火鐵鄆州針。」又云：「疋上不足。」

因僧來參，師拈起袈裟云：「你若道得，落我袈裟綣繢裏；你若道不得，又在鬼窟裏坐。作麼生？」代云：「某甲無氣力。」或云：「不明己底人，過在什麼處？」代云：「大人不合如此。」一日云：「放下一句無不盡。」代云：「養子之緣。」或云：「不用指東劃西，什麼人會佛法？」代云：「三家村裏老翁婆。」一日云：「你若衣鉢下坐，縛殺你；你若走上來，走殺你。作麼生是不停之句？」代云：「速。」或云：「新羅國裏置將一問來！」代云：「便請。」一日云：「萬法從甚處起？」代云：「糞堆頭。」師或云：「第一句作麼生道？你若明得，陝府鐵牛吞却乾坤。」代云：「謝和尚重重相爲。」一日云：「作麼生是問中具眼？」代云：「瞽。」

示衆云：「舉一不得舉二，你若舉二，放你舉三。」代云：「開。」師或云：「天堂地獄，鑊湯鑪炭，蓋却你頭。三世諸佛總在你脚跟下，三十年後鼻孔遼天。」代云：「不可更作野狐精見解也。」一日云：「五音六律是有是無？」代云：「不可蝦蟇窟裏作活計。」師或云：「一句該通五千餘首蘇嚕薩訶。」代云：「三門頭打鼓，佛殿裏行香。」師或云：「如今半夏也，敲磕處道將一句來！」師復云：「蜜怛哩孤、蜜怛哩智。」又云：「蜜怛哩孤、蜜怛哩智，作麼生？」代云：「嘟啉。」又云：「磕。」一日云：「三十年後會去在。」代云：「點兒落節。」或云：「頭上霹靂卽不問你，脚下龍過道將一句來！」代云：「朝起雲，夜降雨。」師問僧：「德山便棒，你道學人還有長處也無？」代云：「無端。」一日云：「一切智智清淨中，還有生滅麽？」代云：「夜叉説半偈。」或云：「若知去處，什麽劫中無祖佛？」代云：「發。」

示衆云：「作麽生是不露鋒骨句？」代云：「今時人須是明明向道始得。」師乃有頌：「不露鋒骨句，未語先分付，進步口喃喃，知君大罔措。」或云：「十方國土中，唯有一乘法。你道自己在一乘法裏，一乘法外？」代云：「入。」又云：「是。」一日云：「紐半破三針筒，鼻孔裏道將一句來！」代云：「海裏使風，山上船。」或云：「折半列三針筒，鼻孔在什麽處？與我箇箇拈出來看！」代云：「上中下。」或云：「分疆列土作麽生道？」代云：「文殊自文殊，解脱自解脱。」師或云：「衲僧須得巴鼻，即識得天下人。作麽生是衲僧巴鼻？」代云：「德山棒。」

示衆云：「淺聞卽深悟，深聞卽不悟。」代云：「迷逢達磨。」或云：「衲僧須識古人眼。作麽生是古人眼？」代云：「蝦蟇跳上天。」一日云：「處處道將一句來！」代云：「鬧市裏天子，百草頭上老僧。」或云：「暗道將一句來！」代云：「藏頭露尾。」一日云：「將南作北，將北作南。作麽生道？」代云：「由阿誰？」或云：「未打板已前，道將一句來！」代云：「著什麽來由？」一日云：「以有爲有，作麽生免得去？」代云：「患。」師或云：「解患非患。明得了，作麽生是眼？」代云：「晝見日，夜見星。」一日云：「明暗爲什麽不相管？」代云：「難爲怪笑。」或云：「過在什麽處？得與麽難？」代云：「辨。」一日云：「渺漫不分，是什麽人分上事？」代云：「不可作沙彌行者見解也。」師或拈起拄杖云：「莫道老和尚瞞你，貴之與賤，縱横十字。一時這裏會得了，莫辜負老僧。」代云：「百鳥爲子屈。」又云：「抑與之與。」師或云：「見麽？」自云：「見。」又云：「見什麼？」代云：「花。」師舉古人云：「至道無難，唯嫌揀擇。這箇是僧堂，這箇是佛殿，那箇是不揀擇？」代云：「何必如此。」師或云：「全抽半抽作麼生道？」復云：「作麼生是半抽？」代云：「跳出死蝦蟇。」又云：「作麼生是全抽？」代云：「案山雷，主山雨。」師或云：「你自鈍置，第一不得錯舉。」代云：「事不孤起。」一日云：「識得道得，出來道看！話端道什麼？」代云：「識罪。」或云：「作麼生是不再問底句？」代云：「今年春氣早，夜來陽鳥啼。」又云：「佛殿裏裝香，三門前合掌。」一日云：「入夏來十一日也。還得入頭麼？作麼生道？」代云：「來日十二。」師因喫茶，拈起茶盞云：「一口吞盡作麼生？」代云：「茶又喫却。」

示衆云：「西天二十八祖，唐土六祖，天下老和尚總出頭來，過在什麼處？」又云：「你在此問三冬兩夏，忽然出外，有人問：『雲門老和尚道什麼？』你向他道什麼？」代云：「驀面唾這野狐精。」代前語云：「他不是顛。」或云：「古人道：『從門入者非寶。』作麼生是門？」代云：「道得也無用處。」

因聞鼓聲，云：「鼓聲咬破七條。」又指僧云：「抱取貓兒來！」代云：「不用別人。」師問僧：「行脚事郎不問汝，三十二相八十種好，道將一句來！還有人道得麼？」代云：「怛薩阿竭二千年。」師或云：「不問汝叢林言教，這箇是天，這箇是地。」以手指身云：「這箇是我。」又指露柱云：「這箇是露柱，那箇是佛法？」代云：「也大難。」師在僧堂中喫茶，拈起托子云：「蒸餅饅頭一任汝喫。你道這箇是什麼？」代云：「乾狗屎。」又云：「茶又喫了也。」師或云：「你還識德山麼？莫道我壓良爲賤。」代云：「也知和尚因某甲置得。」師聞齋鼓聲，云：「你道鼓因什麼置得？」代云：「因皮置得。」師聞齋鼓聲，云：「你還識得老婆禪麼？」代云：「鼓聲喚喫飯去。」一日云：「古人道，巧拙具生殺。作麼生是生殺？」代云：「疋上不足，疋下有餘。」

上堂，大衆集已。師云：「大衆齋去。」却問僧：「你道我教伊去，還有過也無？」代云：「也不是和尚特地如此。」師行次，以拄杖打露柱一下，云：「新羅天子勃跳上梵天。」代云：「無端。」師或云：「世諦不要道，佛法道將一句來！」代云：「父子之情。」一日云：「通明底人，什麼物與麼來？」代云：「莫教屈著人。」又云：「釋迦老子須彌山。」或云：「古人道：『朝朝抱佛眠，起時還共起。』你道見解朦朧底人作麼生？」代云：「未到。」問僧云：「眼中無色識，識中無色眼，色眼二俱無，何能令見色？去却古人，道將一句來！」代云：「把將饅頭蒸餅來！」又云：「雪上更加霜。」又云：「有什麼？」師或云：「幡竿頭倒卓，是第幾機？」代云：「打。」一日云：「學佛法底人如恒河沙，百草頭上道將一句來！」代云：「俱。」師因出門，云：「古人道：『從門入者非寶。』汝道從門出者作麼生？」代云：「一。」師入堂齋次，指聖僧供鉢，問僧云：「你若喫盡，又在解脱深坑裏；你若喫不盡，又不唧嚠。作麼生？」代云：「大衆喫飯次。」

上堂云：「劃斷卽不可。」復云：「你若不會，三十年後莫道不見老僧。」代云：「和尚恐人埋没。」代前語云：「今日上堂，大衆著便。」師或以拄杖打露柱一下，云：「你作麼生不説禪？」復云：「埋没人家男女。」無對。自云：「擔枷過狀。」自代前語云：「争怪得別人！」師或云：「湖裏魚變成龍卽不問，你作麼生是針眼魚？」代云：「點。」師聞打槌聲，云：「妙喜世界百雜碎。擎鉢盂向湖南城裏喫粥。」代云：「浴後喫。」

一日云：「什麼語中無世諦？什麼語中無地獄？」代云：「天晴日出，雨下雷興。」或云：「平常心是道。你平常道將一句來！」代云：「五箇餬餅三箇䭔。」一日云：「一句辨邪正。忽有人問：『作麼生是辨邪正底句？』你作麼生道？」代云：「西天與此土不同。」或云：「今日已前不要，今日已後不要，正當今日道將一句來！」代云：「正好。」師或云：「病遇因卽瘥，你道遇什麽因？道得底道看！」代云：「尚。」或云：「鉢盂匙筯，與露柱相去多少？」代云：「分開好。」又云：「尋常得此便。」一日云：「當鋒一句作麽生道？」代云：「昨日雷聲起，今朝陽鳥啼。」師或云：「不用勃跳，道將一句來！」代云：「死蛤蚾也無用處。」一日云：「作麽生是提婆宗？」代云：「西天令嚴，此土還較。」或云：「汝道何物具四德？」代云：「死貓兒。」又云：「把不具底來！」一日云：「荆棘不彫擇，道將一句來！」代云：「拈放一邊。」或云：「有一切見底人是什麽人？」代云：「三家村裏納稅漢。」一日云：「不占田地，道將一句來！」代云：「總屬和尚。」或云：「倒道將一句來看！」代云：「訶薩。」一日云：「息節一句作麽生道？」代云：「知時好。」師或云：「天下亂走，將什麽過水？」代云：「且曬著。」師或時拈拄杖作射勢，云：「官家進器械來也。看看！」代云：「和尚不得放過。」又云：「僧堂前。」師或云：「一夜展脚睡天明，道將一句來！」代云：「何不快起。」或云：「作麽生是赤脱一句？」代云：「也大無端。」一日云：「以有爲有，此人過在什麽處？」代云：「苦。」或云：「還有不識祖師底人麽？」代云：「仁義道中。」又云：「不患。」一日云：「識過無過，不識過，過也不知。」代云：「熱。」或云：「曹溪路上還有俗談也無？」代云：「二事一時。」

一日云：「佛法外，置將一問來！」代云：「一箇便多。」或云：「既知來處，什麽劫中無祖師？」代云：「某甲今年不著便。」或云：「寸草不生，不學禪，不學道。」代云：「是什麽閑？」或云：「還有吞不盡句麽？」代云：「蛇。」

師行次，以拄杖打露柱一下。云：「什麽處來？」自云：「西天來。」復云：「來這裏作什麽？」自云：「説佛法。」乃喝云：「欺我唐土人。」又以拄杖打一下，便行。却拈問僧：「汝道我意作麽生？」僧便問：「祇如師意作麽生？」代云：「不用行主。」又云：「師子咬人。」復問僧：「祇如當機合下得什麽語？」代云：「發。」又云：「百歲老兒作歌舞。」一日云：「驀劄一句，作麽生道？」代云：「因一事，長一智。」或云：「大藏教將什麽辨？」代云：「點。」一日云：「佛殿爲什麽不見僧堂？」代云：「痛。」或云：「衲僧鼻孔卽不問，汝泥裏洗土塊道將一句來！」代但彈指。又云：「衲僧鼻孔又作麽生道？」代云：「翫山翫水。」師或問僧：「作麽生是不寂句？」無對。師云：「汝問，我與汝道。」僧便問：「作麽生是不寂句？」師云：「嘟。」代前語云：「不可向鬼窟裏作活計。」又云：「作麽生是嘟？」代云：「會此意。」又云：「文殊五字。」或云：「作麽生是入鄉隨俗底句？」代云：「君子可入。」一日云：「作麽生是提綱一句？」代云：「雷峰南，趙州北。」一日云：「靈苗不動根，過在什麽處？」代云：「誤却多少人。」或云：「一顆圓光明已久，作麽生是一顆圓光？」代云：「謝和尚重重相爲。」師或云：「作麽生是對明一句？」代云：「露。」師或云：「非色非聲，體上明得，是第幾機？」代云：「不可向野狐窟裏作活計。」一日云：「布幔天網打龍，布絲網撈鰕摝蜆。你道螺蚌落在什麽處？」代云：「具眼。」

師因卸却七條，語僧云：「汝道來生莫不會佛法麽？」僧無語。代云：「和尚幸是大人。」又云：「某甲不敢道。」復云：「爲什麽不敢道？」又云：「自有和尚在。」師歲夜問僧：「餅餤是羅漢藥石，還將得鉀鑼鎚子來麽？」無對。代云：「今日東風起。」師或云：「你若不相當，且向古人建化門中道將一句來。若道不得，向異處道將一句來。作麽生道？」代云：「前來猶是可。」一日云：「遠卽照，近卽明。作麽生道？」代云：「入水始見長人。」又云：「更不要也。」師或拈拄杖云：「且向這裏會，也有利益，也無利益。總不會，顢頇佛性，儱侗真如。」代云：「疋上不足，疋下有餘。」一日云：「萬法從什麽處起？」代云：「不可向和尚道蝦蟇口裏也。」

因齋時聞鼓聲，云：「古人道：『一切聲是佛聲。』喚作佛聲，喚作鼓聲？」代云：「和尚道了也。」又云：「和尚不宜喫麵。」因見僧來參，師打露柱一下，云：「來這裏瞞我。」代云：「但打露柱。」一摑云：「爲人自安。」一日云：「至道無難，唯嫌揀擇。作麽生是不揀擇？」又云：「如來妙色身，羅羅李。」代云：「不出。」代前語云：「古人道了也。」因齋時打帳座一下，云：「這箇喫。」又打飯牀一下云：「這箇不喫。」代云：「一槌兩當。」因搬米，問僧：「人擔米，米擔人？」代云：「總得。」又云：「搬米辛苦，猶是可。」又問僧：「大橋有多少米？」僧云：「七十碩。」師拈起拄杖云：「七十碩米，一時在拄杖頭上。擔將來卽得；若擔不得，餓殺你。」代云：「不可爲小小。」一日云：「有所説，野干鳴；無所説，師子吼。我與麽是野干鳴，作麽生是師子吼？」代云：「九九八十一。」師或云：「埋没兩字不用道著。」代云：「深領和尚慈悲。」又云：「因某甲所置。」師或云：「善財入門也，作麽生道，得出去？」代云：「朝遊羅浮。」師或云：「餬餅從你横咬竪咬，不離這裏，道將一句來！」代云：「今日新麵。」一日云：「有賞有罰，道將一句來！」代云：「遇賤卽貴，天晴日出。」或云：「龍潛師溺，起自何來？作麽生是不活底句？」代云：「有什麽難辨？」一日云：「敲磕一句作麽生道？」代云：「驢生駈駒馬生騾。」或云：「作麽生得道，斷商量？」代云：「來年更有新條在，惱亂春風卒未休。」一日云：「辨得親疏，爲什麽被親疏所使？」代云：「阿誰置得？」或云：「古人道，會卽途中受用，不會卽世諦流布。完圝道將一句來！」代云：「一錢兩箇，二錢三箇。」一日云：「一句道將來！」代云：「足上不足。」因夏末問僧：「初秋夏末，不觸平常，道將一句來！」代云：「初三十一，中九下七。」師問僧：「通身是水，阿誰喫？」代云：「洎與和尚作笑具。」一日云：「三日不相見，不得作舊時看。作麼生？」代云：「千。」

古尊宿語録卷第十八

雲門(文偃)匡真禪師廣録下

門人明識大師賜紫守堅集

勘辨

師見新到,云:「雪峰和尚道:『開却路,達磨來也。』我問你作麽生?」僧云:「築著和尚鼻孔。」師云:「地神惡發,把須彌山一摑,勃跳上梵天,掇破帝釋鼻孔。你爲什麽向日本國裏藏身?」僧云:「和尚莫瞞人好。」師云:「築著老僧鼻孔,又作麽生?」無對。師云:「將知你衹是學語之流。」代無語處云:「和尚衹恐某甲不實。」又云:「邏邏哩。」問新到:「你是甚處人?」僧云:「新羅人。」師云:「將什麽過海?」僧云:「草賊大敗。」師云:「你爲什麽在我手裏?」僧云:「恰是。」師云:「勃跳。」無對。代前語云:「常得此便。」又云:「一任勃跳。」問新到:「你在南嶽山借我二百錢,爲什麽不還?」無對。代云:「今日小出大遇。」又云:「今日不著便。」問僧:「心法雙忘是第幾座?」僧云:「第二座。」師云:「作麽生是第一座?」僧云:「不敢虧於和尚。」師不肯。代云:「韶州糴米。」問僧:「什麽處來?」僧云:「摘茶來。」師云:「人摘茶,茶摘人?」無對。代云:「和尚道了,某甲不可更道。」師問僧:「你是修造那?」云:「是。」師云:「盡乾坤是箇屋,作麽生是屋主？」無對。師云：「你問，我與汝道。」僧便問。師云：「蔸。」代前語云：「瞞却多少人來！」師問僧：「汝是湖南出家那？」僧云：「是。」師云：「識三門下金剛麽？」僧云：「不可更識也。」師云：「野狐窟裏出頭。」無對。代云：「若不出頭。」代初問處云：「祇是箇泥人。」又云：「識得者泥人有甚用處。」又云：「念某甲新入衆。」

師問僧：「甚處來？」僧云：「禮塔來。」師云：「祖師道什麽？」僧云：「和尚道什麽？」師云：「將謂是箇靈利漢。」無對。代云：「祇爲仁義道中。」師問僧：「甚處來？」僧提起衲衣。師云：「我問你甚處來？」僧云：「和尚爲什麽不領話？」師便打。代云：「且喜。」代前語云：「和尚休得也未？」

僧辭師，師云：「你辭去那？」云：「是。」師云：「前頭江難過。」僧云：「一切臨時。」師云：「蘇盧薩訶。」代前語云：「臨行不可無禮去也。」代後語云：「太粗心。」又云：「近日世界不好。」師問僧：「甚處過夏？」僧云：「和尚合知。」師云：「我卽知。」僧云：「且道某甲甚處過夏？」師云：「老鼠孔裏出頭。」無對。代云：「道著。」代前語云：「便出去。」僧辭師，師云：「莫教敗闕。」僧云：「和尚有什麽事，但問。」師云：「草賊大敗。」無對。代云：「敗也。」代前語云：「不少。」

因普請搬米了，坐次，云：「近日不唧嚠，祇擔得一斗米，不如快脱去。」僧云：「和尚脱向甚處去？」師云：「嗄。」僧擬再問，師云：「釘釘了。」代云：「灼然。」代前語云：「今日搬米困。」又云：「尚近。」師問僧：「還見燈籠麽？」僧云：「不可更見也。」師云：「猢猻繫露柱。」代云：「深領和尚佛法深心。」代前語云：「好事不如無。」問僧：「近離甚處？」僧云：「查渡。」師云：「蹋破多少草鞋？」無對。代云：「可惜草鞋。」又云：

「不虛蹋破草鞋。」

師見飯頭，云：「汝是飯頭麽？」云：「是。」師云：「顆裏有幾米？米裏有幾顆？」無對。代云：「某甲瞻星望月。」又云：「福利門中不得不作。」

師因齋次，問僧：「你是甚處人？」云：「淮南人。」又問一僧：「你是甚處人？」云：「京兆人。」師拈起蒸餅云：「我也無可到你淮南人，也無可到你京兆人。」二僧無對。師遂拈蒸餅抝轉，云：「我惜你作麽生？」又無對。代云：「不是和尚惜。」代前語云：「普同供養。」又云：「且留供養和尚。」

問僧：「看什麽經？」云：「已有人問了。」師云：「你爲什麽在我脚下？」僧云：「恰是。」師云：「伏惟尚饗。」代云：「蒼天，蒼天。」又云：「將謂韶州無。」問僧：「看什麽經？」云：「般若燈論。」師云：「西天金剛座上，甚人説佛法？」僧云：「和尚合知。」師云：「你夢見麽？」無語。代云：「不獨某甲。」代前語云：「跳出死蝦蟇。」又云：「將謂西天無。」又云：「墮。」

因齋次，問僧：「喫得幾箇餬餅？」僧云：「喫得四箇。」師云：「你爲什麽鼻孔裏祇有一莖毛？」無對。師云：「脱空妄語。」代前語云：「直須愼初，又須護末。」因齋次，問僧：「羹受飯裏，飯受羹裏？過在什麽處？道得别有商量。」無對。代云：「好羹好飯。」又云：「不可道和尚蝦蟇窟裏。」因僧辭師，師下座把僧手云：「著幾錢。」無對。師云：「你問我。」僧便問。師云：「都不直半分錢。」代云：「有什麽信物送路將來？」又云：「臨行。」因見龍藏字，問僧：「龍藏出得箇什麽？」無對。師云：「你問我，與你道。」僧便問。師云：「出箇死蝦蟇。」代云：「屎臭氣。」又云：「饅頭蒸餅。」因搬米次，師以拄杖打僧一下，云：「這箇師僧不去搬米是不？」僧云：「搬米入倉了也。」師云：「搬米入倉了且置，阿誰喫飯？」僧便出去。師云：「脱空妄語漢！」又拈問僧：「作麼生免得，不被主家道得脱空妄語？」代云：「爲什麼壓良爲賤？」又云：「因一事，長一智。」代是不處云：「和尚著甚來由？」

師在僧堂前問僧：「這箇鐘子是什麼物作？」無對。師云：「你問我。」僧便問。師云：「衲僧作。」代但打鐘一下，云：「摩訶般若波羅蜜。」又云：「衆僧堂前。」

師問修造僧：「甚處來？」僧云：「山上斫木來。」師云：「還斫得合盤麼？」僧云：「和尚放某甲過卽道。」師云：「放你過作麼生道？」僧便禮拜，師便打。代云：「某甲也漝麼？」又云：「可惜成功不毁。」又云：「斫。」問僧：「甚處來？」僧云：「搬柴來。」師云：「維那打鼓不搬柴，作麼生？」無對。代云：「錯領。」又云：「可惜搬柴工夫。」又云：「和尚位處當人，某甲參學。」又云：「纔施少許功勞。」師問僧：「甚處來？」云：「山下來。」師云：「有幾人？」僧云：「四人。」師豎起拄杖云：「總在者裏。」無對。代云：「抑己而已。」又云：「誤却多少人。」問僧：「喫得幾箇餬餅？」云：「三箇。」師拈起餬餅云：「這箇是第幾箇？」無對。師云：「你問我。」僧便問。師云：「不出。」代云：「欺敵者亡。」問僧：「甚處來？」僧云：「湖南來。」師云：「夏在甚處？」僧云：「湖南。」師云：「開通寺在甚處？」僧云：「不會。」師云：「參堂去！」無對。代云：「諾。」代初語云：「和尚遠問，學人近對。」又云：「纔始新到。」

師齋次，問僧：「你道鉢盂裏多少飯？」無對。代云：「野。」又云：「飽便休。」又云：「一杓兩杓。」師見僧齋次，問：「鉢盂匙筯拈向一邊，把將餛飩來！」無對。代云：「好羹好飯。」又云：「休。」

問僧：「看什麼經？」僧拈起經。師云：「鬼窟裏出頭。」僧云：「和尚見箇什麼？」師云：「贓物見在。」無對。代云：「仁義道中，不合如此。」問僧：「看什麼經？」僧云：「般若經。」師云：「經中道：『一切智智清淨。』是麼？」僧云：「是。」師云：「你眼爲什麼穿過石榴樹？」僧云：「古人何在？」師云：「古人卽知，是你不知。」無對。代云：「大有人不識勢。」

師問僧：「甚處來？」云：「嶺中來。」師云：「夏在甚處？」僧云：「招慶。」師云：「招慶有何言句？」僧近前應諾。師云：「一不成，二不是。」無對。師云：「灼然。」代云：「祇守是。」

師因齋次，拈起餕餡謂僧云：「擬分一半與你，又却不分。」僧云：「爲什麼不分？」師云：「爲你打野榸。」代云：「將食與人也不惡。」又云：「謝和尚供養。」又云：「和尚無端作麼？」

師因喫茶次，云：「茶作麼生滋味？」僧云：「請和尚鑒。」師云：「鉢盂無底尋常事，面上無鼻笑殺人。」無對。師云：「趁隊喫飯漢。」代云：「祇守是。」又代以茶便潑。又云：「且待某甲點一椀茶。」師問僧：「甚處過夏？」僧云：「和尚合知。」師云：「我卽知。」僧云：「且道某甲甚處過夏？」師云：「不消一劄。」代云：「更不消也。」

問僧：「看什麼經？」僧應諾。師云：「因甚失却？」僧云：「某甲甚處失却？」師云：「自領出去。」代云：「同路。」又云：「和尚大人不合自作。」

問僧：「完圝餅角子卽不要，你半截底把將來！」僧應諾。師云：「這箇是完圝底，把將來！」代云：「齋與不齋，當來無礙。」又云：「檀越所修福。」

師問新到：「什麼處來？」僧云：「郴州。」師云：「夏在甚處？」僧云：「荆南分金。」師云：「分得多少？」僧展兩手。師云：「這箇是瓦礫。」僧云：「和尚莫别有麼？」師云：「乾屎橛一任咬。」代云：「若不言瑕，争得玉轉！」

問僧：「看什麼經？」僧云：「瑜伽論。」師云：「爲甚義墮？」僧云：「什麼處義墮？」師云：「自領出去。」代云：「悔不先下手。」問僧：「曾講百法論是不？」僧云：「是。」師云：「爲什麼脱空妄語？」代云：「事不孤起。」又云：「著。」

因爲亡僧唱衣次，問僧：「如今唱衣，亡僧還向這裏麼？」代云：「勞煩大衆，不能等候，打徧槌去也。」問僧：「甚處來。」僧云：「搬柴來。」師云：「搬得多少轉，一宿覺？」僧云：「二十轉。」師云：「你爲什麼打落當門齒？」無對。師便打云：「學語之流。」代云：「也知和尚佛法身心。」又代前語云：「搬柴早是辛苦。」問僧：「看什麼經？」其僧却指傍僧云：「和尚問何不祗對？」師云：「露柱爲什麼倒退三千里？」僧云：「豈干他事！」師云：「學語之流。」代云：「洎合不識勢。」又代珍重，便出。又云：「著者非一。」

師在西京時，問僧：「你是甚處人？」僧云：「于闐國人。」師云：「還到西天麼？」僧云：「到。」師拈起拄杖云：「掣電之機不問你，還到這裏麼？」僧云：「不會。」師呵呵大笑。代云：「深領和尚降尊就卑。」又云：「將謂此土無。」又云：「動。」問新到：「甚處來？」僧云：「南嶽來。」師云：「觀音爲什麼入洞庭湖裏去？」僧云：「某甲初心不會。」師云：「參堂去！」代云：「諾。」又云：「惑著多少人來？」又云：「和尚問觀音，某甲對彌勒。」

師齋次，問僧：「半夜搬柴即不問，你齋時將什麼喫飯？」僧拈起鉢盂，師以拄杖打落，僧無語。代云：「引。」又云：「兩片皮。」又云：「匙筯、鉢盂、手巾、單子。」因喫茶次，問僧：「你是柴頭不？」僧云：「是。」師云：「更勸一甌茶。」代云：「辛苦受盡。」又云：「功不浪施。」又云：「和尚念某甲辛苦。」問僧：「你是園頭不？」僧云：「是。」師云：「蘿蔔爲什麼不生根？」無對。代云：「雨水多。」又云：「不解悅豫使人。」問僧：「你是甚人？」僧云：「知客。」師云：「客來將何祇待？」僧云：「隨家豐儉。」師云：「這箇是瓦椀竹筯，客來將何祇待？」僧云：「謝和尚慈悲。」師云：「鰕跳不出斗。」無對。師云：「你問我。」僧便問：「將何祇待？」師便打。代初問處，便打。又云：「一盤飯兩椀茶。」又云：「貪觀天上月。」師問僧：「你是甚處出家？」僧云：「趙州孫。」師云：「師翁是甚處人？」代云：「喫飯老和尚。」

師因見水磨題梁云：「永爲不朽，後即破損。」師問僧：「既是永爲不朽，爲什麼却被水推？」無對。代云：「不因一事，難長一智。」又云：「堯舜之君，猶稽於化。」師問僧：「不惹泥水，作麼生道？」代云：「南山打鼓北山舞。」

因齋次，問僧：「者裏還有超佛越祖之談麼？」僧云：「有。」師云：「什麼處去也？」無對。代云：「新羅國裏。」又云：「和尚恐某甲不實。」代前語云：「喫飯時不合與麼道。」師問柴頭：「你爲什麼拽折大梁鋸？」僧云：「無。」師云：「無即休。」代云：「彼此。」又云：「平地。」又云：「也知和尚爲頭首辛苦。」師問僧：「什麼處來？」僧云：「南嶽來。」師云：「我此間不曾與人葛藤，近前來！」僧乃近前。師云：「去。」代云：「念學人遠來。」又云：「今日無彩。」

因僧在師前立，以拄杖打一下，其僧囘首。師展手云：「把錢來！」無對。代云：「若不轉頭，争知後事。」又云：「但驀面唾。」因入厨，問菜頭云：「鍋裏多少茄子？」無對。師云：「你問我，與你道。」僧便問。師云：「消不得。」代云：「一桶。」又代後語云：「是。」因普請歸三門下，問僧：「困作什麼面目？」僧云：「和尚合知。」師云：「我卽不知。」僧却問：「困作什麼面目？」師拈拄杖云：「遇長卽長，遇短卽短。」僧云：「未審困與麼道，和尚與麼道？」師云：「我也知你親。」無對。代云：「争知！」又代前語云：「老少黄白。」師問飯頭：「佛是千百億化身，你每日作飯，一杓幾箇釋迦老子？」無對。代云：「一僧一升米。」又云：「今日齋飯較細。」

問僧：「甚處來？」僧云：「南華塔頭來。」師云：「祖師有什麼言句？」僧云：「有。」師云：「不得錯舉。」僧云：「請和尚領話。」師云：「我道你一不成，二不是。」代云：「和尚大殺教令。」問磨頭：「人打羅，羅打人？」無對。代云：「近來喫麵多。」又云：「客來須看，賊來須打。」問僧：「什麼處來？」僧云：「南華塔頭來。」師云：「還見祖師麼？」僧云：「用見作什麼？」師云：「你又去那裏作什麼？」僧云：「有什麼過？」師云：「既去無過，見有什麼過？」無對。代云：「若不如是，争知慈悲！」問僧：「甚處來？」僧云：「赴齋來。」師云：「將䞋錢來！」僧云：「和尚欠少箇什麼？」師云：「你又欠少箇什麼？」僧云：「不欠少。」師云：「不欠少，又赴齋作什麼？」無對。代云：「何妨。」又云：「趁塊。」問僧：「你是向北人？」僧云：「是。」師以一摑。無對。師云：「你問我。」僧却問：「和尚甚處人？」師又以一摑。無對。代前問處，打一摑。又代後云：「仁義道中。」有僧粥後來見師，師云：「喫粥了也未？」僧云：「了也。」師云：「咬著露柱麼？」僧云：「咬著。」師云：「看硬著你。」

無對。代云：「也知和尚恐人不實。」又云：「硬阿誰？」

師因閉門，有僧便入。師驀胸擒住云：「有甚麽事？」僧云：「有什麽事？」師以一摑。無對。代云：「退己進於人，爲存賓主禮。」代擒住處云：「驀面唾這野狐精。」又代云：「因學人置得。」師指露柱問東京僧：「你鄉中還有這箇麽？」僧云：「有。」師云：「喚作什麽？」僧云：「喚作露柱。」師云：「三家村裏老翁也解與麽道。」無對。代云：「本色。」師見僧來，乃舉起拳作打勢，僧近前作受勢。師與一摑。無對。代云：「便出去。」又云：「一彩兩賽。」又代云：「行因招禍。」又云：「謝重重相爲。」問僧：「甚處來？」僧云：「大普請，搬柴來。」師云：「小普請爲什麽不到？」無對。代云：「依前又是大普請。」又云：「辛苦受盡。」問新到：「甚處來？」僧云：「不敢。」師云：「放你三十棒。」無對。代云：「某甲也漝麽？」又云：「可惜許七問法堂。」問僧：「甚處來？」云：「荊南來。」師云：「夏在什麽處？」僧云：「分金。」師云：「有事相借問得麽？」僧云：「便請。」師云：「鷂子過新羅。」僧無對。代云：「是。」於借問處代云：「鷂子過新羅。」

師在僧堂内喫茶，問設茶僧云：「什麽處安排？」僧指板頭云：「在這裏。」師云：「你更設一堂茶始得。」無對。代云：「近日錢難得。」又云：「小財不去，大財不來。」又云：「上閒下板頭。」問僧：「甚處來？」僧云：「郴州。」師云：「夏在什麽處？」僧云：「西禪。」師云：「説什麽法？」僧展兩手垂兩邊，師便打。僧云：「某甲話在。」師却展兩手。無對。師打趁出。代云：「便出去。」問僧：「甚處來？」僧云：「南華禮塔來。」師云：「莫脱空。」僧云：「實去來。」師云：「五戒不持。」無對。代云：「彼此不出。」

因齋次，問僧：「盂裏幾餅，餅裏幾盂？」僧拈起餅。師云：「問著箇老婆。」無對。代云：「不消。」又於問處云：「大衆喫飯次。」師因普請入柴寮，云：「老底不用去還，有老底麽？」僧云：「有。」師云：「在什麽處？」僧乃推出一僧。師云：「這箇猶是後生。」無對。代云：「若與麽，却普請去始得。」師因喫茶次，云：「什麽人接盞子？」有僧便接。師云：「村裏老翁拜冬至。」無對。代云：「祇爲行仁義，却招禍及身。」

有僧來參，師問：「曾聽講來麽？」僧云：「是。」師云：「見説有唯識論是不？」僧云：「是。」師云：「非非想天，説箇什麽？」僧云：「不會。」師云：「且念文書。」代云：「禪師愛欺座主。」又云：「吽噁。」又云：「維摩頭，法華尾。」有僧辭師，師云：「甚處去？」僧云：「湖南去。」師云：「前頭津鋪難過。」僧云：「某甲有隨身公驗。」師云：「這箇是念上大人。」無對。代云：「小小村鎮，不足可言。」又云：「和尚大殺。」代前語云：「便珍重出去。」

師問新到云：「把將公驗來！」僧云：「有人問了也。」師云：「由是念上大人。」僧云：「莫錯。」師云：「草賊大敗。」無對。代前語云：「且存仁義。」代後語云：「大似村鎮頭。」又云：「久嚮。」問僧：「一切聲是佛聲，一切色是佛色。拈却了也，與我道！」僧云：「拈却了也。」師云：「與麽説，驢年會麽？」無對。代云：「君子一言。」代初語云：「狂。」又云：「不存少許佛法身心。」問僧：「甚處來？」僧云：「摘茶來。」師云：「摘得幾箇達磨？」代云：「新茶宜少喫。」又云：「因摘春茶，不廢功力。」

因僧辭師，師云：「甚處去？」僧云：「虔上去。」師云：「打野榸漢。」代云：「珍重。」又云：「臨行。」因曬麥，問僧：「曬了也未？」僧云：「了也。」師云：「饅頭從你橫咬竪咬，不離這裏。道將一句來！」代云：「新麥麵少喫。」又云：「三事蒸作餬餅糖餅。」

問僧：「看什麽經？」云：「顯揚聖教論？」師云：「適來一問，爲什麽照不著？」僧云：「什麽處照不著？」師云：「夢見顯揚聖教麽？」代云：「若不如是，争見當人。」又云：「照不著。」師問看經僧：「表首是什麽字？」僧拈起經。師云：「我也有。」僧云：「和尚既有，爲什麽却問？」師云：「争奈與麽何？」僧云：「有什麽過？」師云：「自屎不覺臭。」代云：「今日方知。」又云：「德山拄杖紫胡狗。」又云：「和尚此問大殺靈利。」

鼓山有小師，久在崇壽，却歸嶺中到保福處相看。福知來，却入帳子内，衲衣蓋頭坐。僧云：「和尚出汗那？」不對。有僧舉似師，師云：「見成公案，不能折合。」代云：「鈍置殺人。」又云：「草賊大敗。」師問僧：「看什麽經？」僧云：「呪。」師云：「與麽語話，未有主在。」僧云：「和尚莫錯。」師云：「自領出去。」代云：「便出去。」問僧：「我有箇不露鋒骨底句，作麽生？」有長老云：「收。」師云：「與麽道得一半。」代云：「深領和尚慈悲。」又云：「句咏。」又云：「洎不别處。」

因修藏，問僧：「作麽生是藏？」僧應諾。師云：「這箇是藏脚，還我藏來！」無對。代云：「争得不修藏！」又云：「玉。」

問新到：「甚處過夏？」云：「雲蓋。」師云：「多少人？」僧云：「七十人。」師云：「你爲什麽不在數？」代云：「新到分上未受與麽。」又云：「恐久住瞋。」問僧：「甚處來？」僧云：「郴州。」師云：「你爲甚麽失脚？」代云：「魯般門下弄大斧。」又云：「客是主人相。」問僧：「甚處來？」云：「查渡。」師云：「你爲什麽蓋不著？」僧云：「和尚莫塗糊某甲。」師云：「鰕跳不出斗。」代云：「新到便蒙和尚重重嚴飾。」又云：「見面。」問僧：「古人道：『無邊刹境，自他不隔於毫端。』新羅日本與這裏作麽生？」僧云：「不別。」師云：「入地獄。」代云：「不可作地獄見解。」又云：「争得玉歸？」問僧：「你不得鈍置我。」僧云：「和尚因什麽到與麽地？」師云：「我鈍置你猶可，你鈍置我更殺。」代云：「事不孤起。」又云：「和尚也大無端。」又云：「某甲甚處不下馬？」問僧：「你諸人行脚，道我知有。與我拈三千大千世界，來眼睫上著。」僧云：「諾。」師云：「錢塘爲什麽去國三千里？」僧云：「豈干他事？」師云：「者掠虚漢！」代云：「和尚倚勢欺人。」又云：「常得此便。」

問僧：「甚處來？」僧云：「南華塔頭來。」師云：「還見祖師麽？」僧云：「南華橋折。」師云：「南嶽石橋又作麽生？」無對。師云：「學語之流。」代云：「便出去。」又云：「上也。」問僧：「甚處來？」僧云：「涅槃堂裏來。」師云：「亡僧還喫飯麽？」僧云：「不喫。」師云：「活人還喫飯麽？」無對。代云：「一杓兩杓。」又云：「欠他一箇餬餅也不得。」又云：「也能祗對。」

師問僧：「講律來是麽？」僧云：「是。」師云：「律鈔中説大小乘無分別。作麽生是無分別？」無對。代云：「靈樹置將一句來！」師問僧：「法身還喫飯麽？」僧云：「諸方老宿不肯，法身無形無相，作麽生喫？」師云：「與麽道，夢見法身麽？」僧云：「有不肯處作麽生？」師云：「自不知。」乃云：「法身喫飯。」又代云：「將謂有衲僧孔竅，猶是潑屎潑尿。」復云：「灼然。百千人中未有一人到此境界。」自云：「和尚作麽生？」代云：「咄！這有頭無尾漢！」

師問僧：「三藏聖教，古今老和尚，憑箇什麽照？」僧云：「高也著，低也著。」師云：「你與麽不得。」代云：「得與麽狼藉生。」

因鑄鐘歸山，齋了，請師打鐘。師打了，大衆打。師問僧：「打鐘圖甚麽？」僧云：「喚和尚喫飯。」師不肯，代云：「譬如閑。」又云：「息苦停酸。」

師入京朝覲，歸至大橋，山門煎茶迎師。師喫茶果次，僧侍立。師語二參隨僧云：「是你京中無可喫。」乃拈一楪果子與一僧，其僧接得便去。又語一僧云：「我不與你。」僧無對。師云：「那裏也有也。」其僧又無對。別有僧出云：「某甲今日也隨和尚來請一分，得麽？」師云：「嗄。」僧云：「某甲罪過，觸忤和尚。」師云：「我不能唾得你。」無對。代前語云：「也知果子少，兩人共一楪。」又云：「未到山，便蒙和尚管顧。」代後語云：「某甲更是。」師歸山，受大衆參了，乃云：「我離山得六十七日，問你六十七日事作麽生？」衆無對。代云：「和尚京中，歸無信物。」又云：「和尚京中喫麵多。」

因數僧來參，師問：「作什麽來？」云：「搬柴來。」師云：「歸向北去，不得辜負老僧。」無對。復云：「來來！三愚共成一智，作麽生？」代云：「一畝地。」代前語云：「不因一事，不長一智。」

因齋次，云：「今日喫飯，不得遷化去也。排比唱衣。」無對。復云：「你問我。」僧便問：「將什麽唱？」師云：「驢年摸著麽？」又云：「我與你三家村裏葛藤。更問！」僧又問。師擎起椀云：「這箇是定州椀子，一唱三十文。」代前語云：「錢是足陌。」因齋次，問僧：「你道人喫飯，飯喫人？」無對。師云：「你問我，與你道。」僧乃問。師云：「謝你答話。」代前語云：「不因喫飯，難得此言。」

因僧隨師出三門，師問：「古人道：『大用現前，不存軌則。』作麽生是不存軌則？」無對。復云：「你問我，與你道。」僧便問。師引聲云：「釋迦老子來也。」僧又無對。師遂行數步，以拄杖打松樹一下，云：

「嗄嗄，會麽？」僧云：「不會。」師云：「你與麽驢年會麽？」代前語云：「多華樹嘲無半子。」代後語云：「由是。」

師因見僧量米，乃問：「籮裏多少達磨？」無對。師云：「你問我。」僧便問。師云：「斗量不盡。」代云：「因一事，長一智。」又代趯却米籮便行。

因園頭請師喫茶，師云：「你若煎茶，我有箇報答你處。」無對。師云：「汝問我，與汝道。」園頭云：「請師報答。」師云：「多著水，少著米。」代云：「得人一牛，還人一馬。」又云：「金字茶，六百錢一斤。」

師因齋次，拈起蒸餅云：「我這箇祇供養向北人，是你諸人總不得。」時有僧問：「某甲爲什麽不得？」師云：「鈍置殺人。」代云：「某甲猶可。」代前語云：「兩彩一賽。」

問僧：「古人道，直須一句下悟去。作麽生？」僧云：「直須一句下悟去。」師云：「你爲什麽鼻孔裏祇對我？」僧云：「某甲什麽處是鼻孔裏祇對？」師云：「夢見。」代云：「某甲慎初，和尚護末。」又云：「南柯。」又云：「少喫。」又云：「戒文一切總不犯。」師問侍者：「客來將什麽接待？」者無對。代云：「和尚要拄杖即道。」

因歲日在堂中點茶，師問僧：「設羅漢齋，得生天福，你得飯喫。」無對。師云：「你問我，與你道。」僧便問：「爲什麽與麽道？」師云：「先來不著便，如今著屎潑。」代前語云：「非唯施主，某甲也蒙。」

因聞鼓聲，問僧：「打鼓爲什麽人？」無語。師云：「你問我。」僧便問。師云：「打鼓爲三軍，不爲你。」代云：「柴不辦。」師坐次，有僧非時上來。師云：「作什麽？」僧云：「請益。」師云：「你有什麽疑？」僧云：

「某甲曾問和尚：一宿覺搬柴，柴搬一宿覺？」師乃敲椅子三下，云：「你作麼生會？」僧云：「一切臨時。」師乃揎拳云：「我共你相撲一交，得麼？」無對。次日，其僧再上，值師漱盥次，師乃將水椀過與僧，云：「送去厨下著。」其僧送去了却來。師見來，乃從後門出去。其僧云：「比來請益，却得一口椀。」問僧：「作麼生是打静一句？」僧云：「誰敢出頭。」師云：「你問我。」僧便問。師以拄杖劃地一下，問僧：「將什麼轉大藏教？」僧云：「莫越於此。」師云：「拈却菩提換却涅槃，又作麼生？」僧云：「今日七，明日八。」師云：「依稀似佛，莽鹵如僧。」

因僧請喫湯次，師云：「作麼生？」無對。師云：「你問我。」僧便問。師以湯滴云：「一滴落地，萬神俱醉。會麼？」僧云：「不會。」師云：「不會卽禮拜著。」因見僧商量次，師打牀一下，僧默然。師云：「作麼生是打静一句？」僧云：「出頭卽偺瘂。」師云：「三十年後不得錯舉。」因供養羅漢，問僧：「今夜供養羅漢，你道羅漢還來也無？」無對。師云：「你問我，與你道。」僧便問。師云：「換水添香。」僧云：「與麼卽來也。」師云：「有什麼饅頭䭔子，速下來。」師拈拄杖問僧：「這箇是什麼？」僧云：「拄杖子。」師云：「入地獄。」師見僧，乃召：「來，來！」僧便來。師云：「蒼天，蒼天！」僧無語。師云：「蒼天！本是你哭，爲什麼却我哭？」

因入菜園，見糞堆上牌子，問僧：「道什麼？」僧無對。師云：「你問我。」僧便問。師云：「恐人無信。」問修造庵主云：「佛殿拆了也。忽然施主來，將何瞻敬？」庵主合掌。師云：「奴見婢殷勤。」因聞蚊子叫，問僧：「蚊子呑却祖師也。」僧云：「非蚊子呑祖師，祖師亦呑蚊子。」師不肯，乃云：「你問我。」僧便問。師云：「何怪香林云爲渠有分。」

師問僧：「近離甚處？」僧云：「查渡。」師云：「夏在甚處？」僧云：「湖南報慈。」師云：「甚時離彼？」僧云：「去年八月。」師云：「放你三頓棒。」僧至來日，却上問訊云：「昨日蒙和尚放三頓棒，不知過在什麽處？」師云：「飯袋子，江西湖南便漝麽去。」僧於言下大悟。遂云：「某甲自今已後，向無人煙處卓箇草菴，不畜一粒米，不種一莖菜，接待十方往來知識。與他出却釘，去却楔，除却膩脂帽子，脱却鶻臭布衫，教伊灑灑地作箇衲僧。豈不俊哉！」師云：「飯袋子，身如椰兒大，開與麽大口。」問僧：「佛法還有長短也無？」僧云：「這簾子長五尺。」師云：「這箇是簾子，那箇是佛法？」僧云：「喚什麽作簾子？」師云：「脱空妄語漢！」

因一日齋晚，僧看厨庫而立。師見，乃打一棒。僧回首，師云：「文殊、普賢，香積世界去也。」問僧：「看什麽經？」僧云：「般若經。」師云：「作麽生是清淨？」僧云：「共和尚商量了。」師云：「驢年夢見。」又云：「來來！更共你葛藤。蚊螱裏藏身，東海鯉魚勃跳上三十三天，作麽生？」僧云：「和尚與麽道卽得。」師云：「這虛頭漢。」問僧：「看什麽經？」僧云：「般若經。」師云：「作麽生是清淨？」僧云：「什麽處不清淨？」師云：「繩牀入枇杷樹裏去也，見麽？」僧云：「和尚莫瞞人。」師云：「瞞人且置，你道我作麽生？」無對。師云：「這掠虛漢！」

師因見僧在殿角立次，乃拍手一下云：「佛殿露柱走入厨庫去也。」僧回首看。師云：「見你不會，却來祇候佛殿。」因僧侍立次，師云：「不問有言，不問無言，你作麽生道？」僧無語。師云：「你問我。」僧便問。師喚小師某甲，小師應諾。師云：「你又得箇師弟也。」師問僧：「今日搬柴那？」僧云：「是。」師云：「古人道，不見一法，是你眼睛。」乃於搬柴處，抛下一片柴，云：「一大藏祇教説這箇。」師於普請處謂衆云：「今日困，有解問話底，置將一問來。若不問，向後鼻孔遼天，莫道我瞞你。」師問僧：「轉金剛經那？」云：「是。」師云：「一切法卽非一切法，是名一切法。」乃拈扇子云：「喚作扇子是名，拈了也，在什麽處？從朝至暮，顛倒妄想作麽？」

因喫茶次，問僧：「色香味觸具四塵，你道茶具幾塵？」僧無語。師云：「不得辜負我。」師因見僧看經，乃云：「看經須具看經眼，燈籠露柱，一大藏教，無欠少。」拈起拄杖云：「一大藏教總在拄杖頭上，何處見有一點來。展開去也，如是我聞，十方國土，廓周沙界。」

師問僧：「從苗辨地，因語識人。作麽生？」僧云：「不錯。」師云：「你是甚處人？」僧云：「某處人。」師云：「報典座，與阿師設齋。」師因喫茶次，問僧：「曹溪路上還有俗談也無？」僧云：「請和尚喫茶。」師云：「靜處薩婆訶。」師問僧：「餬餅是什麽人做？」僧拈起餬餅。師云：「這箇且放一邊，長連牀上學得來，餬餅是甚人做？」僧云：「和尚莫瞞某甲好。」師云：「這虛頭漢！」

師行次，一僧隨後行。師豎起拳云：「如許大栗子，喫得幾箇？」僧云：「和尚莫錯。」師云：「是你錯。」僧云：「莫壓良爲賤。」師云：「靜處薩婆訶。」師問直歲：「今日作甚來？」歲云：「刈茅來。」師云：「刈得幾箇祖師？」歲云：「三百箇。」師云：「朝行三千，暮行八百。東家杓柄長，西家杓柄短。作麽生？」歲無語。師以拄杖打趁。

因僧齋歸，師問：「齋主有什麽供養？」僧豎起拳。師云：「我這裏問你卽恁麽。僧堂前有人問你，作麽生道？」僧云：「一切臨時。」師云：「學語之流。」師問僧：「你作什麽？」僧云：「涅槃頭。」師云：「還有不病者麽？」僧云：「不會。」師云：「恁麽不會，不恁麽不會？」僧無語。師云：「汝問我。」僧便問：「作麽生是不病者？」師指傍僧。

有南雄僧上白氈一段。師云：「汝道我向什麽處著？」僧無語。師代云：「拄杖頭上。」師却問傍僧：「你在南雄時識此僧麽？」僧云：「識。」師云：「喚去茶堂内喫茶。」師問僧：「不占田地句，作麽生道？」僧云：「不會。」師云：「不會且作韶州客。」師問僧：「喫得幾箇餬餅？」僧云：「忘却。」師云：「喫了忘却，未喫忘却？」僧云：「忘却，説什麽喫與未喫。」師云：「是你忘却甚處得來。」師問僧：「你從向北來，還曾遊臺麽？」僧云：「是。」師云：「關西湖南，還曾見長嘴鳥説禪麽？」僧云：「不見。」師拈起拄杖，以口作吹勢，引聲云：「禪禪。」師問僧：「甚處過夏？」僧云：「和尚實問卽道。」師云：「作賊人心虚。」

舉臨濟三句語問塔主：「祇如塔中和尚得第幾句？」主無語。師云：「你問我。」主便問，師云：「不快卽道。」主云：「作麽生是不快卽道？」師云：「一不成，二不是。」師一日從方丈出，有僧過拄杖與師，師接得却過與僧，僧無語。師云：「我今日著便。」僧云：「和尚爲什麽著便？」師云：「我拾得口喫飯。」師問僧：「甚處來？」僧云：「崇壽來。」師云：「崇壽有何言句？」僧云：「崇壽指凳子謂衆云：『識得凳子，周匝有餘。』」師云：「我卽不與麽。」僧云：「和尚又如何？」師云：「識得凳子，天地懸殊。」師問堂中首座云：「你道乾坤大地與汝自己同别？」首座云：「同。」師云：「一切物命蛾蝆蟻子，與你自己同别？」首座云：「同。」師云：「你爲什麽干戈相待？」因在醋寮内，指云：「這一甕醋得與麽滿，那一甕醋得與麽淺？」僧云：「人貧智短，馬瘦毛長。」師大笑而出。問座主：「講什麽經？」主云：「涅槃經。」師云：「涅槃具四德，是不？」主云：「是。」師拈起椀子云：「這箇具幾德？」主云：「一德也無。」師云：「古人因甚與麽道？」主云：「古人與麽道如何？」師敲椀子云：「會麽？」主云：「不會。」師云：「且講經著。」因齋欠，有僧侍立，師云：「你還飽也未？」僧無語。師拈拄杖云：「拄杖却飽。」

頌雲門三句語并餘頌八首

門人住德山圓明大師緣密述

函蓋乾坤

乾坤并萬象，地獄及天堂；物物皆真現，頭頭總不傷。

截斷衆流

堆山積嶽來，一一盡塵埃；更擬論玄妙，冰消瓦解摧。

隨波逐浪

辯口利舌問，高低總不虧；還如應病藥，診候在臨時。

三句外別置一問

當人如舉唱，三句豈能該；有問如何事，南嶽與天台。

褒貶句

金屑眼中翳，衣珠法上塵；己靈猶不重，佛祖爲何人。

辨親疏

黑豆未生前，商量已成顛；更尋言語會，特地隔西天。

辨邪正

罔象談真旨，都緣未辨明；守他山鬼窟，不免是精靈。

通賓主

自遠趨風問，分明向道休；再三如不曉，消得箇非遥。

擡薦商量

相見不揚眉，君東我亦西；紅霞穿碧海，白日繞須彌。

提綱商量

若欲正提綱，直須大地荒；欲來衝雪刃，不免露鋒鋩。

據實商量

睡來合眼飯來餐，起坐終須勿兩般。同道盡知言不惑，十方剎土目前觀。

委曲商量

得用由來處處通，臨機施設認家風。揚眉瞬目同一眼，豎拂敲牀爲耳聾。

遊方遺録

師初參睦州蹤禪師。州纔見師來，便閉却門。師乃扣門，州云：「誰？」師云：「某甲。」州云：「作什麽？」師云：「己事未明，乞師指示。」州開門一見，便閉却。師如此連三日去扣門。至第三日，州始開門，師乃撥入。州便擒住云：「道，道！」師擬議。州托開云：「秦時𨍏轢鑽。」師從此悟入。

師到雪峰莊，見一僧，師問：「上座今日上山去那？」僧云：「是。」師云：「寄一則因緣問堂頭和尚，祇是不得道是别人語。」僧云：「得。」師云：「上座到山中，見和尚上堂，衆纔集，便出握腕立地云：『這老漢項上鐵枷何不脱却？』」其僧一依師教。雪峰見這僧與麽道，便下座攔胸把住其僧云：「速道，速道！」僧無對。雪峰托開云：「不是汝語。」僧云：「是某甲語。」雪峰云：「侍者將繩棒來！」僧云：「不是某語，是莊上一浙中上座教某甲來道。」雪峰云：「大衆去莊上迎取五百人善知識來。」師次日上山。雪峰纔見便云：「因什麽得到與麽地？」師乃低頭，從茲契合。師在雪峰時，有僧問雪峰：「如何是觸目不會道，運足焉知路？」峰云：「蒼天，蒼天！」僧不明，遂問師：「蒼天意旨如何？」師云：「三斤麻，一疋布。」僧云：「不會。」師云：「更奉三尺竹。」後雪峰聞，喜云：「我常疑箇布衲。」師行脚時，見一座主舉「在天台國清寺齋時，雪峰拈鉢盂問某：『道得卽與你鉢盂。』某云：『此是化佛邊事。』峰云：『你作座主奴也未得。』某云：『不會。』峰云：『你問我，與你道。』某始禮拜，峰便蹋倒。某得七年方見。」師云：「是你得七年方見？」主云：

「是。」師云：「更與七年始得。」

師在浙中蘊和尚會裏，一日因喫茶次，舉蘊和尚垂語云：「見聞覺知是法，法離見聞覺知，作麽生？」有傍僧云：「見定如今目前一切見聞覺知是法，法亦不可得。」師拍手一下，蘊乃舉頭。師云：「猶欠一著在。」蘊云：「我到這裏却不會。」

師到共相，共相問：「什麽處來？」師云：「雪嶺來。」相云：「要急言句，舉一則來！」師云：「前日典座來，和尚何不問他？」相云：「典座且置。」師云：「箭過新羅。」

師在嶺中時，問卧龍和尚：「明己底人還見有己麽？」龍云：「不見有己，始明得己。」又問：「長連牀上學得底，是第幾機？」龍云：「第二機。」師云：「作麽生是第一機？」龍云：「緊峭草鞋。」師在嶺中時，有僧問：「如何是法身向上事？」師云：「向上與你道卽不難，汝喚什麽作法身？」僧云：「請和尚鑒。」師云：「鑒卽且置，作麽生説法身？」僧云：「與麽與麽。」師云：「此是長連牀上學得底。我且問你，法身還解喫飯麽？」僧無語。後有僧舉似梁家庵主。主云：「雲門直得入泥入水。」資福云：「欠一粒也不得，剩一粒也不得。」

師在雪峰與長慶西院商量。雪峰上堂云：「盡大地撮來如粟米粒大，抛向面前，漆桶不會，打鼓普請看！」西院問師：「雪峰與麽道，還有出頭不得處麽？」師云：「有。」院云：「作麽生是出頭不得處。」師云：「不可總作野狐精見解也。」又云：「狼藉不少。」又云：「七曜麗天。」又云：「南閻浮提，北鬱單越。」

師一日與長慶舉趙州無賓主話。雪峰當時與一蹋：「作麽生？」師云：「某甲不與麽。」慶云：「你作麽生？」師云：「石橋在向北。」師與長慶舉石鞏接三平話。師云：「作麽生道，免得石鞏喚作半箇聖人？」慶云：「若不還價，争辨真僞？」師云：「入水見長人。」

師到洞巖，巖問：「作什麽來？」師云：「親近來。」巖云：「亂走作什麽？」師云：「暫時不在。」巖云：「知過卽得。」師云：「和尚亂走作什麽？」

師到疏山，疏山問：「得力處道將一句來！」師云：「請和尚高聲問。」山便高聲問。師云：「和尚早朝喫粥麽？」山云：「作麽生不喫粥？」師云：「亂叫喚作麽。」又因疏山示衆云：「老僧咸通年已前會得法身邊事，咸通年已後會得法身向上事。」師問：「承聞和尚，咸通年已前會得法身邊事，咸通年已後會得法身向上事。是不？」山云：「是。」師云：「如何是法身邊事？」山云：「枯椿。」師云：「如何是法身向上事？」山云：「非枯椿。」師云：「還許學人説道理也無？」山云：「許你説。」師云：「枯椿豈不是明法身邊事，非枯椿豈不是明法身向上事。」山云：「是。」師云：「法身還該一切不？」山云：「作麽生不該？」師指淨瓶云：「法身還該這箇麽？」山云：「闍黎莫向淨瓶邊會。」師便禮拜。

師到曹山，山示衆云：「諸方盡把格則，何不與他道一轉語，教伊莫疑去？」師便問：「密密處爲什麽不知有？」山云：「祇爲密密，所以不知有。」師云：「此人作麽生親近？」山云：「不向密密處。」師云：「不向密密處，還得親近也無？」山云：「始得親近。」師應諾諾。師問曹山：「如何是沙門行？」山云：「喫常住苗稼者。」師云：「便與麽去時如何？」山云：「你還畜得麽？」師云：「學人畜得。」山云：「你作麽生畜？」師云：「著衣喫飯有什麽難？」山云：「何不道披毛戴角？」師便禮拜。因瑫長老舉菩薩手中執赤幡，問師：「作麽生？」師云：「你是無禮漢。」瑫云：「作麼生無禮？」師云：「是你外道奴也作不得。」

師到天童，童云：「你還定當得麼？」師云：「和尚道什麼？」童云：「不會，卽目前包裹。」師云：「會卽目前包裹。」

因見信州鵝湖，上堂云：「莫道未了底人，長時浮逼逼地；設使了得底人，明〔一〕得知有去處，尚乃浮逼逼地。」師下來舉此語問首座：「適來和尚示衆云：『未了底人浮逼逼地，了得底人浮逼逼地。』意作麼生？」首座云：「浮逼逼地。」師云：「首座在此久住，頭白齒黃，作這箇語話。」首座云：「未審上座又作麼生？」師云：「要道卽得，見卽便見。若不見，莫亂道。」首座云：「祇如堂頭道浮逼逼地，又作麼生？」師云：「頭上著枷，脚下著杻。」座云：「與麼則無佛法也。」師云：「此是文殊普賢大人境界。」

師行脚時，有官人問：「還有定乾坤底句麼？」師云：「蘇嚕蘇嚕，悉哩薩訶。」師到江州，有陳尚書請師齋，相見便問：「儒書中卽不問，三乘十二分教自有。座主，作麼生是衲僧行脚事？」師云：「曾問幾人來？」書云：「卽今問上座。」師云：「卽今且置，作麼生是教意？」書云：「黃卷赤軸。」師云：「這箇是文字語言，作麼生是教意？」書云：「口欲談而辭喪，心欲緣而慮忘。」師云：「口欲談而辭喪，爲對有言；心欲言而慮忘，爲對妄想。作麼生是教意？」尚書無語。師云：「見說尚書看法華經，是不？」書云：「是。」師云：「經中道：『一切治生產業，皆與實相不相違背。』且道非非想天，有幾人退位？」書無語。師云：「尚書且莫草草。十經五論，師僧抛却。特入叢林，十年二十年，尚不奈何。尚書又爭得會？」尚書禮拜云：「某甲

〔一〕「明」，五燈會元作「明明」。

罪過。」

師到歸宗，僧問：「大衆雲集，合談何事？」宗云：「兩兩三三。」僧云：「不會。」宗云：「三三兩兩。」師却問其僧：「歸宗意旨如何？」僧云：「全體與麽來。」師云：「上座曾到潭州龍牙麽？」僧云：「曾到來。」師云：「打野榸漢。」

師因乾峯上堂云：「法身有三種病，二種光。須是一一透得，更須知有照用臨時，向上一竅在。」峰乃良久。師便出問：「庵内人爲什麽不見庵外事？」峰呵呵大笑。師云：「猶是學人疑處在。」峰云：「子是什麽心行？」師云：「也要和尚相委。」峰云：「直須與麽，始解穩坐地？」師應諾諾。乾峰示衆云：「舉一不得舉二，放過一著，落在第二。」師云：「衆云昨日有人從天台來，却往徑山去。」峰云：「典座來日不得普請。」便下座。師問乾峰：「請師答話。」峰云：「到老僧也未？」師云：「與麽則學人在遲也。」峰云：「與麽那，與麽那？」師云：「將謂猴白，更有猴黑。」

師到灌溪時，有僧舉灌溪語云：「十方無壁落，四面亦無門。淨裸裸，赤灑灑，没可把。」問師：「作麽生？」師云：「與麽道即易也大難出。」僧云：「上座不肯和尚與麽道那？」師云：「你適來與麽舉那？」僧云：「是。」師云：「你驢年夢見灌溪麽？」僧云：「某甲話在。」師云：「我問你：『十方無壁落，四面亦無門。淨裸裸，赤灑灑，没可把。』你道大梵天王與帝釋商量箇什麽事？」僧云：「豈干他事！」師喝云：「逐隊喫飯漢。」

陳尚書問雲居供養主云：「雲居高低於弟子？」主無語。尚書問師，師云：「尚書莫教話墮。」

師在嶺中時，問一老宿：「一切時中，如何辨明？」老宿云：「喚什麽作一切時中？」師云：「釋迦老子道了也，彌勒猶自不知。」又見一老宿上堂云：「若是商量舉覺，如當門利劒相似，一句下須有殺活始得。」師出衆云：「和尚上堂多時，大衆歸堂。」老宿云：「道什麽？」師云：「日月易流。」師在嶺中順維那處，起彼時問：「古人豎起拂子，放下拂子，意旨如何？」維那云：「拂前見，拂後見？」師云：「如是如是。」又云：「是諾伊，是不諾伊？」又云：「可知禮也。」

師聞洛浦勘僧云：「近離甚處？」僧云：「荆南。」浦云：「有一人與麽去，還逢麽？」僧云：「不逢。」浦云：「爲什麽不逢？」僧云：「若逢，卽頭粉碎。」浦云：「闍黎三寸甚密。」師後於江西見其僧，乃問云：「還有此語不？」僧云：「有。」師云：「洛浦倒退三千里。」師在靈樹知聖大師會中爲首座時，僧問知聖：「如何是祖師西來意？」聖云：「老。」僧無語。却問僧：「忽然上碑，合著得什麽語？」時有數僧下語，皆不契。聖云：「汝去請首座來。」洎師至，聖乃舉前話問師，師云：「也不難。」聖云：「著得什麽語？」師云：「有人問：『如何是祖師西來意。』但云：『師。』」知聖深肯。

大師遺表

伏聞：有限色身，詎免榮枯之歎；無形實相，孰云遷變之期。既風燈炬焰難留，在水月空華何適。罔避典彝之咎，將陳委蜕之詞。臣中謝伏念：臣跡本寒微，生從草莽，爰自髫齓，切慕空門。潔誠誓屏於他緣，鋭志唯探於内典。其或忘餐待問，立雪求知，困風霜於十七年間，涉南北於數千里外，始見心猿罷跳，意馬休馳。身隈韶石之雲，頭變楚山之雪。以至榮逢景運，屢沐天波。詰道談空，暫答乾坤之德；開蒙發滯，星馳雲水之徒。獲揚利益之因，逈自聖明之澤。加以聯叨鳳詔，累對龍庭，繼奉頒宣，重疊慶賜。撫躬惆悵，殞命何酬？不謂臣駑馬年衰，難勝睿渥，遽縈淪於疲瘵，唯待盡於朝昏。星漢程遥，遐眄而纔瞻北極；波濤去速，迴眸而已逐東流。伏願鳳曆長春，扇皇風於拂石之劫；龍圖永固，齊壽考於芥子之城。臣限餘景無時，微躬將謝，不獲奔辭丹闕，祝別彤庭。臣無任瞻天戀聖，激切屏營之至，謹奉表以聞。

遺誡

夫先德順化，未有不留遺誡。至若世尊將般涅槃，亦遺教敕。吾雖無先聖人之德，既忝育衆一方，殆盡不可默而無示。吾自居靈樹及徙當山，凡三十餘載。每以祖道寅夕激勵汝等，或有言句布在耳目，具眼者知，切須保任。吾今已衰邁，大數將絶，刹那遷易，頃息待盡。然淪溺生死，幾經如是，非獨于今矣。吾自住持已來，甚煩汝等輔贊之勞，但自知媿耳。吾滅後，置吾於方丈中。上或賜塔額，秖懸於方丈，勿别營作。不得哭泣孝服，廣備祭祀等，是吾切意。蓋出家者，本務超越，毋得同俗。其住持等事，皆仍舊貫；接諸來者，無失常則。諸徒弟等，仰從長行訓誨。凡係山門莊業什物等，並盡充本院支用，勿互移屬他寺。教有明旨，東西廊物，尚不應以互用，汝當知矣。或能遵行吾誡，則可使佛法流通，天神攝衞，不負四恩，有益於世。或違此者，非吾眷屬。勉旃，勉旃！大期將迫，臨行略示遺誡。努力，努力！好住。還會麽？若不會，佛有明教，依而行之。

雲門匡真禪師廣録序

祖燈相繼，數百年間，出類邁倫，超今越古，盡妙盡神，道盛行於天下者，數人而已。雲門大宗師特爲之最。擒縱舒卷，縱橫變化。放開江海，魚龍得游泳之方；把斷乾坤，鬼神無行走之路。草木亦當稽首，土石爲之發光。其傳於世者，對機、室録、垂代、勘辨、行録。歲久或有差舛。今參考刊正，一新鏤板，以永流播。益使本分鉗鎚，金聲而玉振；峥嶸世界，瓦解而冰消。必若列派分宗，不免將錯就錯；論功紀德，已是埋没前賢；畫樣起模，適足糊塗後學。若是頂門有眼，甚處與雲門相見。熙寧丙辰三月二十五日權發遣兩浙轉運副使公事蘇澥序。

雲門山光泰禪院匡真大師行録

師諱文偃，姓張氏，世爲蘇州嘉興人，實晉王冏東曹參軍翰十三代孫也。師夙負靈姿，爲物應世。故纔自髫齓，志尚率已厭俗。遂依空王寺志澄律師出家爲弟子。以其敏質生知，慧辯天縱，凡誦諸典，無煩再閱，澄深器美之。及長落𩬊，禀具於毗陵壇。後還澄左右，侍講數年。賾窮四分旨，既毗尼嚴淨，悟器淵發，乃辭澄謁睦州道蹤禪師。蹤，黄檗之裔也，知道不偶世，引己自處，潛居古伽藍。雖揖世高蹈，而爲世所慕。凡應接來者，機辯峭捷，無容佇思。師初往參，三扣其户，蹤纔啓關。師擬入，蹤托之云：「秦時轆轢鑽。」因是釋然朗悟。既而諮參數載，深入淵微。蹤知其神器充廓，覺轅可任，因語之曰：「吾非汝師。今雪峰義存禪師可往參承之，無復留此。」師依旨入嶺造雪峰，温研積稔，道與存契，遂密以宗印付之。由是冋稟存焉。師參罷出嶺，徧謁諸方，覈窮殊軌，鋒辯險絶，世所盛聞。後抵靈樹知聖禪師道場。知聖夙已憶其來。忽鳴鼓告衆，請往接首座。時師果至。先是知聖住靈樹凡數十年，堂虚首席，衆屢請命上座，知聖不許。嘗曰：「首座纔遊方矣。」及師至，始命首衆焉。洎知聖將示滅，欲師踵其席，乃潛書祕函中，謂門弟子曰：「吾滅後，上或幸此，請以遺上。」果會駕幸山。知聖預測上至，乃升堂跏趺而終。及帝至，已滅矣。帝詢師遺示，門人出函奉之。上啓函得書云：「人天眼目，堂中上座。」帝乃敕刺史何希範具禮，命師以襲法會。上於是欽美之，累召至闕。每所顧問，酬答響應。帝愈揖服，遂賜紫袍師名。

後徙居雲門山，鼎革廢址，大新棟宇。師自衡踞祖域，凡一紀有半。風流四表，大弘法化。禪徒湊集，登門入室者，莫可勝紀。今白雲山實性大師乃其甲也。師以乾和七年己酉四月十日順寂。夙具表以辭帝，兼述遺誡。然後跏趺而逝。尋奉敕賜塔額，以師遺旨，令置全軀於方丈中。或上賜塔額，祇懸於方丈，勿別營作。門人乃依教瘞師於丈室，以爲塔焉。師先付法于弟子實性，俾紹覺場。僉議爲實性已傳道育徒，乃革命。在會門人法球以繼師席。嗚呼！世導云滅矣。擿植冥行者，何所從適哉！岳幸參目師之餘化，知師所爲之大略，敢不書之以貽方來！時己酉歲孟夏月二十有五日，集賢殿雷岳譔。

請疏

弟子韶州防禦使、兼防遏指揮使、權知軍州事、銀青光禄大夫、檢校兵部尚書、御史大夫上柱國何希範，洎闔郡官僚等，請靈樹禪院第一座偃和尚，恭爲皇帝陛下開堂説法，上資聖壽者。竊以伽跋西來，克興大乘之教；達磨東至，乃傳心印之宗。然法炬以燭幽，運慈舟而濟溺。伏惟和尚，慧珠奮彩，心鏡發輝。性海深沉，不可以識識；言泉玄奥，不可以智知。能造一相之門，迥出六塵之境。靈樹禪院者，夐古靈蹤，最上勝概。自知聖大師順世，密授付囑之詞；皇帝巡狩，榮加寵光之命。足可以爲祇園柱礎，梵苑梯航。緇徒虔心以歸依，仕庶精誠而信仰。希範叨權使命，謬治名藩，幸逢法匠之風，請踞方丈之室。願以廣濟爲益，無將自利處懷。少狥披榛之徒，佇集如雲之衆。俯從所請，即具奏聞。

師歸寂後十七載，感夢於雄武軍節度推官阮紹莊。紹莊夢師以拂子招曰：「與吾寄語秀華宫使特進李托，奏請開塔。吾久蔽塔中，宜令暫出。」時托奉使韶陽監修營諸寺，因得紹莊之語，乃以所夢聞上。尋奉敕令韶州刺史梁延鄂同托，請雲門山開塔。果見真容如昔，髭鬓猶生，遂具表聞奉。復奉敕令托迎真身赴闕，留内庭供養。逾月乃送還塔，仍改寺爲大覺，謚大慈雲匡真弘月禪師。

住福州鼓山圓覺宗演校勘

古尊宿語録卷第十九

袁州楊岐山普通禪院(方)會和尚語録

江寧府保寧禪院嗣法小師仁勇編

師在筠州九峰山受疏了，披法衣。乃拈起示衆云：「會麽？若也不會，今日無端走入水牯牛隊裏去也。還知麽？筠陽九曲，萍實楊岐。」乃陞座。時有僧出衆，師云：「漁翁未擲釣，躍鱗衝浪來。」僧便喝。師云：「不信，道！」僧撫掌歸衆。師云：「消得龍王多少風？」問：「師唱誰家曲，宗風嗣阿誰？」師云：「有馬騎馬，無馬步行。」進云：「少年長老，足有機籌。」師云：「念你年老，放你三十棒。」問：「如何是佛？」師云：「三脚驢子弄蹄行。」進云：「莫只者便是？」師云：「湖南長老。」問：「人法俱遣，未是衲僧極則；佛祖雙亡，猶是學人疑處。未審和尚如何爲人？」師云：「你只要看破新長老。」進云：「與麽則旋斫生柴帶葉燒。」師云：「七九六十三。」師云：「更有問話者麽？試出衆相見。楊岐今日性命在你諸人手裏，一任横拖倒拽。爲什麽如此？大丈夫兒，須是當衆決擇，莫背地裏似水底捺葫蘆相似，當衆引驗，莫便面赤。有麽有麽？出來決擇看！如無，楊岐失利。」師纔下座，九峰勤和尚把住云：「今日喜遇同參。」師云：「同參底事作麽生？」峰云：「九峰牽犂，楊岐拽杷。」師云：「正當與麽時，楊岐在前，九峰在前？」峰擬議，師托開云：「將謂同參，元來不是。」

師入院上堂，僧問：「如何是楊岐境？」師云：「獨松巖畔秀，猿向下山啼。」進云：「如何是境中人？」師云：「貧家女子携籃去，牧童横笛望源歸。」師乃云：「霧鎖長空，風生大野。百草樹木作大師子吼，演説摩訶大般若。三世諸佛在你諸人脚跟下轉大法輪。若也會得，功不浪施；若也不會，莫道楊岐山勢嶮，前頭更有最高峰。」

上堂云：「百丈把火開田説大義，是何言歟？楊岐兩日種禾，亦有箇奇特語。」乃云：「達磨大師無當門齒。」

上堂：「楊岐一要，千聖同妙。布施大衆。」拍禪床一下，云：「果然失照。」

上堂：「楊岐一言，隨方就圓，若也擬議，十萬八千。」下座。

上堂：「楊岐一語，呵佛叱祖，明眼人前，不得錯舉。」下座。

上堂：「楊岐一句，急著眼覷，長連床上，拈匙把筯。」下座。

上堂，僧問：「急水江頭須下鈞，如何鈞得巨鼇歸？」師云：「撒手長空外，時人總不知。」進云：「知底事作麽生？」師云：「雲生嶺上。」進云：「作家宗師，天然猶在。」師云：「念言語漢！」師乃云：「不見一法是大過患。」拈起拄杖云：「穿却釋迦老子鼻孔，作麽生道得脱身一句？向水不洗水處道將一句來！」良久云：「向道莫行山下路，果聞猿叫斷腸聲。」

上堂，拍禪床一下，云：「只箇心心心是佛，十方世界最靈物。釋迦老子説夢，三世諸佛説夢，天下老和尚説夢。且問諸人，還曾作夢麽？若也作夢，向半夜裏道將一句來！」良久云：「人間縱有真消息，偷向楊岐説夢看。參！」

上堂：「坐斷乾坤，天地黯黑。放過一著，雨順風調。然雖如是，俗氣未除在。」僧問：「欲免心中鬧，應須看古教。如何是古教？」師云：「乾坤月明，碧海波澄。」進云：「未審作麽生看？」師云：「脚跟下。」進云：「忽遇洪波浩渺時如何？」師云：「放過一著，十字縱横，又作麽生？」僧便喝，撫掌一下。師云：「看者一員戰將。」進云：「打草蛇驚。」師云：「也要大家知。」師拈起拄杖云：「一即一切，一切即一。」劃一劃，云：「山河大地，天下老和尚百雜碎，作麽生是諸人鼻孔？」良久云：「劍爲不平離寶匣，藥因救病出金瓶。」喝一喝，卓一下。「參！」

上堂：「秋雨洗秋林，秋林咸翠色。傷嗟傅大士，何處尋彌勒。」

上堂：「薄福住楊岐，年來氣力衰。寒風凋敗葉，猶喜故人歸。囉哰哩，拈上死柴頭，且向無煙火。」

上堂：「楊岐無旨的，栽〔一〕田博飯喫。説夢老瞿曇，何處覓蹤跡？」喝一喝，拍禪床一下。「參！」

上堂：「凡聖不存，佛祖何立？大衆，清平世界，不許人攙奪行市。」

上堂：「楊岐乍住屋壁疎，滿床皆布雪真珠。縮却項，暗嗟吁。」良久云：「翻憶古人樹下居。」

〔一〕「栽」，五燈會元作「種」。

後住潭州雲蓋山海會寺語録

舒州白雲峰嗣法小師守端編

師於興化寺開堂，府主龍圖度疏與師。師纔接得，乃提起云：「大衆，府主龍圖駕部諸官，盡爲你諸人説第一義諦了也，諸人還知麽？若知，家國安寧，事同一家；若不知，曲勞僧正度與表白宣讀，且要天下人知。」表白宣疏了，乃云：「今之日，賢侯霧擁，海衆臨筵。最上上乘，請師敷演。」師云：「若是最上上乘，千聖側立，佛祖潛蹤。何故如此？爲諸人盡同古佛。還信得及麽？若信得及，大家散去。若不散去，山僧謾你諸人去也。」遂陞座拈香云：「此一瓣香祝延今上皇帝聖壽無窮。」又拈香云：「此一瓣香奉爲知府龍圖駕部諸官，伏願常居禄位。」復拈香云：「大衆還知落處麽？若也不知，却爲注破。奉酧石霜山慈明禪師法乳之恩，山僧不免薰天炙地去也。」便燒。淨行大師白槌云：「法筵龍象衆，當觀第一義。」師云：「大衆早是落二落三了也。諸人何不負丈夫之氣！若不然者，有疑請問。」僧問：「昔日梵王請佛，天雨四花。府主臨筵，有何祥瑞？」師云：「片雲收岳面，浪自靜瀟湘。」進云：「大衆霑恩，學人禮謝。」師云：「斷頭船子下揚州。」僧問：「埋兵掉鬬卽不問，今日當場事若何？」師云：「楊岐入界來，未曾逢見者作家。」僧以手劃一劃。師云：「分身兩處看。」師乃云：「若〔一〕有問話者，請出來。諸供養中，法供養最勝。

〔一〕「若」語要作「更」。

若據祖宗令下，祖佛潛蹤，天下黯黑。豈容諸人在者裏立地，更待山僧開兩片皮！雖然如是，且向第二機中説些葛藤。繁與大用，舉步全真。既立名真非，離真而立，立處卽真。者裏須會當處發生，隨處解脱，此喚作鬧市裏上竿子，是人總見。你道金不博金一句作麼生道？還有人道得麼？試出來踣跳看！如無，山僧今日失利。但某此際榮幸，伏遇知府龍圖通判駕部，洎諸官僚請住雲蓋道場，可謂諸官願弘深廣，爲國忠臣，建立法幢，上嚴帝祚。然願諸官壽齊山岳，永佐明君，作大股肱，爲佛施主。諸院尊宿，在會信心，世世生生共督大事。久立，珍重！」

上堂：「春雨普潤，一滴滴不落别處。」拈拄杖卓一下云：「會麼？九年空面壁，年老轉心孤。」

歲旦上堂，僧問：「舊歲已隨殘臘去，今日新春事若何？」師云：「鉢盂裏滿盛。」進云：「與麼則三年逢一閏，九月是重陽。」師云：「野火燒不盡，春風吹又生。」進云：「專爲舉似諸方去也。」師云：「你道雲蓋末後一句作麼道？」進云：「七九六十三。」師云：「念言語漢！」師乃云：「春風如刀，春雨如膏。律令正行，萬物情動。你道脚踏實地一句，作麼生道？出來向東涌西没處道看！直饒道得，也是梁山頌子。」

上堂：「寅朝清旦，古今總見，更問如何，也是癡漢。」

上堂：「一塵纔舉，大地全收。」拈起拄杖云：「如今舉也。」卓禪床一下云：「山河大地塞却諸人眼睛，有不受人謾底，出衆道看！」良久云：「玉笛横吹動天地，未曾逢着箇知音。參！」

上堂：「身心清淨，諸境清淨；諸境清淨，身心清淨。還知雲蓋老人落地處麼？」乃云：「河裏失錢河裏摝。」下座。

上堂："雲蓋是事不如，説禪似吞栗蒲。若向此處會得，佛法天地懸殊。"

上堂："三春將杪，四海廓清，風恬浪静，是人知有。且道將長就短一句作麽生道？"良久云："幾度黑風翻大海，未曾聞道釣舟傾。參！"

上堂，拈拄杖卓一下云："大衆，達磨縱有真消息，也落諸人第二機。參！"

上堂："景色乍晴，物情舒泰。舉步也千身彌勒，動用也隨處釋迦。文殊普賢總在者裏。衆中有不受人瞞〔一〕底，便道雲蓋和麩糶麵。然雖如是，布袋裏盛錐子。"

上堂："有句無句，如藤倚樹。文殊維摩，撒手歸去。雲蓋與麽道，也是看鋼鏴。更有後語，不得錯舉。"下座。

上堂："阿呵呵，是什麽？僧堂裏喫茶去。"下座。

上堂，擲下拄杖云："釋迦老子著跌，偷笑雲蓋亂説。雖然世界坦平，也是將勤補拙。參！"

參駕部歸寺，上堂："釋迦老子爲先鋒，彌勒大士爲殿後。衆中還有著力者麽？出衆來與雲蓋著力看！如無，雲蓋自逞神通也。三五日出入相看。首座大衆，你且道，於者裏還有隔礙底道理麽？上座，僧堂裏展鉢時與上座同展，睡時與上座同睡，立地時與上座同立地。長者長法身，短者短法身，彌勒運用與去來，何處有間隔？雖然如是，你且道雲蓋在船頭在船尾？衆中還有靈利底衲僧覷得見麽？"良久云："人人盡道平地險，登樓方覺遠山青。參！"

〔一〕"瞞"，語要作"謾"。

上堂：「雪，雪！處處光輝明皎潔，黃河凍鎖絶纖流，赫日光中須迸烈。須迸烈，那吒頂上喫蒺蔾，金剛脚下流出血。參〔一〕！」

上堂：「踏著秤鎚硬似鐵，啞子得夢向誰説？須彌頂上浪滔天，大洋海底遭火爇。參！」

上堂，拍禪床一下云：「休戀江湖五六月，收取絲綸歸去來。」

上堂：「雲蓋不會禪，只是愛瞳眠。打動震天雷，不直半分錢。」

上堂：「舉古人一轉公案，布施大衆。」良久云：「口只好喫飯。」

楊岐詮老來。師上堂：「拈花付囑，有屈當人。面壁九年，胡言漢語。當人分上，把斷乾坤。且道作麼生是把斷乾坤底句？還有人道得麼？如無，雲蓋失利。」楊畋提刑山下過，師出接。提刑乃問：「和尚法嗣何人？」云：「慈明大師。」楊云：「見箇什麼道理，便法嗣他？」云：「共鉢盂喫飯。」楊云：「與麼則不見也。」師捺膝云：「什麼處是不見？」楊大笑。師云：「須是提刑始得。」師云：「請入院燒香。」楊云：「却待回來。」師乃獻茶信。楊云：「者箇却不消得，有甚乾曝曝底禪，希見示些子。」師指茶信云：「者箇尚自不要，豈況乾曝曝底禪！」楊擬議。師乃有頌：「示作王臣，佛祖罔措。爲指迷源，殺人無數。」楊云：「和尚爲什麼就身打劫？」師云：「元來却是我家裏人。」楊大笑。師云：「山僧罪過。」

萬壽先馳，馳書至。師問：「萬壽峰前師子吼，當人返擲事如何？」僧云：「踣跳上三十三天。」師云：「與麼則雲蓋直下覷也。」僧云：「草賊大敗。」師云：「更不再勘，且坐喫茶。」龍興孜老遷化，僧馳書至。師

〔一〕「參」，語要作「下座」。

問：「世尊入滅，槨示雙趺。和尚歸真，有何相示？」僧無語。師搥胷云：「蒼天，蒼天！」

慈明遷化，僧馳書至。師集衆，挂真舉哀。師至真前，提起坐具云：「大衆會麼？」遂指真云：「我昔日行脚時，被者老和尚將一百二十斤擔子放在我身上，如今且得天下太平。」却顧視大衆云：「會麼？」衆無語。師搥胷云：「嗚呼哀哉，伏惟尚饗。」慈明忌晨設齋，衆集。師至真前，以兩手捏拳安頭上，以坐具劃一劃，打一圓相，便燒香。退身三步，作女人拜。首座云：「休捏怪！」師云：「首座作麼生？」首座云：「和尚休捏怪！」師云：「兎子喫牛妳。」第二座近前打一圓相，便燒香。亦退身三步，作女人拜。師近前作聽勢，第二座擬議。師打一掌云：「者漆桶也亂做。」

送武泉常老出門，乃問：「出門便作還鄉計，到家一句作麼生道？」泉云：「和尚善爲住持。」師云：「與麼則身隨寒影去，脚大草鞋寬。」泉云：「和尚善爲開田。」師云：「兎子何曾離得窟！」

一日，三人新到。師問：「三人同行，必有一智。」提起坐具云：「參頭上座，喚者箇作什麼？」僧云：「坐具。」師云：「真箇那？」僧云：「是。」師云：「喚作什麼？」僧云：「坐具。」師顧視左右云：「參頭却具眼。」又問第二座：「欲行千里，一步爲初。如何是最初一句？」僧云：「到和尚者裏，爭敢出手！」師以手劃一劃。僧云：「了。」師展兩手，僧擬議。師云：「了。」又問第三座：「上座近離什麼處？」僧云：「南源。」師云：「楊岐今日被上座勘破，且坐喫茶。」一日，七人新到。師問：「陣勢既圓，作家戰將何不出陣與楊岐相見？」僧以坐具便打。師云：「作家。」僧又打。師云：「一坐具，兩坐具。又作麼生？」僧擬議，師背面立。僧又打，師云：「你道楊岐話頭落在什麼處？」僧指面前云：「在這裏。」師云：「三十年後，遇明眼人不得錯舉。且坐喫茶。」

一日，道吾供養主馳書至，師問：「春雨霖霖無暫息，不觸波瀾試道看！」主云：「適來已通信了。」師云：「者箇是道吾底，那箇是化主底？」主指云：「春雨霖霖。」師撫掌大笑云：「不直半分錢。」主便喝。師云：「者瞎漢，向道不直半分錢，又惡發作什麼？」主撫掌一下。師云：「且坐喫茶。」

一日，石霜供養主至，師問：「征行戰將，假道經過，劄寨既圓，何不與楊岐草戰？」主云：「昔時謬向途中見，今日親逢老作家。」師云：「楊岐且輸小捷去也。」主便喝。師云：「亂做作什麼？」主將坐具劃一劃。師云：「齋後鐘。」主云：「噓！」師云：「只者箇，别更有在？」主無語。師云：「敗將不斬，且坐喫茶。」

師問僧：「楊岐路僻，高步何來？」僧云：「和尚幸是大人。」師云：「嗄。」僧云：「和尚幸是大人師〔一〕。」師云：「楊岐近日耳聾，且坐喫茶。」師問僧：「秋色依依，朝離何處？」僧云：「去夏在上藍。」師云：「不涉程途一句作麼生道？」僧云：「兩重公案。」師云：「謝上座答話。」僧便喝。師云：「那裏學得者虛頭來！」僧云：「明眼尊宿難謾。」師云：「與麼則楊岐隨上座去也。」僧擬議。師云：「念你鄉人在此，放你三十棒。」師問僧：「雲深路僻，高步何來？」僧云：「天無四壁。」師云：「踏彼〔二〕多少草鞋？」僧便喝。師云：「一喝兩喝，又作麼生？」僧云：「你看者老和尚。」師云：「拄杖不在，且坐喫茶。」師問僧：「敗葉堆雲，朝離何處？」僧云：「觀音。」師云：「觀音脚跟下一句作麼生道？」僧云：「適來已相見了也。」師云：「相見底事作麼生？」

〔一〕語要無此「師」字。
〔二〕「彼」，語要作「破」。

僧無語。師云：「第二上座，代參頭道看！」僧亦無語。師云：「彼此相鈍置。」一日，八人新到。師問：「一

一字陣圓，作家戰將，何不出陣與楊岐相見！」僧云：「和尚照顧話頭。」師云：「楊岐今日抱馬拖旗去也。」僧云：「新戒打退鼓。」師云：「道！」僧擬議。師云：「道！」僧撫掌一下。師云：「謝上座答話。」僧無語。師云：「將頭不猛，累及三軍。且坐喫茶。」

潭州道吾(悟)真禪師語要

開堂日，表白宣疏罷，乃云：「請和尚不勞謙讓，爲衆舉揚。」師云：「直饒與麽道，也落第三綣。」便陞座。上首白槌了，師乃云：「便與麽覩得，一時著便。若論玄微，見與不見一時歡瞎。」時有僧問：「承師有言，明暗兩字，截斷衆流。請師便道。」師云：「作麽生道？」僧云：「作家。」師便喝，僧撫掌。師云：「恰是。」問：「三千劒客無施用，便卷珠簾賀太平時如何？」師云：「逼塞虚空内，開張日月前。」進云：「恁麽則千花巘畔澄孤月，五鳳樓前舞纛旗去。」師云：「白雲千里萬里。」僧拂袖歸衆。師云：「瞎。」問：「疋馬單鎗，請師布陣。」師云：「分爲兩段。」僧撫掌。師云：「你又作麽生？」僧無語。師喝云：「瞎漢！」乃云：「一問一答，未有休期。直饒你問到未來際，我也答到未來際。所以古人唤作無盡法藏，亦唤作無礙辯門。且道如今唤作無盡法藏是，無礙辯門是？還有道得底麽？試出來道看！如無，拄杖子爲你諸人道去也。」以拄杖劃一劃云：「一時領過。」下座。

師在北禪，上堂云：「青山峭峻，白日如梭。龍門無客，鬧市人多。諸人且道，即今下菜行頭，有幾人納稅百姓？」時有僧出禮拜，師云：「北禪寺裏却有一箇。」僧問：「不落二三，請師速道！」師云：「前三點，後三點。」僧便喝。師亦喝，僧禮拜，師云：「有恁麼瞎漢。」

師上堂，舉洞山云：「五臺山上雲蒸飯，佛殿堦前狗尿天。幡竿頭上煎䭔子，三箇猢猻夜播錢。」師云：「老僧即不然，三面狸奴脚踏月，兩頭白牯手拏煙。戴冠碧兔立庭栢，脱殼烏龜飛上天。老僧葛藤，盡被汝諸人覷破了也。洞山老人甚是奇特，雖然如是，只行得三步四步，且不過七跳八跳。且道誵訛在什麼處？老僧今日不惜眉毛，一時布施。」良久云：「叮嚀損君德，無言真有功。任從滄海變，終不爲君通。」

上堂云：「拗折秤衡，將什麼定斤兩？拈却鉢盂匙筯，將什麼喫粥飯？不如向三家村裏東卜西卜，忽然卜著，脱却鼻孔。」

上堂，拈拄杖卓一卓，喝一喝。云：「你還肯麼？你若肯，心肝五臟頭目髓腦，一時屬老僧。你若不肯，心肝五臟頭目髓腦，一時分付。」擲下拄杖，便下座。

上堂：「一切智智清淨，無二無二分。又道無法可說，是名說法。且道龍宮海藏，甚處得來？」良久云：「三要點開天地眼，一曲無私豁古今。」

上堂，舉僧問首山：「如何是佛？」山云：「新婦騎驢阿家牽。」師乃有頌：「手提巴鼻脚踏尾，仰面看天聽流水。天明送出路傍邊，夜静還歸茅屋裏。」

前。」

上堂：「直上直下，如何指南？十字縱横，作麽生提綱？」良久云：「風散亂雲長空静，夜深明月照窻前。」

上堂：「師子兒哮吼，龍馬駒踍跳。古佛鏡中明，三山孤月皎。」乃作舞，下座。

上堂，乃唤維那，令昨日四人新到人事。新到纔出，師乃云：「雖是小過，令人大怒。」新到纔展坐具，師云：「當爲空王如來作禮。」便歸方丈。

上堂云：「遍界元正，又逢令節。問諸禪人，是生是滅？紅日長輝，玉輪圓缺。疾燄過鋒，眼中電掣。髑髏常吟，是決不決？汝等諸人，還拜父母墳靈也無？」良久云：「人行荒草裏，鬼哭密林間。」

上堂，僧問：「凝然便會時如何？」師云：「老鼠尾上帶研槌。」問：「王老夜燒錢，意旨如何？」師云：「白日看星月。」僧擬議，師云：「會麽？」僧云：「不會。」師乃云：「王老夜燒錢，白日看星月。磕額禮慈尊，手把冥香爇。」

上堂，拈拄杖卓一卓，喝一喝。乃云：「一喝一卓，眼生八角，鼻孔吒沙，眉毛卓朔。若也會得，西山月落。若也不會，胡餅飥飥。」下座。

上堂，僧問：「如何是第一句？」師云：「直下銜雲際，東山絶往來。」問：「如何是第二句？」師云：「面前渠不見，背後稱寃苦。」問：「如何是第三句？」師云：「頭上一堆塵，脚下三尺土。」問：「如何是佛？」師云：「洞庭無蓋。」問：「古人道：『來時不將絲頭來，去時不將絲頭去。』意旨如何？」師云：「三生六十劫，未是長期。」僧無語。師云：「會麽？」僧云：「不會。」師云：「洞庭八百里未是闊。」問：「如何是真如體？」師云：

「夜叉屈膝眼睛黑。」問：「如何是真如用？」師云：「金剛杵打鐵山摧。」問：「如何是透出乾坤句？」師云：「棒下最分明。」僧無語。師乃云：「透出乾坤句，未語先剖陳。屈躬來更問，棒下取分明。」

上堂，衆集，師以拄杖擲下來，隨後跳下。衆擬散，師乃召大衆，衆回首，師乃云：「爲老僧收取拄杖！」便歸方丈。

上堂云：「開心椀子盛將來，無縫合盤合取去。擬思量，何劫悟。看取眉毛有幾許去。」

上堂云：「夜來雷聲震地，今朝細雨霏霏。乾枯滋潤，萬物萌芽。且道嘉州大象髭鬚長得多少？還有道得者麽？若也道得，陝府鐵牛是常不輕菩薩；若道不得，土宿拽脱你鼻孔。」

上堂：「若據祖令，到這裏總須茫然。放老僧一線，且向眉睫裏東覰西覰。」

上堂，僧問：「如何是第一玄？」師云：「釋尊光射阿難肩。」「如何是第二玄？」師云：「孤輪衆象攢。」「如何是第三玄？」師云：「泣向枯桑淚漣漣。」「如何是第一要？」師云：「最好精麄照。」「如何是第二要？」師云：「閃爍乾坤光晃耀。」「如何是第三要？」師云：「夾路青松老。」問：「如何是先照後用？」師云：「語路分明説，投針不迴避。」「如何是先用後照？」師云：「金剛覿面親分付，話道分明好好陳。」「如何是照用同時？」師云：「祖佛道中行路異，森羅影裏不留身。」「如何是照用不同時？」師云：「清涼金色光先照，峨嵋銀界一時鋪。」乃云：「參須實參，學須實學，又須要明古人血脈。且道作麽生是古人血脈？」良久云：「智不到處，切忌道著。」

上堂云：「寒風浩浩無時節，浪打懸崖石頭裂。洞庭湖裏釣船傾，雪路行人山路絶。清風月白透幽闕，畢竟以何爲妙訣。」下座。

上堂：「向上一路，千聖不傳。學者勞形，如猿捉影。你等諸人還明得這時節麽？若明得，去天上人間堪受供養；若明不得，閻羅老子眼目分明。」

上堂：「汝等諸人盡學佛法，非卽便言非，是卽便言是，直須緇素分明，不得錯認定盤星好。珍重！」

上堂，有僧問：「如何是常照？」師云：「針鋒上須彌。」云：「如何是寂照？」師云：「眉毛裏海水。」云：「如何是本來照？」師云：「草鞋裏蹈跳。」師乃云：「常照寂照本來照，草鞋底下常蹈跳。要會針鋒上須彌，眉中海水常渺渺。」

上堂云：「如天普蓋，似地普擎，三世諸佛，總在你鼻孔裏，三十年後不得辜負老僧。」

上堂：「普化明打暗打，布袋橫撒竪撒，石室行者踏碓，因甚忘却下脚？」

上堂，舉「僧問大隨：『劫火洞然，大千俱壞。未審這箇壞不壞？』隨云：『壞。』僧云：『與麽則隨他去。』隨云：『隨他去。』又問龍濟：『劫火洞然，大千俱壞。未審這箇壞不壞？』濟云：『不壞。』僧云：『爲什麽不壞？』濟云：『爲同大千。』此二老宿，一人道壞，一人道不壞。且道壞底是，不壞底是？會麽？壞與不壞，俱非内外，不隔纖毫，尋常面對。」

上堂問：「如何是奪人不奪境？」師云：「庵中閒打坐，白雲起峰頂。」「如何是奪境不奪人？」師云：「閃爍紅霞散，天童指路親。」「如何是人境兩俱奪？」師云：「剛骨盡隨紅影没，苕苗總逐白雲消。」「如何是人境俱不奪？」師云：「久旱逢初雨，他鄉遇舊知。」問：「如何是賓中賓？」師云：「誰説有疎親。」「如何是賓中主？」師云：「磕額無回互，對面與誰陳。」「如何是主中賓？」師云：「瑞雲空裏布，霹靂震乾坤。」「如何是主中主？」師云：「古皇令高舉，巧辨徒申吐。」問：「如何是正中來？」曰：「皎潔乾坤震地雷。」「如何是正中偏？」曰：「諸子投來見大仙。」「如何是偏中正？」曰：「萬水千山明似鏡。」「如何是兼中至？」曰：「施設縱橫無所畏。」「如何是兼中到？」曰：「黑白未分已前過。」師乃云：「古人道，主賓元不異，問答理俱全同安。」又云：「賓主睦時全是妄，君臣合處正中邪。一等是出世尊宿，接物利生，言教有異。爲復見處偏枯，爲復利生不普。明眼底人，通箇消息。」

上堂云：「有物先天地，無形本寂寥，能爲萬象主，不逐四時凋。且道是什麽物，還識得麽？若識得，乾坤大地森羅洞明；若也不識，被物拶著，轉身不得。」

上堂云：「古人道，認著依前還不是。實難會，土宿領下髭鬚多，波斯眼深鼻孔大。甚奇怪，欻然透過新羅界。」

上堂云：「古今日月，依舊山河。若明得去，十方薄伽梵，一路涅槃門；若也不明，謗斯經故，獲罪如是。」

上堂云：「鋒刃上踣跳，微塵裏走馬。勞勞去復來，箇是知音者。」

上堂云：「昨日三人新到，出來人事！」僧纔出禮拜，師云：「不落平常卦筮，直述來情。」僧云：「和尚休得也。」師云：「此猶是落平常。」僧云：「恰是。」歸衆。師云：「龍虵易辨，衲子難瞞。」下座。

勘辨

師問僧："「先行不到，末後太過。」僧擬提起坐具，師指云："「離却坐具，作麽生道？」僧云："「和尚那裏得這消息來？」師便打。僧擬提坐具，師又打云："「瞎漢！」僧擬議，師又打云："「且坐喫茶。」僧便坐。師云："「什麽處來？」僧云："「石霜。」師云："「怪得！」師問僧："「有一事借問上座，只是不得打老僧。」僧云："「著甚來由？」師提起坐具云："「争柰這箇何？」僧云："「莫亂做！」師便打。僧云："「莫亂做，莫亂做！」師又打云："「且坐喫茶。」僧云："「適來道著甚來由，和尚爲什麽却打某甲？」師云："「你適來去什麽處來？」僧無語。師乃搥胸一下。師問僧："「昨日莊上已相見了也，今日人事又作麽生？」僧云："「合取狗口！」師云："「也是。」僧便打。師云："「老僧過在什麽處？」僧云："「再犯不容。」師却云："「將謂是箇漢。」師便打云："「參堂去！」數人新到禮拜。師云："「總是浙裏師僧。」僧云："「猢猻向火。」師云："「踣跳作麽？」僧云："「今日得見和尚。」師云："「伏惟尚饗。」僧無語，師便打。

師在慈明會裏，一日提螺螄一籃遶院，云："「賣螺螄！」令衆下語，皆不契。有一老宿揭簾見，以目顧視師，放身便卧。師放籃子便行。

師問僧："「什麽處來？」僧云："「堂中來。」師云："「聖僧道什麽？」僧近前，不審。師云："「東家作驢，西家作馬。」僧云："「過在什麽處？」師云："「萬里崖州。」師問僧："「甚處來？」僧云："「殿寮裏來。」師云："「釋迦老子作何面孔？」僧便喝。師云："「作麽？」僧又喝。師云："「恰是。」僧云："「一任踣跳。」師便打。一日新到入事，乃云：「請和尚相看。」師云：「不易道得，且坐喫茶。」

潙潭專使禮拜，乃云：「德華禮拜。」師云：「是箇浙裏師？」僧云：「不消如是。」師云：「猶是舊時氣息。」僧云：「喏。」師云：「喏卽且致，別作麽？」僧良久云：「一任踏跳。」師撫掌一下。師一日不安，僧問訊次，乃云：「和尚近日尊位如何？」師云：「粥飯頭不了事。」僧無語，師鳴指一下。王提刑問璉三生云：「某甲四十年爲官，作麽脱得此塵去？」生無對。師代云：「一任踏跳。」又看上峰路。璉云：「這箇是上峰路。」提刑云：「寺在上頭那？」璉云：「是」。提刑云：「恁麽則不去也。」璉無語。師代云：「今日勘破。」

偈頌

潙山水牯牛

水牯潙山峭峻機，分明人類顯幽奇。兩途語出分明處，夜鳥投林曉復飛。

杖林山下竹筋鞭

杖林山下竹筋鞭，搭索拏鈎火裏牽。拽近不能推放後，回旋却到使君前。

北斗藏身

雲門透法身，從此覓疎親。盡道和風煖，三春寒更新。

百丈野狐

語路分明在，憑君子細看。和雨西風急，近火轉加寒。

庭前栢

趙州庭前栢，眼裏電光掣。雲水往來多，村翁行步劣。

靈雲桃花

靈雲桃花見親切，英俊超越古今哲。星蔟孤輪明皎潔，利刃精輝用無絶。玄沙敢保君未徹，雲水休話箇生滅。新羅打鐵燒脚熱，磨礲還用三尺雪。

麻三斤

同袍參學問通津，來扣宗師正佛因。爲説三斤麻最好，三斤天下説尖新。幾多匠者頻拈掇，柰緣緇侶有踈親。余今更爲重秤過，那吒太子析全身。

興化問雲居何必話

何必不必，一七二七。龍樹馬鳴，燄光透出。

前三三後三三

前三後三是多少，大事光輝明皎皎。回頭不見解空人，滿目白雲卧荒草。

僧請益三妙三訣，師以頌示之

第一妙，古老門風甚奇要，縱去收來總不傷，此箇蹤由堪繼紹。

第二妙，浩浩途中有多少，子細推來對月華，未了須明衲僧竅。

第三妙，高高峰頂猿時嘯，孤輪穿透碧潭心，翛然自入清平道。

第一訣，門風盡施設，分明萬象分，徒勞更立雪。
第二訣，過去現在説，疾焰要須分，評量還斷舌。
第三訣，巧拙定生殺，頭頭總鋒鋩，休論箇生滅。

潭州雲蓋山會和尚語録序

李唐朝有禪之傑者馬大師，據江西泐潭，出門弟子八十有四人，其角立者唯百丈海得其大機。海出黄檗運，得其大用。自餘唱導而已。運出顒〔一〕，顒出沼，沼出念，念出昭，昭出圓，圓出會。會初住袁州楊岐，後止長沙雲蓋。當時謂海得其大機，運得其大用。兼而得者，獨會師歟。師二居法席，凡越一紀。振領提綱，應機接誘，富有言句，不許抄録。衡陽守端上人默而記諸，編成一軸。愚仰惠師之名久矣，因就端求其編軸，焚香啓讀。大矣哉！師之機辯也。若巨靈神劈開太華首陽，河流迅急，曾無凝滯。匪上上大乘根器，曷能湊之乎？端命愚爲序，貴師之道，流傳天下。且會師之名與道，深於識者悉聞之，故不可辯飾，但實序其由。

師袁州宜春人，姓冷氏。落髮於潭州瀏陽道吾山。俗齡五十四，卒於雲蓋山。塔存焉。皇祐二年仲春既望日，湘中苾蒭文政述。

〔一〕「運出顒」，語要作「運出奬，奬出顒」。

題楊岐會老語録

楊岐會老跨三脚驢，入水牯牛隊中，拽杷牽犂，種田博飯。横吹玉笛，飽吞栗蒲。四十年來，叢林以爲奇特。豈不聞三世諸佛説夢，諸方老宿説夢，是楊岐當日語。不知楊岐自作夢後，還覺也未。若要清風再振，舊令重行，明眼底人試將此録看。元祐三年立春日，無爲子楊傑書於望海樓。

古尊宿語録卷第二十

舒州白雲山海會(法)演和尚初住四面山語録

參學才良編

師開堂日授疏示衆云："「兵隨印轉，將逐符行。請對尊官，分明剖露。」宣疏了，指法座云："「此大寶華王座，從朝至暮，與諸人同起同坐。諸人還見麼？若見，更不在陞；若不見，莫道今日謾你。」便陞座拈香云："「此一瓣香，先爲今上皇帝，伏願常居鳳扆，永鎮龍樓。」次拈香云："「此一瓣香，奉爲州縣官僚，伏願乃忠乃孝，惟清惟白，永作生民父母，長爲外護紀綱。」又拈香云："「此一瓣香得來久矣。十有餘年，海上雲遊，討一箇冤讐，未曾遭遇。一到龍舒，果遇其人，方契憤憤之心。今日對大衆雪屈，須至爇却。爲我見住白雲端和尚從教熏天炙地，一任穿過蔡州，有鼻孔底辨取。」龍門和尚白槌云："「法筵龍象衆，當觀第一義。」師云："「若論第一義，西天二十八祖，唐土六祖，立在下風。一大藏教，白雲萬里。摩竭掩室，毗耶杜口，正在夢中。千佛出世，寐語未了，文殊普賢拗曲作直。所以道，設使言前薦得，猶是滯殼迷封。縱饒句下精通，未免觸途狂見。若也把定封疆，説什麼法堂前草深一丈！直得凡聖路絶，鳥飛不度，天下衲僧無出氣處。衆中莫有不甘底麼？出來相見！」時有僧問："「優曇花現，方便門開，朝宰臨筵，如何舉唱？」師云：「今日好晴。」學云：「杲日當空，清風匝地。」師云：「省得我多少。」

問：「如何是人中境？」師云：「寶閣凌空金鐸響，怪松隈險野猿啼。」學云：「如何是境中人？」師云：「鼻直眼横。」乃云：「更有問話者麽？若無，雙泉今日向第二義門放一線道，與諸人相見，和泥合水一上。且要釋迦彌勒動地雨花，文殊普賢觀音勢至各踞一方，助佛揚化，皆務本事，器量堪任。雙泉不免也入一分，共説東家杓柄長，西家杓柄短。任從春草青青，炎光爍爍，秋樹葉零，冬冰片薄。何故如是？且要諸人順時保愛。」謝辭不録。乃拈起拄杖云：「古人道，拈起也，天回地轉；放下也，草偃風行。四面即不然，拈起也，七穿八穴，放下也，錦上鋪花。且道還有爲人處也無？」良久云：「來年更有新條在，惱亂春風卒未休。」

師在白雲授帖，拈起示衆云：「大衆，只恁麽會得，埋没宗風，過犯不小。幸有見成公案，請維那對衆宣讀。」宣帖了，授法衣。提起云：「既是大庾嶺頭提不起，爲什麽却在者裏？且道者裏底是，那裏底是？」乃云：「携缾自汲清涼水，却著袈裟作主人。」便披。指法座前云：「象王回，師子步，儂家看著，雙眉聚。然雖如是，事到如斯，難爲辭讓。但有路可上，更高人也行。」便陞座。僧問：「禪非意想，道絶功勳。轉身一句，作麽生道？」師云：「大衆見你。」學云：「也知和尚有此機鋒。」師云：「獨出闍黎。」學云：「今日却成造次。」師云：「捧上不成龍。」問：「沙場久戰名遂，今朝不涉功勳，作麽生道？」師云：「長虵猶自可，偃月怎生當。」學云：「金鏃慣調曾百戰，鐵鞭多力恨無讐。」師云：「知君不是金牙作，爭解彎弓射尉遲。」學云：「眼親不如手親。」師云：「新長老敗闕。」學云：「口是禍門。」師嘘，乃云：「秋風颯颯，玉露垂珠。水碧山青，蛩吟蟬噪。圓通門大啓，文殊普賢穿過汝諸人鼻孔，自是汝諸人當面諱却。」復云：「諸佛不出世，四十九年説。未審説箇什麼？少林有妙訣，殃及子孫，至今分疎不下，更説什麼妙訣。若人識祖佛，當處便超越。超越與未超越則且置，你道祖佛即今在什麼處？若無人道得，山僧不惜眉毛與汝諸人拈出。」拍禪床一下。

小參，僧問：「如何是佛？」師云：「肥從口入。」乃舉「德山示衆云：『今夜不答話，有問話者三十棒。』衆中舉者甚多，會者不少。且道向什麼處見德山？有不顧性命底漢，試出來道看！若無，山僧爲大衆與德山老人相見去也。待德山道：『今夜不答話，問話者三十棒。』但向伊道：『某甲話也不問，棒也不喫。』你道還契他德山老人麼？到者裏，須是箇漢始得。況法演遊方，十有餘年，海上參尋，見數員尊宿，自謂了當。及到浮山圓鑑會下，直是開口不得。後到白雲門下，咬破一箇鐵酸餡，直得百味具足。且道餡子一句作麼生道？」乃云：「花發鷄冠媚早秋，誰人能染紫絲頭！有時風動頻相倚，似向堦前鬭不休。」

入院日，上堂。僧問：「携筇領衆，祖令當行，把斷封疆，師意如何？」師云：「秋風吹渭水，落葉滿長安。」學云：「四面無門山岳秀，今朝且得主人歸。」師云：「你道路頭在什麼處？」學云：「爲什麼對面不相識？」師云：「且喜到來。」乃舉「祖師道：『吾本來玆土，傳法救迷情，一花開五葉，結果自然成。』達磨大師信脚來，信口道，後代兒孫多成計校。要會開花結果處麼？鄭州梨，青州棗，萬物無過，出處好。」

上堂，舉「古人道：『若有一人發真歸源，十方虛空悉皆消殞。』雙泉則不然，若有一人發真歸源，十方虛空築著磕著。」

到興化，上堂。僧問：「和尚未離四面時如何？」師云：「在屋裏坐。」學云：「離後如何？」師云：「走殺闍黎。」乃舉「法眼頌云：『山水君居好，城隍我亦論。靜聞鐘角響，閑對白雲屯。』大衆，法眼雖不拏雲攫霧，爭奈徧地清風。四面今日試與法眼把手共行。靜聞鐘角響，且不是聲；閑對白雲屯，且不是色。既非聲色，作麽生商量？」乃云：「洞裏無雲別有天，桃花似錦柳如煙。仙家不解論冬夏，石爛松枯不記年。」

上堂云：「天上無彌勒，地下無彌勒。十字街頭立，被人喚作賊。」便下座。

上堂，僧問：「四面無門山岳秀，箇中時節若爲分？」師云：「東君須子細，徧地發萌芽。」學云：「春去秋來，事宛然也。」師云：「纔方搓彈子，便要捏金剛。」乃舉古人云：「我若向你道，卽禿却我舌；若不向你道，卽啞却我口。且道還有爲人處也無？四面有時擬爲你吞却，只被當門齒礙；擬爲你吐却，又爲咽喉小。且道還有爲人處也無？」乃云：「四面從來柳下惠。」

歲旦上堂云：「元正啓祚，萬物咸新。揚盡大千沙界，都來只在一塵。」乃展手云：「是新是舊，有人出來道看！若無，四面且世諦流布去也。」遂叉手云：「孟春猶寒，伏惟首座大衆，洎諸知事尊體起居萬福。」

上堂，僧問：「千峯寒色卽不問，雨滴嵓花事若何？」師云：「今日也相似。」學云：「一句逈超千聖外，千山鎖斷萬重關。」師云：「一滴落在什麽處？」學云：「錯。」師云：「錯。」學云：「錯！錯！」師便打，乃云：「千峯列翠，岸柳垂金。樵父謳歌，漁人鼓棹。笙簧聒地，鳥語呢喃。紅粉佳人，風流公子。一一爲汝諸人發上上機，開正法眼。若向者裏薦得，金色頭陀無容身處；若也不會，喫粥喫飯，許你七穿八穴。」

白衆出隊，上堂云：「明日疋馬單鎗，爲國出戰。得勝囘戈之日，滿路歌謠。大衆，作麼生是歌謠一曲？」乃云：「囉邏哩，囉邏哩，還有人和得麼？」良久云：「鴛鴦繡了從君看，莫把金針度與人。」

寒食夜，小參。僧問：「羣迷久渴，冒雨登山，向上之機，請師方便。」師云：「不免入山一囘。」學云：「恁麼則步步踏實去也。」師云：「空手却囘去。」學云：「若是那邊，還的當也無？」師云：「罕遇知音。」學云：「謝師證明。」師云：「知音底事作麼生？」僧劃一劃。師云：「又被風吹別調中。」學云：「往往隨他口頭走。」師云：「更是阿誰？」乃云：「李白桃紅，山青水緑。雲横洞口，月皎長空。若只向者裏薦得。法眼道：『月明幽室寒，星分拱辰異。』便須瓦解冰消。韶國師道：『通玄峯頂，不是人間；心外無法，滿目青山。』亦須百雜碎。何也？盡乾坤大地，不消一捏。然雖如是，事無一向，今夜且放過一著。」

上堂，舉梁武帝問達磨：「如何是聖諦第一義？」磨云：「廓然無聖。」帝云：「對朕者誰？」磨云：「不識。」又僧問六祖：「黄梅意旨，什麼人得？」祖云：「會佛法底人得。」僧云：「和尚還得麼？」祖云：「不得。」僧云：「和尚爲什麼不得？」祖云：「我不會佛法。」師云：「大小大祖師問著底，便是不識不會，爲什麼却兒孫徧地？」乃云：「一人傳虛，萬人傳實。」

小參，僧問：「施主遠趨於丈室，請師一句利於人。」師云：「教天下人成佛去。」學云：「悠悠塵內客，不謾入山來。」師云：「中間猶有衆生在。」僧便喝。師云：「且道是佛是衆生？」學云：「四面眼難謾。」師云：「你向什麼處見四面？」僧拂袖歸衆。師云：「作家。」乃云：「滿口道得底，却不知有；知有底，又道不得。

且道過在什麽處？將成九仞之山，莫惜一簣之土。」

上堂，擧雲門垂語云：「古佛與露柱相交，是第幾機？」自代云：「南山起雲，北山下雨。」師云：「大小大雲門大師，元來小膽。四面道：古佛與露柱相交是第四機。」良久却云：「者箇説話，面皮厚三寸，出語成不遜。好將臨濟棒，一日打三頓。什麽人下得手？雖然罪過彌天，新赦咸放。」

結夏上堂，僧問：「五天結制，分付蠟人。未審雙泉如何示衆。」師云：「足不履地。」乃云：「結夏無可供養大衆，作一家宴管顧諸人。」遂擡手云：「囉邏招，囉邏搖，囉邏送。莫怪空疎，伏惟珍重！」

上堂云：「於三七日中思惟如是事，釋迦老子半夜逾城，直往雪山，早是漏逗不少，更思惟箇什麽？」便下座。

上堂，擧藥山久不上堂，主事報云：「大衆久思和尚示誨。」山云：「打鼓著。」大衆方集，山便歸方丈。主事云：「和尚許爲衆説法，何故一言不措？」山云：「經有經師，論有論師，争怪得老僧。」師云：「雖然以己妨人，争柰賊身已露。諸人要識藥山麽，閑持經卷倚松立，笑問客從何處來。」

上堂，擧僧問洞山：「如何是善知識眼？」山云：「紙撚無油。」師云：「洞山老漢不是無，只是太儉忽。有人問四面：『如何是善知識眼？』只向伊道：『瞎。』何故？且要相稱。」乃云：「紙撚無油也大奇，不堪拈掇有誰知。回身却憶來時路，月下騰騰信脚歸。」

上堂，擧「教中道：『若謂如來有所説法，卽爲謗佛。』只如一大藏教甚處得來？若言無説，五千四十八卷什麽處消遣？到者裏須是箇人始得。還會麽？莫謗四面好。」

上堂，舉「僧問投子：『如何是十身調御？』投子下禪牀立。或有人問四面：『如何是十身調御？』老僧亦下禪牀立。爲什麽却依樣畫猫兒？待我計校成，卽說向你。」

上堂，舉「藥山問石頭：『三乘十二分教，某甲粗知。承聞南方直指人心，見性成佛，其實未明，乞師指示。』石頭云：『恁麽也不得，不恁麽也不得，恁麽不恁麽總不得。』山僧在衆日，聞兄弟商量道：『卽心卽佛亦不得，不卽心卽佛亦不得。』若恁麽說話，敢稱禪客。何故？殊不知石頭老人文武兼備，韜畧雙全。若是四面見處，也要諸人共知。只見波濤涌，不見海龍宫。」

上堂云：「三世諸佛遥望頂禮，六代祖師開口不得。四面今日且權爲指使，且道是箇什麽？一二三四五，雷門誇布鼓。謾說李將軍，藍田射石虎。」

上堂云：「真如凡聖，皆是夢言。佛及衆生，並爲增語。或有人出來道：『盤山老麽？』但向伊道：『不因紫陌花開早，爭得黄鸝下柳條。』若更問道：『四面老吩？』自云：『喏，惺惺著。』」

上堂云：「仲冬嚴寒，伏惟首座大衆尊體起居萬福，兩彩一賽。」便下座。

上堂云：「有一則語舉似諸人，第一不得錯舉。」便下座。

上堂云：「昨宵年暮夜，今朝是歲旦。都大尋常日，世人生異見。不解逐根元，只管尋枝蔓。新舊只如今，子細分明看。若也更商量，秦時鐸轢鑽。」

諸院長老入山，師上堂云：「臨濟入門便喝，是甚盌鳴聲？德山入門便棒，拗曲作直。雲門三句，曹洞五位，大開眼了作夢。何故如此？國清才子貴，家富小兒嬌。」

到龍門，上堂云：「有舌胡利，無口非啞。七出八沒，風流儒雅。」便下座。

到海會，上堂云：「白雲山裏白雲人，把定封疆無縫罅。無縫罅，知幾價。莫有知價底麼？」乃云：「一二三四五。」

到興化，上堂云：「世事冗如麻，空門路轉賒。青松林下客，幾個得歸家。共唱胡笳曲，分開五葉花。幸逢諸道友，同上白牛車。大衆，車在者裏，牛在什麼處？芳草渡頭尋不見，夜來依舊宿蘆花。」下座。甘露資長老把師住云：「舒州管界，元來有箇草賊。」師云：「和尚也須隄防。」資擬議，師便拓開。

上堂云：「祖師道：『葉落歸根，來時無口。』祖師恁麼道，猶欠悟在。」便下座。

上堂，僧問：「祖意教意是同是別？」師云：「人貧智短，馬瘦毛長。」乃云：「祖師說不著，佛眼看不見。四面老婆心，爲君通一線。」便下座。

上堂云：「春氣乍寒乍暖，春雲或卷或舒。引得韶陽老子，放出針眼裏魚。」乃云：「錯。」

謝主事，上堂。僧問：「王索仙陁婆時如何？」師云：「七孔八竅。」學云：「如何是王索仙陁婆？」師云：「鸞駕未排齊號令。」學云：「如何是仙陁婆？」師云：「眼瞤耳熱。」僧禮拜。師云：「點。」乃云：「文殊張帆，普賢把柂，勢至觀音共相唱和，贏得雙泉鬧中打坐。打坐卽不無，且道下水船一曲作麽生唱？囉邏哩，囉邏哩，俗氣不除。」

上堂云：「今宵正月半，乾坤都一片。普賢門大開，相逢不相見。」乃云：「過在阿誰？」

上堂云：「默默默，無上菩提從此得。賺殺人。」便下座。

上堂云：「適來思量得一則因緣，而今早忘了也，却是拄杖記得。」乃拈起拄杖云：「拄杖子也忘了。」遂卓一下云：「同坑無異土。咄！」

上堂，舉鏡清問玄沙：「學人乍入叢林，乞師指箇入路。」沙云：「還聞偃溪水聲麽？」清云：「聞。」沙云：「從者裏入。」師云：「果是得入，一任四方八面。若也未然，輙不得離却者裏。」

謝典座，上堂云：「小繩錢貫，大繩井索。日急要用，笊籬木杓。雖然破家具，應用有處著。著錯南北東西，水洒不著。」

冬至上堂云：「少年天子，此日拜郊；林泉之士，遠望歌謡。萬歲萬歲。」便下座。

有一道姑入山禮拜，請上堂。云：「道可道，非常道。真可笑。姮娥一夜繡鴛鴦，解把金針呈巧妙。將並老黄梅，兒孫一何拙。如今箇箇口吒呀，問著烏龜唤作鼈。四面今日與君決列。怎生雪？寃家寃家，莫向背地裏吐舌。」

次住太平語録

參學清遠集

師入院日，僧問：「遠別雙泉，來臨禪衆。入門一句，願師舉揚。」師云：「也待一一覷過。」學云：「恁麽則清涼山遠，人休去，只此焚香便見師。」師喝云：「話也不領。」學云：「今朝親見面，端的勝聞名。」師云：「猶自喃喃。」問：「如何是太平境？」師云：「數層寶塔侵天起，萬本喬松匝地寒。」學云：「如何是境中人？」師云：「閑持經卷倚松立，笑問客從何處來。」學云：「人境已蒙師指示，向上宗乘事若何？」師云：「須信下方城郭近，果然鐘磬接笙歌。」問：「如何是佛？」師云：「露胷跣足。」學云：「如何是法？」師云：「大赦不放。」學云：「如何是僧？」師云：「釣魚船上謝三郎。」乃云：「我本無心有所希求，今此寶藏自然而至。世間之寶，能變窮爲富；此之一寶，能轉凡成聖。且道如今是凡是聖？太平道總不是。何故？苦瓠連根苦，甜瓜徹蒂甜。」

上堂云：「達磨無端，少林面壁。二祖斷臂，一生受屈。黄檗樹頭，討甚木蜜。太平今日，兩眼如漆。李賓神箭，是誰中的。」

上堂云：「十方諸佛，六代祖師，天下善知識，皆同者箇舌頭。若識得者箇舌頭，始解大脱空，便道山河大地是佛，草木叢林是佛。若也未識得者箇舌頭，只成小脱空自謾去，明朝後日大有事在。太平恁麼説話，還有實頭處也無？」自云：「有。如何是實頭處？歸堂喫茶去。」

上堂，僧問：「如何是賓中賓？」師云：「少喜多嗔。」學云：「如何是賓中主？」師云：「傳言送語。」學云：「如何是主中賓？」師云：「鍾馗小妹。」學云：「如何是主中主？」師云：「一言纔出口，地上繡綑開。」乃云：「近日太平院，禪和多聚散，參底老婆禪，喫底粈米飯。知事失照顧，主人少方便。雖然没滋味，要且緩緩嚥。」

謝莊主，上堂云：「一不做，二不休，不風流處也風流。若要公私濟辦，好看露地白牛。」

上堂云：「此箇物，上拄天，下拄地。皖水作口，皖山作鼻。太平退身三步，放你諸人出氣。」

上堂，僧問：「牛頭未見四祖時如何？」師云：「頭上戴纍垂。」學云：「見後如何？」師云：「青布遮前。」學云：「未見四祖時，爲什麽百鳥銜花獻？」師云：「富與貴，是人之所欲。」學云：「見後爲什麽百鳥不銜花獻？」師云：「貧與賤，是人之所惡。」乃云：「西天二十八祖也恁麽道，唐土六祖也恁麽道，天下老和尚也恁麽道，獨有太平不恁麽道。何故？寡不敵衆。且道畢竟如何？妙舞更須知徧拍，三臺須是大家催。」

上堂云：「上是天，下是地，南北東西依舊位。釋迦老子弄精魂，達磨西來多忌諱。忽有箇漢出來道：和尚低聲。但向伊道：祇要抛磚引玉。」

上堂云：「山僧今日將山河大地盡作黄金，該有情無情，總令成佛去。然後太平不入者保社，何故？爭之不足，讓之有餘。」

上堂云：「太平不會禪，一向外邊走。臘月三十日，赢得一張口。且道那箇是太平口？」自云：「兩片皮也不識。」

上堂，舉「寶壽作街坊時，見兩人相静，一人以手打一拳云：『你得恁無面目！』寶壽因而得入。若人於此知落處，可謂公辦私辦。大衆聽取一頌：甚妙也甚妙，於此知性命，擀鼻與一拳，當時便打正。」

上堂云：「太平淈淯漢，事事盡經徧。如是三十年，也有人讚歎。且道讚歎箇什麽？好箇淈淯漢！」

上堂，舉「教中道：『假使滿世間皆如舍利弗，盡思共度量，亦復不能知。』尋常衲僧家高揖釋迦，不拜彌勒，是會佛智，不會佛智？衆中有則有，只是藏牙伏爪。太平有箇見處，不惜眉毛舉向諸人。待有人問，隨口便答。」

上堂，僧問：「如何是奪人不奪境？」師云：「秋風吹渭水，落葉滿長安。」學云：「如何是奪境不奪人？」師云：「路上逢人半是僧。」學云：「如何是人境俱不奪？」師云：「少婦棹輕舟，歌聲逐流水。」學云：「如何是人境俱奪？」師云：「高空有月千門掩，大道無人獨自行。」乃云：「數日已來，連綿大水，所到之處，皆有損傷。曹源一滴，瀰滿人間；衲僧一吸，鼻孔遼天。且道名字既同，爲什麽損益有異？誰知遠煙浪，别有好思量。」

上堂云：「一葉落，天下秋；一塵起，大地收。收即不無，何人親手。月中仙桂和根拔，海底驪龍把角牽。」

上堂云：「撮土爲金猶容易，變金爲土却還難。轉凡成聖猶容易，轉聖成凡却甚難。何故？誰肯屈尊就卑！且道不凡不聖一句作麽生道？」乃云：「不得教壞人家男女。」

上堂，舉三祖見二祖，禮拜問曰：「請師懺罪。」二祖云：「將罪來與汝懺！」三祖云：「求罪不可得。」二祖云：「與汝懺罪竟。」因成一頌舉似大衆：「無孔笛子氈拍板，五音六律皆普徧。時人不識黄幡綽，笑道儂家登寶殿。」

上堂云：「淺聞深悟，深聞不悟。争柰何，争柰何，獻佛不在香多。」

上堂云：「開眼爲晝，合眼爲夜。坐斷舌頭，誰談般若。金色頭陁，不入保社。」

上堂，舉「風穴云：『若立一塵，家國興盛，野老嚬蹙；不立一塵，家國喪亡，野老謳歌。』太平即不然。若立一塵，法堂前草深一丈；不立一塵，錦上鋪花。何也？不見道：九九八十一，窮漢受罪畢，纔擬展脚眠，蚊蟲獦蚤出。」

上堂，因雪，舉僧問雲門：「不起一念，還有過也無？」門云：「須彌山。」師云：「有時問著師僧，或竪一指，或進一步，或下一喝，或拂袖便去。上座未在，何故？太平未曾向二三月間下一陣雪，向汝諸人在。如今有箇漢出來道：老和尚莫七顛八倒，見今下也不是。」乃展手云：「了。」

上堂，僧問：「蓮花未出水時如何？」師云：「在泥裏。」學云：「出水後如何？」師云：「在水上。」問：「王子未登九五時如何？」師云：「逢人多問路。」學云：「正登九五時如何？」師云：「天下太平。」學云：「登九五後如何？」師云：「誰論好醜！」乃云：「末後最慇懃，儂家隨處新。大千沙界裏，不免箇中人。且道那箇是箇中人？平蕪盡處是青山，行人更在青山外。」

上堂，舉「雲門道：『平地上死人無數，出得荆棘林者是好手。』時有僧云：『恁麽則堂中第一座有長處。』雲門云：『蘇嚧蘇嚧。』太平卽不然。平地上箇箇丈夫，荆棘林裏坐得底是好手。何故？」乃云：「格。」

上堂云：「將四大海水爲一枚硯，須彌山作一管筆，有人向虛空裏寫『祖師西來意』五字。太平下座，大展坐具禮拜。爲師若寫不得，佛法無靈驗。有麽有麽？」便下座。大衆散，師高聲云：「侍者！」侍者應喏。師云：「收取坐具。」復問侍者云：「還收得坐具麽？」侍者提起坐具。師云：「我早知你恁麽也。」

上堂，僧問：「佛未出世時如何？」師云：「大憨不如小憨。」學云：「出世後如何？」師云：「小憨不如大憨。」乃云：「入荒田不揀，信手拈來草。不認大哥妻，元來是嫂嫂。鄭州出鵝梨，青州出大棗。無事巾單下，箇箇從頭咬。」

上堂云：「山僧昨日入城，見一棚傀儡，不免近前看。或見端嚴奇特，或見醜陋不堪。動轉行坐，青黄赤白，一一見了。子細看時，元來青布幔裏有人。山僧忍俊不禁，乃問：『長史高姓？』他道：『老和尚看便休，問什麽姓！』大衆，山僧被他一句，直得無言可對，無理可伸。還有人爲山僧道得麽？昨日那裏落節，今日者裏拔本。」

上堂云：「有鹽曰鹹，無鹽曰澹。太平聞説，口似匾檐。」便下座。

上堂云：「神通妙用，不欠絲毫。通人分上，何用忉忉。泥多佛大，水長船高。」

上堂云：「一月普現一切水，一切水月一月攝。誠哉！是言也。可謂塑不成，畫不就，昨夜三更白如晝。」

謝典座，上堂云：「變生作熟雖然易，衆口調和轉見難。鹹澹若知真箇味，自然飢飽不相干。」

上堂，拈起拄杖云：「昨夜三更夢見拄杖子教我一片襌，向我道：『和尚明日早起，上堂舉似大衆：昨日錦上鋪花，今日脚蹋實地；但看今日明朝，説甚祖師來意；翻思黄面老人，謾道靈山授記；直饒大地山河，借我鼻孔出氣；不如放下身心，自然仁義禮智。』」

爲亡僧下火，舉起火把云：「火風四大，互相違背。當此時節，隨緣自在。」次日又爲一僧舉起火把云：「昨日也恁麽，今日也恁麽。且道昨日是，今日是？説甚是不是，你看是甚火色？」

上堂云：「今朝正月半，與諸人相見，嫩麥長新苗，粒粒皆成麪。薦不薦，全藉春風扇。」

次住海會語録

參學景淳集

師入院，開堂日，宣疏了，乃云：「疏帖一時讀了，若是具金剛眼睛底，何必重説偈言。雖然如是，事無一向。」便陞座。拈香罷，四面白槌云：「法筵龍象衆，當觀第一義。」師云：「金鏃慣將平祖道，鐵鞭多在恨無讐。莫有不顧危亡底衲僧麽？出來相見！」僧問：「白雲山下祖令當行，如何是祖令？」師云：「一二三四五。」學云：「恁麽則昨日太平，今朝海會。」師云：「高著師。」僧問：「昔日爲霖去，今朝領衆來。朝賢臨座下，願震一聲雷。」師云：「你還聞麽？」學云：「風送好雲歸碧洞，水潮滄海助波濤。」師云：「知心有幾人？」學云：「寒山常撫掌，拾得每慇懃。」師云：「將謂無人。」學云：「也不得壓良爲賤。」師云：「且禮拜著。」乃云：「問話且止。夫第一義，適來若於四面搥下薦得，千聖不能近，祖師言不到，天下作者拱手歸降。何也？況第一義本來清淨，不受諸塵，如何説得。同道方知，今日放過一著，向建化門中別作箇解話會。是以紹先聖之遺蹤，稱提祖令，爲後學之模範，建立宗風。若非當人，曷能傳授？」謝詞不録。乃云：「陳謝既畢，不可空然，有一頌舉似大衆：日暖風和花正開，七重山鎖白雲來。黏思城市繁華處，又出松門步一回。」

師在太平受帖，拈起示衆云：「恁麽會去，早是鈍漢。何也？若憑説，五千四十八卷豈不是説！若不憑説，又如何辨白？請維那分明。」拈出讀疏了，遂陞座。乃云：「祖令當行，十方坐斷。其中莫有不惜性命者麽？出來與老僧相見。」時有僧出云：「日月易見，好事難逢。」師云：「令人疑著。」問：「公㞦已至師今受，祖意西來願舉揚。」師云：「雲從龍，風從虎。」學云：「人天既獲聞真諦，更有尖新事也無？」師云：「有。」學云：「如何是尖新底事？」師云：「蹉過也不知。」問：「白雲長老、太平禪師，於其中間，未審如何辨的？」師云：「你試定當看！」學云：「莫是月無來去，影現千江？」師云：「一任鑽龜打瓦。」遂云：「法不孤起，仗境方生。明鏡當臺，好醜自現。久參上士，言下知歸。晚學初機，當須子細。是以古人道：『法無去來，無動轉者。』」輒成山頌舉似大衆：「觸目光明處處新，其中那箇辨疎親。祇園枝上千花秀，一度芬芳一度春。」

上堂，僧問：「如何是佛？」師云：「悉達多太子。」學云：「逾城時如何？」師云：「自有四天王在。」學云：「到雪山時如何？」師云：「蘆芽穿膝，鵲巢頂上。」學云：「争柰未是學人安身處。」師喝云：「禮拜了，退！」乃云：「天地爲洪爐，烹煉强與弱。大道本無元，卷舒由槖籥。凡聖路坦然，各自看謀畧。」

謝首座，上堂云：「槌破蟠桃核，得見其仁；捋斷驪龍鬚，得遇其實。雖然如是，也未是好手。黄帝失玄珠於赤水，使智索之而不得，使離朱索之而不得，使契詬索之而不得，乃使罔象。直饒罔象得之，亦未是好手。争似今日與大衆同使一箇通事舍人。雖然如是，也只得一半。」

上堂云：「永嘉道：『取不得，捨不得，不可得中只麽得。』祖師道：『不是心，不是物，不是佛。』大衆，且道是箇什麽？」乃云：「到江吴地盡，隔岸越山多。」

結夏上堂，僧問：「如何是白雲境？」師云：「七重山鎖潺湲水。」學云：「如何是境中人？」師云：「來千去萬。」學云：「人境已蒙師指示，向上宗乘又若何？」師云：「面赤不如語直。」乃云：「此夏居白雲，禪人偶聚會。三月九旬中，尊卑相倚賴。粥飯與茶湯，精麄隨忍耐。逐意習經書，任運行三昧。彼此出家兒，放教肚皮大。」

上堂云：「昨日有一則因緣，擬舉似大衆，却爲老僧忘事都大，一時思量不出。」乃沉吟多時，云：「忘却也，忘却也。」復云：「教中有一道真言，號聰明王，有人念者，忘即記得。」遂云：「唵阿盧勒繼娑婆訶。」乃拍手大笑云：「記得也，記得也。覓佛不見佛，討祖不見祖。甜瓜徹蒂甜，苦瓠連根苦。」下座。

解夏上堂云：「一塵起，大地收；一葉落，天下秋。金風動處，警砌畔之蛩吟；玉露零時，引林間之蟬噪。遠煙別浦，行行之鷗鷺争飛；絶壁危巒，處處之猿猱競嘯。又見漁人舉櫂，樵子謳歌，數聲羌笛牧童戲，一片征帆孤客夢。可以發揮祖道，建立宗風。九旬無虚棄之功，百刼在今時之用。如斯話會，衲子攢眉。不見道，一塵不立始歸家，若有纖毫非眷屬。」

上堂，僧問：「見來不采時如何？」師云：「各自守疆界。」進云：「見來却采時如何？」師云：「看築著你鼻孔。」學云：「謝師答話。」師云：「放。」乃云：「古人道：『如何是不動尊？朝到西天，暮歸唐土。』大衆，莫是動而不動，不動而動麽？只者便是白雲見處。」

郡中回，上堂云：「船上無散工，時時事不同。昨朝城郭裏，今日白雲中。且道不動尊在什麽處？」自云：「氣似鞴袋，令人可愛。」

自出縁化回，上堂云：「白雲海會院，足水兼柴炭。唯少麻與麥，衆人皆盡見。親去化檀那，疎却阿羅漢。且望大慈悲，一一看佛面。大衆，佛身充滿於法界，且作麽生看？我道不隔一條線。」

上堂云：「幸然無一事，行脚要參禪。却被禪相惱，不透祖師關。如何是祖師關？把火入牛欄。」

上堂云：「我有一柄箒，掃盡雪山雪。我有一張口，臨事無可説。我有一雙眼，和盲悖訴瞎。任意過平生，烏龜喚作鼈。處世學爲人，喫水須防噎。仰山曾道底，兩口一無舌。四海五湖人，當陽瞥不瞥。」

上堂，舉靈雲悟桃花頌云：「三十年來尋劒客，幾經葉落又抽枝。自從一見桃花後，直至如今更不疑。」玄沙云：「諦當甚諦當，敢保老兄未徹在。」師云：「説什麽諦當，更參三十年始得。」

上堂，僧問：「如何是佛？」師云：「獨木橋子。」學云：「如何趣向？」師云：「緊峭草鞋。」乃云：「幸然可憐生，剛地學參問。既然參得了，未免肚裏悶。悶卽自家悶，困卽自家困。祖佛生寃家，好與槌一頓。且道佛祖過在什麽處？若人會得，許你具一隻眼。」桐樹郭宅請，陞座云：「桐林郭評事，家門幸食禄。性靜好吾宗，温良如美玉。封疏請諸山，營齋殖洪福。二人長老共談玄，正值陽和二月天。渴鹿飲溪冰作水，野猿啼樹霧成煙。黄梅路上多知己，今日同乘般若船。乘船卽不無，且道説箇什麽事？幸遇三春明媚，因行不妨掉臂。囉邏哩，囉邏哩。」乃拍手大笑云：「是何曲調萬年歡？」

上堂云：「二月春將半，相呼同賞翫。寒食近清明，百花開爛熳。或上白雲峯，或遊赤水畔。野外摽墳人，路傍酒醉漢。半笑半悲啼，真誠堪讚嘆。人人謂我泄天機，子細分明與批判。看！看！五湖禪客莫輕訓，記取今朝者公案。」

上堂，舉趙州問婆子：「什處去？」婆云：「偷趙州笋去。」州云：「或遇趙州又作麽生？」婆連打兩掌，州便休去。師云：「趙州休去，不知衆中作麽生商量？白雲也要露箇消息，貴要衆人共知。婆子雖行正令，一生不了；趙州被打兩掌，咬斷牙關。婆子可謂去路一身輕似葉，趙州高名千古重如山。」

上堂云：「僧問雲門：『如何是一代時教？』門云：『對一說。』」師云：「對一說，卷盡五千四十八，風花雪月任流傳，金剛腦後添生鐵。」

施主請，上堂云：「道吾與漸源往山下弔慰，源拊棺問曰：『生耶死耶？』吾云：『生也不道，死也不道。』源云：『爲什麽不道？』吾云：『不道，不道。』回至中路，源云：『和尚須與某甲道。若不道，即打和尚去也。』吾云：『打卽任打，道卽不道。』源便打。至院，吾令潛去。白雲今日忿氣不甘，須要斷者公案。道吾第一不解與身作主，第二不能隨機入俗。當初待伊問道：『生耶死耶？』但向伊道：『等歸院裏向你道。』當時若著得者語，靈利漢一踢踢著大小大道吾和尚也，又免得一頓拳頭。有眼底子細看。」

解夏上堂云：「九旬三箇月，彈指瞥然間。忙者直然忙，閑者直然閑。事事無窮盡，千古白雲山。」

上堂，舉雲門一日普請般柴次，乃抛下一片柴云：「一大藏教只説者箇。」師云：「大小雲門錯下註脚。老僧當時若見，向伊道：普請處不得狼藉，若點檢得出，免你普請。」

上堂，僧問：「如何是先照後用？」師云：「王言如絲。」學云：「如何是先用後照？」師云：「其出如綸。」學云：「如何是照用同時？」師云：「舉起軒轅鑑，蚩尤頓失威。」學云：「如何是照用不同時？」師云：「金將火試。」乃舉「僧問首山：『如何是佛？』首山云：『新婦騎驢阿家牽。』大衆，莫問新婦阿家，免煩路上波吒。遇飯卽飯，遇茶卽茶，同門出入，宿世寃家。」

上堂，僧問：「如何是臨濟下事？」師云：「五逆聞雷。」學云：「如何是雲門下事？」師云：「紅旗閃爍。」學云：「如何是曹洞下事？」師云：「馳書不到家。」學云：「如何是潙仰下事？」師云：「斷碑横古路。」僧禮拜，師云：「何不問法眼下事。」學云：「留與和尚。」師云：「巡人犯夜。」乃云：「會卽事同一家，不會萬别千差。一半喫泥喫土，一半食麥食麻。或卽降龍伏虎，或卽摝蜆撈蝦。禾山唯解打鼓，祕魔一向擎扠。者箇一場戲笑，皆因微笑拈花。白雲隨隊骨董，順風撒土撒沙。若無者箇腸肚，如何衣錦還家。且道還家一句作麽生道？今日榮華人不識，十年前是一書生。」

上堂云：「但知喫果子，莫管樹曲録。不識曲録樹，争解喫果子。不過祖師關，争會敵生死。如何是祖師關？拈却大案山。」

上堂云：「一向恁麽去，路絶人稀；一向恁麽來，孤負先聖。去此二途，祖佛不能近。設使與白雲同生同死，亦未稱平生。何也？鳳凰不是凡間鳥，不得梧桐誓不棲。」

上堂，舉法眼道：「識得橙子，周匝有餘。」雲門道：「識得橙子，天地懸殊。」師云：「這兩人，一人過船，一人渡水。若點檢得出，許你具正法眼。」

上堂云：「望天祈好雪，祥瑞實難加。鵲噪青松上，變成白老鵶。紫騮牽出薄寒馬，金鐙粧成銀鏤花。苦苦！苦箇什麽？忽然變成雨。」

石臺師弟至，上堂。僧問：「如何是和尚家風？」師云：「鐵旗鐵鼓。」學云：「只有者箇，爲復别有？」師云：「采石渡頭看。」學云：「忽遇客來，如何祇待？」師云：「龍肝鳳髓，且待別時。」學云：「客是主，人相師。」師云：「謝供養。」乃云：「昔日先師頌臨濟三頓棒云：『一拳拳倒黃鶴樓，一趯趯飜鸚鵡洲。有意氣時添意氣，不風流處也風流。』大衆若到白雲門下，須要衆人助拳。」

上堂，舉起拳頭云：「若喚作拳頭，一似不曾行脚；若不喚作拳頭，對面相謾。除此之外，也少一拳不得。」

出隊歸，上堂云：「出隊半箇月，眼不見鼻孔，忘却祖師禪，拾得箇骨董。且道向什麼處著？一分奉釋迦牟尼佛，一分奉多寶佛塔。」

謝首座，上堂云：「彌勒看不見，釋迦説不得，恁麼尊貴生，日用無差忒。得不得，識不識，三德六味味逾多，千古萬古爲規則。」

上堂，僧問：「如何是燃燈前？」師云：「令人疑著。」學云：「如何是正燃燈？」師云：「錯認定盤星。」學云：「如何是燃燈後？」師云：「一場懡㦬。」乃云：「每月有箇十五，無始劫來盡數。數到彌勒下生，未免有甜有苦。且道畢竟如何？南山白額大蟲，元是西山猛虎。」

上堂云：「日可冷月可熱，衆魔不能壞真説。大衆，作麼生是真説？潑狼潑賴，若信不及，白雲爲你道：一要衆人會，二要龍神知。」乃拈起法衣云：「者箇真紅色，剛然道是緋。」

古尊宿語録卷第二十一

舒州白雲山海會(法)演和尚語録

上堂云：「風和日暖，古佛家風。柳緑桃紅，祖師巴鼻。眼親手辦，未是惺惺。口辯舌端，與道轉遠。從門入者，不是家珍。且道畢竟如何相見？」又云：「無事不來還憶君。」

上堂，僧問：「如何是白雲爲人親切處？」師云：「愛捩轉人鼻孔。」學云：「便恁麽去時如何？」師云：「不知痛痒漢。」乃云：「四海五湖，奇士圍遶。無狀村夫，只解拖犁拽耙水草。無底鉢盂，高懸羊頭賣狗肉，時中那辨精與麄？恁麽續佛壽命，誠哉！天地懸殊。誰有拔山之力，横身擔荷也無？有麽，有麽？有即家門富貴，無那辜負老盧。」

上堂，舉僧問巴陵鑒和尚：「祖意教意是同是別？」鑒云：「鷄寒上樹，鴨寒下水。」師云：「大小大巴陵只道得一半。白雲卽不然。掬水月在手，弄花香滿衣。」

上堂云：「春風别有巧工夫，吹綻百花品類殊。唯有牡丹并芍藥，時人一見便歡娛。且道衲僧分上成得什麽邊事？拈來嗅罷歸何處？透骨馨香付老盧。」

上堂，僧問：「達磨面壁時如何？」師云：「計較未成。」學云：「二祖立雪時如何？」師云：「將錯就錯。」

學云：「只如斷臂安心時又如何？」師云：「煬帝開汴河。」學云：「總不恁麽時如何？」師云：「却問取二祖。」乃舉「達磨問二祖：『作什麽』？二祖曰：『請師安心』。白雲當時若見，好與二十棒。何故？他人覰見將謂兩箇説。安心法畢竟如何？菩薩龍王行雨潤，遮身向上數重雲。」

上堂云：「昨日鬧鬨鬨，今朝静悄悄。子規枝上啼，蝦蟆鑚入草。好箇寒食天，辜負白雲老。」爲亡僧下火，提起火把云：「大衆，三世諸佛向火燄裏轉大法輪，聞名不如見面，今日智悟上座見面不如聞名。」

上堂，舉龐居士問馬大師：「不與萬法爲侶，是什麽人？」大師云：「待汝一口吸盡西江水，即向汝道。」師云：「一口吸盡西江水，洛陽牡丹新吐蘂。簸土颺塵勿處尋，擡頭撞著自家底。」

結夏，上堂云：「聖制已臨，時當初夏，幽邃之巖巒蒼翠，畢鉢無差，潺湲之溪谷清泠。曹溪髣髴，稱衲子安居之地，實吾家禁足之方。大敞禪關，巨延儔侶。扶立宗旨，高建法幢。上答君親，下資含識。莫不栴檀林中栴檀林，師子王多師子衆。師子衆，共躋攀，萬象森羅指掌間。大衆，灰頭土面從他笑，贏得白雲堆裏閑。」

上堂，卓拄杖一下，乃舉起云：「拄杖子，敢問你還説得如來禪麽？」自云：「説不得。還説得祖師禪麽？」自云：「説不得。既説不得，白雲今日出自己意去也。出自己意，小兒子戲。人天衆前，討甚巴鼻？」

上堂，僧問：「如何是白雲一滴水？」師云：「打碓打磨。」學云：「飲者如何？」師云：「教你無著麵處。」

乃云：「恁麼恁麼，蝦跳不出斗。不恁麼不恁麼，弄巧成拙。軟似鐵，硬如泥，金剛眼睛十二兩，衲僧手裏秤頭低。有價數，没商量，無鼻孔底將什麼聞香？」邑中陞座云：「白雲相送出山來，滿眼紅塵撥不開。莫謂城中無好事，一塵一刹一樓臺。」

上堂，舉馬大師不安，院主問云：「和尚近日尊位如何？」大師云：「日面佛月面佛。」師云：「會麼？如不會，白雲與你頌出。丫鬟女子畫娥眉，鸞鏡臺前語似癡。自説玉顔難比並，却來架上著羅衣。」

炙茄會，上堂云：「六月三伏天，火雲布郊野。松間臨水坐，解帶同歡釋。毳侶弄荷花，賓朋傾玉斝。紅塵事繁華，碧洞何瀟洒！重會在明年，相期莫相捨。白雲曾有約，願結青蓮社。」

上堂云：「佛祖生冤家，悟道染泥土。無爲無事人，聲色如聾瞽。且道如何卽是恁麼也不得，不恁麼也不得，恁麼不恁麼總不得？忽有箇漢出來道：『恁麼也得，不恁麼也得，恁麼不恁麼總得。』則向伊道：『我也知你向鬼窟裏作活計。』」

上堂云：「先入白雲門，次過白雲浪。呑底栗蒲禪，喫底粈米飯。君子如到來，好好看方便。」

上堂，僧問：「如何是道？」師云：「治平郡。」學云：「如何是道中人？」師云：「赤心爲主。」學云：「未審道與道中人相去多少？」師云：「名傳天下。」乃舉僧問南泉：「如何是道？」泉云：「平常心是道。」又龐居士問馬大師：「不與萬法爲侶，是什麼人？」大師云：「待你一口吸盡西江水，卽向你道。」師云：「爲復是同是别？同則神出鬼没，别則醉後添盃。畢竟如何？待你念得熟，向你道。」

上堂，舉古人云：「釋迦彌勒猶是他奴。且道他是誰？」便下座。

上堂云：「五千四十八卷，教理行果成見。祖師門下商量，須知一貴一賤。貴則珠玉難偕，賤則分文太遠。有人於此辨得，白雲與你三十。忽有箇漢出來道：『大丈夫賞罰分明，不知是那箇三十？』」良久云：「三十年後。」

上堂云：「三處移場定是非，頑心不改在家時。呼兄喚弟長如此，且作隈藿老古錐。」

陳助教入山煎茶，上堂云：「戒定慧相扶，堂堂大丈夫。吹毛光燦爛，佛祖不同途。」

謝典座，上堂云：「白雲嵌枯老漢，要喫無皮酸餡。典座取巧安排，一任衆人咂噉。」良久云：「羊羹雖美，衆口難調。」

上堂，舉僧問馬大師：「離四句，絶百非，請師直指西來意！」大師云：「我今日勞倦，不能爲汝説，去問取智藏。」僧問智藏，藏云：「我今日頭痛，不能爲你説，去問取海兄。」僧問海兄，海云：「我到者裏却不會。」僧却舉似大師。大師云：「藏頭白，海頭黑。」師云：「馬大師無著，慚惶處只道得箇藏頭白海頭黑。者僧將一擔曚瞳，換得箇不會。若也眼似流星，多少人失錢遭罪！」

上堂云：「庭開金菊宿根生，來鴈新聞一兩聲。昨夜七峯牽老興，千思萬想到天明。」

冬日，上堂云：「達磨西來，事久多變。後代兒孫，門風無限。攪擾身心，一團麻線。白雲今日，都通截斷。大衆，一百單五近清明，上元定是正月半。」

次日，上堂云：「一陽生後正嚴寒，皎潔蟾蜍挂碧天。冰鎖瀑泉聲細碎，風摇危木影攣拳。狂猿抱子藏深洞，羸鶴將鶵逐老仙。莫謂可師徒立雪，方知古德用心堅。」

上堂，舉德山問龍潭："久響龍潭，及乎到來，潭又不見，龍又不現。"潭云："子親到龍潭？"師云："龍潭老人可謂騎賊馬趕賊。"便下座。

送諸郡化主。上堂云："荷衆諸禪流，才能足機劃。逢人定有錢，見面寧無麥。已是吾家兒，久爲物外客。温柔一手擡，剛硬雙拳搦。牙爪一時全，勝南山白額。"

上堂云："一代時教，五千四十八卷，空有頓漸，豈不是有！永嘉道：『亦無人，亦無佛，大千沙界海中漚，一切聖賢如電拂。』豈不是無！大衆，若道是有，違他永嘉。若道是無，又違釋迦老子。作麽生商量得恰好？若知落處，朝見釋迦，暮參彌勒。若也未明，白雲爲你點破。道無不是無，道有不是有。東望西耶尼，面南看北斗。"

上堂云："説佛説法，拈槌竪拂，白雲萬里。德山入門便棒，臨濟入門便喝，白雲萬里。然後恁麽也不得，不恁麽也不得，恁麽不恁麽總不得，也則白雲萬里。忽有箇出來道：『長老，你恁麽道也則白雲萬里。』者箇説話喚作矮子看戲，隨人上下。三十年後一場好笑。且道笑箇什麽？笑白雲萬里。"

上堂云："白雲門前路，往復行大步。中間有一片方磚，你諸人爲什麽却蹋不著？"

王提刑入山。上堂云："祖師門下，如箭中的，手辦眼親，無得無失。"僧問："朝蓋臨筵，清風匝座。學人上來，請師决破。"師云："殘臘一雨，即漸迎春。"學云："天垂寶蓋，地布金蓮去也？"師云："未爲多在。"學云："多底事作麽生？"師云："人天衆前不欲造次。"學云："覺海波瀾增浩渺，釋天日月轉光輝。"師云："也不消得。"乃舉阿難問迦葉："世尊傳金襴外别傳何物？"迦葉召阿難，阿難應喏。迦葉云："倒却門前刹竿著。」又永嘉道：「建法幢，立宗旨，明明佛勑曹溪是。」師云：「迦葉教倒却刹竿，永嘉又教立宗旨。且道倒底是？立底是？到者裏須是具擇法眼始得。畢竟如何？倒也七縱八横，立也二三成六。七峯閣上共談玄，一句一言清耳目。」

歸新僧堂。上堂云：「十月今朝初一，新搆雲堂已畢。聖衆已得安居，雅麗全勝舊日。於中受用之時，凡百互相愛惜。願存古佛家風，三有四恩獲益。慶懺別有上聞，具位題名立石。敢勸遠近諸檀越，記取摩訶般若波羅蜜。忽有箇出來道：『長老不妨好文章。』」乃云：「咄！白雲口裏道，誰敢道不好！」

提刑入寺。上堂云：「兵隨印轉，將逐符行。大權菩薩，覆護衆生。相順者，善言誘諭。凶頑者，枷棒縱横。中間有箇没量大漢，金鎖玄關留不住，聖凡位裏莫能收。若柰何不得，佛法無靈驗。白雲有箇消息試説看。古人云：『無邊刹境，自他不隔於毫端。十世古今，始終不離於當念。納須彌於芥中，擲大千於方外。變大地爲黄金，攪長河爲酥酪。』到者裏合作麽生？國土動摇迎勢至，寶花彌滿送觀音。」

端午，上堂，舉「昔有秀才造無鬼論，論就纔放筆，有鬼現身斫手，謂秀才云：『你争柰我何』？白雲當時若見，便以手作鵓鳩觜向伊道：『谷谷孤。』」

上堂，舉肅宗帝問忠國師：「百年後所須何物？」國師云：「與老僧造箇無縫塔。」帝曰：「請師塔樣。」國師良久云：「會麽？」帝曰：「不會。」國師云：「吾有弟子耽源却諳此事，請詔問之。」師云：「衆中盡道國師良久，殊不知懸鼓待槌。當時肅宗若是作家君王，待伊道教詔躭源，但向道：『國師國師，何必？』」肅宗後詔躭源，源呈頌：「湘之南，潭之北，中有黄金充一國。無影樹下合同船，瑠璃殿上無知識。」師代肅宗云：「閑言語。」雪竇頌道：「無縫塔，見還難，澄潭不許蒼龍蟠。層落落，影團團，千古萬古與人看。」師云：「雪竇可使千古傳名。老僧祇愛他道『澄潭不許蒼龍盤』，首尾一時貫串。祇如前來，一絡索拈放一邊。且道畢竟如何？」乃云：「姹女已歸霄漢去，獃郎猶自守空房。」

上堂，舉「僧問雲門：『如何是超佛越祖之談？』門云：『糊餅。』白雲即不然。忽有人問：『如何是超佛越祖之談』？只向伊道：驢屎似馬糞。」又云：「破草鞋。」又云：「靈龜曳尾。且道是同是别？試辨看！」

上堂，僧問：「如何是極則事？」師云：「何須特地？」乃舉僧請益瑯瑘：「清淨本然，云何忽生山河大地？」瑯瑘云：「清淨本然，云何忽生山河大地？」其僧有省。師云：「金屑雖貴，落眼成翳。」

上堂云：「祖師遺下一隻履，千古萬古播人耳。空自肩擔跣足行，何曾踏著自家底。」

上堂云：「行者不報來打鼓，曲録木頭上。不免將錯就錯。參！」

上堂云：「子丑寅卯辰巳午未申酉戌亥，終而復始，有厭有愛。畢竟如何，但管熟念。」

上堂云：「遍周沙界，幾曾移步。深山白雲，是何報土？若是真道人家，日洗鉢盂兩度。」

新晚法鼓。上堂云：「多載頑皮擊不響，新皮纔動震天雷。無滯莫言隨勢去，有聲誰謂不乎來！何也？雙眼聽不聞，雙耳覷不見。一條平坦路，是誰没方便？」

上堂云：「本末須歸宗，尊卑用其語。利劍擲虛空，大棒打老鼠。」

上堂，舉「世尊滅後，諸聖弟子於畢鉢巖中結集法藏。阿難既陞座，形儀與佛無殊。大衆遂生三疑：一疑阿難成佛，二疑佛再現身，三疑他方佛化。阿難唱云：『如是我聞。』衆疑皆息。當時若有箇漢出衆云：『大衆依而行之，各自散去，免見滿藏琅函，攪人腸肚。』然雖如是，猶未剿絶在。何也？阿難道：『如是我聞。』白雲也道：『如是我聞。』若道當時，是重古輕今。若道卽今，是重今輕古。要會麽？優曇花不開，跡絶無香氣。」

上堂云：「六祖能大師，是箇大癡漢。後代兒孫多，展轉生惑亂。子細好思量，白雲不著便。」

上堂，僧問：「百尺竿頭如何進步？」師云：「快走始得。」乃舉「雲門道：『聞聲悟道，見色明心。觀世音菩薩將錢來買糊餅，放下手，元來却是箇饅頭。』雲門好則甚好，奇則甚奇，要且只説得老婆禪。若是白雲，卽不然。作麽生是聞聲悟道見色明心？」遂舉手作打杖鼓勢云：「珊八囉札。」

上堂云：「四五百石麥，二三千石稻。好箇休糧藥，耆婆不得妙。」

上堂，舉「龍牙云：『天下名山到因脚，年深辛苦與藏者。而今老大不能行，手裏把柄破木杓。』白雲卽不然。脚也不能著草鞋，手亦不能把木杓。端坐受供養，施主常安樂。」

上堂云：「達磨西來事，今人謾揣量。天河争起浪，月桂不聞香。何也？見成公案。」

安樂院主修齋。上堂云：「昨夜得一夢，夢見臻公在天宮與帝釋對坐。臻問帝釋曰：『天上有五衰相是否？』釋云：『此是佛之所説，豈可妄言！』於是帝釋却問臻云：『我聞閻浮提有不持戒者，是否？』臻云：『此是佛之所説，豈可妄言！』良久，臻云：『天宮雖樂，不是久居。』遂下十八重地獄，乃見閻王居正殿，與地藏菩薩耳語。臻便出門，首見一青衣童鞠躬云：『東海龍王請伴諸羅漢齋。』臻遂往赴齋。迴得數顆如意珠，一時分付諸門人。白雲被珠光一爍，忽然夢覺。以至今朝諸法乳爲臻公設齋，請白雲陞座。大衆，且道昨夜夢底是？適來説底是？衆中盡是久參先德禪道之精，若人辨得，試出來露箇消息看！有麼有麼？若無，白雲又有箇古話。釋迦老子在跋提河側般涅槃了，迦葉始至，遶金棺而哭，於是世尊爲現雙趺。大衆，且道般涅槃時是？現雙趺時是？」乃云：「止止不須説，我法妙難思。諸增上慢者，聞必不敬信。」

謝監收。上堂云：「人之性命事，第一須是〇。欲得成此〇，先須防於〇。若是真〇人，〇〇。」

上堂，僧問：「不昧當機，請師直道！」師云：「捏聚放開。」乃舉僧辭趙州，州云：「有佛處不得住。」師云：「換却你心肝五臟。」「無佛處急走過。」師云：「鴈過留聲。」「三千里外逢人不得錯舉。」師云：「出門便錯。」僧云：「恁麼則不去也？」師云：「種粟却生豆。」州云：「摘楊花！摘楊花！」師云：「不覺日又夜，爭教人少年？」

小參，云：「達磨西來，不立文字，直指人心，見性成佛。忽有箇出來道：『長老尋常室中愛問人如何是你心？某甲卽不會，却問長老如何是和尚心？』老僧卽向他道：『却來者裏捋虎鬚，什麼心造次説向你？』『他若又問：『栢樹子話，長老作麼生會？』向伊道：『我有箇方便。』有甚方便？却須先問取首座。又問：『德山入門便棒，作麼生會？』『我聞便肉戰。』『臨濟入門便喝，作麼生會？』是什麼破草鞋？直饒一時透過，也是七九六十八。」

中秋，上堂云：「中秋月，中秋月，古今盡謂尋常別。别不别？皎皎清光遍大千，任從天下紜紜説。」

上堂，僧問：「一代時教是箇切脚，未審切那箇字？」師云：「鉢囉穰。」學云：「學人祇問一字，爲什麽却答許多？」師云：「七字八字。」學云：「也是慣得其便。」師云：「許多時茶飯，元來也有人知滋味。」乃云：「祖師心印，好消息處無消息。無消息，古篆分明。拈起也大千岌嶪，放下也凡聖同源。有時印却諸人面門，自是諸人甘伏不肯承當，帶累白雲受屈。且道過在什麽處？」

上堂，拈起拄杖子：「者箇拄杖子，不從天台南嶽得，亦不在此土、西天，且道生在什麽處？若也知生處，同得受用。若也不知。」遂靠却，下座。

上堂，舉「『妙湛總持不動尊，首楞嚴王世希有。銷我億劫顛倒想，不歷僧祇獲法身。』大衆，若作禪會，則謗經。若作經會，則謗禪。若作一團，則儱侗。有人跳得出，日銷萬兩黄金。若跳不出，有處著你在。」

上堂云：「但知月圓月缺，誰知月缺月圓。忙忙乘船過水，不知過水乘船。百年三萬六千日，等閑老却朱顔。各自照鏡看！是什麽面孔？」

上堂，舉「僧問洞山：『如何是善知識眼？』山云：『紙撚無油。』若問白雲，對道：『無油不點燈。』雖然如是，也較洞山三千里。祇是其間有箇好處。有甚好處？諸人黑地裏撞著露柱，悟去也不定。」

歲朝，上堂云：「威音王已前也恁麽，威音王已後也恁麽，三世諸佛也恁麽，西天四七唐土二三也恁麽，前年去年也恁麽，明年後年更後年外後年也恁麽。忽有箇出來道：『和尚，和尚！』和尚自云：『若不被他喚住，便一百年也只恁麽。』」復云：「元正啓祚，萬物咸新。去年乞火和煙得，今日擔泉帶月歸。晷運推移，日南長至。當軒有直道，無人肯駐脚。孟春猶寒，伏惟首座大衆起居萬福。蘇武牧羊海畔，累日忻然。李陵望漢臺邊，終朝笑發。落在甚處？仁義只從貧處斷，世情偏向富門多。」

上堂，僧問：「如何是本分事？」師云：「結舌無言。」乃云：「每日起來，拄却臨濟棒，吹雲門曲，應趙州拍，擔仰山鍬，驅溈山牛，耕白雲田。七八年來，漸成家活。更告諸公，每人出一隻手，共相扶助。唱歸田樂，麄羹淡飯，且恁麽過。何也？但願今年蠶麥熟，羅睺羅兒與一文。」

上堂，舉「南泉云：『文殊普賢昨夜三更起佛見法見，各與二十棒，貶向二鐵圍山。』白雲則具大慈悲。」遂拍手云：「曼殊室利普賢大士，不審不審，今後更敢也無？」自云：「一度被蛇傷，怕見斷井索。」

上堂云：「狗子還有佛性也無？也勝猫兒十萬倍。」下座。

上堂，舉「雪峯問德山：『從上諸聖以何法示人？』山云：『我宗無語句，亦無一法與人。』雪峯從此有省。後有僧問雪峯：『和尚見德山得箇什麽便休去？』雪峯云：『我空手去空手歸。』白雲今日説向透未過者，有兩箇人從東京來，問伊：『什麽處來？』他却道：『蘇州來。』便問伊：『蘇州事如何？』伊道：『一切尋常。』雖然如是，謾白雲不過。何故？只爲語音各別。畢竟如何？蘇州菱，邵伯藕。」

上堂云：「二十五年坐這曲録木頭上，舉古舉今則不無，祇是未曾道著第一句。衆中莫有具大慈悲者，試出來道看！也要衆人共知兼乃平生行脚，有麽有麽？莫道無。忽有箇出來却問：『如何是第一句？』白雲不免向他道：『放憨作麽？』」

上堂云：「難難。幾何般。易易，没巴鼻。好好，催人老。默默，從此得。過這四重關了，泗洲人見大聖。參！」

上堂云：「是法不可示，言詞相寂滅。這兩句猶較些子。忽遇羚羊掛角時如何？」直上指云：「天，天！久立。」

上堂，僧問：「如何是佛？」師云：「口是禍門。」乃云：「今日上元之節，處處燈光皎潔。不知天意如何？瑞雪翻爲苦雪。貧窮變作殭蠶，烏龜凍得成鼈。唯有四海禪流，箇箇眼中添屑。何故？不說，不說。」下座。

請化主。上堂云：「造化之功，祖宗門下作天地。發生之氣，春夏秋冬決含靈。顛倒之心，常樂我淨。若據衲僧用處，又且不然。變大地爲黄金，攪長河爲酥酪，猶未稱白雲在。忽有箇漢出來道：『似恁說話，只是箇貪心不足漢。』」自云：「道著。參！」

上堂，舉達磨大師云：「誰得吾正宗？出來與汝證明。」尼總持云：「據某見處，如慶喜見阿閦佛國，一見更不再見。」達磨云：「汝得吾皮。」道育云：「據某見處，實無一法當情。」磨云：「汝得吾肉。」二祖禮三拜，依位而立。磨云：「汝得吾髓。」師云：「當時若見他三人恁麽道，各人好與三十棒。只如白雲今日也合喫二十九棒，留一棒與汝諸人。其間若有知痛痒者，不辜負先聖，亦乃得見白雲。其或未知，堂裏喫粥喫飯，更須爛嚼，多見是渾圇吞却。」

上堂，舉釋迦如來往忉利天爲母說法，優填王思佛，命匠人雕栴檀像，及至世尊下來，像亦出迎。

「諸人，且道下來底是？出迎底是？又教中道：『如來者，無所從來亦無所去。』莫是法身無來去，化身有來去麽？若人於此見得，日銷萬兩黄金。其或未然，草鞋錢教什麽人還？」

上堂云：「説禪被禪纏，不説却成現。若真箇不説，真箇好方便。如馬前相撲，似霹靂閃電。會即大富貴，不會空對面。」

因齋，上堂云：「不寒不暖喜春遊，士女傾心結預修。自覺一生如幻夢，始知百歲類浮漚。子規啼處真消息，芍藥開時野興幽。此箇門風誰會得？等閑白却少年頭。」

上堂云：「前迴底，今日使不著。今日底，後次使不著。使不著説不著，重遭撲。自古至如今，誰錯誰不錯？忽有箇出來道：『白雲不是今日錯也。』」自云：「錯，錯！」下座。

師一日持錫遶方丈行，問僧：「還有屬牛人問命麽？」無對。遂云：「孫臏今日開鋪，並無一人垂顧。可惜三尺龍鬚，唤作尋常破布。」

上堂云：「有一則奇特因緣舉似諸人。欲説又被説礙，不説又被不説礙。欲舉山河大地，又被山河大地礙。從教頭上且安頭，真金不博鍮，丈夫意如此，快樂百無憂。」

上堂，舉僧問曹山：「佛未出世時如何？」山云：「曹山不如。」「出世後如何？」山云：「不如曹山。」師云：「若以世諦觀之，曹山合喫二十棒。若以祖道觀之，白雲合喫二十棒。然雖如是，棒頭有眼，兩人中一人全肯，一人全不肯。若人點檢得出，許你具半隻眼。」

上堂云：「你等諸人見老和尚鼓動唇吻，竪起拂子，便作勝解。及乎山禽聚集，牛動尾巴，却將作等聞。殊不知，簷聲不斷前宵雨，電影還連後夜雷。」

上堂云：「釋迦已滅，彌勒未生，森羅萬象，推向一邊。且作麽生是你諸人常住法身？」乃云：「有功無功，莫使腹空。」

請供頭修造。上堂云：「白雲今日權將大宋世界作一面碁盤。先將東嶽太山、南嶽衡山、西嶽華山、北嶽恒山、中嶽嵩山定却五方，次將五臺峨嵋支提羅浮以爲相助。左畔則斜飛鴈陣，右邊則虎口雙關。」遂舉手云：「且道這一著落在什麽處？若知落處，便爲敵手。若也未然，白雲試通箇消息。十九條平路，争功勢未休。莫教一著錯，敗子卒難收。」

正旦，上堂：「元正啓祚，西天此土，萬物咸新。獬豸麒麟，應時納祐。誠言不謬。孟春猶寒，種種多般。伏惟首座大衆，普天齊用，洎諸知事懷才抱義，并諸化主如龍似虎，尊體起居萬福。直是如金如玉，歲歲三百六十，管取粥足飯足。」

因齋，上堂云：「二月中春物象鮮，盡塵沙界一般天。蒼莓雨洗去冬雪，野火風飄昨夜煙。危嶺乍聞猿嘯日，長江時見客乘船。人生幾度逢斯景，好是誠心種福田。」

端午，上堂，僧問：「今朝五月五，權罷葤芸鼓。雖是無事人，亦請燒一炷。」師云：「急急如律令。」進云：「也待小鬼做箇伎倆。」師云：「鍾馗嚇你？」乃云：「今日端午節，白雲有一道神符，也有些小靈驗，不敢隱藏，舉似諸人。一要今上皇帝太皇太后，聖躬萬歲。二要合朝卿相文武百官州縣寀寮，常居禄位。三要萬民樂業，雨順風調。有箇符使却來報白雲道：『諸處盡去徧，只爲神通小。不柰一件事何。』遂問他是甚事，使云：『禪和子鼻孔遼天。』白雲向伊說：『莫道你，我尚不柰何。』然雖如是，澤廣藏山，理能伏豹。畢竟如何？一抽三，二添四，黄牛角向天，八脚垂過鼻。急，急！」下座。

上堂，舉尼問趙州：「如何是密密意？」州於尼腕上掐一掐。尼云：「和尚猶有這箇在？」州云：「你猶有這箇在。」師云：「此尼若是箇人，但向他道：『也放和尚不得。』」

上堂，僧問：「天下人舌頭盡被白雲坐斷，衹如白雲舌頭未審是什麼人坐斷？」師云：「東村王大翁。」乃云：「日用事無別，憑君爲甄別。若於言上會，知君打不徹。不於言上會，心頭似火熱。先過趙州關，剪斷白雲舌。不負先聖恩，歸堂且憩歇。」

上堂云：「若要天下横行，見老和尚打鼓升堂，七十三八十四，將拄杖驀口便築。然雖如是，拈却門前上馬臺，剪斷五色索，方始得安樂。」

小參，僧問：「德山不答話，千古把斷要津。白雲今夜小參，未審如何施設？」師云：「我不可承嗣端和尚不得也。」學云：「作家宗師，天然有在？」師云：「是何言歟？」進云：「只者箇又爲甚人施設？」師云：「你還信得及麼？」進云：「教某甲作麼生信？」師云：「你是會來問，不會來問？」進云：「某甲却是不會來問。」師云：「昨日也恁答一僧來。」進云：「今日爲甚却干戈相待？」師云：「只爲買賣不當價。」進云：「壓良爲賤則得，争柰有諸方在？」師云：「大衆看取者一員禪客！」進云：「放過一著。」師云：「噓！」乃舉：「陸亘大夫問南泉：『弟子家中有一片石，也曾坐也曾卧，擬欲鐫作佛得麼？』泉云：『得。』陸云：『莫不得麼？』泉云：『不得。』大衆，夫爲善知識，須明決擇。爲什麼他人道得也道得，他人道不得也道不得？還知南泉落處麽？白雲不惜眉毛與你注破得，又是誰道來不得？又是誰道來？你若更不會，老僧今夜爲你作箇樣子。」乃舉手云：「將三界二十八天作箇佛頭，金輪水際作箇佛脚，四大洲作箇佛身。雖然作此佛兒子了，你諸人又却在那裏安身立命？大衆，還會也未？老僧作第二箇樣子去也。將東弗于逮作一箇佛，南贍部洲作一箇佛，西瞿耶尼作一箇佛，北鬱單越作一箇佛。草木叢林是佛，蠢動含靈是佛。既恁麽，又喚什麽作衆生？還會也未？不如東弗于逮還他東弗于逮，南贍部洲還他南贍部洲，西瞿耶尼還他西瞿耶尼，北鬱單越還他北鬱單越，草木叢林還他草木叢林，蠢動含靈還他蠢動含靈。所以道：『是法住法位，世間相常住。』既恁麽，你又喚什麽作佛？還會麽？忽有箇漢出來道：『白雲休寐語！』大衆，記取這一轉。」

上堂云：「平生百了千當底，正好喫棒。且道過在什麽處？打你百了千當。」

上堂云：「去聖時遥，人多懈怠。逆則生嗔，順則生愛。且道作麽生是不嗔不愛？東海剪刀，西番皮袋。」

上堂，僧問：「承師有言，山前一片閑田地。祇如威音王已前，未審什麽人爲主？」師云：「問取寫契書人。」學云：「和尚爲甚倩人來答？」師云：「祇爲你教别人問。」學云：「與和尚平出去也？」師云：「大遠在。」乃云：「五目莫覩其容，二聽絶聞其響。有功者罰，無功者賞。拈須彌山，秤來二兩。忽有箇道：『一方知識爲什麽大秤秤人物事。』」自云：「官不容針，私通車馬。」

謝街坊，上堂云：「街坊昨日將一把沙到方丈前，一見老僧劈面便撒。賴遇老僧先見，衫袖一遮，並不妨事。今朝舉似大衆，不敢隱藏。何故？賞伊膽大，下得者箇手脚。忽有人問：『白雲爲什麽只恁休去？』不見道：『老不以筋力爲能。』然雖如是，賓主歷然。」

上堂，僧問：「如何是佛？」師云：「許多時向什麽處去來？」乃云：「達磨未來時，冬寒夏熱。達磨來後，夜暗晝明。諸人若下得一轉平實語，喫鹽聞鹹，喫醋聞酸。若道不得，迦葉門前底。」

上堂云：「若論此事，如人博戲相似。忽然贏得，身心歡喜，家業昌盛，覆陰兒孫。不覺輸他，自然迷悶。然雖有輸有贏，此事還在。白雲今日有條攀條，無條攀例。不見陸亘大夫與南泉看雙陸次，大夫撮起骰子問南泉云：『恁麽不恁麽，便恁麽信彩去時如何？』南泉云：『臭骨頭十八。』大衆，此去縣城不遠，外人聞得便來捉賭時，又且如何？」乃云：「白雲自有道理。記得龍牙道：『學道先須有悟由，還如曾鬬快龍舟。雖然舊閣閑田地，一度贏來方始休。』」

上堂云：「目犍連雙足越坑，大迦葉聆箏起舞，畢陵迦訶罵河神，迦留陁夷埋身糞壤。此事教中一一有出處，總道是習氣。祇如祖師門下，達磨九年面壁，秘魔擎杈，禾山打鼓，石鞏彎弓，雪峯輥毬，國師水椀，歸宗拽石，德山入門便棒，臨濟入門便喝，無業纔有人問，便道莫妄想。且道是箇什麽？衆中還有久參先德，天下横行，具頂門上眼底衲僧麽？出來爲白雲證據，也要暢快平生。有麽有麽？若無，三十年後此話大行。且道畢竟如何？朱夏火雲歸碧洞，清秋危露滴金盤。」

先師忌晨，上堂云：「去年正當恁麽時，多前年三件事。今年正當恁麽時，多去年七件事。這十件事數不過者甚多，何也？去却七，三存一，事是去年，説是今日。急如箭，黑似漆。無言童子口吧吧，無足仙人擗胸躍。」乃云：「交。」下座。與能表白起喪云：「本是你送我，今朝我送你。生死是尋常，推倒又扶起。」至墳所，復謂衆云：「今朝正當三月八，送殯之人且聽説，君看陌上桃花紅，盡是離人眼中血。」

上堂云：「仲春漸暖，牡丹生卵。紫鷰攢身，黄鸎開眼。共賞芳春，三盃兩盞。唯有白雲，一生擔板。」

古尊宿語録卷第二十二

黄梅東山(法)演和尚語録

門人惟慶編

師在海會受請，拈香示衆云：「八十翁翁輥繡毬。」遂付維那。宣疏畢，陞座云：「三處住持只這滋味，這回寃家難爲廻避。白蓮峯鼻孔，海會山出氣。」

當晚小參，云：「一則三，三則七。牧羊隄畔女貞花，拒馬河邊望夫石。石擊尺，赤土畫，簸箕從教眼搭癡。」復云：「淮甸三十載，今作老黄梅。好是明明説，從教鴨聽雷。」入院，祖師塔燒香。以手指云：「當時與麼全身去，今日重來記得無？」復云：「以何爲驗？以此爲驗。」遂禮拜。

開堂，黄梅宰公度疏。師拈起示衆云：「見麼？差珍異寶，盡在其中。若也不見，請表白。」對衆拈出。宣疏畢，乃云：「便與麼散去，早是多事了也。若也不信。」遂指法座云：「少間向上頭撒沙撒土去也。」便陞座。拈香祝聖罷，復拈香云：「此一炷香，在舒郡二十七年三處住院，諸人總知。」遂欲燒次，復云：「不得也須説破。某十五年行脚，初參遷和尚，得其毛。次於四海參見尊宿，得其皮。又到浮山圜鑑老處，得其骨。後在白雲端和尚處，得其髓。方敢承受與人爲師。今日爇向爐中，從教熏天炙地。

有耳朵者辨取。」四祖和尚白槌云：「法筵龍象衆，當觀第一義。」師云：「當觀第一義，寶劒霜鋒利。掣電隔三千，最勝無倫譬。眼辨手能親，出來相比試！」僧問：「舊店新開列寶珍，一回拈著一回新。師今已據盧能位，端的如何拂鏡塵？」師云：「朝到西天，暮歸唐土。」進云：「已得軒轅辨端的，靈光從此照恒沙。」師云：「最初一句作麽生？」進云：「不辭山路遠，踏雪也須過。」師云：「你猶醉在。」僧問：「靈山一會，迦葉親聞。未審今日一會，什麽人得聞？」師云：「與靈山無異。」進云：「古之今之，盡是知音。」師云：「知音一句又作麽生？」進云：「點頭不吐舌。」師云：「無人孟浪過你。」進云：「忽遇拏雲攫霧來時，又作麽生？」師云：「老僧打退鼓。」乃云：「適來四祖師叔白槌云：『當觀第一義。』只如第一義，且作麽生觀？要會麽？三世諸佛，若無第一義，將什麽化度有情？西天四七，唐土二三，乃至天下老和尚，若無第一義，將什麽建立宗風？只如當今聖帝，若無第一義，將什麽統御天下？知郡學士、知縣宣德、合座尊官，若無第一義，將什麽爲民父母？乃至在會施主，若無第一義，將什麽崇敬三寶？然雖如是，也須各各自悟始得。」

上堂，舉「古人道：『夫爲善知識，須是驅耕夫之牛，奪飢人之食。驅耕夫之牛，令他苗稼滋盛。奪飢人之食，令他永絶飢虚。』衆中聞舉者，多是如風過耳相似。既驅其牛，爲什麽却得苗稼滋盛？既奪其食，因什麽永絶飢虚？到者裏須是有驅耕夫之牛、奪飢人之食底脚手，便與拶一拶，逼一逼，趕教走到結角處，便好向伊道：『福不重受，禍不單行。』」

上堂云：「二月春中漸暖，哈歌頻打拍板。烏鷄走入鷺羣，鴨兒凍得觜匾。水上或浮或沉，何時解成瑚璉？子細好好思量，天地去此不遠。」復云：「頻婆娑羅王。」

上堂：「今朝二月初五，行者先來打鼓。長老肚裏茫然，思量說佛說祖。大地雪深三尺，禽獸喫泥喫土。今年必定豐熟，自然五風十雨。者裏有箇好處。且道有什麼好處？」遂作雷聲云：「是什麼？」復云：「雷乃發聲。」

上堂云：「夫爲禪客，如出塞將軍。你將得雲門半片餬餅來，我便與半箇須彌山。若不如是，焉敢稱禪客！」

上堂云：「夫爲出家之人，須有出家之見，具擇法眼，方爲出家。如何是擇法眼？破燈盞。畢竟如何？擔板擔板。」結夏日，上堂云：「孟夏漸熱，伏惟首座大衆尊候萬福。却似夾竹桃花，錦上鋪花。徧地花，莫眼花，每年事例不用張查。下座人事，巡寮喫茶。」

上堂，舉「永嘉道：『亦無人亦無佛，大千沙界海中漚。一切聖賢如電拂。』大衆，這裏若不具金剛眼睛，便見髑髏徧野。如何即是？劒閣路雖險，夜行人更多。」

上堂云：「立雪斷臂，指喻後人。人能弘道，非道弘人。這箇是什麼語？江城子。」

上堂云：「時人住處我不住，時人行處我不行。畢竟作麼生？牛角長三寸，兔角長八尺。四溟東海流，般若波羅蜜。」

上堂云：「門外有大路，不肯大開口。臘月三十日，胡亂外邊走。好大哥。」

上堂云：「無法可說，是名說法。夜月嚴凝，霜天凜冽。池裏烏龜，凍得成鼈。更說兩句，舌頭成鐵。」

聖節，上堂云：「十二月初八日，今上皇帝降誕之辰，不得説別事。」乃高聲云：「皇帝萬歲！皇帝萬歲！」

上堂云：「無邊身菩薩將竹杖量世尊頂，丈六了又丈六，量到梵天，不見世尊頂相。乃擲下竹杖合掌説偈云：『虛空無有邊，佛功德亦然。若有能量者，窮劫不可盡。』大衆，無邊身菩薩説偈且止，諸人還解自量也無？若教老僧自量，直是無下手處。不見古人道：『蚪充佛座，功德難量。盞子燒香，紫雲靉靆。』何故如是？別是一家春。」

上堂云：「一年只餘此月，天道未嘗降雪。奉告三界龍神，各自遞相報説。普天普地鋪銀，且要應時應節。更望大衆慈悲，爲念普賢菩薩。畢竟作麽生？摩訶薩。」

郭朝奉祥正請，上堂。朝奉於法座前燒香云：「此一瓣香爇向爐中，爲光明雲遍滿法界，供養我堂頭師兄禪師。伏願於此雲中，方廣座上，擘開面門，放出先師形相，與諸人描貌。何以如此？白雲岩畔舊相逢，往日今朝事不同。夜静水寒魚不食，一爐香散白蓮風。」師遂云：「曩謨薩怛哆鉢囉野。恁麽恁麽，幾度白雲溪上望，黄梅花向雪中開。不恁麽不恁麽，嫩柳條金線，且要應時來。不見龐居士問馬大師：『不與萬法爲侶者是什麽人？』馬大師云：『待汝一口吸盡西江水，卽向你道。』大衆，一口吸盡西江水，萬丈深潭窮到底。掠彴不是趙州橋，明月清風安可比！」

上堂云：「春雨洒無涯，乾坤已具知。東君行正令，梅柳一枝枝。祖師門下客，相見在今時。相見卽不無，説什麽事？」便下座。

上堂，舉肅宗帝問忠國師云：「和尚百年後所須何物？」國師云：「與老僧造箇無縫塔。」帝云：「請師塔樣。」國師良久云：「會麽？」帝云：「不會。」國師云：「吾有付法弟子躭源却諳此事，請詔問之。」師云：「前面是真珠瑪瑙，後面是瑪瑙真珠。東邊是觀音勢至，西邊是普賢文殊，中間有一首幡，被風吹著道：『胡盧！胡盧！』」

上堂，顧視禪床左右，遂拈拄杖在手中云：「只長一尺。」下座。

上堂云：「世有一物，亦不屬凡，亦不屬聖，亦不屬邪，亦不屬正。萬事臨時，自然號令。抵死要知，換却性命。」

上堂云：「擔水河頭賣，諸人盡笑怪。滯貨没人猜，一似欠他債。昨夜三更半，石人鬭禮拜。這箇説話，莫道你理會不得，我也理會不得。」

上堂云：「古人道：『無邊刹境，自他不隔於毫端。十世古今，始終不離於當念。』」師云：「是卽是，只是太舊。雪峯示衆道：『盡大地撮來，如粟米粒大，抛向面前。漆桶不會，打鼓普請看！』大衆，雪峯對面熱瞞諸人不少也。然雖如是，還有與雪峯同步底麽？試出來與五祖相見！有麽？若無。」遂拈拄杖卓一下，舉起云：「五祖今日與雪峯同乘槎，泛四大海，穿八大龍王髑髏，經過百千箇須彌山，却回來法座上坐。又送雪峯歸雪峯山，只是不曾動着一步。諸人還信得及麽？若信不及。」遂舉拄杖云：「豈不見先師翁道：『放在卧床頭，急要打老鼠。』」

上堂云：「凡心聖意露堂堂，念念無差卽道場。向去莫言今日事，觀音自在放毫光。」良久云：「莫瞞老僧好。」

上堂云：「三月安居今已滿，九旬禁足事如何？西天蠟驗聞聲久，此土鶖珠說者多。季運二千年遠意，混流水乳積成河。林泉開士齊弘護，莫使隳頹著衆魔。」

上堂云：「時候季秋霜冷，皎潔銀河耿耿。松窗一炷爐煙，頗稱吾家好景。」

上堂，舉僧問投子：「大藏教中，還有奇特事也無？」投子云：「演出大藏教。」師云：「投子被人一問，直得料掉没交涉。若是五祖卽不然。或有人問：『大藏教中，還有奇特事也無？』老僧卽向伊道：『作禮而去，信受奉行。』然雖如是，與他投子，白雲萬里。畢竟如何？要你諸方眼作麽？」上堂云：「悟了同未悟，歸家尋舊路。一字是一字，一句是一句。自小不脱空，兩歲學移步。湛水生蓮花，一年生一度。」

上堂云：「頻頻喚汝不歸家，貪向門前弄土沙。每到年年三月裏，滿城開盡牡丹花。」

上堂云：「青蘿夤緣，直上寒松之頂。白雲淡泞，出没太虚之中。自十九至二十三日，萬餘人來此赴會，閧閧地。如今只見老漢獨自口吧吧地。若道多人是閙，一人是静，直是白雲萬里。畢竟如何？一人閙浩浩，多人静悄悄。不如歸堂喫茶好。」

上堂云：「心隨萬境轉，轉處實能幽。雲門道：『觀世音菩薩將錢買胡餅，放下手云：却是箇饅頭。』如此則隨他脚跟轉也。五祖有箇『隨流認得性，快樂永無憂』底因緣，舉似大衆。忽然於此省去也不定。」良久，喚侍者，侍者應諾。師云：「我害癡。」

上堂云：「仲冬嚴寒，普徧世間。富貴卽易，貧窮卽難。唯我林泉之人無易無難。爲什麽如此？」良久云：「無人處向你說。」

上堂，舉「普化道：『明頭來明頭打，暗頭來暗頭打，虛空裏來虛空裏打，四方八面來連枷打。』臨濟聞得，遣僧問云：『總不恁麼來時如何？』化云：『明日大悲院裏有齋。』若是五祖卽不然。有人問：『總不恁麼來時如何？』和聲便打。是他須道：『五祖盲枷瞎棒！』我只要你恁麼道，何故？一任舉似諸方。」

上堂云：「應接無方唯是此，一毛端上廓心田。生枝延蔓魔家族，點點舒光曜祖天。」

上堂云：「風和日暖，喬樹鶯啼。桃李妍而爛錦成行，芳草濃而鋪茵作陣。花落一片兩片，浮碎玉以霏霏。柳舞三回五回，曳長絲而冉冉。當是時也，古人道：幽鳥語如簧，柳垂金線長。煙收山谷靜，風送杏花香。永日蕭然坐，澄心萬慮忘。欲言言不及，林下好商量。」良久云：「你且商量看！」

上堂，舉僧問雪峯云：「古澗寒泉時如何？」峯云：「瞪目不見底。」僧云：「飲者如何？」峯云：「不從口入。」趙州聞得云：「不可從鼻孔裏入也。」僧却問趙州：「古澗寒泉時如何？」州云：「苦。」僧云：「飲者如何？」州云：「死。」師云：「若有人問五祖：『古澗寒泉時如何？』卽向伊道：『水。』『飲者如何？』但云：『當下止渴。』或有箇人出來問道：『與曹溪水是一是二？』我卽向伊道：『分枝列派，縱橫自在。低處澆田，高處潑菜。』」

上堂云：「趙州道箇栢樹子，廬陵隨後雪白米。中間有箇白蓮峯，一口吸盡西江水。喜美囉邏哩。囉邏哩，我自我，你自你。深村有箇白額蟲，吒肥鬣領九條尾。」良久云：「咦，好怕人！」

小參，舉藥山初參石頭，問云：「三乘十二分教，某甲粗知。訪聞南方，直指人心，見性成佛，實未明了。」石頭云：「恁麼也不得，不恁麼也不得，恁麼不恁麼總不得。」藥山罔措。一日坐次，石頭遂問云：「汝在此作什麼？」山云：「一物也不爲。」頭云：「恁麼則閑坐也？」山云：「閑坐則爲也。」頭云：「你道不爲，不爲箇什麼？」山云：「千聖亦不識。」石頭遂有頌云：「從來共住不知名，任運相將只麼行。自古上賢猶不識，造次凡流豈易明。」師云：「大衆，須是過得祖師關，會鳥道玄路，始會此般説話。石頭恁麼垂示，便類趙州『庭前栢樹子』、洞山『麻三斤』、雲門『超佛越祖之談』。五祖亦有一頌：『任運不知名，輕輕著眼聽。水上青青緑，元來是浮萍。』」

四面專使文詳持法嗣書到，師於法座前授〔一〕書，拈起問專使云：「這箇是四面底，闍黎底在什麼處？」使云：「驗在目前。」師云：「幾不問過。」遂陞座云：「好事難逢。何不出來大家唱和？」時有僧出問云：「石頭馳書，猶是鈍漢。玄沙白紙，謾説同風。四面賫來，有何祥瑞？」師云：「春氣發來無硬地。」進云：「與麼則衝開千頃浪，透過祖師關。」師云：「真箇也無。」進云：「可謂是黄梅熟後無人識，獨許東山一老師。」師云：「更有人在。」進云：「和尚也不要疑著。」師云：「也落在闍黎後。」進云：「只如四面無門，老和尚向甚處得這消息來？」師云：「你向甚麼處去來？」僧指東畔云：「這箇直歲得恁麼黑。」又指西畔云：這箇知客得恁麼肥。」師云：「不得指東劃西。」僧以坐具一劃云：「者箇不可喚作東西也。」師云：「看你亂走。」進云：「和尚低聲，恐人聞得。」師云：「你適來也郎當不少。」僧以手摑口云：「是我招得。」師乃云：「大衆，四面長老有書，對大衆前須當説過。四面大漆桶，詳師分半桶。白蓮峯下開，薰却我鼻孔。且

〔一〕「授」，應作「受」。

道爲什麽如此？無你出氣處。」

太平專使至。上堂云：「萬里無雲點太清，祖天日月自分明。太平不許將軍見，却許將軍建太平。」

上堂云：「舉則公案，事事成辦。向外馳求，癡漢癡漢。」

上堂云：「有物先天地，無形本寂寥。能爲萬象主，不逐四時彫。古人恁麽道，可謂錦上鋪花，不妨奇特。諸人且作麽生會？白蓮今日曲順後機，不惜眉毛亦爲頌出：『有中有無中無，細中細麁中麁。』」

上堂云：「今朝三月初五，老漢亦無所補。無字指路堂堂，枉見衲僧受苦。畢竟如何？如人學射。」

上堂云：「媚景中春暖色暄，盡塵沙界一般天。林巒蓊鬱争蒼翠，花柳芬芳鬭色鮮。蝶弄牡丹飛勢緊，蜂遊芍藥謾遲延。人生幾度逢春景，何不於中種福田。」

上堂，舉興化云：「我逢人則不出，出則便爲人。」三聖道：「我逢人則出，出則不爲人。」師云：「此二古德，一人文章浩渺，一人武藝全施。若道興化是文亦不得，若道三聖是武亦不得。還於此辨得出麽？若辨得出，許你通身是命。若辨不出，你自相度。」

上堂云：「如何是禪？閻浮樹在海南邊。近則不離方寸，遠則十萬八千。畢竟如何？禪，禪。」

上堂云：「賤賣檐板漢，貼稱麻三斤。百千年滯貨，何處著渾身？」

上堂云：「今朝八月二十，佛法兩字難入。深村大小老翁，達磨祖師不及。」

上堂云：「未透祖師關，莫問大雪山。一步一萬里，千難與萬難。」

上堂，舉僧問趙州：「狗子還有佛性也無？」州云：「無。」僧云：「一切衆生皆有佛性，狗子爲什麽却

無？」州云：「爲伊有業識在。」師云：「大衆，你諸人尋常作麽生會？老僧尋常只舉無字便休。你若透得

這一箇字，天下人不奈你何。你諸人作麽生透？還有透得徹底麽？有則出來道看！我也不要你道有，

也不要你道無，也不要你道不有不無。你作麽生道？珍重。」

呂寶文嘉問入山。上堂，僧問：「世尊拈花，迦葉微笑。台旆光臨於法席，願師方便爲宣揚。」師云：

「六耳不同謀。」進云：「不於花上覓，烜赫自圓明。」師云：「好。」進云：「可謂獨露無私，對揚有準。」師云：

「是。」進云：「覿面知機又作麽生？」師云：「不得與别人説。」進云：「和尚只知其一，且不知其二。」師云：

「你作麽生？」進云：「祖師却道：知來也，歸作黄梅正是時。」師云：「被你道著。」進云：「已得真人好消

息，人問天上更無疑。」師乃云：「記得昔日僧問六祖：『黄梅衣鉢什麽人得？』祖云：『會佛法底人得。』僧

云：『和尚還得也無？』祖云：『不得。』僧云：『爲什麽和尚却不得？』祖云：『我不會佛法。』」又舉僧問雪

峯和尚：「見德山後，得箇什麽道理便休去？」峯云：「我當時空手去空手迴。」師云：「大衆，此二尊宿，一

人是祖師，一人是禪師。及乎問著，便道：『我不會佛法。』又道：『我空手去空手迴。』你諸人還會伊恁

麽説話也無？若要會他恁麽説話，須是透祖師關始得。若不透祖師關，輙不得正眼覰着。」

唐提舉耜到院。上堂，舉「三聖問雪峯：『透網金鱗以何爲食？』峯云：『待汝出網來，即向汝道。』聖

云：『一千五百人善知識，話頭也不識。』峯云：『老僧住持事煩。』衆中或謂：『雪峯與三聖宗派不同，故言

不相契。』或謂：『三聖作家，雪峯不能達其意。』如斯話會，有何交涉？忽有人問五祖：『透網金鱗以何爲

食？』老僧向伊道：『好箇問頭。』」復云：「大衆，且道與雪峯是同是别？不能爲你説得。聽取一頌：『洞

裏無雲別有天，桃花似錦柳如煙。仙家不會論春夏，石爛松枯是一年。』」

資福專使持法嗣書至，師於法堂上受書，拈起問專使云：「本無名字，什麼處得這箇來？」專使擬議。師云：「因誰致得？」遂陞座。舉石頭問長髭：「什麼處來？」髭云：「嶺南來。」石頭云：「大庾嶺頭一鋪功德成就也未？」髭云：「成就久矣，只欠點眼在。」石頭云：「莫要點眼麽？」髭云：「便請。」石頭垂下一足，髭便禮拜。石頭云：「你見箇什麽道理便禮拜？」髭云：「如紅爐上一點雪。」師云：「紅爐一點雪，知音瞥不瞥。龜毛扇子扇，泥牛一點血。」

偈頌

投機

山前一片閑田地，叉手叮嚀問祖翁。幾度賣來還自買，爲憐松竹引清風。

山居

床是柴棚薦是茅，枕頭葛怛半中凹。霜天索寞人投宿，睡到平明手脚交。

自貽

白雲堆裏古家風，萬里霜天月色同。林下水邊人罕到，方知吾道樂無窮。

遣興

冉冉白雲間，飀飀微風起。至哉造化功，孰爲究終始？究之既不能，徒然自憂喜。

聞角

幽幽寒角發孤城，十里山頭漸杳冥。一種是聲無限意，有堪聽有不堪聽。

病起

病來又病皮黏骨，抖擻起來無一物。行不成步語聲低，鼻孔依前空突兀。

山中四威儀

山中行，携籃採蕨稱幽情。牧童唱罷胡家曲，子規枝上一聲聲。

山中住，萬疊千重誰伴侶？縱使知音特地來，雲深必定無尋處。

山中坐，月夜霜天寒鴈過。爐灰撥盡未成眠，報曉靈禽清耳朵。

山中卧，一片清光高鑑我。但得身心到處閑，多年布衲從教破。

讚白雲先師真

一月在天，影含衆水。師真之真，非月非水。青黄碧緑亂荼糊，看來半嗔半喜。

贊四祖演和尚

桂花包裹老黄梅，不向陰陽地上開。蜂蝶豈知香遠拆，難尋踪跡去還來。

自贊

眼暗耳聾，行步龍鍾。人前强笑，叉手當胸。

自述真贊二首

以相取相，都成幻妄。以真求真，轉見不親。見成公案，無事不辦。百年三萬六千日，翻覆元來是這漢。

我真我贊，唯己自知。面面相覷，有甚了期。

師室中常舉趙州「狗子還有佛性也無？」州云：「無。」僧請問，師爲頌之

趙州露刃劍，寒霜光燄燄。更擬問如何？分身作兩段。

示禪者二首

學道先須得指歸，聞聲見色不思議。長天夜夜家家月，影落澄潭幾箇知。

祖道何殊世路平，時人行處不須驚。擬心未到先移步，直似玄沙問鏡清。

示學徒四首

學道之人得者稀，是非長短幾時虧。若憑言語論高下，恰似從前未悟時。

空門有路人皆到，到者方知滋味長。心地不生閑草木，自然身放白毫光。

一片秋光對草堂，籬邊金菊預聞香。蟬聲未息涼風起，勝似征人歸故鄉。

終日談玄第一宗，枯河道裏覓魚蹤。直饒祖佛無階級，須向奇人棒下通。

送已德二禪者之長安緣幹

二人同心，其義斷金。古今有此，吾道堪任。山之厚重，海之淵深。白雲留不住，祖佛莫能禁。極目少林峭峙，傍觀華岳崟岑。分得維摩按指法，且彈一曲訪知音。

悼四祖演和尚

此病彼圓寂，吾門何得失。生死若空花，去來如鳥跡。東涌忽西没，影挂寒堂壁。三十三天撲帝鐘，普念般若波羅蜜。

悼投子青禪師

寂住峯頭雲，灑落曹溪水。高張浮渡帆，直入大洋裏。運載既緣終，昨夜狂風起。髩角女子戴瓊花，八十翁翁穿繡履。

悼浮渡圓鑑禪師

浮渡巖前青瘦栢，叢林聳出標風格。夜來寒影落西衢，誰唱胡笳十八拍？

吊崇勝大師

苦霧罩庭軒，悲雲鎖暮天。師歸真淨界，影挂月孤圓。去不去兮若之夢，來不來兮誰後先？誰後先，閻浮樹在海南邊。

悼陳吉先

子既卜遷居，禪家第一機。有帆不挂樹，無住坦然途。世態那堪戀，恩情盡屬愚。祖師門下客，到此辨錙銖。

訪信和尚

維摩之後室長開，立雪求心悟善財。木老花彫兮白雲亂卷，波澄霜夜兮皎月徘徊。不二門高遠相訪，又騎羸馬入塵埃。

送白首座回鄉

歸心休問路多端，四海爲家未足觀。隻履清名思達磨，諸侯九合笑齊桓。

次韻訓甘露顒長老

本自居山不厭山，水聲山色異人間。知音若會儂家意，任是危層亦共攀。

送仁禪者

白雲巖上月，太平松下影。深夜秋風生，都成一片境。

送文禪人寧親

今生父母當親覲，從本爺娘子細看。動轉施爲全得力，一回舉著骨毛寒。

送蜀僧

相聚淮南四十年，而今歸去路三千。有人若問西來意，水在江湖月在天。

寄信上人

一瓶一鉢且隨緣，此事時時强爲宜。知己不來春漸老，孤峯皎月對寒泉。

次韻訓黃龍圖

海會雲山疊亂青，龍潭瀉碧聲泠泠。使君乞與安閒地，時共禪徒終夜聽。

次韻訓高臺師兄

每覽嘉隱篇，清風益可愛。有時說向人，時人都不會。回首望衡岳，岳山千里外。獨步立斜陽，颯颯聞秋籟。

擬雲送信禪者作丐

春晴觸石欲高飛，皖伯臺前度翠微。本自無心爲雨露，何曾有意泄天機。風雷倚勢聲光遠，草木乘陰色澤肥。莫謂功成空聚散，巖房潛約幾時歸。

送化主三首

巖縫迸開雲片片，半籠幽石半從龍。爲霖普潤焦枯後，却入煙蘿第一重。

莫論人情與道情，大都物理自分明。皖公山下長流水，今古滔滔徹底清。

庭無立雪人，路有塵埃客。傾盡此時心，松間贈行色。

與瓌禪化麥

水中撈得麥，恐悚瓌禪客。往復偃溪邊，聞聲隔不隔。

寄太平燈長老

徧遊五祖山，語笑令人愛。極目情量寬，禮貌多自在。思鄉便欲回，不慮他人怪。再見是明年，往來無罣礙。

寄高臺本禪師法兄

春山望極幾千重，獨凭危欄誰與同。夜靜子規知我意，一聲聲在翠微中。

遷住白雲入院後示二三執事

登山須拄杖，渡水要行舩。有客開顔笑，無愁展脚眠。萬般存此道，一味信前緣。試比紅塵裏，清虚直幾錢。

寄諸郡丐者

坐一須走七，古聖留縱跡。此土與西天，箇箇明格尺。點鐵化爲金，喝石變成璧。大力那羅延，是誰親中的？

寄舊知二首

隔闊多時未是疎，結交豈在頻相見。從教山下路崎嶇，萬里蟾光都一片。

朔風掃盡千岩雪，枝上紅梅包欲裂。縹緲寒雲天外來，吾家此境憑誰説。

送化士四首

何事秋風入夜凉，稻花時復送餘香。要知此箇真消息，末後殷勤味最長。

皖伯臺前送别時，桃花似錦柳如眉。明年此日凭欄望，依舊青青一兩枝。

透出龍門未是難，幾人得過趙州關。白雲片片青山外，爲雨爲霖去復還。

出自白雲山，携笻步煙渚。心中幾萬端，唯我能相許。

寄舊三首

木落高秋玉露垂，窻前黄菊漸離披。白雲片片迎新鴈，不是知音説向誰。

寄書未到他先望，傳語不來我未知。度日林泉無世慮，斂眉偷看白猿兒。

梅花欲謝不謝，桃花欲開不開。思君共聽猿啼處，一片白雲天外來。

偶作

多時欲寫天邊鴈，毛色覩來苦未全。號叫不妨知節令，養成飛去有何難。鴈鴈鴈塔當初占，古蹤禪禪入理深淵。無形無狀，千難萬難。後生晚長，心堅石穿。

賦祖花次李提刑韻三首

此花迥與人間別，結果開花當處生。要會祖師端的旨，未萌天地已先成。

此土西天祖佛名，雙峯頂上鐵花生。世間無限丹青手，只恐吟成畫不成。

造化之功品物情，正當生處不言生。尋枝摘葉空勞力，一朵開時一佛成。

次韻酬彭運使留題七峯閣

山腰營小閣，聊且寄生平。三四危峯頂，啼猿分外清。

次韻寄彭運使吏部

縱使千回眼見，爭如手親一徧。透得此箇重關，乃是平生方便。

次韻訓吴都曹

山家旨趣最幽微，路轉峯回到者稀。一鉢黄菁消永日，滿頭白髮已玄機。遶巖瀑布窗前落，哭月狂猿嶺上飛。自得平生觀不足，那知浮世是兼非。

次韻訓蘄倅李朝奉

諦當之言不在多，文殊不二問維摩。趙州眼爍四天下，賴有同參凌行婆。

題東穎西湖簡太守李秘監

脩竹喬松積翠陰，緑楊紅蘂徧園林。到頭須讓西湖水，淡静還如君子心。

東穎途中

一宿成家步，孤雲萬里遊。吾門隨處静，世路幾時休。舉首問明月，憑心寄斗牛。歸期何太晚，猶尚往他州。

聚遠亭

眼觀不足，耳聽不盡。水碧山青，誰遠誰近？

答馮希道

老病疎慵不記心，應無狂夢到瓊林。水聲山色長爲伴，利害從教似海深。

徘徊兩澗齊，瀉碧垂雙帶。長沙波浪深，湍流轉霶霈。

訓石秀才

昨夜西風激怒濤，驚飜舊事没絲毫。凭欄笑罷思量著，望斷長天月色高。

送朱大卿

但得心閑到處閑，莫拘城市與溪山。是非名利渾如夢，正眼觀時一瞬間。

送吕公輔

送客别金沙，行行去路賒。淡煙籠碧漢，薄霧綴紅霞。百舌吟新樹，千株長嫩芽。繇思分袂處，舉首見桃花。

送黄景純

秋雲秋水兩依依，塞鴈聲聲度翠微。多向洞庭青草岸，楚天空闊不知歸。

重會郭功甫

淨空居士久相知，三十年來只片時。今日白蓮花下見，維摩元是舊容儀。

寄李元中

寄盡千張紙，徒煩心手勞。人情如太華，争似道情高。

嘉隱堂

一松一竹一溪雲，時有清風伴月輪。窻外泉聲長似雨，迥然居者不知春。

黄梅東山演和尚語終

附録序文三首

蓋聞言語道斷，而未始無言；心法雙亡，而率相傳法。有得兔忘蹄之妙，無執指爲月之迷。故宗師起而稱揚，若尺棰取之不竭；學者從而領悟，如連環解之無窮。教外別傳，道斯爲美。演師和尚游方寖久，詢請無私。周旋黄檗之庭，踐履白雲之室。常心是道，信手成金。紅粉佳人發最上之機，金色頭陀無容身之處。念聰明呪，唱太平歌，皆諸方之所未聞，後人之所警策。其他妙語，不可殫論，廣于簡編，庶爲龜鑑云耳。知台州黄巖縣事張景脩序。

粤自靈山拈出，葱嶺傳來，天下叢林，分枝布葉。石霜古月，海會重圓。介在祖山，隱若敵國。誰主兹地？演公其人。演公系本蜀川，令行淮甸。三提宗印，二紀于兹。仁義道中，空華結果。荆棘林内，石筍抽條。莫疑優鉢現前，翻作葛藤會去。克勤上人録其語要，俾之贊揚。兔角龜毛，敢言有實。狐裘羔袖，終愧非宜。紹聖二年十二月二十四日，河間劉跂謹序。

海會演師，昔行脚至白雲峯頂，逢一善知識據師子座，現比丘身，爲無所爲，説無所説。有時拏雲攫浪，游戲自如。有時截鐵斬釘，紀干不可。諸方輻湊，四衆景從。罔測其由，舉皆自失。師獨熟視而笑，莫逆於心。曾未踰時，遂蒙受記，天人叶贊。自四面而住太平，父子相承。由太平而來海會，隨機答問。因事舉揚，不假尖新，自然奇特。其徒纂集，請余爲之序，欲傳於世云。紹聖二年十一月初十日，吴郡朱元槪序。

古尊宿語録卷第二十三

汝州葉縣廣教(歸)省禪師語録

參學小師智親重錄〔一〕

師初開堂日，纔陞法座，大衆雲集。師拈香示衆云："此一瓣香不從他方得，即汝州水土。然願皇帝萬歲，重臣千秋，文武百僚常居禄位。但某道薄人微，觸事荒瑣。謝郎中、巡檢、司徒、諸官員等，光揚佛日。野干説法，釋迦和南，梵王前引，帝釋後隨，重法不重人。謝西州和尚遠發緘封，曲獎卑能，悚惕無盡。兩院主首、街市檀越、堂内僧衆，請某開堂，説箇什麽即得？若説三乘五性來，又有經、律、論座主宣揚。若説仁、義、禮、智、信，又有夫子。夫子是儒童菩薩，入鄽化俗。若是闡揚宗旨，又有諸方宿德和尚穿鑿了也。更教某甚處運斤斧即得？便有僧問："祖祖相傳心印，印印皆親。師今出世，法嗣何人？"師云："寰中天子勑〔二〕，塞外將軍令〔三〕。"學云："法海〔四〕一滴蒙師指，向上家風事若何？"師云：

〔一〕原本無此屬名，據語要補。
〔二〕語要無「勑」字。
〔三〕語要無「令」字。
〔四〕「海」，語要作「汝」。

「高祖殿前樊噲怒，須知萬里絶煙塵。」問：「昔日世尊説法，梵王親躬。此日朝騎臨筵，將何指教？」師云：「塞鴈過時聲咽咽，喜鵲喃喃悦殺人。」進云：「與麽卽法雨洪傾，人天有賴也。」師云：「雲綻家家月，春來處處花。」問：「不落諸緣，請便道。」師云：「落。」問：「如何是無縫塔？」師云：「頭不梳，面不洗。」問「如何是出家人？」師云：「緊裹頭。」進云：「與麽卽在家出家。」師云：「麄麻鞋。」問：「喫却施主食，將何報答他？」師云：「老僧罪過。」進云：「與麽卽萬兩黄金亦消得。」師云：「家醜不外揚。」

問：「寶劍未出匣時如何？」師云：「不可錯怪老僧。」進云：「出匣後如何？」師云：「換手搥胸。」問：「如何是禪？」師云：「文殊殿。」問：「如何是道？」師云：「法堂是老僧蓋。」進云：「禪道相去多少？」師云：「汝問我答。」進云：「向上還更有事也無？」師云：「有。」如何是向上事？」師云：「七棒對十三。」學家禮拜。師云：「教休不肯休，直待雨霖頭。」問：「如何是清淨法身？」師云：「厠坑頭籌子。」問：「臨機一句，請師速道。」師云：「速。」進云：「與麽卽沙場無朕跡也。」師云：「滴血驗身容。」師乃云：「達磨西來，爲傳東土，直指人心，見性成佛。獨摽萬像，物外宣揚，悟之者纖毫不隔，迷之者背覺合塵。中下之機也須子細，莫虚過時光。各各有之。況以西來的意，教外别傳；道契一言，縱横自在；打破髑髏，揭却腦蓋。豈不是慶快！」

僧問：「學人來日擬入帝京，帝王不顧時如何？」師尋時頌答云：「一年春盡一年春，觸目無私遍乾坤。時人盡唱無私曲，罕遇知音對者稀。」進云：「與麽卽處處通身去也。」師云：「底事作麽生？」進云：「十方世界盡是學人行履處。」師云：「真師子兒。」進云：「謝師證明。」師云：「一翳在眼，空花亂墜。」問：「如何是佛法大意？」師云：「麥賤米貴。」問：「如何是當機一句？」師云：「有你驢漢問。」進云：「與麽卽打鼓弄琵琶也。」師云：「捺鞦放屁聲。」問：「如何是隨色摩尼珠？」師云：「鬧市散本。」進云：「未審意旨如何？」師云：「拍手唱歌行。」問：「維摩丈室不以日月爲明，和尚丈室以何爲明？」師云：「眉分八字。」進云：「未審意旨如何？」師云：「雙耳垂肩。」

問：「如何是古佛心？」師云：「何不高聲問。」進云：「莫者便是也無？」師云：「是卽錯。」進云：「如何得不錯？」師云：「千錯萬錯。」問：「如何是非非法義？」師云：「十字路頭坐。」進云：「不會意旨如何？」師云：「一任衆人看。」問：「如何是金剛不壞身？」師云：「百雜碎。」進云：「不會意旨如何？」師云：「終是一堆灰。」問：「如何是出家人？」師云：「草深不露頂。」進云：「露頂後如何？」師云：「撈殺塚頭蒿。」問：「無邊身菩薩來，還起也無？」師云：「水牯牛。」進云：「與麽卽頭上安頭。」師云：「一頓五升料。」問：「蓮花未出水時如何？」師云：「竟生頭角。」進云：「出水後如何？」師云：「一場懡㦬。」問：「承古有言，未得入頭，直須入頭；既得入頭，不得孤負老僧。意旨如何？」師云：「獨脚蝦蟆能上樹。」進云：「未審意旨如何？」師云：「野鵲帶席帽。」問：「如何是戒定慧？」師云：「破家具。」

師上堂良久云：「夫行脚禪流，直須著忖。參學須具參學眼，見地須得見地句，方始有相親分，始得不被諸境惑，亦不落於惡道。畢竟如何委悉？有時句到意不到，妄緣前塵，分別影事。有時意到句不到，如盲摸象，各說異端。有時意句俱到，打破乾坤界，光明照十方。有時意句俱不到，無目之人縱横走，忽然不覺落深坑。」問：「如何是道？」師云：「萬緣俱頓息，夜半繡鴛鴦。」問：「如何是祖師西來意？」師以手劃一劃。進云：「不會此意如何。」師云：「合掌靈山問世尊。」問：「如何是和尚心？」師云：「長三尺。」

進云：「如何通信？」師云：「方圓二寸餘。」問：「學人未到來時如何？」師云：「疑殺老僧。」進云：「到來後如何？」師兩手搥胸。問：「慈雲起處雷聲大，廣教門下霹靂聲時如何？」師云：「今冬頻雨雪，來年麥大熟。」進云：「恁麼卽大衆有依倚也。」師云：「焰頭誇富貴，今古化灰塵。」問：「起坐相隨，爲什麼不識？」師以手劃一劃。進云：「恁麼卽直截根源也。」師云：「冥冥一去，杳杳何知。」

師上堂，良久云：「宗師血脉，或凡或聖。龍樹馬鳴，天堂地獄。鑊湯爐炭，牛頭獄卒。森羅萬像，日月星辰。他方此土，有情無情。」以手劃一劃云：「俱入此宗。此宗門中亦能殺人，亦能活人。殺人須得殺人刀，活人須得活人句。作麼生是殺人刀、活人句？道得底出來對衆道看！若是道不得，卽辜負平生。珍重！」問：「忽遇大闡提人來，還相爲也無？」師云：「西天出白氎。」進云：「未審此意如何？」師云：「東土波斯鼻孔大。」問：「十方薄伽梵，一路涅槃門。如何是一路涅槃門？」師云：「洞山見雲門。」進云：「未審意旨如何？」師云：「山僧是冀州人。」問：「如何是真道人？」師云：「露崖崖。」進云：「不會意旨如何？」師云：「莫遣外人聞。」問：「心地法門與佛相去多少？」師云：「闍黎致問，老僧有答。」進云：「未審意旨如何？」師云：「五九盡日春。」問：「如何是道？」師云：「家家門前長安路。」問：「如何是西來意？」師云：「齋後一椀茶。」問：「己事未明，以何爲驗？」師云：「鬧市裏打靜槌。」進云：「意旨如何？」師云：「日午點金燈。」問：「如何是無縫塔？」師云：「破皮厚三寸。」進云：「未審意旨如何？」師云：「金牓題名天下傳。」問：「如何是清淨法身？」師云：「蝗蟲步蝻驚人恐，飡食苗稼盡傷心。」進云：「爲什麼學人不識？」師云：「無心伏物賀太平。」

師上堂，有僧問：「纔上法堂來時如何？」師拍禪床一下。進云：「未審此意如何？」師云：「無人過價，打與三百。」問：「清淨伽藍，爲什麽打魚鼓喫飯？」師云：「打草蛇驚。」問：「路絶煙塵時如何？」師云：「無手行者能打餅。」進云：「恁麽即傀儡人抽牽也。」師云：「無目之人不假燈。」

師上堂云：「聞鐘聲即尋聲而來，如無鐘聲向甚處去即得。若是上來下去，是何面目？不來不去，又濕地上坐了也。作麽生是衲僧出氣底鼻孔？道得底出來道看！直饒道得，也是勿交涉；若是道不得，也即墮坑落塹。」便下座。

問：「煞父煞母佛前懺悔，煞佛煞祖向甚麽處懺悔？」師云：「長連城。」進云：「不會意旨如何？」師云：「天靈蓋。」問：「承古有言，良由取捨。捨即是，不捨即是？」師云：「大洋海底鑽龜卜。」進云：「恁麽即取捨俱忘也。」師云：「遇明眼人舉似。」問：「如何是佛法大意？」師云：「杏熟來年麥。」進云：「不會意旨如何？」師云：「棗收當年禾。」學人禮拜。師云：「彭祖壽年八百歲，莫忘却稀禾積麥。」問：「如何是衲僧活計？」師云：「城東太山廟。」進云：「不會意旨如何？」師云：「判官手裏筆。」問：「如何是露地白牛？」師云：「破盆子。」進云：「未審意旨如何。」師云：「堪作麽？」問：「不落言詮，請師便道。」師云：「西方極樂世界。」進云：「恁麽即滿口道不得也。」師云：「東土樹子大。」問：「如何是和尚受用處？」師云：「長三尺。」問：「如何是毗盧體？」師云：「寒時寒煞，熱時熱煞。」進云：「不會意旨如何？」師云：「冬天著火向，夏月取涼行。」問：「學人心病，請師一服妙藥。」師云：「破皮厚三寸。」進云：「未審意旨如何？」師云：「杖頭挑取。」

師上堂云：「廣教有驗人關、截人機、活人句，還有人道得麽？若是道不得，辜負平生。」問：「和尚朝也說，暮也說，還接得幾人？」師云：「洎合疑殺老僧。」問：「靈山如畫月，曹溪如指月。如何是真月？」師云：「昨日擊金鐘，告報天下聞。」進云：「恁麼卽山河大地也。」師云：「大衆齊合掌，香煙滿乾坤。」問：「無目人來，請師指路。」師云：「坐滄都不問，莫作問禪賓。」進云：「不會此理如何？」師云：「紫羅袋裏盛官誥，金牓題名天下傳。」問：「大施門開，請師垂示。」師云：「腦後抽簪。」進云：「便恁麼會時如何？」師云：「孤峯無宿客。」進云：「噓噓。」師便打。問：「如何是世尊不說說？」師云：「涅槃山側畔，香煙滿乾坤。」進云：「如何是迦葉不聞聞？」師云：「觀音、勢至引到西方。」問：「如何是學人親切處？」師云：「昨日十九，今日二十。」問：「如何是毗盧師法身主？」師云：「僧排夏臘，俗列耆年。」進云：「向上還更有事也無？」師云：「有。」進云：「如何是向上事？」師云：「萬里崖州君自去，臨行惆悵怨他誰。」問：「布鼓當軒擊，誰是知音者？」師云：「眼中有澀釘。」進云：「未審此意如何？」師云：「喬翁賽南神。」

師上堂云：「諸禪德若是說禪、說道、說佛、說法來，又匝匝地遍天遍地也。更教廣教說箇什麼卽得？若約至理論，似此之輩，且去涅槃堂內粥飯裏將養始得。謂何如此？當言不避截舌。若是說禪，禪是病；若是說道，道亦非真。說佛被佛謾，說法被法障也。錯怪廣教，雖是善因而招惡果。何不離此之外，試與廣教相見看！方有參學分始得。不被諸境惑，亦不落於惡道，還委悉得麼？直饒委得，入地獄如箭射，無人替代渠，莫道不道，珍重！」

問：「遍歷寰中，未曾逢一人時如何？」師云：「椀。」進云：「恁麼卽碧霄雲外無依倚也。」師云：「未曾解開轍。」僧云：「錯。」師云：「尋時打二十棒，趁出院。」問：「如何是密密處用心？」師云：「鬧市裏輥毬。」

進云：「未審意旨如何？」師云：「一任衆人看。」問：「如何是涅槃門？」師云：「三更無忌諱。」進云：「未審此意如何？」師云：「却忌五更時。」問：「西州和尚遷化，向什麼處去？」師云：「寶塔元無縫，靈骨鎮天涯。」問：「如何是涅槃路？」師云：「玄沙不出嶺，寶壽不渡河。」問：「如何是正令一句？」師云：「古墓裏點燈猶作怪，樹上叫喚闍黎意如何？」問：「六國來朝時如何？」師云：「南有雪峯，北有趙州。」進云：「恁麼卽萬里絶煙塵也。」師云：「目前無一物，不換太陽春。」問：「遠遠相投，請師一接。」師拈起火示云：「會麼？」云：「不會。」師云：「滿爐添炭猶嫌冷，路上行人只守寒。」問：「維摩默然，文殊讚善。此意如何？」師云：「莫埋没維摩。」進云：「恁麼卽清淨道場。」師云：「莫錯認定盤星。」問：「春來萬物秀，石頭爲什麼不生芽？」師云：「爲報遐方參禪子，只爲麄心，致令廣教打二十。」進云：「又太不慈悲生。」師云：「禍福無門，唯人自召。」

師上堂云：「説底法卽便是也，十二時中，行住坐卧，喫粥喫飯，合掌頂禮，麄言細語，鬬打相争，揮拳掉臂，是也不是？若道不是，卽法有二見，若道是，爲什麼不休去，不歇去？若約至理論，須是待廣教與你打破髑髏，揭却腦蓋，廓然山河無礙，豈不慶快！還委悉得麼？直饒委悉得，入地獄如箭射，無人替代渠，莫言不道。珍重！」問：「彼自無瘡，勿傷之也。道合隨機，請師應用。」師云：「今年頻雨水，何人不傷心？」進云：「恁麼卽雲散青天出，山高衆岫歸。」師云：「日出天然異，森羅觸目真。」問：「忽逢大闡提人來，師還相爲也無？」師云：「法久成弊。」進云：「慈悲何在？」師云：「年老却成魔。」問：「如何是第一句？」師云：「失。」「如何是第二句？」師云：「臯肉來蠅。」「如何是第三句？」師云：「今日好晴。」云：「三句不分時如何？」師云：「來日到崖州。」問：「寶劍未出匣時如何？」師云：「擗口著。」云：「出匣後如何？」師云：「拈却牙齒。」問：「如何是論頓不留朕跡？」師云：「日午打三更，石人側耳聽。」云：「如何是語漸返常而合道？」師云：「問處分明，覿面相呈。」問：「三災競起，如何救之？」師云：「廣教不問你，來日喫鈴槌。」云：「不會師意如何？」師云：「涅槃山側念彌陁。」問：「如何是百骸俱潰散，一物鎮長靈？」師云：「晴乾開水道，無事設曹司。」云：「未審此理如何？」師云：「雨下街頭濕，晴乾便無泥。」問：「禁足九旬，須藉無蟲之地，甚處是無蟲之地？」師云：「趁熟人民亂縱横，五月麥熟盡息心。」云：「不知甚麼處立身。」師云：「夏月多毒熱，行人盡休歇。」問：「雪山童子捨身，爲求諸行，此行如何？」師云：「掉臂街頭走，仰面看青天。」云：「恁麼即迷人尋著向城路也。」師云：「此人入地獄，萬刼出應難。」問：「如何〔一〕賓中賓？」師云：「慚惶没心情。」「如何是賓中主？」師云：「相手覷前程。」「如何是主中賓？」師云：「起坐甚分明。」「如何是主中主？」師云：「大祭不留身。」問：「如何超師之作？」師云：「老僧眉毛長多少？」問：「古人一言便悟，和尚種種説，學人爲什麼不悟？」師云：「草鞋無底。」云：「畢竟如何？」師云：「皮襪無根。」問：「如何是和尚四無量心？」師云：「放火煞人。」云：「慈悲何在？」師云：「遇明眼人舉似。」

師上堂，良久云：「總被須彌山塞却你諸人眼也，還覺麼？莫不識痛痒。若是去却須彌山，方有參學分。作麼生是去却須彌山底句？若是道得底，試對衆道看！若是道不得也，且莫亂磕。」便下座。

問：「師子吼時全意氣，文殊仗劒意如何？」師云：「飛砂走石人驚怪，決定彎弓射尉遲。」問：「如何是

〔一〕此處疑脱「是」字。

佛？」師云：「白馬馱經。」云：「如何是道？」師云：「善信扼喉。」問：「本來無一物，以何法示於人？」師云：「無法示於人。」問：「不施寸刃，便登九五時如何？」師云：「不封不樹。」云：「未審此意如何？」師云：「今古不同且應時。」問：「承古有言，藏身不吞炭。意旨如何？」師云：「莫遣外人聞。」云：「山雉枉遭傷，此意如何？」師云：「天網恢恢，疎而不漏。」問：「夏終此日，師意如何？」師云：「今年夏末去年秋，東京西洛任意游。」問：「大用現前，不存軌則時如何？」師云：「虛空無筋骨，金槌打不入。」進云：「恁麼卽百雜碎也。」師云：「彌陁佛前，親聞玉偈。」問：「如何是塵中獨露身？」師云：「塞北千人帳，江南萬斛船。」進云：「恁麼卽非塵也。」師云：「學語之流，一扎萬行。」問：「如何是和尚深深處？」師云：「猫有歃血之恩，虎有起屍之德。」進云：「莫便是也無？」師云：「碓擣東南，磨推西北。」

問：「承教中有言，三人同坐解脱床。如何是解脱床？」師云：「有言須得句。」進云：「未審此意如何？」師云：「不用更遲疑。」問：「萬法歸一，一歸何處？」師云：「北邙山下。」進云：「未審意旨如何？」師云：「千年中一遇。」問：「世尊爲一大事因緣，故出現於世。如何是一大事因緣？」師云：「梁園城裏丹鳳門。」進云：「不會意旨如何？」師云：「襄州出大悲。」問：「行住坐卧，如何用心，得不落於惡道？」師云：「莫用心。」問：「如何是文殊活人底草？」師云：「須彌頂上雨霖霖。」進云：「如何是文殊煞人底草？」師云：「錯。」問：「如何是功用智？」師云：「舉目千山秀，大海徹底清。」問：「疑情未息，如何除遣？」師云：「碓擣東南，磨推西北。」問：「學人迷路，請師直指。」師云：「三更不閉戶。」進云：「未審此意如何？」師云：「日午不點燈。」

問：「承古有言，不在內，不在外。未審在什麽處？」師云：「南斗六星北斗七。」問：「一物不將來時如何？」師云：「放下著。」進云：「恁麽卽纖毫不隔也。」師云：「且擔著。」

師上堂云：「諸苦所因，貪欲爲本。若滅貪欲，無所依止。若是無貪欲心，在處滂滂，隨所碌碌，山河大地不礙眼光。不礙眼光則且止，你道雪山童子眉毛長多少？衆中還有道得者麽？試對衆道看！爲你證據。若道不得，辜負平生。」便下座。

問：「學人不曉三玄義，請師方便第一玄。」師云：「截舌三分。」進云：「如何是第二玄？」師云：「没蹬驢子夜三更。」進云：「如何是第三玄？」師云：「晴乾開水道，無事設曹司。」問：「美玉貴金門，何異荆山體？」師云：「錯。」進云：「恁麽卽鳳飛在處祥雲聚，龍行何慮少風雷。」師云：「騎驢不把鞭，一世勿模樣。」

問：「如何是第一要？」師云：「全令提綱行正令，却須當道與人看。」進云：「如何是第二要？」師云：「坐滄都不問，莫作問禪賓。」進云：「如何是第三要？」師云：「包含大地人皆喜，滿路謳謡賀太平。」

問：「如何是西來意？」師云：「骨崙背象牙。」問：「色身病，法身病？」師云：「江山無阻滯，日月鎮長明。」問：「承聞一子出家，九族生天。某甲兩人出家，合作甚道理？」師云：「截舌三分。」進云：「未審意旨如何？」師云：「鬧市裏卧街。」問：「擬過青山時如何？」師云：「金州出好漆。」問：「文殊云：『前三三，後三三。』未審意旨如何？」師云：「昨夜風寒緊，今日又温和。」問：「如何是百尺竿頭進步底句？」師云：「南瞻部洲，北鬱單越。」問：「如何是西來意？」師云：「冬無積雪，夏無餘糧。」問：「如何是古今無異路？」師云：「俗人盡裹頭。」進云：「未審意旨如何？」師云：「闍黎無席帽。」問：「得船便渡時如何？」師云：「鈍根阿師。」進云：「恁麽卽直截根源也。」師云：「下坡不走快，便難逢。」

問：「如何是奪人不奪境？」師云：「臭肉來蠅。」進云：「如何是奪境不奪人？」師云：「没鐙驢子夜三更。」進云：「如何是人境兩俱奪？」師云：「光漆無人識。」進云：「如何是人境俱不奪？」師云：「須彌頂上雨霖霖。」問：「如何是一印印空？」師云：「今年夏末臘人冰。」進云：「如何是一印印水？」師云：「未逢秋草死，争忍下堦行。」進云：「如何是一印印泥？」師云：「兩重公按就，萬里江山應不迴。」問：「寂寂無依時如何？」師云：「觀身實相。」進云：「與麽卽謝師指示。」師云：「廓然無邊。」問：「龍女獻珠得成佛。學人無珠可獻，還得成佛也無？」師云：「好日多同，贈土不贈金。」進云：「恁麽卽謝師指示。」師云：「恐魔逐我後，鎮壓在廳堦。」問：「古路重開時如何？」師云：「無目之人不假燈。」進云：「恁麽卽七縱八横没去處也。」師云：「拍手唱歌行。」問：「師子吼時無意氣，文殊仗劒意如何？」師云：「一送荒郊裏，千峯永不迴。」進云：「恁麽卽大衆齊合掌，一時念彌陁。」師云：「不因寒食節，餘日且難來。」問：「香煙起處大衆側聆，當爲何事？」師云：「專聽三下鼓，喫粥五更時。」進云：「此理如何？」師云：「朝霞不出門，暮霞行千里。」問：「國師禮倒鐵天王，意旨如何？」師云：「驚動十方刹。」進云：「此理如何？」師云：「當言不避截舌。」

師上堂云：「僧堂入，佛殿裏過；佛殿入，僧堂裏行。須彌山騎牛説話，木人打鼓唱歌。露柱每日搊箏，犍椎拍手笑他。若遇大乘根器，不在於言下。若是中下之機，也須子細。珍重！」

問：「未遇衆緣時如何？」師云：「虚空無瑕翳，到者盡息心。」進云：「遇衆緣後如何？」師云：「任你大海變桑田，廣教誰能管得你。」問：「抱璞投師，請師雕琢。」師云：「把將來看。」進云：「恁麽卽得遇和尚。」

師云：「元來是箇糞毬。」問：「古人有不了之句，請師爲學人説。」師云：「破皮厚三寸。」問：「自己面目終日不見時如何？」師云：「拈却牙齒著。」進云：「見面後如何？」師云：「大衆盡皺眉。」問：「黑雲遮日時如何？」師云：「道士戴簪冠。」進云：「見日後如何？」師云：「金剛眼睛大如拳。」問：「生死事大，如何免得攀緣去？」師云：「喚什麽作生死？」進云：「與麽卽是佛性也？」師云：「又是七顛八倒。」

問：「看經卽是，不看卽是？」師云：「青山無異路，東西任意遊。」進云：「太不定生。」師云：「自是盲者過，非日月咎。」問：「萬里無雲時如何？」師云：「今年大旱。」問：「古鏡未磨時如何？」師云：「磨他作什麽？」進云：「磨後如何？」師云：「堪作什麽。」問：「古佛舍利，爲什麽拈不上來？」師云：「家藏利器，盜者息心。」問：「路逢達道人，不將語默對。未審將什麽對？」師云：「將拄杖對。」問：「驪龍頷下有珠，如何取得？」師云：「用這糞毬作什麽？」

師有時上堂，大衆雲集。師良久以手搥胸三兩下，喚侍者，侍者應喏。師云：「老僧今日頭痛。珍重！」問：「聞鐘聲，只有這箇聲，爲復别有？」師云：「腦後三斤。」問：「真性不隨緣，如何得正悟？」師云：「大洋海底紅塵起，須彌頂上浪滔天。」問：「如何是大作業底人？」師云：「城外斬屠兒。」進云：「不會此意如何？」師云：「一斤秤不住。」問：「大乘以心能荷萬善時如何？」師云：「上天無路，入地無門。」進云：「不會此理如何？」師云：「沙門島裏望家鄉。」

汝州寶應馳開堂法嗣書來。上堂，有僧問：「花開五葉，法遍乾坤時如何？」師云：「九月重陽節，菊花撲鼻香。」進云：「恁麽卽慈雲普潤也。」師云：「廓然無一物，光明照十方。」問：「如何是第一玄？」師云：

「平常道在，語必幽玄。」問：「如何是第二玄？」師云：「有問有答，日月長明。」問：「如何是第三玄？」師云：「何勞龜卜問行年。」問：「鐘聲纔罷，大衆臨筵。向上宗乘，請師舉唱。」師云：「僧排夏臈，俗列耆年。」進云：「恁麽卽一雨普潤於大千也。」師云：「日出天然異，光明照十方。」問：「善法堂中伸一問，未審師還接也無？」師云：「蜀地錦觀陶綿。」進云：「恁麽卽承和尚慈悲也。」師云：「廓然無障礙，縱横任意游。」

師上堂云：「諸禪德衲僧是通變道人，若遇鑊湯爐炭諸般厄難，又如何免得？若是免不得，何名通變道人？作麽生是透脱諸般厄難底句？還有透脱得者麽？試對衆道看！爲你證據。若是透脱不得，卽是萬人作塚，無人替代渠。」便下座。

問：「師登師子座，祖意事若何？」師云：「行爲佛事，坐是道場。」進云：「恁麽卽横身三界外也。」師云：「三界外底事又作麽生？」僧便喝，師云：「疑殺老僧，這瞎驢。」問：「向上一路千聖不傳，如何是不傳底事？」師云：「爐中添火猶嫌冷，路上行人只守寒。」進云：「未審此理如何？」師云：「冬無積雪，夏無餘糧。」進云：「恁麽卽謝師指示。」師云：「杖擲高聲唱，棒頭頂見血。」學家禮拜。師云：「教休不肯休，直待雨霖頭。」問：「承古有言：『盡日忙忙，那事無妨。』如何是那事？」師云：「大衆一時聞。」進云：「此理如何？」師云：「行人盡帶悲。」問：「百丈昔時參馬祖，豁然蕩盡更無疑。學人今日專請益，乞師方便爲全提。」師云：「黄河有九曲，陝府出鐵牛。」進云：「大盡三十日，小盡二十九，已蒙師指示。向上機鋒又如何？」師云：「深領這一問。擔枷過狀，有辱先宗。」進云：「恁麽卽學人禮拜有分也。」師云：「兩重公案就，萬里江山應不迴。」問：「衆手淘金誰是得者？」師云：「杖頭著眼看。」進云：「請師盡令。」師云：「灼然落深坑。」問：「疋馬單鎗，離君獨戰時如何？」師云：「腦後抽簪。」進云：「恁麽卽陣敗將軍，馬空迴也。」師云：「受領銀錢莫久停。」

廣教勘辯語并行録偈頌

師勘一僧曰：「近離什麽處？」僧云：「東京。」師云：「你因甚口上破？」僧云：「和尚也須子細。」師云：「七棒對十三，庫下喫茶去。」師問僧：「日暮投林，朝離何處？」僧云：「新戒不曾學禪。」師云：「生身入地獄下去。」後有僧舉到隨州智門明教大師。大師云：「何不道鑤鎗在和尚手裏！」

因僧人事一箇書筒，師問曰：「是箇什麽？」僧云：「和尚識取好。」師云：「元來是箇漆桶。」僧云：「請和尚收。」師云：「棺木裏努眼。」因聞童子念經聲，乃問僧曰：「聞念經聲麽？」僧云：「今日勘破。」師云：「作家。」僧云：「草賊大敗。」師云：「老僧今日失利。」師勘五人新到云：「總是雲居供養主那？」僧云：「是。」師云：「是卽一齊坐。」

因僧入室請益趙州和尚栢樹子話，師云：「我不辭與汝説，還信麽？」僧云：「和尚重言，争敢不信。」師云：「汝還聞簷頭水滴聲麽？」其僧豁然，不覺失聲云：「哪！」師云：「你見箇什麽道理？」僧便以頌對云：「簷頭水滴，分明瀝瀝。打破乾坤，當下心息。」師爲忻然。

師因不安，有僧問：「四大本空，病從何來？」師云：「口談藥方終不瘥。」僧云：「不會此意如何？」師云：「唯有醍醐心地涼。」師因與僧俗三五人行次，師拄一條白棒，一僧問云：「只是少一箇皮五指。」師遂竪起，展五指問曰：「會麽？」其僧俗云：「不會。」師云：「五輪指上放毫光。」師因去將息寮看病僧，僧乃問云：「和尚，四大本空，病從何來？」師云：「從闍黎問處來。」其僧喘氣，又進云：「不問後如何？」師云：「撒手卧長空。」其僧云：「哪！」便告寂。

師與僧行路次，因見死人，僧便問：「車在這裏，牛在什麽處？」師云：「你鱉跚行。」僧云：「牛又無，行箇什麽？」師云：「你既無牛，因甚踏破脚？」僧云：「恁麽卽親從葉縣來也。」師云：「莫亂走。」師因與僧摘藤花次，有僧問：「此日摘藤花，他時還有果報也無？」師云：「有卽錯。」僧云：「恁麽卽無果報也。」師云：「你却是箇作家。」師在首山會裏，首山一日問云：「喚作竹篦卽觸，不喚作竹篦卽背，合喚作什麽物卽得？」師於言下豁然頓契，遂於手中掣得竹篦拗折擲于堦下，却云：「是什麽？」首山云：「瞎？」師便禮拜。師後到襄州廣德，廣德垂示云：「禪德直須是箇師子兒始得，諸人總具箇師子兒。」師便出問：「承和尚有言，諸人總具個師子兒。如何是和尚師子？」廣德便作師子吼。師云：「這箇猶是野干鳴，還我師子來。」隨後便喝，撫一掌。德云：「真師子兒。」師云：「是何語話？」德云：「好好問兄弟。」師云：「也不得放過。」

師到洞山，問洞山：「廓然無依，法歸何處？」山云：「三黐羯磨。」師云：「恁麽卽知音不和也。」山云：「知音不和底事作麽生？」師云：「龜毛拂子長三尺。」山云：「你因什麽眉鬚墮落？」師便禮拜。問僧：「近離甚麽處？」僧云：「襄州。」師拽童子打一摑，便喝：「出！」

磚庵

廣教磚庵，廓然無邊。隨緣度日，任性癡憨。森羅萬像，凡聖共傳。有人到此，雪山西畔。

送僧往東京

攀送老兄入梁園，杲日當軒不計年。爲報我師林下偈，無心照破萬重關。

師有頌三首上監務祠部

祠部見處少人知，棲心歇地更無疑。有人借問平生事，日出東方月落西。

祠部見處處處通，山河大地是家風。任他前面花錦樹，無心伏物演真宗。

祠部見處廓然安，森羅萬像在目前。任他前面歡與樂，隨緣度日化人天。

先師有頌，師逐句下釋語

背陰山子日陽多云迴然無背面，南來北往意如何云不墮有無邊。有人借問西來意云從來無間斷，東海東頭有新羅云大地不奈何。

師〔一〕不安有二頌

我今有病，無見無聞。清虛之理，日月長明。

我今有病，罕遇知音。直饒明得，喪却平生。

年老有頌

幻年七十三，真性不隨緣。廓然無障礙，清虛獨湛然。

〔一〕語要「師」下有「因」字。

僧〔一〕不問話，乃述頌五首

是你不問話，山僧不答禪。日頭恰正午，笑破土地口。是你不問話，山僧没合煞。日午打三更，露柱夜説法。是你不問話，山僧實驚訝。冬後一百五，廣南出象牙。是你不問話，山僧没可把。鼻孔在這裏，拈來驀頭打。是你不問話，山僧没可誇。蕩蕩隨緣去，湖南出紵麻。

木魚謌

木魚謌，木魚謌，横身三界卧，擺頭掉尾蹶金鱗，凡聖縱横不柰何。老胡聞，聳耳聽，聲聲振動古佛心。逍遥自在無私曲，蕩蕩行時任騰騰。指日月，太山崩，踴踴躍躍魔軍驚。哮吼吟時雲隊隊，大洋海底霹靂聲。

共〔二〕施主送羅漢供到南岳有頌

夙生慶幸，共結良緣。羅漢遺蹤，日月青天。松蘿鬱茂，取性巖邊。道人行處，滿目江山。露地白牛，廓然無伴。森羅萬像，只在目前。若人不會，何處相見。有人問著，直下看箭。

邀〔三〕僧遊山頌

〔一〕語要「僧」上有「因」字。
〔二〕語要「共」上有「因」字。
〔三〕語要「邀」上有「因」字。

遊山日促路嶮巇，結束行裝莫駐疑。來日遍看山有色，擬心棲處隔山迷。

山〔一〕門供養主經過覓頌

諸方化主往來多，青山緑水意如何。演若達多應認影，不知鷂子過新羅。

讚寶應第一代和尚真

師真師真，貌古稜層。言直訣烈，去住分明。森羅萬像，普濟羣心。往來禪子，大岳石崩。我師之真，何用丹青。形如滿月，徧布乾坤。

送僧往東京有頌

攀送高僧入梁園，春去秋來不計年。蕩蕩行時無邪路，江山無滯笑西天。雪山童子言下喝，擬議中間萬萬年。

燈籠

一盞金燈號玲瓏，四方八面不施工。照破乾坤黑暗處，山河大地是家風。

送供養主

化主別仙邑，南北無西東。超然威音外，縱横處處通。明暗皆自爾，寂然天地空。萬緣俱頓息，哮吼振乾坤。

先師三周年忌

〔一〕語要「山」上有「因」字。

師真似日，三周已畢。遍布乾坤，翹足七日。大展疆風，狐魅屏跡。香茶供養，光漆誰識。

與〔一〕僧看椹子

椹子黑榔檔，無心是道場。高僧飡一頓，果熟自馨香。

送氈供養主

前程化道莫辭辛，隨緣兀兀任浮沉。雲去水來爲伴侶，時時哮吼振乾坤。

雪〔二〕下有頌四首

此日好雪，誰言冰潔。粟米白銀，新羅日月。

此日好雪，萬民樂業。大展長空，凡聖路絶。

此日好雪，何勞言説。萬物無心，江山日月。

此日好雪，廓然敗賊。逼塞乾坤，誰人分別。

夏末送僧

高僧相伴過九旬，誰人言説話宗乘。離凡離聖縱横妙，何人擬議落千峯。

僧〔三〕親近云：「不知和尚門風。」師有頌

〔一〕語要「與」上有「因」字。
〔二〕語要「雪」上有「因」字。
〔三〕語要「僧」上有「因」字。

廣教無門風，縱横處處通。大地紅塵起，失却主人翁。

雨〔一〕下

此日好雨，乾坤無路。日月長明，西方淨土。

人〔二〕事手巾與史諫議述十頌

廣教手巾，無功無能。觸目受用，青山白雲。

廣教手巾，亘古亘今。寂寥虚廓，打破乾坤。

廣教手巾，不協衆情。有人借問，大岳石崩。

廣教手巾，何勞心神。明暗自爾，青山白雲。

廣教手巾，瞬目相呈。露地白牛，非凡非聖。

廣教手巾，誰見誰聞。直下便會，喪却平生。

廣教手巾，日月長明。縱横自在，新羅國人。

廣教手巾，非功織成。隨緣度日，任性浮沉。

廣教手巾，逼塞乾坤。賢愚意解，笑殺胡僧。

廣教手巾，不用持論。言前薦得，翳却眼睛。

〔一〕語要「雨」上有「因」字。

〔二〕語要「人」上有「因」字。

西禪深和尚請齋，頌云：「莫推延，莫推延，從來此事只如然。騰雪雱雱兩度降，不由人主不由天。」大師答頌

不推延不推延，森羅萬像在目前。騰雲雱雱天地黑，露地白牛遍大千。

遊草庵頌〔一〕

忽覩庵園，任性癡憨。有人到此，如隔關山。

備茶筵送供養主師後逐句識〔二〕

有鹽無醋釋云如賊入空屋。有菜無油云無私可隔。隨緣兀兀云任性浮沉。百味珍羞云觸類有得。

僧言話次乃有頌〔三〕

一到仙州四十秋，隨緣兀兀到此休。幸遇高僧相伴後，縱横不意到峯頭。

僧寫真呈師，師遂成頌自識之〔四〕

誰人寫真動用乾坤，妙筆丹青口吐詞華。明暗自爾乾濕同方，何勞心神任性浮沉。吾真非假觸類有得，圖畫非真擬心即差。容貌陋質天不能蓋，遍布乾坤應物現形。

年邁乃有頌

廣教六十八，凡聖俱歇滅。有人相借問，九月重陽節。

〔一〕〔二〕〔三〕〔四〕語要標題擡頭均有「因」字。

廣教六十八，誰人相體察。直下便會得，腦後三斤鐵。

送供養主

一年春盡一年春，相煩化道任浮沉。森羅萬像無私曲，一聲纔動斬乾坤。

扇子

廣教一柄扇，本來無背面。有時在手中，要且無人見。

拄杖

山僧一條杖，縱横無比量。有時在手中，應用遍十方。

笻竹杖

笻竹九節，縱横無邪。大展長空，凡聖路絶。

頌兩堂上座下喝

兩堂上座齊下喝，瞽目之人無分别。凡言賓主句下分，何勞龜卜問前程。

示徒

廣教一言，凡聖共傳。直下便會，萬里江山。

僧請益

兀兀隨緣任浮沉，不拘春夏及秋冬。闍黎請益平生事，問取寒山始知音。

衲僧衲僧，不用持論。言前薦得，腦後三斤。

李都尉問和尚生日，述成十頌

山僧生日處處真，隨緣兀兀任浮沉。森羅萬像無私曲，日出天然照乾坤。

山僧生處廓然寧，不拘凡聖自在行。任他前面歡與樂，無心伏物賀太平。

山僧生處碧雲中，情與非情共一真。明暗盡時無邪路，明明不墮聖凡前。

山僧生處少知音，任性隨緣過幾春。有人借問平生事，石人打鼓木人聽。

山僧生處據令行，十方禪子盡皆驚。若人解接無根樹，海裏能挑水底燈。

山僧生處正令行，野老謳謌盡傳名。若人不識金剛用，涅槃山側井中人。

山僧生處亘古今，誰人言說話宗乘。離凡離聖縱横妙，腦後抽簪祭鬼神。

山僧生處在林中，碧澗虎聲騁英雄。喝〔一〕迴驚動十方刹，萬里江山入千峯。

山僧生處峯頂上，迦葉聞鐘出洞門。粉骨碎身千萬劫，思量難報我師恩。

山僧生處碧潭中，不拘春夏及秋冬。一刀兩段須休去，何人擬議落千峯。

僧〔二〕親近，乃有頌

廣教一言，直下人嫌。若人借問，萬里江山。

〔一〕「喝」，原本闕，據語要補。

〔二〕語要「僧」上有「因」字。

上〔一〕堂有頌

四十五年在仙州，凡聖縱橫任君遊。有人借問如何事，夜至三更到崖州。

〔一〕語要「上」上有「因」字。

古尊宿語録卷第二十四

潭州神鼎山第一代(洪)諲禪師語録

神鼎禪師名洪諲，襄水扈氏子。自遊方，一衲以度寒暑。嘗與數耆宿至襄沔間，一僧舉論宗乘頗敏捷，會野飯山店中供辦，而僧論説不已。師曰：「三界唯心，萬法唯識。唯識唯心，眼聲耳色。是甚麽人語？」僧曰：「法眼語。」師曰：「其義如何？」曰：「唯心，故根境不相到；唯識，故聲色縱然。」師曰：「舌味是根境否？」曰：「是。」師以筯夾菜置口中，含胡而語曰：「何謂相入邪？」坐者駭然，僧不能答。師曰：「途路之樂，終未到家。見解入微，不名見道。叅須實叅，悟須實悟。閻羅大王，不怕多語。」僧拱而退。後返長沙，隱於衡嶽三生藏。有湘陰豪貴來遊福嚴，即師之室，見其氣貌閑静，一鉢挂壁，餘無長物。傾愛之，遂拜跪請曰：「神鼎乃我家植福之地，久乏宗匠，願師俱往何如？」師笑而諾之。即以己馬負師。至十年始成叢席，一朽牀爲説法座。

開堂日，指法座云：「未登此座，化緣已畢。諸人還委悉麽？若委悉，散去得也。若不散去，不免登於此座，入方便品第二去也，且不得恠山僧。」便陞座拈香：「此一炷香，奉爲今上皇帝聖壽無疆。第二炷香，爲府主學士、合郡尊官，伏願長光佛日，永佐明君。第三炷香，此香不是戒定慧香，亦非旃檀沉水，只是汝州土宜。」便燒云：「供養首山和尚，以酬法乳。」師遂斂座顧視大衆云：「摩竭陁國親行此令，大衆還知落處麽？一句子該天括地，逈超格外，在衆聖之前。所以五天和不齊，梵夾不持來。釋迦掩室於摩竭，淨名杜口於毗耶。三乘教外，一句別傳。敢問大衆，作麽生是別傳底？試對衆道看！遮相證明。」良久云：「直饒道得亦未稱祖師意，且道如何稱得祖師意？諸兄弟直須打辦精神，究徹根源。到這裏不可說。菩提涅槃，真如解脱，向上向下，坐禪入定，造橋梁，開義井，得麽？然則如是，不可無言也。山僧初行脚時，發足亦無正意參禪學道，只欲東京聽一兩本經論，以資平生。不期行來行去，到汝州襄城縣，恰遇汝州風發，鼓上首山。就中見一老和尚，彼時蒙它劈頭一錐，直得浹背汗流。當時不覺，禮拜了，悔之不及。大衆，且道悔箇什麽？悔不拽下禪牀，痛與一頓。雖然如是，官不容針，私通車馬。」下座。

小參，舉洞山云：「貪嗔癡，太無知，賴我今朝識得伊。行便打，坐便槌，分付心王子細推。無量劫來不解脱，問汝三人知不知。」師云：「古人與麽道，神鼎則不然。貪瞋癡，實無知，十二時中任從伊。行即往，坐即隨，分付心王擬何爲。無量劫來元解脱，何須更問知不知。」

舉資福三句語。第一句：「祖師不知有。」師云：「無人解會。」第二句：「與祖佛爲師。」師云：「鼻孔在山僧手裏。」第三句：「稱提祖佛。」師云：「分明向你道。」

舉僧問首山：「如何是和尚家風？」山云：「一言截斷千江口，萬仞峯前始得玄。」師云：「首山只解説家風，不解用家風。」僧問：「如何是用家風？」師云：「⿱祝土。」乃云：「首山老漢若在，聞神鼎恁麽道，必然大笑一場。且道肯神鼎不肯神鼎？試商量看！諸上座，夫參學須具參學眼始得。若只愛它人語句，記在意識下，自不能截斷。俗士尚云男兒不用分時財。衲僧家合作麽生？猛著精彩始得。珍重！」

舉僧問靈泉和尚云：「如何是靈泉印？」泉云：「不傳不受。」曰：「交代時如何？」泉云：「淮南船子看洛陽。」師云：「古人與麽道，意在如何？要會麽？不傳不受。珍重！」

舉僧問靈泉云：「如何是靈泉曲？」泉云：「無弦琴有韻，絲竹動摇天。」曰：「還有知音也無？」泉云：「有」。曰：「如何是知音者？」泉云：「山上石人齊撫掌，溪邊野老始知音。」師云：「神鼎即不然。」僧便問：「如何是神鼎曲？」師云：「要唱便唱。」曰：「還有知音也無？」師云：「有。」曰：「未審是什麽人？」師云：「無心意識者。」師云：「神鼎與麽道，與靈泉如何？試商量看！須知各各家風事不同。珍重！」

小參，舉古金峰頌云：「學道如鑽火，逢烟未可休。直待金星現，歸家始到頭。」師云：「神鼎即不然。學道如鑽火，逢烟即便休。莫待金星現，燒脚又燒頭。且道神鼎恁麽道，爲當違古人，順古人？别有道理？汝道入麽去底人好，入麽來底人好？到這裏須具衲僧眼始得。莫受人瞞，珍重！」

小參，良久，舉鏡清上堂良久，有僧問：「祖歌如何唱？」清云：「拖送醉人酒。」曰：「入麽則辜負和尚也？」清云：「猛虎不食伏肉。」師云：「古人恁麽道，句前明，句後明？會麽？未問已前會取好。」

小參，舉僧問趙州：「黑豆未生芽時如何？」州云：「好合醬。」師云：「神鼎即不然。若問黑豆未生芽時如何，向伊道：堪作什麽？」乃有頌曰：「黑豆未生芽，誰道好合醬。本色衲僧聞，堪是甚模樣。華岳頭倒卓，須彌脚直上。莫言無法用，看取者相狀。」乃云：「古人與麽道，神鼎與麽頌，且道違古人順古人？

還會麼？合醬也不中，是什麼道理？了取始得。珍重！」

舉僧問香嚴：「如何是道？」嚴云：「枯木裏龍吟。」曰：「如何是道中人？」嚴云：「髑髏裏眼睛。」後有僧舉問石霜：「枯木裏龍吟時如何？」霜云：「猶有喜在。」曰：「髑髏裏眼睛時如何？」霜云：「猶有識在。」師云：「石霜一向打疊去空界裏作活計。」後有僧舉似曹山，山云：「這石霜老聲聞作這見解。」曹山有頌云：「枯木龍吟真見道，髑髏無識眼初明。意識盡時消息盡，當人那辨濁中清。」師云：「恁麼會取好。」

小參，舉鳥窠和尚有小師辭，窠問：「向什麼處去？」曰：「學佛法去。」窠云：「若是佛法，我這裏也有些子。」小師便問：「如何是和尚佛法？」窠於身上拈起布毛示之，隨後便吹。小師忽然大悟。師遂於身上拈起布毛呈大衆，隨後與一吹云：「會麼？久後不得辜負老僧。珍重！」

小參，舉令初上座領衆上石門，門曰：「萬仞峯前石牛吼，穿雲渡水意如何？」初無對。門云：「山僧住持事大，參堂去。」石門後舉令，僧下語曰：「久響和尚。」又云：「訪道尋師明的旨，覺了根源顯異機。」門曰：「當時令初上座若下得遮語，不將它作參學人。」師云：「不喚它作參學人，喚作什麼人？會麼？把手共行無問路。」

舉古人曰：「游江海涉山川，尋師訪道爲參禪。自從認得曹溪路，了知生死不相關。作麼生是曹溪路？」有僧云：「得者飲水之義，向阿誰説之？」師曰：「知。」云：「某甲卽如是，師意又如何？」師云：「出僧堂，入佛殿。」便下座。

小參，舉「紫胡有狗，上取人頭，中取人腰，下取人脚。你若擬議，卽喪身失命。」師云：「古人提唱一段因緣，你道恁麼時下得什麼語？神鼎當時若在他會裏，便出云：者畜生！」又云：「死。」亦作退身勢。「白兆和尚亦云：『白兆有狗，上不取人頭，中不取人腰，下不取人脚。也不擬議，咬得他死便得。』僧問：『如何是白兆狗？』兆作狗聲。僧云：『猶是喋屎狗。』兆云：『作麼生是咬人狗？』僧把衲衣角便拂，兆便打。」師云：「白兆道：『也不擬議，咬得死便休。』且道其僧便拂，兆便打，誰得誰失？白兆大似喪車後掉藥袋。亦有僧問如何是神鼎狗，向伊道：『誰敢倚門傍户。』僧禮拜，向伊道：『神鼎也大嶮。』」有僧便請益此語，師云：「我當時要箇不惜身命底人，直至如今無人稱得老僧意。你兩箇吐露箇消息看！」僧擬議，師云：「死。」

小參，舉溈山示衆云：「老僧百年後，於山下作一頭水牯牛。左肋下書：『溈山僧。』某甲正當與麼時，喚作溈山僧又是水牯牛，喚作水牯牛又是溈山僧。且作麼生商量？」師乃有頌：「不道溈山不道牛，認著何處有來由。分明裂破應須會，會得還同不繫舟。」

舉石門示衆云：「家山好，家山好，家山內有無根草。澄源異草競芬芳，春雷一震金仙道。」師云：「作麼生是春雷，與大衆説破得麼？」喝一喝，下座。

小參，舉南泉上堂，僧問：「摩尼珠，人不識，如來藏裏親收得。珠卽不問，如何是藏？」泉云：「與你往來者是。」僧云：「不往不來者又如何？」泉云：「亦是藏。」僧云：「如何是珠？」泉喚僧，僧應諾。泉云：「你不會我意。」師乃有頌曰：「渠問摩尼珠，摩尼在何許。呼名應答聲，諸方莫錯舉。」

小參，舉僧問風穴：「如何是第一句？」穴云：「三要印開朱點窄，未容擬議主賓分。」師隨後一喝。

「如何是第二句？」穴云：「妙解豈容無着問，漚和爭赴截流機。」師着語云：「未問已前錯。如何是第三句？」穴云：「但看棚頭弄傀儡，牽抽都在裏頭人。」師着語云：「明破即不堪。所以首山和尚道：『第一句薦得，與祖佛爲師；第二句薦得，與人天爲師；第三句薦得，自救即不可，又云自救也不了。』」師云：「神鼎亦有人問：『如何是第一句？』云：『蒼天，蒼天。』『如何是第二句？』云：『有什〔一〕麼驢漢。』『如何是第三句？』云：『近前來向你道。』才近前，便打。若恁麼會得，也不辜負祖師西來。若是從頭一一問過，幾時得休！佛法不是磨稜合縫底道理，似這一脉説話，須是久在它門風來始得。直是嫌佛不作，嫌法不説方可。如是子細，珍重！」

小參，舉古人云：「是日已過，命亦隨減，如少水魚，斯有何樂。」師云：「古人恁麼道，非有利益，非無利益？神鼎即不然。是日已過，命亦隨減，如少水魚，有何不樂。且道違古人順古人？試撿點看。珍重！」

舉古

僧問首山：「一毫未發時如何？」山云：「路逢穿耳客。」曰：「發後如何？」山云：「不用更遲疑。」曾有僧問神鼎：「一毫未發時如何？」神鼎只向伊道：「白雲嶺上。」云：「發後如何？」師云：「澗下水流。」師乃云：「若是前來兩轉語，有可咬嚼，東看西看。若是神鼎者語，如喫木札瓦片相似，實無滋味。直是自見自

〔一〕「什」，語要作「恁」。

悟始得。會麼？天高東南，地傾西北。」

肅宗帝問忠國師：「百年後所須何物？」國云：「與老僧作箇無縫塔。」帝云：「請師塔樣。」國師良久云：「會麼？」帝云：「不會。」師云：「吾有付法弟子躭源却諳此事，已後但問此人。」國師遷化後，帝詔問躭源。源亦良久云：「會麼？」帝云：「不會。」源有頌：「湘之南，潭之北，中有黃金充一國。無影樹下合同船，琉璃殿上無知識。」師曰：「前來國師如此作用，不能明了。次問躭源，源恁麼頌。且道盡善不盡善？雖成方便，須體解始得。會麼？神鼎爲你諸人下四轉語：『湘之南，潭之北。』」師云：「君臣有路。」「中有黃金充一國。」師云：「淨妙體常。」「無影樹下合同船。」師云：「千聖同轍。」「琉璃殿上無知識。」師云：「凡聖路絶。」師云：「若是恁麼會去，必不相賺。神鼎恁麼注解，只是辜負國師。」

馬王請石門蘊和尚住夾山。鑾駕出接，自問：「如何是西來大道？」蘊云：「御駕六龍千古秀，玉街排杖出金門。」師云：「一等是祇對王臣太〔一〕哥，三昧寬廓，何也？恁麼祇對，又不辜負西來大意，又善能回互，其中事理縱然。若有問神鼎：『如何是西來大道？』對云：『行。』且道與古人是同是別？久參禪客於神鼎語中有箇見處，没量大人只怕往往蹉過。」僧問大哥：「和尚千鈞之弩，不爲鼷鼠而發機。忽遇大殺活底人來時如何？」哥云：「漢王纔入鴻門會，項莊舞劒始知難。」又云：「單雄解弄棗木槊，尉遲隨後唱番歌。」師云：「如有問：『千鈞之弩，不爲鼷鼠而發機。忽遇大殺活底人來時如何？』神鼎即向他道：『千鈞之弩不爲鼷鼠而發機。』亦曾有人問神鼎：『千鈞之弩，不爲鼷鼠而發機。』答他道：『阿剌剌，阿剌

〔一〕「太」，語要作「大」。

刺。』其僧擬議，劈脊便打。且問諸人是什麽道理？須知各各家風事不同，究取好。」

忠國師問僧：「近離什麽處？」僧云：「南方。」國云：「南方知識以何法示人？」曰：「南方知識道：『一朝風火散滅，如虵脫皮，如龍換骨。本來真性，宛然無壞。』」國云：「苦哉，苦哉！南方佛法半生半滅。」僧便問：「未審和尚此間如何？」國云：「我此間身心一如，身外無餘。」僧云：「何得將泡幻之身同於法體？」國云：「你爲什麽入於邪道？」僧云：「什麽處是某人於邪道？」國云：「不見教中道：『若以色見我，以音聲求我。是人行邪道，不能見如來。』」師云：「若據者僧恁麽道，傳語也不解，累它南方知識。據國師恁麽，亦是龍頭虵尾。前來身心一如，向什麽處去？試撿點看！珍重！」

小參，舉潙山與仰山行次，潙問仰曰：「前頭是什麽？」仰云：「枯樹子。」潙又問：「芸田翁翁亦云枯樹子。」潙云：「這田翁他後亦匡五百衆。」師云：「爲復意在芸田翁處，爲在仰山處？爲復總不恁麽？諸上座，一切諸法縱然，更不用生事。它是父子說話，同道者方知。珍重！」

僧問先德：「遠遠投師，請師一接。」德云：「兩股金環鳴歷歷，如來寶杖親蹤跡。要會麽？有問有答，罕遇知音。」又問一先德云：「遠遠投師，請師一接。」德云：「地湧無源水，石人駕慈舟。」師云：「此語爲復與前來語，同耶別耶？雖然一箇門風，也須是知它尊宿發語處始得。作麽生是地湧無源水，石人駕慈舟？會麽？海闊無舟，往來不隔。珍重！」

南泉云：「我十八上便會作活計。」趙州云：「我十八上便會破家散宅。你道破家散宅好，解作活計好？初機底人且紹前語，久參底人直須破家散宅。更有一言，萬里崖州。」

僧問石門：「如何是和尚家風？」門云：「解接無根樹，能挑海底燈。」後其僧入室問：「學人不解挑燈意，請師方便接無根。」門云：「賈島筆頭挑古韻，下筆之處阿誰分。」又云：「難遇知音。」神鼎當初問：「如何是知音？」門云：「逢迎直言三歲子，唱起巴歌異路行。」又頌：「無形無相大威神，爲接羣生展手頻。烏道不遮圓鑑體，金烏常出海東門。」師云：「石門恁麽道，恁麽頌，還會石門家風麽？」良久云：「金烏常出海東門。珍重！」

梁山觀和尚悟道頌云：「昔時珍寶被塵埋，何事今朝出故懷。參道喜明無說句，通玄不是意中猜。一炷定光輝法界，萬重塵鏁豁然開。超今異古終難況，幸感西胡特地來。」師云：「諸上座，古人恁麽道，意在於何？且問諸人，作麽生是昔時珍寶？試對衆道看！道得，神鼎與你酬箇價數；若道不得，猶如糞土。久立。」

小參：「風不鳴條，雨不破塊即且止，作麽生打得箇翻車筋斗到梵天去？若有，出來作箇伎倆。有麽？莫教帝釋惡發。」後有僧入室，某甲當時出來左轉一轉，便歸衆。師云：「莫教帝釋發惡，又作麽生？」僧云：「知恩者少，負恩者多。」師云：「築着鼻孔。」

應機揀辨

問：「如何是賓中賓？」師云：「瞎。」「如何是賓中主？」師云：「一似瞎。」問：「如何是主中賓？」師云：「放你三十棒。」問：「如何是主中主？」師云：「耶，了。」問：「如何是接初機句？」師云：「山河大地。」問：「如何是辨衲僧句？」師云：「七棒對十三。」問：「如何是正令行句？」師云：「不通眨眼。」云：「如何是立乾坤句？」師云：「你擬作麽會？」問：「古人有言，靈山話月，曹溪指月。如何是真月？」師云：「照。」問：「六國未寧時如何？」師云：「道什麽？」云：「寧後如何？」師云：「謼殺人。」問：「内外追尋一物無時如何？」師云：「月似彎弓，少雨多風。」問：「古澗寒泉時如何？」師云：「不是衲僧行履處。」云：「如何是衲僧行履處？」師云：「不見有古澗寒泉。」問：「家家門前火把子，意旨如何？」師云：「四時八節。」問：「問不轉時如何？」師云：「卽今是轉不轉？」云：「謝和尚點破。」師云：「通身覺路玄。」問：「輪回六道底人畢竟如何？」師云：「不願成佛。」曰：「爲什麽不願成佛？」師云：「佛亦不究竟。」云：「請一言。」師云：「昨日猶記得，今朝話無門。」問：「不施寸刃，便登九五時如何？」師云：「海晏河清。」曰：「治化事如何？」師云：「萬户無門鑰，皷腹和太〔一〕平。」問：「路逢達道人時如何？」師云：「勘破。」問：「學人擬入海時如何？」師云：「海生海。」曰：「恁麽則全承此恩力也。」師云：「黑風吹羅刹，回光却得妙。」問：「曉夜不停時如何？」師云：「是誰不停？」問：「倒戈卸甲時如何？」師云：「大動不竪賞。」曰：「請師原賜。」師云：「退。」

問：「疋馬單鎗時如何？」師云：「神鼎打退皷。」曰：「畢竟事如何？」師云：「想你不是者手脚。」問：「菩提涅槃卽不問，戴角披毛事若何？」師云：「不是上座分上事。」云：「如何是學人分上事？」師云：「待你到這田地，始向你道。」曰：「便恁麽時如何？」師云：「退身三步。」問：「二王相見時如何？」師云：「膝行肘步。」曰：「恁麽則全歸一主也。」師云：「天下浩浩。」問：「丹霄獨步時如何？」師云：「老僧只管看破也。」曰：「照破

〔一〕「太」，原作「大」，據續藏經本改。

後如何？」師云：「還我話頭來。」問：「古人道：『午前來者，木人喚得回頭；午後來者，木人喚不回頭。』正當午時，喚卽是，不喚卽是？」師云：「臘月二十五。」問：「然燈前卽不問，然燈後亦不問，如何是正然燈？」師云：「一輪光灼灼，今古無晦暝。」問：「諸法未聞時如何？」師云：「風蕭蕭，雨颼颼。」云：「聞後如何？」師云：「領話好。」問：「蓮花未出水時如何？」師云：「千山萬水。」云：「出水後如何？」師云：「萬水千山。」問：「古帆未掛時如何？」師云：「到岸也。」云：「到岸後如何？」師云：「猶是鈍漢。」問：「師子未出窟時如何？」師云：「吼。」曰：「出窟後如何？」師云：「悄。」〔一〕問：「魚皷未鳴時如何？」師云：「看天看地。」云：「鳴後如何？」師云：「捧鉢上堂。」

問：「和尚未見先德時如何？」師云：「東行西行。」云：「見後如何？」師云：「橫擔拄杖。」問：「達磨未來時如何？」師云：「西天此土。」云：「來後如何？」師云：「此土西天。」問：「寶劒未出匣時如何？」師云：「狼烟競起。」云：「出後如何？」師云：「天下太平。」問：「牛頭未見四祖時如何？」師云：「天知地知。」云：「見後如何？」師云：「猶較些子。」問：「和尚未見先德時如何？」師云：「山河大地。」云：「見後如何？」師云：「日月星辰。」問：「撥塵見佛時如何？」師云：「佛亦是塵。」問：「覺花未發時，如何辨其真實？」師云：「冬寒夏熱。」又云：「天寒打撼戰。」問：「兩手獻尊堂時如何？」師云：「是什麼？」問：「學人到寶山，空手回時如何？」師云：「臘月三十日。」問：「戴角披毛卽不問，寶劒出匣事如何？」師云：「問處甚分明。」曰：「恁麼則盡法無民。」師云：「知時別儀，堪作闍黎。」問：「三車引不出時如何？」師云：「好。」曰：「意旨如何？」

〔一〕「悄」，語要作「峭」。

師云：「宜應自忻慶。」

問：「如何是和尚家風？」師云：「饑不擇食。」又云：「逢迎不展手，門外有三車。」問：「如何是接人之機？」師云：「齋後來向你道。」曰：「卽今爲什麽不道？」僧隨聲一喝。師云：「好。」僧禮拜。云：「放你三十棒。」問：「如何是和尚爲人句？」師云：「拈柴擇菜。」曰：「莫只者便是也無？」師云：「更須子細。」問：「如何是和尚辨衲僧句？」師竪起拳。曰：「未審意旨如何？」師云：「你不妨辨得好。」

師在衆日，僧問：「上座久後唱誰家曲調？」師云：「手執無絃琴，騎牛脚打鼓。」問：「如何是道人活計？」師云：「山僧自小不曾入學堂。」問：「濟物利生事如何？」師云：「闍黎有問，山僧有答。」

問：「如何是和尚深深處？」師云：「柴門不掩，任聽往來。」曰：「還許人就近也無？」師云：「且領前話。」官人指木魚問：「這箇是什麽？」師云：「驚回多少瞌睡人。」官云：「洎不到此間。」師云：「無心打無心。」問：「古人道：『解接無根樹，能挑海底燈。』如何是無根樹？」師云：「日用不知。」「如何是海底燈？」師云：「徹髓。」問：「如何是清淨法身？」師云：「灰頭土面。」「爲什麽如此？」師云：「争恠得山僧。」曰：「未審法身向上還有事也無？」師云：「有。」曰：「如何是向上事？」師云：「毗盧頂上金冠子。」問：「殺父殺母，佛前懺悔。殺佛殺祖，什麽處懺悔？」師云：「水長船高。」問：「如何是真如體？」師云：「如如不動。」云：「如何是真如用？」師云：「斬。」問：「隔牆見角，早知是牛。隔山見烟，便知是火。隔牆不見角，是什麽？」師云：「不應問山僧。」問：「布以七淨花，浴此無垢人。既是無垢人，爲什麽却浴？」師云：「清淨亦不立。」問：「菩提本無樹，何處得子來？」師云：「喚作無得麽？」問：「持地菩薩修路等佛，和尚修橋等何人？」師云：「近後。」又云：「修猶未了在。」

僧問首山：「如何是佛？」山云：「新婦騎驢阿家牽。」因僧請益，師乃有頌：「新婦騎驢阿家牽，誰後復誰先。張三與李四，拱手賀堯年。」又頌：「從上諸聖總皆然，起坐忪諸没兩般。有問又須向伊道，新婦騎驢阿家牽。」師復云：「然雖如此，未盡首山大意在。」僧云：「如何是首山大意？」師云：「天長地久，日月齊明。」

偈頌〔一〕

靈雲桃花

傷嗟尋劒客，桃花遇春開。靈雲一見處，令我咲哈哈。

偶述三偈

長安甚樂到人稀千聖同源，到者須知不是歸方可校些子。直道逈超凡聖外云有人不肯在，由是曹溪第二槌青霄無路。

自在神鼎寺，少鹽兼無醋。内外推窮一物無。雲水若到來，撒手空回去。我宗無語句，亦無一法與人。直下無一物，休言無着處。四大本空，佛依何住。禪流聞此說，不用更重注。更莫切切。

歲旦云衆不下山

〔一〕「偈頌」二字係點校者補。

今年六十九到與麽田地，四大將衰朽知。自此不下山休，白雲且相守彎彎圈圈且任麽過時。

僧見師舉話，略有揀辨。乃問：「如何得似和尚去？」師云：「闍黎受屈作麽？」

一自學參玄，諸方不問禪。水聲流自響，舉目看青天。

有宰官問師：「坐禪如何？」師頌云

寂寂無一事，醒醒亦復然。森羅及萬象，法法盡皆禪。

冬節頌

冬節年年事，世俗多般異。祖師門下客，長舒兩脚睡。食後三巡茶，以表山僧意。鼓聲若動時，敢望同來至。

師不赴王莽山請。僧問：「佛不違衆生之願，和尚爲什麽有請不赴？」師云：「莫錯恠老僧好。」

頌曰

一月普現一切水，一切水月一月攝。若人解了如斯意，大地衆生無不徹。

師在衆時，與汾陽昭和尚共作拄杖頌。

昭頌

一條拄杖標揭，徑直螺文爆節。有時横擔肩上，大地乾坤挑括。

師頌

得處不在高峯，亦非深溪澗壑。如今幸得扶持，老病是爲依托。一朝卓在孤峯，一任諸方拈掇。

頌上玉泉和尚

一種輪回又一迴，入鄽垂手化羣迷。智大豈留生死界，悲深不住涅槃堦。毗盧經卷塵中現，優鉢羅花火裏開。非但我今難比況，千佛稽首歎奇哉。

示初機

一步一登臨，無非般若心。逢人只麼道，終不悞他人。

珍重何方去，家山一道光。箇中若不會，塵刧受忙忙。

送清首座

神峯寒露別知音，此後同誰話此心。出匣大聲驚宇宙，甚時終得會衣襟。

此日登途去，烟雲氣色全。我無相憶語，更在藴於言。

偶述八偈

淡薄且隨時，家風誰得知。有人來請益，摇頭未許伊。

神鼎有一機，不用更遲疑。日午打三更，白淨崑崙兒。

神鼎有一言，絶慮不忘緣。日頭恰正午，曉夜過西天。

神鼎有一約，不用更斟酌。分明向你道，文殊問無着。

神鼎家風，水泄不通。禪客上來，換手槌胸。

神鼎一言，瞥爾三千。禪客上來，急急前行。

神鼎一説，不用分別。禪客上來，清風明月。

生緣襄水度歲華，偶携缾錫看天涯。路逢一人穿耳客，咄我回頭得到家。自此端然無一事，今居神鼎卧雲霞。有人若問西來意，遥指南山一段畬。

門人寫真求贊

神鼎真，誰人寫。吾之相，一如也。真相既爾，秋天月夜。瞻之寫之，摩訶般若。

古尊宿語録卷第二十五

筠州大愚（守）芝和尚語録

師太原王氏子。陞座，僧問：「如何是和尚家風？」師云：「一言已出，駟馬難追。」問：「如何是城裏佛？」師云：「十字街頭石幢子。」問：「如何是爲人一句？」師云：「四角六張。」進云：「意旨如何？」師云：「八凹九凸。」問：「不落三寸時如何？」師云：「乾三長，坤六短。」進云：「意旨如何？」師云：「切忌地盈虚。」問：「昔日靈山分半座，二師相見事如何？」師云：「記得麽？」僧良久，師打禪牀一下云：「多年忘却也。」師云：「且住且住，若向言中取則，句裏明機，也似迷頭認影。若也舉唱宗乘，大似一場寐語。雖然如是，官不容針，私通車馬。放一線道，有箇葛藤處。」師遂打禪牀一下云：「三世諸佛盡皆頭痛。且道大衆還有免得底麽？若一人免得，無有是處；若免不得，海印發光。」師乃竪起拂子云：「者箇是印，那箇是光？者箇是光，那箇是印？掣電之機，徒勞佇思。會麽？老僧説夢，且道夢見箇什麽？南柯十更。若不會，聽取一頌：北斗挂須彌，杖頭挑日月。林泉好商量，夏末秋風切。」

開堂升座，僧正宣疏白槌罷。有僧問：「大用現前，不存軌則，請師揮劒。」師云：「點眼知人意，看取令行時。」進云：「腦後穿。」師云：「齋後鐘。」問：「如何是佛法大意？」師云：「推天磕地。」問：「心法無形，如何是大愚境？」師云：「透七透八。」問：「如何彫琢？」師云：「一丁兩丁。」進云：「未曉者如何領會？」師云：「拈槌豎拂即不問，當機一句事如何？」師云：「滿城公子貴，林下道人棲。」問：「四面峯巒秀，沿江一帶清。」進云：「如何是境中人？」師云：「燋頭爛面。」進云：「雷音已徹青雲外，向上極則又如何？」師云：「且領前話。」乃云：「問話且住，淨名杜口，猶涉繁詞；達磨西來，平欺漢地。放一線道去，也放箇葛藤處。所以李長者云：『有情之本同，智海以還源。抱識含流，總法身而爲體。』諸仁者既是總法身而爲體，還知道須彌吞却法身，法身吞却須彌麼？諸仁者朝夕與古佛同參，與諸方老和尚同參。山僧今日與大衆同參，且道參箇什麼？如是定當得，且認得箇著衣喫飯，猶去衲僧半月程在。若定當不得，來年更有新條在，惱亂春風卒未休。」

上堂，僧問：「如何是道？」師云：「八斛四斗。」進云：「如何是道中人？」師云：「煑粥爍飯。」問：「寶劒未出匣時如何？」師云：「切忌道著。」進云：「出匣後如何？」師云：「天魔腦裂。」乃云：「舉一步須彌岌峇，海水騰波；不舉一步，放微塵國土，助一切諸佛出興，於世轉大法輪。還信得麼？若信得，西瞿耶尼喫飯去。」

上堂，僧問：「如何是祖師西來意？」師云：「白日燒地眠，夜間炙地臥。」問：「既是清淨法身，爲什麼却澡浴？」師云：「頭出頭没。」進云：「爲什麼如此？」師云：「只爲如此。」問：「古鏡未磨時如何？」師云：「照破天下人髑髏。」進云：「磨後如何？」師云：「黑似漆。」

上堂，僧問：「洪鐘纔擊，大衆雲臻，祖意西來，乞師垂示。」師云：「六丁六甲。」進云：「未曉者如何領會？」師云：「會卽錯。」問：「馬師未見讓師時如何？」師云：「緊。」進云：「見後如何？」師云：「切。」問：「如何是佛？」師云：「鋸解秤鎚。」師云：「德山入門便棒，臨濟入門便喝。一棒一喝，若雙峰而互出。賓主未辨，恓恓而萬里鄉關；照用雙行，擬擬而千差塞路。諸上座到者裏如何話會？」乃云：「棒喝齊施早已賒，古今皆贊出周遮。一途不涉憑何説，南海波斯進象牙。」

上堂，僧問：「特特上來伸三拜，乞師分付拄杖子。」師云：「科。」進云：「恁麼則功不虚施也。」師云：「重。」因請首座開堂，僧問：「承和尚有言：『一人悟道，三界平沉。』首座悟道，三界還沉也無？」師云：「不淹不抑。」進云：「一言纔出，大地全收。」師云：「落三落四。」師乃云：「爲衆竭力，蓋爲袈裟同肩，一處喫飯。莫是人各披一條，同鍋喫飯麼？此是分見，還知道三世諸佛共披一條。所以釋迦身長丈六，留下袈裟與彌勒。彌勒身長千尺，披得恰好。何故如此？蓋爲長者長法身，短者短法身。要得易會麼？古佛與露柱相交，佛殿與天王鬬額。若也不會，單重交拆。」

上堂云：「有時一喝只作一喝用，有時一喝作探竿影草，有時一喝如踞地師子，有時一喝如金剛王寶劒。若是金剛王寶劒，不敢正眼覷著，覷着卽喪身失命。」乃有頌云：「不是干將鑄，那關四氣吹。匣內青蛇吼，逢妖任便揮。若得全提者，當機豈失時。」

上堂云：「大愚相接大雄孫，五湖雲水競頭奔。競頭奔，有何門，擊箭寧知枯木存。枯木存，一年還曾兩度春。兩度春，帳裏真珠撒與人。撒與人，思量也是慕西秦。」毗盧驚得走，大衆盡攢眉。」

舉僧問汾州：「和尚，如何是接初機句？」州云：「汝是行脚僧。」「如何是辨衲僧句？」「西方日出卯。」

「如何是正令行句？」「千里特來呈舊面。」「如何是立乾坤句？」「北俱盧州長粳米，食者無貪亦無嗔。」師云：「將此四句語以驗天下衲僧，子細思量。將此四句語被天下衲僧，一時勘破。」

筠州府主李密諫請就上藍，開堂乃拈香云：「恭爲今上皇帝萬歲，太后千秋。」又拈香云：「此一瓣香奉爲府主密諫，洎闔郡官僚常居祿位。此一瓣香奉爲施主檀那在筵龍象。」師乃云：「還有人委得落處麽？若委得，隨機利物，應化無方。天上人間，出没卷舒，縱横自在。若也未委落處，釋迦老子，三世諸佛，二十八祖，天下老和尚，一時抛在爐中，從聽老僧葛藤。」時有僧問：「如何是佛？」師云：「還記得麽？」僧云：「若不請益，争知如是。」師擊禪牀一下云：「早是忘却了。」僧云：「放和尚一線道。」師云：「一任跱跳。」問：「如何是洪州境？」答云：「滕王閣下千峰秀，孺子亭前薄霧生。」僧云：「如何是境中人？」答云：「出入敲金鐙，朱衣對錦屏。」問：「如何是翠巖境？」師云：「洪井滔滔急，山高勢近人。」問：「如何是境中人？」師云：「朝去暮歸。」師復云：「問話且止。山僧道薄人微，素無德行。叨承密諫諸官僚同伸堅請，陞於此座，上答皇恩國祚永安，法輪常轉。且道法輪作麽生轉？欲得會麽？須彌山上倒翻身，却來堂中疊足坐。呵呵呵，是什麽？飯籮裏坐却受餓，和泥合水與麽過。上士聞之嘿嘿，下士聞之肯可，子細思量却成口過。要會麽？一六三四二，直言曲七一。桃李火中開，黄昏候日出。久立尊官，伏惟珍重！」

上堂云：「翠巖路滑，徒勞竚思。」又云：「翠巖路險巇，舉步涉千谿。更有洪源水，滔滔在嶺西。」擊禪牀，下座。

上堂云：「樵婦檐柴，醫王辨價，藥多病甚。」便下座。

上堂，舉雪竇和尚云：「一問一答總未有事在。假饒盡大地乾坤，草木叢林，盡爲衲僧，異口同音，致百千問難，不消老僧弾指一下。並乃高低普應，前後無差。」師云：「翠巖即不然。盡乾坤大地微塵化爲衲僧，各致一問，問問各別。却向伊道：你許多衲僧皮下還有血麼？」

上堂云：「爲衆竭力，禍出私門。」便下座。

上堂云：「槌鐘擊鼓聚集，諸上座上來下去，子承父業，賺殺多少人。」

上堂，舉盤山頌云：「光非照境，境亦非存。光境俱忘，復是何物？」師乃竪起拂子云：「微塵諸佛光明，總在這裏，照破你諸人心肝五臟、脾胃肝膽。衲僧面前不得道着，切宜忌口。」擊禪牀下座。

小參，示衆云：「一擊響玲瓏，喧轟宇宙通。知音纔側耳，項羽過江東。與麽會，恰認得驢鞍橋作阿爺下頷。」

小參，示衆云：「僧中有奇人，俗士中亦有奇人。聖朝楊億侍郎有頌云：『八角磨盤空裏走，金毛師子變作狗。擬欲藏身北斗中，應須合掌南辰後。』」師云：「要會麽？一偈播諸方，塞斷衲僧口。」下座。

上堂云：「有句無句，如藤倚樹。樹倒藤枯，恰認得箇倒根處。」

上堂云：「霧卷雲收，江山迥秀。不傷物義，波斯去帽。」

上堂云：「麄言及細語，皆歸第一義。諸上座每日上來，老僧説夢，誑嚇諸人。雖然如是，子承父業，賺殺多少人。」下座。

上堂云：「十地驚心，二乘罔測，銅頭鐵額。」擊禪牀下座。

上堂云：「端然據坐，度脚買靴，左視右顧，不准一錢。」

上堂，舉先翠巖云：「我一夏與師僧東説西話，你看我眉毛在麽？」保福云：「作賊人心虛。」師云：「何故如是？得人一牛，還人一馬。」下座。

上堂云：「大洋海底排班位，從頭第二鬢毛斑。爲什麽不道第一鬢毛斑？要會麽？金虀銀絲成玉露，高僧不坐鳳凰臺。」下座。

上堂云：「竪窮三際，横徧十方。拈起也帝釋心驚，放下也地神膽戰。不拈不放，喚作什麽？」自云：「蝦蟆。」下座。

上堂云：「若有仙陀者，更不待毫光。」下座。

上堂云：「三世諸佛不知有，狸奴白牯却知有。」乃拈起拂子云：「狸奴白牯，總在這裏放光動地。何謂如此？兩段不同。」下座。

上堂云：「德山入門便棒，臨濟入門便喝。翠巖這裏卽不然，三門前好與三十棒。何謂如此？棒喝齊施早已賒，古今皆贊絶周遮。二途不涉憑何説，南海波斯獻象牙。」下座。

上堂云：「大衆集定，現成公案，也是打揲不辦。」下座。

上堂，拈起香匣云：「明頭暗合。道得，天下横行；若道不得，且合却。」下座。

上堂云：「砂裏無油事可哀，翠巖嚼飯餧嬰孩。他時好惡知端的，始覺從前滿面灰。」擊禪牀下座。

因筠州張一郎到。上堂云：「久思張處士，相別十餘月。今日上山來，鐵鉢貢山蕨。歸去到筠陽，但請與麼説。」

上堂，僧問：「一切有爲法，如夢幻泡影。真實事請師舉。」師云：「兩段不同，向下文長。」問：「滿身是眼，口在什麼處？」師云：「三跳。」僧云：「學人不會，特伸請益。」師云：「章底詞秋罷，歌韻向春生。」師乃云：「雲收霧卷江山白，皎日凝波又多途。」下座。

拈古

舉外道問佛：「不問有言，不問無言。」世尊據坐。外道云：「世尊大慈大悲，開我迷雲，令我得入。」師云：「大小世尊被外道當面塗糊，只如外道云令我得入，要且不曾夢見。既不曾夢見，爲什麼悟去？」

阿難問迦葉：「佛傳金襴外，別傳箇什麼？」迦葉召阿難，難應諾。迦葉云：「倒却門前刹竿着。」師云：「千年無影樹，今時没底靴。」

五通仙人問佛云：「佛有六通，我有五通。如何是那一通？」佛召五通仙人，仙人應諾。佛云：「那一通，你問我。」師云：「五通仙人如是問，佛如是答，要且不會那一通。」

祖師問童子云：「汝從何來？」子云：「我心非往。」祖云：「你住何所？」子云：「我心非止。」祖云：「汝無定也。」子云：「諸佛亦然。」祖云：「你非諸佛。」子云：「諸佛亦非。」師云：「祖師一問，童子一答，總欠會在。如今諸人作麼生會？」

罽賓國王仗劒問師子尊者云：「師得蘊空否？」者云：「已得蘊空。」王云：「還離生死否？」者云：「已離生死。」王云：「既離生死，當施我頭。」者云：「身非我有，豈況於頭。」王斬之，白乳高數尺，王臂自落。

師云：「當時尊者引頸，王便舉刃。當恁麼時，有人出來諫得住麼？至今無人斷此公案。如今衲僧作麼生斷？」傅大士云：「夜夜抱佛眠，朝朝還共起，起坐鎮相隨，如身影相似。欲識佛去處，只這語聲是。」玄沙云：「大小傅大士，只認得箇昭昭靈靈。」師云：「認與不認，來年更有新條在，惱亂春風卒未休。」寶公令人傳語思大和尚云：「何不下山來教化衆生，一向目視雲漢作什麼？」思云：「三世諸佛被我一口吞盡，何處更有衆生可度。」師云：「思大只見錐頭利，不見鑿頭方。」臨濟見僧來，竪起拂子，僧便禮拜，濟便打。師云：「這僧有理不伸，死而不吊。如今且作麼生與這僧出氣？」思和尚問神會：「從什麼處來？」會云：「曹溪來。」思云：「你在曹溪得何意旨？」會振身而立。思云：「猶帶瓦礫在。」會云：「和尚這裏莫有真金與人麼。」思云：「設有，向什麼處着？」師云：「真金瓦礫，錯下名言。如今喚作什麼？」思和尚令石頭送書與讓和尚，囘來與你一箇鉏斧子住山。石頭才到便問：「不求諸聖，不重〔一〕己靈時如何？」讓云：「子問太高生，何不向下問。」頭云：「寧可永劫受沉淪，不從諸聖求解脫。」便歸去。思云：「書達否？」頭云：「書亦不達，信亦不通。去日蒙和尚許箇鉏斧子，便請。」思垂下一足，頭便禮拜。師云：「思和尚垂足，石頭禮拜出去。要且不得他鉏斧子，且道後來石頭用箇什麼？」五洩到石頭便問：「一言相契卽住，一言不契卽去。」石頭據坐。洩云：「與麼則不相契也。」便出。石頭召云：「闍黎！」洩囘首。頭云：「從生至老，只是這箇囘頭，作麼？」洩忽然大悟，便抝折拄杖。洞山云：「當時若不是五洩先師，也大難承當。雖然如是，猶涉途在。」師云：「石頭據坐，五洩便去。石頭召他，却成多事。」

〔一〕「重」，語要作「問」。

有尼參臨濟，要開堂。談空勘云：「你有五障，不得開堂。」尼云：「龍女成佛有幾障？」空云：「龍女現十八變，你試變看。」尼云：「不是野狐精，變箇什麽。」空便打數下。師云：「且道尼具眼麽？只擔得箇斷貫索，且作麽生會？」僧問藥山：「學人有疑，請師決。」山云：「晚間上來，爲闍黎決疑。」至晚上堂，大衆集定，山云：「今日決疑，僧在麽？」其僧便出來。山下座把住云：「大衆，這僧有疑。」與一推便歸方丈。師云：「藥山決疑，土上加泥。然雖如是，這僧也不得孤負藥山。」藥山尋常不爲師僧説話，院主白云：「堂中師僧久思和尚示誨。」山云：「槌鐘着。」大衆集定，便歸方丈。院主隨後問云：「和尚許爲大衆説話，爲什麽一言不措。」山云：「經有經師，論有論師，争恠得老僧。」師云：「藥山歸方丈，當初院主恠藥山不爲他説話，可謂誤他三軍。」

藥山示衆云：「智不到處，切忌道着。道着即頭角生。」道吾便出去。雲巖問藥山：「智師兄爲什麽不祗對和尚？」山云：「却是智頭陁會得，你去問取。」雲巖却去問：「師兄適來爲什麽不祗對和尚？」吾云：「我今日頭痛，你問取和尚。」雲巖遷化了，吾云：「雲巖不知有，悔不當初向伊道。雖然如是，要且不違藥山之子。」師云：「『雲巖不知有，悔不當初向伊道。』只如道吾與麽道，還有也無？」

大慈和尚云：「老僧一生不會答話，只解識病。」時有僧出來，大慈便歸方丈。師云：「這僧出來，大慈便歸方丈，並無箇道理。什麽處是識病處？如今也須子細。」

僧參汝州南院，纔到面前，僧云：「敗也。」院引拄杖向僧面前，僧無語，院便打。師云：「這僧只知頂上生光，不知脚下有刺。」

觀和尚見新到來，作麵引次，以引示之，其僧便去。觀至晚間問首座：「新到在什麼處？」座云：「當時便去。」觀云：「是即是，祇得一橛。」師云：「觀和尚道他得一橛，大似壓良爲賤。何故？爲他彼此是出家兒。」

南泉拈起蕨菜問杉山：「這箇大好供養。」山云：「非但者箇，百味珍羞，他亦不顧。」泉云：「雖然如是，總須嘗過。」師云：「杉山與麼道，還免得麼？若免得去，未具眼在；若免不得，又違前言。」

魯祖見僧來，便面壁。師云：「魯祖何勞如此，不用面壁。若有僧來，云：見什麼，知時好。」

鄧隱峯在襄州破威儀堂，只著襯衣。拈靜槌云：「道得卽不打，道不得卽打。」衆皆默然，峯便打。師云：「此語有勘破處。且道勘破阿誰？」

臨濟上堂，有僧出立，濟便喝。僧禮拜，濟便打。師云：「臨濟也大正。如今作麼生會？」

僧問洞山：「時時勤拂拭，莫使有塵埃。爲什麼不得他衣鉢？」山云：「直道本來無一物，也未得他衣鉢在。」師云：「總不得他衣鉢，與佛同參，且道參得阿誰？」

同光帝問興化：「朕收得中原之寶，只是無人酬價。」化云：「如何是陛下中原之寶？」帝引手展襆頭脚。化云：「君王之寶，誰敢酬價。」師云：「興化下一着語，可謂酩酊。如今作麼生斷？」

靈雲悟桃花頌：「三十年來尋劍客，幾回落葉又抽枝。自從一見桃花後，直至如今更不疑。」遂舉似潙山。山云：「從緣得入，永無退失，汝善護持。」又舉似玄沙。沙云：「諦當甚諦當，敢保老兄未徹在。」師云：「有人如今問玄沙意作麼生。且道這箇人還徹也未？」

臨濟上堂，有僧出來，濟便喝，僧亦喝，便禮拜。濟便打，僧無語。師云：「臨濟也太心麤，好彩是這僧。若是今時衲僧，且作麽生出氣？」

地藏問僧：「什麽處來？」僧云：「南方來。」藏云：「南方有何言教示徒？」僧云：「彼中金屑雖貴，眼裏着不得。」藏云：「我道須彌山在你眼裏。」師云：「且道地藏還免得這僧眼麽？」

僧問趙州：「大耳三藏第三度覓國師不見，未審在什麽處？」州云：「在大耳三藏鼻孔裏。」師云：「只如三藏還免得國師鼻孔麽？」國師三喚侍者，侍者三應。國師云：「將爲吾辜負汝，誰知汝辜負吾。」師云：「國師與侍者總欠會在。如今作麽生會？」

欽山問德山云：「天皇也與麽道，龍潭也與麽道。未審德山如何道？」德山云：「你試舉天皇龍潭底。」欽山擬議，德山便打。師云：「欽山只顧其前，不顧其後。如今作麽生與欽山出氣？」

石鞏爲獵人，趁一鹿從馬祖庵前過，問云：「還見我鹿麽？」祖云：「你是甚人？」鞏云：「我是獵人。」祖云：「你會射麽？」鞏云：「解射。」祖云：「一箭射幾箇？」鞏云：「一箭射一箇。」祖云：「你不解射。」鞏云：「和尚莫解射否？」祖云：「我解射。」鞏云：「一箭射幾箇？」祖云：「一箭射一羣。」鞏云：「彼此生命，何用射他。」祖云：「你既如是，何不自射？」鞏云：「若教某甲自射，直是無下手處。」祖云：「這漢無明煩惱頓歇。」鞏於是以刀斷髮，在庵中執侍。師云：「馬祖一箭射一羣，猶未會射。山僧一箭射蠢動含靈，無不中者。雖然如是，只道一半，留一半與後人道。」

大禪佛參仰山，翹一足云：「釋迦老子亦如是，西天二十八祖亦如是，和尚亦如是，某甲亦如是。」仰山打四藤條。師云：「此不得作賞，不得作罰。如今作麼生會？」

香嚴示衆云：「如人上樹，口啣樹枝，脚不踏樹，手不攀枝。忽有箇人問西來意，擬欲酬他，又喪身失命；不對他，又違他所問。」師云：「問者答者俱不免喪身失命，如今衲僧作麼生會？」

玄沙示衆云：「諸方老宿盡道接物利生，忽遇三種病人，作麼生接？患盲者，拈椎竪拂，他又不見；患聾者，語言三昧，他又不聞；患瘂者，教伊説，又説不得。且道作麼生接？若接此人不得，佛法無靈驗。」師云：「早知燈是火，飯熟也多時。」玄沙上堂，衆集定，以拄杖一時趁下。向侍者道：「我今日斂入地獄若箭射。」者云：「且喜和尚再復人身。」師云：「大小玄沙前不至村，後不至店。且作麼生道得出身路？」

龍牙問翠微：「如何是祖師西來意？」微云：「與我過禪板來！」牙取禪板，微接得便打。牙云：「打卽任打，要且無祖師意。」又問臨濟：「如何是祖師西來意？」濟云：「與我過蒲團來。」牙取蒲團，濟接得便打。牙云：「打卽任打，要且無祖師意。」後住龍牙，僧問：「和尚那時問二尊宿祖師意，此二尊宿道明也未？」牙云：「明卽明矣，只是無祖師意。」師云：「當初如是，如今衲僧皮下還有血麼？」

南泉、歸宗、麻谷禮拜國師。到半路，南泉於地上畫一圓相云：「道得卽去。」歸宗入内坐，麻谷作女人拜。泉云：「與麼則不去也。」宗云：「是什麼心行？」師云：「當初若見，每人打一棒，且得天下太平。」

法燈和尚示衆云：「某甲本欲居山藏拙，養道過時。柰緣先師有不了底公案，出來了却。」時有僧問：「如何是先師不了公案？」燈打一拄杖云：「祖禰不了，殃及兒孫。」僧云：「某甲有什麼過？」燈云：「過在我殃及你。」師云：「爲衆竭力，禍出私門。」

龍牙問德山：「學人收得鏌鎁劒，擬取師頭時如何？」山云：「你向什麽處下手？」牙指地。後到洞山，纔人事了，便擧前話。洞山拽拄杖云：「還我德山頭來。」牙無語，洞山便打。師云：「當斷不斷，如今作麽生斷？」

雲居齊和尚問僧：「從什麽處來？」僧云：「堂中來。」居云：「何得自謾？」師云：「若不如是，爭知如是。」

豐干欲遊五臺，謂寒山拾得云：「你若共我遊臺，便是我同流；你若不共我遊臺，不是我同流。」寒山云：「你去遊臺作什麽？」干云：「禮拜文殊。」山云：「你不是我同流。」師云：「豐干大似辨才遇蕭翼。」

潙山問仰山：「甚處來？」仰山云：「田中來。」潙山云：「田中多少人？」仰山插鍬叉手而立。潙山云：「南山大有人刈茆。」仰山拔鍬便行。師云：「只得一橛，諸人別有會處麽？」

南泉一日兩堂爭猫兒，泉遂提起云：「道得卽不斬。」衆無語，泉便斬。後擧似趙州，州將草鞋戴頭上出去。泉云：「子若在，救得猫兒。」師云：「大小趙州只可自救。」

僧問六祖：「黄梅意旨什麽人得？」祖云：「會佛法人得。」僧云：「和尚還得否？」祖云：「不得。」僧云：「和尚爲什麽不得？」祖云：「我不會佛法。」師云：「會得二頭。不會三首。作麽生道得出身路？」

僧問趙州：「狗子還有佛性也無？」州云：「無。」僧云：「一切衆生皆有佛性，爲什麽狗子無佛性？」州云：「他有業識性在。」師云：「説有説無，也好兩彩一賽。如今作麽生道？」

雲蓋問石霜：「萬户俱閉卽不問，萬户俱開時如何？」霜云：「堂中事作麼生？」蓋云：「無人接得渠。」霜云：「道也煞道，只道得八九成。」蓋云：「却請師道。」霜云：「無人識得渠。」師云：「先行不到，末後太過。」叫[一]紫湖和尚夜於僧堂前叫捉賊，大衆皆驚。有一僧堂中出，紫湖攔胷把住云：「捉得也，捉得也。」僧云：「某甲不是。」湖云：「是卽是，只是你不肯承當。」師云：「紫湖買帽相頭。」

趙州一日雪裏卧，叫云：「相救，相救！」有一僧亦來邊卧，州便起去。師云：「這僧在趙州圈裏，還有人出得麼？」

洞山普請次，巡寮見一僧不出。山云：「你何不出普請。」僧云：「某甲不安。」山云：「你尋常安時又幾曾去？」師云：「且道此僧幾曾不去？」

龐居士問大梅和尚：「久響大梅，未審梅子熟也未？」梅云：「你向什麼處下口？」士云：「百雜碎。」梅云：「還我核來！」師云：「此二人前不至村，後不至店。」

魯祖見僧來，便面壁。南泉云：「我尋常不欲向師僧道，未具胞胎已前會取，尚不得一箇半箇。魯祖與麼驢年去。」師云：「大愚這裏卽不然，未具胞胎已前會得，打折你腰。」

中邑和尚見僧來，乃拍口作和和聲。仰山來，邑亦拍口。山從東過西，邑又拍口。山從西過東，邑又拍口。山當面而立，邑云：「你從何得？」山云：「從潙山得。」山却問邑：「師從何得？」邑云：「我從章敬得。」師云：「看兩箇老和尚可煞漏逗，對面相謾。」瑯云：「愁人莫向愁人說。」

[一]「叫」，疑衍。

達磨臨順世時，謂二祖云：「你在吾身邊得箇什麽？」祖禮拜，依位立。磨云：「汝得吾髓。」師云：「二祖被達磨塗糊，道得髓。皮也未夢見，因什麽紹嗣祖師位？」

秘魔巖常持一叉，見僧來乃云：「道得也叉下死，道不得也叉下死。」後大禪佛來，跳向秘巖懷裏，巖便撫大禪背三下，大禪起來斫手云：「三千里外賺我來。」師云：「還有賺處也無？非但賺他大禪佛，大愚今日也賺大衆上來。」瑯云：「雷聲浩大，雨點全無。」

仰山有僧來辭，山以手劃一劃，其僧不去。山又劃一劃，其僧乃去。師云：「前爲什麽不去，後爲什麽却去？要會麽？特爲注破。前一劃與後一劃都成兩劃。」

佛在日，有一女子旋遶世尊三匝，乃入定，世尊勑文殊出此女子定。文殊盡其神力，不能出得女子定。世尊云：「下方去四十二恒河沙國，有罔明菩薩能出此女子定。」于時罔明至女前彈指三下，女子從定而出。師云：「文殊是七佛之師，爲什麽出女子定不得？罔明具什麽神力，却出得？要會麽？僧投寺裏宿，賊入不良家。」

文殊問無着：「近離什麽處？」着云：「南方。」殊云：「南方佛法如何住持？」着云：「末法比丘，少奉戒律。」殊云：「多少衆？」着云：「或三百或五百。」着却問：「此間佛法如何住持？」殊云：「龍蛇混雜，凡聖同居。」着云：「多少衆？」殊云：「前三三與後三三。」師云：「文殊道前三三後三三，作麽生會？要會麽？千年無影樹，今時没底靴。」

古人道：「我有一句子，待犢牛生兒即向汝道。」師云：「我卽不然，犢牛生兒也不向你道。何故如是？若向你道，何處更有王老師？」

道吾聞趙州來，吾取豹皮裩着，將吉嘹杖於三門下，翹一足。州纔到，吾便唱諾。州云：「小心伏事着。」吾又唱諾。師云：「有人見得此二人落處，不妨具眼。若不知落處，未具眼在。」乃擊禪床一下云：「若也不會，打與三百。」

德山小參示衆云：「今夜不答話，有問話者三十棒。」有僧出禮拜，德山便打。僧云：「某甲話也未問，和尚爲什麽打某甲？」德山云：「你是甚處人？」僧云：「新羅人。」山云：「未踏船舷，好與三十棒。」師云：「時人盡道德山作家用得好。若與麽，還曾夢見麽？大愚道：『德山被這僧一推，直得瓦解冰消。』雖然如是，今日覓一箇尊宿也大難得。」

普眼菩薩入定，遍觀三千大千世界，覓普賢菩薩不見，未審普賢在什麽處。佛言：「汝但於静三昧中起一念，必見普賢在空中乘六牙白象。」師云：「諸人者且作麽會？普眼推倒世尊，世尊推倒普眼。你且道普賢在什麽處？」

劒頌

輝日流光勢，還曾結衆疑。吹毛横宇宙，擬把却施爲。瞥起和根去，擡眸早已遲。投機須得妙，何處覓牟尼。

中國佛教典籍選刊

古尊宿語録

下

〔宋〕賾藏主　編集
蕭萐父　吕有祥　蔡兆華　點校

古尊宿語録卷第二十六

舒州法華山(全)舉和尚語要

師入院上堂，示衆云：「夫第一義諦，非智辯所詮、心機所測，教外别傳，不立文字。既到這裏，復且如何？直須坐斷毗盧，不存凡聖。還能如是麽？若也未能，山僧重説偈言去也。『不結毗盧印，那弘古佛心。明月照幽谷，寒濤助夜砧。』諸人委悉麽？各希發問。」問：「昔日靈山分半座，師今登陟意如何？」師云：「你承當得麽？」問：「如何是法華境？」師云：「後不搆前。」「如何是境中人？」師云：「三日後看。」問：「祖意西來事，請師直指陳。」師云：「截耳卧街。」僧云：「見者盡攢眉。」師云：「非公境界。」問：「不落今時，請師道。」師云：「落。」問：「如何是佛？」師云：「蘆芽穿膝。」僧云：「如何是道？」師云：「七縱八横。」僧云：「如何是道中人？」師云：「緊裹頭。」僧云：「如何是和尚家風？」師云：「廣額旃陁羅。」問：「如何是祖師西來意？」師云：「朱脣皓齒。」僧云：「學人不會。」師云：「斜墜搔首。」問：「牛頭未見四祖時，爲什麽百鳥啣花？」師云：「果熟猿猱重。」僧云：「見後爲什麽不啣花？」師云：「疎林鳥不過。」問：「雪覆千山時如何？」師云：「樵人迷古路，漁父鏁孤舟。」問：「可來白雲裏，教你紫芝歌。如何是紫芝歌？」師云：「不是吴音，切須漢語。」問：「數日不聞師誨語，今朝陞座意如何？」師云：「一年春盡一年春。」師乃云：「夫參學須具擇法眼，不得顢頇。若得正眼精明，一切無滯。不見古人道：『一句語中須具三玄，一玄中須具三要。』古人恁麼道，意在於何？鷲王擇乳，素非鴨類。」

上堂云：「卽心卽佛，黄葉止啼；非心非佛，驗病施方。你道到這裏作麼生？」

上堂云：「擬著卽垜生招箭，不擬著卽三千里外。」

上堂云：「白眉不展手，長安路坦然。歸堂喫茶去。」

上堂云：「釋迦不出世，達磨不西來。佛法遍天下，談玄口不開。」

上堂云：「若開口，又成增語；不開口去，又成剩語。」乃云：「金輪天子勑，草店家風別。」

上堂云：「菩提離言説，從來無得人。雖然如是，不免口過。」

上堂云：「心不是佛，智不是道。且道是什麼？刻舟求劒，膠柱調絃。」

上堂云：「三乘十二分教，只是箇藥方。且道治什麼病？」乃云：「父母緣生口。」

上堂云：「鐘鳴鼓響，鵶鳴鳴噪。爲你諸人説般若、講涅槃了也。諸人還信得及麼？觀音勢至向諸人面前作大神通。若信不及，却往他方救苦利生去也。」

上堂云：「三世諸佛，口掛壁上。天下老和尚作麼生措手？你諸人到諸方作麼生舉？山僧恁麼道，也是久日樺來唇。」喝一喝。

上堂云：「古人有一轉不了底因緣，舉似大衆，分明記取。」

上堂云：「諸高德，叢林規矩，朝晚二時上來相見，一回卽不可。若約佛法事，塵劫來未曾昧。雖然如是，敗種且不發芽。」

上堂云：「大衆會麽？師子一滴乳，能破八斛驢乳。記得僧問老宿如何是佛，對云不封不樹。大衆會麽？若不會，重下注脚去也。不封不樹以棘欒。」

上堂云：「古人道：『我若一向舉揚宗乘，法堂裏草深一丈，不可爲闍黎鑠却僧堂門去也。』雖然如是，也是烏龜陸地弄塵行。」

上堂，舉古人道：「一塵起，大地收。」師云：「一葉落，天下秋。」

上堂，舉「南泉云：『道箇如如早是變也，今時師僧須向異類中行始得。』且道作麽生是異類中行？」

上堂，舉「僧問曹山：『如何是一不老？』山云：『枯木。』僧云：『如何是一老？』山云：『不扶持。』有僧舉似九峯，峯云：『三從六義。』諸上座會麽？愛他年少婦，須是白頭兒。」乃云：「石牛長臥三春霧，木馬嘶時秋後泉。」

上堂云：「語漸也，返常合道。論頓也，不留朕迹。直饒論其頓返其常，也是抑而爲之。」

開爐示衆云：「一二三四五，任君顛倒舉。露柱與燈籠，何曾成佛祖。不惜眉毛者，直下便道取。」僧問：「未審道箇什麽？」師云：「潔己輕裝外，瓶盂共毳袍。」僧云：「正當與麽時如何？」師云：「夜禪孤月冷，晨朝片雲高。」僧擬議，師云：「會麽？」僧云：「不會。」師遂作頌示之云：「三十五十，何須更舉。方圓變通，去除佛祖。他未彰名，余不能取。」

僧問：「如何是賓中賓？」師云：「開口雖無力，吐氣却慚惶。」僧云：「如何是賓中主？」師云：「一條新竹杖，三事舊麻衣。」僧云：「如何是主中賓？」師云：「崚屼何人顧，坦然孰可聞。」僧云：「如何是主中主？」師云：「萬仞齊開覩，千峯露出顏。」

僧問：「如何是奪人不奪境？」師云：「春生夏長，秋收冬藏。」僧云：「如何是奪境不奪人？」師云：「一朝權在手，看取令行時。」僧云：「如何是人境兩俱奪？」師云：「寰中天子貴，塞外將軍雄。」僧云：「如何是人境俱不奪？」師云：「一等乾坤，日月俱明。」

問：「如何是佛？」師云：「手不如脚。」僧云：「如何是諸佛家風？」師云：「荒田耕不罷，又被別人爭。」問：「自古及今，不從人得。六祖，黃梅傳箇什麼？」師云：「德山棒。」僧云：「傳後如何？」師云：「那用臨濟喝。」問：「如何是佛？」師云：「紫雲常棒足，黑霧擁身行。」問：「法身無形，如何建立？」師云：「古廟香爐。」問：「牛頭未見四祖時如何？」師云：「新鞔鼓子鼕鼕響。」僧云：「見後如何？」「舊鼓皮寬打不鳴。」問：「生死事大，請師相救。」師云：「洞庭湖裏失却舡。」問：「如何是本源？」師云：「山高峯峻。」問：「語不投機，請師提唱。」師云：「山藏海納。」問：「久居岩谷，一物全無時如何？」師云：「脚瘦草鞋寬。」問：「不犯一切，請師提綱。」師云：「聾人遠聽。」問：「自知當作佛，未審什麼人證據。」師云：「志公剪刀。」

問：「如何是親切一句？」師云：「六祖是新州人。」問：「如何是最初一句？」師云：「父母未生前。」問：「如何是不動尊？」師云：「今日遭逢。」問：「如何是透法身句？」師云：「三箇猫兒一箇獰。」僧云：「如何是法身？」師云：「無過於此。」問：「不動根源，如何接物？」師云：「惡虎不如善猫兒。」問：「祖意教意，是同是別？」師云：「赤水求珠，孫賓打瓦。」

僧入室次，師垂語云：「重整釣竿横海上，抛鈎未必愛魚吞。」僧云：「多年枯木，今日重生。」師自代云：「紅絲曲裏無金磬，碧旗歌外有文官。」僧云：「垂下緑絲重著餌，必然釣得大金魚。」僧入室，展座具始收，師云：「一展一收，法法皆周，擬欲更問，著甚來由。」遂問：「會麽？」僧云：「不會。」師便打。

問：「既是善知識，爲什麽事養生殺生？」師云：「生者自生，死者自死。未雨先驚蟄，只要小蛇知。」問：「師唱誰家曲，宗風嗣阿誰？」師云：「藏頭白，海頭黑」，僧云：「汾陽的子，臨濟兒孫去也。」師云：「莫亂針錐。」問：「法華專使伸三請，祖意西來事若何？」師云：「天晴道路乾。」問：「德山棒，臨濟喝。意旨如何？」師云：「截舌三分。」僧云：「四海傳揚去也。」師云：「苦痛深。」

僧問：「如何是賓中賓？」師云：「冥然渡曉春。」僧云：「如何是賓中主？」師云：「莫謾窺門户。」僧云：「如何是主中賓？」師云：「威喪濟漂淪。」僧云：「如何是主中主？」師云：「光寒星斗稀。」問：「如何是奪人不奪境？」師云：「白菊乍開重日暖，百年公子不逢春。」僧云：「如何是奪境不奪人？」師云：「大地絶消息，翛然獨任真。」問：「如何是人境兩俱奪？」師云：「草荒人變色，凡聖兩齊亡。」問：「如何是人境俱不奪？」師云：「清風伴明月，野老笑相親。」

僧問：「承古有言，須彌爲槌，虚空爲鼓。還許學人打也無？」師云：「無你下手處。」僧云：「更不請鎚。」師云：「我不能打得你。」遂頌云：「鹽官有鼓高低辨，于此南泉便整齊。背面須來唐土擊，當頭不薦北番提。入番急磨腰下劒，出塞須用自家才。珍重老師不轟破，我在江東君在西。」

僧問：「學人未遇大機，請師一喝。」師云：「是什麽機？」僧云：「大機。」師云：「若是大機，争受一喝？」

僧便喝。師云："一潭緑水，兩處洪波。"僧有頌云："高提祖印息狂機，坐卧應須鑑者知。却被明師全打破，外求佛祖豈爲奇。"

問："承師有言，一物不將來，放下箇什麽。意旨如何？"師云："你是了因，放下箇什麽？"僧云："佛法無多子。"師云："欠我劈脊棒，你作麽生？"僧云："元來無許多般，如今却作模樣。"師以頌示云："汝錫高飛我即休，此生無喜亦無憂。雲開任待風吹散，留取碧潭月正秋。"

僧問："趙州東門西門南門北門，意旨如何？"師云："有問有答。"僧云："不問不答時如何？"師云："却被你道著。"以頌示之云："四般俱已息，六種豈能分。倚南閑度日，傍北別無門。巧語從教設，玄辭謾共論。逈出威音外，不到是非奔。"

僧問："如何是雲門一竅？"師云："開張閉合。"遂以頌示之云："雲門一竅坐問心，把斷遊人更莫尋。任是有誰居壁上，也教無事訪知音。"

僧問："如何是本來宗？"師云："密室不通風，却問你作麽生會？"僧云："春日櫻桃朶朶紅。"僧云："如何是本來宗？"師云："不問不答。"僧云："豈無方便。"師云："明明向你道。"僧云："謝師方便。"師云："汝莫受方便。"僧云："官不容針，私通車馬。"師云："千山堆皓玉，萬木折寒梅。"遂以頌示之："今古甚有方便，是物頭頭露現。坦然萬樣千般，突兀無過有焰。未悟且須保惜，悟了便生厭賤。中下急急著眼，上士誰能顧盼。"

因僧參，有頌："要接諸人向上坡，左手提携右手過。太陽焰裏分八字，南海波斯不較多。"僧問：

「要接諸人卽不問，如何是向上坡？」師云：「窻外月徹曉，室中燈更明。」僧云：「左手提携卽不問，如何是右手過？」師云：「放開非在手，却閉不從他。」僧云：「太陽影裏卽不問，如何是分八字？」師云：「船主能藏寶，青巾蓋頂門。」

僧問：「如何是西來的的意？」師云：「與我取拂子來！」僧過拂與師，師便打。僧於此有省，遂以頌呈：「蒙師一拂太多端，打破從來滿肚憨。別處不能求妙解，目前却覩自家顔。」

僧問：「久在途中，請師一接。」師云：「虛空烜爀無涯岸，海月圓時別有天。」僧云：「不會。」師云：「却是真箇。」遂以頌示之：「學道如行路，途中未得休。直到長安日，方能見聖游。」

嶺南懃和尚有頌示本禪人云：「林葉始經秋，游雲出幽谷。禪人錫亂飛，往復不往復。往復不往復，六六三十六。」師因見，乃問：「作麽生是往復不往復？」本云：「歷歷乾坤外，的的宇宙中。」師云：「作麽生是六六三十六？」本云：「今日既然煩道用，得師坦蕩至無爲。」

師游園，見千葉蓮池，乃問僧云：「池在這裏，蓮在甚處？」僧云：「白浪起時應難見，未覩波澄別却逢。」師云：「明向上事。」僧却問師：「池在此，蓮在甚處？」師云：「未至日藏青葦外，時來透向碧波心。」僧遂以頌呈：「四海應難見，五湖易得存。綠波還有月，白浪忽成紋。朵朵分千葉，數株共一根。久在池中長，誰人折上盤。」

問：「七星光彩天將曉，不犯皇風試道看！」師云：「將軍馬蹄紅。」僧云：「錯。」師便打。僧云：「灼然。」師云：「七棒對十三。」僧禮拜，師噓噓。

問：「法華曾演汾陽旨，白雲今日事如何？」師云：「誰知席帽下，元是昔愁人。」問：「驪珠逐月即不問，龍劍衝星事若何？」師云：「寒光急急。」問：「萬里無雲即不問，一條霜刃事如何？」師云：「誰敢動著。」僧禮拜。師云：「小慈妨大慈。」便打。問：「智識不到處時如何？」師云：「三門不曾開。」僧云：「誰是知音者？」師云：「口似鼻孔。」問：「寶劍未出匣時如何？」師云：「住。」僧云：「出匣後如何？」師云：「點。」僧禮拜。師云：「三三。」

問：「如何是佛？」師云：「波斯倚夜臺。」問：「古人道：『承言者喪，滯句者迷。』學人總不恁麼時，如何？」師云：「點檢舌頭看！」僧云：「官不容針，私通車馬。」師云：「伶俐人難得。」問：「明月海雲遮不得，舒光直透水晶宮時如何？」師云：「打破了來相見。」

問：「佛身充滿於法界，未審向什麼處行履？」師云：「眉毛重多少？」僧云：「不離當處常湛然。」師云：「滯殼迷封。」問：「不落言詮，請師端的。」師云：「鐵門路嶮。」問：「驪龍含月即且置，龍劍衝天試用看！」師云：「山河岌峇，日月斗昏。」僧禮拜，師噓噓。僧問：「如何是佛？」師云：「老僧當門無齒。」僧云：「爲什麼如此？」師云：「只爲老僧謗佛。」

小參，示衆云：「諸上座，禪僧家以寂住爲本。夫行脚者不在觀州翫府，看山門景致過時，爲什麼事？蓋爲生死事大。從上古人，凡到所在，見一箇村院主，也須問過。如今晚學往往蹉過，不肯遞相博問。記得龍牙問德山：『學人仗鏌鎁劍，擬取師頭時如何？』德山便引頸。牙云：『師頭落也。』德山便休。諸上座，莫是德山無機鋒麼？爲當別有道理？」乃云：「德山引頸，龍牙劍鬣。」

小參，示衆云：「諸上座，佛法有什麼事也？莫見老和尚道無事，便無事去。法身無爲，不墮諸數。古德道：『不信佛菩提，是則解空第一。』所以道，説佛説祖，談玄談妙，皆屬增減語。既然如是，諸人又向什麼處參？須具行脚眼始得。」乃拈拄杖云：「有人道得麼？出來相見。有麼有麼？」衆無對。師云：「老僧今日失利。」

師因入縣看官，岑員外問：「文殊騎師子，普賢騎象王。和尚爲什麼不乘騎？」師云：「院中無。」外云：「達磨乘蘆渡龍慶江，和尚打轎又且何妨？」師云：「山僧不捏恠。」

師訪郡主郎中。云：「舍弟屯田，不會祖師道。」師云：「屯田雖不會，刑部又且標格不同。」中云：「雖然如是，柰何心中未達？」師云：「文彩已彰。」中云：「不敢。」師云：「爭敢埋没。」中又云：「今時參學人好教他見德山。」師云：「見後如何？」中大笑。師云：「對覿不施。」

天使牛太保入寺，舉李都尉法身頌，請師指示。師云：「天使甚處人事？」使云：「東京城裏人。」「東京城裏説話，西京城裏應諾。」使云：「不會，乞師指示。」師云：「張公喫酒李公醉，鍾馗解舞十拍子。」使云：「弟子夙生多幸。」作禮而去。

戚殿丞入寺，遊山行次，見粟穜遂問：「黄底是，白底是？」師云：「粟。」戚公令人搓破。師云：「今日遭皮剝。」戚云：「也須點檢。」師云：「今日失利。」戚到清泉又問：「泉爲什麼太混？」師云：「昨日山中大會。」戚云：「今日事作麼生？」師云：「鬧從何處來？」

王學士同運使到院，師云：「請學士祇應運使説話，山僧只知林下事。」學云：「未審林下事如何？」

師云：「苦益菜羹粟米飯。」又云：「偏打不防家。」

行録

師至荆南分金善和尚處。問：「回互不回互？」師云：「總不恁麽。」金云：「爲什麽喫福昌棒？」師云：「一家有事百家忙。」金云：「爲什麽脱空謾語？」師云：「事不孤起。」金云：「入水見長人。」師云：「調琴澄太古，琢句體全真。」遂呈頌云：「回互不讓前，當頭户底閑。罕逢臨濟喝，蹉過老德山。世事從他到，鳥道絶人攀。偶儻天然竅，坐斷趙州關。」

到公安遠和尚處。問：「作麽生是伽藍？」師云：「深山藏獨虎，淺草露羣蛇。」遠云：「作麽生是伽藍中人？」師云：「青松盖不得，黄葉豈能遮。」遠云：「道什麽？」師云：「少年翫盡天邊月，潦倒浮桑勿日頭。」遠云：「一句兩句雲開月露，作麽生？」師云：「照破佛祖。」

師到荆南延壽，賢和尚問：「海竭人亡作麽生？」師云：「毒蛇不咬人。」賢云：「爲什麽如此？」師云：「風引溪雲斷，泉衝石徑斜。」

師到夾山，入真首座室，真云：「還見麽？」師云：「萬事全無。」真云：「還不見麽？」師云：「千般皆在手。」師遂問首座：「未見澄散聖時如何？」座云：「湖南江西。」師云：「見後如何？」座云：「江西湖南。」師云：「却共首座一般。」座云：「打草要蛇驚。」師云：「某甲終不捏恠。」偶述頌呈：「同往韶陽路，行來逈且殊。南臺猶不顧，北嶽豈能拘。有語深藏却，無言淺露珠。雖然名得免，聲已振西瞿。」

師到神鼎，鼎問：「一朶峯巒上，獨樹不成林。作麽生？」師云：「水分紅樹淺，澗遶碧泉深。」鼎云：「作麽生是回互之機？」師云：「盲人却無眼。」頌云：「天曉不明海翫珠，情無捩出背擎書。劣形馳步愁長路，絶念還同上太虚。」

師到福嚴，承和尚問：「作麽生是圓容相？」師云：「木人嶺上休相覩，石女溪邊更莫逢。」師遂問：「如何是和尚圓容相？」嚴云：「老病尋常發，蹤踵無較時。」師云：「容卽不問，如何是圓？」嚴云：「法界廣無邊。」師云：「圓卽不問，如何是容？」嚴云：「消却了也。」嚴遂問：「不容不圓時如何？」師云：「虚空無背面，鳥道絶東西。」遂呈頌云：「溢月流波灌紫微，交羅紅浡海心飛。圓容妙相權施設，倜儻無門説向誰。」

師在福嚴，入惠照室，問：「承古有言，狸奴白牯却知有，三世諸佛爲什麽不知有？」照云：「只爲太惺惺。」師云：「狸奴白牯爲什麽却知有？」照云：「争怪得伊。」師却問：「如何是福嚴境？」照云：「漱泉秋鶴至，蟬樹夜猿過。」照却問：「作麽生是南嶽境？」師云：「風休林自直，雲静月彌新。」照云：「作麽生是境中人？」師云：「草色青隨步，藍光碧照衣。」

師到石霜，入慈明室，明云：「作麽生是向上一竅？」師云：「二竅俱明。」霜云：「還見七十二峯麽？」師云：「有甚掩處？」霜云：「道什麽？」師云：「今日觸忤和尚。」霜便打。師云：「作麽生？」霜云：「將謂收番猛將，元來是小小長行。」師云：「雅淡呈秋色，馨香噴月華。」遂呈頌云：「收番猛將彼方奇，勢劣翻思握劒歸。塞外從教誇勇健，寰中争敢鬭龍威。放開急着金牙竅，更閉那吒擁節旗。蘇武英雄能透出，張良喪却目前機。」

到大愚芝和尚處。問：「古人見桃花意作麽生？」師云：「曲不藏直。」愚云：「那箇且從，者箇作麽生？」師云：「大街拾得金，四隣争得知。」愚云：「上座還知麽？」師云：「路逢劒客須呈劒，不是詩人莫獻詩。」愚云：「作家詩客。」師云：「一條紅線兩人牽。」愚云：「玄沙道：『諦當甚諦當。』又作麽生？」師云：「海枯終見底，人死不知心。」愚云：「却是。」師云：「樓閣凌雲勢，峯巒疊翠層。」遂呈頌云：「鳳返自騰霄漢去，靈雲桃樹老鵶棲。古今休頌桃花意，天上人間不可陪。」

師到廬山羅漢祖印大師處，卽舉頌云：「北斗藏身事已彰，法身從此露堂堂。雲門賺殺他家子，直至如今亂度量。」乃云：「老僧當時作此頌，直得天下老和尚不肯上座，作麽生？」師云：「争敢。」印云：「作麽生？」師云：「凌晨昇寶座，應不讓南能。」遂呈頌云：「北斗藏身事坦然，法身無狀透何邊。後人不曉前人意，水底撑船捉月天。」

師到棲賢，入室問：「如何是佛？」賢云：「張三李四。」師云：「意旨如何？」賢云：「餬餅討甚汁？」遂呈頌云：「去短求長本不移，他人與汝未爲奇。雖然搆得些些飽，終久何曾免得饑。」

師到祖峯戒和尚處，入室，戒問：「作麽生是絶羈絆底人？」師云：「番手把馬籠。」戒云：「却是作家。」師云：「背邊打不着。」戒云：「爲什麽却上來下去？」師云：「和尚向甚處見上來下去？」戒便打。師云：「一言無別路，千古不來人。」遂呈頌云：「直上猶難到，回來轉更遲。若言禪與理，特地隔須彌。」

師到蘇州翠峯素和尚處，入室，舉僧問風穴：「如何是佛？」穴云：「嘶風木馬緣無絆，背角泥牛痛下鞭。」峯問：「背鞭一句作麽生道？」師云：「翻身師子威雄大，争敢當頭露爪牙。」峯云：「放你一線道。」師云：「七顛八倒。」峯云：「收。」師云：「了。」

到翠峯顯和尚處。問：「牛喫草，草喫牛？」師云：「回頭一就尾，宛轉萬重關。」峯云：「應知不背面，須教在目前。」師云：「驗在目前。」峯云：「自領出去。」

師到杭州興教，入室，擧僧問一和尚：「如何是佛？」一云：「陳橘皮。」師遂問：「意旨如何？」教云：「猫兒頭上雀兒窠。」師遂呈頌云：「問佛師言答橘皮，更無一法可相違。眉毛翻起應難見，背向終教是與非。」復頌云：「寸草密藏師子多，猫兒頭上雀兒窠。擬欲傾窠不喪命，直隨鷂子過新羅。」

到杭州西庵，庵主曾見明招，擧一頌云：「絶頂西峯上，峻機誰敢當。超然凡聖外，瞥起兩重光。」師問：「如何是兩重光？」主云：「月從東出，日向西没。」師云：「庵主未見明招時如何？」主云：「滿傾油難盡。」「見後如何？」「多心易得乾。」

師到瑯琊。問：「上座近離甚處？」師云：「兩浙。」瑯云：「船來陸來？」師云：「船來。」瑯云：「船在甚麽處？」師云：「步下。」瑯云：「不涉程途一句作麽生道？」師云：「杜撰長老如麻似粟。」便拂袖而去。瑯遂問侍者：「此是什麽人？」者云：「擧上座。」瑯云：「莫是擧師叔麽？當時先師教我尋見伊。」遂親下旦過堂，問：「上座莫是擧師叔麽？莫怪某甲適來相觸忤師叔喝。」復問：「長老何時到汾陽？」瑯云：「恁麽時到。」師云：「我在浙江早聞你名，元來見解只如此。何得名播寰宇耶？」遂作禮。

偈頌〔一〕

頌首山西來意

風吹日炙少人知，頂仰先賢對此機。饒君曠刼生前會，穿耳胡僧也皺眉。

透法身二頌

人問透法身，隨宜爲指陳。大地如膠漆，長江波鼞鼙。須彌起舞，天帝不瞋。一人之力，不如百人。

綱宗

兩刃交鋒事嶮巇，沙場六月雪花飛。如今更擬圓真實，白眉應教入素闈。

十二時歌

夜半子，伊余静座寒堂裏。月圓日滿不曾虧，方朔由來悮宫徵。
鷄鳴丑，森羅萬象歸元首。一聲聲後九衢聞，年光任你侵蒲柳。
平旦寅，烏龜穿破髑髏門。山伯不知何處去，扶桑天子笑忻忻。
日出卯，千門萬户呈機巧。織成蜀錦與吴綾，到頭成壞行相撓。
食時辰，麁細將來不厭忻。寒則着衣飢喫飯，途中往往問疎親。

〔一〕「偈頌」二字係點校者補。

禺中巳，華藏已開見慈氏。驚起毗盧頂上人，拍手呵呵闔闔裏。
正中午，髣髴乾城猶未許。金輪天子下閻浮，移却西天作東土。
日昳未，石室老僧禪未起。門前時有問津人，樓至擎拳先指示。
晡時申，柴門不掩去來人。石室丹霞謾費力，歷歷分明真不真。
日入酉，時擊疎鐘滿林吼。自他爽昧各方圓，剛被時人分好醜。
黄昏戌，才燭銀缸昬暗失。晦魄山童速報來，金烏早向西方出。
人定亥，抖擻壞衣線長在。不羨羅紈錦繡袍，迦葉師兄相笑待。

古尊宿語録卷第二十七

舒州龍門(清遠)佛眼和尚語録

住南康雲居嗣法善悟編

佛眼清遠禪師，臨邛李氏子。師初住舒州天寧。開堂日，提刑、學士、權郡、承議，燒香度疏與師。接得示大衆云：「天不能蓋，地不能載，漏泄天機，言言堪愛。且道如何是堪愛之言？」良久云：「分明記取，舉似作家。」遂度與表白宣罷。師指法座云：「古聖道，爲法來耶，爲床座來耶？我爲法來，非爲床座。」師咄云：「是何言歟？」便陞座拈香云：「此一瓣香祝延今上皇帝陛下，伏願龍圖永固，鳳曆長新，八表稱臣，四維歌化。」次拈香云：「此一瓣香奉爲提刑、學士、權郡、承議，洎闔郡尊官，伏願嘉聲藹著，善政日新，頻承雨露之恩，坐聽鹽梅之詔。」次拈香云：「此一瓣香還知落處麽？欲隱彌露，在晦愈明。本欲拋擲巖阿，混于沙石，苦爲諸人敦逼，不免細説來由。奉爲我先蘄州黄梅東山演禪師。一爐爇却，用陪法乳之恩，聊表化儀。雖然恩大難酬，未免抛三放二。」遂趺坐。山谷和尚白槌云：「法筵龍象衆，當觀第一義。」師云：「觀卽不一，一卽不觀。第一義門，今在何所？」問答不録。師云：「太阿横按，截萬機於掌握之中；寶鑑當臺，現羣象於無心之表。有緣卽應，故問答以縱横；不令而行，乃言象而罕測。影響之士，斯何足云。所以佛付佛，祖付祖，更無絲髮之異，豈有東西之殊！不立階梯，單傳是事。若非靈根頓悟，大用現前，未免業惑海深，妄塵自隔。」遂拈起拂子示衆云：「還見麽？若見，見箇什麽？若見箇拂子，正是凡夫。若言不見，此是拂子，如何説不見底道理？道人到此，須是忖量，不可輕心取於流轉。誠非小事，實在悟明。所以聖人得此事，莫不統三界，領四生，號令聖凡，扶顛拯物。大衆，從上諸聖人此門中，各各啓悟勞生，破諸塵妄。記得靈山會上四十九年説不盡，末後分付飲光。少林九年之間，畢竟獨許二祖，爾後光分震旦，道滿寰中。臨濟、德山，威行雷電。皆爲上祖不了，致令殃及子孫。」遂舉拂子云：「大衆，從上許多賢聖，如今總在山僧拂子頭上，各各坐大蓮花，説微妙法，交光相羅，如寶絲網還。信得及麽？若信得及，山僧出世一期之事，已得周圓；其或未然，不免自通消息去也。十字路頭吹玉笛，淡雲輕日正清秋。久立。」

上堂：「世尊拈花，迦葉微笑。親切親切，省要省要。眼目定動，料料掉掉。爲報先生，莫打之遶。何也？文不加點。」下座。

上堂云：「達磨未來此土時，須信事元真實。二祖禮三拜而立，不得謾有商量。大衆，何故人到于今，疑情不息？」良久曰：「早知燈是火，飯熟已多時。直饒恁麽信得及，猶是錯承當。自餘一切，何足論之！」歸堂。

上堂：「奇怪，尋常道：『出門便作還鄉計，直至如今計未成。』誠哉！是言也。豈不見僧問古德：『學人欲歸鄉時如何？』古德曰：『子父母徧身紅爛，臥在荆棘林中。子歸何處？』曰：『恁麽則不歸也？』古德曰：『却須歸去，有箇絶糧方子與你。』僧曰：『便請。』古德曰：『二時上堂，不得咬破一粒米。』大衆，荆棘林中紅爛，盡無路還鄉。二時堂内絶糧，方却須歸去。所以山僧二十年披雲嘯月，未始遊方。十來年接物利生，何嘗出世！諸人皆把父母契券，論量祖業田園。就赤水以求珠，珠沉赤水；向荆山而覔玉，玉隱荆山。説道赤水無珠，荆山無玉，是誑謼你；説道赤水有珠，荆山有玉，亦是誑謼你。山僧有時畫方成圓，指南成北。何故如此？蓋爲諸人唱還鄉曲子，曲調不圓。熟路難忘，鄉談未改，非指南之不妙也。如何得曲調圓去？豈不見道：平窺紅爛處，暢殺子平生。」下座。

上堂，良久云：「山僧今日與諸人同參一箇真善知識。」便下座。

上堂，僧問：「德山入門便棒，臨濟入門便喝。未審師如何接人？」師云：「不虧不欠。」進云：「便恁麽去時如何？」師云：「第一不得採根。」師復云：「光陰倏忽，變化密移，始見望朝又已念日。諸人還知光陰不變化，日月不遷流麽？快須究取。昔日六祖大師作居士時，隱於廣州法性寺印宗法師席下。遇夜廊廡間有二僧，風幡競辯，未盡厥理。祖師躡步而謂曰：『可容俗士得預高論不？直以非風幡動，仁者心動。』告之大衆，祇如夜來風起，且道是風動，不是風動？若道不是風動，如此觸簾動户，簸土揚塵，作麽生不是風動？還斷得出麽？山僧道：也不是風動，也不是幡動，也不是心動。有人識得麽？青山無限好，猶道不如歸。珍重！」

上堂：「兩岸蘆花一葉舟，涼風深夜月如鈎。絲綸千尺慵抛放，歸到家山即便休。」

上堂，舉「僧問趙州：『萬法歸一，一歸何處？』州云：『我在青州作一領布衫，重七斤。』大衆，至音絶韻，妙曲非聲。通身不挂寸絲，赤體全無忌諱。諸人切莫拈鎚舐指，直須截斷舌頭，放下身心，自然快活。眼若不睡，諸夢自除。心若不異，復名何物。快活，快活。歸堂喫茶。」下座。

上堂：「若有一人發真歸源，十方虛空悉皆消殞。從前先聖豈不發真歸源，如何十方虛空至今尚在？」又云：「漚滅空本無，況復諸三有。幻漚既滅，虛空殞無。三有衆生，從茲殄悴。四生九類，如何得無？」又云：「清淨本然，云何忽生山河大地？既生山河大地，如何得復清淨本然？既復清淨本然，云何却見山河大地？大衆，如何即是？」良久曰：「水自竹邊流去冷，風從花裏過來香。好大哥，歸堂。」

結夏上堂：「揮戈佛日不西流，照徹人間洞九幽。從此安居無一事，休將玄妙挂心頭。」

五祖演和尚遷化，遺書至。上堂：「昨朝六月二十六，無角鐵牛生四足。哮吼一聲人未知，撼動天關并地軸。隻履又西歸，唱罷胡家曲，可憐末後太分明，無限清聲徧溪谷。我先師出世四十餘年，於舒蘄二郡四坐巨刹，垂慈苦口，接物利生，未嘗少暇。於二十五日早陞座告衆，至晚淨髮歸方丈，二十六日早安然長往。自始及末，從初至終，盡善盡美，真善知識。清遠忝承提訓，痛傷可量。古人道：『將此深心奉塵刹，是則名爲報佛恩。』昔日大梅遷化，上堂聞鼯鼠聲乃云：『卽此物非他物，汝善護持，吾當逝矣。』我先師上堂告衆云：『富嫌千口少，貧恨一身多。』以今校古，絲毫無差。諸人還知大梅東山二老子去處麼？若知得，則不辜負先師。若也未知，有寒暑兮促人壽，有鬼神兮妬人福。」下座。

上堂，卓拄杖一下，喝一喝。云：「棒喝齊施古佛宗，三玄三要絕狐蹤。白雲消散青山在，明月蘆花對蓼紅。」又卓拄杖一下，喝一喝。下座。

解夏上堂：「以一粒芥子擊修羅窟，於中宴坐九旬。振六鐶錫杖，登須彌盧，直上安居三月。倚長松而自誓，臨緑水以經行。周游井邑，則動止蕭蕭；依處叢林，則威儀濟濟。豈論城隍聚落，寧分勝地寶坊？心月孤圓，神珠炳焕。六門虚静，萬法咸如。如此護生，豈有生之可護？如此持律，豈有律而可持？囊内蠟人，通身雪冷，誠堪慶賀，喜何如哉！」

吴居士爲師龍門創坦然菴。請上堂：「淨名居士在家人，不二門深入者親。一鉢上方香積飯，寥寥千古轉通津。大衆，維摩法力，居士神通。斷妙喜世界，來于此中，持香積佛飯，悉飽衆會。三萬二千師子座，本爾莊嚴。十方三世諸如來，現前證據，看他作一場佛事，真箇希奇。皆不思議之功動，自心之神力者也。公明居士希風摩詰，接跡龐公，大省幻身，久趍正覺。願延瓶錫，修建庵宇。遂爾來此，聚集禪徒。記得昔日臨濟栽松次，黄檗問云：『深山裏栽許多松作什麽？』濟云：『一與山門作境致，二與後人作標牓。』道了，以钁頭打地兩下。檗云：『吾宗到子，大行于世。』大衆，臨濟所栽者松，可謂根盤沙界，葉覆彌盧。三賢十聖爲憇息之方，諸佛祖師爲作止之地。故得後代子孫昌盛，永茂宗枝，自古及今，綿綿不斷。如今衆中若有一員禪客出來道：『深山裏用起庵作什麽？』山僧也祇向伊道：『一與山門作境致，二與後人作標牓。』且道與他古人相去多少？大衆，一與山門作境致，見者頓超無學地；二與後人作標牓，凡聖悟迷皆一樣。若是叢林向上關，有人踏着喜無量。」下座。

上堂：「少室無言語，曹溪有消息。可憐門大開，而人不能入。蒼龍得雲雨，猛虎生羽翼。但解自承當，何勞問知識。」

上堂，僧問：「劫火洞然，大千俱壞。未審此箇壞不壞？」師云：「黑漆桶裏黄金色。」進云：「請師答話。」師云：「閑言語。」師復云：「古人道：『我有時揚眉瞬目，有時不揚眉瞬目；有時揚眉瞬目是，有時揚眉瞬目不是。』如今人不委得了，便別作解會。說道得底人，道是也得，不是也得。問伊作麼生是得底人？便道他分上不說得與不得，得也好，不得也好。」乃長噓一聲曰：「有什麼共語處？祇如古人道：『恁麼也不得，不恁麼也不得，恁麼不恁麼總不得。』又作麼生？他便道：『此是拂跡語，拂你屋裏老爺老孃。』又問伊：『此是拂跡語，不拂跡語如何？』便道：『恁麼也得，不恁麼也得，恁麼不恁麼總得，此喚作實頭語，實你屋裏老爺老孃。』」師復吁兩聲曰：「有什麼共語處？夫爲衲僧，須作衲僧說話。你等合作麼生？莫道龍門不肯我、埋没我、心行我、壓良我。龍門恁麼，是要你到，不要你到也？須子細看詳好。珍重！」

上堂：「總記不得，天花滿裓。縱有千言，不如一默。」下座。

上堂：「昔玄沙大師示衆云：『諸方尋常盡道接物利生。忽遇三種病人，如何接得？患盲者來，拈槌豎拂他又不見；患聾者來，向他說他又不聞；患瘂者來，教伊說又說不得。若接此三人不得，佛法無靈驗。』師云：「好諸兄弟，還知真實相爲處麼？山僧不惜眉毛爲諸人說破。祇如諸人尋常有雙眼，又何曾見來！有雙耳，又何曾聞來！有片舌，又何曾說來！既無說、無聞、無見，何處有色聲香味來！雖然如是，又能有幾人到者般田地？所以道：木伎機，石女兒，三冬陽氣盛，六月降霜時。有語非干舌，無言切要詞。會我最後句，出世少人知。午齋晨粥無餘事，盞茗爐香話道奇。」下座。

上堂：「普光明殿在人間，凡聖交羅絶往還。若向一塵親得見，毫光照處奉慈顔。」

上堂：「昔日百丈大智禪師再參馬祖，侍立次，祖舉拂子，丈云：『即此用，離此用。』祖掛却拂子，問云：『你他後開兩片皮，將何爲人？』丈取拂子竪起，祖云：『即此用離此用。』丈掛拂子於舊處，祖便喝，百丈直得三日耳聾。大衆，説甚三日耳聾，直得龍門打鼓上堂，大衆盡皆雲集僧堂，横呑佛殿，露柱倒掛燈籠。天高地厚，月白風清，雨順風調，河清海晏。飢則共君飡苦菜，渴則與子飲寒泉。直饒天外雨花飛，争似歸堂喫茶去。」下座。

上堂：「臺山路上，過客全稀。破竈堂前，感恩無地。雪埋庭栢，冰鎖偃溪。雖在南方火爐頭，不入他家虀甕裏。看，看！臘月三十日，便是孟春猶寒。你等諸人各須努力向前，切忌自生退屈。」下座。

上堂：「山僧適在寢堂中，法堂上無山僧，寢堂上有山僧。下至法堂，法堂上有山僧，寢堂上無山僧。有則心外有法，無則心法不周。諸上座在衣鉢下聞打鼓，便上法堂。法堂上添得上座，衣鉢下減却上座。添則成增，減則成減。減故落斷，增故落常。行脚人如何得離有離無、離常離斷？生死疑情，大難透脱。此是如來清淨心要，宜須決擇，不可等閑。光景遷流，動如飛箭，浮世如此，人生幾何！彼此出家，三界逆旅，竹户茅堂，孰爲其主！冷淡共居，寂寞同住，何故何新，何憂何慮？」下座。

行者落髮，上堂：「露柱多年出家，燈籠久已落髮。佛殿堅持禁戒，三門近得休歇。大事本來平等，無著清涼滿月。度盡草木叢林，一似陽和齊發。」下座。

元日上堂：「萬物咸新論故鄉，撞眸元是舊爺娘。先春花發馨香遠，物外山河日月長。」僧問：「昔日跋陁尊者問法照大師，未審與今日是同是别？」師云：「古之今之。」進云：「栽松人老難傳鉢，盧老區區入嶺南。」師云：「你試舉古人底看！」進云：「厨庫三門，鐘樓佛殿。」師云：「恁麽又争得？」進云：「忽遇七手八脚底人來，又作麽生？」師云：「截斷脚根，道將一句來！」進云：「昨日有人從舒州去。」師云：「亦是悠悠者。」

復舉僧問百丈：「如何是奇特事？」丈云：「獨坐大雄峯。」僧禮拜，丈便打。師云：「錯打人。」僧問德山：「如何是奇特事？」山云：「我宗無語句，亦無一法與人。」師云：「猶較些子。」僧問羅山：「如何是奇特事？」羅山云：「道什麽？」師云：「成何道理！大衆，古人鈎頭着餌，意在得魚。如今洗脚上船，能有幾箇。或若人問龍門如何是奇特事，山僧向伊道：此去太湖不遠。恁麽説話，有甚奇特！又向伊道：咫尺是棠梨。大衆，還會麽？等閑如不會，須作等閑看。」下座。

上堂：「身中有生老病死，念上有生住異滅，國土有成住壞空。此十二種事甚能奇特，凡夫不識，爲之漂流。如來出世，指出涅槃妙心，常樂我淨。譬如還丹一粒，點鐵成金；至理一言，轉凡成聖。此十二種祇是一法現定。如今歷歷聽法者，是還信得及麽？」乃云：「月中丹桂偏禁冷，雪裏寒梅獨放香。」下座。

上堂：「悟時此事元來易，迷後斯門實大難。處處緑楊堪繫馬，家家門口透長安。」

上堂：「三月初三二月二，不壞假名談大義。衆生役役趁光陰，道流所以無虚棄。二月念九三月一，摩訶般若波羅蜜。假使多聞達古今，歷劫何曾異今日。今日事作麽生？」良久曰：「何更今日。」

上堂：「從上諸聖見人樂著塵勞，不求出離，遂生憐愍之心，告之曰：『你隨聲逐色，名曰狂人。』大衆，好言語。慚愧諸聖恁麽道，雖然如是，已是打開布袋，不能折合得。龍門今日倒底傾出，有人得者，永息希求。」乃拈拄杖卓一下云：「豈不是聲。你尋常作麽生隨？」又舉起拄杖曰：「豈不是色。你尋常作麽生逐？還會麽？若能隨逐元無縛，便是叢林了達人。久立。」

浴佛上堂：「如來妙色身，真實難藏覆。不掛本來衣，豈着娘生袴。無憂樹下降生時，南北東西行七步。行七步，度盡衆生無所度。今晨四月初八，我佛如來降生之日，天下精藍，煎湯浴佛。佛則從諸人浴，且道如何是佛？要知麽？佛名如來，常在不滅。有人見得，山僧更不忉忉；若無人見得，山僧重説偈言：昨日如來垂法雨，今朝法雨洗如來。了然一味無差别，雲外青山朵朵開。欲報如來深恩，殿上重新浴過。」下座。

結夏上堂：「龍門結夏勝諸方，大地山河爲舉揚。若向九旬參得透，更無佛法可商量。」

上堂：「萬古長空，一朝風月。古人恁麽告報，大好言詮。豈可以一朝風月，昧却萬古長空！豈可以萬古長空，不明一朝風月！此是廣大深法，自在之宗。若也明得，何處更有一絲頭剩法來！久立。」

上堂：「三日不相見，莫作舊時看。山僧近來非昔人也。天是天、地是地、山是山、水是水、僧是僧、俗是俗，别也，非昔人也。有人問：未審已前如何？山僧往時，天是天、地是地、山是山、水是水、僧是僧、俗是俗，所以迷情擁蔽，翳障心源。如今别也。或有人出來道：某甲亦如和尚，天是天、地是地、山是山、水是水、僧是僧、俗是俗，還得否？不可直是未在。還有揀辨得麽？若揀得，是上座道眼圓明；若揀不得，絲竹喧天船上樂，綺羅照水岸邊人。珍重！」

上堂，僧問：「道遠乎哉，觸事而真。如何是道？」師云：「頂上八尺五。」進云：「未審此理如何？」師云：「方圓七八寸。」進云：「向上一路，還許學人會也無？」師云：「不論向上向下，却許你會。」進云：「恁麽則當處出生，隨處滅盡。」師云：「多少人恁麽錯會。」進云：「作家宗師，天然有在。」便禮拜。師云：「未曾與上座共行在。」師復云：「親切中直是親切，省要中直是省要。還會得麽？諸人盡是發心探玄，意求出離。山僧這裏終不拈今舉古，取是捨非，惑亂諸人。你若不來，山僧也無可得説。你若上來，山僧不免在你身上割一塊子，似與你，還知痛痒麽？忽然知得，可謂親切也。若不知來由，便道者一塊子那裏得來，得恁麽香，得恁麽臭，得恁麽生，得恁麽熟。還委得麽？不離當處常湛然，覓卽知君不可見。珍重！」

上堂：「了知一，萬事畢。釋迦彌勒欣今日，但得心安是處安，無災無難無今昔。要知佛法根源，記取五月初一。」下座。

端午上堂：「今日端午，世間人釘桃符、書門閭，使萬邪不窺其户，百鬼不入其門。世間人又使針燒炙、採藥登山，使萬病不干其體，疫癘不入其身。」遂失聲叫曰：「阿㘑㘑，阿㘑㘑！盡大地人燒破皮肉，教山僧受無限苦痛。昔楚大夫以忠言不用，沉於湘江。後人哀之，以竹筒盛飯，繫五色絲祭之。風俗至今流傳不斷。」遂嘔吐數聲，曰：「世間人喫却米粽，教老僧脹破肚皮。大衆，別人燒炙別人喫物，爲什麽龍門長老受痛受飽？未能情忘緣慮事，出見聞於此門中，遂爲戲論。豈不見先聖有言曰：『懷州牛喫禾，益州馬肚脹。天下覓醫人，炙猪左膊上。』何也？遠走不如近葡匐。久立。」

上堂：「入得龍門事事奇，聞聲見色不思議。山青水緑緣何事，盡是諸人力使之。」

上堂，卓拄杖云：「還搆得麽？莫道今日猶較些子，直須向無摸索處，傾湫倒岳搆得始得。山僧恁麽道，可殺不識好惡。雖然如是，直饒你搆得，我更問你，從前殺盜婬妄罪、飲酒食肉罪，教什麽人還？」又卓拄杖云：「金剛作醜，佛受香油。」

東山和尚忌晨，上堂：「先師當年末後句，與人皮下挑出刺。譬如六月日中冰，銷鎔處處皆相似。後來聽響各流傳，更加一二與三四。箇中孰是無耳人，明見去來不生死。先師老和尚，某奉侍日久，多蒙苦口提撕。追遠之誠，何可忘也！聊設小供。諸人且道先師還來也無？若道來，入滅十餘年，如何見得來底道理。若道不來，又用設齋作什麽。道來也有誵訛，道不來也有誵訛。若爲得無誵訛去，還知得麽？三箇渾崙鐵餕餡，一雙無縫木饅頭。久立。」

上堂：「大衆，或有人喚上座，上座便應。設使不應，心中也須領覽。今時學人便道：『應底是也，領覽底是也？』若如此會，便是入地獄漢子。是即且置，且道面前是阿誰喚你？是有人喚耶？是無人喚耶？還裁斷得麽？若是有人喚，山精鬼魅喚你時，天魔外道喚你時，如何辨白？若道無人喚你，又不聾不騃，如何得無人喚？者箇是十二時中生死路頭事，諸人明得麽？有人喚，生迷亂；無人喚，遭繫絆。若能行生死斷，萬兩金終不换。」下座。

解夏上堂：「毗目仙人執善財手，頓見過去微塵諸佛。及其放手，宛然依舊。龍門長老領諸大衆，爰於此地，結足安居，及其解夏，宛然依舊。善財依舊處，微塵諸佛含攝有歸。大衆依舊處，三月九旬斂收無迹。還會麽？毛端藏刹海，芥子納須彌。不離見聞緣，超然登十地。四生六道，即心自性。三塗八難，普現色身。居華藏海之中，住不思議之内。如斯之旨，乃吾輩之常分耳。還信得及麽？」

上堂：「今日七月二十，解夏來又是五日也。你禪僧家盡道我會也。且道今日是七月二十，不是七月二十？或若當此一問，於佛法中如何祇對？有底師僧道：『你何不問本分事，者箇是世間日月。』大衆，那箇是世間日月？又豈有不管底法？又有師僧道：『不動世間一星子，就上便明取恁麽事。』今日七月二十也，大衆，那裏是不動底一星子？得安樂底人終不作者般去就。山僧問你：今日是七月二十，不是七月二十？有人明得麽？古人云：『世間事明不得，佛法大遠在。』者裏若分踈不下，一切處礙塞殺人。還知麽？大火聚中難著手，清涼地内易安身。久立。」

上堂，舉「僧問雲居：『如何是道中人？』對云：『如死人手。』『道中人相見時如何？』對云：『如死人眼。』大衆，作麽生是如死人手？」師拈拄杖云：「不執捉。」「怎生是如死人眼？」師擘開眼云：「不照燭。你諸人好會取。祇如前日送亡僧，山僧道：『一隊死漢送箇活漢。』有人會恁麽説話麽？」「怎生是一隊死漢？」師云：「移身不移步。」「怎生是一箇活漢？」師云：「萬機俱不到。後生兄弟，初秋夏末，何不哮吼一聲，壁立千仞，令我知道你是箇人。向活中明取死句，死中明取活句。若不然者，求生不得生，求死不得死，喫辛苦也。直須哮吼一聲。」下座。

上堂，僧問：「道在慵開口，詩成自點頭時如何？」師點頭數下。僧云：「今日得遇也。」師云：「莫亂開口。」師復云：「諸人每日行千行萬，不是不到，何故却不分曉？祇爲信之不及。若信得及，則不行而到也。十方世界事,不待思量,一時曉了得。諸人每日説千説萬,不是説不到,何故却不分曉?亦是信之不及。若也信得及,則實無所説也。三世如來所説之法,不待思量,一時曉了得。大衆還到恁麽田地也未?我此宗門,祇論證悟,不論會解。若是爲生死底人,須求親證。若是人我參學之人,恥爲不會,須求覓解會,到處覓相似語句,遞相印證。滅胡種族已後,胡亂教壞人家男女,我此門中,都無是事。還知麽?聾人也唱胡笳曲,好惡高低自不聞。」

上堂:「世人盡道路行難,本分眞金入火看。煉去煉來金體淨,一槌打作玉欄干。」

請化主,上堂:「一竿一笠一蓑衣,急水灘頭下釣絲。鈎上錦鱗容易得,蘆花深處月明歸。」舉古人問三尊宿:「二龍爭珠誰是得者?」一云:「得卽失。」一云:「老僧祇管看。」一云:「誰是不得者?」師曰:「『得卽失。』著忙作什麽?『老僧祇管看。』看濟什麽事?末後一則語『誰是不得者。』若人會得祖師言句,一大藏教自然不疑去。還明得麽?誰是不得者,非取亦非捨。馬載驢馱時,便是歸來也。」下座。

上堂:「打動龍門鼓,喚起鐵餕餡;請君一咬破,山僧豈相賺。先師曾得力,滋味今不減。若也不奈何,好箇鐵餕餡。」

上堂,舉「長沙和尚云:『我若一向舉揚宗教,法堂前草深一丈。』誠哉,是言也!玄沙和尚云:『因汝顛倒知見,方有往來。』誠哉,是言也!龍門尋常見汝諸人恁麽,所以向汝道不恁麽,你須是不恁麽始得。諸人不恁麽,龍門所以向汝道恁麽,你須是恁麽始得。諸人道恁麽不恁麽,龍門所以道非恁麽非不恁麽,你須是非恁麽非不恁麽始得。諸人非恁麽非不恁麽,龍門所以道恁麽不恁麽,你須恁麽不恁麽始得。大衆，情亡智現，病去藥除，豈不是箇脱灑衲僧！龍門尋常還有一句子到諸人分上麽？不見僧問馬大師：『離四句，絶百非，請師直指西來意。』大師云：『我今日無心情，汝去問取智藏。』僧問智藏，藏云：『今日頭疼，汝去問取海兄。』僧又去問海，海云：『我到者裏却不會。』僧舉似馬大師，師云：『藏頭白，海頭黑。』大衆，説白道黑，理甚分明。諸人還見馬大師麽？久立也太無端。」

上堂云：「若論此事，如中秋夜望圓月相似，淨無雲翳，人皆見之，南閻浮提無所不照。諸人各在他鄉異井，各有父母家山，你道彼中還有麽？山川溪谷逈絶無人到處，彼中還有麽？又争得無來？人各自謂得見是月，然此滿月不此方來，不彼方去。若此方來，彼則無也；若彼方去，此何故見之？四維上下，亦復如是。所以道：並安千器，千器皆圓，一道澄江，一月孤瑩。昔有人指月問南泉和尚：『何時得恁麽去？』南泉曰：『王老師二十年前亦曾恁麽來。』大衆，向你道此事，無你卜度處，無你名邈處。如今禪和家盡道我會得也，什麽處是照不着？且問你照得着底事，上座前生自何趣中來？此身没後復生何處？作天耶、人耶、地獄耶、餓鬼耶？作畜生耶？若不委知，空然有此語要，作何用？馬大師一日翫月次，二三弟子侍座，大師曰：『正當恁麽時如何？』西堂曰：『大好供養。』百丈曰：『大好修行。』南泉拂袖而去。大師曰：『經歸藏，禪歸海，唯有普願獨超物外。』看他如斯論量，也大奇恠。大師致此一問，諸大士直得息剌補劓，望作全人；塞壑移峯，貴就平坦。還契得馬大師此一問麽？委悉得麽？」良久曰：「幸無偏照處，剛有不明時。」

上堂：「祖師云：『亦莫愛聖憎凡。』會得凡夫法，便是聖人法；識得聖人法，即是凡夫法。盡知道凡聖不二，爲什麽凡夫漂流，諸聖解脱？又道：『亦莫抛迷就悟。』如今悟底，是向來迷底；如今迷底，是向來悟底。盡知道迷悟不二，爲什麽迷者依前壅塞，悟者依舊惺惺？諸人還辨明得麽？凡聖悟迷如透了，洞然明見本來人。敢問大衆，如何是本來人？尋常師僧家道：什麽處不見本來人？驢脣先生豈是泗州大聖？又道：『渠無面目，甚處逢渠？』遠水不救近火。離此二途，如何是本來人？」良久云：「設使聞來悟，争如自得親。」下座。

上堂：「昔無着和尚游五臺，禮拜文殊。到山下投一寺宿，遇一老僧。祗待次，問無着曰：『上人自何而來？』無着曰：『南方來。』老僧曰：『南方佛法近日如何？』無着曰：『末法比丘少奉戒律。』僧曰：『多少衆？』着曰：『或三百或五百。』着問和尚：『此間佛法如何？』住持僧曰：『凡聖同居，龍蛇混雜。』着曰：『多少衆？』僧曰：『前三三，後三三。』着不省。遂令童子以琉璃盞點茶度與着，遂問曰：『南方還有者箇麽？』着云：『無。』曰：『既無，將什麽喫茶？』着又不省。復令童子送出門外。着覻寺無額，乃問童子：『此寺因何無額？』童子指背後金剛。着回顧，忽然不見童子，止見身在一林中。大衆，無着遠遠遊五臺，禮拜文殊，及乎親見，要且不識，誠實苦哉！是故明昭和尚頌云：『廓周沙界聖伽藍，滿目文殊接話談。言下不知開佛眼，回頭祇見翠山巖。』雪竇和尚亦有頌云：『千峯盤屈色如藍，誰謂文殊是對談。堪笑清涼多少衆，前三三與後三三。』大衆，此二頌通古徹今，美則美矣，要且不見文殊。山僧今爲諸人頌出。」乃云：「青山門外白雲飛，緑水溪邊引客歸。莫恠坐來頻勸酒，自從别後見君稀。」下座。

上堂，靠拄杖肩上，謂衆曰：「好笑，好笑。」乃呵呵而笑。「昨日有兩人共説一件事與山僧，山僧聞得，一夜笑得腸肚痛。」又呵呵而笑。「大衆，要知麽？有一人云：『今日是初三，官曆上寫來。村裏人道是初四，乃村下曆頭。』問老僧道：『是初三麽？』山僧向道：『是初三。』『是官曆麽？』山僧云：『是官曆。』『村裏謂之初四，是村下曆頭麽？』山僧云：『初四是村下曆頭。』其人點頭。又有一人云：『今日是初四，官曆上寫來。村裏人道是初三，乃村下曆頭。長老如何？』山僧向伊道：『是初四。初三是村下曆頭。』其人點頭。兩人相見，具說其事。一人云：『長老向我道是初三。』一人云：『長老向我道是初四。』兩人遂來見山僧云：『今日是初三，是初四？』山僧聞得，笑殺兩人。云：『長老不要淈涾，好好分明說。』山僧向道：『汝自不分明，何處是淈涾？』大衆，會得此意麽？山僧見伊不曉，也不奈何。衆中禪僧道：『長老如何鳴鼓集衆了，也不說些佛法及祖師西來意，却理會世間閑日子？此是世人情見。』山僧聞了，問伊道：『世間有什麽閑日子？又那箇是情見？把來看！』伊元來不會。見伊不會，更作箇頌子舉似伊，頌道：『言親事亦親，無僞亦無真。愚俗稱爲我，邪徒喚作神。是我何曾我，言神豈是神。人生須特達。』乃提拄杖下禪床曰：「丈六紫金身。」座前又謂衆曰：「也不屈着你。」

上堂，僧問：「大用現前，不存軌則時如何？」師云：「誰信你？」僧便喝。師云：「更進一步看！」僧云：「幸有一弓三下箭，當機要射不平人。」師云：「少年曾決龍虵陣，潦倒還同稚子歌。」僧又喝。師云：「元來衹是野狐精。」僧禮拜。師云：「何曾大用現前？」師復云：「古來有一人南泉和尚，諸人還識否？若識得，一生不空過好。南泉和尚莫教見而不識，還識麽？曾有一俗士問曰：『弟子家中有片石，也曾坐，也曾卧，如今欲鐫作佛，不知還得否？』南泉云：『得。』『莫不得麽？』『不得。』有人明得此旨也無？南泉生說家？家在什麼處？諸仁者，親從家裏來，家中何所有？持此一片石，廣大堅且久。靈山曾獻佛，帝釋聊舉手。心中出何物，安樂并長壽。」下座。

道：「得。」龍門云：「好箇佛。」南泉道：「不得。」龍門云：「好片石。」還見否？是他道：「弟子家中。」作麼

古尊宿語録卷第二十八

舒州龍門(清遠)佛眼和尚語録

住南康雲居嗣法善悟編

聖節上堂:「皇帝以天下爲家,兆民爲子。父子一體,天下一家。王愛於民,民敬於王,愛敬既同,王道無外。所以佛言:『如民得王。』又云:『如民之王。』且王外無民,民外無王。王在民外,民不受賜。民在王外,王道不廣。如何曰民?無知曰民。如何曰王?聖神曰王。今上皇帝至神至聖,爲民父母。天寧降誕之節,日月星辰連珠合璧,江河淮濟激濁揚清,乾坤造化,草木蟲魚呈祥瑞,顯奇特,皆皇帝至德之所感致也。伏願南山比壽,北嶽齊齡,永永萬年,無窮無極。」遂下禪床,作舞曰:「會麼?山僧舞蹈揚塵,萬歲萬歲,萬萬歲!」下座。

上堂,拈起拄杖卓一下,云:「圓明了知,不由心念。抵死要道,墮坑落塹。畢竟如何?」乃靠拄杖,下座。

上堂,舉「昔有一秀才見長沙和尚看千佛名經,問曰:『許多佛祇聞其名,未審居何國土?』長沙曰:『黄鶴樓崔顥題後,秀才還曾題否?』對曰:『不曾。』長沙曰:『無事題一篇好。』秀才罔措。大衆,秀才問佛居何國土，長沙爲什麽却恁麽道？秀才尋常嘲風詠月，爲什麽長沙面前一辭不措？若是黄鶴樓，有什麽難題處。聽取山僧題破。」遂云：「容顏甚奇妙，光明照十方。我適曾供養，今復還親覲。」下座。

上堂：「平旦寅，狂機内有道人身。大衆，二六時中折旋俯仰、行來走去、説是説非、分南説北、運用施爲、開單展鉢、喫粥喫飯，盡是狂機。且道那箇是道人身？」良久云：「碧落有情空悵望，瑶臺無路可追尋。」下座。

上堂：「適來山僧夢在寢堂上聞法鼓，遂下堂階。夢見諸人上來，近前問訊，便登法座。侍者燒香了，如今正在夢中之人施陳夢事。你等諸人還夢見麽？若真見得，是爲覺人。不省夢鄉，宛爾沉没。還有一法與你爲對麽？不見古人道：『目前無法。』意在目前，不是目前。法非耳目之所到，可不是奇特？還夢見麽？釋迦如來道，如寤時人心縱精明，欲何因緣取夢中物。」遂拈起拂子敲禪床云：「是什麽？還聞麽？」復竪起拂子云：「還見麽？」良久云：「人間天上諸知識，争似龍門夢得親。」下座。

上堂，僧問：「古者道：『諸佛不出世，四十九年説。』諸佛既不出世，爲什麽四十九年説？」師云：「你疑來多少時也？」進云：「祖師不西來，少林有妙訣。祖師既不西來，爲什麽少林有妙訣？」師云：「知恩者少，負恩者多。」進云：「恁麽則一人傳虚，萬人傳實。」師云：「虚處作麽生傳來？」進云：「任從滄海變，終不爲君通。」師云：「禮拜著。」師復云：「始自隻履西歸，卷衣南邁，空聞消息，流落人間。古往今來，遞相敬受，大似一人傳虚，萬人傳實。山僧病多諳藥性，年老變成精，不是刻剥古人，免見互相埋没。諸人應是從前覺觸，往日見知，從人邊請益得來。言語中舉時中的，出入遊戲則不無，究竟真實大事，萬不可得。但能情亡理喪，計盡途窮，無施設處用心，正是作功夫處。山僧尋常衹道喫茶去，今日也道喫茶去。會盡諸方五味禪，何似山僧喫茶去。」下座。

上堂：「擬思量，何劫悟；不思量，終莽鹵。欲思不思踏破時，萬里無雲常顯露。常顯露，妙用恒沙非旦暮。諸禪伯，正好休征罷戰，永息干戈，傍水倚山，成就大事。況是人生易老，壽命幾何。或若生死現前，畢竟將何支凖？不見古德道：『若不安禪静慮，到者裏總須茫然。』久立。」

上堂：「來來去去去來時，去去來來離覺知。了得去來無罣礙，方知塵劫不思議。所以道，來無所來，去無所去，去來之際，生死昭然。前念生是來，後念滅是去。求其來去，了不可得。乃至前生後生，今年去年，更無絲毫遷變之相。如斯會得，始絶去來。但以衆生背覺合塵，去來輪轉。苟能洞達，復有何事？昔石頭大師一日問龐居士：『子近日如何？』居士曰：『卒説不及。』乃呈一頌：『日用事無別，唯吾自偶諧。頭頭非取捨，處處勿張乖。朱紫誰爲號，丘山絶點埃。神通并妙用，運水及搬柴。』石頭默然許之。後造江西問馬大師：『不昧本來人，請師高着眼。』大師直下覷。士云：『一等没絃琴，唯師彈得妙。』大師直上覷。大衆，若不是馬大師，被他一問，百雜碎。諸人唤什麽作本來人？若無本來人，作麽生眼見色，耳聞聲，種種施爲運轉？諸人還見本來人麽？如今盡道本來人無形無相，不曾着衣喫飯，不生不死。如此會得，争合本來人？要知麽？諸人總是本來人，一段生死變化，煩惱無明，又如何消遣？聽取一頌：『與子偕行今日路，如君共看本來人。同名同姓同形段，無死無生無色塵。』畢竟如何？切忌喚作本來人。」下座。

上堂，舉僧問洞山初和尚：『如何是佛？』對云：『麻三斤。』大衆，有恁一件事，何故無人知得？洞山見人不知了，遂自頌曰：『七寶畫牛頭，黃金爲點額。春晴二三月，農人皆取則。寒食好新正，鐵錢三四百。』諸仁者，此一轉因緣，盡謂麁言及細語，皆歸第一義。」又云：「臨機應用，一切尋常。如斯會解，埋没古人。要見洞山老子麼？鴻鵠一舉千里飛，鑽雲鷂子與天齊。鳳凰不是凡間物，爲瑞爲祥自有時。久立。」

師到真乘，請上堂。真乘舉石霜偏界不曾藏語。師云：「偏界不藏全體露，絲毫有見事還差。會中誰是先陁客，不動纖塵便到家。真實到家之者，得意忘言；伶俜在外之人，隨情起解。情解既起，名相是興；言意兩忘，十方咸暢。豈不見適來堂頭已普告大衆，如何更令山野稱提？蓋爲妙旨幽深，人難洞達，何也？既知咫尺之間，爲什麼却道不覩師顏？既言遍界遍空，如何更云不曾藏覆？還見落節處麼？若見得，便見石霜老子、雪峰大師，亦知龍門山僧與真乘長老。又此一衆禪和總有分付處。山僧未離本院，不到此中時，真乘無一人龍門長老。山僧離本院，度荒山，來到真乘，諸人一一相見，此間有一人龍門長老。若有一人龍門長老，於法成增。若無一人龍門長老，於法成減。減故落斷，增故落常。既墮斷常，豈云正見？一似上座未出家時，若一人上座；既出家後，有一人上座。你諸人如何裁斷得心地安樂去？還裁辨得麼？向此有箇入處，更有什麼事也？或若未明。」良久曰：「不解作客。久立。」

上堂：「獨自坐，方信西方有達磨。獨自行，不用紅蓮足下生。獨自語，分明向誰誰肯許。獨自參，剎剎塵塵示指南。相逢相問窮端的，莫道山僧解放憨。」

端師翁忌辰，上堂：「昔人已乘白雲去，此地空餘綠水流。綠水一去不復返，白雲千載空悠悠。湖南舊說老楊歧，失却金毛師子兒。江南江北無覓處，龍門今日順風吹。囉囉哩，水急風高下釣磯。」

上堂：「鳥從空裏飛，人向心中住。人死心宛然，鳥没空何預？人生一過鳥，此心實可據。但自了其心，無勞問來去。所以須菩提問世尊云何住？世尊答曰：『如是住。』卵生、胎生、濕生、化生、有色無色、有想無想等，皆令入無餘涅槃而滅度之，而實無有一衆生實滅度者。還會得麽？三界萬法，實無絲毫生滅動靜之相。祇由迷此決定，惑爲色身之内。所以質礙名色，領納曰受，思惟曰想，遷流曰行，分別曰識，皆由自心之所成立。爲不知此，名爲五陰，遂成色心二法。不見道：『照見五蘊皆空，度一切苦厄。』現前五陰之身爲有耶，爲無耶？若能如是見得，實無生死等事；或未然者，豈無去來？有一則無生死因緣舉似大衆：昔漸源同道吾弔慰，乃拊棺問道吾曰：『生耶死耶？』道吾曰：『生也不道，死也不道。』漸源不省。後聞僧念蓮經，應以比丘身，得度者卽現比丘身，而爲說法。忽然省得，遂至石霜，携鍬法堂上，從東過西，從西過東。石霜曰：『作什麽？』漸源曰：『覓先師靈骨。』石霜曰：『洪波浩渺，白浪滔天，覓什麽先師靈骨？』漸源曰：『先師靈骨猶在。』大衆，還見得麽？」拈起拄杖曰：「者箇是拄杖子，那箇是靈骨？者箇是靈骨，那箇是拄杖子？」遂卓一下云：「長安夜夜家家月，影落寒潭幾箇知。」

上堂：「若論此事，如人買田地相似。四至界畔，一時分明結契了也，唯有中間樹子猶屬我在。大衆，既是四至分明結契子也，爲什麽中間樹子猶屬他？不見道，千年田，八百主。若識得中間樹子，耕鋤任你耕鋤，布種任你布種，開花任你開花，結子任你結子。若無中間樹子，争喚作常住？」良久云：「作麽生？」自云：「高處高平，低處低平。」

上堂云：「龍門別無奇妙，剛謂單傳心要。豈惟淺水無魚，撥剔全無孔竅。二時展鉢開單，逐日屙屎送尿。萬事與人一般，子細看來好笑。既是萬事與人一般，爲什麽稱善知識？」良久云：「我也理會不出。」

上堂：「今之叢林，天下多有，求一人會無情説法，則無。莫道會得，討一人舉此話，亦難得。何也？須是曾親聞説法來，方可舉示。如未曾親聞，縱有舉示，祇益塵勞，於其慧命無所滋益。大衆，會既少，舉尤難，叢林雖有日凋殘。若欲明斯旨，應須離念看。一人如領解，大衆盡心安。既是一人領解，爲什麽大衆盡心安？若不如此，争稱出離之門！」

上堂，舉「志公曰：『我見世間之人，各執一般異見。』祇知傍鏊求餠，不解返本觀麵，餠則從來是麵，造作由人百變。大衆會麽？狸奴白牯念摩訶，猫兒狗子長相見。諸禪客，薦不薦，若言自性本圓明，大似把空追閃電。知得麽？含元殿上更覓長安，慈氏宫中願生内院。」

上堂，僧問：「千尺絲綸直下垂，一波纔動萬波隨。如何是一波？」師云：「你尋常如何吞吐？」僧云：「如何是衆波？」師云：「着衣喫飯有甚難？」僧云：「鈎頭一句請師道。」師云：「你自道取。」僧云：「雄雄江上垂綸者，竿上時時有錦鱗。」師云：「没交涉。」師復云：「諸仁者無過此時也，長恁麽亦有不恁麽時。禪學人道，無有不恁麼時，說箇恁麼已是不恁麼也。恁麼時名爲得念，不恁麼時名爲失念。如今問諸人，爲常失念，亦有不失念時。禪學人道，常名得念時，說箇得念已是失念了也。要知得恁麼，但了取不恁麼時；要明得念，但識取失念時。故先德道，恁麼恁麼，又云不恁麼不恁麼。好奇恠，諸高德。是以釋迦如來又云：『得念失念，無非解脫。成法破法，俱名涅槃。地獄天宮，皆爲浄土。』你等還知得一段真實事否？若知得，永超終始之患，十二時中自然安樂無事也。」下座。

上堂云：「不動龍門內，行參古佛機。親逢渠面目，肯話自容儀。凡聖心平等，高低路坦夷。丹霞燒木佛，院主落鬚眉。何故？」下座。

上堂，舉『六祖大師在大庾嶺頭示明上座曰：『不思善不思惡，正當恁麼時，阿那箇是明上座本來面目？』明卽大悟。大衆還會者話麼？正當恁麼時，歷劫不曾迷。步步超三界，歸家頓絶疑。」

上堂，舉「僧問忠國師：『如何是本身盧舍那？』師曰：『與我過浄缾來。』其僧過浄缾。師曰：『却將舊處着。』其僧送去舊處。再來問：『如何是本身盧舍那？』師曰：『古佛過去久矣。』此一則法門，若非證入，莫曉宗猷。若縱心猿，終成解會。尋常盡道，甚處來不是盧舍那！更不識了再問，豈不是過去久矣！」又道：「國師自受用三昧，再三若問盧舍那，自是古佛過去久矣。」又云：「如何是本身盧舍那？良久處好會取。若不委知，遂落草。向你道與我過浄缾來，如斯解會，但縱心猿。不見國師云：『得之於心，伊蘭作栴檀之樹；失之於旨，甘露乃蒺藜之園。』要知麼？太陽門下日日三秋，明月堂前時時九夏。大衆，如何是盧舍那？歸堂喫茶去。」下座。

上堂：「昔趙州和尚訪庵主，問曰：『有麽，有麽？』庵主竪起拳頭。趙州曰：『水淺不是泊船處。』拂袖而出。又訪一庵主，問曰：『有麽，有麽？』庵主竪起拳頭。趙州曰：『能縱能奪，能殺能活。』禮三拜而去。師云：庵主一般竪起拳頭，趙州何故肯一箇不肯一箇？且道得失在什麽處？趙州自起自倒，勘破多少阿師；庵主坐斷要津，過了多少寒暑。要識趙州麽？」拍禪床右角云：「識取趙州。要識二庵主麽？」拍禪床左角云：「識取庵主。還有人點檢得失處出麽？」良久云：「易開終始口，難保歲寒心。」下座。

吴居士請，上堂：「身是佛身，須信六根清淨；行名佛行，故知三業圓明。身淨則垢無所生，行明則暗無所起。垢生由乎迷淨，淨作垢而莫覺莫知。暗去必由得明，明卽暗而難信難解。所以諸聖常加被，羣生自棄遺。苟易慮於可作之初，革情向悞爲之後。親開智鑰，仰扣慈關，他心慧眼以洞知，重罪宿冤皆可懺。菩薩悲願，遍滿娑婆；衆生哀投，無不冥感。是知明暗共體，垢淨同源。凡夫有成佛之期，大士有度生之分。苟不如此，萬善徒興。公達居士與如道人洞明泡幻，了悟浮生，共入山來，究明斯事。今晨請山僧陞座説法。記得昔日裴休訪華林和尚，問曰：『師還有侍者否？』林曰：『有一兩箇。』休曰：『在什麽處？』林乃喚大空小空。時二虎自庵後哮吼而出，休覩之驚悸。林語二虎曰：『有客，且去！』二虎哮吼而去。休問曰：『師作何行業，感得如斯？』林乃良久曰：『會麽？』休云：『不會。』林云：『山僧常念觀音。』大衆會他此箇意旨麽？常念觀音，力伏猛獸。道眼通明，萬緣何有。良哉大士！時時垂手，念兹在兹，安樂長壽。」下座。

上堂：「永嘉一宿而悟，遂曰：『幾回生，幾回死，生死悠悠無定止。自從頓悟了無生，於諸榮辱何憂喜。』大衆，說有生死亦是言詮，說無生死亦是言詮。既涉言詮，則是事迹。且事麁易顯，理妙難彰，故言近而旨遠。如何以至近之言，明其至遠之旨？不其難哉！先聖道：『得旨忘言，遣事觀理。』後人不曉，便乃事外尋理，言外求旨，譬如以手撮摩虛空，徒自疲勞，終無所益。要知得力用意處麽？須卽事無事，卽言無言。悟入方親，解會不得。若如是，隱顯施爲，神用難測也。不見僧問首山：『如何是佛法大意？』首山曰：『楚王城畔，汝水東流。』便有人悟去。」歸堂。

上堂：「五色燈光眚所成，但除其眚莫除塵。若言本眼何曾眚，乃是臨河渴死人。」

上堂，僧問：「劫火威音前，別有一壺天。御樓看射獵，不是刈茅田，」乃提起坐具云：「未審者箇喚作什麽？」師云：「正見刈茅田。」僧便喝。師云：「猶作主在。」師復云：「祇宜說一句，有人會得去猶較些子；或若無人會得，山僧却成妄語思量了。不如且休，各自大家堂中喫茶，自由自在，免見他時異日被人覷破。何也？將軍自有嘉聲在，不得封侯也是閑。喫茶去。」下座。

上堂，舉南泉和尚謂衆曰：「王老師賣身去也，有人買麽？」時有一僧云：「某甲買。」師曰：「好一員禪客！」南泉云：「不作貴，不作賤，你作麽生買？」其僧無對。師云：「噁笑殺人。有數尊宿爲此僧着語。趙州道：『明年與和尚作一領布衫。』一人道：『成何道理？』一人道：『和尚屬某甲。』後來雪竇道：『別處容和尚不得。』大衆，許多尊宿争頭競買也，要運出自己家財。王老師交關未成，不敢胡亂分付。者般行貨，古今亦少見之。龍門今日亦賣身去也。然則有貴有賤，賤則分文不直，貴則金玉難偕。你買也屬你，你不買也屬你。若識得龍門，龍門與你作道伴。有人處無人處，起心動念，總知得你。善則令汝行，惡則令汝止。縱經三塗歷八難，一步不相捨離，常與你作道伴。你若不識龍門，龍門與你作冤家。教你出家，使汝行脚，令汝尋師，遣汝體究。遂教你不會，令汝茫然，令汝求覓解會，令汝巧作道理。遂令净妙國土而作土石山河，常樂法身而作無明煩惱，成不自在，常生退失，一步不放捨，常與你作冤家。大衆，龍門屬你諸人來多時，識得是道伴，不識是冤家。還有人明得此旨麽？」乃拈拄杖點一下曰：「一道伴，二冤家，通逆順，偏河沙。眼是空，翳是花，得龍門，道無涯。」遂放下拄杖子云：「少賣弄，歸堂去。」

上堂：「臘月扇子功勳絶，浩浩凉風動寥泬。豈止炎蒸六月天，暫時與君解煩熱。」下座。

五祖和尚到。上堂：「曹溪大師傳衣歸嶺南，後來讓和尚得法，授與馬大師。馬大師接得百丈。百丈得黄檗。黄檗得臨濟。臨濟得興化。興化得南院。南院得風穴。風穴得首山。首山得汾陽。汾陽得慈明大師。慈明大師接得一人楊歧和尚。如今舉他得底事看！此老子云：『我者裏如鬧市裏上竿子相似，是人皆見，瞞你眼得麽？』楊歧老後來接得端和尚一人。此老子曾住此山來，有頌曰：『海底珠動時，雲中月還現。凉夜無狂風，清光都一片。』端師翁後來接得先師一人。先師有言曰：『祇從咬破一箇鐵餕餡，直得百味具足。』此老子所以一生口硬，好説硬話。伏自先師付囑之後，大法傳持以來，末後東山一時分付今五祖堂頭和尚。此日幸對人天廣衆，請不悋慈悲，重爲顯揚，使先宗有據，吾道益明，莫不大幸。」

上堂：「泡幻同無礙，如何不了悟。眼裏瞳人吹叫子，達法在其中。非今亦非古，六隻骰子滿盆紅。

大衆，時人爲什麽坐地看揚州？鉢盂着柄新翻樣，牛上騎牛笑殺人。」

上堂：「諸人未到龍門山，將道龍門在世間；既到龍門心自在，杉松拂拂水潺潺。諸人還識龍門山麽？若也不識，未免山青水緑。百年光陰能有幾許，未回光達本已前，都成夢幻。」遂拈拄杖云：「六道衆生，造罪造業；三世諸佛，成佛作祖。盡在山僧拄杖頭上，諸人還見麽？」卓一下云：「百雜碎了也。」復展手云：「把將絲毫許來！」又卓一下云：「手執夜明符，幾箇知天曉。」下座。

上堂：「獬豸同欄辨者嗤，薰蕕共處須芬郁。諸仁者，得底人終不自異於人。而從前千聖悉所稱讚，實有異於人處。譬如二人同胞胎、共父母，同舍同學，同一師授，至於飲食語言之間，悉無有異。一日，同入試院，同一題目，而一人得第，一人落第。及第者永異民庶，落第者乃是常人。是二人初無改易，而貴賤高低有異。恰如得與不得，初無有異。而一人得之，位齊諸聖；一人迷之，遂作凡夫。人雖不殊，迷悟遼遠。大衆可不驚怖者哉！所以香林和尚云：『老僧二十年前，見與我一般。一輩人盡皆得道。我日夜思量：他得箇什麽便如此去？我二十年中常看後來也得恁麽。』你看他先德苦切之言，實可取信。豈可守株，徒喪日月！各宜體悉，已後也須得去。不勞久立。」下座。

上堂：「龍門三月半，大鼓聲聲喚。喚得一時來，特地生迷亂。大衆，既是喚得一時來，爲什麽特地生迷亂？此段好因緣，諸人怎生斷？不解斷，轉迷亂；若解斷，較一半。」良久曰：「因緣一段無人斷，留與諸方共斷看。」

上堂：「收得本名度牒，踏遍自己山川。聞有龍門長老，走來學道參禪。恁麽惺惺漢子，如何立地瞌眠。忽然睡醒眼開，元來天生自然。」師乃失聲曰：「噫，討殺我，討殺我！皇天皇天，尋殺我！雖然如是，知是般事便休。直須運出自己家財，莫自拘於小節。參堂。」

上堂：「且道山僧即今還有爲人處麼？若有爲人處，即埋没山僧；若無爲人處，即埋没上座。彼此出家兒，莫遞相埋没好。要知麼？山僧將你本分事舉似你，諸人何不於你本分事上識取！識得麼？若道便是某甲本分事也，如向眼睛上下一釘相似；若道我雖有本分事，實未了知，你又掟什麼衣服？大衆既是恁麼人，識取恁麼事。久立又奚爲！珍重！」

上堂，僧問：「納須彌於芥中，擲大千於方外，衲僧門下總用不着。學人欲使泥牛耕巨海，須彌駕鐵船，師還許也無？」師云：「十字縱横，一任行取。」僧云：「踏破澄潭月，穿開碧落天。」師云：「猶未知衲僧分上事在。」僧云：「有意氣時添意氣，不風流處也風流。」師云：「洪州腰帶。」師復云：「春光漸盡，夏景將臨，悠悠之徒，貪生過日。我今問你諸人，從早至夜念念不住，是有思量是無思量？人人必謂是有思量。我且問你作麼生思量？何不識取？你諸人思量了，隨而興作運爲也。我問你作麼生興作？何不識取？你諸人於興作時起種種言説，且作麼生言説？何不識取？都緣是自家先迷了，祇管隨處流浪。所以道：道源不遠，性海非遥。但向己求，莫從外覓。覓即不得，得亦不真。如在虚空，退至何所？還肯麼？你諸人在我者裏，或暫經冬夏，或久涉炎凉。若到别處，人問龍門事，不可指東劃西，亂有所説，却成欺罔也。各將爲事，各將爲事！」因成四偈：「思無思思，萬邪一正；不識玄旨，徒勞念静。作無作作，貫色通聲；水中鹽味，不見其形。言無言言，不費脣舌；未説之法，林中之葉。龍門潦倒，告報諸人；既然如是，何故因循。」

賢席頭納疏，上堂：「一葉飄飄水上歸，姑蘇春色照巖扉。坐禪片石重來看，却笑山雲拂蘚衣。所以沉空滯寂之士，名爲貪着小乘；混世同塵之人，謂之圓通之侶。不捨道法，而現凡夫事，豈是植種於空？現前日用，是大總持門，一一親得其力。如斯之旨，事可量哉！昔日黄梅散席，道在老盧。坐折連床，湖南寂盛。古今牓樣，作者同知。進止合儀，動静可法。况龍門新興保社，意在求人，衆手淘金，誰是得者？有麽有麽令人思，百丈解踏馬駒行。參！」

上堂：「杜順、文殊事可知，定光如來老大隋。張三李四何王趙，問你渠今是阿誰。鄽市賣魚忘進趣，案頭分肉露全機。男兒鎖子黄金骨，苦痛無明墮汙泥。」

結夏上堂：「登龍門下無凡客，不假風雷自有奇。三月進修從此始，經行宴坐可思議。三月安居，九旬禁足，禀如來之教旨，乃釋子之清規。橋彴津梁，人間天上。或垂手入鄽者，未嘗離於此座；觀心入定者，亦常遊乎十方。此豈可以有心知！豈可以無心會！苟能如是，何生而不護，何足而不禁！覆被萬靈，廣益羣品，或不由斯道者，吾末如之何也。」下座。

上堂：「今時學者不究佛語，衹究祖師語。殊不知祖師語即是佛語。莫如此揀擇，却成謗佛法去。衹如雲門大師示衆曰：『人人盡有光明在，看時不見暗昏昏。作麽生是光明？自代云：『三門佛殿，厨庫僧堂。』又云：『好事不如無。』者箇是祖師語。』是他道三門佛殿，厨庫僧堂。諸人尋常看時，是看是不看？若看，他道：『看時不見暗昏昏。』如何得成光明？既是光明了，又道：『好事不如無。』作麽生又不要去？且如楞嚴會上，説箇晦昧爲空，空晦暗中，結暗爲色，色雜妄想，想相爲身，聚緣内摇，趣外奔逸，昏擾擾相以爲心性。一迷爲心，決定惑爲色身之内，不知色身外洎山河虚空大地，咸是妙明真精妙心中所現物。者箇説話甚是子細。且道與雲門道底事相去多少？莫祇明祖師語不究佛語。有人曰：『我亦不用佛語，不用祖師語，祇用自語。』祖師語佛語尚不要，更用自語？又道：『我宗無語，不用言語。』有語尚不是，況無語耶？莫作夢。從朝至夜，佛法作一邊，祖師語作一邊，有語作一邊，無語作一邊，妄想作一邊，無妄想作一邊。若恁麽，真可謂：『看時不見，暗昏昏也。』久立。」

上堂：「十方世界龍門寺，大地山河是學徒。隨順衆緣成解脱，筭來全不費工夫。」

上堂，舉「僧問趙州：『學人乍入叢林，乞師指示。』趙州曰：『喫粥了也未？』僧云：『喫粥了也。』州云：『洗鉢盂去。』其僧言下便悟。大衆，山僧今朝喫粥，也洗鉢盂，祇是不悟。既是爲善知識，爲什麽却不悟？還會麽？豈可唤鍾作甕，終不指鹿爲馬。善人難犯，水銀無假。冷地忽然覷破，管取一時放下。」

上堂：「龍門若爲作端午，打動衆人塗毒鼓。髑髏破後遣誰聞，鑒覺盡時敢言普。是謂南山鼈鼻蛇，好箇大雄白額虎。可憐開眼覓眼人，赫日光中尋入路。」

上堂：「飄飄飖飖楊柳花，紅紅赤赤遠天霞。屈屈曲曲龍門路，僻僻静静野僧家。尚不心頭懷勝解，誰能劫外筭河沙。休糧方子齋兼粥，任運還鄉苦澀茶。好大哥，喫茶去。」

上堂：「七七四十九，面南看北斗。死去與生來，泥牛大哮吼。所以釋迦老子未離兜率，已降王宫未出母胎，度人已畢。如此則毗盧境界止在人間，涅槃妙心更於何覓？昔日那吒太子柝肉還母，柝骨還父，然後現本身，運大神通。大衆，肉既還母，骨既還父，用什麽爲身？學道人到者裏若見得去，可謂廓清五蘊，吞盡十方。聽取一頌：骨還父，肉還母。何者是身，分明聽取。山河國土現全軀，十方世界在裏許。萬劫千生絶去來，山僧此説非言語。」下座。

上堂，撫掌大笑。良久曰：「大衆，笑箇什麽？山僧笑古往今來一切人，有瞥地有不瞥地。不瞥地之人，如黑地數甕，有甚分曉？瞥地之人，便自回頭轉腦，東問西問。譬如衣錦夜遊，問來問去，問去問來。忽然如晝見日，便云：譬如有目，日光明照，見種種色，多少分明。雖然如此，更須知有向上事、末後句，始得罷參。大衆，始於瞥地，終於罷參，古往今來，莫過如此。山僧所以笑他，恰如春夢相似。諸人還曾夢見麽？莫道無事，法爾天真好。豈不見大庾嶺頭曾趕上，少室巖前立到腰。豈得不遇於人！好大哥，喫茶去。」下座。

行者剃髮，上堂：「山僧因而度得小師一人。」遂拈起拄杖示衆云：「見麽？法名崇木，俗姓葛。」良久又云：「爾既投吾出家，今爲汝受三皈五戒。」乃云：「崇木皈依佛、皈依法、皈依僧，已爲汝作三皈。今爲汝翻十邪，受五戒，汝當聽受。所謂身口意也：身有三過，謂殺盜淫；意有三過，謂貪恚癡；口有四過，妄言、綺語、兩舌、惡口。作此十者，名爲十惡；無此十者，名爲十善。汝今於三業門中稟受戒法：所謂不殺、不盜、不妄、不淫、不飲酒，是五戒相。汝依吾教，信受奉行。」復卓拄杖一下云：「崇木聞吾教訓，乃告吾曰：『和尚所説，但崇木從來無身口意，亦不知何以爲持犯。縱聞三皈，我不知何者名佛法僧；聞五戒相，從何受持？雖煩和尚如此，崇木並無領覽處。』」師放下拄杖曰：「此真吾弟子也，是真皈依也，真受得戒也。所以昔人云：『和尚何不畜一沙彌。』老宿云：『有無眼耳者，爲吾尋一人來！』正是此意也。好得力小師。大衆會得否？」拈起拄杖云：「扶過斷橋水，伴歸明月村。久立。」

上堂：「總、別、同、異、兼成、壞，祇是山僧與衆人。高廣須彌入芥子，無邊刹海在微塵。晝復夜，秋復春，境寂心融事事真。七寶大車既如此，去來語默莫因循。」禪和子聞說了，呵呵大笑道：「我會也，我會也。」師乃呵呵笑云：「你會也，且道西天那蘭陀寺後孤峯頂上，如今有什麼人在彼中修行？見麼見麼？」下座。

上堂：「趙州道箇洗鉢去，其僧豁爾知歸。烏窠吹起布毛，侍者當下得旨。爲復是就伊明破？爲復是吐露向伊？亦不是就伊明破，亦不是吐露向伊。大衆會麼？本有之性，爲什麼不會？」

爲四面璘和尚拄真。「虛空無相，不拒諸相發揮。寶鏡無形，豈礙羣形頓現。相與形而常僞，空與鏡而常真。故卽僞卽真，不生不滅。大衆，或若虛空頓消殞，寶鏡不臨臺，光境俱亡，復是何物？六十三年卽且置，且道卽今四面老子在什麼處？」遂拈起真云：「生涯何所有，今古與人傳。」

上堂：「夏已半，山中早晚不甚熱。知事毗贊外無恙，首座大衆康休。西庵首座旦暮流慈，法樂無量。山門內外雍肅，表裏安裕。涅槃山，法性海，豈容取證造詣，擬議於其間哉！在夫山僧與諸人登高而履深，不可坐取安佚而無所得也。各宜悉察。昔有一禪客親近一老宿甚勤，老宿每見來，卽揮手曰：『未在未在，且去。』如是經久，其僧中夜思惟曰：『並不蒙一言開示，祇管道我未在，教我怎生柰何？』思量來思量去，忽然省得，歡喜無量。至明日上去見老宿。老宿見來便點頭曰：『是也，是也。』大衆，者箇便是達磨大師所傳宗旨。且如何便見得？」良久云：「鵽鵽鳥，守空池，魚從脚下過，鵽鵽總不知。」歸堂。

五祖忌辰，上堂：「趙州不見南泉，山僧不識五祖。甜瓜徹蔕自甜，苦瓠連根自苦。」

上堂：「達磨大師入中國，至今幾千年。得其道者甚衆，領其旨者實多。大似一人傳虛，萬人傳實。大衆，流言止於智者。諸人三十年後莫道見龍門來。」

上堂：「先聖道：法性海中親認得。」豎起拂子云：「還有認得底麼？」良久云：「認得也在法性海中，認不得也在法性海中。大衆，既總在法性海中，何故却有認得認不得？且道此理如何？每常兄弟道，何處不是法性海？山僧直是不肯。你道病在何處？有人道病在有道理處。山僧問伊：『如何得無道理去？』他道珍重，便出。或道今日七、來日八。大衆，若總恁會，如何見得？古人道：法性海中親認得去。莫將閑學解，埋没祖師心。」

解夏上堂：「尊者憍陳如，九旬最親切。老少幸相依，上下皆歡悦。瞻聽離聞見，承覽亦超絶。四海五湖人，勿謂真機泄。」

上堂：「昔仰山夏末禮拜潙山。潙山問曰：『子今夏作何所務？』仰山云：『開得一片田，種得一籮粟。』潙山云：『子今夏也不空過。』仰山却問：『和尚今夏作何所務？』潙山云：『晝日一飡，早晨一粥。』仰山云：『和尚今夏亦不空過。』言了，退後吐舌。潙山云：『子何得自持白刃，斷其命根？』仰山拂袖便開一片田，密密綿綿；兩頓粥飯，其道自辦。山僧一夏與諸人相見，自是諸人不薦。若或薦，成一片。是什麽一片？看取當門箭。」若無，山僧與諸人説看：還有知得底麽？大衆，潙山父子尋常相見，游戲神通，不同小小。出。

古尊宿語録卷第二十九

舒州龍門(清遠)佛眼和尚語録

住南康雲居嗣法善悟編

爲亡僧下火。「幾度曾經恁麽來,者回又是入天台。一堂道侶同相送,珍重峨嵋下五臺。」遂下火云:「遏辣辣。」

上堂:「近日亡僧遷化,此一則因緣有人會得麽?大凡參學,須見生死根源。生死若有,則不明道。生死若無,又作麽生無得?多見時流錯會,妄作主宰。今日試舉先聖兩則語,證驗今人錯處。祇如臨濟和尚示衆云:『有一無位真人,常在你等面門出入。未證據者看!』如今一氣才斷,便乃爛壞蟲生。面門出入無位真人,此時作麽生主張?既無可主張,古人因緣又作麽生消殺?古人又道:『你去父母未生時,明取你本來面目。』諸人如今盡是父母生後所有,許多時行住坐卧施爲運用,却分付何人?若無分付處,古人語又作麽生消殺?莫是不干此身之事,任生任滅,直明本性否?莫錯會!且如厭身如桎梏,厭智如雜毒,出三界了,尚祇名羊鹿之人。見身心無起滅、無内外、不住不去、不取不捨、平等趣入,故名大乘根機。看來亦祇爲明生死之道。諸人未了生死,疑情參學,有什麽是處?要得省心力麽?但明取。若身若心、若外世界種種變化，悉由何發現？須是一得了，始得迷情不現。說得恒沙不了後，並無用處。達磨大師曰：『吾本來茲土，傳法救迷情。一花開五葉，結果自然成。』可謂無承當人也。歸堂喫茶去。」

上堂，僧問德山：「如何是宗門奇特事？」山曰：「我宗無語句，實無一法與人。」師云：「漏逗了也。」僧問雪峯：「和尚見德山，得箇什麽便歸來？」峯云：「我當時空手去，空手回。」師云：「漏逗了也。」睦州喚僧，僧回頭。州云：「擔板漢！」師云：「漏逗了也。一漏逗，二漏逗，三漏逗，用意攙前先在後，莫於佛祖結冤親，好看衣珠常離垢。家中人鬬頭走，淮南笑殺龍門叟。有人若會笑因由，眼似銅鈴大如斗。阿呵呵！歸堂去。」

郭公朝散施寶蓋。上堂舉「木平和尚行脚時問洛浦：『一漚未發時如何？』浦云：『移舟諳水脉，舉棹別波瀾。』木平不契，遂問盤龍。龍云：『移舟不辨水，舉棹即迷源。』木平遂於言下大悟。後住木平。李王詔至金陵，問道於他。法眼有偈云：『木平山裏人，貌古言復少。相看陌路同，論心秋月皎。壞衲線非蚕，助歌聲有鳥。城郭今日來，一漚曾已曉。』誠哉，是言也！作麽生明他向盤龍言下悟底事？若有人問龍門一漚未發時如何，龍門實難吐露。」良久遂云：「一漚未發時，寶蓋向空垂，瑞色飄飄起，香風颸颸吹。何勞輕舉拂，不假畧揚眉。五百曾親獻，如來印可之。昔日毗耶離城五百長者子，各持七寶蓋來詣佛所。佛之威神令諸寶蓋合成一蓋，遍覆三千大千世界。諸人還信得及麽？非但古人，今諸人皆有此一蓋，還曾窺覷得着麽？若窺覷得着，步步莫非玄路，言言盡轉法輪。其或未然，山僧雖老拙，寶蓋助宣揚。久立。」

上堂，龍門老自云：「作麽？」復問：「你畢竟是誰？」對云：「是你。」復云：「你夏中做得箇什麽事？」對云：「難說向你。祇恐你落在見聞。」又云：「但說無妨。」師乃提出拄杖云：「有見有聞是凡夫，無見無聞是二乘。有人識得否？」良久云：「鴛鴦繡了從君看，不把金針度與人。參。」

撥田劄子至，上堂，謝恩畢。舉「百丈和尚謂衆云：『你等爲我開田，我與你說一段大義。』衆開田了，請師說大義。百丈起來展手舒伸。大衆，古人得恁麽徑截，還會他恁麽方便處麽？百丈說大義，辛懃事可知。龍門無道理，大衆絕狐疑。帝力乾坤重，君恩雨露垂。有人相借問，雲外畧揚眉。爲什麽揚眉？」良久云：「萬古長春。」

上堂：「鼓聲纔動，法義已周。大衆上來，尋光而至。山野高提祖印，諸人共息狐疑。直須倒岳傾湫，切莫尋枝摘葉。所以道：者裏聚集爲你僧堂裏底，者裏聚集爲你寮舍裏底。會得麽？好於處處參知識，休用從前解會禪。」

上堂云：「南閻浮提人，就中多閙亂。無想四禪天，根性最遲緩。遲速不同倫，染淨難回換。兩箇五伯文，元來是一貫。貫貫，啞子拍手高聲喚，聾人聽得伴不管。天明日出是夜半，智者大師譚止觀。大衆，此理如何？」良久云：「看！」

檀越請上堂。舉「端師翁住圓通日，楊次公、郭功甫每往參問此道。後來往復淮南，常求法要。一日功甫訪之，白雲師翁遂上堂云：『前來蒙次公大儒訪及，爲上堂曾舉一遍。今日功甫到來，不可隱覆，更爲擧一遍。』此語甚是奇特，乃曰：『上大人，丘乙己。化三千，七十士。尔小生，八九子。佳作仁，可知禮也。』遂下座。大衆，言雖麁淺，理實甚深。若不會上大人，如何登孔聖門，通曉六經子史、百氏詩書！縱使身名顯達，不曉上大人，如何佐國安邦，使功成身退！至於百工伎藝、負販庸人、孩稚小童，無上大人，如何成就能事？山林河海、日月星辰、上聖下凡，無上大人不能安立。大衆，好上大人還會麼？孔門弟子如能識，折桂登科第一人。」下座。

上堂。三平禪師道：「祇此見聞非見聞。」師云：「捻土爲香，更無聲色可呈君。」師云：「人思舊念，箇中若了，無餘事。」師召大衆云：「立處孤危，體用無妨，分不分？」師云：「巡堂看取。」下座，衆巡堂了，復謂衆云：「有人會得麼？」又云：「會得麼？」衆無對。師云：「癡漢，癡漢！」

黄龍山死心和尚遺書至，上堂：「死心心已死，心死死由生。拗折黄龍角，翻身卧地行。者老子從來翻着襴衫，倒携席帽，口頭麁糙，肚裏柔和。點檢叢林，呵叱學者。雖傳晦堂道，愛用雲門禪。以罵風罵雨爲訓徒，以種菜種蔬爲作務。興災降禍，少喜多嗔。愚人見卽攢眉，智者點頭相許。要去便去，果然作家。騰身元是莫徭人，睡中失却死心老。嗚呼哀哉，法門不幸！」

上堂：「虚名虚相，谷音鑑像。棄而不修，豈明幻妄。少不努力，老矣惆悵。静以思之，隨機稱量。古德云：『譬如百歲老兒作歌舞，豈是小兒戲！』大衆，會他恁麼道麼？百歲老兒作歌舞，側首低眉聽節鼓。心中聽拍雖了然，手脚來遲轉辛苦。』乃起身作舞云：「會麼？老作少難。」下座。

上堂：「一葉落，天下春，無路尋思笑殺人。下是天，上是地，此言不入時流意。南作北，東作西，動而止喜而悲。虵頭蠍尾一試之，猛虎口裏活雀兒。是何言？歸堂去。」

上堂：「眉毛眼睫最相親，鼻孔唇皮作近隣。至近因何不相見，都緣一體是全身。」

上堂，提拄杖卓一下，乃顧視曰：「拄杖子，拄杖子！你無住持干懷，又無病痛苦惱，如此黑瘦，何也？」拈拄杖，呵呵大笑云：「是何言也？若色見聲求，是行邪道。昔臨濟、德山由之發明見諦，後來明眼尊宿由之接物度人　豈不見黄檗普請次，檗謂臨濟云：『我最得者拄杖氣力。』臨濟近前奪下拄杖，推倒黄檗。黄檗遂云：『扶起我來！扶起我來！』時有一僧近前扶起云：『和尚争容得者風顛漢恁地無禮！』檗却打其僧數下。臨濟乃云：『蒼天，蒼天！』大衆，當時拄杖子，如今却在龍門手裏。」乃提起召大衆云：「還有臨濟手段底麽？出來，出來！龍門却是放得下。」遂拋下拄杖，放身便倒云：「有扶得者，出來！」良久云：「既無臨濟之人，又無扶起之者，龍門自起自倒，有甚用處？歸堂去。」下座。

甘露和尚入山。上堂：「達磨不來唐土，地久天長。二祖不往西天，山青水緑。龍吟霧起，虎嘯風生。秋雨垂空，浮雲蔽日。諸人有眼還見麽？有耳還聞麽？既具見聞，何者是迷？何者是悟？何物爲緣？何物爲對？要知迷悟昇沉理，畢竟須還本分師。先佛道：『身相屬四大，心性歸六塵，四大體各離，誰爲和合者？』大衆，身心既乃如此，現今復是何物？近來參學之人，盡皆奔馳語句，舉論古今，於本分事全不明了。所以正宗淡薄，道法澆漓。幸遇和尚到來，伏望震潮音、示真旨、抉重瞙、顯衣珠。四衆傾誠，不勝虔請。」

黄龍靈源和尚遺書至。上堂：「昔開正續銘，今示真歸告。一路涅槃門，行説皆親到。明然臨濟燈，妙唱黄龍道。空海久澄虚，雲濤方浩浩。橫呑巨海，高駕鐵舩，隱顯同源，卷舒無際者，其唯靈源乎！禪師居究竟地，住本覺場，雖曰示生，實無生而可示；雖曰示滅，實無滅而可示。明明密密，密密明明，真化不移，何方出沒？所以遺言作訓，真告普聞，能事始終，一期云畢。而某曩歲遊方之始，邂逅龍舒，許以半面之交，氣投分感。雖則荆山隱玉，已遇良知。尔後蚌腹剖珠，登舟獲劒，歐峯再會，素願尤諧。歡洽妙期，有同符節。自初及此，三十年間，理契同風，至音無間。夫何遽別特示遺書？感存念亡，此情彌切。雖然如是，佛佛不思議，不許長住世。大衆，審思惟，畢竟祇者是。然則子期既沒，伯牙絶絃，蓋傷其無知音尔。況此至道離見超情，莫逆于心，夫何言也？昔人問長沙：『南泉遷化向什麼處去？』沙云：『石頭作沙彌時，參見六祖。』云：『不問石頭作沙彌時參見六祖，南泉遷化向什麼處去？』沙云：『教伊尋思去。』」師乃呵呵笑云：「會麼，會麼？水長船高，泥多佛大。共至靈前，不勞觀聽。」

蔣山佛鑑和尚遺書至。上堂：「噁噁！師兄師兄，出在我前，去復我先。噁噁！師兄師兄，出在我前，許我並駕而齊肩；去復我先，使我隻翼而孤騫。豈不念兹苦海羣迷未度，況乃五湖玄學負笈趨筵。遽辭舟檝，孰濟長川？然佛法道理，自有因緣。此蓋衆生無祐，薄福使然。永違叢社，法炬無傳。我聞如來雙林示滅，又聞達磨隻履西遷。佛佛祖祖，其道綿綿。況我鍾山佛鑑法兄，妙機無間，出沒應緣，去來生死，吾何預焉？而某於師門最爲深契，在鴈序手足相連，義交金石，氣薄雲天。聽遺音而何忍，念朽質以非堅。同心共照，夫復何言？尚記得如來滅度，阿難問迦葉曰：『世尊傳金襴外，更傳何法？』迦葉曰：『阿難！』阿難應喏。迦葉曰：『倒却門前刹竿着。』大衆，若無者箇公案，生死熾然。白雲師翁道：

『金襴之外復何傳，弟應兄呼豈偶然。倒却門前剎竿着，免教依舊倚牆邊。』大衆會得麽？倚墻邊倚墻邊，寂滅光中禮白蓮。」

上堂：「達磨大師所傳心印，看，看！掃地盡也。如今還有人見達磨大師麽？若見得，方解承當。若見未得，切忌認着。所以正宗淡泊，異道崢嶸。昔日王常侍參睦州。一日，州問曰：『今日何故入院遲？』侍云：『爲看馬打毬，所以來遲。』州云：『人打毬？馬打毬？』侍云：『人打毬。』州云：『人困麽？』侍云：『困。』『馬困麽？』侍云：『困。』州云：『露柱困麽？』侍惘然無對。歸至私第，中夜間忽然省得。明日見州云：『某會得昨日事也。』州曰：『露柱困麽？』侍曰：『困。』州遂許之。此是達磨大師宗旨。露柱不解打毬，如何却困？還有明得者麽？人困馬困未是困，露柱之困始是困。好於言下證無生，莫向言中尋尺寸。百丈若無雙耳聾，臨濟爭解領三頓。盡將業識作流傳，此道今人棄如糞。久立。」

上堂：「昔有使頭、使下二人，一時奉事觀音。一日，使下偷使頭錢走，使頭燒香禱告觀音：『願我捉得使下。』使下亦燒香禱告觀音：『願使頭不見我。』當此之際，觀音救誰即是？祇救使頭又違使下，祇救使下又違使頭。若一時總救，事甚相違。山南辯和尚道：『若要行大道，三步作一跳。』大衆，好語。祇恐人麄心，子細究之，又却分疎不出。山僧爲你一一分剖看！若人要會，先須識取觀音。要識觀音麽？大慈悲心是。更須知大慈悲心從甚處流出。現今歷歷聽法者，無心而流出萬宗。若識得了使頭，方解作得使頭。非唯作得使頭，亦乃識得使下。此使下是使頭底使下，離使頭外別無使下。若識得觀音了，使下方解作得使下，非但作得使下，亦乃識得使頭。此使頭是使下底使頭，離使下外別無使頭。若恁麽,使頭使下但是空名,使下使頭悉皆無寄。大慈悲心,熾然獨脱也。既識得使頭,又識得使下,更須識得錢帛。使頭見之是使頭錢帛,使下見之是使下錢帛,離使頭使下外别無有錢帛。亦須知使頭錢帛自不干使下事,使下錢帛亦不干使頭事,各不相到。雖不相到,使頭錢帛卽是使下錢帛,使下錢帛卽是使頭錢帛,同一物耳。若恁麽既同,若恁麽既異。皆大慈悲心之作用也。卽知得錢帛,又須明取得失。使頭失財時是使頭失,使下得財時是使下得。得失不在别人分上。如此,則使頭失時是使下得時,使下得時是使頭失時。得失雖殊而不異,得失各異而常同。豈别有一物作同作異也?若使頭、若使下、若錢帛、若得失,一一明了,方名觀自在菩薩。古人云:「得失是非諸佛智,一人無心眼耳聾。」

上堂云:「西瞿耶尼打鼓,南贍部洲上堂。大衆十方齊至,等聞野客稱揚。此聲徧滿十方,照破聞見色香。堪笑釋迦老子,等閑動地放光。大衆歸堂。」

徐公大夫入山。上堂:「何處求通達,疑根自不凡。頓明心卽佛,陡覺海非鹹。善財樓閣路,日進丹霄步。凡夫云未然,我道常披露。大衆,譬如自面,豈辨鬚眉!又如眼根,不自見眼。面若有見,卽非本頭。若見眼根,眼卽同境。所以石鞏自射,無下手處,乃證全身。龐公問心,一口吸盡,遂得真實。此所謂大丈夫之事業也。不見道:大丈夫秉慧劒,般若鋒兮金剛焰。非但能摧外道心,早曾落却天魔膽。莫不是了見本來面目,證得清淨法眼,故得稱爲大丈夫也?此日伏蒙提宫大夫朝旆入山,光臨泉石。頃者,山野輙效。先德開法施場,住持此山。數年之間,傍資修换,爲禪者遊心之地。工役既畢,輙以土木之功干于視聽。願得雄偉之文,以彰不朽,爲來者之益。伏蒙惠示,莫大之幸。山僧雖不曉義理，觀此嘉作，近世所稀。豈此邦此山之幸，亦天下叢林之幸甚也。昔向居士木食澗飲，以所悟布之文字，求二祖大師印證，曰：『影由形起，響逐聲來。弄影勞形，不識形爲影本。揚聲止響，不知聲是響根。除煩惱而趣涅槃，喻去形而覓影。離衆生而求佛果，喻默聲而尋響。當知得無所得，失無所失。未及造謁，聊伸此意。伏望答之。』二祖大師答曰：『備觀來意皆如實，真幽之理竟不殊。本迷摩尼謂瓦礫，豁然自覺是真珠。無明智慧等無異，當知萬法悉皆如。愍此二見之徒輩，伸詞措筆作斯書。觀身與佛不差別，何須更覓彼無餘。』居士得偈，欣然奉侍。諸仁者，古人悟心，布之文字，實是希有。還見二祖大師與居士所證所得之事麽？」良久云：「浩劫有窮，斯文不泯。久立。」

上堂：「慮而解，思而知，孤燈難並太陽輝。不是心，不是佛，爲君掃蕩精靈窟。摩天鷂子入雲飛，千里萬里祇一突。阿剌剌。」下座。

上堂：「不起踈慵不進修，實無言説實無求。奪飢人口中之食，驅耕夫手裏之牛。真快活，百無憂。自是不歸歸便得，五湖風浪拍天流。」

陳與明還佛頂心經願，請上堂：「唵齒臨唵齒臨，唵部臨唵部臨。大衆，此是甚麽言語？義理如何？還有人會得麽？若道是言語，又不成言語。若道有道理，又不成道理。可謂言詮不到，分別不及。先聖呼爲密語，又曰真言。一切言音從是而生，一切語教從是而出。山僧適來看經中得七字陀羅尼，能滅千災，成就萬德。今對諸人舉此七字陀羅尼一徧，諸人諦聽。」遂默然，屈第一指至第七指，曰：「諸人聞得麽？恐諸人不聞，更舉一徧。」又默然，屈一指至七指，曰：「聞得麽？大衆，唯佛與佛乃能知之，自餘羣生悉皆罔措。有方便門，名曰重説偈言，今更再三分明説此七字呪，曰：『佛頂心經齋願了。』大衆，曉得其中旨趣麽？待山僧奉爲解釋，一字字要知落處。若論『佛』，祇是當人，更無物。若論『頂』，晝夜舒光照前境。若論『心』，看時無相用時深。若論『經』，解語能言不是聲。若論『齋』，所爲所作盡和諧。若論『願』，猶如身在龍門院。若論『了』，無慮無疑心皎皎。心皎皎，增添福壽災殃少。論量功德廣難思，須彌未大滄溟小。山僧適來説者是真言，世人祇知有言，不知有真。若不知真，所言皆妄。何者名爲真言？能出萬宗故曰真言，亦名三昧王，亦名萬字頂，亦名微妙章句，亦名秘密大總持。至心受持，大有靈驗。所謂山僧七字呪也。」乃屈指曰：「一二三四五六七，諷誦受持皆祕密。如人親入寶山中，一切珍奇從此出。久立。」

上堂：「道可學耶？實不可學。心可悟耶？實不可悟。不學不悟，真機全露。明月婆娑，浮生旦暮。眼若不睡諸夢除，古今出入無門户。」遂召大衆曰：「是什麽？」

上堂：「山僧署陞此座，大衆永息狐疑。各各金毛師子，去來哮吼全威。臨濟高聲連喝，德山拈棒痛棰。縱有一言半句，終不別作路歧。大衆，抖擻精神，着瞌睡作麽？是甚生次第事，你自鈍置。山僧恁麽道，要人到，不要人到？試點撿看！」

上堂，舉洞山和尚示衆曰：「兄弟初秋夏末或東去西去，直須向萬里無寸草處去始得。」又云：「祇如萬里無寸草處作麽生去？」石霜聞之，乃曰：「出門便是草。」僧舉似洞山。洞山曰：「大唐國内能有幾人？」師曰：「出門便是草，閑殺龍門老。北去禮文殊，南來登五老。鬢髮已蒼浪，言歸恨不早。獨立秋風前，相思望江島。好，好！不用更尋討。」

上堂：「什麼物恁麼來？休將明鏡挂高臺。什麼物恁麼去？分明不用當頭舉。舉得分明得更難，澄潭不許蒼龍盤。便恁會，太無端。」遂拍手呵呵大笑云：「華藏毗盧世界寬。」

上堂：「好一隊其中人，還見其中事麼？若是其中人，必見其中事也。」良久呵呵大笑曰：「會麼？苟不然者，雖有其中事，元來不是其中人。縱是其中人，元來不了其中事。了得其中事，作得其中人，復何憂哉！不見溈山曰：『有句無句，如藤倚樹。』時有人問：『樹倒藤枯時如何？』溈山呵呵大笑。又有乾峯示衆曰：『法身有三種病、二種光，一一透得，始解穩坐。』雲門出衆而問曰：『庵内人何故不見庵外事？』乾峯呵呵大笑。大衆，有人或問道：『此二老宿意旨如何？』龍門拍手呵呵而笑。」良久曰：「你諸人何不與我放下布袋，解開肚皮笑一聲子！」

上堂：「釋迦世尊已成正覺，彌勒大士當來下生。老盧持過嶺南，達磨擕來東土。各謂度生已畢，我願云周。如何六道四生猶在，土石諸山未殞，淨妙國土不逢？爲是願力未充？爲是業果難盡？爲復別有道理？還有人斷得麼？若不同床睡，焉知被底穿！歸堂喫茶去！」

上堂：「空生不解嵓中坐，春暖桃花樹樹紅。漏泄天機無覓處，都緣露柱挂燈籠。燈籠燈籠，却有古風。露柱露柱，善解提舉。一旦師姑是女兒，大悟堂中喫茶去。」

上堂：「心是根，法是塵，兩種猶如鏡上痕。痕垢盡時光始現，心法雙亡性卽真。根塵既謝，鏡光現前。心法雙亡，如何則是？赤骯髒身無妄想，眼聞耳見離攀緣。」

上堂：「迎日出門去，已覺披煙霧。冒月望山歸，重露濕禪衣。心悄悄，步遲遲。無孔笛，再三吹。哩哩囉，囉囉哩。遊子乍聞征袖濕，佳人猶唱翠眉低。君更聽，莫狐疑。是何曲，歸堂去。」

上堂：「真實到家之士，何暇論家！決定證得之人，寧標所證！論家論證，乃閭閻負販之徒。無證無家，誠飄露伶俜之子。何不興決烈之志，啓特達之懷！舉措看他上流，勿謾隨於庸鄙。一一從自己胸中流出，與我蓋天蓋地去始得。總似你恁麼參學，驢年去。」

上堂：「海門山，長安道，茫茫煙水連芳草。樓頭客，馬上郎，一聽落梅悲故鄉。春風過眼花飛盡，蝴蝶翩翩過短牆。君更聽，是何章？會不得，參堂去。」

政和八年九月，奉勑住和州褒禪。上堂謝恩畢，僧問：「千里遠聞音信好，不涉程途事若何？」師云：「不挂三寸。」進云：「一輪明月當空照，萬里清風宇宙寬。」師云：「却有商量。」進云：「路上忽遇禪人問時如何？」師云：「有甚難答？」進云：「雲離谷口千山秀，月到天心四海明。」師云：「誰是恁麼人？」師復云：「大衆現前豈不是舒州龍門山！適來勑旨，豈不是和州褒禪寺！令山僧往彼傳法住持，且何者是傳底法？要知佛法旨趣麼？不離龍門山，要見褒禪寺；不離褒禪寺，要見龍門山。龍門山則易見，褒禪寺卽難見。有人見得褒禪寺麼？若明得，便有佛法旨趣。若也未明。」良久云：「帝力丘山重，君恩宇宙寬。不才何以報？處處得心安。久立。」到褒禪，入方丈，師據座云：「昔定明禪師燕坐此峯，住大三昧，悲濟弘誓，澤及一方。山僧忝繼先蹤，續明後焰。十方坐斷，祖令當行。鳴鼓陞堂，各須諦聽。」

上堂：「聖皇帝賜與名山，賢宰臣宣行睿旨，俾令貧道傳法住持。衆中還有荷擔重任者麼？試出來道看。」僧問：「古人道：『權借一問，以爲影草。』未審此理如何？」師云：「子是何心行？」進云：「可謂手執夜明符，幾箇知天曉？」師云：「曾問幾人來？」進云：「到者裏多少人錯會。」師云：「闍黎又作麼生？」進云：「三十年後有人會去。」師云：「猶較些子。」僧問：「一塵纔起，大地全收時如何？」師云：「兩塵也。」進云：「恁麼則無邊刹境，自他不隔於毫端。十世古今，始終不離於當念。」師云：「含山縣裏事作麼生見得？」進云：「山河及大地，全露法王身。」師云：「者箇闍黎却好商量。」師復云：「龍蛇易辨，衲子難瞞。辨別得否？山僧未來此間時，是山法席久虛，叢林不振。當此之時，還知定明禪師是汝諸人善知識麼？山僧既來此間，法席初開，叢林復建，亦定明禪師是汝諸人善知識。所以道：有佛無佛，性相常住。若解恁麼看得，吾道有光矣。昔日有一員尊宿，衆集定，起來作舞曰：『諸人會此意否？』諸人無對。宿曰：『山僧不捨道法，而現凡夫事。』」師乃呵呵笑曰：「奇怪！若是褒禪卽不然。」乃起作舞告衆曰：「諸人會我意否？」良久云：「清貧長樂。」下座。

上堂：「褒禪乍住太乾枯，月白風清入畫圖。人間縱有千般樂，不及今朝事事無。」乃呵呵大笑：「好大哥。」

上堂：「雲中石塔摩星斗，定明禪師大張口。是你之言若解參，不必腰包天下走。」遂卓拄杖一下曰：「鳥對初陽自在啼，犬逢生漢連聲吼。」又卓拄杖一下曰：「歸堂。」

上堂：「祇知今日明朝，不覺今朝明日。事事一似安排，箭箭自然中的。甜者甜於黃連，苦者苦過白蜜。喫得者般滋味。」乃以手作舞曰：「不妨邏邏哩哩。」下座。

正月一日上堂，以拄杖劃一劃云：「天得一，斗牛女虛危室畢。地得一，草木山河并土石。君得一，上下四維無等匹。」召大衆曰：「萬象森羅影現中，一顆圓明光的歷。有歡樂，有愁戚。或寃親，或順逆。富且貴，貧且乞。萬樣千般誰運爲，空谷之聲隨應出。鴛鴦繡了任君看，不露金針太綿密。褒禪奉勸各回頭，莫待臨行却啾唧。識取摩訶般若光，萬古悠悠是今日。久立。」

上堂：「如來無二種語，諸人如何會如來語？作麽生是二種語？須明取始得。一離間語，二和合語。無此二者，是名如來語。何名離間語？能聽法者雖願樂聽受，而所説法者不爲開示，是名離間語。能説法者雖樂開示，而聽法者不樂聽受，是名離間語。雖説，無有能説可説；雖聽，無有能聽可聽。得如此者，方名和合語。當觀此離間語、和合語，一耶二耶？同耶異耶？如此證知，捨離間語，當得和合語。而如來無此二語者，不説不聽而已。然不説不聽亦有二事：一凡夫，二聖智。正如凡夫，無所開示，無所聽受，冥然莫覺，故曰無明，亦名爲無説無聽。二，聖智所到，到其無説無聽，亡賓主、絶行解，自居究竟實地，亦名無説無聽。學者當善分別，勿生異見，不可顢頇不分。」

上堂，舉：「趙州和尚，一日趙王來，不下禪床曰：『會麽？』王曰：『不會。』州曰：『自小持齋身已老，見人無力下禪床。』騰騰和尚朝見則天，仰視則天曰：『會麽？』天曰：『不會。』騰騰曰：『山僧持不語戒。』忠國師見肅宗帝，以手指頭帽子曰：『會麽？』帝曰：『不會。』國師曰：『天寒莫怪不下帽子。』大衆明得三人意旨麽？譬如寶舟到岸，獲大富而濟有餘。玉户抽關，升于堂而入乎室。猶在門外，無柰不入之何。因守孤貧，豈是珠寶之咎！還會麽？卞和刖足。歸堂。」

上堂：「面前過，便知是張三李四。背後過，爲什麽却不見？壁者邊，便見是條臺倚子。壁那邊，爲什麽分疏不得？咫尺之間尚爾，况十方世界耶！參學人若不明，當知參學事卒未在。光陰迅速。入寺來早已九十日，諸郡發心化士，且寬懷打疊。」遂拈拄杖曰：「東西南北四方人，地闊天遥最是親。衡岳天台連魏闕。」乃彈指一下曰：「輕輕彈指不勞神。」復拈拄杖曰：「山河大地、日月星辰、草木叢林，盡在拄杖頭上，還見麽？」良久曰：「腰纏十萬貫，騎鶴上揚州。久立。」

上堂：「趙州有喫粥因緣。好一則因緣，者僧當下悟去。會得麽？你拈動鉢盂匙筯時，便不會古人意了也。祖師有風幡話，你諸人十二時中，爲什麽一似大蟲看水磨相似？國師有無情説法，據你諸人合明得，爲什麽却不聞？若一一明得，便是有地頭底禪和子。歸堂。」

祈雨，上堂：「定明妙應禪師説法，如雲如雨。不是時人不聞，又非不善其語。如斯一味靈通，過了幾多寒暑。縱逢敗種焦芽，方便一時救取。」

知府曾公舍人入山祈雨。上堂，舉劉禹端公問雲居：「雨從何來？」對云：「從端公問處來。」師云：「雨從何來，不須尋討。徧滿虚空，拔濟枯槁。定明妙應靈通，知府舍人台造。真箇是爲雨爲霖，莫不爲忻爲好。且問諸人，是定明雨、舍人雨、百姓雨？定當得麽？」良久卓拄杖一下云：「三。」下座。

上堂，卓拄杖一下云：「大衆，你諸人昨夜爲什麽一時在露柱裏藏身？及乎天既明，喫粥了，上來聽參，爲什麽却在欄干上立地？見麽？直饒如此通神變，更問起雲塔裏師。」

上堂：「抵死要行雲水脚，剛然求悟本來心。爲蛇畫足勞筋骨，辜負青山緑水深。豈不見德山老子向你道『未踏船舷時，好與三十棒』也？諸人也着些子精彩，着飯袋子，也好與三十棒。」遂卓拄杖一下，下座。

退褒禪，上堂：「一去一來松上鶴，半開半合嶺頭雲。揞笻獨立千峯外，唯把南山祝聖君。」

知府錢公奏請再住褒禪。上堂：「大衆，君命重宣降薜蘿，不容靜處薩婆訶。襴衫席帽寒酸甚，又向人前唱哩囉，哩囉。」拍一拍：「哩囉。」又拍一拍云：「去年梅，今歲柳，顏色馨香依舊。人漸老，水長流，無心道合頭。」下座。

上堂，舉蓮花峯庵主拈拄杖示衆云：「古人到者裏爲甚麽不肯住？」自云：「爲他途路不得力。」如是二十年，無人會得此語。後有老宿聞舉云：「是卽是，少進語在。」有僧問：「如何進語？」宿云：「但問畢竟如何？」僧持此語問庵主，主曰：「楖栗横擔不顧人，却入千峯萬峯去。」師横按拄杖於肩上，高聲喚云：「和尚，和尚！」又云：「闔國人追不再來，千古萬古空相憶。」

上堂，舉嚴陽尊者問趙州：「一物不將來時如何？」州云：「放下着。」尊者當下大悟。師云：「好。大衆還見得悟處麽？盡力放不下，着力擔不起。將謂一物無，元是自家底。見得自家底，心中大歡喜。自茲家業興，一舉九萬里。」

臘月初一上堂。僧問：「萬法是心光，諸緣唯性曉。盡大地是色，那箇是心？」師云：「不要瞞老僧。」進云：「盡大地是心，那箇是色？」師云：「闍黎念來多少時？」進云：「祇如色心二字，如何透得？」師云：「祇知渡水，不覺腰深。」進云：「彼此没便宜。」師云：「一任啗啄。」師復云：「一年止有此三十日。二陽發生之月，學般若者，與汝道情相應否？今有二問問諸人。一問問肯者，一問問不肯者。先問肯者曰：你恁麼來多少時也？你須道多時也。問：你既多時，所對目前聲色，與你爲惱害否？若與你爲惱害，上座未恁麼在。若不與你爲惱害，是照見了然後不爲惱害？不用照見了不爲惱害？若用照見了方見不爲惱害，即名照見心，未名恁麼在。若不用照見心，如何知得無惱害？據作此見，了我問頭不得。第二問不肯者云：你不恁麼來得多少時也？」師大笑云：「好一問你出家沙門作佛弟子，含齒戴髮，巍巍堂堂，如何却不恁麼得？何異俗人？直饒你真箇不恁麼也，則因恁麼然後有不恁麼在。據此見，亦了我問不得。不見石頭大師道：『恁麼也不得，不恁麼也不得，恁麼不恁麼總不得。』尚有人講不得，被馬大師道：『我有時揚眉瞬目，有時不揚眉瞬目。有時揚眉瞬目者是，有時揚眉瞬目者不是。他便會去。』」師良久曰：「還知麼？泥多佛大，水長船高。」下座。

上堂：「未達境惟心，起種種分別。達境唯心已，分別即不生。分別既不生，便捨外塵相。」乃拈拄杖示衆云：「不可不喚作拄杖子也，且作麼生說捨底道理？有人於此云：『喚什麼作拄杖子？』便違他古佛道『不壞假名而談實相』。又道：『更有什麼拄杖子也？』則世間萬法不成安立。又道：『依舊喚作拄杖子。』則一切凡夫莫不幸甚也。大衆，到者裏如何即是？須信道，雲中石塔不是人間，檻外雲山非由心變。風摩雨掃日照煙蒙，妙用縱横隱顯一際。自可以幽栖鳥道，開豁胸懷，妙契真規，十方洞照。直得如此，更須知有衲僧孔竅始得。如何是衲僧孔竅？咄！」卓拄杖，下座。

上堂，舉溈山和尚坐次，見仰山從方丈前過。溈山云：「若是百丈先師，子須喫痛杖始得。」仰山云：

「今日事作麼生？」溈云：「合取兩片皮有分。」仰云：「此恩難報。」溈云：「溈山年邁，非子不才。」仰云：「今日親見百丈師翁。」溈云：「子向什麼句中見先師？」仰云：「不道見，祇是無別。」溈云：「始終作家。」師云：「從上來至百丈，有不犯之令。溈山深得其旨，能向劒刃上行。仰山飲氣扶持，且不犯鋒傷手。有般漢祇管行棒下喝，還明他不犯之令麼？不見『道始終作家』？諸人每日來去，什麼處得見百丈？」

上堂：「暫時歛念，是處是慈氏，門門有善財。介尒有心，土石山河，瓦礫荆棘。大衆，作聖作凡，能染能淨。有如是威神，具如是妙用。直得恁麼曹溪門下客，見時猶未是少林消息。祇如少林消息，你曹溪門下客合作麼生？」下座。

上堂：「蘇武牧羊，辱而不屈。李陵望漢，樂矣忘歸。是在外國，在本國？佛諸弟子中，有者雙足越坑，有者聆箏起舞，有者身埋糞壤，有者呵罵河神。是習氣，是妙用？至於擎杈打地，豎拂敲床，睦州一向閉門，魯祖終年面壁，是爲人，是不爲人？信知一切凡夫，埋没寶藏，殊不丈夫。諸人何不擺柂張帆，抛江過岸？不可釘樁摇櫓，何日到家？既作曹溪人，又是家裏漢。還見是家裏事麼？」

上堂，舉『先師在白雲會中作磨頭，一日，端師翁下來曰：『你還知一件事麼？』先師曰：『不知。』師翁曰：『近有數禪客自廬山來。問他，皆有悟入處。教伊説，亦説得有來由。舉因緣向伊，亦明得。教下語，亦下得。』端師翁良久謂先師曰：『磨頭祇是未在，你道如何？』先師聞了，心下不安，得七日七夜不成腸肚，正中心下。乃自思惟曰：『既悟了，説亦説得，明亦明得，如何却未在？』忽然中夜方會得，從前寶惜，一時放下。遂白端師翁，師翁起來手舞足蹈。某曾侍奉先師，聞先師舉此因緣謂某曰：『參學須是一時放下，方得安樂。』大衆，還見得否？放得下，好脱洒。放不下，牛拽杷。堪笑諸方老古錐，打鼓説禪無尾檑。無尾檑，不驚怕。不驚怕，可嗟訝。解踏毗盧頂上行，不言亦自傳天下。好大哥。」

上堂，舉百丈大智禪師謂衆曰：「併却咽喉脣吻，道將一句來！」潙山云：「却請和尚道。」五峯云：「和尚也須併却。」雲嵓云：「和尚有也未？」師云：「此是叢林中流布底事。雪竇禪師後來品評此三人語，各有淺深：『却請和尚道，虎頭生角出荒草。和尚也併却，龍蛇陣上看謀畧。和尚有也未？金毛師子不踞地。』如今衆中或去請益，或去過話。有人道：『此三句語未契得百丈，喚作抑而不揚。』『却請和尚道。』百丈云：『不辭向汝道，恐已後喪我兒孫。』此豈不是抑而不揚！『和尚也須併却。』百丈云：『無人處斫額望汝。』何處是有肯他也？則是抑而不揚。『和尚有也未？』百丈云：『喪我兒孫。』更是不肯也。祇如百丈道：『併却咽喉脣吻，道將一句來！』甚生次第事？既併却咽喉脣吻，明箇什麽邊事也？好扶持取。」下座。

退院離褒禪辭衆，上堂，舉六祖大師示衆云：「汝等速理舟檝，吾欲歸新州去。」弟子曰：「和尚去後，早晚却回。」祖曰：「葉落歸根，來時無口。」師云：「是什麽説話？去了却更來做什麽？不見東山先師道：『大小大祖師，猶欠悟在。』」師呵呵大笑云：「諸人還會得麽？聽取一頌：歸根得旨復何論，洞口秦人半掩門。花落已隨流水遠，空留羃羃野雲屯。」

到蔣山，上堂：「玄沙白紙費封題，一聽雷音萬仞低。慰釋私懷已無量，那堪更唱邏羅哩。」乃呵呵大笑曰：「古人道，笑須三十年。誠哉此語！某頃在白雲時，與堂上佛果師兄道聚，其樂無涯。至今樂猶未已也。」又呵呵大笑云：「一手不獨拍，兩手鳴摑摑。舉意超情念，相看同路陌。摩雲鐘阜高，徧界烏輪赫。妙機速雷電，神珠不在額。珍重人天大導師，衲僧一見喪魂魄。何也？誰敢正眼覰着！」下座。

古尊宿語録卷第三十

舒州龍門（清遠）佛眼和尚語録

住南康雲居嗣法善悟編

偈頌

示道三偈并敍

宗乘一舉，作者埋寃。古路縱横，若爲措足？苟非知方俊眼、出格上機、舉一明三，普同流浪。其或循言執滯，病在見聞。杜口藏形，過歸傍認。欲得決求大寶，莫作小商。撒手懸崖，當空便擲。百千三昧，豈在外求！若認語言，即名邪解。至於警物垂務，衡鑒將來，百匝千重，少諧手足。或中途病轍，半路絶糧，引諸子以伶俜，蓋指南之不妙。良由澄潭月影，隱隱迷蹤。直須坐斷毗盧，優游大徑。故作示道三偈，以資唱道之萬一。固非次第淺深、數量名字之所得也。冀達之士，相期於兹矣。

隨流

千聖靈蹤百草頭，卓然放去號隨流。從教萬古無人識，笑殺潙山水牯牛。

合轍

水中月是天邊月，南北東西更無別。新羅打鐵火星飛，燒著指頭名合轍。

雙唱

坐斷千差古路頭，解開空岸濟人舟。明明一句該羣象，善唱非聲作麼求。

標指六偈并敍

諸佛出世，無法示人。祖師西來，無道可指。唯談自悟，是謂頓門。若尚筌蹄，必難話會。然則忘其方便，迷者難以進途。標指示人，或有可曉。故循好言之士，唱偈六篇，以擧一隅，無勞三返。後之冥合者，或有可取焉。

迷悟

迷者迷悟，悟者悟迷。迷悟同體，悟者方知。迷南爲北，實情取則。北本是南，悟無移忒。返究迷緣，莫得來處。忽悟正方，迷復何去。其迷則迷，妄自高低。生死惡覺，枉受膠黐。達迷無妄，歡喜無量。殺無明賊，祇在一餉。一餉之間，冥通大千。直下了了，三際虛玄。無始時來，總由今日。盡未來際，更不尋覓。當念無念，靈光焰焰。靈焰騰輝，心知難掩。靈源蕩碧，森羅普入。海印發明，非關動息。根塵不偶，心珠寧守。返不我覩，出兮還有。有無齊出，無有蹤跡。智用雖奇，猶遭悟覓。悟爲法障，身招罔象。犴狢無風，徒勞展掌。祖父書契，本來家業。舊日風光，不妨要截。哆哆和和，依前疑著。元無病痛，何勞説藥。足踏實地，開眼瞌睡。大地茫茫，會我如是。如是之法，不因迦葉。是誰兒孫，喃喃亂説。你解亂説，智者便瞥。此門廣大，愚人自爇。自謗自爇，不干我事。我是癡人，汝能靈利。

坐禪

心光虛映，體絶偏圓。金波匝匝，動寂常禪。念起念滅，不用止絶。任運滔滔，何曾起滅。起滅寂滅，現大迦葉。坐卧經行，未曾間歇。禪何不坐，坐何不禪。了得如是，始號坐禪。坐者何人？禪是何物？而欲坐之，用佛覓佛。佛不用覓，覓之轉失。坐不我觀，禪非外術。初心鬧亂，未免回換。所以多方，教渠靜觀。端坐收神，初則紛紜。久久恬淡，虛閑六門。六門稍歇，於中分別。分別纔生，似成起滅。起滅轉變，從自心現。還用自心，返觀一偏。一返不再，圓光頂戴。靈焰騰輝，心心無碍。横該豎入，生死永息。一粒還丹，點金成汁。身心客塵，透漏無門。迷悟且説，逆順休論。細思昔日，冷坐尋覓。雖然不别，也大狼籍。刹那凡聖，無人能信。匝地茫茫，大須謹慎。如其不知，端坐思惟。一日築著，伏惟伏惟。

入道

道本無瑕，擬心已差。纔生朕兆，偏界空花。若欲全舉，除非直與。不用增添，現成規矩。洞徹根源，法法周圓。靈明法爾，妙絶言詮。言詮不得，得亦差忒。迥出根塵，古今取則。存不可見，亡兮對面。匪存匪亡，森羅自現。心外無法，法外無心。心法齊照，境智甚深。心忘照滅，境智同歇。一道通同，十方俱攝。生死涅槃，元無兩般。四生六道，息苦停酸。平等大道，無有邪正。胡漢不來，欲何爲鏡。像虚鏡皎，鏡像斯照。像去鏡亡，千聖非妙。此門難入，唯君自息。若入此門，半錢不直。不直半錢，萬國争觀。所以説云，大道體寛。

見聞

見極垂光，聽圓含響。若謂見聞，法成塵想。光流大千，響傳沙界。對現全彰，無在不在。聲不是聲，色不是色。非色非聲，山高水急。眼不可見，耳不可聞。非見非聞，宛爾見聞。見色聞聲，脱出根塵。水月鏡像，夢幻施陳。文殊寳刹，觀音普門。周羅法界，唯子一人。身土交映，妙絶凡聖。本有天真，非病不病。長歌且唱，妙舞更誇。東西南北，示現空花。生死去來，去來生死。若不如是，多過多咎。兹言未諦，此語皆宗。標指若示，古人同風。

水月

水月指陳，最踈最親。若謂可見，還帶重輪。月皎於上，水流於下。彼此非干，應緣何假。聲回響轉，垛成招箭。指喻孰明，標門誰辨。凡夫見聞，月皎水渾。心波業識，奔流苦門。二乘聞見，如鏡中面。對像迷真，渠還未薦。水澄月映，孤光迥迥。滅此化城，更須前進。一月耀天，光吞大千。森羅頓現，亘爾無邊。齊含寳月，交光廓徹。非中非外，一多融攝。毗盧性海，自他無碍。迷悟悟迷，相亡相在。一塵百億，百億一塵。奔走塵刹，不動本身。光亡月落，幾人摸索。四十九年，渾用不着。丈夫壯志，自有行市。十字路頭，看人失利。不忻諸聖，不厭凡夫。拈箕奉箒，跨馬騎驢。若人笑我，我亦笑渠。更問如何，我不識書。

語默

至道非言，言亦可傳。可傳何也？應物而宜。言雖應物，物自無物。無物之言，言音自没。絶言之語，妙應還普。道非晦明，語默同取。皐復誰唱？物物虚曠。咸通大千，徧乎塵想。品類非一，同言異出。圓音落落，凡聖俱適。千品萬類，薰含種智。故此一門，稱無量義。山河宣演，草木揚音。長説無間，所謂甚深。深兮甚淺，不動情見。最省工夫，凡夫不薦。不薦最親，妙義敷陳。歡言卽笑，恚怒卽嗔。嗔爲金剛，喜爲迦葉。華藏毗盧，心心相接。接兮可見，莫看背面。無字密言，從茲出現。現復誰論，非用耳聞。六根共户，妙偈星分。森羅經文，不出一塵。非舌非辯，雷轉電奔。展之在手，何法不有！縱横三界，無一滲漏。時人不信，執言説病。依倚前塵，以爲決定。決定是心，決定是塵。心塵所使，非自由人。諸聖苦口，隨愚過咎。巧説多詞，强爲分剖。法無言説，汝須善别。捨離語言，生死自絶。凡夫聞此，無説過咎。取彼無言，冥然長久。端坐暗獄，以心相續。背却語言，猶如土木。捨有之無，落在邪途。有無俱病，二病俱祛。祛復何去？不離當處。當處不生，語默相取。取兮不知，是東是西。説卽不説，不疑卽疑。故稱佛子，了事凡夫。是何凡夫？問取李胡。

彼我不二

諸人行李處，非我君不能。我今憑子力，還與汝同心。彼我無差忒，超然絶古今。千差非止水，生死自平沉。對容誰不妙，拂袖省知音。不墮機前路，明明定淺深。其如未覺了，彼我徒自侵。

動静常一

本自未常迷，何勞今日悟！守住寂寞城，知君還錯悞。從前諸聖人，元是凡夫做。豈有別路歧，教人離憂苦。祇者生死中，卽是佛去處。有人忽踏着，選甚淨穢土。一向不回頭，喚之亦不顧。千聖不柰何，可不省言語。了却貪嗔癡，卽是諸佛母。

妙語方知

佛與祖師言，拈花示癡子。我今發此談，何言顛倒爾！當人自天真，譬之秋潭水。一物著不得，豈用安名字！切莫向其中，認之還不是。不見須菩提，空空達彼彼。

了妄元真

問汝貪嗔癡，家住在何處？我今要與汝，各各分頭去。好好細思量，免被他官府。大者名爲貪，養得二舍弟。三郎都一處，日夜共活計。令汝家户大，使汝善調制。子今苦厭我，我與子發誓。一要子自知，二要子依例。三要當處生，四要歡喜偈。與汝善和同，一一無凡穢。一覺一切了，何須去煩翳！我是諸佛母，十方及三世。

物我無差

青山是我身，流水爲我命。養之以四時，蕭然自條正。覆育諸衆生，六度自修省。栽花種菩提，拂石要安静。不見楊柳飛，自有蒲萄影。玩之且不厭，去亦無寃競。一性一切性，娑婆大圓鏡。

同居善説

世人不識我，求我以形容。形容不相似，徒觀紙上龍。若要識得我，問取主人翁。主人好家業，物物要安藏。六兄誇藝術，三母足温良。南廳善書筭，北庫多財糧。住來但覺久，懶去問張王。君若一識得，與汝同屋梁。

美容可觀

一別海山中，十年春草緑。相思在方寸，顏容皎如玉。音書杳不來，桃李繁且熟。唯有意中人，使我眉頭蹙。

妙容非覩

通身無影像，脱體露堂堂。不話非聲色，何曾有短長！河沙恒偏現，故號法中王。優曇花正開，嗅著不聞香。

延促自爾

春日春山裏，春事盡皆春。春光照春水，春氣結春雲。春客春情動，春詩春更新。唯有識春人，萬劫元一春。

體寂咸周

妙體無方具偏知，近邦遠刹絶毫釐。根塵應念周沙界，坐斷毗盧發大機。

應緣不錯

法法無差是正修，見聞從此絶漂流。窮心未到忘心處，一聚根塵安得休。

祖師地、種、花及總頌四首

地

性地本無生，因生說有地。流傳古至今，非愚亦非智。

種

從昔未曾迷，於今何所悟！祇緣種性深，更亦無別路。

花

有種有心地，因緣花自開。要知成果處，却笑祖師來。

總

五葉花開後，山長水更深。亂雲横谷口，游子謾追尋。

六句偈六首并敘

六句偈者，各盡自心功德藏，無少間然也。不離六句而超六句，方曉此意。

前念是凡

前念是凡，短布裁衫。長亭送客，落日張帆。

後念是聖

後念是聖，一拳打正。干戈叢裏，拾得性命。

前念非凡

前念非凡，語正言讒。天高海闊，毛羽毿毿。

後念非聖

後念非聖，萬象明鏡。不假薰修，本來清淨。

前念卽凡

前念卽凡，凡不能測。若人要知，終不指劃。

後念卽聖

後念卽聖，聖不能知。鐵牛過海，石女生兒。

十憶偈并敘

余嘗謂先聖雖往，其道則存。苟或契同，吾斯在矣。百丈因言之潙山曰：「如忘忽憶。」所言憶者，歷然神解，如耳目所對，更不差錯者也。故作十憶偈十首以自發明先旨，使千載之下咸令信受，亦貴知余未始少忘也。吾既知之矣，爾等知之乎？

憶少林

一從三拜後，千古錯流通。永日無人到，蕭蕭檜栢風。

憶曹溪

葉落歸根後，曹溪一滴深。山居人少到，真實好知音。

憶南泉

一歸方丈後，何處覓南泉？昨夜三更月，寒光照座前。

憶趙州

不下禪床後，曾無善巧言。平常安樂事，今古謾流傳。

憶南陽

丹霞相訪後，從此話南陽。草作青青色，春風任短長。

憶雙林

一入雙林後，天宫事可猜。賣魚人不厭，何處見如來？

憶寒山

一住天台後，身單布亦穿。雖然筋骨露，歌笑不堪傳。

憶龐翁

石上栽花後，生涯自是春。若逢親切問，端的不饒君。

憶先師

一見先師後，堪悲復堪笑。爲問何以然？八十重年少。

憶伊余

憶着伊余後，呵呵笑未休。何人知此意？有語不堪酬。

十可行十頌并敍

華嚴以十法界總攝多門，示無盡之理。禪門有十玄談，以明唱道。洞山有十不歸，以表超證。山僧述十可行，以示後生，庶資助道。譬諸蓬生麻中，不扶而直。又如染香之人，亦有香氣。有少益者，書之于后。

宴坐

清虚之理竟無身，一念歸根萬法平。物我頓忘全體露，箇中殊不計功程。

入室

問道趍師印自心，入門端的訪知音。此生不踏曹溪路，到老將何越古今？

普請

拈柴擇菜師先匠，進業修身見古人。若到諸方須審實，龍門此法是通津。

粥飯

三下板鳴生死斷，十聲佛唱古今通。開單展鉢親明取，不可麄心昧苦空。

掃地

田地生塵便掃除，房廊蕭洒共安居。裝香掃地無餘事，默耀韜光示智珠。

洗衣

臨流洗浣莫踈慵，入衆衣裳垢不中。上下隣肩薰炙久，身心動念肯消鎔。

經行

石上林間鳥道平，齋餘無事畧經行。歸來試問同心侶，今日如何作麽生。

誦經

夜静更深自誦經，意中無惱睡魔惺。雖然暗室無人見，自有龍天側耳聽。

禮拜

禮佛爲除憍慢垢，由來身業獲清涼。玄沙有語堪歸敬，是汝非他事理長。

道話

相逢話道莫虚頭，大語高聲笑上流。言下若能窮本末，肯將無義結朋儔。

感興二首

空裹形骸夢裹身，夢中身世莫追尋。可憐一脉嵓前水，流入人間古到今。

夢幻空花衹自知，潛思二十九年非。夕陽芳草曾行處，誰料紅蓮步步隨。

海會辭老和尚

來時無有語，去亦不知聞。此曲誰能和？轟轟出白雲。

五祖老和尚寄鐵牛歌與師附

昨夜三更前，鐵牛耕盡田。喫着三春草，吐氣在青天。也無欄也無圈，前山後山任方便。不曾造次損田苗，愛惜皮毛不輕賤。忽然大震一聲雷，始覺從前俱顯現。

師和

混沌未分先剖判，生成不假陰陽煅。頭角前來是好牛，皮毛更不重更換。滿目平田無寸草，飢飡渴飲無生老。威音王佛是如今，有甚衆生可尋討？哮吼一聲天地動，達人見處吾無用。坐斷毗盧世界寬，自是衲僧眼皮重。一遇知音和始齊，自餘總是閑陪從。

山中闃寂，爐邊静坐。因思四十年人間世外林泉之樂，與夫區區世上者何遼遠也！諦思究極于至道，遂成山偈，聊以自勉。并示諸禪人，使勿如老夫之回頭晚也。

動境徧娑婆，以之成逼迫。安心一處坐，從是虚生白。逼迫何逼迫？膏火煎魂魄。虚白何虚白？廣莫揚孤翮。良哉静者心，四海猶爲窄。匹彼在動士，天地何遼隔！故兹審觀究，二者俱介僻。棄彼而奔此，安得有深益？樂者自何至？苦者自何適？苦樂忘根緒，由夫征路陌。路陌苟不征，躭躭本家宅。昔未厭瓦礫，今豈重金璧！金璧有所重，瓦礫未可擲。瓦礫謂金璧，殺盗應非逆。金璧謂瓦礫，聖賢失蹤跡。金璧而金璧，瓦礫而瓦礫。苦樂各平等，法法無假借。大空離衆念，真實無改易。樂而無樂相，苦亦無苦跡。苦樂同十虚，心門廣開闢。龍吟而鳳鳴，天淵發金液。人不念諸道，飢口枉求食。一也及夫此，曹溪稱上客。因思賢聖人，不寐徹殘夕。時哉各勉旃，升沉在咫尺。

題四面法智禪師塔

珍重靈知者，綿綿亘古今。人居千聖外，塔鎖亂雲深。碧落杉松色，丹崖虎豹音。回光如到此，必也見師心。

與太平四面夜坐

城中應接同摩詰，雲外無心似老盧。月白風清深夜坐，出家全不費工夫。

示看經僧

句義縱横那畔彰，五千餘卷總含藏。如何不覓根頭意？空看枝邊木葉黄。

讀傳燈録二首

虚名虚説傳來久，真語真蹤示後人。虚實灼然知下落，清風千古見芳塵。

家家門前火把子，半夜愚夫説相似。碧天如水月如鈎，古今流落閑名字。

示栽松僧

一寸靈苗手自栽，前崗後隴作良材。敢將不朽傳他日，唯把青青示後來。

山中偶作三首

分明不了却成迷，無限風光付與誰？若得家山田地穩，自然處處不思議。

舊事成空莫可追，舊心將把再思惟。古今不隔絲毫許，會得如斯也大奇。

休處言休便好休，五湖蹤跡任遨遊。莫嫌活計無多子，此箇牟尼用到頭。

示衆

求心心未諦，等人人不來。嵓花曉來雨，寂寞爲誰開？

三句頌

禹穴龍門寺，探珠欲問龍。驪珠吞在腹。如何取得？請續末後句。

讀靈源十二時歌

一日日，一時時，龍門老，心自知。

師常以六隻骰子示禪人，六面皆六點。復作三頌

六隻骰子滿盆紅，不用安排祇麼通。擬欲進前求解會，大似西行却向東。

六隻骰子滿盆紅，塵墨河沙用莫窮。誰能解展金剛手，祖佛親來亦掃蹤。

六隻骰子滿盆紅，馬載驢馳一擲空。赫赤窮來無可賽，請君從此現神通。僧問：「六隻骰子滿盆紅時如何？」師云：「無人能賽。」云：「忽遇恁麼人來時如何？」師云：「平出。」云：「請君從此現神通。作麼生現？」師云：「骰子在我手裏。」

迷逢達磨

信步遊梁魏，乘時別少林。長安車馬客，無限利名心。

因法眼頌

呪咀毒藥，形聲之逆。眼耳若通，本人何適？師復頌之：根問本人何所適？塗割等平忘順逆。有爲雖僞性常真，法法無依稱善吉。

無情説法

無情説法異盲聾，聽得之人眼耳通。不但近塵并遠刹，十方度盡顯全功。

寒食禮先師真五首

雲水參尋訪此宗，十年磨刮太虛空。區區力盡還依舊，方知萬法本來同。一悟吾師心便息，信門入處還無入。二十年中事密如，向人殊不勞心力。前人説法後人聽，由來兩箇總無情。祇緣口耳都相似，所以流通道自成。去人去矣叮嚀囑，住者相承無斷續。若遇知音一和時，乃知去住常充足。清明寒食與諸人，共禮先師不動身。萬法本閑心亦爾，將來誰是得吾真？

和珪首座二頌

祇論親切不論時，回笑諸方陷虎機。一句未容開口對，片帆先逐便風歸。頭頭有路堪行履，物物無差莫棄違。不見黄梅足奇士，盧公却得祖師衣。

媿爾相求識歲寒，不嫌危磴路千盤。歸堂一劄曾親訪，閉户深山肯自瞞。月下篇章應獨和，壺中天地共誰看？臨機大用全收放，何必區區握雪團！

送郭大夫知鉅野

東歸半載漁樵樂，北去三年父母來。金馬玉堂彈指入，寶樓香閣一時開。

題陳子美息陰堂

湛湛寒溪疊疊山，息陰投老得身閑。武陵花好春常在，漁棹歌清事不關。眼底兒孫從富貴，罇前鬢髮任斕斑。天機日有真消息，頻許禪僧共往還。

題孫欽之養素軒

善養不教聲色亂，素絲無染是天真。有時來此軒中坐，作箇忘機混沌人。

智海化士乞頌

乞食山城歸帝里，毗耶鉢飯香而美。莫念故園桃李春，更參上國西來旨。

示圍爐僧

爐邊靜坐默無言，勿論麄踈若市鄽。冷暖此中看火色，祖師心印爲親傳。

題徐四翁壁

徐翁活計天真，年老無喜無嗔。參取面前桑樹，乾坤不出一塵。

題祇園庵

祇園誰住此？謂是鑁頭通。物外庵邊竹，人間耳畔風。露畦青戢戢，煙浦綠濛濛。祇箇潛心處，分明古者同。

夏散輒病，既病且惱，因書山偈，示一二禪者

萬劫一瞬視，塵沙不動移。若爲論過未，併總入無時。海闊波仍匝，心通佛可齊。床頭木枕子，推出恐人迷。

題侍者寮香林閣

葛厨松枕午窻涼，卧看風雲草木香。彈指徧遊塵刹盡，故山歸路笑羊腸。

送常侍者西歸省親

本從綿竹過南方，依前歸入綿竹去。井舍猶爲舊日居，山川不改當時處。鄉人見之莫驚愕，親里歡迎斷思慮。有問南方所得時，瘦藤爲我聊輕據。

小師崇堅乞偈

事辦須尋道，方明爾本來。禪關無鎖鑰，祇要用心開。

龍門偶作五首

明月何皎皎，永夜入我室。照出萬古心，念此百年質。隔窻風露泫，擁毳衣衾密。遲遲不能寐，餘光在東壁。

叨叨林鳥啼，披衣中夜坐。撥火悟平生，窮神歸破墮。事皎人自迷，曲淡誰能和？念之永不忘，門開少來過。

嗚嗚鼯鼠啼，時人皆不喜。得意即相呼，意去當自止。吉凶由之生，吾未見其理。此言如未聞，大梅有宗旨。

初夜涼生早，微雲卷太空。燈懸松竹露，簾捲薜蘿風。可笑千年事，能將一念通。相逢禪客問，細話吾宗。

每念心中事，頻開掌內珠。欲憑天上鴈，待寄水中魚。此意終難寫，斯言不可書。含毫竟寂寞，遶屋樹扶疎。

題靈光臺壁

政和七年院成，別於南山下作靈光臺。臺上立雙浮圖，西向見日没處，是謂歸根收藏之旨也。一窣堵波以奉前後宗師化盡報體，一窣堵波用安十方禪僧火後遺骨。是二者爰彰寂滅之道，殊途而同歸，萬靈咸會者也。吾之朽骨亦藏于此。世世宜遵守之，長而且久，與夫虛空齊壽者，斯雙塔之所以建也。其年寒食日，住山清遠記。并述二偈云。

吾初欲作真常語，更恐真常暗流注。不如不語人共知，人欲知之反勞慮。崖頭浮圖示其相，臺上野雲飛不住。周遊獨步或可追，錦繡谷中歸舍去。古云：獨步四山頂，周遊三大路。

百骸潰散此日言，一物長靈異時語。此日長靈猶可知，異時潰散憑誰舉？可知所以有生滅，解舉方能忘取與。光明寂照徧河沙，慎勿於中論爾汝。

花山

石龜不念歲月古，舊記已滅名尚留。道傍蒼木老霜雪，澗畔野草隨春秋。訛傳細讀華陽傳，靈跡獨聞姚比丘。可憑定力驗今昔，人間萬事徒悠悠。

木魚

無端擊此溝中斷，鐘鼓相參無雜亂。能聞所聞非二緣，以此及此通回換。凡夫何故作追攀，達士若爲成智觀。可憐流入薩婆若，醉眠尚爾排魚貫。

讀經

不染而染妄本虛，染而不染悉無餘。本虛自是能成事，體淨何妨應萬殊！斷妄證真心豈息！非真非安智還迂。了真了妄如無礙，自在圓明始是珠。

不寐

毗耶離城居士家，環堵十笏容河沙。八萬四千高座衆，咄嗟已辦薰天花。迢迢不到迷是障，念念常入心無差。須彌盧山四大海，我見如一粟與麻。

早起

老來愈見心無事，夜永偏知膽更涼。淺淺地爐猶有火，依依山月尚臨墻。試將寂滅那伽定，暗寫雕蟲篆刻章。剛被啼鷄忽驚斷，一時歸入正思量。

起晚

展脚縮脚飢鼠啼，合眼開眼重露晞。覺來始了夢時事，夢處寧容覺後知。瞬息黄粱猶未熟，翩翻蝶蝴正狂飛。披衣獨坐日正午，試問何如半夜時？

遊定明塔院作二頌

大士安禪地，千峯塔院春。門深松檜老，事古歲時新。人禮香燈夜，鳥啼花雨晨。祇應禪石上，去住亦通神。

白塔雲中路，晴空鳥外簷。好山長入望，終日坐無厭。幾箇竹生石，數枝花映簾。長安曾未到，神力動飛潛。

因舉楞嚴經七處徵心成頌

善逝明知直不邪，要窮妄識是空花。故令慶喜推心目，勝相初觀始出家。在内何緣昧肝胃，相知在外又成差。琉璃比眼還同境，閉障開明未有涯。合處隨生難定體，根塵兼帶轉蓬麻。世間一切都無著，水陸空行作翳瑕。七處無歸全失措，從兹始得徧河沙。

述懷示學者

細思五十三年事，併入初中後夜心。須信刹那通過未，更無毫髮作追尋。隨消舊業根先斷，永絶新殃道已深。此是安身立命處，故吹一曲報知音。

病中示光道者

我病無形不可見，曼殊室利得深知。再三若欲通消息，推出床頭木枕兒。

蔣山送無着道人歸舒州

已禮雲中塔，更瞻堂上師。方思江水北，共集定林西。一句無多子，千差永不疑。到家勤愛護，此道少人知。

送禪人入京

千人叢與萬人叢，無喜無嗔耳目通。要識太原孚上座，六街鐘鼓鬧鼕鼕。

再得旨退褒山成三偈代違和守錢公

住山久有煙霞疾，得請放還麋鹿羣。厚意於公殊未報，深禪聊復對爐薰。

公家忠靖有遺德，乃與定明開道緣。異世今時豈人意，一麾千里是家傳。

出岫油然亦乘興，勸飛隨意卽知還。有心知到無心域，鳥戀故林雲在山。

真贊

釋迦如來出山像贊

妙色非身，形容乃普。閻浮未下，雙林已覩。曠濟功深，六年行苦。塵沙相好，萬億刹土。衆生心淨，佛日常午。正念蒙光，迷人外取。雕檀寫氎，像末孩乳。今兹軌模，傳從乃古。象步出山，智珠河吐。水月頓澄，豁開覺户。瞻之仰之，豈敢自侮！常在不滅，此言手舞。

觀音像贊二首

曠大劫來離衆苦，心心永斷諸分別。聞處真聞實不聞，説時雖説常無説。法身普現凡聖等，耳根采聽音聲絶。娑婆最有大因緣，一念清涼除惱熱。

曠大劫來不虚妄，言言故得皆真實。應念蒙光迅電飛，尋聲救苦奔風疾。千章萬句離文字，異韻殊音垂祕密。現相宣揚遇此時，見聞穎脱欣今日。

天台三大士像贊

巖巖天台，曠闊寰宇。大士不我，毫端莫取。蜀客心狂，纖塵一縷。屈指拊掌，松石猛虎。生涯何有？流傳今古。静對虚堂，非謂無補。

達磨大師贊

振搖梁魏，斟酌皮髓。孰云西來，空槨而已。素壁虛堂，少林熊耳。

百丈大師贊

慧燈續傳，福庭宜敞。常住世間，水月鏡像。是謂叢林，大智百丈。

楊岐和尚贊

鬧市竿頭呈戲，衆眼曾驚。栗棘蒲上橫吞，諸方盡畏。宜陽秀水，萍實楊岐。雨過雲橫，天高地下。

白雲端和尚贊

綱紀著明，不忘付授。淨空無際，如日處晝。欲究根源，瞻之龍岫。

五祖演和尚贊

遇寃則親，傳虛果當。剛硬齒牙，生鐵腸臟。風清淮楚，道實宗匠。不有智悲，子孫安嚮。

浮山圓鑒和尚贊

并汾鐵騎，老息荒丘。雲施雨罷，花落水流。

褒山定明禪師贊

四海稱唐，師出華陽。不起燕坐，翱翔帝鄉。名與山俱，道逐時芳。濟民助國，能雨能暘。貧者獲富，熱者得涼。羣蒙所歸，實在不亡。

悟首座圖余幻質，復求爲贊

廓然無聖，儼爾有容。明明絶朕，密密垂蹤。昔也懷寶，枯木藏龍。今其示人，巨嶽喬松。龍吞萬類，松茂三冬。神而不改，風雲必從。吾形既得，爾道自鍾。褒斜路險，漢水朝宗。

珪首座求贊

如珪如璋，惟子非我。且陋且拙，在余是可。子今傳余，拙則成奇。物感神會，形動心隨。凝雲不飛，寒月下映。孰謂之凡，孰謂之聖？余猶爾也，奇拙同貫。噫嘻期文，大朴未散。

順知藏求贊

色裏膠青不見形，影中所以邈吾真。吾真定有非形礙，爲對凡夫顯幻塵。塵既顯，道彌新，不貴西來彼上人。

淵禪人求贊

似余似余，類我類我。我復謂誰，如火與火。描邈不就，迎隨不果。寫出龍門，衲僧災禍。

如大師求贊

比類則疎，現形仍普。得在一瞬，照窮千古。雲起吟龍，風生嘯虎。贊之絶辭，瞻焉奚覩。

賢監院求贊

徧界不藏，毫端獨妙。縱未嚬呻，已先微笑。吾子識也，水月斯照。纖塵不遺，是爲宗要。

肱維那求贊

識余者誰？請觀端的。孰云丹青？謾勞尋覓。斷雲架巘，皎月在壁。昭爾惺惺，悟兹寂寂。

勤禪人求贊

滄溟一滴鹹無際，厚地纖塵廣有餘。何事陋容人寫得，祇緣蹤跡在龍舒。

昕侍者求贊

吾行爾隨，吾喚爾應。唯隨與應，不欠不剩。因吾識爾，此像果親。静而瞻之，道實絶倫。

元侍者求贊

道雖光明，形則山野。提折脚鐺，住深蘭若。拙韻無取，陋容誰寫？常在左右，覺元侍者。

小師崇戒求贊

似卽踈，比仍失。廓爾空，皎然日。顧丹青，寫容質。誰使之？省尋覓。

無着道人求贊

植杖望雲，何處空山？獨立凝情，媿我蕭然。無物謝伊，裝點相成。

馮濟川教授求贊

天地無物我無物，隱顯空雲隨出没。此間誰是悟玄人？霹靂光中轟一咄。

吴公明求贊

欲識坦然老，乃是龍門人。聲名落四方，坐卧今十春。會見移庵去，何妨邈形真。平生香火緣，對比卽神通。

張公壽求贊

首到東山，晚覯龍岫。歲經寒暑，人非新舊。塗毒長鳴，優曇勿嗅。静對終日，弟子公壽。

戴巨濟求贊

畫出人皆識，相逢道更親。起雲峯後路，記得往來頻。

龍門常住圖師真，知事求贊

寥廓無狀，孰爲龍門？有指南路，絶刀斧痕。因緣去住，任物所論。黄竹寒湫，曉而復昏。

古尊宿語録卷第三十一

舒州龍門(清遠)佛眼和尚小參語録

住南康雲居嗣法善悟編

小參,云:「好一轉語,還有人荅得麽?」良久云:「問荅俱備。所以古人道:『夫説法者,當如法説。』且如法又作麽生説?諸人既無風起浪,者裏不免將無作有。所以道:其説法者,無説無示;其聽法者,無聽無聞。諸人既無聽而聽,我者裏無説而説。若得恁麽,目前無一法可得。何故?且聽外無一絲毫説底,説外無一絲毫聽底,便能透過雙關,俱無異相。不必説與不説、聽與不聽,自然大地山河色空明暗,更非别法。可謂透出塵勞,頓居實地。雖現在三界中,熾然出三界;現在聲色裏,熾然出聲色。且如今與諸人説聽同時,作麽生説箇不説不聽底道理?須知端的明悟始得。不見古人道:『非色聲香味觸法?』者箇去處,也大殺不易。參學之士,若非到此田地,管取目前有法。外既有法,内必有心。内外緣生,汨没三界。諸聖由兹而出現,達磨特地而西來,還知諸聖用心處麽?祇是諸人心是,更無别心,亦無别法。所以道:『十方薄伽梵,一路涅槃門。』誠實無差,方知道無迷無悟,非聖非凡。若實得恁麽,便好韜光晦跡,履踐諸聖玄塗。其或未然,直須管帶始得。不見趙州和尚云:『十二時中許你一時外學。』僧便問：『許一時外學。未審學什麽？』州云：『學佛學法。』祇如佛法尚爲外學，其餘十二時中作箇什麽始得？大難其人。所以如今與諸人相會，喚作非時言論。既是非時言論，如何得相親去？達道之人，若能鎔鉼盤釵釧作一金，攪酥酪醍醐爲一味，説什麽時與不時。盡皆中的。奉勸諸人快好究取，二六時中，去離塵緣，莫起異念。豈不聞：昔日有人在高樓上，見二比丘從樓前過，有二鬼使掃併道路，復有二鬼散花隨後。及乎二比丘廻次，二鬼復在前叱喝嘿唾，二鬼隨後掃除脚迹。其人遂下樓問二比丘所以。其二人方悔感悟，乃云：『我等去時共談佛理，及至廻時却言雜語。』諸禪德，此雖麁境界，子細推來，乃是學道之人大事。何故？祇爲情念瞥起，外境現前。念若不生，無境可得。所以先聖道：『以無念爲宗。』而今但無凡聖異念種種心量，亦無煩惱可斷，亦無菩提可求，於生無生，於死無死。不見昔日洞山和尚與密師伯游山次，忽見白兔從草中突出。密云：『大似白衣拜相。』山云：『老老大大，作者箇語話。』密云：『兄又作麽生？』山云：『積代簪纓，暫時落魄。』者箇公案如何消遣得去？且道是何道理？諸人若會得『白衣拜相』，便乃獨步丹霄，永出常流。若會得『積代簪纓』，便解『奪飢人之食，祛耕夫之牛』。還委悉麽？直饒一一委悉分明，諸人分上總使不着。如何是諸人分上事？試斷看！」良久云：「討甚兔子？珍重！」

師還東山省覲，衆請小參。云：「暫下蓮峯輕屈指，光陰倏爾又三年。雖然不隔絲毫許，爭似躬親到座前。某伏自數日前，陪從太平禪師象馭再登蓮嶠。歸侍老師大和尚，瞻禮慈容之間，須知有相見底事。敢問大衆，作麽生是相見底事？不可是你見我、我見你，是相見。若恁麽，全無佛法得力處。何故？世間諸趣，彼此見存。常在生死之中，未有脱離之地。所以雪峯和尚向人道：『望州亭與你相見了也，烏石嶺與你相見了也，僧堂前與你相見了也。』若據如斯指示，豈待音容相接、言氣相交，始爲相見？諸高德，夫爲參學之士，須實有去處始得。還知麽？如今敢道千里同風相見却易會，對面相見却難知。何故難知？夾山老子道：『目前無闍黎，座上無老僧。』諸來大衆盡在于此，如何見得目前無闍黎？堂上老師，大和尚在座，與諸大衆證明，作麽生見座上無老僧？不可等閑過却將爲閑事。晝夜被見聞風所飄鼓，根塵陰界諸人纏縛，不得自由。生死事大，須得箇悟由入頭處始得。雖然如是，格外道人，實遭怪笑。何故？須知有向上一着，且待異日他時，别爲諸人點破。因記得昔日南泉、趙州二尊宿，皆是道超物外，名播寰中。時有一僧往山中，見一禪伯在盤陀石上卓庵而坐，僧遂問曰：『南泉出世浩浩地，何不往彼問訊？空坐何爲？』庵主曰：『莫道南泉出世，佛出世我亦不去。』僧持此語見南泉，南泉大驚，遂令趙州往驗看。州到庵主處，從東過西，庵主不顧。州又從西過東，庵主亦不顧。州遂當門立曰：『庵主，你敗也。』庵主亦不顧。遂拽下簾子而行，庵主亦不顧。大衆，者一則因緣，諸人作麽生委悉？莫是趙州、南泉不到庵主田地，返被庵主勘破，落他陷虎之機也無？莫是庵主雖然並無受用，臨機不解互换，平地上死人也無？諸仁者，素非此理。大凡行脚人，須是道眼分明始得。若道眼不明，祇被南泉、趙州、庵主三人换却眼睛了也。實無少許相應處。若也道眼分明，南泉、趙州、庵主便是上座，更無異見也。還相肯諾也無？不見道：曾經大海休誇水，除却須彌總是塵。久立。」

解夏夜，小參，云：「一二三，無言童子口喃喃。三二一，上下四維無等匹。衲僧活計絶絲毫，萬古徽猷是今日。大衆，作麽生是今日事？現定東西僧俗，燈燭熒煌，作麽生見得箇絶絲毫底事？若於此見得，歷劫孤明，未曾昏昧，方信道。達磨不來唐土，二祖不往西天。如是之事，蓋是諸人背覺合塵，流浪日久，是以智光不得顯現。所以遊方問道，徧參知識。若於一句下見得分明，方知無量劫來事秖在今日。然今日之事也大難委悉。何故？蓋爲諸人現分別。者心本元真實，誤認分別，致背真源。但無許多分別之心，自然時常顯露。祇如此事，還假方便也無？山僧有箇方便普施大衆。」乃竪起拂子云：「還見麽？若道見拂子，翳却兩眼了也；若道不見拂子，生盲却兩眼了也。眼則且置，且道者拂子是有是無？拂子若是有，便心外有法；拂子若是無，壞却世諦。學道之士，到此如何理論？如斯指注，太甚壓良爲賤。若是真正道人，也無如許多事。故我釋迦如來在日，建立箇方便門庭，亦無如許多事。每至結足安居，不相往來，各各求證道果。於九十日中，或有所得，或無所得，或有疑慮，或無疑慮，或有罪，或無罪。至休夏自恣之日，方詣佛所，各呈己見，求佛印可，故謂之自恣。自大覺掩光已來，人心閙亂，致有朝參暮請種種見知，所以不能得契本源也。憶昔佛在竹園精舍，與大比丘結足安居。至自恣日，時優波離尊者觀諸大衆，如海清淨，無有缺犯。唯有文殊師利菩薩不樂所止之處，好遊聚落，違犯禁戒。時優波離具以白佛，欲擯出文殊。世尊謂曰：『若擯得，但擯。』時優波離遂集衆鳴犍椎，左右上下皆是文殊，徧虚空界一切之處悉是文殊。世尊謂優波離曰：『汝欲擯那箇文殊？』時優波離放下犍椎，禮拜懺悔云：『我小德小智，不識大士境界。』大衆，當時可惜放過，甘爲樂小法者。若下得者一椎，莫道文殊，假使釋迦老子，亦無容身之處。諸人還知得者一椎落處麽？若知得，盡大地一切衆生、四生六道，一時瓦解冰消，無絲毫可見。或有箇衲僧出來道，請和尚試下手看！卽向伊道，動不如靜，放過一着。何故？落霞與孤鶩齊飛，秋水共長天一色。」

小參，云：「古人道：『若是陶淵明攢眉，却回去。』如今敢問大衆，攢眉去，是具眼不具眼？若是具眼，何故回去？若不具眼，何故回去？去底且從你道，如今却來者裏圍繞者，是具眼不具眼？若是具眼，何故圍繞？若不具眼，何故圍繞？還有人裁辨得麽？若裁得出，無絲毫遺漏，五日一參，勞諸人訪及，於此實爲希有。然旣勞諸人訪及，爲復世諦人情？爲復是佛法受用？若是世諦人情，我輩沙門釋子聚會，不可作世諦流通也。如此則有何利益？若是佛法受用，作麽生見箇佛法受用底道理？還有人會麽？莫是諸人從門前恁麽來問訊，叉手立地，是佛法麽？若是呼之無形，應之有聲，一切處受用無盡，恁麽法麽？莫是渠不恁麽，一切該不得，眼不見、耳不聞，孔孔洞洞，是佛法麽？莫是阿師恁麽説，諸人字不聽，是佛法麽？莫是本來無事，何消得恁麽，大似頭上安頭，但隨時及節，是佛法麽？莫是佛法兩是佛用，道着山是山、水是水、僧是僧、俗是俗，如今且建立箇化門，接引初機，是佛法麽？大衆，素非此理，莫錯好。恁麽，則佛法祇憑口裏意裏驅差將來。若祇如此，何處有佛法？盡是無義語、不實語、虚誑語，謗般若，罪大不可當。乍可不會，却永劫無事。切莫未得謂得，起大我慢，輕忽先達。若也實得箇安樂處，便須識得些子好惡，辨取些子邪正。不可瞞瞞肝肝、儱儱統統，祇恁自欺自誑。山僧直是不昧諸聖。如今在這裏不惜口業，與諸人如此論量，喚作論實不論虚。我祇要一箇見解明白，徹底悟得底人，不要你許多作用奇特、機鋒玄絶、棒喝齊施。如此者，總不消得拈出也。何故？你未入門來時，脚跟下已與你三十棒了也。更來者裏揚眉動目，彈指拂袖，便出去道我勿廉纖、無話會。拂袖出去，則且從你，者一段疑情如何得見諦去？且問你拂袖出，道是了也，祇如你大小二事時何不拂袖？喫粥喫飯時何不拂袖？相見問訊時何不拂袖？須要説佛法時拂袖，意在於何？一處通，千處百處一時通。莫怪逆耳，莫道絮無滋味。我不圖你名聞利養，祇要你悟得，同報佛恩。除此之外，亦無別事。你若真箇有箇入處，方知山僧不分外。已得者便好長養聖胎，未得者正好疾速決擇。你不見藥山久不上堂，院主白曰：『大衆久思和尚示誨。』山曰：『但打鐘着。』院主打鐘，衆已集，山掩方丈門。院主白曰：『和尚相許爲大衆説法，何故不出？』山曰：『院主，經有經師，論有論師，律有律師，又爭怪得老僧？』大衆，你看他古人得恁麼奇特，豈似而今教者兩片皮喃喃地，一似教書相似，有甚麼利濟？各請散去，珍重！」衆散，師復云：「大衆，三十年後不得錯舉。」

小參，云：「今時人，須是自尊、自貴、自成、自立始得。若能如此，方有箇休歇處。雖有箇休歇，亦無休歇之量。若不如此，揑目生花，見事便差。但識山僧拂子便得。祇如拂子，且作麼生識？」乃竪起云：「還見麼？若見，且不識山僧拂子；若不見，亦不識山僧拂子。且如何是自尊、自貴底道理？近來兄弟以遊山爲訪道，觀看名參學。稱爲行脚，還當行脚事麼？要見五臺、清涼、京師、兩浙、廬山、湖南、天台、鴈蕩、江南、江北好山好水好寺院。」拈起拂子云：「子細看取！一生行脚事畢，或若劬勞跋涉，真實自輕。大衆，切須自尊自貴，將知尊貴邊合着得箇什麼？無事不須久立。師姑本是女人做，阿嫂元是大哥妻。好大哥，歸堂去。」

普説

師云：「法身有三種病、二種光。一一透得，始解穩坐地。又楞嚴會上，如來説五十種禪病，如今向諸人道，直是無病始得。龍門道祇有二種病：一是騎驢覓驢，二是騎却驢了不肯下。你道騎却驢了更覓驢，可殺是大病。山僧向你道不要覓，靈利人當下識得，除却覓底病，狂心遂息。既識得驢了，騎了不肯下，此一病最難醫。山僧向你道不要騎，你便是驢，盡大地是箇驢，你作麽生騎？你若騎，管取病不去；若不騎，十方世界廓落地。此二病一時去，心下無事，名爲道人，復有什麽事？所以趙州問南泉和尚：『如何是道？』泉云：『平常心是道。』州從此頓息馳求，識得祖病佛病，無不透得。後來徧到諸方，無有出其右者。蓋緣他識病。不見一日去訪茱萸，策杖從東過西，從西過東。茱萸：『作麽？』州云：『探水。』萸云：『我者裏一滴也無，探箇什麽？』州靠却杖而出。看他露些風規，甚能奇特。如今僧家例以病爲法，莫教心病好。久立。」

師云：「不與萬法爲侶者，豈不是出塵勞耶！心不知心，眼不見眼。既絶對待，見色時無色可見，聞聲時無聲可聞，豈不是出塵勞耶！無路徑處入得，無縫罅處見得。佛法亦無東西南北。不道你是弟子，我是師，若已躬分明，無有不是者。參師時不見有師，參自己時不見有自己，看經時不見有經，喫飯時不見有飯，坐禪時不見有坐。日用不差，求絲毫相不可得。恁麽見得，豈不是自由自在！久立。」

師云：「不問又不得，纔問來又成自輕了。不問又焉知？亦須解問始得。我向頂上錐劄你，要你識痛痒，如揭你炙瘡甲相似。靈利人便知始得。莫自欺，我不瞞你。不見古人問：『如何是祖師西來意？』尊宿大驚曰：『你問他西來意作麼？何不問你自己意？』『如何是自己意？』曰：『當觀密作用。』『如何是密作用？』尊宿以目開合示之。古人多少苦口，後來子孫又不恁麼也。入門來便喝，更無如何若何，生怕你明不得。

有恁麼一件事，何不識取？諸方愛教人看公案，我者裏現成公案好看。莫教看破大小大事。諸人十二時中，祇是妄想塵勞，心念智慧未能發生。所有流布，皆從意思中來，要作何用？智慧如日出，無不開朗，喚作無分別智，現前須得恁麼一回了，從此去有著脚手處，有與你語言分。若是妄想塵勞，山僧於你無著脚手處。好笑好笑，説東入西，説西入東，不柰你何。若能轉頭來，智慧開時，便解道。和尚元來與我説了，我也與和尚説了。摇頭時便擺尾受整理也。你諸人謾道，十年五歲參禪，何曾做者般功夫來！祇是趁口快。你方來，我者裏肯就已覷在也。則功夫未成，没滋味在。你在者裏十年五歲，做得功夫熟也，管取悟得去。我也尋常教人做功夫，説底話皆與他古人合，不差一字。你但會得了，便知古人事也。你莫道古人恁麼道，我恁麼會得，不是了也。祇如古人説：『不是風動，不是幡動，仁者心動。』有多少言語到你分上？是耶，不是耶？又道我是你，你是我，無過此也。又人問雲門學人自己，雲門道，山河大地多少好，是有是無？山河大地若有去，怎生見得自己？若無，現今山河大地如何説無來？古人説與你了，不悟不知。龍門尋常向你道：本有之事，你分上現行現用，不着尋討，不着整理，不着修證，祇要你一信，信得甚是省力。難得如此人。

先師在白雲會裏，端師翁常曰：『此道者天真自得之妙，蓋緣有生知底事。』山僧見先師十年道不得，祇爲疑得深。後來徹底理會得，如今總不費力。不是思量時有，不思量時又不是也。佛法不如此，袈裟下事莫教埋没。山僧若不退思參究時，一生也則埋没了，豈有者箇消息也！而今道眼不明，出世者多，罪過，罪過！如何敢爲人高座上也！竪起拂子示人，噁嚇殺人。如盲如聾相似，不驚不怖。祇趁目前，不憂後世，打鬼骨臀，苦，苦！你諸人有福德因緣，未悟心，切不可作出世人。禍事，禍事！若有真實事，自然馨香。你看多少虚頭禪師，久久一日不如一日，如刻人糞作栴檀形，到了祇是屎臭氣。你諸人求出生死，求要出離。打教成一片，又不是你和融然後成一片，若教成一片，決定不成一片也。

昔日有一僧曾參舉道者。一日遊山，問曰：『和尚，香林道：老僧三十年求成一片不可得，此意如何？』舉道者曰：『老僧也恁麼。』却問其僧：『會麼？』曰：『不會。』舉道者又與者僧一偈曰：『香林成一片，老僧也恁麼。不待此月終，重爲子決破。』至月末，舉道者遂遷化去。你道一片事作麼生？好不好？香林成一片，龍門也恁麼。爲報諸禪和，當面莫蹉過。各自下去。久立。」

師云：「看見了，不柰何者多。既看見，如何却不柰何？祇爲不識，所以不柰何。若看見識得，便柰何得也。然發心參禪，便要會得，誰不願樂！祇爲無箇入處，又强會不得，一切處不契合，一切處緣差，用力取不得。」良久云：「你十二時中，行住坐卧，折旋俯仰種種事業，一切處有超佛越祖底事。秖是你纔要解會時，已無也。真箇是無也，你擬湊泊，已背了也。所以道，看見祇是不柰何。莫是不擬心、不起解會時得麽？展轉更是不得也。會尚不得，豈況不會！若是靈利底人，纔聞山僧説向你，便能大開眼見得，豈不是没量大人！向道是法非思量分別之所能解，又道智不到處。若不如此，争稱佛法？而今兄弟家祇是呈箇解會，呈箇見處作道理，何曾解恁麽來？何曾得到恁麽田地來？若是有道種性底人，肯恁麽去覷，須是深深地體究，密密地看詳。忽然柰何得，便無疑情也。你等不明，祇爲十二時中被雜念奪將去也。蓋爲你要學事業，見物便愛，見文字便愛，尋逐時便緣將去也。道業何由得辦？凡學事業人各有時，三十已上便不可學也。學亦難成，學得又何用？若已事辦去，學亦得在。蓋已點化了也。若已事辦，又豈肯學也？若二十上下猶可學。若是靈利念生死之人，亦不肯學也。又凡是參禪，須是心地平直，心口相應，心言直故。如是始終地位，無委曲相。莫道我會也，我柰何得也。若柰何得，那裏更去問人也？你纔説會禪也，人覷你脚手看！你説話所爲底事，因甚却道者箇如何，那箇如何？既是會禪，又却是争無明也。祇如道默耀韜光是如何，藏名晦跡又如何，不異人心是道又如何。各自省緣，莫説是非。且如行住坐卧，進退俯仰，一切處皆是超佛越祖。山前水牯牛有佛法。你纔尋究，則已無也。何不恁麽識取？久立。」

師云：「龍門活計是千聖之骨髓，未有一念不與諸人説。自是諸人不肯承當，所以却成山僧瞞你。且什麽處不是與諸人説處？禪僧家説道，山僧不教人思量，不教人會解，不教人商量因緣，不舉古舉今，祇恁麽空過。我若在別處，一夏須明得公案三兩則，須聽一件文字。你若要商量舉古舉今，却請別處去，我者裏祇是一味禪，所以唤作千聖骨髓。我且問你，適來因什麽問訊聖僧？且問訊時還印證你麽？還肯諾你麽？若道印證你，他是土聖僧，豈解印證你？若道肯諾你，豈解肯諾你？既不解肯諾印證，又問訊作麽？莫是仁義道中麽？莫是覩相生善麽？若是仁義道中，衲僧家豈有仁義？豈有覩相生善？莫是事不獲已，隨衆問訊麽？又成何道理？到者裏須是一一明始得。不見長沙大師一日回頭見聖僧，忽然知歸，便云：『回頭忽見本來身，本身非見亦非真。若將本體同真體，歷劫迢迢受苦辛。』諸人還會此箇道理麽？珍重！」

師云：「有時問着師僧，總言不知不會。祇管道飢來喫飯困來眠。似此説話，有什麽救處？更道不知月之大小，不管歲之餘閏，誰理會你者般事？我且問你，作麽生説箇不知底道理？你見人説了便恁麽道，還曾會得那不知底道理麽？古人道：不知者，無所不知無所不到，喚作不知。要你今時人到那不知底田地。此是諸聖境界，豈比如今拍盲不會喚作不知！若總如此，盡道我不知不管。忽有人問着如何流通，曹溪一路恐無人相續去也。不得如此！須是懃懃決擇始得。珍重！」

師云：「古有禪德問老宿云：『如何是出離之要？』宿云：『闍黎足下煙生。』禪德頓於言下得旨。諸人還知出離事麽？若起解會心，則隔了也。後來有尊宿云：『不敢辜負和尚足下煙生。』又有北院通辭洞山。山謂曰：『子何處去？』通曰：『入嶺去。』山曰：『飛猿嶺峻好看。』通遲疑。山曰：『通闍黎！』通應諾。山曰：『何不入嶺去？』通頓於言下得旨。古人爲人處甚徑直，每見人來，無不示他。是伊道入嶺去。此意如何？今人不明了，須做箇會處。以些子會，是自隔了。祇許體究，不許會解。一體體得了，更不疑也。然亦不易保任。若入得是，則無退失。所以會處明得，不如不會處見得，亦有可保任分。更無不照顧時，不曉了時。所以古人道平常心是道。還可趣向也無？擬向卽乖。看他不許你趣向，又作麽生保任？不易，不易。此豈不是出離事？你若尋出離處，所謂苦屈。玄沙道，盡大地是地獄劫住。若向者衣綫下不明，是大苦屈。不可等閑。久立。」

師云：「三祖大師道：『不用求真，唯須息見。』又道：『纔有是非，紛然失心。』者箇言語，便是教你如今人作功夫處也。你見他道『不用求真』，便道更不須求也。此便是見不息，是非紛然，終不到無求心，祇成見解。今時學道例皆如此，看一轉語，向語下通箇見處，便將一切言句云無不是此事也。恁麽記在心下，用爲己有，殊不知道起見解失心了也。執而不肯捨，大小大癡人。要得無所求心麽？但莫生種種諸見。非是冥然，百不會，喚作無求。尋常十二時中，目前不了，蓋是見心取捨，你又豈得知無分別心！所以先聖曰：有爲無爲，有異耶？答曰無異也。天地河海、風雲草木、鳥獸人物、生死變化，目前皆名有爲之相。無爲之道，寂然不動，無狀無名，謂之無爲。如何得無異去？永嘉大師道：『無明實性卽佛性，幻化空身卽法身。』此兩者各別，且如何明得卽底道理？須是證得無求心也，便和融得無事。十地中第五難勝地，謂真智俗智極難得等，入地時二皆平等，故名難勝地。學道兄弟，二六時中了取教等好。還知是你無分別心所畫出麽？如畫師畫出種種好醜，畫出五陰，畫出人天，正畫時不借他力，能畫所畫，俱無分別。以不了故，而起諸見。見我見人，自生好醜。所以道：畫師畫地獄，醜狀百千般。放筆從頭看，特地骨毛寒。若知是畫出，何所怖畏也？古人明得了，一切處現成。玄沙大師伐木次，遇虎跳出。侍者曰：『虎，和尚。』沙叱曰：『是你虎。』又有僧禮拜次，沙云：『因我得禮你。』此箇方便，深符佛意。法眼大師指面前狗子曰：『畫鏤出。』諸人看時，莫就狗子身上明，應須將來向自己分上看取始得。方解他道：『纔有是非，紛然失心。』識取好。久立。」

師云：「如今直下信道是也，已名不唧溜者。況更不能直下信得，又堪作什麼也？直下信道，是何名不唧溜者？從前許多時，什麼處去來？須知已失一概了也，便見從前不了底，却成分外之見。我觀從上古人，有從迷得悟者，所有流布，皆是從迷得悟法門；有悟了知迷者，所有流布，皆是悟了知迷法門；有無迷無悟者，所有流布，皆是無迷無悟法門。其次來迷外得悟者，亦甚多，故不足道。況不知悟，亦不了迷！此正是凡夫也。從上南泉歸宗諸人，方喚作無迷無悟之見。如今學者也趁口說無迷無悟，又何曾到來？不得容易出言，蓋爲你有疑在。我今問你一件事，初入母胎時，將得什麼物來？你來時並無一物，祇有箇心識，又無形無貌。及至死時，棄此五蘊檐子，亦無一物，祇有箇心識。如今行脚入衆中者箇是主宰也。如今問你，受父母氣分精血，執受名爲我身，始於出胎，漸漸長成，此身皆屬我也。且道屬你不屬你？若道屬你，初入胎時，並不將一物來。此箇父母精血，幾時屬你？又祇合長在百年，依舊抛却死屍，又何曾屬你？若言不屬，見今一步也少不得。駡時解嗔，痛時能忍，作麼生不屬你得？議定省看！道是有是無？管取分疎不下，蓋爲疑根不斷。道有來，初生時，漸長至三歲五歲，乃至二十時，決定不移，到四十五十，而此身念念遷謝，念念無常，決定喚作有，不得道無來。種種運爲，皆解作得，道無且不得。

昔有一人因行失路，宿一空屋中。夜有一鬼負一死屍至，續有一鬼來云：『是我屍。』前鬼云：『我在彼處將來。』後鬼强力奪之。前鬼曰:『此中有一客子可證。』二鬼近前云:『此屍是誰將來?』客子思惟道:『二鬼皆惡,必有一損我。我聞臨死不妄語者,必生天上。』遂指前鬼曰:『是者鬼將來。』後鬼大怒,拔去客子四肢。前鬼愧謝曰:『你爲我一言之證,令爾肢體不全。』遂將死屍一一補却。頭首心腹又被後鬼所取,前鬼複一一以屍補之。二鬼遂於地爭食其肉,淨盡而去。於是客子眼前見父母身體已爲二鬼所食却。覩所易之身復是何物,是我耶非我耶?有耶無耶?於是心大狂亂,奔走。至一精舍,見一比丘,具述前事。比丘曰:『此人易可化度,已知此身非有也。』乃爲略説法要,遂得道果。汝等諸人秖説參禪、舉因緣,便喚作佛法。此是禪髓,何不恁麼疑來參取!會得麼?你身不是有、不是無。有是心有,身則未嘗有;無是心無,身則未嘗無。你會得麼?更説箇心亦不有亦不無。畢竟不是你。本有今無、本無今有,斷常見解。久立。」

古尊宿語録卷第三十二

舒州龍門（清遠）佛眼和尚普説語録

住南康雲居嗣法善悟編

師到禪牀前，立云：「山僧立地，待你諸人搆去，還搆得麽？」良久遂坐曰：「看見了，也不易作箇主宰。不見古人喚僧云：『上座！』僧回首。古人云：『擔板漢。』正當恁麽時，如何作箇主宰？免他喚作擔板漢？此事也不易搆，喚作業識茫茫。不見潙山問仰山：『盡大地人業識茫茫，子如何辨？』仰山云：『某有箇驗處。』潙山云：『作麽生驗？』時有一僧從面前過，仰山云：『上座，上座！』其僧回首。仰山曰：『祇者箇便是業識茫茫。』」師云：「正當恁麽時，如何作箇主宰，免被他道業識茫茫去？有般禪僧家，强作主宰道，待他喚時，但莫應他便去，應他作什麽！你又不是木頭。有底不然，竪一拳，下一咄，喚作强作主宰。且問你，者裏喚時，且從你竪拳下咄；祇如前廊後架照顧不到，忽然被人問着，又如何祇對？不可更下一咄，竪一拳，却須是實始得。此事直是平等，不論貴賤。你看陳操尚書是箇俗官，一日與僚屬在樓上見數僧打包過。有一官人云：『數員禪客。』操云：『未信在，待與勘過。』僧行到樓前，操喚云：『上座！』僧皆舉頭。操顧謂僚屬云：『不信，道！』當恁麽時，如何作得箇主宰，免被他勘破？古人道擔板漢則且置，祇如後來人又道者僧，喚既回頭，因什麽却成擔板？又作麽生會？佛法到此，信知有深遠處。須久久淹浸，不可强作主宰。久立。」

師云：「大凡修行，須是離念。此箇門中，最是省力。祇要離却情念，明得三界無法，方解修行。離此外修，較似辛苦。不見古來有一持戒僧，一生持戒，忽因夜行踏着一物作聲，謂是一蝦蟆腹中有子無數，驚悔不已。忽然睡着，夢見數百蝦蟆來問索命，其僧深懷怖懼，及至天曉觀之，乃一老茄耳。其僧當下疑情頓息，方知道三界無法，始解履踐修行。山僧問你諸人，祇如夜間踏着時，爲復是蝦蟆？爲復是老茄？若是蝦蟆，天曉看是老茄；若是老茄，天未曉時，又有蝦蟆索命。還斷得麽？山僧試爲諸人斷看。蝦蟆情已脱，茄解尚猶存。要得無茄解，日午打黄昏。久立。」

一日衆集，師出來大衆前行兩匝，長嘘一聲，云：「山僧在你諸人肚裏走兩遭了也，還知麽？非但今日如此，常在你諸人肚裏走來走去，還知得麽？喚作無瞞人之心，實是如此。山僧盡知得你是好是惡。所以道，諸人知處，良遂總知；良遂知處，諸人不知。良遂座主是箇解義阿師，却明得者箇事。不見一日去見麻谷，谷見來，不管他，自將鋤入菜園裏。良遂亦隨後去。谷亦不顧，便歸方丈閉却門。他於是定省精神，忽然明得，便道：『和尚莫瞞良遂好。』你諸人如今還得恁麽也無？也不易搆。更有百丈會下古靈和尚，得法歸來，接他受業師。非但古人，今人亦有。不見四五十年前，有茶陵郁和尚作山主時，因廬山化士到，言話間爲舉僧問法燈：『百尺竿頭如何進步？』燈云：『噁。』由是每日參詳，至於喫粥喫飯時，未嘗離念。一日因赴外，請騎驢子過橋。橋損陷驢子脚倒，不覺口中云：『噁！』忽然大悟。

乃有悟道頌云：『我有明珠一顆，久被諸塵封裹。今朝塵盡光生，照破山河朶朶。者箇便是樣子，喚作實頭參學。』今時人但恁麼學取，若信言語解會，要明者箇事。明不得也，將合頭語合者箇事；合不得也，須知有省悟之由。若真實參學，但恁麼看，據現定會些子言句，便休也在。諸人彼此行脚，決擇生死大事，不可據現定便休去也。須是與他古人相似，自討箇省發處，始有真實參學分。久立。」

師云：「本有之性，因什麼不會？佛法無多子，祇要省徑也。不教滅除妄想、遏捺身心、閉目合眼，便道是此事。不如斯也，須看現定是何道理，爲什麼却迷去，恁麼最是親切。祇如老僧未説向你，諸人未曾聽時，還有往來底分麼？正當恁麼時，切忌强作道理。上至諸佛，下至一切，總皆如是。所以聖與凡等，邪與正等，生死與涅槃等。且問諸人，過去毗婆尸佛、迦葉佛，古今三世，是什麼人分上事？十方有漏剎土，是什麼人分上事？山僧道，總是你三十年後悟去始知。龍門老僧説來，切不得道是。若恁麼，此名外道見解。久立。」

師云：「如今被人問着，道不得。過在什麼處？蓋爲於無色處見色，無聲處聞聲，無道理處强作道理，無主宰中强作主宰。者裏消遣不下，喚作翳眼猶存，空花亂墜。何故？祇爲心存在，便道不得。佛法無多子，祇要平白地道得一句子便了。且道作麼生是平白地一句子？若有人問山僧，祇向伊道兩句了也。還會麼？古人道：佛祖言外邊事，一一分明説了也，祇是到者裏多是錯亂，昏醉不省。此若不見，便是立地瞌睡漢子也。諸人常在光明中，開眼見了而不知，教山僧怎生柰何！久立。」

師云：「恁麼與你東擧西擧，便道與你説禪。纔轉脚時，便作世諦流布將去。你但念念在，其中便有省發底分。看來多秖在眼耳見聞覺觸處蹉過了也。須是不離分別心，識取無分別心；不離見聞，識取無見聞底。不是長連牀上閉目合眼，喚作無見。須是卽見處便有無見。所以道：居見聞之境，而見聞不到；居思議之地，而思議不及。久立。」

師云：「諸人上來要箇什麽事，須是當人自作活計，莫聽他人說。古人道，我十八上便解作活計。你諸人須是解自作活計始得。你道作箇什麽活計？但莫別求。如今人，多愛動脚動手，者箇不解作活計了也，喚作抛家散宅漂流去。分明不會，秖管尋討，學些子知解，記些子言句，此喚作運糞人。到者裏，須是行李正當，日久月深，淹浸得熟，便會去。古人道：一切處是你。東去也是你，西去也是你。你是阿誰？若云某甲，者箇是情識，須是透得過始得。昔日天親問無着：『兄往内院見彌勒說什麽法？』着云：『說者箇法。』且道者箇是什麽法？須是揀得出始得。不要認着者箇，多是被者箇一句子瞞住了也。所以說病爲法，是故名爲可憐愍者。久立。」

師云：「莫謂如今說底是，未是在。若有箇是，便有箇不是。所以道：一切言句皆不與此事相應。直須相應去，此事不在別人。還得相契也未？且契契阿誰？若道契於古人，古人已往；若道契他善知識，善知識與你無交涉。所以諸聖慈悲告報，教契自心源。且道那箇是自契底心源？若有心可契，決然契不得，須是以無心之心則契矣。久立。」

師云：「十二時中，須有箇契合處始得。你豈不見靈雲一見桃花，便契合此事；香嚴擊竹，便乃息心！古人道：若不契合此事，則山河大地瞞你也，燈籠露柱欺你也。如今四生六道浩浩地，秖爲此事不明。奉勸諸兄弟，且先去却麁緣。你十二時中思衣念食，種種雜慮如燈焰相似，未有一時停歇。但除麁緣，所有微細自然淨盡，日久歲深自然會去也。不着參，喚作息意忘緣，不與諸塵作對。所以西來妙旨，意在自明。龍門長老也無禪與人參也，無法與你商量。祇要諸人自契。參學門中，唯以忘緣息慮爲要。者箇是從上宗旨，祖不云乎以『無念爲宗、無相爲體』！若祇一喝一拍，有什麼了期！久立。」

師云：「弘道而心常淡泊，順事而意識奔馳。但願道富身貧，情踈德厚。山僧者裏日日恁麼，時時恁麼，且道恁麼是什麼？離却分別心識意度言句外，道將一句來！此事無你解會處。如今但是心慮覺觀者，皆有箇解會得。及乎返窮己眼，返思思慮之心，爲什麼人到者裏不知，便説道從本已來，非青黃赤白，無相無狀？我説向你道，此喚作言語，不是你本心。本心如何思量？己眼如何得見？正當返觀時，亦無能見之者。有人去者裏一口吞盡，慧眼豁開，頓達本鄉也。今時人若爲到無見無聞處，現定萬法亘然，見人見屋種種萬象，如湯涌沸，未有一時停住。祇如作嬰兒時，也聞聲也見色，祇是不解分別。纔曉事來，便采聽分別。自那時，前後分披了也。到者裏要人整理，不妨難爲。他得道人，行時不見行，坐時不見坐。所以如來道：『眼見色與盲等，耳聞聲與響等。』作麼生説如盲如響？聞聲時無聲可聞，見色時無色可見，所見所聞皆如響等。又如夢時見種種境界，覺來還有許多般也無？若有，牀上祇是被與枕子；若道無許多般，又心中歷歷地記得説得。如今白日所見所聞，亦復如是。所以道，眼見耳聞底事，經論可學，唯有靈臺作麼生學？久立。」

師云：「釋迦老子在什麼處？」自云：「作麼作麼？」復云：「達磨大師在什麼處？」自云：「祇在。作麼生說祇在底道理也?不妨難明。若於斯明得,始知正法常住。禪僧家多分祇道那舉處便是。你若身壞命盡時,若病說不得時,又作麼生?須是證入始得。不見僧問德山:『從上諸聖向什麼處去?』山云:『作麼,作麼?』莫是作麼便是諸聖麼?你諸人若不將言語會,便落他聲響流布。縱饒不墮他聲響言句,便落他無言無說處。此事實無你意解卜度。若存一絲毫,便成趣向,於己踈也。饒你將玄機妙義去合他,決定合不着。若總不思量亦不可,須是親證,始得明見無疑矣。久立。」

師云:「今時人參學,錯學不出二種病。一是五蘊窟宅,無言無說,無形無段,湛然不動處,便道任他佛祖出來,我也祇恁麼,此是一病。次認能言能語能聞,運用施爲,行住坐卧者,此亦是一病。你還知道動是苦本,風力所持麼?若有人能離此二病,解去體究者,此人須有箇省發時節。若不如是,亦無整頓處。又有二種善知識,爲兩般學人方便苦口。有一般學人自作道理,自吐箇消息,進前退後,豎拳合掌,以爲禪道。善知識見他恁麼,便苦口向伊道:你錯會了也,你無事硬認着作麼?此是一種善知識。又有一般學者云:某甲不會不知,未審如何,某甲並無箇契入處。是故善知識見伊恁麼了,便向伊道:你無事用求會求入作麼?此亦是一種善知識。前後兩般學者,若聞善知識恁麼道,善能囘光體究,必然明得。若祇管道不會,是自生退屈。任是一千年也祇恁麼。幸在其中,更道不會求契合,有什麼了日?要會麼?須是不立限量,直下搆取始得。久立。」

師云:「今夜與你諸人說箇譬喻,恰似諸人有箇眼,能照見一切長短方圓等象,爲什麼却不自見,但識取長短方圓等象?若要見眼則不可,你心亦如是。其光照矚,通徹十方,包容萬有,爲什麼却不自知？要會麽？但識取照矚等事，若見心則不可也。古人道：刀不自割，指不自觸，心不自知，眼不自見，則真實矣。久立。」

師云：「諸人許多時在此立地，還見一人真善知識麽？不可空立去也。山僧祇喚作假長老。先聖所以道：但以假名字引導於衆生。佛是西天老比丘，不勞仁者分別取相。何者是釋迦老人？阿那箇是達磨大師？祖師未來此時，還有佛法麽？作麽生道無得？若道無，祇成自瞞在。少林面壁時，還有許多言教公案麽？恁麽覷得破，多少省徑。你不上來時，山僧亦不見你，上座亦不見山僧。你不見我，我不見你，如何辨明？若明得，復有何事！佛未出世時也恁麽，佛出世後也恁麽，佛滅度後也恁麽。若到恁麽田地，實無一星事。你諸人行住坐卧，飢飡渴飲，怎生説箇無事？除非見到底人方解如是。昔大迦葉在靈山會上禮佛，見彼大衆儼然，便有箇見處，道：『今此諸大衆如本未曾有。』你道此意如何？諸人適來在下頭，不見有許多人，及乎上來，分明見有許多人，怎生説箇如本未曾有？古有老宿問僧：『近離什麽處？』云：『城中。』宿云：『如今在什麽處？』云：『山中。』宿云：『我有一問問你。若道得，即住；若道不得，即去。上座離城中，城中少上座；上座到山中，山中剩上座。城中若無上座，則心法不周；山中剩上座，則心外有法。』僧無語。諸人苟能於此參詳得，所謂不落斷常二見，六根怡然，行住寂默，一心不生，萬緣俱息。如或不然，隨有隨無，落斷落常，譬如捨父逃走也。到者裏實是不教你費一絲毫力，便恁麽會取。你若要和合者事，教無縫罅時，早已離披了也。山僧往日思惟此事，將謂三生兩生始可得悟去。後來祇聞什麽人打發什麽人，有見處便覺。今人也解悟得時寒省緣辦得，明究己躬，此是大事。久立。」

師云：「若有人問你，作麼生道？還道得麼？你等思量管帶道得一句子來，有什麼用處？三更半夜作麼生道？天明起來作麼生道？前廊後架作麼生道？還道得麼？須是眼明始得。久立。」

師云：「適來侍者報道雨不住，若參時，恐大衆不聞。如今雨住也，諸人還聞麼？山僧道雨不住時最親切，何故？却爲諸人無采聽底心。祇如諸方示人道：『雨聲爲你説法了也，還端的也無？』山僧卽不然。雨聲是你説法了也，還會得麼？直下明得，更有什麼一絲毫頭子也？今時行脚人，須待將一句子契他善知識，恁麼自苦自屈作什麼？我更問你，契那箇善知識？若要契他善知識意，但識取你心。我更問你，那箇是你心？又作麼生識？向者裏强會不得，須是一向省發乃可。古人不得已，向無言詮處假立言詮，無方便中巧施方便。玄沙一日入山逢虎，侍者報云：『和尚，虎！』玄沙云：『是你虎。』現今山河相對，刹土縱横，分别思惟，千差萬别，怎生説箇是你底道理？者裏若不了，一切處礙塞殺人。祇爲諸人歷劫循塵，爲物所轉。你試指出那箇是物？何者是你？所以有僧問玄沙：『學人乍入叢林，乞師指箇入路。』沙云：『還聞偃溪水聲麼？』云：『聞。』沙云：『從者裏入。』今時人不明了，祇管道心性周遍。更是誰聞？如此言論，有何交涉？直須是通身赤條條地，不掛寸絲始得。且問諸人，還着衣來麼？」良久云：「得恁麼不識羞恥。久立。」

師云：「纔作道理，便難會去，須是不作道理始得。有般聞恁麼説了，便道我都無言説，亦無道理。却不知正是道理了也。如今與你斷約一件事，以明見自心爲極則。此一句便是龍門山裏佛法也。古人道：『心不自知，心不自見。』諸人作麼生明見去？自心也難見。從上諸聖皆是明見自心底人。先師便是明見自心底人也。祇如當時先師會中，有多少方來兄弟，能有幾人明見自心？極是少也。心不見心，須是不見是心始得。此乃離念境界。如今若與諸人説，便道貶剥諸方；若不説，此事亦難明曉。有般宗師向人道：癡漢，者一段事，你因何不會？先將自心做箇窠臼，然後將心去取證，喚作釘椿了遶椿走。便恁麼流傳去，便恁麼承當去，敲牀豎拂用將去，喚作將心用心。又有般宗師向人道：莫作計較道理，開口便没交涉了，與他不相應也。去空劫已前認取，都無言説，一似坐箇氣毬相似，有甚安樂處！又似蝦蟆努氣相似，你作恁麼見解？面前一似黑霧罩定了也。山僧至誠相勸，不是妄説，不是作道理籠罩人，不肯人，壓良人。山僧都無如是道理。若或你麼祇認將去，也由你；若道我也如此見得，也由你；若道據我見處總得，也由你；若道某心下未穩在，也由你。須是不自欺始得。世間有多少宗師説禪説道，爲自欺不自欺？爲欺人不欺人？須是子細。山僧舊日在先師會裏受廬州化士，行至熨斗寺前，值泥雨，忽然滑倒，心中煩惱，自言我行脚禪又參不得，自早至今，飯又未喫，更恁麼受辛苦。聞有兩人相罵道：你猶自煩惱在。山僧聞得，忽然歡喜，却尋不煩惱處，不得。蓋爲打疑情不破。後來四五年方知得。如今兄弟，須是如此用心照顧始得。今夏舉無情説法因緣，秖是錯會者多。你見無情，便説無情；若見有情，便喚作有情。你參禪人不明無情説法，如何了得行脚事？做善知識不會無情説法，如何接物利生？相勸諸人子細窮究，令悟去。如未有領覽處，且緩緩叅取，不要忙。久立。」

師云：「先師常説箇譬喻：如外國有二人來大朝探事，初入界時，兩人商量了，各自分首，一人東去，一人西去。從一州至一州，從一縣至一縣，行來行去。忽然到東京城裹，兩人在朝門前相撞着囫。者箇覷那箇，那箇覷者箇，並無言説。從前許多商量本國中事，歷歷地分明，挨肩便過，無人知得。奇怪！諸人且道恁麽撞着時如何？恰似禪和家做功夫相似，今日體得些箇，明日究得些箇。窮來窮去，一日現前，全似朝門前撞着一般。唤作打發，須得恁麽一回始得。方謂之行脚事辦。又如去鄉多年，鬧市中逢見老爺相似，便乃識得無疑，亦不須問人是爺不是爺。兄弟，但恁麽管帶，莫爲等閑，時不待人。祖師道：光陰莫虚度，各自宜努力。久立。」

師云：「古人道：『鐘中無鼓響，鼓中無鐘聲。』今時學者那裹得到者般田地！有時入室，見兄弟下一轉語，及乎更與一拶，便祇管主張道：適來已祇對了也，不可别有也。多少分明。恁麽做功夫，有甚巴鼻？癡漢！豈不見先聖道：『言言見諦，句句歸宗。』你未會了，祇管胡亂主張。今後入室，不要如此。乍可道不會，却受整理。久立。」

師云：「稱禪客須是信人説話始得。若不信了，教人千説萬説，亦無用處。呵呵，不信了，祇管聽人説，爭名禪客？夫禪客者，風塵草動時，悉皆曉會。朕兆未生未落，思量意路未動時，便識取，方名禪客。何故？者般事用敵生死也，須是箇不爭多底漢始得。不見雲巖參百丈，二十年不明此事，道吾爲他直得咬斷指頭。你看他古人雖不明亦不憂，道我不會，心亦不休，亦不馳求言句。又如雪峯和尚三到投子，九上洞山。在投子時，一日揭簾入庵，投子見來，便下禪床立。峯擬議，子便托出，峯直得哭。後來到洞山，又理會不得。乃到德山問：『從上諸聖，學人還有分也無？』山打一棒云：『道什麽？』峯當下如桶底脱相似。及至龍山，尚云：『有疑在。』看他古人直以疑團子破也方始休，便道：『事已了，意亦休，此箇元來觸處周。』今時兄弟參請，多是依言起解，亂作主宰。不然，將古人悟處喚作因緣，去那裏看，喚作過話，有什麼交涉？祇如雪峯三上投子，九上洞山，豈爲言語？兄弟直須退步體究。如何退步？且不是教你長連床上閉眼坐，硬捺身心如土木相似，百千萬劫也無用處。若要退步時，你有不會底語言、不了底因緣，便頓在面前。退步自看，因什麼不會去？」良久曰：「僧家道：『思量也不得，不思量也不得。』却教人如何看？我向你道但退步看。」良久，又長噓云：「好悶殺人，好難會。祇你那悶殺人，是什麼悶殺人？是誰？你恁麼退步來看，漸漸惺也。一日光明，一日漸見廣大。又不得一向去者裏認了，便道是了當也，便是拄定殺了也，濟甚事？須是着些智慧來觀看古人，許你管帶一路。若如是休歇退步，管取有箇道理。此是爲都不會，無所知者。又有般胡説亂説，如何若何底漢，你但亦退步看，你那胡説亂説底是什麼。但恁麼回光返照看，方是。若一向如此做功夫，畢竟亦有悟期。若不相信，也無可柰何。山僧初參勝和尚，教看『如何是佛法大意？』『楚王城畔，汝水東流。』又令看風幡話。及至下來參老和尚，乃請問古人聲色純真，老和尚千説萬説，祇是理會不得。後來又令看『如何是奇特事？』云：『你道什麼？』遂却喜歡。蓋爲有箇撮摸處，遂常看『云：如何是奇特事？云：你道什麼？』獨自思量云：『我道什麼來？我道奇特事，又不見有奇特處看。』三年不會，遂去游浙。中途回來，却令看『殺父殺母佛前懺悔，殺佛殺祖向什麼處懺悔？雲門道：露。』者公案一似熱鐵一團在心中，七年喫盡辛苦。衆中久參方知。更與你説晦堂初參禪時，自桂府來，先見雲峯悦和尚，三年不會他説話；又參南禪師二年，不會。却過去山主院裏過夏，因看傳燈録，僧問多福：『如何是多福一叢竹？』福云：『一莖兩莖斜。』晦堂遂開悟。今時人秖喚作問荅語，蓋用功不子細，不曉古人方便。山僧相勸兄弟，既在林下，各自學道，勿空過時，以悟爲則。久立。」

師云：「親近善友，先聖叮嚀付囑也。今時學者須是依佛祖之言，尋師決擇始得。若不恁麼，何名學者？若要明此事，須是起疑參究。你若深疑此事，便是般若智現前。何故？行脚事秖要疑情息。你若不起疑，爭得疑情息？不見先師三十五方落髪，便在成都聽習唯識百法。因聞說：『菩薩入見道時，智與理冥、境與神會，不分能證所證。外道就難：既不分能所證，却以何爲證？時無能對者。不鳴鐘鼓，返披袈裟。後來唐三藏至彼，救此義云：智與理冥、境與神會時，如人飲水，冷暖自知。』遂自思惟：『冷暖則可矣，作麼生是自知底事？』無不深疑。因問講師：『不知自知之理如何？』講師不能對，乃云：『座主要明此理，我却說不到。南方有傳佛心宗尊宿却知此事，汝須行脚始得。』先師便行脚游京師、兩浙。凡是尊宿便問此事，無不對者也。有說底，也有下語底，秖是疑情不破。後來浮渡山見圓鑑。看他陞堂入室，所説者盡皆説着心下事。遂住一年。令看『如來有密語，迦葉不覆藏』之語。一日云：『子何不早來？吾年老矣。可往參白雲端和尚。』先師到白雲，一日上法堂，便大悟『如來有密語，迦葉不覆藏』。果然果然，智與理冥、境與神會，如人飲水，冷暖自知，誠哉！是言也。乃有投機，頌云：『山前一片閑田地，叉手叮嚀問祖翁。幾度賣來還自買，爲憐松竹引清風。』端和尚覷了點頭。諸人，此豈不是深疑了，親近善知識，然後明得！秖如先師行脚參善知識，後來却道：『問祖翁是如何，自賣了却自買是如何。』須知無有剩也。古人道：『總是你。』又道：『我未嘗有一句子到你。』若有一句子到你，堪作什麽？諸人要疑情破麽，亦須是似先師一回始得。久立。」

師云：「你但看馬大師見僧下堦，乃召云：『大德。』僧回首。大師云：『從生至老秖是者漢，回頭轉腦作什麽？』其僧言下領旨。此理如何？從生至老秖是者漢，你道是那箇漢？你纔起心要見者漢時，便不見者漢，者漢難見，千難萬難！今時人秖道是者箇漢，更是阿誰？不可別有也，一百箇中有九十九箇如是會，有甚巴鼻？若恁麽，如何明得從生至老底事？如何便見得秖是者漢？你若不見者漢，四大五蘊總未知下落處。且如秖今説法聽法，是有説聽，是無説聽？若道你立我坐，我説你聽，三家村裏人也解。恁麽道，焉敢稱禪客？若謂無聽無説，又道從生至老秖是者漢，所以到此須是求一箇了達底人決擇。山僧向前未明得時，總不柰何了，便請益先師。纔問著時，先師秖道：『我不會，我不知，我不如你。』又問禪畢竟是易參、難參？祇向我道：『你無事問難問易作麽？參禪喚作金屎法。未會一似金，會了一似屎。』山僧甚不肯此語。如今思量了，語雖麁，其間旨趣不淺。此盡是了達之士，發一言半句，皆不虛也。凡爲人時，皆不胡亂指示，亦不亂許人。今時有諸方知識，有時説得是，有時説得無巴鼻。此理如何？蓋爲他亦未了達。有時許人道是，有時却道不是，若如此，爭明得從生至老秖是者漢？子細看來，今時人也祇是舊時人，今時作用也秖是舊時作用。千變萬化，也秖是要你者裏自肯一肯，方始得了當。今時人不了當者，祇是不解決擇。如何是不解決擇處？祇是將古人言句作解會，將自己來錐鑽。祇是如此，到彌勒下生也不會。何故？向你道，回頭轉腦便不是了也，向者裏省力處更不用如何若何，直下明取。你諸人先將道理近前，用古人言句自纏自縛，一似淨淨潔潔一片地，却將一手土撒在上面相似。

山僧前日入室垂示道：『你如今到者裏，不可也似適來相似，須有箇會處始得。』有者道：『適來也祇恁麼，如今也祇恁麼。』你先走入情識裏了，爭怪得你。古人多少慈悲向你道：『行是佛行，坐是佛坐。一切法皆是佛法，一切聲皆是佛聲。』你錯會了，便道：『一切聲真箇是佛聲，一切色真箇是佛色』。既不許如此會，却如何卽是？向你道：『纔涉朕兆時，早支離了也；欲將智照顯他時，早昏暗了也。』如今但莫取我口，各自由你做功夫。看古人因緣，亦得靜坐，亦得一切處觀察，亦得皆是你做功夫處。一切處是你證入處，但一處精專，日來月往，須被你打發去。不見古靈和尚行脚歸，其師問云：『汝離吾，行脚得何事業？』曰：『某見百丈，得箇安樂處。』遂舉百丈頌云：『靈光獨耀，逈脱根塵。體露真常，不拘文字。心性無染，本自圓成。但離妄緣，卽如如佛。』其師於言下省悟。又雪峯和尚見風吹芋葉動，遂指似僧。僧云：『某甲甚生怕怖。』峯咄云：『是你屋裏事，怕作什麼？』其僧亦有省。既一時是你屋裏事，爲什麼却不會？蓋爲你隨處流浪，不常在家。但如今對善知識時，莫教忘却，喚作順理而行，䟽已知歸。」復云：「從生至老祇是者漢，回頭轉腦作什麼？各自看取。久立」

師云：「如今明得了，向前明不得底在什麼處？如今明不得，到幾時明得去？祇恁麼籠覆體究，也須會去。所以道，向前迷底便是卽今悟底，卽今悟底便是向前迷底。若言從前迷卽今悟也，又言明來暗謝，智起惑忘。恁麼還得麼？那裏得如此？則有暗可滅，有惑可除。不見古人道：『不改舊時人，祇改舊時行履處。』你禪和家道有什麽難？迷也祇是者漢，悟也祇是者漢，不可別有。及乎問着他那箇是者漢，便去不得，不然胡說。蓋緣未曾諦當證入，此是諸人入骨髓底病。謬底漢便認著一生休。非但一生，千生萬生亦祇休去。若是靈利底，他須解體究那箇是者漢，直求入路處。」師乃噓一聲。

「今時佛法淡泊，衆中也難得人。諸人既在龍門學道，不可空過十二時，管帶搆取。覷見諸人也似不爭多。你不見臨濟和尚道：『赤肉團上有一無位真人，常從汝等諸人面門出入，未證據者看！』時有僧出問：『如何是無位真人？』濟下禪床把住曰：『道道！』僧擬議，濟便拓開。又道：『汝眼放光，照破山河也。』古人多少慈悲，如今人不以爲事，須是尋人決擇。你不見嵓頭、雪峯、欽山去見臨濟，路上逢定上座。頭問：『什麽處來？』定云：『臨濟來。』頭云：『和尚萬福。』定云：『和尚已遷化也。』頭云：『某等特去禮拜，又值和尚遷化，不知和尚有何言句，請上座舉一兩則。』定遂舉臨濟上堂示衆云：『赤肉團上有一無位真人，常從汝等諸人面門出入。未證據者，看看！』時有僧問：『如何是無位真人？』濟下禪牀擒住云：『道道！』僧擬議。濟便托開云：『無位真人是什麽乾屎橛？』便歸方丈。嵓頭不覺吐舌。欽山云：『何不道赤肉團上非無位真人？』定便擒住云：『且道無位真人與非無位真人相去多少？速道，速道！』欽山直得面青面黑。嵓頭、雪峯同勸云：『者新戒觸忤上座，且望慈悲。』定云：『若不是者兩箇老漢，㙞殺者尿牀子。』你看他道非無位真人，定何故不肯？今時學者那裏到者般田地？祇管認箇五蘊身田，强作主宰，不能放下。我今舉幾則語教諸人看。

雪峯參投子，問：『者裏還有人參麽？』子擲下鋤頭。峯云：『恁麽則當處掘也。』子云：『不快漆桶！』他道當處掘，尚做漆桶。又有南際長老見雪峯，語論無不相契。峯令見玄沙，沙問：『古人道，此事唯我能知。長老作麽生會？』際云：『須知有不求知者。』沙云：『山頭老漢喫許多辛苦作麽？』你道此理如何？

又先師在海會端和尚會中時，端和尚舉古人道：『如鏡鑄像，像成後鏡光向什麽處去？』會中有頭角兄弟下語，皆不契。端和尚云：『須是道者子始得。』先師時作街坊却從外歸，端和尚舉前話問之，先師近前問訊云：『也不爭多。』端和尚撫掌大笑。人皆謂麽拵他教做化主，什麽説話？

山僧此中祇要學道。如要學道，十二時中須是先去却無明人我。何故？人我乃庸人之事。先師一生無人我。山僧在他身畔作侍者，見多少不曾有一念煩惱。曾説舊時有箇上座在海會做知客，先師因送一箇長老住四面，乃率知客相送。不知如何，者上座便劈面唾先師：『你是甚人，却教我送他？』惡言不止。先師遂休，總無人知得。後來仍來太平，先師請伊作知藏，又做首座。復自求作監院，亦從之。及先師住海會，乃舉住太平。知州不肯。又惡駡，謂不主張他。先師方出言道：『者漢兩度駡我也。』以此見伊無人我。今人纔有些言語，便要理會。如此作麽生學道？有時見初機兄弟入室祇是爭。山僧覷他了也不柰何，一似村裏人把扁檐共上將軍鬭。我者裏七事隨身，手中是關羽八十斤刀，他便把扁檐劈頭打一棒。見人不動，又連打數下去。我不是怕他，蓋不是對手。呵呵，勸諸人不要麄心，日夜行持，做箇向上人。縱然不悟，亦是高上之士。切須用心。久立」

師云：「你纔認着道是，便被縛脚縛手，更轉動不得也。則被你一認認了，縱有千般，亦不是也。你若不認着，却有箇救處。譬如造得一隻船，上面一一裝載了，要千里外至乎寶所。纔動手你先自釘下椿，緊却船了，却用力摇櫓，你摇到彌勒下生，也祇在岸邊。你見船東簸西顛，將謂是轉動，又何曾離得一步來？又似磨茶漢子，從早至夜，團欒旋轉，極是好笑。若眼目不分明底，見你認着，向你道是也；被明眼人覷見，點檢出來，多少露栓索。如今多分祇用箇如今底道，總離如今不得。祇被恁麽地釘下椿。參學不得旨趣，一時把來錯會了做箇主宰，不知佛法不恁麽會。不見麻谷持錫見章敬，谷振錫一下，卓然而立。敬曰：『是，是。』又見南泉，亦如前。泉曰：『不是，不是。』谷曰：『章敬道是，和尚何得道不是？』泉曰：『章敬則是，是汝不是。此是風力所轉，終歸敗壞。』谷方省過。你諸人看幾錯會一生，爭得不就人決擇。

山僧初行脚時，見先師偈句，便信道：『此人似古聖説底事，必有實證處。』便十年間參扣。先師頌道：『學道先須得旨歸，聞聲見色不思議。若憑言語論高下，一似從前未悟時。』又云：『空門有路人皆到，到者方知旨趣長。心地不生閑草木，自然身放白毫光。』我後生時雖造道未得，心中知此非常句也。祇如聞聲見色皆可思議，又何緣得不思議？及乎論箇證處，却云一似未悟時。未悟時皆可思議，如何見箇證處？此人得無所得，至究竟地方解如此。我後來十年外始領他事。大凡行脚學道參尋，莫癡坐，就人決擇。此法難了，喚作隔宿不問道；若得了，便別也。昨日也喫粥喫飯，今日也喫粥喫飯，豈昔人耶！別也，不同也。趙州向人道：『喫粥了也未？』曰：『喫粥了也。』州曰：『洗鉢盂去。』便是別也。吾豈常人也！你道何處是別處？久立。」

古尊宿語録卷第三十三

舒州龍門（清遠）佛眼和尚普説語録

佳南康雲居嗣法善悟編

師云：「山僧教人識取自己。師僧家聞得了却云：『初機學人看底事，有甚難會？』你且緩緩，且子細。你用何者名自己？祇如古德對自己語云：『遊山翫水。』你道：『我會也。』更是阿誰？又對自己云：『是你自己。』你道：『我也會得是我自己。』且如對伊道：『山河大地。』又道：『喫飯時飯是你自己。』又怎生會？又却去不得。古德云：『盡大地是你自己。』又且如何消遣？每常見人錯會了，舉轉古人事問伊。祇如鏡清問玄沙曰：『學人乍入叢林，乞師指箇入路。』沙云：『還聞偃溪水聲麽？』清云：『聞。』沙云：『從者裏入。』清從是得旨。我問你聞時聞箇什麽？箇箇對曰聞水聲。如此見解，堪作何用？據他所見，聞處歷歷地，一時領得，離此聞外，無聲可得。盡從我者裏顯現，者箇是業識。有底對云：『不是水聲，是聞自己。』山僧向道：『自己了如何聞自己？』所謂認心、認性。佛法是箇省力易會法門，人自辛苦。古人見不奈何了，向人道：『你試一念静思看！』好言語。後人不明古人意了，去那裏閉眉合眼，捺伏身心，堆堆地坐了等悟。好癡，好癡！久立。」

師云：「不見祖師道風鳴耶？鈴鳴耶？便好休歇也。更煩他道非風鈴鳴，乃心鳴耳。你更討什麽參請也？及至此土道：『非風幡動，仁者心動。』祖師恁麽印證，因何不會？祇爲箇能所。所以道：『因能立所。所既妄立，生汝妄能。無同異中，熾然成異。』今時人言決擇。且如何決擇？莫是道者箇是入門底語，者箇是初機語，那箇是久參語麽？總不如是。元來一時放下，正是決擇。於一切時無異緣，自早辰起披衣洗面、歸寮等事，你喚作雜想也。祇要你見色時無能見所見，那裏不是？聞聲時，無能聞所聞。心裏思量時，無能思所思。佛法最易最省力，自是你費力自作艱難。若易處不見，且究理而坐。既來龍門參禪，莫將來比諸處妄想卜度，但退步看，須會去。然有般兄弟受整理，有不受整理；有愚者，有智者；有可救，有不可救。且如不受整理者，硬將生死業識來用，將粥飯氣來用，問着則瞠眼。進前退後舉坐具，在髑髏裏皮袋裏，昏昏地認箇識情。此不可救。你但放下了，退步來看，方會。又有般上座道：『我都不作道理，都無計較，不着聲色，不依染淨，聖凡迷悟一道清虛，大光明中都無是事。』此又被智光蓋却，着在智邊，亦不可救。有此兩般病，前病猶淺，後病更深。你但肯拈放一邊，退步看，亦自然會去。此事甚是省力。

古人道甚是省要，又道費力作麽？有時見師僧來此間，費力喫許多辛苦。作什麽？須要求些言語向皮袋裏，有甚交涉？然有一真實方便極好。若非久參者，不會疑着。如玄沙一日欲説法，大衆立久，都不説一言，遂兩兩三三散去。沙云：『你看今日真實爲他也，無一人搆得。待我開兩片皮，一時近前來也。』你來龍門討方便、討法門、討安樂，龍門也無方便與人，也無一法與人，也無安樂法與人。何故？若有方便，却成埋没上座，籠罩上座。趙州道：『你但究理而坐，三二十年若不會，截取老僧頭去，亦則要成一片去。』豈不見二祖大師隨處説法，聞者皆得正念，不立文字，不論修證因果！時有禪師聞之，遣高弟潛聽説法，不回。禪師大怒。因大會次，親語云：『我費許多力挑撥你，你因何得恁麼辜負耶？』彼云：『我眼本正，因師故邪。』者箇是參學樣子也。後人問雪峯云：『我眼本正，因師故邪時如何？』峯云：『迷逢達磨』。僧云：『我眼何在？』峯云：『不從師得，須是恁麼始得。』古云：『道常合人，人自逐物。』經中道：『若能轉物，卽同如來。』物且如何轉？又道：『凡所有相，皆是虚妄。若見諸相非相，卽見如來。』古人道：『若見諸相非相，卽不見如來。』但退步絶機照子細看，忽然覰着，怎生奈你何？久立。」

師云：「無迷無悟，到得恁麼田地，方安樂。最省力，祇是箇無迷無悟底人。十二時中，有何法迷却上座？應須衷私自家裁斷看。三界二十五有，迷心故有。如今如何得無去？既無，未得迷情，決然不奈何，須證取無迷無悟事，方得灑落。行脚人喚作袈裟下事，事若未了，禍事也，此是大苦。馬鳴祖師説箇三細六麄，動卽有苦。如何得不動去？不是説一句兩句便當得，譚玄譚妙、説義説理、坐禪入定當得。自家無事，獨自思量看！平生所作所爲，他人不知，你自返照，是合道理不合道理。到者裏自瞞不得也。好時好日，不趁取究，令徹去。先師出世時道：『此大寶華王座，每日與諸人同起同坐，自是諸人當面諱却也。』好言語！又道：『十餘年海上雲游，覓箇寃讐，不曾遭遇。及到龍舒，果見其人，方契憤憤之心。』好言語！恁麼説話，少有人説得。山僧行脚三十有餘年也。老僧得道時，諸人未生在。後生家信取恁麽説底事，逐日退省，看教徹去。久立。」

師云：「禪門名迦葉大寂定門。不動一絲子，無所不通；不動一毛頭，無所不達。非是祇恁麽不動便休去。諸人十二時中但不起心動念了，一時會得，通達一切，名迦葉門下人，方入得大寂定。且何法爲緣爲礙？雖許人參究、許人學，祇是不許人起心動念會。若逢緣遇境，或一言半句，纔念動心起作解，俱在散位也。明上座，大庾嶺上不思善惡了方見得，便道：『某甲雖在黄梅，實不知得。』佛言：『不此岸，不彼岸，不中流。』南泉云：『不是佛，不是物，正是你今人管帶處。』但恁麽學，如秀才及第一回，從此是官人心。要一回了是佛，方無疑，各自將爲事，莫趁閑過。久立。」

師云：「諸人分上各有一段事，回頭方識得。須是解回頭。且如何回頭？不尋尋，尋不尋。者箇便是人難措人處也。不尋如何尋，尋如何不尋？若但尋，何異尋聲逐色？若一向不尋，又何異土木瓦石？須是尋而不尋，不尋而尋。若入得也，始和會得尋與不尋，所以道不尋。不尋法身圓寂，尋尋應用不差。尋不尋、不尋尋，境智冥會，體用一如，故得三身四智五眼六通從是開明。學道人解恁麽回頭尋究始得。豈不見僧問仰山：『和尚別有何徑截？願乞指示。』山云：『別有別無，轉令汝昬昧。汝是甚處人？』云：『幽州人。』山云：『汝還思彼中不？』云：『常思。』山云：『所思者，樓臺殿閣、市井人煙，有許多般。你返思思底，還有許多般麽？』云：『無許多般。』山云：『據汝見處，祇得一玄，得坐披衣，向後自看。』大衆，者僧道：『所思有許多般，思底無許多般。』見解有偏。致令仰山道：『祇得一玄。』道眼不正。若據山僧，所思樓臺殿閣有許多般，便是無許多般。思底無許多般，便是有許多般。可驗現今目前有許多般，便是無許多般。無許多般，便是有許多般。亦如毗目仙人執善財手，善財見無量世界微塵數諸佛，仙人放手，宛然依舊。好大衆，放下手了宛然依舊，且作麽生會？會取好。久立。」

師云：「先聖道：『法法本來法。好！』雲門拈拄杖云：『不是本來法。』」良久曰：「若如是，則三毒四倒、五蘊六入、十二處、十八界、二十五有，不是本來法。何不恁麽會取？多少省力。佛法是箇最省力底事。何嘗不現前？自是你不會，又向你道無法無非法。何於一法中有法、有不法？祇爲馳求不息了，一切處皆是馳求。思惟道理也是馳求，看古人公案也是馳求，看禪册子也是馳求，假饒靜坐，念念不住，亦是馳求。要會麽？則你那馳求便是不馳求。箇中極難信入，難做功夫。不安樂者，蓋爲你等不沉則掉，所以道不會去。如今如何得不沉不掉？則你那一念起是生滅流轉，爲是業識耶？爲是不動耶？恁麽翻覆看來，便有些子道理。久立。」

師云：「同床共被，夢各不同。先聖云：『同共一法中，而不得此事。』且如生死一法中入得生死，而不被生死縛者；在生死被生死縛者。同共一法中，一人縛一人脱，豈不是夢各不同！你尋常生死作一邊，無生死作一邊；思量作一邊，不思量作一邊；有言説作一邊，無言説作一邊。山僧此中也無衲僧事及向上事，祇論出生死事。不祇恁麽説一句了休，須是卽生死中見無生死事。豈不見永嘉大師見六祖云：『生死事大，無常迅速。』六祖云：『何不體取無生了無速乎？』嘉云：『體卽無生，了本無速。』又如曹山辭洞山，洞山云：『什麽處去？』曹山云：『不變異處去。』洞山云：『不變異處，豈有去耶？』曹山云：『去亦不變異。』豈不是了得底人？你思量爲一邊，不思量爲一邊，於言説外做箇無言説，縱饒你會得箇無言説處分明，纔有言説，便碍著你也。終日行住坐卧，不曾行住坐卧，何不恁麽參究！有時師僧來此，下一句拍一拍，那裏當得見解不出二邊？你須是去思量看！我分明在生死中，如何得無生死去？莫道便是也？我本來無生死，不由你説者一句子便了。有底聞人説無生死，便道是也。本來無生死。若恁麽作解，便難會也。既不許人作道理起會解，又不許人説，却如何作功夫？你不見古人道，我祇把你將來底示你箇入處。珍重！」

師云：「看見今時叢林中兄弟，似總不説此事相似。祇如天下到處叢林知識，説禪説道，入室陞堂，無不是説此事。何故？道不曾説著。説則説也，則是説不着。不惟説不着，亦不解。覷不解，恁麽作功夫，祇管道正令全提，十方坐斷，佛來也打，魔來也打。一向説禪，元來緊要處不曾説着。山僧者裏所説者，是諸方掉下不要者，等閑地糞掃堆頭，拈將來問人，又却道不得。祇如今早，入室問道：『明得底人見香臺時，是香臺不是香臺？』若道是香臺，與尋常人一般；若不是香臺，香臺却分付與誰？輕輕將來問着，便七花八裂。蓋緣尋常總去閑處做功夫。我且問你，不説入衆來，未行脚未入衆時，見香臺時喚作什麽？曰喚作香臺，又曰大家喚作香臺。何不思量因什麽喚作香臺？禪須是恁麽參，要明你無始時來事。修山主道：『不見本來法，障礙是從來，若人有障礙，顛倒幾千回。』先師道：『如人睡着，將一點糞着在鼻端上。初不覺知。及至起來，或聞臭氣。嗅徧衫謂是徧衫臭，遂脱却徧衫。拈得物來，一切皆臭。不知道臭在他鼻上。忽有智人向伊道：不干别物事。剛自不信。智人云：你但將手向鼻上揩看。則是不肯。若肯揩一揩，方知早較些子。遂以水洗去之，全無臭氣。若嗅一切物，元來皆無臭氣。』參禪亦然，不肯自休歇向己看，者下尋會解，那下尋會解，見道理，做計較，皆總不是。若肯回光，就己看之，無所不了。不見道：一根既返源，六用皆不行，但如此觀，却有悟明分。久立。」

師纔坐，呵呵笑曰：「猶自不會。」良久又曰：「我恁麽說向你，猶自不會。若到別處更作麽生會也？諸方不是走作你，便坐定你；我者裏也不走作你，亦不坐定你，直是省力易會。因何却不會？祇爲你千方萬便，巧作道理，所以難會去。佛法是箇易會安樂底法。雖然易會，祇是難入難做功夫。若是諸方坐定你，便有箇做功夫處；走作你，便有箇咬嚼處。兄弟家來說道不敢道是，則你那不敢道是却如何？何不恁麽去看？祇恐你向者裏亂會亂有領覽。祇要教你不動一念，便明得去。又有道，據我見處，千是萬是也。此正是如焦穀芽，如敗種子，永不發生。你已道是了也，更如何救？須是深疑著此事，所以道，凡夫有返覆。又有者，會了却說不得；縱說得，亦不成道理。不要草草，子細體究。山僧與你同參。我若會時，你也須會始得。你若不會，山僧亦不會也。不見玄沙指面前一點白，問僧：『見麽？』僧云：『見。』沙云：『我也見，你也見，因甚却不會？』有箇同參禮上座，見先師得一年半，凡入室，祇向伊道：『上座也分些緇素麽？度度去度度。』如此似恁麽說話，如何解會？如何做功夫？今之時，也無恁麽尊宿爲人也，亦無恁麽上座參請也。若是別人，則煩悶去了也。一日聞先師上堂云：『同門出入，宿世寃家。』懵然地心下如落秤鎚相似。從前見解如去空中花相似。從此見諦，須是如此做功夫，如此證悟。禪須是恁麽參。今夏已一月也，殊不見兄弟有覺觸處。直須鼎省精神。若是無人說着，無人開示，便難做功夫也。既是遇人，便好做功夫，須是分緇素始得。久立。」

師云：「而今行脚兄弟，可信道有頓悟底事也。諸方亦可説有頓悟底事。若無頓悟底事，如何却名叢林？蓋爲從來相傳，祇是看古人公案。或看一則或兩則，畧有一知一解。若有理會不得處，亦尋縫罅鑚研求會。既會得了，道此事祇如此也，便在叢林中流布將去，皆不説著頓悟底事。若無頓悟底事，則三界二十五有，如何消遣？疑情如何消落去？今早有箇師僧來説道：見聞不昧，一向去認見聞，便道是也。則是不見那不昧處。問他方世界事又不知，問根塵下事又不破，如何却以凡夫情量便同頓悟底事？山僧今日普告大衆，但信取有頓悟底事。譬如村夫於耕田處拾得一粒金丹，服後渾家上昇，又似白衣拜相相似。教中説你那凡夫情量如似土坯，未曾經大火中煆過，都用不得。須是經大火中煆過始得，却似得一回頓悟相似。山僧自川中來，祇參一人。知道此人説話與古人一般，嘗問先師道：『聞禪門中有悟道果否？』先師云：『是。若無悟，那裏得？你但緩緩地參。』山僧便寬心參究。有復首座見地明白，所以山僧常去詢問。祇向山僧道：『須是自家做活計，莫來問我。』一日舉趙州夾火示僧云：『不得喚作火。是什麽？』山僧深疑著。分明是火，如何却不喚作火？如是看三年，常自思惟：爭敢以凡夫情量便問他聖人所證處！又曾聽法華云：『是法非思量分別之所能解。』常得此一念。如今兄弟家道便是者箇也。爲你一起解會了，便不會也。又先師曾到李提刑宅，提刑請就書閣中燒香了，將傳燈録白先師：『某雖俗人，素留心此道。每看此録，多有不會處，一一望和尚開示。』先師云：『此事不如是理會，須有省悟始得。若有悟處，無不會者，自不消問人。若無省悟，祇那會處亦未是在。』提刑云：『吾師説得是。』又山僧平生事因作知客，在火爐上會得，自後無有不會底事。衆中兄弟須是見頓悟底事始得。今賭是。

了，更幾時去問人也？然而山僧者裏衹指你是處，你若不是，終不敢道你是。等你是也，山僧肯你，也衹能是底心，又無所是底法，所以方敢説向人。若約諸人分上，明知有不是處，所以來就人決擇。若已是

師云：「山僧分上無有不是者，若有一絲毫不是處，爭敢説向人！爭敢指示人！山僧分上，是時無時叢林中例皆不説着也。久立。」

大衆，山僧無有不識者。或曾見人來，或有悟處，或無悟處，有無會解，皆知得伊。如世良醫，一見便識病，或冷或熱，可醫不可。若一一問候方知，此乃庸醫。如前日舉法眼指簾子，有二僧去捲，法眼云：『一得一失。』你等事，須不得道有什麽得失。又道：『一人會來去捲，是得；一人不會來去捲，是失。』若恁麽，怎生會醫？如今明未得，蓋爲悟心未諦，如不識病稱醫者。他人會也不識，不會也不識。有無見處，總辨别不得，却如何爲人？如何説向人？須是剋骨究實始得。若肯去剋骨究實，無有不会者。不見古人道：『你但究理而坐，三二十年若不會，截取老僧頭去作尿鉢子。』僧家有時道是也，却到剋骨究實，却走作不定，如隔窻看馬騎相似，忽尔便過。直須似三二萬斤鐵相似，牽不前，推不後，方知是實。你等纔被人撼着，早動也；更着力推一下，便倒了也。須是洞明，頓見三百六十骨節、八萬四千毛竅一時開張。內身外器，法法皆是本來法，無有不是始得。而今師僧依倚方能道得，若一時去却，則無湊泊處，又謂空過了。諸人無過此時好也。既在其中，定省精神，努力究取。珍重！」

師云：「若論平等，無過佛法。唯佛法最平等。若道我會你不會，不是佛法也。你會我不會，亦不是

佛法也。教中道：『是法平等，無有高下，名阿耨菩提。』山僧見處與諸人齊等，諸人見處亦與山僧齊等。又古人道：『諸人知處，良遂總知；良遂知處，諸人不知。』因何却不知去？良由仁者心有高下，不依佛慧，遂見此土，土石諸山穢惡充滿。須依佛慧始得也。聖人説底，便是平等法也。道卵胎濕化四生九類，我皆令入無餘涅槃而滅度之。如是滅度無量衆生，實無衆生得滅度者，豈不是平等法。古人道：『涅槃名廣度，無餘一味收。卵胎并濕化，空有及沉浮。薩埵能降住，菩提道自周。倏然纖芥在，此岸永淹留。』纔有纖毫不盡，便是此岸也。又道：『刹那流入意地，便爲生死根栽。』豈可亂有所證、妄生解會耶？古有尊宿向人道：『各各有初心在。』最初發心行脚，必爲生死故發心，或厭苦故發心，或爲事緣逼迫不獲已發心，皆名發心。何故令人看初發底心？謂你最初發底一念，不易轉頭來，最有力，此是你參底禪也。若得現前時，祇是此心明淨也。中間求訪宗師，日夜推究，祇是養育此心。乃至悟得了，便見未發心時亦則不失。馬鳴祖師謂之始覺即本覺，本覺即不覺，本始不二名究竟覺。又道初發心時即成正覺。謂先證得果頭佛，六度萬行成熟之事也。所以令你但推究初發底心。且山僧見處與諸人一般，何不恁麽會去？久立。」

師云：「明眼漢没窠臼。你尋常搆不及者，祇是眼不明。眼若明，却搆得也。所以説道，明眼人難得。你纔道是恁麽，便是窠臼也。若是明眼人，即不恁麽。不見德山示衆道：『今夜不荅話，問話者三十棒。』若不是明眼漢，怎生搆得？纔搆不得，便落意思，即成朕兆。故德山平生，則嵓頭一人搆得。所以道，須是明眼漢始得。久立。」

師良久告衆曰：「祖師真實好知音。呵呵！」笑了又云：「也祇得恁麽説也。若明得者，親得受用，便有履踐處。若涉道理、涉計較、涉言説，則不會也，亦不親得受用也。你在廊下東行西行時，寮舍裏洗衣擇服時，還見得祖師真實好知音麽？良由不見，問著便脚忙手亂。病在什麽處？病在你尋常祇是思量計較中來，不親得受用。皆是去長連牀上閉目藏睛，擘劃思量得盡，上窮銀漢，下徹黄泉，方説得一兩句。却到閑處時，又不知下落也。目前盡是礙人之物，輕輕問著，便去不得。如今據實理論，不要亂説。我且問你，不與粥飯喫，三日時，還動得麽？定是動不得也。纔方喫得些粥飯，方能動得。若恁麽，盡是粥飯氣。到者裏便要得人，也須是見得非粥飯氣底事始得。禪須是恁麽參。如此方名決擇。既喫粥飯了，須扶持你者事，把來參取。恁麽一件事，你却總不知，却去閑處用了也。説是非管閑事，或思量或擘劃，可惜許盡把來胡亂用了。你不知，纔擬心，早是後世也；刹那流入意地，便爲生死根栽也。又五藴身存尚不知，百骸散後何處覓？近日有者，一向祇恁坐地，初時惺惺地，餉間便瞌睡。十箇九箇坐地睡著，苦苦不會做功夫。那裏硬坐，要會不是此理，怎生見得！丹霞豎起拂子，龐居士舉起槌子。丹霞擲下拂子，居士放下槌子，又云：『昨日公案作麽生？』丹霞放身卧，居士便出去。此豈不是真實知音！豈容你亂説，容你下注脚？又嵓頭道：夫沙門者，一一從自己胸襟流出，蓋天蓋地始得，那裏是靜坐思量來？先師道：你睡時，睡時參取；喫飯時，喫飯時參取。又古人道：坐時有坐時道理，立時有立時道理。豈不見投子問翠微：『西來密旨可得聞乎？』翠微竚立顧視。投子云：『未曉玄言，乞師再指。』翠微云：『更要第二杓惡水潑在！』投子便悟。諸人不得受用，在十二時中蹉過多少好事。所以我道：祖師真實好知音。」良久又道：「祖師之道如青天白日相似，爲什麼有人迷路？久立。」

師云：「你諸人會不得，過在何處？你都盧是不會，根本是不會了更求覓會處。古人道：莫棄者邊着那邊。若如此，轉難會也。向你道根本是不會，何不恁麼看？如法眼行脚時，地藏問：『何往？』法曰：『行脚去。』曰：『還會行脚事麽？』曰：『不會。』曰：『要知行脚事，不會者是。』法眼從此省悟。我問你，既不會，又如何是得？須有入路，方知不是。强會底事，巧會千般，你根本不會了，堪作何用？須着用意究，你看不會從何處得來。你要知麽？你者不會本無來處，既無來處，此不會却如何？及乎明得，者不會無去處。恁麼地看時，你管取須明得。祇被你不解做佛法中人，一向祇在世間用心，未曾片時究此事，如何得便會去？及乎被人問着，胡道亂説，不是恁麼事。舊日曾聞一人老僧説，香林和尚見僧來，曰：『你説得不無你，你下堦兩三步，早不恁麼也，莫亂説好。』你看古人根窮人，是如何將爲事？佛法無虚棄底道理。會取，會取！珍重！」

師云：「雲門大師曰：『汝若實未搆，且順朱識取。』叢林中參學人，亦須順理而進，不敢望有超過底事。大凡今之學人，事作一邊，理作一邊，所以致令身心不得安樂。何不且教事常順理去！未説無始劫來事，祇據一念入母胎，頓變根身器界。自是已來莫不皆是事。一報身中種種，何嘗有一法不是事者？如今如何消遣此箇事，得順理去？且事有形段，理無相狀。古人一得其理了，事便如理融通去。豈不見昔人聞板鳴，乃撫掌大笑曰：『我會也，我會也。』此豈不是順理而學！何不且去十二時中恁地觀究？做得者般功夫，久久成熟，自然與理相應。祖師道：『要急相應，唯言不二。』不祇説了便了，要得相應始得。潙山道：『事理不二，真佛如如。』多見不能順朱，把來一時顛倒了，空理會古人言語公案、差別問難、節記門庭，以爲參學。苦哉，苦哉！學道不如此。後生兄弟更是不知空腹高心，十年五歲過却光陰，並無所得。無明人我客氣，殊不念出家事，將來如何去？各各究取。莫久立。」

爲李舍人普說。師云：「實無一法爲緣爲對。若有一絲頭，便是一絲頭。你諸人如何見得無一法爲緣爲對底道理？若向者裏明得，現前何處更有身心可求？若實無箇證入處，都來衹是生死流注。如今問諸人，你現今種種分別念慮，作麼生都無法爲緣？現前我見你，你見我，作麼生無法爲對？道人家須是恁麼飜覆體究始得。山僧道：佛法便是諸上座，諸上座便是佛法。是有語路來體解，無語路來體解？是有可趣向處，無可趣向處？從上古佛先德現前在此，盡大地凡夫四生六趣現前在此，向者裏直下了得，實無一絲毫子。豈是取一邊捨一邊！豈有一段本來事，有一分今時妄想，則爲馳求取捨，至今不得現前。既有許多流轉法可厭可棄，所以諸佛出世，祖師西來，使汝尋師訪道。祖師邊事透不過時，直下如銀山鐵壁相似。且如何是銀山鐵壁？元來是自家屋裏事。思量來，者般事我未會已前如銀山鐵壁；如今會了，元來我是鐵壁。噁，鐵壁鐵壁！所以道，祖師常在世間。衹如世間如何了？先聖道：『自從認得曹溪路，了知生死不相干。』須是你自家踏着始得。方知道佛祖常時垂手，須一一從自己胸中流出，自然明得。諸聖出世，善巧方便。衹如諸人每日說底話，還有方便善巧麼？乃至動轉去來，種種施爲，有善巧方便，無善巧方便？豈不見洞山參見雲門，門見來便問：『近離甚處？』山云：『查渡。』者一句語如何？是會來恁麼說，是不會來恁麼說？是肯了恁麼道，是未肯了恁麼道？雲門又問：『夏在什麼處？』山云：

『湖南報慈。』門云：『幾時離？』山云：『八月二十五。』門云：『放你三頓棒。』洞山一夜不安，明日上去問訊云：『昨日蒙和尚放某甲三頓棒，不知過在什麼處？』門云：『飯袋子。江西湖南便恁麼商量也。』山於言下見道。且有過無過？合喫棒不合喫棒即且置，你道者僧悟處是如何？古人爲人作麼生？或若者裏明得，自從無始劫來，是實無一絲毫。爲解礙，方從是出生，便了他諸聖行履處。未能如此，莫道是諸聖行履處。十二時中，行履處何嘗分明！祇爲無始劫來顛倒迷亂，六趣何曾見！還猶如蠅子透牕相似。不見端師翁有頌云：『爲愛尋光紙上鑽，不能透處幾多難。忽然撞着來時路，始覺從前被眼瞞。』如今既在此門中，不可中塗困躓。縱然學道得旨後，闤闠中物颺不下，明得此事，還被此事留滯。不見道：『金鎖玄關留不住，行於異類且輪廻。』到得恁麼田地，方可爲人師。如今去聖時遥，人多懈怠。尋常説正法、像法、末法。山僧道，法無正像末，佛法常在世間。得時便是正法，失時便是像、末法。諸人決然要辦此事，緊要是出生死。然本無生死可得，何故？三際求之不可及。先佛道：『過去心不可得，現在心不可得，未來心不可得。』祇如歷歷分明聽法者是誰？是過去耶？現在耶？未來耶？須知是一箇無始時來無知覺者。如此看來，豈是與一法爲緣爲對？如今天下禪僧，盡道祇是者箇漢。是定有者箇漢，是定無者箇漢？道横也是者箇漢，豎也是者箇漢也。道六十二見諸外道種，盡從佛法中來。所以貧道頃在舒之龍門時，常勸人如此做功夫。後到褒山，亦不忘此旨。非時愛與兄弟東説西説，喚作非時語。緊要處却在當人。不見昔日溈山和尚在百丈作典座，一日司馬頭陀問云：『野狐話作麼生會？』溈山撼門扇。司馬云：『是則是，太麤生。』溈山曰：『佛法説什麼麤細？』你道問他野狐話，他却撼門扇，且道緊要在什麽處？要會麽？盡是金毛師子，子莫於中路却輪廻。久立。」

古尊宿語録卷第三十四

舒州龍門(清遠)佛眼和尚語録

住南康雲居嗣法善悟編

頌古

外道問佛

杲日連天照有無，孰云善逝坐跏趺。如今要見當年事，邪正猶來在半途。

世尊陞座，文殊白槌

法王法令若爲酬，潦倒文殊强出頭。負累釋迦猶可事，至今千古鬧啾啾。

世尊拈花，迦葉微笑

百萬人天望舉揚，拈花微笑大乖張。幾多業識茫茫者，問着勞生沸似湯。

二祖請達磨安心

若有絲毫付與人，可師何得更全身。人間天上迷逢處，八兩元來是半斤。

六祖風幡

非風幡動唯心動，大海波瀾常洶湧。魚龍出没任昇沉，生死聖凡無別共。無別共底怎麽樣，祖佛傍觀空合掌。

國師三喚侍者

潦倒江湖上，竿頭事可咍。一回浮子動，又是上鈎來。

百丈野鴨子

草裏尋常萬萬千，報云飛去豈徒然。鼻頭是甚閑皮草，十字縱横一任穿。

百丈歸，與同事坐次，忽然哭。事問曰：「憶父母耶？」丈云：「無。」事曰：「被人駡耶？」丈云「無。」事曰：「哭作什麽？」丈云：「問取和尚。」事往問大師，大師曰：「你去問取他。」事回至寮中，見百丈呵呵大笑。事曰：「適來爲什麽哭，而今爲什麽却笑？」丈曰：「適來哭，而今笑。」同事惘然。

一回思想一傷神，不覺飜然笑轉新。雲在嶺頭閑不徹，水流澗下太忙生。

馬祖陞堂，百丈捲席

挂得帆來遇便風，須臾千里到家鄉。臨門上岸逢妻子，歡喜情懷不可當。

百丈再參馬祖

挂拂遭呵耳便聾，衲僧奚若驗宗風。金剛腦後抽生鐵，華岳三峯倒卓空。

黄檗一日問百丈曰：「和尚在大師處有甚奇特言句，乞師不悋。」丈遂舉再參馬祖因緣，乃曰：

「我當時被大師一喝，直得三日耳聾。」黃檗不覺縮項吐舌。丈曰：「子已後莫承嗣馬祖麽？」檗曰：「不然。今因和尚得見馬祖大機大用，要且不識馬祖，若承嗣馬祖，恐已後喪我兒孫。」丈曰：「如是，如是。」家肥生孝子，國霸有謀臣。拳頭劈口槌，未到無兒孫。

百丈開田説大義

開田説大義，後人莫容易。百丈總持門，淡而還有味。

黃檗問百丈：「從上宗乘苗裔，此間如何商量？」百丈默然。檗曰：「教後人如何委悉？」丈云：「我將謂你是箇人。」便起去。檗隨後入方丈曰：「某甲得得而來，祇要箇印信足矣。」丈曰：「若恁麽，他後不得辜負老僧。」

打麵還他州土麥，唱歌須是帝鄉人。現成財本成家者，多見飢寒在子孫。

百丈一日問黃檗：「何處去來？」檗曰：「大雄山下採菌子來。」丈曰：「還見大蟲麽？」檗便作虎聲，丈便抽斧作斫勢，檗約住便與一掌，丈便休。至晚，上堂謂衆曰：「大雄山下有一虎，汝等諸人好看，老漢今日親遭一口。」

大雄山下斑斑虎，觸着傷人誰敢顧。親遭一口老婆心，何曾用着腰間斧。

百丈問黃檗：「甚處來？」檗云：「開田來。」丈云：「辛苦，不易。」檗云：「隨衆作務。」丈云：「有勞道用。」檗云：「爭敢辭勞！」丈云：「開得多少田？」檗遂钁地數下，丈便喝，檗掩耳而去。

相見言談理不虧，等閑轉面便相輝。畢竟水須朝海去，到頭雲定覓山歸。

黃檗示衆：「汝等諸人盡是喫酒糟漢。」

大唐國裏無禪師，不許會兮祇許知。着肉汗衫如脱了，方知棒喝誑愚癡。

黃檗一日在南泉位中坐。南泉遂問：「長老是甚年中行道？」檗云：「威音王佛已前。」泉云：「猶是王老師孫在。」檗遂歸本位坐。

彼此老來誰記得，人前各自强惺惺。一坑未免俱埋却，幾個如今眼子青。

南泉問黃檗：「定慧等學，明見佛性，此理如何？」檗云：「某甲十二時中，不依倚一物。」泉云：「莫是長老見處麽？」檗云：「不敢。」泉云：「漿水錢且置，草鞋錢教什麽人還？」檗不對。

問答分明是切磋，幾人於此見訤訛。少年俱决龍蛇陣，潦倒同吟稚子歌。

南泉門送黃檗，泉曰：「如許大身材，戴椰子大笠子。」檗云：「三千大千世界總在裏許。」泉曰：「王老師咴。」黃檗戴笠子便行。

相見錦江頭，相携上酒樓。會醫還少病，知分不多愁。

百丈問南泉：「何處來？」泉曰：「江西來。」丈曰：「還將得馬師真來麽？」泉曰：「祇這是。」丈曰：「背後底咴。」泉拂袖便出。

八面當風祇這是，拂袖之談動天地。堪愛賣身王老師，不作賤兮不作貴。

南泉坐次，一僧叉手而立。泉云：「太俗生。」僧合掌。泉云：「太僧生。」僧無對。

南北東西無不利，令人深愛老南泉。眉毛撕繫如相似，鼻孔遼天不着穿。

洞山謂雲居云：「昔南泉問座主：『講何經論？』主云：『彌勒下生經。』泉云：『彌勒幾時下生？』主云：『現在天宮，當來下生。』泉云：『天上無彌勒，地下無彌勒。』」時雲居遂問洞山：「祇如天上無彌勒，地下無彌勒，未審誰與他安名着字？」洞山直得禪床震動，乃曰：「膺闍黎。」

禪床驚震被搽糊，惹得兒孫不丈夫。拄杖劈頭連打出，也教知道赤鬚胡。

南泉示衆云：「馬大師道卽心卽佛，又云非心非佛。老僧却不恁麼。不是心，不是佛，不是物。恁麼道，還有過也無？」趙州出禮拜歸衆。僧問趙州：「適來禮拜歸衆意作麼生？」州云：「却問取和尚。」僧上問南泉：「適來諗上座意作麼生？」泉云：「他却領得老僧意旨。」

祖佛場中不展戈，後人剛地起詨訛。道泰不傳天子令，時清休唱太平歌。

南泉斬猫兒

五色狸奴盡力爭，及乎按劍總生盲。分身兩處重相爲，直得悲風動地生。

晚，趙州從外歸，泉舉前話問之，州脫草鞋戴頭上而出。泉云：「子適來若在，卽救得猫兒。」

安國安家不在兵，魯連一箭亦多情。三千劍客今何在，獨許莊周致太平。

南泉、歸宗、麻谷三人去禮忠國師

同氣相求事可論，一囘見面一歡情。兩行何處閑文字，一隊誰家好弟兄。

大隋蓋龜

骨裏皮兮皮裏骨，大隋老子無窠窟。上士聞之笑未休，中流特地生疑惑。

倶胝竪指

老大宗師竪指頭，一生用得最風流。玄沙拗折無人會，年來年去冷颼颼。

德山參見龍潭吹紙燭

黄金爲骨玉爲稜，莫把他家此日尋。多少從來悟心匠，盡將底事繼威音。咦！

魯祖面壁

池陽何處得捫摸，後代商量苦也無。古人剛地成多事，敢問如今會也無。

雪峯示衆云：「望州亭與上座相見了也。烏石嶺與上座相見了也。僧堂前與上座相見了也。」

密密堂堂早二三，本來無物更何堪。癡人見了生歡喜，作者相逢滿面慙。

米和尚令僧問仰山：「今時人還假悟也無？」山云：「悟卽不無，爭奈落在第二頭。」米聞，深肯之。

悟人千箇道無憂，肯信遭他第二頭。寂寞山花寒食後，夕陽西去水東流。

金牛和尚每至齋時，自將飯於僧堂前作舞。呵呵大笑云：「菩薩子喫飯來。」

長連床上狐屎尿，三聖堂前狗吠春。跳出金牛窠窟子，月明照見夜行人。

玄沙三種病人

玄沙三種病人，有理不在高聲。引得香嚴老子，走來樹上懸身。

破竈墮和尚居嵩嶽山塢，有一廟甚靈，廟中唯安一竈，遠近祭祀不歇，烹殺物命甚多。師一日領侍者入廟，以拄杖敲竈數下云：「汝本磚瓦泥土合成，靈從何來？聖從何起？」又敲數下，竈乃隳破墮落。師云：「破也，墮也。」須臾，有一青衣峩冠忽然設拜師前。師云：「是什麽人？」神云：「我本廟神，久受業報。今日蒙和尚説無生法忍，遂得生天，特來禮謝。」師曰：「是汝本有之性，非吾强言。」神再禮而没。

禍福威嚴不自靈，殘盃冷炙享何人。一從去後無消息，野老猶敲祭鼓聲。

大衆遂曰：「如某等久在和尚左右，不蒙示誨。適來竈神説何法，便得解脱？」師曰：「我也別無道理。祇向伊道元是一堆泥土合成，靈從何來？聖從何起？你等諸人何不禮拜？」衆遂作禮。師云：「破也，墮也。」大衆一時悟入。

春寒料峭，凍殺年少。切忌參商，別無奇妙。低頭侍奉，歡喜問訊。佛法商量，傷子性命。

趙州勘婆

趙州言勘破，笑殺老禪和。院主鬢眉落，南泉打粥鍋。趙州勘破，却成罪過。大地衆生，千箇萬箇。

百丈野狐

醉眠醒卧不歸家，一身流落在天涯。祖佛位中留不住，夜來依舊宿蘆花。

黄檗問百丈：「古人錯答一轉話，墮在野狐身。今人轉轉不錯時如何？」丈曰：「近前來，向汝道！」檗近前打師一掌。丈呵呵大笑云：「將謂胡鬚赤，更有赤鬚胡。」

一問當機絶異同，定乾坤箭驗勳功。轟轟一掌胲腮下，笑殺雄山者老翁。

司馬頭陀問潙山：「百丈野狐話你作麽生會？」潙山以手撼門扇三下。司馬云：「太麄生。」潙山云：「佛法説甚麁細！」

春至是花開，朱顔安在哉？可怜園裏色，不入鏡中來。

靈雲見桃花

春來依舊一枝枝，同地同天道不疑。未徹之言人莫問，令余特地笑嘻嘻。

臨濟參黄檗，首座令問如何是佛法的的大意。三度問，三度被打。

擘開華岳連天色，放出黄河到海聲。瞎驢死後蒿枝折，大地如今有幾人。

雲門三頓棒

奉君三頓曲周遮，屈辱雲門老作家。渡水穿雲五湖客，欲將何物當生涯。

雲門餬餅

雲門答餬餅，言前句後領。驢鞍爺下頷，到了終不省。塞却你咽喉，把將餬餅來。速道，速道！

罽賓國王自將劒至師子尊者處，問：「師得蘊空否？」尊者云：「已得。」王云：「既得蘊空，可施我頭否？」尊者云：「身非我有，豈況於頭。」王即斬之，白乳高數丈。王臂遂落。

楊子江頭楊柳春，楊花愁殺渡頭人。一聲殘笛離亭晚，君向瀟湘我向秦。

仰山插鍬

數目分明舉即難，衲僧無不膽毛寒。須知更有壺中路，但向須彌頂外看。

長慶萬象之中獨露身

萬象之中獨露身，一回相見一回嗔。東西南北吾皇化，莫向江頭苦問津。

雪峯鼇山成道

鼇山成道足人傳，莫是從前話不圓。賴有玄沙知始末，偏身紅爛在漁船。

子胡狗

老大宗師没巴鼻，養狗之緣太兒戲。奪牌禪客如到來，鉛刀爭及吹毛利。

鳥窠吹布毛

欲求佛法往南方，老大宗師爲舉揚。山花满地雖狼藉，一陣風來一陣香。

玄沙虎

宗師方便太慈悲，是汝之言實古錐。萬里神光騰頂後，肯將生死嚇愚痴。

五洩參石頭

在途在舍若爲酬，莫把先師一例求。雄雄宇宙如王者，未免半邊無髑髏。

藥山一句子

犢牛生子頗相諳，兩眼通紅色似藍。把火照來無覓處，大家普請一時參。

趙州喫茶

趙州一椀茶，驗盡當行家。一期雖似好，爭免事如麻。

盤山臨入滅，垂示云：「還有人邈得吾真麽？」衆人競寫呈師，師皆不納。時普化出衆云：「某甲邈得。」山云：「何不呈似老僧看！」普化乃打筋斗而出。

師真醜拙不堪呈，用盡身心笑殺人。彼中莫覓絲頭意，白鼻崑崙賀新正。

女子出定

出得出不得，初不離是定。聖者起凡情，凡人而乃聖。倒用與橫拈，扶邪及顯正。春雨春風竹户涼，落花啼鳥千峯靜。

良遂參見麻谷

平生心膽向人傾，到此門中有幾人。別後都城舊知己，暖煙斜日又黄昏。

黄龍三關

佛手驢脚生緣，黄龍元無此語。直饒恁麽知之，我儂亦未相許。奉報四海禪人，第一不得錯擧。

晦堂拳頭

着眼看來寧免瞎，全身何用佩金魚。黄龍意氣雄豪甚，秖爲他家不識書。

五祖老和尚凡見僧來，便云：「屈屈。」僧云：「屈作什麽？」師云：「如今不屈，更待何時！」

盡力不奈何，按牛頭喫草。若無錦繡文，難以論嘉藻。

又每見僧來，展手問云：「何故喚作手？」

何故喚作手，衲僧難開口。擬議自顰頣，可憐大蒙斗。

又每遇僧請益，祇云：「無這閑工夫。」

彼此且無相負累，行人無不失鈎錐。雖然不睹衆生眼，也好拳頭劈口槌。

室中垂示

師云：「不負平生眼目，還知龍門老爲人處麼？若知得，終不相辜負；若不知，實無爲人底道理。」師云：「上座未來此間時，無一人上座；既來此間後，有一人上座。祇是一人上座，爲什麼成有成無？」師云：「正恁麼時作麼生辦？」師云：「得底人還具四大五蘊麼？」師云：「真佛住在何處？」師云：「盡十方世界是你自己，折旋俯仰復是何人？」師云：「古人道：『無情有佛性。』」師云：「有情具覺知，可容知有佛性；無情無覺知，若爲知有佛性？」師云：「昨夜山前虎咬大蟲。」師云：「無目仙人能揣骨。既是無目，將什麼辨貴賤？」師從東過西，顧謂衆曰：「是，是。」復從西過東，顧謂衆曰：「不是，不是。」遂歸位立曰：「適來猶記得。」

舉「魯祖凡見人來，便面壁而坐。不知後來有甚人會得？」師云：「離却三界，還見香臺麼？」師云：「有情説法易見，無情説法難聞。祇如無情説法，什麼人得聞？」師云：「潙山接仰山。」師云：「現今是箇什麼？何不猛會取！」師云：「有人問你，隨問便答；無人問你時，作麼生道？」師云：「芥子納須彌。且問你諸人，即今在芥子外、芥子内？若道在芥子外，如何納得須彌？若道在芥子内，許多大身材如何却在芥子内？」師云：「隔宿不問道，今朝事作麼生？」師云：「山僧問你諸人尋常一件事，諸人舊時曾到處，忽然思量着，一一在目前。爲將眼見耶？將心見耶？若道將眼見，諸人思量舊時到處，如何是眼見？若道是心見，心豈有見耶？現今目前燈籠露柱，是心見耶？是眼見耶？世尊道：『從本已來，非心非眼。』且道是箇什麽？」

舉古人道：「一堆火兩人坐，我是你，你是我。」師云：「你自是你向火，我自是我向火，爲什麽却道我是你、你是我？」師云：「無舌人解説，説則説了也。」師却吐舌云：「爭奈者一片子何？」師云：「明來暗謝，智起惑亡。正當明時，暗向什麽處去？祖師道：祇者明便是暗，明暗觀體不可得。」師云：「黑地裏行時，爲什麽脚高脚低？」師云：「古人道：『世間法便是出世間法。』露柱是世間法，如何明得知是出世間法去？」師云：「一切衆生眼見耳聞，先聖去者裏有箇指示人處，道：『即此見聞非見聞。』」師云：「諸人正當見聞時，作麽生見得非見聞？」師云：「忽然被人稱名道姓，喚你一聲時，你去者裏還入得麽？」師云：「山僧與諸人總在者裏，其間有了者，不了者。作麽生辨得者箇是了者，這箇是不了者？作麽生辨？」師云：「諸人還會古人説底話麽？那箇是古人？作麽生是説底話？若不恁麽明得，祖教佛教俱爲剩語，作麽生是古人説底話？」師云：「十二時中，作麽生是你相應底句？」師云：「不是山僧瞞你，却是你瞞我。作麽生是你瞞我處？」師云：「中夜間忽然會得去，今朝起來所見所聞別也。作麽生是別處？」師云：「此事易見難曉，你等諸人還見狗子麽？見生客則吠，見熟客則摇尾。且道是一耶，是二耶？若道是一，吠則咬人，摇尾則求食；若道二，來生也是客，熟也是客。所以道：易見難曉，須是向不一不二處會取。山僧不誑諱，你子細檢點看！」師云：「山僧齋時，見箇蠍蝓子在聖僧鼻孔裏出來入去，得大無畏。你諸人十二時中出來入去在什麽處？」師云：「古來有箇禪客依栖一人尊宿，每日上去問訊。纔見來，便道：『且去未在。』如是數年。忽一日省得，便上去。宿纔見來，便云：『噁，是也。』」師云：「作麽生見得，便知道是也？」師云：「不重久習，不輕初學。久習之人，有何過不重？初學之人，有何能不輕？正當撞着此二人相見時如何？」師云：「諸人大似開眼尿床，還見開眼處麽？」師云：「須得作衲僧家說話。且道衲僧家如何說話？」師云：「你上來時，早是分外也，更口吧吧堪作什麽？」師云：「曹溪大師道：『繁興永處那伽定。』祖師在你背後，還見麽？」

垂代

師一日問侍者：「三人中那箇不在數？」代云：「和尚問不着。」又云：「某甲衹得緘口。」又云：「慚愧，且得和尚委悉。」

因病臂，示衆云：「我一隻左臂，因你諸人教我動不得，因你諸人教我受無限辛苦。」代云：「和尚要如此分疎作麽？」又云：「不敢辜負和尚一隻左臂。」又云：「學人聞得，不安不樂。」又云：「此是和尚成褫某甲，衹恐某甲不到者田地。」

舉古人云：「飛猿嶺峻，你好看。」問僧：「你如何？」代云：「恁麽則不去也。」又云：「爲什麽不去？」代云：「衹者便是飛猿嶺。」問：「大庾嶺頭提不起時如何？」代云：「你却會得好。」又云：「你適來披袈裟來麽？據款結案。」又云：「依樣畫葫蘆。」

聞書閣門開，云：「無風自動，好與三十棒。」舉古云：「泉眼不通被沙礙，道眼不通被什麽礙？」古云：

「被眼礙。」問僧：「祇如眼如何礙？」代云：「早知燈是火，飯熟已多時。」

問僧：「你許多時在什麽處安身立命？」代云：「少人知。」問：「南泉牽牛巡堂如何？」代云：「你尋常東行西行，有佛法道理，無佛法道理？」又云：「錯行此路。」問：「高麗淨缾爲什麽在者裏？」代云：「非但在者裏。」

舉龐居士問馬大師：「不與萬法爲侶者，是甚麽人？」代云：「某甲已答和尚了也。」

一日聞茶版聲，又聞浴鼓聲，問僧云：「赴那處即是？」代云：「聞時雖普，不妨應處成偏；應處雖偏，不礙聞時常普。」問僧：「如鏡鑄像，像成後鏡光向什麽處去？」代云：「老僧出家三十年也。」問：「孤燈獨照時如何？」代云：「露柱證明。」問：「如何是你受胎處？」代云：「和尚甚處去來？」問：「念念攀緣，心心永寂時如何？」代云：「復有何事？」問：「我與釋迦老子同參，釋迦老子具三十二相八十種好，如何說同參底事？」代云：「莫來污我耳目。」問：「久嚮千佛到來，爲什麽一佛也不見？」代云：「已見千佛。」問：「識情不到處如何？」代云：「大蟲看水磨。」問：「識情不到處，還聞雨聲麽？」代云：「將爲某甲落他情識裏。」問：「大安樂底人，還見有春夏秋冬麽？」代云：「若不恁麽，爭喚作大安樂底人。」問：「衲僧家如何商量？」代云：「寒時言寒，熱時言熱。」問：「如何是古人田地？」代云：「豈有異耶！」問：「飯袋子如何？」代云：「正道着。」

因遊白蓮峯，至半山亭，有僧後到云：「和尚尚在這裏。」師云：「我到了來也。」僧無語。代云：「也是齋後鐘。」呂少馮入室問：「和尚有何提誨？」師云：「若有提誨，即埋沒足下。」又問：「請和尚徑直指示。」師云：「太迂曲生。」問：「有一物上拄天，下拄地，黑似漆；常在動用中，動用中收不得，過在什麽處？」代云：「有什麽過？」謂僧云：「我爲你着盡氣力，如何着力？」代云：「早朝有粥，齋時有飯。」問：「會佛法人爲什麽病？」代云：「也知和尚心切。」師插一隻火筯在爐中，云：「此意如何？」代云：「頂門上着一隻金剛箭。」又云：「刺破你眼睛，穿過你心肝。」又云：「莫向虚空裏釘橛。」「有一屠兒身上常出乳香舍利，此意如何？」代云：「恐人不信。」又問：「別底屠兒爲甚却無？」代云：「他得大闡提。」

問：「虚空還有變異也無？」代云：「青黄赤白，長短大小。」師豎起拂子問僧：「從什麽處得來？」代云：「也秖是某甲底夢中。」僧問：「和尚因什麽得悟？」代云：「莫搽糊我。」見畫兔子相咬，師云：「咬殺也。」又云：「我也知你親。」

示衆云：「會佛法底人，不得龍門飯喫；不會佛法底人，亦不得龍門飯喫；總不恁麽人，亦不得龍門飯喫。且道什麽人得喫？」代云：「無慙娩底人。」又云：「似我者得喫。」

遊山次，問僧：「竹密不妨流水過如何？」代云：「不許夜行，投明須到。」問僧：「癩狗爲什麽無毛？」代云：「已被和尚道了也。」又云：「直得恁麽。」

因僧問病，師云：「我身在這裏，爲什麽心不在這裏？」代云：「身在這裏，你疑箇什麽？」又云：「洎合空過一生。」問：「亡僧遷化，向什麽處去？」代云：「你問我？」又云：「深領和尚一問。」

一日喫粥了，白衆云：「許多人喫粥也，無一人搆得。」便起去。

舉古德一日不赴堂，侍者白云：「請和尚赴堂。」德云：「我今日在莊裏喫油糍來也。」者云：「和尚不曾出入，爲什麽却道在莊裏喫油糍來？」德云：「你但去問取莊主。」者纔出，莊主歸：「謝和尚莊中喫油糍。」代云：「事實如此。」

聞鼯鼠聲，侍僧問：「古人道卽此物非他物，意旨如何？」師云：「這老漢不識好惡，與人説作什麽。」又云：「你尋常寮舍裏東語西話，還有吉凶麽？」問：「廣額屠兒手中屠刀，如何放下？」代云：「不須放也。」問：「面前是什麽？」代云：「無物。」問：「六祖不識字，爲什麽墜腰石上題云：龍朔二年老盧記？」代云：「更須子細。」問侍僧：「汝恁麽供養老僧，老僧將什麽報答你？」代云：「謝和尚報答。」

因看月，問侍僧：「那一半在什麽處去？」代以手指月。問：「大地衆生，如何度得去？」代云：「有箇度處。」僧云：「和尚如何度？」師云：「莫管他。」因僧亡，問衆云：「齋後燒你也，你如何？」代云：「事不徒然。」又云：「非但某甲。」又云：「深領此問。」師謂侍僧云：「我尋常向你説，却成罪過。」代云：「也知和尚小心。」

呂少馮再至褒禪見師。師尋常以六隻骰子示禪人，遂將三隻令侍者送與少馮，仍傳語云：「此是老僧平生用不盡底。」少馮接得，復令囘語云：「謝和尚見惠，祇得一半在。」師復令侍者傳語云：「一半留與老僧。」

師一日到寶公塔前，忽云：「雲光好法師，安角在頭上。既是雲光法師，爲什麽安角在頭上？」代云：「陋巷不騎金色馬，囘來却着破襴衫。」師在方丈坐，見僧上來，師云：「入室未到你次在。」代云：「恁麽，則某甲伏惟謹退。」

師因喫藥次，問僧云：「適來胸中似有一物，且道是何之物？」代云：「肺氣。」又云：「猶有者箇在。」又云：「者箇是什麼？」乃驟步而去。師謂僧云：「開鋪席了也，東買西賣。」僧云：「好茶。」師云：「賤貨自收。」師問僧：「你忽然死去時如何？」僧無語，師呵呵大笑。僧問：「如何是朕兆未生時事？」師云：「你何不早問。」

師一日謂僧云：「扶不起，設使一萬人也扶不起。」良久云：「祇有一人扶得起。」僧云：「未審是什麼人？」師云：「無力者。」師問僧：「燈籠什麼處得來？」代云：「驗在目前。」問僧：「忽遇虎狼刀劒時如何？」代云：「是虎狼刀劒。」問僧：「子已後如何？」代云：「一似今日。」問僧：「從緣得者，永無退失，者裏見得自己亦是生寃家，還會麼？」僧云：「自己亦不見時如何？」師云：「時教阿誰敍？」僧無語。師代云：「孟春猶寒。」

師舉僧問雪峯：「知有向上事，始有語話分時如何？」峯提起僧手云：「作麼生？」僧無語。代云：「引得者老和尚到恁麼田地。」

舉僧問法燈：「百尺竿頭如何進步？」燈云：「噁。」問僧：「下得什麼語？」代云：「平地神仙。」

舉藥山謂高沙彌云：「見說長安甚鬧。」高云：「我國宴然。」師問僧：「如何是我國？」代云：「四五百條花柳巷，二三千處管絃樓。」五祖老和尚常展手問人云：「因何喚作手？」代云：「瞞我太煞。」

示禪人心要

不應於無際空中立分限，若立無分限，是無際空，乃自負墮。所以解空者無空想。若人以語言名狀心，終不得心。不以語言名狀心，亦不得心。語言本是心名狀之，故不得也。無語言，本是心不名狀之，故不得也。種種會當，皆不與自心契。上祖曰：「默契而已。」爲若此道若未達，但無妄念爾。若人知是妄念，作意止之者，見有妄念故也。知有妄念，作意觀察，令見正理，亦見有妄念也。知妄元是道，乃無妄焉。故達道者無所得也，發意求道，道卽得之，但不別求。知無迷妄，謂之見道，近世皆曰無不是道。譬如飯籮邊坐説食，終不能飽，爲不親下口也。證者，絶能所也，非別有玄理在。尋常日用處，如見色時，是證時；聞聲時，是證時；飲水食粥是證時，一一絶能所。此非久習，不假薰煉。蓋現成之事，世人不識，名曰流浪，故云：唯證乃知，難可測。學道者明知有是事，何故不得旨而長疑？蓋信未極、疑未深也。唯深與極，若信與疑，真是事也。不解如此返照，遂迷亂，不知由緒，困躓中途。能自返省，更無第二人也。既曰此事，又豈更知耶？知是妄慮，此事則不失也。道不止説與示而後顯，蓋體自常露。説示者，方便道用尔。省悟者，亦暫時歧路也。或因説而證，或因示而入，或自覺觸以歸，終無異事別得，至心源而止也。人言悟了方修，此屬對治門。雖然禪門亦許以正知見治之，若論當人，卽不須若是也。佛道長遠，久受勤苦，乃可得成者。綿亘三世，凡聖一如，故曰「佛道長遠」。不起異見，未始遺棄，故曰「久受勤苦」。畢竟無別法，故曰「乃可得成」。此大丈夫事。人不識問，遂依來而答，不知乃自問尔，欲答誰耶！人不識答，遂依言起見，不知乃自答尔，何有旨趣耶！故曰：總是你好看好看。或人曰：從上古聖佛祖指示言教，流布世間，一一分明。何故？都是自己深負上古先聖苦口垂慈也。今對之曰：吾順佛祖宗趣，尔自負，吾不負也。若言有所説，卽是謗佛祖。曰：莫作最後斷佛種人，若不就己知歸，所作皆成造僞。縱記得河沙，會盡塵墨，於己何益？故曰：將聞持佛佛，何不自聞聞；外求有相佛，與汝不相似。尊宿云：我今對你一句子，亦不難。你若一言下薦去，猶較些子；若不會，老僧却成妄去。

夫今時學者，競以問答爲禪宗中關要，不知是取捨作想心。嗚呼！就理就事之學，蓋是近家語，縱有少領覽，未可休息。豈不聞説涅槃之道，圖度絶矣！直須解自點檢始得。人以迷心故進道，乃來山林中見知識，將謂别有一道，可令人安樂，不知返究向來迷處工夫最第一。若不及此，入山林而不返，徒尔爲也。迷處極易而難入，故先德曰難信難解。又曰此是頓宗，説道返照，向來已是走作語，況不尔耶？後世遂用此語，爲平常無事，一味實頭，此又後學之不明，服食之不審也。從上來有二種方便：有真實方便，所謂説無有間；有善巧方便，所謂妙應羣機。若從真實方便得入，不假思量，性自神解，永無有退，妙用河沙也。若從善巧方便得入，得坐披衣，向後自看始得，未足將爲究竟。此二種方便，皆一法也，不可須臾有失，學者思之。雪峯示人曰：「莫教老僧有一句子到你分上，若有一句子到你分上，堪作什麽也？」此是古人不得已而已。後者不了古人意，便謂自己分上無許多言談，所以錯會也。今時人多將目前鑒覺用爲極則，玄沙所以向人道：「深山逈絶無人處。」你道還有否？悟心見性，當如雪峯、玄沙；履實踐真，當如南泉、趙州。今時學者，但以古人方便爲禪道，不能與古人同參也。譬如有力人負一百二十斤檐過獨木橋，不傾不側，何物扶持得如此耶？其精緻無雜而已。爲道亦尔。經中稱：譬如師子，捉象亦全其力，捉兔亦全其力。人問全什麽力？曰不欺之力。若見一毛髮異於心者，則自喪身命。故達道人，無有不是者。此力甚大，但爲無邊惡覺侵蝕，致令力用有虧。若無如許多異法、異狀、異緣、異念，則隨心轉變，自在無礙。道不用苦求，求之卽道失；事不在苦融，融之卽事有。不求不融，道與事會也。則何事而非道耶？譬如目明之士，入寶聚中而不知方便，爲無火燭光明所照也。入矣即被觸擊，自損身首，謂是毒穴，非寶聚也。有智入中，持燈燭，光照見種種寶，任意採擇，得寶而出。十二時中，須用智光，勿令六塵自傷觸也。

昔日永首座與慈明同辭汾陽。而永未盡其妙相，從慈明二十年，終不脱灑。一夕圍爐深夜，慈明以火筯敲炭曰：「永首座，永首座。」永乃咄之曰：「野狐精。」慈明遂指永而謂曰：「訝！郎當又恁麼去也。」永由是方得究竟然，畢命相隨。凡慈明居常、差别、激問，衆不能酬對，唯永至，慈明即點頭許可。此所謂無病之藥，學者罕得其要，況後世知見會解之徒，何由領是事哉！得之當若永，發藥當若慈明，庶幾可也。閙中得静，則井邑成山林。煩惱卽菩提，衆生成正覺。此語初心學人例道得會得。作一種平等知見，及其放心，凡聖依前兩般。静躁殊用，明知是解會，須有安穩處始得，一味不可强會。近世多以問答爲禪家家風，不明古人事，一向逐末不反，可怪可怪！昔人因迷而問，故問處求證，入得一言半句，將爲事究明令徹去。不似如今人胡亂問，趁口答，取笑達者。十二時中學道，無頃刻棄捨，此人縱未得入，念念已是修行也。尋常説修行，不過三業六根清淨。禪門更不必如是。何故？禪定之門，念念與智波羅蜜平等，一切處自無過患也。久久心地通明之日，從前並得滿足，名一行三昧。今時人全無定力，復不開智眼，所有機緣語句，祇成静論生滅心行。夫禪學不是小小，未用超佛越祖，得了要超亦不難。

高郵孫承務作書問：「不落意想，不在有無，如何則可？」師答云：「若問如何，則不可；不問如何，亦不可。醉客豁醒，神珠自瑩，豈可預爲之計然後領耶？第一等靈利人尋討不着，此一念難得自見，見之即是，無别有歧路也。尋常例以前念爲是，以後念照之，前後追逐。以心用心，心則成境。率初已成心境了，展轉更不堪。如今後念不取，自無起滅處，當處解脱，念本不生，何更有有無？意想爲留礙，一念悟心成正覺，此之謂也。念念無生，念念無相，與虚空等。觸物遇緣，皆佛之妙用，無絲頭許對待。衣珠獨耀，十方世界事，目擊可了，不俟舉意然後知之。此蓋大丈夫事業，不可不成就。取欲要是，蓋有不是法爲礙；欲要得念，良由前後皆失念故也。晝夜不自在，要與道合，然無少許合處，愈急愈不合。病在取一捨一，不善用心，不得要術，茫然不知，日與道遠。若安坐寧神，不勞自辦。故達磨大師謂楊衒之曰：『亦不捨智而近愚，亦不抛迷而就悟。達大道兮過量，通佛心兮出度。不與凡聖同纏，超然名之曰祖。』不着棄一邊就一邊，當知明明顯著，明明作用，拄定會取。轉凡成聖，點鐵成金，要徑不可不如此究。祇恐人兩頭走，一既不成，二又不是，不識玄旨，徒勞念静。二乘斷煩惱得證，名爲偏修，不若應念化成無上知覺之速也。」

修道人若遇煩惱起時如何？古人云但以正知見治之。余則不然，祇以煩惱治之。如此看來，即不見有煩惱也。何故？煩惱不可更治煩惱，如火不更燒火，水更不濕水。體性一同，無可得露現。此了煩惱本空，不着除遣。若起智斷治捺伏，却成别用。心有對待，被他二境回换。縱得，亦迂曲有分限。須行徑直路爲上。古人云：「劫火曾將無氣吹，不勞功力當時萎。」此之謂也。

有時静坐，則心念馳散，或然臨事又全失却，都緣未得親證，落二落三，致有錯謬展轉之失。古人云：「動静不二，真妄不二。」維摩明一切法皆入不二門。若領此要，萬動自寂滅也。且如眼不至色，色不至眼；聲不至耳，耳不至聲。法法皆爾。元是自心功德藏，無可得取捨，契者何往不利！此正是那伽大定也。今生出來自肯學道者，蓋夙生曾種善根，素有根本，便解發心，亦解疑着。就己尋究，又煩惱障薄，有因有緣，此人易可化度。若未薰得此心，正信不生，縱聞之，亦不生疑，但如風過耳，勸之又生瞋加誹謗，此又何緣得顯露！所以千人萬人中，但一二人而已。若自解作活計，收拾得上，生生從此去，展轉明利，更不退失功德，一生勝一生，入他諸佛閫域，常與此事相應。人間天上，亦祇如此。設對五欲八風，一切境界與理符合。不行三塗道，一味平等正知見，復有何事。生死不可不畏，須了此一段死生情僞始得。安樂無過，身心爲累耳。身如桎梏，當知身去來處。心如猿猴，當知心起滅處。此二自何處去來起滅？則身心圓明，内外一如而已。且心爲内，身則爲外；身爲内，物爲外。國師曰：「身心一如，身外無餘。」則不見有生死當情，可謂解脱大道也。故能令人見聞不得不脱，意想不得不息，物境不得不融，復奚疑哉！

三自省察

一、是身壽命，如白駒過隙。何暇閑情，妄爲雜事。既隆釋種，須紹門風。諦審先宗，是何標格？

二、道業未辦，去聖時遥。善友師教，誠不可捨。自生勉勵，念報佛恩。惟己自知，大心莫退。

三、報緣虚幻，不可强爲。浮世幾何，隨家豐儉。苦樂逆順，道在其中。動静寒温，自媿自悔。

誡問話

近代問話，多招譏謗，蓋緣不知伸問、致疑、咨請之意。後生相承，多用祝贊順時語，並非宗乘中建立。如古人問：「若爲得出三界去？」又問：「聲色如何透得？」又問：「此間宗乘，和尚如何言論？」並是出衆，當場決擇。近時兄弟進十轉五轉没巴鼻語，或奉在座官員，或莊嚴修設檀信，俱不是衲僧家氣味。又抽身出衆，便道數句；或時云某甲則不恁麽道；又云和尚何不道。夫問話者激揚玄極也，不在多進語。三兩轉而已，貴得生人信，不至流蕩取笑俗子也。

佛眼禪師語録序

豫章徐俯撰

佛眼禪師之語，侍者道昕所録。上堂、小參、普説、垂示、垂代、心要、偈頌、頌古，凡八種，蓋數十萬言，其義則一也。所謂佛語心爲宗，無門爲法門也，單傳直指者也。今圓頂方袍者，孰非求此道！柄拂高座者，孰非傳此法！然謂之直焉而反迂，明焉而反昧。直而不迂，其禪師之言乎！明而不昧，其禪師之道乎！觀其反覆丁寧、輪誠苦口，斯亦勤矣。其意果何爲哉？學者可不刳心焉。夫禪師之説，寔無説無示也，是爲真説。聽者之聞也，實無聞無得，是爲真聞。真説緒言餘論之尚存，真聞至音希聲之常在。不作文字之解，不生紙筆之見者，觀之有暇矣。

師川此敍，足以標牓此録矣。老朽不可更重説偈言也。具擇法眼人，一一辨取。湖海呂勤云

佛眼禪師語録序

佛眼老師自得法東山，三坐道場。二十餘年行祖令於淮甸，四方衲子雲奔輻湊，不到龍岫謂之空回。而師端居方丈，惟以傳道爲任，的的示人，晨夕無倦。昇堂入室，當陽直指，全用大機。普説小參，方便開諭，巧除禪病。要使學者頓悟本心。大地山河，森羅萬象，曾非外物；十方諸佛，歷代祖師，祇是當人。心外無法，心亦無心，一道靈光，隨處出現，自然無法可取，無法可捨。不見一法爲無爲有、爲逆爲順。不見一法爲内爲外、爲去爲來。能所兩亡，千差獨露，從前惡覺情見、妄想塵勞，當體化爲微妙三昧。塵塵剎剎、情與無情，皆是自己真實本體之所建立。若到道裏穩密田地，便可縱横變化，任運施爲。於不二法中，現作無量差别境界。使人於千頭百面處，見得根本。毫髪不移，便迺不爲萬境回換，獨出獨入，透脱自由。如是神通，録中具載。言言皆正令，句句盡圓宗。雖然鏤板示人，切忌唤作言句。若人開卷洞見指歸，當知佛眼禪師至今不曾遷化。宣和七年八月上休日遂寧馮檝謹敍

宋故和州褒山佛眼禪師塔銘

宣教郎前管句西京嵩山崇福宫李彌遜述

江淮之南有大禪師，號曰佛眼。道行聞于朝，敕居和州之褒山。踰年以疾辭歸，隱蔣山之東堂，遠

近奔湊，執弟子禮以求法者，不知幾何人。名山大刹馳使延請者，方來而未已也。宣和二年冬至之前一日飯食訖，整衣趺坐，合掌加額，怡然而逝。其徒哀慕如亡津梁，如失舟檝，莫知攸濟。嗣法兄佛果大師克勤狀師之行，且謂彌遜曰：「師之於公，聞風而悦，一言而契。今其逝，公實見之。知師莫若公，是宜爲銘。」乃序而銘云。

師姓李氏，名清遠，蜀之臨邛人。捨家十四受具，嘗依毗尼師，究其説。因讀法華經，至「是法非思量分別之所能解」，持以問講師，莫能對。乃曰：「義學名相，非所以了生死大事。」遂捐舊習，南遊江淮間，徧歷禪席。聞舒州太平演道者爲世第一流宗師，徑造其室，恭事勤請，既久益堅。演深奇之，謂可以弘持法忍，壁立不少假，冀其深造。師七年未嘗妄發一語。一日有所契，洞徹超詣，機辯峻捷，莫當其鋒。自是釋子爭歸之，而師益静默自晦，不自爲得。隱居四面山大中庵，屬天下新崇寧萬壽寺，方擇人以處。舒守王公渙之迎師住持，師輒引去。會龍門虚席，遂補處焉。居十有二年，遷住褒禪。師三領名刹，所至莫不興起。其在龍門，道望尤振。四方學者皆曰：「吾必師龍門。」由是雲集，至居無所容。師不起于座，而化湫隘爲巨刹。壯者效筋力，智者授軌度，富者施貲財，初不靳也。師嚴正静重，澹泊寡言，笑動有矩則。至出語，和懌中節，人服膺之。其爲教，則簡易深密，絶蹊徑，離文字，不滯於空，無汗漫之説。不以見聞、言語、辯博爲事，使人洞真源履實際。非大有所契證，不妄許可。平居以道自任，不從事於務。嘗曰：「長老但端居方丈傳道而已。」與士大夫游，不爲勢利屈。苟道合，則欣然造之；不尔，雖過門或不得見。公卿大人高之，樞密鄧公洵武，聞其風，奏錫紫衣師名。司諫陳公瓘見所傳法語，歎曰：「諸佛心宗，衆生性海。遠公涵泳深矣，皆未識師也，況其親炙者乎！」與佛果、佛鑑同門莫逆，道價相尚，世稱東山二勤一遠云。嘗宗百門義，著圓融禮文，又摭楞嚴法華，著普門禮字，並行于世。其參學得法者，無慮數十人。士珪善悟爲之首，而宿松無着道人李法慧頗臻其奥。師壽五十有四，僧臘四十。將逝，謂其徒曰：「諸方老宿必留偈辭世，世可辭耶，且將安往。」逮終無一言。初在龍門作靈光臺，以會葬苾芻之火化者。且自爲志曰：「余他日亦藏于此。」後門人函骨以歸龍門，龍門之人悲且喜，奉之如生。以宣和三年正月壬寅塔成。銘曰：

大智唯心，無南北祖。一離其源，遂開牖户。守玄尚同，執解隨趣。岐行泒流，既倒莫遡。洪融混合，演得其醇。師則嗣之，道益以尊。如收全潮，衆波莫分。如舉大地，萬有以陳。用晦而明，厥問四馳。覺迷解繆，遠邇是依。用捨孰測，動言有規。嚴以治己，夷以示機。端居叢林，唯道是則，化行事修，不識静默。大興龍門，蟲壞以飾。洞明真源，深履實際。圓融普門，並照兼利。最後説法，不立一偈。嗚呼師乎，孰識其歸。淵澄月現，舟行岸移。於一舉手，示大慈悲。元珠在前，罔象莫窺。後學誰師，靈光之碑。

福州鼓山白雲峯湧泉禪院住持嗣法士珪重勘

古尊宿語録卷第三十五

大隨開山（法真）神照禪師語録

西蜀臨卭〔一〕沙門元德重編

上堂，云：「你不見道『一塵含法界』？所以道，有一智人，破塵出經卷，量等三千大千世界。你欲破不破？我今舉起，大家求此事。三千世界收在一微塵，四大海水歸一滴，須彌納芥子中。若求自己，祇在一毫毛。你若一毫毛處見得三千大千，總成經卷。祇是自己動這箇境界不得，所以真境不現，説什麽纖毫覺處！總是偎刀避箭，懼境藏形。你喚這箇作什麽？兄弟，如石壓草相似，或然拈却石，依舊習氣。祇在須是隨處了却始得，與境爲主，免塵境使喚始得。大難大難！千難萬難！祇是殼解，他後銜鐵負鞍，阿誰苦？纔有些子覺觸處，便擬望與人爲師，大錯！須説凡了却凡，須説聖了却聖。舉一例諸，無非恁麽，不易，不易！珍重，珍重！」下座。

問：「如何是大隨一面事？」師云：「無東西南北。」問：「如何是生死中事？」師云：「水上浮漚，内外不見。」問：「如何是中理一句？」師云：「表裏不從。」進云：「師決志事如何？」師云：「言下知音。」問：「如何是

〔一〕原本無「臨卭」，據語要補。

道用心處？」師云：「莫自謾。」問：「陀那微細識，到此如何分？」師云：「你眼祇解觀色，還解聽聲否？」問：「萬法歸一，一歸何處？」師云：「萬法元不歸。」問：「六國未寧時如何？」師云：「臣灰功。」進云：「直得君臣道合時如何？」師云：「不見有君臣。」問：「如何是自在？」師云：「不自在。」進云：「不自在時如何？」師云：「却自在。」問：「中雪瑤堦時如何？」師云：「不厭世境。」問：「曹溪一路事如何？」師云：「老僧道如不淨坑。」進云：「何以如此？」師云：「佛祖兩路，了不相干。」問：「久處寒巖，何以日不照？」師云：「不照寒巖，寒巖終不出來就你日光。」問：「離光影如何是師性？」師云：「和光吐出。」進云：「莫鬼語。」師便打。問：「如何是最初一句？」師云：「是末是本？」問：「如何是大隨境？」師云：「不似學人。」進云：「何故不道？」師云：「不然。」問：「如何是最初處？」師云：「莫妄想。」問：「隱隱不停波時如何？」師云：「敬禮常住三寶。」進云：「息浪停波，爲什麼沙石轉多？」師云：「爲你斷伊。」問：「學人祇如浮雲，以鏡捉光，何處安排？」師云：「與雲爲主。」問：「寸草未生時如何？」師云：「老僧無米喫，終不下大隨山。」問：「祖意教意是同是別？」師云：「不究始，不顧末。」問：「路逢古佛時如何？」師云：「你或逢駝驢象馬，喚作什麽？」師云：「夫上代諸德莫非求實，不自瞞昧。豈比飛蛾投火，自傷自壞！他明白了，被生死輪廻拘障不得，所以識不能識、智不能知。不聞道釋迦掩室，淨名杜口；須菩提無説而説，釋梵絶聽而聽！此事大難大難！珍重！」

上堂，問：「萬法從心起，未審心從何起？」師云：「石牛沿江走，水底火燒天。」問：「如何是大隨山？」師云：「耳不聞，眼不見。」進云：「如何是山中人？」師云：「千人衆裏萬人衆裏，不向一人不背一人。」問：

「掘一丈，見一丈空；將一丈土填一丈空。未審空歸何處？」師云：「莫將這箇道理爲佛法。出去，出去！」問：「佛法遍一切處，未審教學人什麼處駐足？」師云：「大海從魚躍，長空任鳥飛。」問：「撲碎驪龍珠，請師明活寶。」師云：「明活寶且置，作麼生是你撲碎底珠？」僧無語。問：「法報化三身佛亦非説，如何是本來身？」師云：「海底如意珠，始終無不應。」問：「如何是大人相？」師云：「肚上不帖榜。」師問僧：「向什麼處去？」僧云：「西山住庵去。」「我向東山喚汝，汝便來得麼？」僧云：「不然。」師云：「汝住庵未得。」問：「生死到來時如何？」師云：「遇茶喫茶，遇飯喫飯。」進云：「誰受供養？」師云：「合取鉢盂。」

師庵側有一龜。僧問：「一切衆生皮裹骨，這箇衆生爲什麼骨裹皮？」師遂拈草履向龜邊著，復云：「會麼？」僧無語。問：「如何是諸佛法要？」師舉拂子云：「會麼？」僧云：「不會。」師云：「塵尾拂子。」問：「如何是學人自己？」師云：「是我自己。」進云：「爲什麼却是和尚自己？」師云：「是你自己。」問：「如何是無縫塔？」師云：「高尺五。」進云：「某不會。」師云：「鶻崙塼。」問：「如何是一切智空？」師云：「心空卽是。」進云：「更有來時作麼生？」師云：「不是空。」進云：「還稱向上事也無？」師云：「不限。」問：「和尚百年後付法與何人？」師云：「露柱火爐。」進云：「還受也無？」師云：「火爐露柱。」

有一行者領衆到師處，師問云：「參得底人喚東作什麼？」對云：「不可喚作東。」師咄云：「臭驢漢又喚作什麼？」行者無語，衆皆散。問：「但有一法，耳不聞，眼不見，皆是光影，如何是光影中人？」師咄云：「莫無禮，莫無禮！」問：「理不言詮時如何？」師云：「言詮卽理。」問：「如何是和尚家風？」師云：「赤土畫簸箕。」進云：「未審此理如何？」師云：「簸箕有唇，米跳不出。」

師問座主：「講什麽教？」主云：「百法論。」師拈拄杖云：「從何而起？」主云：「從緣而起。」師云：「苦哉，苦哉！」師問僧：「什麽處去？」僧云：「禮普賢去。」師舉拂子云：「文殊普賢總在這裏。」僧作圓相拋向背後，却展兩手。師叫侍者云：「取一帖茶與這僧去。」問：「遠聞大隨水，到來祇見箇漚麻池。」師云：「汝祇見漚麻池，阿裏見大隨水！」進云：「如何是大隨水？」師云：「苦澀難下觜。」進云：「還喫得否？」師云：「喫著便死。」

師因燒山次，見一虵，以杖挑向火中，咄云：「這箇形骸猶自不放捨，你向這裏死，如暗得燈。」遂有僧問：「正當恁麽時，還有罪也無？」師云：「石虎叫時山谷響，木人吼處鐵牛驚。」

僧因馳書辭師，問曰：「學人此去，未審師將何言到彼中？」師云：「好爲通達。」再問：「臨岐參晚，請師垂示。」師云：「無事早歸。」僧從五臺山來，師問云：「五臺山何似大隨山？」僧問云：「如何是大隨山？」師云：「老僧耳背，高聲問來！」僧高聲問：「如何是大隨山？」師云：「若千山與萬山。」問：「魚遊陸地時如何？」師云：「拗不曲處，是闍黎所貴。」進云：「却下碧潭時如何？」師云：「立足事難明。」

師勘僧云：「從什麽處來？」僧云：「從蜀中來。」師云：「未入蜀時在什麽處盤泊？」僧云：「無處所。」師云：「莫是處所有過耶？」僧云：「若有處所，鈍置人眼。」師云：「天堂地獄有一坐具分，似落坑皷相似，不鼓而自鳴，堪作什麽？」問：「生死到來時，還免得否？」師云：「飢時喫飯，寒則著衣。」

上堂云：「夫沙門釋子，見有如無始得。向一切時中與凡聖等，與解脱等，方有少許出處。若不如此，大難大難！珍重！」

上堂，問：「大地及日月，時至皆歸盡，未曾有一事，不被無常呑。還有呑不得者也無？」師云：「汝喚什麼作無常？」進云：「不究竟爲無常。」師云：「無常却究竟，自是汝不究竟。」其僧不肯，師便打。

師勘居士云：「此身是什麼服制？」士云：「父母俱亡。」師云：「喫茶去。」居士應諾出去。師喚回，咄云：「你對老僧謾語。父母祇在，你莫説學無上道。自己父母尚乃不知。出去，出去！」問：「如何是玄旨？」師云：「直須玄去。」進云：「如何是玄中玄？」師云：「不返去。」問：「古人立雪斷臂，爲求何法？」師云：「古人不斷臂。」進云：「古人斷臂，因什麼道却不斷臂？」師云：「自是向雪堆裏樂。」問：「金雞未啼時如何？」師云：「失却威音王。」進云：「正當啼時如何？」師乃笑。問：「柴裏蟲柴裏死，水裏蟲合作麼生？」師云：「一切尋常。」問：「金鴈附書，爲什麼不露翼？」師云：「不通虚信。」問：「道場獻寶，誰人能辨？」師云：「虚空能辨。」師忽示微疾不見客時，有僧隔簾問：「咫尺之間爲什麼不相覩？」師云：「如今相覩，何不問來？」僧便問：「如何是相覩底事？」師云：「老僧不安，有什麼心情對你！」

上堂云：「閑卽遊天，寂卽歸地。」問：「上無片瓦，下無卓錐時如何？」師云：「汝卽今在什麼處居止？」問：「無常迅速，不與人期，忽若到來時如何？」師云：「速問，速問！」進云：「便問。」師云：「太不道速生。」問：「啐啄同時，如何瞻覩？」師云：「是動是静？」問：「出殼時如何？」師云：「是末是本？」又云：「見麼？」問：「普雨爲什麼不潤？」師云：「普雨。」問：「滴水成冰，古人爲什麼不許？」師云：「古人卽如此，若是老僧道，向虚空裏挂破琉璃鉢。」問：「既是師子，爲什麼被文殊騎？」師云：「調伏自在。」問：「孤巖無紋繡，特達事如何？」師云：「孤巖有紋繡，特達事顯現。」問：「處水之魚，爲什麽渴死？」師云：「祇爲魚不親下口。」問：「父子至親，岐路各别時如何？」師云：「爲有父子。」

俗士施師鉢盂，問：「未施鉢時，師用什麽？」師云：「使最末後者。」一僧欲下山爲衆化緣，辭師。師云：「汝若道得一句，卽放汝去；若未然，且歸堂休歇，辦取自己事去。」師問：「盡十方空界，是王老師檀越，未審化什麽人去？」僧云：「但請和尚疏頭來，便與師道。」師云：「汝且辦自己事去。」問：「毁佛謗僧時如何？」師云：「僧有何過，佛辜負你箇什麽，你毁謗他？」僧無語。

上堂云：「今時沙門向因中辨果；果裏辨因始得。」僧便問：「有一人不屬因果時如何？」師近前捉定云：「我今時沙門向因中辨果，果裏辨因。汝云一人不屬因果，别道，别道！」僧無語。師便打出。

上堂，僧問：「過去未來卽不問，如何是現在？」師云：「虛空還著得礰硏石麽？」問：「來時無阻隔，去時無滯礙，正當恁麽，乞師一句。」師云：「虛空無邊際，大海平如掌，般若性等等。」

上堂，普告大衆云：「汝等還知有三處不立，質礙有緣；二際無分，豈知來去；三身四智，非聖不無；八解六通，非凡不有；雖則衆生盡有佛性，不可將蠢蠢而對佛耶？然則高下無偏，爭柰途中有異。此身難得，胎卵易成。況是釋子之徒，又乃祖宗苗裔，三衣覆體，曩劫修來，四事供須，非從今日。人前行相，總似高僧。乃至語言不如俗子，稱名便是傳法沙門。子細尋思，還傳箇什麽？一向毁他經教，有目如盲，純乃謗於祖宗。有心也祇如木石，不解忖己德行。終日恣縱無明，以無慚愧之心，兀兀何曾覺悟！此身若失，永劫沉淪，非但却復人身，有福底畜生也難得。」

問：「孤峯頂上玩月輪時如何？」師云：「何不了却孤峰事，玩他月輪作什麽？」進云：「豈無内外明徹事耶？」師云：「内外明徹事作麽生？」進云：「無有不照。」師呵曰：「這鈍驢也擬學馬走。」僧無語。師復云：「問你諸方雲水闍黎，莫道老僧這裏有佛法與你諸人説。向諸方行脚，參尋知識，説箇什麽？汝又領箇什麽？莫道禮三拜後，便起近前問。若也言下便契時，猶未是了底人。莫向口頭取俊他時。人天眼目者，非是一生兩生修來，盡是恒沙刧功成果滿，始得如是。所以向你叢林裏示現下來，祇圖你今時人勤苦修行，祇恐你出家人失却人身。莫等閒過日，老僧這裏有什麽佛法與你諸人説？自是你諸人上得山來云，我修行學道，是佛向上人。且問你，佛向下人作什麽模樣？不可老僧這裏有佛向上人、有佛向下人來向諸人説邪。你若不言，我不可知你肚皮裏事也。你或若問老僧也，則隨汝根機與汝説，不可教老僧亂道得麽。祇如老僧行脚時，不揀叢林有供養無供養處，祇要看他眼目稍似，根性有些些器量，方欲過一夏或一冬。若是根性鄙劣者，三朝兩日便行。筭來參六十餘員大知識，有大眼目者，那無一二？餘者豈有真實知見！祇是圖你諸人供養，欲望福報。你又有什麽福報與伊？不可出家來，空趁聚頭喫飯耶。雖然如是，四大之身誰免得？直饒心超聖境，身是凡夫。又乃假借增修，今時人便去向裏許，埋没却人身。諸人莫謾，向口頭裏無礙，却成謗佛毁法。見須實見，聞須實聞始得。假饒説似斬釘截鐵，直須時中不瞞自己始得。一車芥子猶未點著在，來時便道我是不思議底人，縱然除得身邊麄重，猶餘微細不知。麄重尚乃不知，豈可説於解脱之法、細中之細！佛尚不知，微愚凡夫豈能測得！但是世間有者，並從顛倒所生。欲得解脱塵勞，無過心中自省。摩訶般若是解脱法身。子細尋思，復是誰有誰無？老僧也不是辟凡詐聖，祇是習氣不除，上合諸佛心印，中合一切人天，下合蠢動含靈。師僧家披如來法服，須求出離。時不待人，光陰頃刻。珍重，珍重！」

上堂，僧問：「真如法界以三昧爲香花，廓周沙界亦同一家。龍門爲什麽無宿客，瀼水爲什麽足蝦蟇？」師云：「真如法界不以三昧爲香花，廓周沙界亦無家。目前問者，豈不是智淵座主耶？」主云：「是。」師云：「祇這便是瀼水足蝦蟇。」師復云：「抛却從前活計，認本源生涯。」主無語。師云：「經有經師，論有論師，律有律師，你十二時中合談何事？還因箇什麽做得模樣？不可三箇作隊，五箇成羣，趁衣劫食邪。到處不免撓他施主坐卧，心頭難勝於檀越。直饒你踍跳向虚空裏行，也是國王管界。不可將持齋奉戒，隨時轉一卷經，用答四恩三有也。又爭報答得？自是諸人時中事，修行到辟支佛地，方能消得人天供養。博地凡夫，祇是異俗之形。喫了不知慚愧，空自趁説己是他非，出言欲斷人命根，吐氣便作毒虵之行。説著自己三界無過，毁挫他人，祇如蟲蟻。若是古佛有此標榜，如今欲微敓些些。從上已來，或無此則，因何所起？如此容縱，豈言清德？若也不達本源，未免滴瀝還他，改皮換骨，泥犂苦海，誰人替得？諸人大須竭力，不得因循過日。學禪學道則不無，你諸人且道禪有可參，道有可學否？若言有學者，無有是處。若言無學者，亦無有是處。不可顯然去也。因地還從此去，直須打底分明，了却生死根本，縱饒異類中受生，也終不昧己靈始得。四大合成，祇是汝之窟宅。這邊脱去那邊早生，那邊脱來，這裏早別作箇模樣。汝不思量，看阿那箇是汝本來之身，須向彼中究取，莫謾走南州北州，終無了日。光陰迅速，珍重，珍重！」

上堂，云：「此性本來清淨，具足萬德。但以隨染淨二緣，而有差别。故諸聖悟之，一向淨用而成覺道。凡夫迷之，一向染用没溺輪廻。其體不二，故般若云：『無二無二分，無别無斷故。』」時僧遂問：「劫火洞然，大千俱壞，未審此箇性壞不壞？」師云：「壞。」進云：「恁麽則隨他去也。」師云：「隨他隨他去也。」僧無語。時會中三百餘僧盡皆不肯，皆云：「從上已來，祇説不壞之性，和尚何故却云壞邪？」衆各惶然。時有一僧上堂頭白師云：「適來僧問和尚話，和尚答他，其僧似不肯和尚答底語。」師云：「只有此一僧不肯，爲如更有人不肯邪？」僧云：「只是一僧。」師云：「直得三千大千世界人總不肯，老僧猶較些些子，非但這一僧。」

其僧後至投子和尚處，投子云：「闍黎近離甚處？」僧云：「遠離西川大隨。」投子問云：「彼中還有尊宿也無？」僧云：「有一禪師住大隨山，現有三百餘衆。」子云：「有何言句接人，試與老僧舉看。」僧云：「某甲昨問大隨，劫火洞然，大千俱壞，未審此箇壞不壞？」子云：「大隨如何答？」僧云：「大隨答道壞。」僧云：「某更問恁麽則隨他去也？大隨又答道隨他隨他去也。」子云：「汝作麽生會大隨語？」僧云：「某甲不肯此語。」子云：「闍黎早錯了也。大隨恁麽道隨他隨他去，汝又如何？」僧云：「至今未決。」子遂呼侍者，令裝香大展坐具，望西川大隨山，遥禮三拜已。嘆曰：「不是大隨和尚，伊是箇古佛，此乃真善知識，汝速往彼懺悔參取。老僧無如是法與汝説，速去，速去！」於是僧便回，大隨和尚已歸寂。復回投子，投子和尚亦乃歸寂。

蜀主賜師紫衣師號，并遣内侍朱延溥侍奉師，師不受。師復云：「山僧偶住，未經多時，限巖傍水，養道存真。何人虛譽，致令王者如斯異恩？謝使遠來勞煩，却送還王。老僧祇可布衣遮體，不須名服向身。王恩雖重，老朽何堪？」於是天使遂回奏，凡三次送來，不受。師又云：「老僧不爲名利來此，須要得箇人，不可青山白雲中趁你是非。將來之世捨一報身後，草也無喫。多少金毛師子問著，便作驢鳴馬喊。諸仁者，似老僧行脚時，到於諸方，多是一千，少是七百五百衆。或在其中經冬過夏，未省時中空過。向溈山會裏做飯七年，於洞山會中做柴頭三年。重處卽便先去，祇是了得自己，干他人什麼事！如諸佛菩薩盡是勤苦，不計劫數，捨金輪王寶位及頭目髓腦所愛之物、國城妻子不可筭數，所以始得名爲佛。似諸闍黎，還曾捨得箇什麼，作得箇什麼勤苦，便道我會出世間法？世間法尚不會，些些子境界現前，便自張眉怒目，消容不得，說什麼解脱法！長連牀上坐，不摇十指，喫他信施了，合眼合口，便道我修行修道，感果如是，合消得，祇是謾自己。如百丈和尚置于堂宇，祇要辦事底人。諸闍黎還辦得箇什麼事？其中有不動身手，日消得萬兩黄金，若是消得者，豈可如此見解？不可從母腹中來如是邪，但會得世間法，是則名爲出世間法。世間法尚乃不會，豈況佛法！祇如一大藏教，盡是金口所宣，如來祕密，汝口裏念將來，總成魔語，豈得了！爲什麼不了？若了時，達磨不從西來也。祇如達磨未來此土時，還有佛法也無？又爭得道無？譬如人有一寶，墜在淤泥中，勤苦累劫尋求不得。或有一人善知寶所，直從泥中指出此寶，以示失寶之人。失寶之人一見便識是我本物，了無得失。達磨西來，亦復如是，不可祇是老僧是善知識邪，遍地衆生總是善知識。祇是見覺未明，不可道伊無也。若言有時，諸人肯禮蠢蠢之徒作佛麽？譬如明珠墮在泥中，未遇其人，豈有出期！有此衆生，比如無情還同頑物，既在三衣之下，直須親近知識，早是幾生修來，始得如此。不可却入輪迴六趣去也。若是得自在底人，論箇什麽鑊湯爐炭，刀山劍樹，四生六道？於中如喫美食。若未得如是，便實受此報，一失人身。載求欲似如今者，萬中無一。莫未得謂得，未證謂證，未聞謂聞，自謾自誑，失却光陰，虚延日月。展轉祇是無明檐重，乍可爲俗，隨所任運，遣過時日，却乃無業。如今作沙門，每日有業。有什麽業？踏底是國王地，著底是檀信衣，食底是檀信食，骨肉是父母之體，若也不了，將何酬答？所以言有業，祇如老僧，不可是了底人，捨此一報身，隨業而行，誰言定得？唯〔一〕佛與佛乃能知之。」時有僧問：「不假言句，如何得知？」師云：「假言句尚乃不知。」僧無語，禮拜。

師忽一日上堂，衆集定，師乃作患風勢，告衆曰：「還有人醫得老僧口麽？」衆僧競送藥。俗士聞之，亦多送藥，師並不受。經七日後，師自摑口令正。復云：「如許多時鼓這兩片皮，至今無人醫得老僧口。」於是齋前陞座辭衆，儼然端坐告終。

大隨開山神照禪師語録序

開封郭凝述

元德上人，自蜀挈大隨老録，欲罄囊資，鏤板於杭，廣其説于天下。余曰：自老盧衣止不傳，逮數百

〔一〕「唯」，語要作「除」。

年枝分派別，披法衣據座唱道者，不啻萬數。大抵穿鑿破裂，隨言取義，析文生解。求其直截根源，如古尊宿者，固未易得。今欲闢其邪，而示之正，使知所趨嚮，不亦難哉！然世必有一覩斯録，然契而獨得者，庶乎佛日重輝，慧命不絶，於是乎書。時崇寧四年閏二月十五日也。

大隨開山神照禪師行狀

師諱法真，貌古有威，眉垂覆睫。嘗聞老宿輩，皆稱爲定光佛示蹟。於劍南梓州鹽亭縣王氏家生。族本簪纓，妙齡夙悟，決志尋師於慧義寺，今護聖寺竹林院是也。師圓具後，遂遊南方。初見藥山道吾雲巖先洞，次至嶺外大潙和尚會下，數載食不至充，卧不求暖，清苦鍊行，履操不羣。大潙一見，乃深器之。一日大潙問曰：「闍黎在老僧此中不曾問一轉話。」師云：「教某甲向什麽處下口？」潙云：「何不道如何是佛？」師便作手勢掩潙口。潙嘆曰：「子真得其髓。」從此名傳嶺外，聲振寰中。爾後聿旋西蜀，寄錫於天彭堋口山龍懷寺，路傍煎茶，普施三年。忽一日往後山見一古院，號大隨山，羣峰矗秀，澗水清泠，中有一樹，圍四丈餘，根蟠迥石，勢聳雲霄，南開一門，裏面虚通，不假斤斧，自然一庵。師乃居之。比夫迦葉三峰、維摩丈室，不遠矣。時人皆目之爲木禪庵。師居十有餘年，影不出山，迹不出俗，道德彌著，聲聞遐彰。知者四方，不遠千里，櫛足函丈，朝參暮請，虚往實歸。時蜀王崇重師名，凡三詔不從。王慕師孤風，無由一見，遂於光天元年十月十五日，遣内侍賫紫衣、師號、寺額等賜師，師不受。凡三度送至，師確意却之。王愈欽師德，再遣使出敕，云：「寡人心願，此回禪師如准前不受，乃卿之罪也，回必誅卿。」天使奉聖旨，再往師處，師亦不受。天使懃懇拜禮，告云：「禪師此回若更不受君命，某必受戮，願師慈悲，免某禍患。」師不獲已受之。師既受已，使復告師，求回表謝恩。師云：「老僧自住山來，無紙墨，汝隨我口傳語大王：『須善保，治家治國，事無偏傾。』領取傳言，無令忘失，欲求相見是何年月。」使依師言，回闕奏王。王深悅，再令天使詣山中，長生侍奉師。師亦不受，復云：「老僧不爲名利，須得箇人作什麼。」天使忙然。師且權留之。師於乾德元年己卯七月十五日，齋前辭衆，端坐而化。俗壽八十六，僧臘六十六。時王聞之，哀慕師心，不勝慘怛。急宣中書令王宗壽，賷香燭備具等到山致祭，敕葬歸塔。神異頗多，不可具述。

祭文

維乾德元年歲次己卯十月乙未朔十五日己酉，弟子扶天佐命，忠烈功臣，開府儀同三司、檢校太尉、太子太傅，兼中書令，食邑五千户嘉王宗壽，謹以香燭茶果之奠，致祭于故神照禪師之靈。惟靈大教著龜，釋宗水鑑，傳心印以悟道，握智珠以談空。三乘洞曉其真如，四衆頗虔於精妙。自攜瓶錫來駐靈山，斥〔一〕鷲嶺之高僧，超人天之勝果。雲臻士庶，渴法如仰於醍醐；雨驟緇黄，得旨似沾於甘露。方

〔一〕「斥」，語要作「�」。

化緣而大布，何香火而或虧。蓋以諸行無常，是生滅法，爰歸真寂，永斷沉淪。弟子宗壽幸以孱庸，久欽德宇，克慕出塵之益，將隆離垢之能。豈料法舟俄登彼岸，今則遷神已卜歸塔。行期恨無縮地之能，併寫終天之訣，敢陳蘋藻，式表追攀。靈鑑澄明，伏惟尚饗。

古尊宿語録卷第三十六

投子(大同)和尚語録

師示衆云:「你諸人來者裏覓言覓語,新鮮句簇花四六,徒口裏有可道。我老兒氣力稍劣,口觜遲鈍,亦無閑言語與你。你若問我,我便隨你問答。也無玄妙可及你,亦不教你垜根。終不向上向下,有佛有法,有凡有聖。亦不存坐繫縛你諸人。變現千般,總是你諸人生解,自擔帶,將來自作自受。我者裏無物到你,也無表無裏説似你諸人。有疑更問。」

僧問:「表裏不收時如何?」師云:「你擬向者裏垜根。」問:「大藏教中,還有奇特事也無?」師云:「演出大藏教。」問:「如何是佛向上人?」師云:「現佛身。」問:「如何是無情説法?」師云:「啞。」問:「如何是眼未開時事?」師云:「目淨脩廣如青蓮。」問:「一切諸佛阿耨菩提,皆從此經出,未審此經從何而出?」師云:「已有名字,你當奉持。」問:「如何是諸佛出身處?」師云:「惡人。」問:「枯木裏還有龍吟也無?」師云:「我道你髑髏裏有師子吼。」僧問:「如何是密密不傳?」師云:「你與麽問,有什麽益?」問:「如何是不點汙?」師云:「啞。」

師示衆云:「上祖周行七步,目視四方,一手指天,一手指地云:『天上天下,唯我獨尊。』如今諸方道向上更有事在。若言道有道無，即是走作諸人，未有了期。若道有言有句，即同夢幻。無如許多名目，爲你問故，所以有言；你若不問，教老漢向什麽處道？若有一法與你，即是誑謼你。所以古人圓滿十方，無一法可是可非。有事請道。」

問：「請師説法。」師云：「教我説箇什麽？」問：「一刹那頃，珠在什麽處？」師云：「啞。」問：「金鏁未開時如何？」師云：「開也。」問：「如何是露地白牛？」師云：「吒，吒。」學云：「飲噉何物？」師云：「喫，喫。」問：「國師三喚侍者，意旨如何？」師云：「賺殺人。」問：「一法普潤一切羣生，如何是一法？」師云：「雨下也。」

問：「和尚講什麽經？」師云：「槌鐘著。」問：「如何是佛語？」師云：「對衆生説。」問：「如何是佛法？」師云：「佛法。」問：「如何是法中法？」師云：「法中法。」問：「如何是祖師西來意？」師云：「莫諱。」問：「還鄉曲子什麽人唱得？」師撫掌。問：「一塵含法界時如何？」師云：「早是數塵也。」問：「如何是無相佛？」師云：「錯著名字。」問：「纔問便知時如何？」師云：「遲也。」問：「如何是沙門立足處？」師云：「若有立足處，不名沙門。」學云：「如何是沙門？」師云：「沙門，沙門。」問：「切急相投，乞師指示。」師云：「緩緩問來。」

師示衆云：「你與麽問了也大好，莫閒處脱，不得相稱。無量劫來，閒處著急，向自己處却閒，所以難得相稱。蓋緣日夕一切處路熟，恰到自己緊急處便懈怠去，便不欲得去，所以辛苦。過在阿誰？切莫因循，各自辦事。作麽生辦？向一切處辦。今後不得取次過日，莫待臨脱衣裳時忙不及也。事多之際，各自取静，莫説閑話去。」

問：「三身如何分？」師云：「一二三。」問：「請師一句塞斷衆人口。」師放下拂子。問：「如何是量外事？」師云：「無你下口處。」學云：「者裏事如何？」師云：「不喚量外事。」問：「如何是投子實頭爲人處？」師拽學人向前，却推向後。問：「金鷄未鳴時如何？」師云：「無者音響。」學云：「鳴後如何？」師云：「各自知時。」問：「如何是大庾嶺頭提不起底？」師提起衲衣。學云：「不問者箇。」師云：「看你提不起。」問：「和尚如何接人？」師云：「你也近前。」問：「最省心力處，請師一言。」師召學人名。學云：「與麽則千生萬劫不忘和尚也。」師云：「費力。」問：「祖祖相傳，未審傳箇什麽？」師云：「老僧不解妄語。」問：「學人擬欲修行時如何？」師云：「虚空不曾爛壞。」問：「如何是投子一源水？」師云：「一滴也無。」學云：「飲者如何？」師云：「絶飢渴。」問：「如何是語中骨？」師云：「無可露。」學云：「無可露是骨是語？」師云：「據你者一問，毛也摸不著在。」問：「不逐境緣，請師一句。」師云：「好問。」

師指庵前一片石謂雪峰云：「三世諸佛總在裏許。」雪峰云：「須知有不在裏許者。」師云：「不快漆桶。」師與雪峰遊龍眠，路有兩條，峰問云：「那箇是龍眠路？」師以杖子指之。峰云：「東去西去？」師云：「不快漆桶。」雪峰一日哭入庵，師便起身立，峰佇思，被師推出。問：「一槌便成時如何？」師云：「不是性躁漢。」學云：「不假一槌時如何？」師云：「漆桶。」雪峰又問：「此間還有人參也無？」師將钁頭抛向面前。峰云：「恁麽則當處掘去也。」師云：「不快漆桶。」峰辭，師送出門，召曰：「道者！」峰回首應。師曰：「途中善爲。」〔一〕

趙州和尚出桐城，路見師，乃問云：「莫是投子庵主麽？」師云：「茶鹽錢布施我。」趙州先歸庵内坐，

〔一〕「峰辭……途中善爲。」語要作「雪峰一日辭師，師送出門，召曰：『某專甲！』峰回首應諾。師云：『途中好善爲。』」

師後攜一瓶油歸。趙州云：「久嚮投子，到來只見箇賣油翁。」師云：「汝只識賣油翁，不識投子。」趙州云：「如何是投子？」師拈起油瓶云：「油，油。」問：「出門不見佛時如何？」師云：「佛咻。」

奚山刈草次，師送一盞茶與奚山云：「森羅萬象盡在裏許。」奚山接得茶潑却，云：「森羅萬象在什麽處？」師云：「可惜一盞茶。」〔一〕問：「大作業底人來，師如何接？」師云：「你有什麽蓋覆處？」學云：「正與麽時合作麽生？」師云：「不合一切，不共一切。」問：「如何是露刃劒？」師云：「殺一切人，活一切人。」學云：「忽遇師來，又作麽生？」師云：「鈍屢生。」問：「如何是入室則爺娘？」師云：「無所生。」問：「如何是徑截一路？」師云：「無迂曲。」〔二〕問：「知有道不得時如何？」師云：「每日向你道。」學云：「如何道？」師云：「拈却口著。」問：「如何是祖佛未經歷處？」師云：「名邈不得。」學云：「正與麽時如何？」師云：「不是祖佛經歷處。」問：「的的不明時如何？」師云：「明也。」問：「盡乾坤是箇什麽人？」師云：「不持名字。」學云：「不持名字，如何體會？」師云：「體會卽鬧。」問：「如何是末後一句？」師云：「最初明不得。」問：「如何是寂住實頭事？」師云：「牽不向前，推不向後。」問：「十二時中如何行履？」師云：「一念萬年。」學云：「瞥起時如何？」師云：「覺卽失。」問：「只者箇什麽劫中有？」師云：「不隨時。」學云：「誰是不隨時者？」師云：「汝與麽問不

〔一〕語要在「茶」下有：「問：『故歲已去，新歲到來。還有不涉二途者也無？』師云：『有。』學云：『如何是不涉二途者？』師云：『元正啓祚，萬物咸新。』問：『依稀似半月，罔象若三星，乾坤收不得，師問何處明？』師云：『道什麽？』學云：『想師只有湛水之波，且無滔天之波。』師云：『閑言語。』問：『如何道得不落唇齒圖度？』師云：『眼裏耳裏。』問：『類中來時如何？』師云：『人類中來？馬類中來？』」

〔二〕語要在「曲」字下有：「問：『如何是火焰裏？』師云：『有什麽掩處？』問：『如何是炭水裏藏身？』師云：『我道你黑似漆。』」

得。」學云：「請師道！」師云：「不從千劫萬劫得。」學云：「與麽則天上人間覓不得也。」師云：「切忌作與麽知解。」問：「從苗辨地，因語識人，未審將什麽辨識？」師云：「引不著。」問：「古琴無絃時如何？」師云：「無絃琴最妙。」學云：「請師彈。」師云：「無音響。」問：「道人相見，合談何事？」師云：「我者裏無道人。」問：「不將一物來時如何？」師云：「者箇什麽處得來？」問：「如何是火燄裏轉法輪？」師云：「處處了却。」學云：「了後如何？」師云：「無法輪可轉。」問：「暫時不在時如何？」師云：「阿誰向你道？」問：「萬象未臻卽不疑，未審特立四天下是什麽人？」師云：「現佛現祖。」問：「祖佛如何辨？」師云：「嘔吐未詳。」問：「如何是法祖？」師云：「閉言語。」問：「如何是大善知識？」師云：「毗盧也喻不及。」問：「學人欠闕，請師接。」師云：「不現無盡藏。」問：「萬法從一法生，未審一法從何生？」師云：「你聽看！」問：「喚作如如，早是變也，今時沙門須向異類中行。如何是異類？」師云：「恰似你與麽問我。」學云：「古人意旨如何？」師云：「不與麽問我。」問：「歸根得旨，隨照失宗，如何是旨？」師云：「旨。」學云：「如何是失？」師云：「失。」問：「如何是伽藍？」師云：「已有名字。」問：「虛空喻不及時如何？」師云：「恰是恰是。」問：「念念不錯時如何？」師云：「謾語。」問：「如何是孤峰頂上節操松？」師云：「平地上著不得。」學云：「請師著。」師云：「唧。」

問：「如何是無語？」師云：「不與麽問。」問：「世間名言卽不問，如何是出世事？」師云：「聽。」學云：「莫便是否？」師云：「幾曾向你道是不是。」問：「三身那身說法？」師乃彈指。問：「學人不明，請師燭。」師云：「啞。」學云：「爭奈學人不會。」師云：「會卽冰生。」問：「萬法從何生？」師云：「佛法僧。」學云：「法從何起？」師云：「聽看！」問：「舉目是犯，如何是不犯？」師云：「大有人覓過，覓過不得。」學云：「豈無指示也？」

師云：「不可更將過與你也。」問：「如何是沙門行？」師云：「不作模樣。」問：「承古有言，唯言不二，不二事如何？」師云：「你好問，我便道。」學云：「如何道？」師云：「唯言不二。」問：「明暗不掛時如何？」師云：「道什麼？」問：「如何是無礙一句？」師云：「與麼。」學云：「此猶是礙。」師云：「是是。」問：「如何是死人舌？」師云：「你道不得。」問：「如何是活人眼？」師云：「無暖氣。」問：「得座披衣時如何？」師云：「你有什麼蓋覆處？」問：「院中有三百人，還有不在數者也無？」師云：「一百年前，五十年後看取。」問：「如何是不起模畫樣？」師云：「不誑謼你。」學云：「師意如何？」師云：「不可教你起模畫樣也。」學云：「與麼則誑謼人也。」師便打。

問：「能所俱忘時如何？」師云：「無與麼事，莫作與麼知解。」問：「抱璞再呈，請師彫琢。」師云：「不爲棟梁材。」學云：「與麼則卞和無出身處也。」師云：「擔帶卽伶俜辛苦。」學云：「不擔帶時如何？」師云：「不教你抱璞再呈請師彫琢。」問：「如何是學人本分事？」師云：「不遶處問人。」問：「那吒析骨還父，析肉還母，如何是那吒本來身？」師放下拂子，叉手。

問：「佛法二字，如何辨得清濁？」師云：「佛法清濁。」學云：「不會。」師云：「你適來問箇什麼？」問：「世間什麼物最先？」師云：「你問底。」問：「不作罪，不作業底人，還有過也無？」師云：「喚伊出來。」學人擬議次，師云：「去，不干你事。」問：「請師歷落道一句。」師云：「好。」問：「如何是毗盧？」師云：「已有名字。」問：「如何是毗盧師？」師云：「未有毗盧時會取。」

問：「大衆雲臻，合談何事？」師云：「聽。」問：「妙觀察智，誰是當者？」師云：「不是你分上事。」學云：

「雖然如此，也要分明。」師云：「不妙也。」問：「大衆雲臻，和尚如何祇待？」師撫掌三下。

問：「和尚有什麼力抵當得許多？」師云：「水性多柔軟，能乘萬斛舟。」學云：「忽遇大力者來時如何？」師云：「不消一盞水。」問：「閒言長語即不問，適來問底，和尚道什麼？」師云：「閒言長語。」

問：「十二分教，是有是無？」師云：「無與麼惡言語。」問：「共語不知音時如何？」師云：「與麼。」學云：「與麼時如何？」師云：「共語不知音。」問：「三乘教外，別傳箇什麼？」師云：「一二三。」學云：「不會，乞師指示。」師云：「你問我，不可將別語對你也。」學云：「不將別語對，請師道。」師云：「道，道。」

問：「學人有一問，未曾有人答時如何？」師云：「你見者烏龜子縮頭縮尾，爭柰者一塊子何。」問：「請師耳裏道。」師云：「道，道。」問：「貧子還家時如何？」師云：「無寶藏與你。」學云：「爲什麼向外馳走？」師云：「誰遣你？」問：「毫釐不分時如何？」師云：「什麼處得者箇來？」

問：「親手分付，一去不來如何？」師云：「不可得。」學云：「却返時如何？」師云：「正好供養。」問：「如何是法王主？」師云：「四大本空，五陰非有。」

問：「大庾嶺趁得及，爲什麼提不起？」師云：「不可向你道，祖師遺下一隻履。」問：「針頭不露時如何？」師云：「露也。」學云：「何似？」師云：「不喚作針頭。」問：「一息未分時如何？」師云：「即今是幾息。」問：「不犯目前，請師道。」師云：「早是犯了也。」學云：「者箇是犯，不犯目前請師道。」師云：「不識好惡。」問：「貧子入門時如何？」師云：「不教汝除糞掃。」學云：「見師後如何？」師云：「不向你道衣中有寶。」問：「請師一劒。」師驀口摑。

問：「墮落三塗底人如何？」師云：「深達罪福相。」問：「如何是一句子？」師云：「兩句也。」問：「一念未生時如何？」師云：「得與麼謾語。」問：「如何是不薦處？」師云：「汝與麼問不得。」問：「如何是動？」師云：「恰似你與麼問。」學云：「如何是静？」師云：「也不嫌鬧。」問：「如何是不道？」師云：「合取口。」問：「曙色未分時如何？」師云：「無與麼言語。」

問：「天上天下唯我獨尊，如何是我？」師云：「推倒者老胡，有什麼罪過？」問：「如何是和尚師？」師云：「迎之不見其首，隨之罔眺其後。」問：「如何是一代時教？」師云：「法華維摩楞伽思益。」問：「祖意與教意同別？」師云：「踈不得，親不得。」學云：「親踈不得，請師道。」師云：「祖意教意。」問：「如何是逆行？」師云：「叱，叱。」問：「一等是水，爲什麼海鹹河淡？」師云：「天上星，地下木。」問：「不有不空時如何？」師云：「説有説空。」問：「一人辦心，諸天辦供，未審辦什麼心？」師云：「今日請供養主了也。」問：「木人謌，什麼人和？」師云：「今人和。」學云：「莫是和尚意旨也無？」師云：「是什麼曲調？」問：「不凡不聖時如何？」師云：「立凡立聖。」學云：「總不與麼時如何？」師云：「你問箇什麼？」問：「如何是道？」師云：「道，道。」學云：「如何用？」師云：「用，用。」

師在京日，往檀越家投齋，檀越將一盤草出師前，師以兩手作拳安頭上，檀越便將飯來。後有僧問：「師在京投齋，意旨如何？」師云：「觀世音菩薩。」問：「一問便休時如何？」師云：「不了。」問：「鑄像未成時，身在什麼處？」師云：「莫造作。」學云：「爭柰不現何？」師云：「隱在什麼處？」問：「如何是佛法綱宗？」師云：「今日無錢借長官。」問：「古澗寒泉時如何？」師云：「不流於海。」學云：「飲者如何？」師云：「口也無。」問：「無目底人如何進步？」師云：「遍十方。」學云：「無目爲什麽遍十方？」師云：「還更著得目也無？」問：「如何是一色？」師云：「不似銀盤裏盛白玉。」問：「照燭不破時如何？」師云：「習盡不是道。」問：「佛用工得不得？」師云：「大有人定當，定當不得。」學云：「請師定當。」師云：「終不向你道用工得、用工不得。」問：「石筍未抽條時如何？」師云：「爭合與麽問。」學云：「還解抽條也無？」師云：「雖然不是石筍，抽條葉更多。」問：「密室内事如何？」師云：「無人知。」學云：「和尚還知也無？」師云：「爭肯你亂道！」問：「日月未明，佛與衆生在什麽處？」師云：「見老僧嗔便嗔，見老僧喜便喜。」問：「纔生便死時如何？」師云：「何生何死？」問：「破戒比丘什麽處著？」師云：「不與罪福爲主。」問：「一句子無人道得時如何？」師云：「屋子蓋了也。」問：「覿面事如何？」師云：「莫諂曲。」

問：「如何是祖師西來意？」師云：「彌勒佛覓箇授記處不得。」問：「如何是玄中的？」師云：「不到你口裏道。」問：「亡僧向什麽處去也？」師彈指云：「與麽去也。」問：「諸佛出世，爲一大事因緣。和尚出世，當爲何事？」師云：「尹司空請我開堂。」問：「文彩未生時如何？」師云：「虚空合喫多少棒？」問：「和尚自住此山，有何境界？」師云：「丫角女子白頭絲。」

問：「古人拈槌豎拂，還當不當？」師云：「不當。」學云：「爲什麽不當？」師拈起拂子云：「只爲者箇。」問：「未問已前，事如何？」師云：「爭解開口。」問：「古人拈槌豎拂，意旨如何？」師云：「只爲你問。」學云：「不問時如何？」師豎起拂子。問：「忘却將來時如何？」師云：「者箇咻。」

舒州太守尹建峰送茶椀子與師，云：「者箇是某甲自將來底茶椀子。」師接得了，召太守，建峰應諾。

師云：「喫茶。」問：「不從萬有，如何覓心？」師云：「你從我覓箇什麼？」問：「者裏是什麼所在，足人爭？」師云：「不知。」學云：「爲什麼不知？」師云：「爭箇什麼？」問：「放下不明時如何？」師云：「誰教你執？」學云：「不敢執。」師云：「放下不明箇什麼？」問：「終日區區，爲什麼不得成就？」師云：「無你用工處。」學云：「用工不得，請師接。」師云：「終日區區。」

問：「默默無言，請師答話。」師云：「不是無言，不同默默。」學云：「不同默默底事作麼生？」師云：「不與麼。」學云：「不與麼時如何？」師云：「苦哉！」問：「言不干舌時如何？」師云：「簷頭水滴滴地。」問：「和尚每日上堂，供養什麼人？」師云：「不可說，不可說。」問：「不可以智知，不可以識識時如何？」師云：「不與麼。」學云：「不會，乞師指示。」師云：「不可以智知，不可以識識。」問：「未達道底人，如何接？」師云：「飢卽喫飯，渴卽飲水。」問：「三寸明不得，句下不從師時如何？」師云：「高聲問，老僧耳聾。」學云：「請師指示。」師云：「鈍屢生。」問：「有句無句，如藤倚樹，樹倒藤枯時如何？」師云：「將知你誑謼多少人來！」

問：「凡聖相去幾何？」師下禪床立。問：「萬法從一法生，未審一法從何生？」師云：「迴首看。」問：「牛頭未見四祖時如何？」師云：「與人爲師。」學云：「見後如何？」師云：「不與人爲師。」問：「如何是沙門最苦處？」師乃皺眉。問：「未有言句已前，如何辨其尊貴？」師云：「已有句，是尊是貴？」問：「靈松無異色時如何？」師云：「不是靈松標不出。」問：「三拜已前，事如何？」師云：「不知。」學云：「現問次。」師云：「三拜已前事作麼生？」問：「學人不別問，請師不別答。」師云：「奇怪。」問：「古人密用如何？」師云：「不從跡處起。」學云：「合從什麼處起？」師云：「踈也。」

有座主參師，師云：「近前來！」座主便近前，師云：「去。」問：「未有此身，作箇什麼來？」師云：「無所不經，無所不歷。」問：「如何是千年石上古人蹤？」師云：「碑碣上著不得。」問：「二祖斷臂，當爲何事？」師云：「粉骨碎身。」問：「收攝不得時如何？」師云：「無可拋撤。」問：「劫火洞然時如何？」師云：「寒威威地。」問：「累劫來來無盡燈，不曾挑剔鎮長明時如何？」師云：「累劫來來無盡燈，不曾挑剔鎮長明。」問：「頭頭不到時如何？」師云：「你問什麼事？」問：「一問便休時如何？」師云：「太多也。」問：「暗裏得時如何？」師云：「不向你道，煩惱山是菩提。」學云：「與麼則雲遊垛根也。」師云：「雲遊則伶俜辛苦，垛根則禍患俱生。」問：「十二時中，如何行履？」師云：「不從一法。」學云：「如何報得四恩三有？」師云：「莫受一法。」問：「玄中認得時如何？」師云：「得卽失。」問：「曹溪一路闔國知聞，未審投子意旨如何？」師撫掌三下。問：「萬仞峰頭時如何？」師云：「什麼處不是？」問：「如何是法身主？」師撫掌三下。問：「徑截一路，乞師指示。」師云：「會麼？」問：「如何是空王殿？」師云：「建立不得。」問：「句句相投，請師接。」師云：「不接。」學云：「爲什麼不接？」師云：「句句相投。」問：「如何是和尚師？」師云：「莫造次。」問：「有言有句，皆有所歸，無言無句，事作麼生？」師舉起拄杖云：「者箇是什麼？」

問：「如何是衲衣下事？」師云：「天不能蓋，地不能載。」問：「古人道，法不孤起，仗境方生。如何是境？」師敲禪床。學云：「與麼則觸目是也。」師云：「是什麼？」問：「塵劫來，誰爲主？」師召僧名，僧應諾。師云：「是什麼？」問：「蓮華未出水時如何？」師云：「隱隱地。」學云：「出水後如何？」師云：「蓋覆不得。」

問：「諸佛師，學人不識，乞師指示。」師云：「天不能蓋，地不能載。」問：「如何是和尚活計？」師提起衲衣云：「盡底呈似你。」學云：「爲復只是者箇，別更有在？」師云：「不識好惡。」問：「六國未寧時，什麼人作主？」師云：「自有本來者。」學云：「如何是本來者？」師以拂子驀口打。問：「四山相逼時如何？」師云：「身在什麼處？」學云：「爭柰四山何？」師云：「逼殺你。」問：「千里投師，乞師一接。」師云：「老僧今日腰痛。」問：「和尚未見先師時如何？」師云：「通身不柰何。」學云：「見後如何？」師云：「通身撲不碎。」學云：「還從師得也無？」師云：「終不相辜負。」學云：「與麼則從師得也。」師云：「得箇什麼？」學云：「與麼則辜負先師也。」師云：「非但辜負先師，亦乃辜負老僧。」問：「七佛是文殊弟子，文殊還有師也無？」師云：「適來與麼道，也大似。」問：「作甚麼業來，遍身紅爛？」師云：「諸見不生。」問：「師子是獸中之王，爲什麼被六塵吞？」師云：「不作大無人我。」問：「雷聲振地，爲什麼百草不抽芽？」師云：「芭蕉只麼長。」問：「僧繇爲什麼摹誌公真不得？」師云：「只爲看他面孔。」學云：「不看他面孔時如何？」師云：「是什麼？」

問：「達磨未來時如何？」師云：「遍天遍地。」學云：「來後如何？」師云：「蓋覆不得。」問：「如何是空王佛？」師云：「不應量。」問：「雪覆蘆花時如何？」師云：「明白無邊際。」問：「如何是十身調御？」師下禪床立。

師不安時，有李司徒令人送藥到，傳語師云：「若斷得人間來往，生彌勒內院；若未斷人間來往，却向弟子家中結緣。」師回傳語云：「不如具正法眼好。」山下有婆子，家中失却牛，上山請師卜。師乃召婆，婆應諾。師云：「牛在。」問：「如何是無情說法？」師云：「莫惡口。」

師上堂示衆云：「他古人纔出來，便一手指天，一手指地道：『天上天下唯我獨尊，十方世界無有過者。』如今更被諸方出來道『向上別有事在』。若言道有道無，卽是走作學家，未有休時，有什麽了期？但莫著名言數句了，諸事自然不著，卽無位次。不同你一切法，一切法攝不得。本無得失，夢幻如許多名目，不可强與他安立。誑諕你諸人得麽？爲你諸人問故，所以有言。你若不問，我向你道什麽卽得？若有一法與你，老僧罪過。你若道無，你諸人又問我箇什麽？所以道：早不屬你巧言妙句，若與麽會去，卽第一不得擔帶。你諸人幸是可憐生，擔帶負物作什麽？見卽便見，你若不見，一切不得作巧言妙句。問老僧巧來妙去，卽轉轉勿交涉，賺殺人。所以我儂尋常問你諸人，佛前佛後不説別事，你諸人道看，是什麽？見什麽？」

問：「如何是無生曲？」師云：「無人唱得。」學云：「忽有人唱得時如何？」師云：「生也。」

師上堂云：「是你諸人口似刀子鑷子相似，有什麽當處？雖然如此，莫趁俊道。有不潦底打你在，莫言不道。」問：「蓮花在水時如何？」師云：「千人萬人覷不見。」學云：「出水後如何？」師云：「應量恰好。」問：「法從何生？」師豎起一指。

師示衆云：「人人總道投子實頭，忽若下山三步外，有人問你投子實頭底事，你作麽生向他道？」問：「和尚年多少？」師云：「春風了又秋風。」問：「如何是截鐵之言？」師云：「莫費力。」

師問翠微：「二祖見達磨，有何所得？」微云：「你今見吾有何所得？」師又問：「如何是佛理？」微云：「佛卽不理。」師云：「莫落空否？」微云：「真空不空。」翠微有頌送師，其有識矣。「佛理何曾理，真空有不空。大同居寂住，敷演我師宗。」

投子和尚語録序

鄮山野叟居素述

投子和尚，王化舒州桐城投子山寂住院。師初參翠微，問：「如何是祖師西來意？」微以目顧視。師欲進語，微云：「更要第二杓惡水潑。」從此識通，超諸三昧。智辯猶雷發雲漢，瀑瀉懸崖。函蓋相應，諸方取則。而有陞堂問答語要盛行叢林。入道禪者，皆以師語參問知識。其有所歸，數亦多矣。予因僧入室舉師之訛舛衆矣，乃於閑暇披閱詳究。內有繁詞不涉理者，與除之；後語不及初者，與删之，以爲一集。庶叢林學者，於郢匠前，無誚乳水而失醍醐者也。時辛酉季夏月，四明鄮山紫璘供奉山堂刊定云耳。

投子和尚，名大同，舒州人，姓劉氏。洛下保唐寺受業，得法於翠微無學和尚。壽九十六，石頭第四世。五代梁乾化中示寂。

古尊宿語録卷第三十七

鼓山先興聖國師（神晏）和尚法堂玄要廣集

上堂，大衆已集，時有學人纔禮拜，師云：「高聲問。」學人咨和尚，師便喝出。問：「從上宗乘如何體會？」師叱之。問：「攢簇將來皆不相似，單刀直入時如何？」師云：「失命漢。」問：「如何是學人自己親躬事？」師云：「還返仄麼？」學云：「即今事如何？」師云：「不可瞎去也。」問：「如何是本參底事？」師云：「因什麼得到與麼地？」師云：「若是猛利底，撩著便休去，大蟲著角相似，有什麼近處？更有一格人，脚不跨石門，怪他得麼？不可事須踏前踏後，納箇如何醉人相似。且宗門中事作麼生？降兹已下，根性遲廻，事須從人決擇，方定紀綱。且作麼生決？不可問一句答一句唤作決也。若與麼，驢年去。到這裏也須是箇漢始得，大不容易。兄弟，決擇之次，如履輕冰，將爲等閑。句裏相鬬，道我解問話，貴轉數多合殺成得箇什麼邊事？只是箇識路中人，且無自由分。兄弟，事本因人，因人立事；人達即事渾，事渾即無成；無成須得無成句。有人道得麼？出來！無事莫立。珍重！」

師有時上堂云：「實不敢欺兄弟，亦不敢昧兄弟。然且没人辨。」時有學人問：「和尚與麼道，還盡師本意也未？」師云：「放汝殘生。」問：「從上宗乘，如何舉唱？」師以拂驀口打。學人禮拜起，纔問：「有問有答！」師云：「老兄不是這脚手。」問：「承師有言，從門入者非實，黄梅行者傳何事？」師云：「道什麼？」學人再問。師云：「去，不爲汝。」有僧纔禮拜起，師云：「道什麼？」學云：「佛未出世時如何？」師云：「合取口。」問：「如何是從上來不昧底事？」師云：「是什麼？」問：「纔施方便，蓋爲今時，向上宗乘，復何言論？」師云：「拽出著！」問：「如何是正宗？」師云：「别日來商量。」問：「若將寂默爲宗，維摩一生受屈，如何道，即得不屈於維摩？」師云：「合取甑罌著！」

師云：「諸和尚盡道向諸方參學，未委參什麼，學什麼？還有參得者無？有即出來對衆驗看！諸和尚爲復參禪參道，參佛參法，參毗盧師法身主，參佛向上事、涅槃後句。若寔參此句，得爲大妄，唤作望上心不息。與諸和尚了無交涉。」時有學人問：「如何是佛法大意？」師云：「吐却著。」問：「凡有言句，盡是觸犯宗風，未審如何是宗門中事？」師云：「合取口。」問：「衆星攢蔟時如何？」師云：「覓什麼？」

師云：「大專未辦，宗脉不通，切忌記持言句，意識裏作活計。不見道：意爲賊，識爲浪，盡被漂淪没溺去，無自由分。諸和尚必若大事未通，不如休去、大歇去、身心純静去好。時中莫駐著事，却易得露。這箇是事不得已，相勸之言，古人唤作死馬醫。若是箇漢，向他與麼道，如同寱語一般，且諸人分上作麼生？十二分教還用得一字麼？諸方老宿語還用得一句麼？若十二分教，是兄弟在阿那教中？若諸方老宿語當得兄弟，兄弟在阿那句中？所以道，十二分教唱不得，凡聖攝不得，今古流不得，言句該不得。與麼話，蓋爲刺頭入在教門裏，且與伊拆開。若有箇漢總未通這箇消息，向他與麼道，被伊驀口摑屎沸作麼？不可怪得他也。兄弟，大須甄别，莫吉凶不辨。有辨者，出來對衆驗看！時寒久立，珍重！」

師別時上堂云：「兄弟有什麽，近前商量。若待這裏説，無好事及兄弟。牽經引論得麽？若有人問，但向宗乘中致一問來，待今日與兄弟答宗乘中話。」時有學人纔禮拜，師云：「大衆看，有與麽不識羞漢。」其僧罔措，師便喝出。

師云：「若也宗脉未露，記著一字，如飲毒藥，喪身失命。爲什麽故如此？都來是不具眼。如今更有一般底，大作羣隊聚頭，念經念論，説圓説頓，披這衣服作箇與麽語話，還羞麽？還返仄麽？還有些些子衲僧氣息麽？且問，圓爲什麽人施？頓爲什麽人設？還辨待端由麽？相共魯論，不識好惡，還知道十二分教，唱不起麽？且唱什麽不起？不可只與麽道便休去也。豈不見古來丹霞石鞏石室高僧，熏天炙地，登時端由，衆皆具委。道他在什麽經裏披尋，於阿那論中討得？古人道，西天一段事，總被今時人埋没，却覓箇出頭處不得。更有老宿道，大唐國内，盡是一隊滅胡種賊。卽者便是。人家男女，乍入叢林，何處會得？聞舉經舉論，便刺頭入裏許，念言念句。便遇著這般底，便是殺人賊。是汝一人半人猶可在，惑亂他多少人家男女，千生累劫披枷帶鎖，於自己事轉疎轉遠。如今奉勸諸兄弟，大丈夫漢，一等是離鄉涉井，訪道尋師。爲自己事，也須眨上眉毛，著些子精彩，於親躬事有辨明處。確乎不拔，莫受人謾，莫受人惑。如今且不受謾，不受惑底事作麽生？到這裏，也須是箇惡漢，殺人不眨眼漢，没意智漢始得。切不得掠虚，亂呈解數。被向脚跟下尋著，就已築著没去處。二十柳標棒攛脊撻。鼓山打這般掠虚底，尋常人難得喫。別處卽放過，鼓山卽不得。若放過，到處轉見虚頭。曾打著一兩箇亂與底，聲鐘集衆，勘過一下下，交到所在，不是行棒圖逞威風，同這行户有什麼惡心，悲他僧相圓備，只是事持掠虚業次，輕慢上流。與他整頓，插脊梁骨，圖他改悔，别换身心。遇著鼓山與麼鎚鍛，也須慶幸始得。有一兩處將向頭頂上擎著，敢把指頭指著，怕伊發去，無如是理，不是立兄弟説這葛藤。然且理要區分，事須甄别，莫滅胡種，各歸堂，珍重！」

師上堂，大衆雲集，衆人盡皆罔測於師。師乃云：「南泉在日，亦有人舉南泉時事。要且不識南泉，還有識者麼？試出來驗看！」時有學人纔禮拜起，師云：「作麼生？」學人咨和尚，師云：「不才謹退。」

師云：「若是靈利底，撩著便休去。似這般漢，千里萬里去也，有什麼救處？進前退後，納箇如何醉人相似，有什麼衲僧氣息？既然如此，且宗門中事作麼生？諸和尚到這裏，也須是箇漢始得。大不容易。兄弟，鼓山不惜口業，向汝諸人道，不假記一字，亦不用一功，亦不用眨眼，亦不用呵氣，大坐著便紹却去。諸和尚，且道紹什麼？爲復紹佛紹法、紹禪紹道？紹佛向上事，涅槃後句？若紹此句，得爲大妄，唤作望上心不息。與諸兄弟了無交涉，於諸人分上作麼生紹？普請驗看！是什麼？爲復是凡是聖，是毗盧師法身主？在什麼處居住？什麼年月，有渠方圓闊狹長短大小？試道看！還有絲髮大物解，蓋覆得麼？還有分毫許間隔得麼？向阿那裏抄？向阿那裏寫？諸和尚與麼顯露，與麼節要，何不直下便承當取！又更刺頭入他言句裏、意識中學，有什麼交涉？不見道，意爲賊，識爲浪，走作馳求，終無歇分。若自不具眼，就人揀辨，卷子裏抄，册子裏寫，假饒百千萬句，龍宫海藏一時吞納，盡是他人，不干自己。亦唤作識學依通，猶如水母借蝦爲眼，無自由分。亦如盲者辨色，依他語故，實不能辨色之正相。若是學經律論，他自有人在。所以鼓山尋常道，經有經師，律有律師，論有論師，有函有號有部有帙，白日明窻，夜附燈燭，自有人傳持在。禪師作麼生？還有人道得麼？試出來道看！」

時有學人問：「如何是目前顯現底機？」師云：「道什麼？」學人再問，師喝出。問：「四十九年前卽不問，四十九年後事如何？」師云：「句超方外，千聖難追。」問：「常辦無念者如何？」師云：「闍黎什麼事？」學云：「常辦於此。」師云：「莫受屈。」學云：「不屈者如何？」師云：「有什麼救處？」問：「擬心卽差，不擬心如何體會？」師云：「待汝好心問。」問：「如何是向上一路？」師云：「卽今是什麼路？」學人無對。師云：「去，看汝不是這脚手。」問：「如何得不辜負於師？」師云：「汝有什麼罪過？」

師云：「諸和尚與麼問，還會麼？還識辨緇素麼？鼓山向前見一兩箇長老，被人問著維摩意作麼生？他便眼孔定動地，恰似箇泥捏聖僧相似。有什麼交涉？還當得本參底事麼？若言當去，何不立取維摩、傅大士爲祖師？問取露柱聖僧卽休，何故更用達磨與麼來？所以鼓山道，凡聖不到，今古那追！不唱言前，寧談句後！他家諸聖興來，蓋爲人心不等，遂展多門；爲病不同，處方各異。在有斥有，居空破空，二患既除，中道須遣，直道釋迦掩室，居士毗耶，大士梁時童子，當日一問二問三問盡有也。是衲僧分上事作麼生？還有人道得麼？試出來道看！不可説君説臣，説父説子，得麼？諸和尚，古人是事不得已，立箇君臣父子，外進内紹。是功紹得了非功，合是功合得了非功。蓋爲中下之流，權施此句。所以鼓山道，君臣父子，蓋爲戍特立事立功，以明緇素。既墮中下，須合須同，得合得同，無人辨識。當與麼時，還有肯重者麼？有當荷者麼？有這邊那邊麼？若有，還是托開去也。更有一句作麼生？敢道托開麼？莫錯會好！到這裏，須是箇没意智漢，殺人不眨眼漢始得。若是鈍根底，只向言句上脱去，争能會得！」

時有學人問：「得句忘言時如何？」師云：「即今得什麼句？」學云：「不是西來，亦非自己。」師云：「吐却著。」問：「己事未明，以何爲驗？」師云：「嗄。」學人再問。師曰：「一點隨流，食鹹不重。」問：「如何是包盡乾坤底句？」師云：「近前來！」學人便近前。師云：「是什麼？」學云：「不會，乞師指示。」師云：「去，鈍置人作麼？」問：「峭絶無依時如何？」師云：「病鳥栖蘆。」學云：「直得醒醒，還有紹處也無？」師云：「亦不闕闍黎事。」問：「如何是真實人體？」師云：「因什麼得到與麼地？」問：「未到玄源，如何究理？」師云：「相去多少？」師云：「更有作家解問者，出來！」良久無人。師云：「入到石門，何處得如許多疑來？歸堂，珍重！」

師别日上堂云：「諸和尚，古人道，佛之與法，是建立化儀。禪道兩名，是止啼之説。名不干事，事不干名，依執滯名，於他玄隔。所以鼓山曾向兄弟説，句不當機，言非展事；承言者喪，滯句者迷；得魚忘筌，得意忘言；借網求魚，魚非網也。所以道，教排不到，祖不西來。盡乾坤人口到這裏百雜碎。直道十二分教唱不得，凡聖攝不得，今古流不得，言句該不得，與麼道，也只爲他向化門裏作活計。事須與伊拆開，若是箇漢，總未通這消息。向伊與麼道，被伊驀口摑屎沸作麼？不可惟他也。雖然如此，據什麼道理？所以鼓山道，更有一人不跨石門。不跨石門事作麼生？諸和尚，衆中亦有江西湖南，幽燕魏府，三千五千一萬里地盤山涉嶺。既到這裏高山頂上，終不爲看山翫水，無非決擇萬劫千生事。故委萬劫千生事，也只在如今。如今安，卽如今便安；徹，只如今便徹。忽若衆中有一人，大肯去，大安樂去是不虛食人之施，不辜於己，不負於彼，去住自由，出入無難，盡乾坤無敵，宗風不墜，後進有依。所以古聖道，若有一人悟道，地神報虛空神，虛空神報非想非非想天。遞相告報云：『下界有人得道。』有濟人之分，天上人間遞相慶賀，盡是諸和尚分上，更弱於阿誰！既然未得如此，便須兢兢惕惕，如臨深泉，如履薄冰。時不可延，命不可待，似箇當風燭子，颼地脫去也。如今且不如休去歇去，身心淳朴去，似一亘長空去。時中莫問，但且與麼去。鼓山所以道，明道爲之傳，不間爲之行。德行俱備，今時稱斷。稱斷是今時，更有一人作麼生？到這裏，也須自有來由始得。莫記他人言句。就人揀辨，終無自由分。於諸和尚作麼生？出來商量。」

時有學人纔禮拜起云：「某甲咨和尚。」師云：「咄。」學人云：「輪中不轉時如何？」師云：「珍重！」師云：「諸和尚更有什麼事？出來問！」良久無人。師乃云：「總不出來，蓋爲把他稍緊，不相共扶持，致令如此。有江西湖南諸處參學師僧，好織造底出來！莫道鼓山口似楄擔，只慮埋没宗風，走作兄弟，但出來，待與捏些子。」

時有學人問：「心珠不曉，己事未明，請師一照。」師云：「乾坤不掩，爾自徒迷。」問：「作何方便得紹師宗？」師云：「岸谷無風，徒勞展掌。」學云：「如何卽是？」師云：「錯也。」問：「萬機不湊，本事何來？」師云：「傷機之患，千聖難除。」問：「四面松林，如何是直路？」師云：「岳秀千枝，盲龍不辨。」問：「卽今如何唱？」師云：「洪雷一震，蟄户無私，仁者作麼生？」問：「己事未明，如何明得？」師云：「鏡中無影，演若自迷。」問：「如何是鼓山？」師云：「衆岳難偕。」學云：「還許學人躡也無？」師云：「汝試下足看！」問：「如何是諦實一路？」師云：「一句迢然，古今難辯。」問：「彼無消息，如何知音？」師云：「汝自罪過，我不將來。」學云：「還有爲人處也無？」師云：「與麼卽戒鼓無擊。」問：「巨海驪珠，如何取得？」師云：「來言雖重，不賞鋒珪。」問：「十二時中，不涉緣塵，如何據驗？」師云：「浪息千江，孤輪不墜。」問：「如何是鼓山正主？」師云：「岳不明根，迷人自重。」問：「如何是目前一路？」師云：「耶！合掌不得。」問：「如何合得諸聖位？」師云：「玄直渠不踐，千聖位在什麼處？」問：「步步進前，如何得達祖意？」師云：「鼻地人難舉。」問：「古人卸臂，當爲何事？」師云：「方外之説，仁者難知。」師云：「諸和尚，鼓山與麼東道西道，亦不辜兄弟，只是教綴。然卽如此，奉勸諸和尚莫學言句，走作兄弟，昧却兄弟，直饒通得，也只是箇識路中人。不見古人喚作食瘡膿鬼、喫涕唾鬼、喫不净鬼，未喚作人在？諸和尚莫與，切不得亂呈解數，若亂與，被鼓山聲鐘集衆，向脚跟下尋著，勘著無去處，二十榔標棒搠脊撻，莫道不道。更有什麼事？出來！無事，各歸堂，珍重！」

師上堂云：「諸和尚上來爲什麼？有什麼苦屈底事？有什麼不了處？還有疑者麼？若有，卽出來與兄弟定當。」時有學人問：「承古人有言，横説豎説，未知有向上一重關捩，如何是向上關捩？」師便打一棒。問：「如何是宗門中事？」師便側掌。問：「如何是鼓山一路？」師云：「卽今是什麼路？」問：「承古人有言，妙旨迅速。」師側掌云：「住，住！」學云：「和尚爲什麼不道？」師云：「且行脚去。」問：「目前一句如何曉得？」師云：「什麼處不曉？」學云：「争柰這箇何？」師云：「這箇是什麼？」問：「如何得成道去？」師云：

「害顛作麼？」學云：「不害顛，如何得成道？」師云：「這鈍漢！」問：「根性遲迴，如何用功？」師云：「功卽不得。」學云：「爲什麼不得？」師云：「向什麼處功？」問：「從上宗乘，以何爲的？」師云：「無的。」問：「學者憑何？」師云：「汝曾學得多少來？」學云：「與麼，卽不從今日去。」師云：「從什麼處去？」學云：「待有去處，卽咨和尚。」師云：「有什麼交涉？」問：「如一燈然百千燈，如何是一燈？」師云：「是什麼？」

問：「如何是和尚家風？」師云：「莫少去就。」問：「古路無蹤，如何進步？」師云：「不是途中客，進什麼？」學云：「向去者如何？」師云：「無闍黎下足處。」學云：「總不與麼時如何？」師云：「莫自恥。」問：「自古相傳窮其際，卽〔一〕今妙旨示何人？」師云：「岳秀靈芝異。」學云：「異底事如何？」師云：「過也。」問：「如何是直下事？」師云：「莫自欺。」學云：「不自欺事如何？」師云：「還返仄麼？」

師云：「諸和尚還會麼？此事不露，蓋爲塵沙劫來，多遊異徑，所以於自己事却成違背。如今若欲得易會麼？但是從前記持食噉之事，一時瀉却著，身心純靜去，一片去，忽被道伴觸撥著，此事便發明去。所以鼓山曾向兄弟道：譬如一池沼，衆人共臨，但把杖攪其水，覓見形影了不可得，轉渾轉濁。所以傍邊有一人便問：『汝與麼攪作麼？』云：『我要見形影。』便被與一咄。這癡漢，汝與麼攪，驢年去，任經塵沙劫，無有見期。汝但一時放下杖著，各自休歇去。良久中間波澄浪靜，沙土自沉，非但形影森羅，萬象悉現其中。這裏便須問得這水始得。咄，這水還照也無？若道照，亦是汝與麼道；若道不照，亦

〔一〕「卽」，語要作「師」。

是汝與麼道。水道什麼？雖然如此，須問得水有水句。若問不得，問者無功，這箇便是驗。兄弟處還有人道得麼？出來！」良久無人。師乃云：「今日説這多多，無事久立，珍重！」

師上堂，大衆已集。時有學人問：「承古人有言，寂是法王根，動是法王苗。如何是法王？」師云：「是什麼？」問：「承和尚有言，直下猶難會，尋言轉更賒。如何是直下事？」師云：「賒也。」學云：「還許學人進步也無？」師便喝出。問：「學人在塵，還有出身處也無？」師云：「汝卽今在什麼處？」學云：「與麼卽任運隨流也。」師云：「莫寐[一]語。」問：「進者不明，請師一撥。」師云：「近前來，與汝撥。」學云：「謝和尚指示。」師云：「碗鳴聲作麼？」問：「如何是大悟底人？」師云：「不囑。」學云：「爲什麼不囑？」師云：「不向悟中取[二]。」問：「不起于座，請師掣電之機。」師云：「醉作麼？」問：「如何是無價珍？」師云：「莫妄想。」問：「如何是不假言説第一義？」師云：「放汝殘生。」問：「不辯古機，如何建立？」師云：「不立。」學云：「如何卽是？」師云：「是已非。」學云：「爲什麼如此？」師云：「虧闍黎什麼處？」問：「生死海廣，如何得渡？」師云：「汝卽今在阿那邊？」問：「如何是妙旨？」師云：「如何不妙旨？」問：「如何是徑截一路？」師云：「這瞎漢。」學云：「與麼卽學人得問力。」師云：「畫篋不曾呈。」

師云：「汝莫一向於途路上走，無有了時。一等行脚，直須身心淳朴，日夜懇苦救取徹始得。莫只是問得一言半句，便將當自己胷襟賺汝。只如兄弟行脚來，還曾遇什麼？老宿發覺，因什麼道伴得

[一]「寐」，語要作「鬼」。
[二]「取」，語要作「收」。

人？還得噴地大省也未？若有，出來便定得兄弟虛之與實。向這裏下得一句，盡乾坤撼不動，這箇便是諸兄弟不虛行脚底事。只如盡乾坤撼不動句，作麽生下？試出來道看！若也未得如此，奉勸兄弟，直不得念言念語，明朝後日，覓箇歇處，不得。有事近前，無事歸堂。珍重！」

師有時上堂云：「當人分上，各有與麽事，爲什麽不承當取？又更上來覓什麽？近日多見師僧入叢林，只是擧經擧論，於自己事有什麽交涉？」時有學人問：「既不許看經，又不許讀外書，如何是大曉一句？」師便打一棒。問：「己事不明，乞師指示。」師云：「什麽劫中曾昧？」問：「目前一路，如何指的？」師云：「目前是什麽？」問：「如何是大道之源？」師云：「不囑。」學云：「爲什麽不囑？」師云：「不是源中事。」問：「古人道：但得本，不愁末。如何是本？」師云：「是什麽？」問：「波澄浪息，爲什麽摩尼不現？」師云：「汝且喚什麽作摩尼？」學云：「與麽，學人退一步。」師云：「汝無端進前退後作麽？」問：「凡有言句，盡是與蛇畫足。如何是不畫足？」師云：「放汝二十棒。」學云：「今日得遇和尚。」師云：「莫寐〔一〕語。」問：「風不鳴條，雨不破塊時如何？」師云：「闍黎分上作麽生？」學云：「却請和尚道。」師云：「屈汝什麽處？」問：「如何得不徇諸有？」師云：「闕汝什麽事？」問：「欲出輪廻，如何得出？」師云：「卽今在什麽處？」

問：「如何是佛法大意？」師云：「佛法大意卽且置。」問：「如何是本來心？」師云：「如今是什麽心？」問：「如何是直下事？」師云：「尋言轉更賒。」問：「寂是法王根，動是法王苗。如何是法王？」師云：「闍黎什麽事？」學云：「爲什麽不闕？」師云：「根苗俱不得。」問：「無風爲什麽往往波生？」師云：「什麽處得

〔一〕「寐」，語要作「鬼」。

來?」學云:「即今有。」師云:「把將來!」問:「十二時中,如何行履即得決定?」師云:「我道乾坤不跨足。」學云:「如何進向?」師云:「若進向,即跨足。」學云:「畢竟事如何?」師云:「咽中不踐。」師云:「諸和尚問得百千句,亦不干自己。只如仁者自己事作麼生?莫只向這邊那邊經冬過夏,因循度日,無有了時。塵沙劫來,流浪生死,如汲井輪,略無停息。今生既得人身,又是男子,又得出家,僧相圓備,不窮講肆,擁毳入叢林。這箇便是昇騰之時,除疑殄惑之時,得大無畏之時,得大自在之時。各自清〔一〕白取,更弱阿誰?各自努力。歸堂,珍重!」

師别日上堂云:「諸和尚有什麼病敗?什麼處欠少?亘古亘今,恒然如是,何須向長連床上癡兀兀地便當得去?汝但於一切處驗,還出得汝去處麼?不見古聖道:『如人在空,如魚在水,或行或坐,不離於空;逆流順流,不離於水。』既然如此,且合作麼生?兄弟莫自受屈,莫自淪自溺,既到這裏不柰何也,只成一場妄想。有什麼事?出來!」

時有學人問:「如何學即得不昧真機?」師云:「什麼劫中曾昧?」問:「己事未明,請師直指。」師云:「瞎却汝得麼?」問:「生死沉輪,如何得出?」師云:「在裏許多少時?」問:「盡令提綱,猶是野干鳴。如何是師子吼?」師便擗口打。問:「六國不寧,如何整葺?」師云:「古殿不曾坐,什麼處不寧?」學云:「如何領會?」師云:「是汝不會。」問:「如何是大圓鏡?」師云:「不曾照。」學云:「辨者如何?」師云:「不曾照,辨什麼?」

〔一〕「清」,語要作「明」。

問：「於當人分上，如何發言？」師云：「不是途中客，發什麼言？」學云：「還與麼道也無？」師云：「是汝與麼道。」問：「此座高廣，吾不能昇。未審什麼人昇得？」師云：「得此病來多少時？」學云：「便請和尚藥。」師云：「這鈍漢！」問：「己事未明，如何明得？」師云：「彼常不隱，鏡指顏開。」問：「從上諸聖，還有不依師者無？」師云：「闍黎因什麼人？」師云：「兄弟，諸聖興來，蓋爲人多錯會。言佛演法，祖唱玄微，只爲夙昧天機，致使迷倒。所以教排不到，祖不西來。仁者分上作麼生？各自有與麼事，莫自退屈，莫只踏步向前覓。若覓卽失，若親卽疎，塵沙劫來，未曾有一捻土解蓋覆得。兄弟，各自努力。歸堂，珍重。」

師於佛殿前上堂，大衆雲集。師登座，顧視大衆，乃却起立，頃間便歸法堂。僧從師到法堂後，師問僧：「投機不辨，隔岸難明，仁者作麼生？」其僧無對，便問：「如何是不假言説第一義？」師云：「驢年會得麼？」問：「強弱卽不問，如何是平常之道？」師云：「因什麼得到與麼地？」學云：「還得平常也無？」師云：「莫椀鳴聲。」問：「宗乘中事，乞和尚提撕。」師云：「是什麼？」師却喚近前，「這箇是提撕，汝喚作宗乘中事卽不得。」學云：「未審宗乘中事如何？」師便打一棒。

問：「如何是西來意？」師云：「石人筆下看。」問：「如何是作家？」師云：「你行脚爲什麼？」學云：「與麼卽某甲不疑。」師云：「何處得作家？」問：「如何是最初一句？」師云：「什麼處收拾得來？」問：「如何是末後一句？」師云：「自鈍致作麼？」問：「臨行之際，乞師一言。」師云：「終不敢鈍致汝。」問：「千年松樹，尚有偃枝。學人雖披入衆衣，未曉出塵路，乞師方便。」師云：「九霄雖異世，畢竟杳難同。」問：「堂堂地來時如何？」師云：「堂堂不柰何。」問：「己事未明，如何爲驗？」師云：「乾坤不掩，時人自迷。」問：「如何是學人立足處？」師云：「不從諸聖得。」云：「便與麽去時如何？」師云：「猶是時人進向處。」學云：「不落進向事如何？」師云：「還反仄麽？諸和尚，大凡行脚，須識辨宗風，莫只是尋言逐句，無有了時。雪峰和尚道：『三世諸佛不能唱，十二分教載不起。』所以鼓山道：有一人與麽來，總未曾通這箇消息。向伊與麽道，被伊把黄泥驀口塞，還怪得他也無？恐人亂塞人口，所以道鼓山有不跨石門句，作麽生道？到這裏須是其人。莫亂道。」

時有學人問：「如何是不跨底事？」師以拂子驀口打。師却問：「還會麽？」學云：「不會。」師便咄云：「不是者脚手。」師云：「若己事未露，就人揀得，卷子裏抄，册子裏寫，有什麽用處？不如明取自己事。明道爲之德，不問爲之行。德行俱備，今時稱斷。更有一人作麽生？諸和尚也莫泥水不分，清濁不辨。末法時代，天下交馳，兄弟得共林泉，與道伴一處，齧嚼此事，也須慶幸始得。直須曉夜懇苦，莫虚度光陰。各歸，珍重！」

師於三門前上堂，問僧：「有一人從水塘頭來，便轉去，汝作麽生？」學云：「和尚也須許他始得。」師云：「便擗脊棒，汝作麽生？」學無對。師云：「不才謹退，也是掠虚漢。」問：「如何是不假言説第一句？」師云：「放汝三十棒。」問：「不起於座，如何是掣電之機？」師云：「醉作麽？」問：「凡有言句，盡落標指。如何是月？」師云：「還識羞麽？」問：「據何眼目，消得人天應供？」師云：「瞎漢。」問：「未達本源，如何履踐？」師云：「相去多少？」云：「争柰學人疑何？」師云：「阿誰罪過？」問：「只在途中，請師指示。」師云：「在途中多少時？」云：「謝和尚指示。」師云：「莫塗污人好。」問：「苦澀處，請師道。」師云：「收取好。」

問：「十二時中，如何履踐，卽得不辜於自己？」師云：「直須不辜於自己。」問：「澄源浪靜，爲什麽真形不現？」師云：「什麽處收拾得？」云：「究竟如何？」師云：「非究竟不與闍黎通。」云：「豈無方便？」師云：「方便是什麽人分上？」問：「承和尚有言，不許學人揀話。又不許擇話，如何行履卽得不違和尚所囑？」師云：「還自恥麽？」問：「九霄峰外月，室内一輪燈。如何是一輪燈？」師云：「岸谷無風，徒勞瞪目。」問：「名言妙句，教網所詮。不涉三科，請師直道。」師云：「肘後不曾傳。」問：「十二時中，如何究竟生死？」師云：「將生死來！」學云：「與麽卽無究竟處。」師云：「似你與麽語話。」問：「參禪學道，須是其人。學人與麽來，請師直道。」師云：「瞎顛作麽？」學云：「謝和尚指示。」師云：「放你二十棒。」問：「人人盡言請益，未審師如何拯濟？」師云：「鼻地人難肯。」問：「作何準則，卽得不背於古？」師云：「不可諱去也。」學云：「謝師指示。」師云：「便被喫棒。」

問：「千手千眼，阿那箇是正眼？」師云：「用正眼作麽？」問：「如何是目前機？」師云：「卽今是什麽機？」學云：「不會，乞師指示。」師云：「轂地人不踐。」問：「二邊不立，中道不存，是如何？」師云：「卽今在什麽處？」學云：「豈無和尚爲人處？」師云：「教我爲阿誰？」學云：「屈什麽處？」師乃與杖。

問：「古人道，相逢不擎出，舉意便知有。如何是舉意便知有？」師云：「阿誰舉？」問：「如何是學人最親最切處？」師云：「妄想作什麽？」學云「還得當也無？」師云：「收取好。什麽語話？」問：「作麽生是木馬石人騎，不背空王印？」師云：「泥牛步處，盲者徒施。」問：「作麽生是動容揚古路？」師云：「不欲得商量。」問：「作麽生是別傳底事？」師云：「收取蝦蟇口不得。」

師云：「諸和尚各自有與麼事，莫受屈，未曾欠少，未曾有寸土解蓋覆得，汝爲什麼却不會去？更踏步向前覓，途中踐士不曉室中，且室中事作麼生？只欲得人説，是汝自己事，爲什麼却不會？唯是他人屋裏事，總會得。只是傍家喫老師涕唾，向意識裏作解，有什麼交涉？行脚不遇其人，所以道苦屈在。初記著一字，歷劫作野狐精。若靈利底，不假老師多多。久立，各自努力。珍重！」

師有時上堂云：「時時與麼打鐘打鼓，上來覓什麼？有什麼苦屈底事？不見古人道：『總是一隊喫酒糟漢，把棒一時趁下。』鼓山如今直下老婆心，有疑者出來問。」時有學人問：「近入叢林，不會，乞和尚慈悲指示。」師云：「我不敢誑謼汝。」學云：「不誑謼事作麼生？」師打一棒。問：「如何是徑截之言？」師云：「最徑。」學云：「如何是不假言詮？」師云：「即今有多少？」問：「承古人有言，有相身中無相身。如何是有相身中無相身？」師云：「即今是什麼身？」學云：「如何是無明路上無生路？」師云：「即今是什麼路？」問：「學人單貧，請師拯濟。」師云：「有什麼事？」學云：「爭柰單貧何？」師云：「論劫受苦。」問：「承古人有言，巧説不得，只用心傳。如何是心傳？」師云：「道什麼？」學云：「不會。」師便喝出。

問：「投機便轉是如何？」師云：「作麼生轉？」學人纔進前，師便喝出。問：「大事未辦，時中以何爲驗？」師云：「時中不得步。」學云：「如何得相應？」師云：「不相應。」學云：「爲什麼不相應？」師云：「不爲汝。」問：「急切處，乞師一言。」師云：「調達不得肯。」問：「承古人有言，大體寬無際，小心塵不容。如何是大體寬無際？」師云：「大小。」學云：「如何是小心塵不容？」師云：「因什麼到與麼地？」

問：「承古人有言，一切衆生，日用而不知，如何是日用事？」師云：「這箇是什麼人語？」問：「二龍爭珠，誰是得者？」師云：「珠在什麽處？」問：「承古人有言，一花開五葉，結果自然成。如何是自然成底果？」師云：「即今是什麽？」問：「從上宗乘，請師直示。」師乃叱之。問：「諸聖未興，以何爲眼？」師云：「闍黎眼在什麽處？」問：「和尚慈悲，如何體會？」師打一棒。

問：「只如僧問洞山云：『三身中，阿那身不墮於諸數？』洞山云：『吾常於此切。』只如洞山云吾常於此切，是墮是不墮？」師云：「汝又向這裏弄性命也。」問：「終日動静，爲什麽不明自己？」師云：「只爲終日動静，所以不明。」學云：「不動静時如何？」師云：「是什麽？」問：「山中和尚纔見師僧禮拜，便喫棒。意作麽？」師云：「因什麽不行脚去？」問：「南泉以手打膝云：『這裏即易。』又云：『這裏即難。』僧問云：『只如却手。』豈不是舉唱宗乘？」師便以手打膝云：「此不是舉唱宗乘作麽？」學云：「只如却手，意作麽生？」師云：「汝自看。」問：「如何是第一句？」師便把杖作驀口刺勢。問：「深深無底，淺淺無源時如何？」師云：「得此病來多少時也？」師云：「近來師僧，只愛舉經舉論，説圓説頓。所以道，經有經師，論有論師，律有律師，有函有號，有部有帙，白日明牕，夜附燈燭，自有人傳持在，關汝衲僧什麽事？汝且道，圓爲什麽人施？頓爲什麽人設？因偏説圓，得成圓頓；本自圓成，不因偏説。這箇是圓頓教，於衲僧分上作麽生？各有區分，莫滅胡種。各歸堂，珍重！」

師勘僧語

問：「古人道：嚙鏃擬開口，驢年亦不會。」師云：「古人與麽〔一〕道，有損有益。」

師問新羅僧：「上山來作什麽？」對云：「禮拜和尚。」師云：「盡世不標，向什麽處禮？」對云：「向不標處禮。」師云：「念汝是新羅人，放汝三十棒。」

問徑山小師，云：「徑山偈道：回首還家不得歸。」師云：「歸是時人歸，豈不是？」對云：「是。」師云：「他不得你箇歸，豈不是？」對云：「是。」師喚云：「嚴闍黎！」對云：「吔！」師云：「是歸，是不歸？」

有僧製得雪峰實録，云：「師每至上堂，良久，顧視大衆，遂云：『是什麽？』」師云：「雪峰只有此語，爲當别更有？」僧云：「别更有。」師云：「案圓也，下山去。」

問：「學人纔施三拜，便知有二十下鐵棒，未審從上宗乘諦當，不謬本參，乞師方便，願垂決擇。」師便與一下棒。其僧歸堂，不肯。師云：「令打鐘喚上勘。」師云：「汝道：『纔施三拜，便知有二十下鐵棒。』豈不是汝與麽道？」對云：「是。」師云：「還有過否？」對云：「有過。」師云：「有過不打，作麽？」便與棒趁下山。

師問修訥維摩座主云：「文殊讚淨名，乃至無有文字語言，是名真入不二法門。與麽讚，還合得維

〔一〕「麽」，原本脱，據語要補。

摩意也無？」對云：「作麼不得？」師云：「維摩意作麼生？」對云：「語默平等。」師云：「這箇是座主與麼道，維摩意作麼生？」座主道不得，方乃禮拜。

問莅上座：「從什麼處來？」對云：「從西院來。」師云：「西院還接上座也無？」對云：「接。」師云：「西院作麼生接上座？」對云：「問某甲道是什麼？」師云：「西院與麼問上座？」對云：「是。」師云：「識得上座也？」對云：「與麼卽不得，未審西院意作麼生？」師云：「是什麼？」

問淨道者云：「古人道：這裏卽易，這裏卽難。這裏卽不問，這裏事作麼生？」對云：「還有這裏那裏也無？」師云：「此猶是這裏事也。道不得喫棒趁下山。」師云：「這漢向後覓箇死處不得。」

審問諸院老宿語

師與困山上雪峰，困山問：「共和尚闘行？」師云：「輸也。」歸時下船問：「共和尚闘船？」師云：「若道闘船，也是輸也。」困山云：「重重失利。」

師與長慶入佛殿，見佛前鉢盂，拈起云：「家常。」師云：「何得又更無厭？」師却拈起問長慶，長慶云：「飯未熟。」師云：「太恪惜生。」長慶云：「穩便卽收取。」師云：「恰是。」

師問保福：「古人道：『是不是，非不非。是卽龍女頓成佛，非卽善星生陷墜。』與麼道，還留是非，不留是非？」保福云：「未却是非。」師云：「與麼是非有什麼了時？」

師見保福共僧在茶堂説話，師云：「莫葛藤。」保福云：「葛藤卽不得，商量佛法，還得也無？」師作撼勢。保福云：「過在什麼處？」師又行一摑。

問東使：「祇如仰山祇對溈山於面前與一畫，意作麼生？」東使云：「作家麼。」師云：「兄真箇與麼作麼生？」東使云：「日可冷，月可熱。」被師攔胸與一托。

問翠嵓：「古人道：無端起佛見，聞法想，被佛威神力故，左降二鐵圍間。作麼生是二鐵圍？」翠嵓云：「起佛見，聞法想。」師云：「起什麼佛見？聞什麼法想？」無對。

問大普云：「於萬像中，還有自己否？」老宿云：「有。」師云：「這箇豈不是燈籠？」云：「是。」師云：「識得老兄也。」

師共長慶、困山在道場院，見託真郎君來，長慶問：「見説郎君是中塔，還是否？」郎君祇在面前立。長慶云：「何曾是中塔？」師云：「正是中塔。」困山云：「不是中塔。」

保福指雪峰上院主山，問長慶：「教中云妙峰頂，莫只這便是否？」長慶云：「是卽是，可惜許。」問師：「只如長慶與麼道，意作麼生？」師云：「若不與麼，紅旗遍野，白骨連山。」

前後帝王問訊語

忠懿王入萬歲寺，見佛像，指問師云：「是什麼佛？」師云：「請大王鑒。」王云：「鑒卽不是佛。」師云：「鑒卽不是佛，是什麼？」

惠宗見師不安，問：「莫是時節至否？」師云：「卽今是什麼時？」惠宗云：「與麼卽無來去也。」師云：

「亦是聖躬與麼道。」又因志上座説云：「昨夜見天王面前現。」惠宗問：「因師〔一〕什麼不向某甲面前現？」云：「却是陛下見。」

少帝遣内臣送書上山，只乃封題而已。師覽而神之。尋内臣拜辭師云：「聖人若問，如何祇對？」師云：「但道盡乾坤有所依賴。」

師在雪峰日，往泉州問盤龍侍中疾。其時尹司徒聞到，司徒令傳語云：「數日四大不安，風勢發動。」師傳語云：「此是司徒句，卽今司徒在阿那？」侍中無對。

清源王太尉問安國了院主云：「劫火洞然，向什麼處廻避？」院主云：「這裏廻避。」太尉不肯。自代云：「不廻避。」進云：「爲什麼不廻避。」太尉云：「他不出頭，廻避什麼？」師云：「什麼處見他道不出頭？」

師因與清源王太尉説話云：「但是世間一切雜學底事，盡是網。」太尉云：「祇如今還網得也無？」師云：「太尉吩。」太尉乃展手云：「卽今有什麼？」師云：「只這一網亦不少。」

太尉舉南陽喚侍者事趙州云：「如空中書字，雖然不成，而文彩已彰。」師云：「祇如與麼道，是宗國師、不宗國師？」太尉云：「宗與不宗，俱是彰也。」師云：「只如趙州意旨作麼生？」太尉云：「不辜負趙州。」師云：「此是句也。趙州意作麼生？」太尉云：「作麼？」師云：「彰也。趙州意作麼生？」太尉無對。

〔一〕語要無此「師」字。

偈頌七首

直下猶難會，尋言轉更賒。擬論佛與祖，特地隔天涯。有曲無絃索，宫商調不同。若人纔和得，拍拍盡爲龍。

綵筆除裝色更濃，針挑瘡患理難同。維摩昔日稱何事，迷從西土却還東。

何事最堪依，巖中獨坐時。路險人難到，巒高鳥不飛。白雲長滿洞，論劫未曾虧。不話曹溪旨，焉干道者機。

石室周圓慶已多，有人不到復如何。待封此樣呈諸友，開時只好笑呵呵。

十八郎殿下送綵毬上，於方丈頂掛，便請偈

衆綵裁成已，工多妙最殊。收歸方丈裏，長翫一明珠。

十八郎殿下又送偈上，國師兼請和，師乃答之

建化開遮假立名，無名之説亦難停。其中薦得非關識，朗月當空不自明。

北京秀長稱爲澤，南派傳宗祖諱能。黄卷暫詮呼作性，教外須參有别行。

附十八郎殿下原偈

無形無本亦無名，日用驅驅不暫停。對面向人多不識，縱横自在轉分明。權時來寄君家宅，萬種

千般是事能。認取當來真本性，一時抛棄事皆行。

甌閩鼓山先興聖國師和尚法堂玄要廣集序

夫釋迦西現，張教網於多門。達磨東來，指人心於徑路。不由名相，頓悟真乘，靡歷化城，直之寶所。而自少室之花開六葉，漕溪之胤布諸方，爰出石頭，號純金鋪。蓋以格高調古，言嶮理幽。厥後子孫從宗行步，闊狹毫釐弗差矣。即有先興聖國師法嗣雪峰，乃石頭五葉也。師坐道場，則三十二年；擁毳侶，則一千餘衆。或柢悟學者，提唱宗乘，機鋒迅而金翅取龍，格致高而般倕匠物。言如雷火，搓之而一點隨游；事比蟾輝，唱之而孤輪不墜。破空有而旋敲中道，話君臣而匪稱當人。排淨名而未是本參，斥圓常而非爲極則。往前所集，漏落者多，漸邁金烏，恐成水鶴。今以了宗大師，昔推入室，今契傳衣。凡於樞要之言，并藴胸襟之内。寫瓶傳器，分燈散明，慮有抛遺，再從編録。總一十六會，偈頌次之。自量淺識之徒，獲覩未聞之教，揮毫承命，聊述端由。時乾德三年乙丑角黍後五日，紹文序。

書鼓山國師玄要廣集後

廣辯興聖國師語録一小編，唱高和寡，後世禪學或不能知。舊本差大，難入包囊中帶行。今禪者守賾僧挺重刊小本，以廣流通。禪衲有自江西湖南來者，知南方雪峯宗旨，則復少挫鋒鋭，行規步〔一〕矩，卷波瀾於性海也。紹興戊午三月晦日，住鼓山老禪士珪書。

鼓山國師和尚名神晏，大梁人，姓李氏。衛州白鹿山受業，得法於雪峯存和尚。壽七十七，臘五十八。石頭第六世。五代晉天福中示寂。

〔一〕「規步」，原本闕，據語要補。

古尊宿語録卷第三十八

襄州洞山第二代(守)初禪師語録

師上堂云："楚山北面，漢水南江，擊法鼓而會禪徒，舉宗風而明祖道。若以揚眉瞬目，竪拳竪指，謦欬咳嗽，是厨中拭鉢帛。『道什麼，會也無』，也是衲僧破草鞋。『者瞎漢，者漆桶』，是箇弄精魂鬼。『總與麽，總不與麽』，是東司頭厠籌子。以此稱提從上來事，盡是邪魔所作。謗大乘，滅胡種，與你天地懸殊。且道衲僧據什麽道理？出來對衆道看！折脚鐺子，各出一隻手，貴得宗乘不斷，亦表叢林有人。有麽？若無，洞山不惜眉毛打葛藤去也。葛藤之事，只在目前。萬象森羅，乾坤大地，百千諸佛，日月星辰，地獄三途，起心動念，每日經歷，皆是諸德自己。何不向這裏體當尋覓看！驀然覷得，倜儻分明，不虚行脚，也自得箇安樂田地。洞山此語，且作死馬醫。若據明眼衲僧，將草鞋驀口搵，還怪得他也無？怪卽不怪，你道憑箇什麽捉得將來？脚跟下推尋，毫末參差，搥折你脚，莫麤心好。"便下座。

上堂良久，有僧問："列祖昇堂，人天堅請，不昧宗乘，乞師指示。"師云："頭髯鬌耳卓朔。"僧云："一句流通，人天聳耳。"師云："墨黲襴衫日裏曬。"進云："師唱誰家曲，宗風嗣阿誰？"師云："重言不當吃。"

問：「赤水求珠，猶是人間之寶；和雲唱出，猶非格外之談。未審今日將何示人？」師云：「夜聞祭鬼鼓，朝聽上灘歌。」問：「言超象表青霄外，出語幽玄事若何？」師云：「岸上行人聲有韻，船中漁父和不齊。」云：「幽玄事若何？」師云：「鈎長線短。」問：「從上來事，未有人當頭道得，請師當頭道。」師云：「八十翁翁不拄杖。」問：「聞師引出潭中意，直透青霄事若何？」師云：「甲巳之年丙作首。」云：「今日事若何？」師云：「大好雪晴。」問：「如何是佛？」師云：「麻三斤。」問：「海竭人亡時如何？」師云：「大難得。」云：「便與麽去時如何？」師云：「雲在青天水在瓶。」問：「道本無言，如何理論？」師云：「十里鼓。」問：「如何是古佛心？」師云：「巢知風，穴知雨。」

問：「牛頭未見四祖時如何？」師云：「榔櫟木拄杖。」云：「見後如何？」師云：「賓八布衫。」問：「佛法兩字卽不問，如何是從上來事？」師云：「眼裏瞳人吹木笛。」問：「百尺竿頭須進步。如何是進底步？」師云：「炎裏放木鵝。」問：「如何是諸佛出身處？」師云：「寒山不語拾得笑。」問：「纔生便死時如何？」師云：「鍾馗解舞十八拍。」問：「如何是正法眼？」師云：「紙撚無油。」問：「智不落千差，請師通不犯。」師云：「蒸餅搵餳。」問：「心未生時，法在什麽處？」師云：「池中荷葉動，決定有魚行。」問：「不當之言，請師不發。」師云：「水流霧下。」云：「誠如是言。」師云：「人無遠慮，必有近憂。」云：「與麽則因地而倒，因地而起。」師云：「不當之言不發。」問：「佛及涅槃並爲增語，理既如此，事又作麽生？」師云：「釋迦老子誠實之言。」問：「如何是禪不禪？」師云：「猢猻摘仙果。」問：「諸上善人，皆說不二法門，居士默然，意旨如何？」師云：「無目不畫眉。」問：「如何是學人入理之門？」師云：「陽烏啼時西嶺上。」問：「如何是學人本源？」師云：

「山高雲峻。」問：「心非意想，道絶功勳。如何是心？」師云：「鷰子不入楚。」云：「如何是道？」師云：「還我話頭來！」問：「幻與非幻，未是學人極則處，如何是入理之談？」師云：「八十翁翁牙不動。」

問：「見境不動時如何？」師云：「眉長三尺二。」云：「如何是見境不動底事？」師云：「鼻孔占却三畝地。」

師乃云：「明機自昧，息慮迷源。萬法同塵，語默難顯。不是情中法，莫生種種心。離此章句，別有商量。且道離却作麽生商量？還有委悉者麽？明明地揀破，明明地顯示，明明地舉唱，明明地謌詠，更無囊藏被蓋，純説乾爆爆地禪。若是靈利禪僧，纔聞舉著，便合眼卓朔地知箇落處。豈不是自家具眼，其柰罕遇奇人。蓋緣洞山這裏言無味，食無味，法無味，無味之句，塞斷人口。兄弟，到這裏難爲湊泊。若向這裏覰得分明，天下尊宿到與不到，徹與不徹，總被你驗破。何故？蓋智有邪正，道有虚僞。多只與麽心機意識，認得門前屋後底，學得路布葛藤，一堆一擔蘊在胸襟，道我會禪會道，還夢見禪道也未？喚作打底，不遇作家，到老只成懵懂。待到明朝後日，驀劄地踏著正脉，省前所行履處，方始羞見本命元辰。」下座。

上堂，時有僧問：「師登文殊座，請師唱道情。」師云：「天晴開水路，無事設曹司。」僧云：「謝師指示。」師云：「賣鞋老婆著隻履。」問：「隘路不通風，如何通得信？」師云：「翻著襴衫戴席帽。」問：「如何是道？」師云：「啄。」云：「如何是道中人？」師云：「失啄。」問：「平常心是道，如何是平常心？」師云：「路不拾遺。」問：「和尚百年後，向什麽處去？」師云：「從上孔丘甲乙己。」云：「此意如何？」師云：「不會卽問人。」

問：「如何是和尚撲不破底句？」師云：「親。」問：「刼火洞然，大千俱壞，未審這箇壞不壞？」師云：「天降蒲薄紙，方圓一尺餘」〔一〕問：「大通徹底人，作何語話即得不傷物義？」師云：「道士登醮壇。」問：「澄而不清，混而不濁時如何？」師云：「額裂幞頭。」問：「萬法歸一，一歸何所？」師竪兩指。云：「如何得歸一去？」師云：「學語之流。」問：「如何是清淨法身？」師云：「烏龜不入水，陸地弄塵行。」問：「如何是洞山圓鏡？」師云：「人將語試，水將杖試。」問：「不向心頭安了義，如何達得祖師言？」師云：「六脚蜘蛛上板床。」問：「動轉無私，如何施設？」師云：「拶。」問：「根本智中如何趣向？」師云：「把火照魚行。」問：「如何是正法眼？」師云：「郭郎鼻孔。」云：「還鑒照也無？」師云：「纖毫總見。」問：「言不投機，請師提撕。」師云：「六七對夜月。」問：「言無朕跡，如何理論？」師云：「鍾馗不讀書。」

問：「三界唯心，萬法唯識。識即不問，如何是心？」師云：「泥裏蝦蟇雲裏走，旱地蛇師水底行。」問：「如何是透法身句？」師云：「兩箇布針三箇眼。」問：「如何是出家？」師云：「剃頭不持鉢。」師乃云：「舉唱宗乘，闡揚大教，須得法眼精明，方能鑒辯緇素。切緣真要一源，水乳同器，到此難分。洞山尋常以心中眼，觀身外相，觀之又觀，乃辯真僞。若不如是，何名善知識者！夫善知識者，驅耕夫之牛，奪饑人之食，方名善知識。即今天下那箇是真善知識？諸德參得幾箇善知識來也？不是等閑，直須參教。徹覰教透，千聖莫能證明，方顯大丈夫兒。不見釋迦老子明星出時，豁然大悟，與大地衆生同時成佛，無前後際，豈不暢哉！雖然如是，若遇明眼衲僧，也好搊脊棒。」便下座。

〔一〕語要此處有：「問：『蓮華未出水時如何？』師云：『漢水正東流。』云：『出水後如何？』師云：『楚山頭倒卓。』」

問：「法不孤起，仗境方生。向上一路，請師便道。」師云：「聽事不真，喚鐘作甕。」問：「如何是道？」師云：「竹竿頭上禮西方。」問：「如何是洞山水？」師云：「雲裏雹子。」云：「飲者如何？」師云：「大小。」問：「朕兆未生，以何爲證？」師云：「烏龜背上紋。」問：「金鱗不點額時如何？」師云：「左眼半斤，右眼八兩。」問：「如何是免生死底人？」師云：「措大席帽。」問：「絶功勳處，如何趣向？」師云：「蟻子不食鐵。」問：「如何是摩尼珠？」師云：「手攜針筒，腰懸藥袋。」問：「如何是大通徹人？」師云：「漢高大王。」問：「文殊普賢來參師時何如？」師云：「趁向水牯牛欄裏著。」云：「與麼則和尚入地獄如箭射。」師云：「全憑子力。」問：「乾坤休駐意，宇宙不留心時如何？」師云：「峴山亭起霧，灘峻不留船。」問：「佛法無形，從何建立？」師云：「神前木虎子。」問：「諸方盡落綣模，請師出竅道。」師云：「十八女兒不繫裙。」云：「與麼則平地起骨堆。」師云：「自領出去。」問：「奔流渡刃，疾焰過風時如何？」師云：「平常心是道。」

上堂云：「言無展事，語不投機。承言者喪，滯句者迷。還得麼？你衲僧分上事，到者裏須具擇法眼始得。只如洞山與麼道，也有一場過。且道過在什麼處？」僧問：「如何是透法身句？」師云：「土星犯牛宿。」問：「亡言事不到，開口理相乖。未審如何即是？」師云：「釋迦老子頭白。」問：「如何是衲僧本分事？」師云：「雲裏楚山頭，決定多風雨。」問：「承教有言，如人含一口水，自不能言。萬法不出於心，各各皆住本位。當與麼時，請師接。」師云：「六隻骰子不成雙。」云：「畢竟如何？」師云：「插標嫌水淺。」問：「石門遷化，向什麼處去？」師云：「麝香不合藥。」問：「學人未達本源時如何？」師云：「脚底毛生。」問：「遠遠投師時如何？」師云：「争怪得老僧。」云：「終不敢造次。」師云：「恰似不齋來。」問：「如何是頭頭物物盡底句？」師云：「三歲孩兒入戲場。」問：「路逢達磨時如何？」師云：「鼻孔大小。」問：「四海無浪，月輪孤時如何？」師云：「眼裏鬚眉長二尺。」問：「不落心機意識，乞師一句。」師云：「楚山入漢水。」云：「未會，請師更道。」師云：「湖南楂子。」問：「不惜時機用，如何話祖宗？」師云：「三箇胡桃兩塊錫。」問：「如何是洞山劒？」師云：「金州客。」云：「用者如何？」師云：「伏惟尚饗。」問：「離却心機意識，請師道一句。」師云：「道士著黄襖裹坐。」問：「如何是不動底心？」師云：「賜紫金魚袋。」問：「生死海中，以何爲津梁？」師云：「年盡不燒錢。」問：「祖師西來，唯傳一心。諸方爲什麼各説異端？」師云：「貪觀白浪，失却手撓。」問：「龍庭金口問，如何對玉機？」師云：「海底紅塵起，石裏瑞花生。」問：「智隔千重鏁，如何擘得開？」師云：「波斯不戴帽。」問：「三乘十二分教卽不問，祖師西來意請師直指。」師云：「小兒不著鞋。」問：「如何是和尚臨機爲人一句？」師云：「官差不自由。」云：「與麼則得一失一也。」師云：「自知較多少？」問：「大用現前時如何？」師云：「天不長惡。」問：「文殊問維摩：以何爲入不二法門？維摩默然。未審意旨如何？」師云：「六隻骰子一時赤。」問：「如何是當處常湛然？」師云：「淨手裝香。」云：「如何是覓卽知君不可見？」師云：「觸手拈經。」問：「如何是竺土大僊心？」師云：「草鞋不入市。」問：「鐵石之心，如何去得？」師云：「張良下殿走。」問：「如何是入不二法門？」師云：「眉長三尺二。」

上堂云：「語中有語名爲死句，語中無語名爲活句。諸禪德，作麼生是活句？到者裏實難得人。若也不動一塵，不撥一境，見事便道答話，長老下脚不得。東西南北，莫知多少。要得去離泥水，活人眼目，舉唱宗風，激揚大事。不道全無，其柰還少。卽緣未達，其源落在第八魔境界中，識得箇不名不物，無是無非，頭頭物物，無不具足。道我得安樂田地，更不求餘。凡有扣擊問難，卽敲床豎拂。更不惜便施説〔一〕便行便用，向惡水坑裏頭出頭没，弄箇無尾猢猻。到臘月三十日，鼓也打破，猢猻又走却了，手忙脚亂，一無所成，悔將何及？你若是箇衲僧，乍可凍殺餓殺，終不著你鶻臭布衫。」便下座。

問：「不犯一切，請師提綱。」師云：「瘂子得夢。」問：「如何履踐卽得無誵訛？」師云：「見之不取，思之千里。」問：「刼火洞然，大千俱壞，未審什麼人爲主？」師云：「陳平不舉令。」問：「如何是和尚擘不破底句？」師云：「孫臏不入市。」問：「如何是真出家？」師云：「剃除鬚髮。」云：「只者莫便是也無？」師云：「因什麼五戒不持？」問：「言無展事，意旨如何？」師云：「漢江不渡船。」問：「不落是非，請師道。」師云：「責。」云：「慈悲何在？」師云：「苦口是良藥。」問：「如何是禪？」師云：「熊耳山下。」問：「如何是無縫塔？」師云：「十字路頭石師子。」問：「實際本無，憑何建立？」師云：「新豐老人八十八。」問：「真源無朕兆，如何話祖宗？」師云：「起席不謝坐。」問：「如何是清淨法身？」師云：「渤土裏雀兒。」問：「如何是佛法大意？」師云：「三日風，五日雨。」問：「如何是露地白牛？」師云：「針劄不入。」云：「飲噉何物？」師云：「一任東西。」問：「如何是通身一句？」師云：「月似彎弓，少雨多風。」問：「萬緣俱息時如何？」師云：「甕裏石人賣棗團。」問：「如何是道？」師云：「頭不梳，面不洗。」問：「牛頭未見四祖時如何？」師云：「三山帽子，大袖布衫。」云：「見後如何？」師云：「市食齋僧。」問：「一言道盡時如何？」師云：「吉凶不上卦。」問：「月不當户時如

〔一〕「便施説」，語要作「便施便設」。

何？」師云：「矮子騎馬。」問：「如何是真空妙用？」師云：「契書鐵券權爲用，妙句無私也是閒。」問：「絶點無蹤時如何？」師云：「尖斗量不盡。」問：「如何是學人佛性？」師云：「來日二十七。」問：「如何是衲僧本分事？」師云：「駱駝渡漢江。」問：「如何是親切一句？」師云：「達磨無當門齒。」

上堂：「學須實學，見須實見。若未諦見，當須克己參尋，博問先達。稍是不得，且向洞山處討箇入路。一切塵刹，一切境界，一切佛界，一切衆生界，盡十方界，一切物類，一時拈來手内。在眼睛裏，亦無來往等相，不礙見聞覺知。舉起一足，乾坤一時震動；行著一步，海水盡皆波濤洶沸。提起一足，須彌山百雜碎；唾一唾，虚空撲落地。諸德每日受用，還自知也無？洞山不獲已，且作死馬醫。對上機兄弟面前，渾成一場笑具，向他上機人前説箇什麼卽得？挨一挨，撥一撥，喝一喝，棒一棒，得麼？指天指地，五言七字，得麼？好風好雨，得麼？如斯舉唱，遍大地攪不轉。把掃箒掃作一堆，將火燒。把篾縛掉放江裏，從他流下去。且作麼生去也？珍重！」

問：「如何是洞山境？」師云：「村裏人油葫蘆。」問：「身手作罪，横羅口舌時如何？」師云：「看鋼鑼著生鐵。」云：「知過後如何？」師云：「望煙尋食地，錯入熝皮家。」問：「將何指示，令學人得透金塵？」師云：「天子馬蹄鳴。」問：「心若無事，萬法不生時如何？」師云：「風鈴有韻真堪聽，聽得猶來曲不成。」云：「正當與麼時，文殊普賢在什麼處？」師云：「長者八十一，其樹不生耳。」云：「意旨如何？」師云：「一不成，二不是。」問：「如何是學人本來眼？」師云：「旋風不左轉。」問：「維摩掌擎四世界。未審維摩身在什麼處？」師云：「在闍黎後底。」云：「爲什麼在學人後底？」師云：「還我話頭來！」問：「法無羈鏁，爲什麼趣入却難？」師云：「波斯讀梵書。」問：「便與麽去，猶涉程途。省力處，乞師一言。」師云：「腰帶不著鞓。」問：「如何是大道之源？」師云：「天寬地窄。」問：「一切諸佛，及諸佛法，從此經出，未審此經從什麽處出？」師云：「一字不著點。」云：「如何是一字不著點？」師云：「碧眼胡僧笑點頭。」問：「如何是離却生死底句？」師云：「掃地添瓶。」問：「長蛇偃月即不問，疋馬單鎗事如何？」師云：「線大鼻孔小。」問：「口欲談而詞喪，心欲緣而慮忘，猶是生死邊事。如何是向上事？」師云：「阿難不持梵夾。」問：「但得本莫愁末。如何是本？」師云：「手織脚大。」云：「如何是末？」師云：「量不著。」

上堂云：「洞山者裏，尋常方丈内不似諸方，一個上來，一個下去，啾啾唧唧地，衷私説底。禪道佛法，盡是向你兄弟面前，滿口説，滿口道，滿口拈提，滿口欒揀，無你左遮右掩處，一時和底翻出。諸德作麽生委悉？汝試對衆道看！譬如太末蟲，處處泊得，不能泊於火焰之上。被他諸方老禿甜唇美舌，説作配當道：這箇是禪，這箇是道，這箇是菩提涅槃，者箇是真如解脱。被丈二釘八尺楔。楔在眼裏，不知不覺。乍到洞山這裏，不知是何説話，會得麽？直饒會得，真如涅槃，菩提解脱，毫末無差也。被條繩子於脚跟下繫却，不得出離。若是靈利衲僧，一咬咬斷，作箇脱灑衲僧，豈不快哉！若三咬兩咬不斷，準前打入懵懂社裏，有什麽出頭時？洞山事不獲已，傍地裏爲你著力。珍重！」

問：「如何是和尚接人一句？」師云：「雞啼不著時，隣人半夜行。」云：「如何領會？」師云：「一任東西。」問：「只與麽，便請益時如何？」師云：「千斤秤不住。」云：「鳥道不存也。」師云：「錯數定盤星。」問：「説者聽者，二俱如幻，無説無聽時如何？」師云：「馬趁不上。」云：「與麽則信受奉行。」師云：「還我話頭來！」問：「如何理論，即得不昧師宗？」師云：「天地玄黃。」問：「不變不動，是何境界？」師云：「臘月三十日。」問：「如何是一真境界？」師云：「衲僧破草鞋。」問：「離却有無，請師端的。」師云：「三脚鐺子無耳棵。」問：「兩處俱亡時如何？」師云：「把針失却線。」問：「不歷古今句，請師運普音。」師云：「措大騎驢。」云：「與麼則學人側聆也。」師云：「手提巾子。」問：「即今心即不問，如何是本來心？」師云：「腰長脚短。」問：「不動智源，如何接物？」師云：「大悲菩薩無手眼。」問：「面前三事變，背後萬般形如何？」師云：「那吒不識父。」云：「如何是那吒不識父？」師云：「眼裏瞳人築氣毬。」問：「匝地普天即不問，應機不失事若何？」師云：「三白大衆。」

問：「如何是正法眼？」師云：「六祖愛喫和羅飯。」問：「未曾開口道，十方佛已知時如何？」師云：「不來諸比丘，説欲及清淨。」問：「生死事大，請師相救。」師云：「三家村人失却火。」問：「承古有言，剎説衆生説，三世一時説，即不無，未審爲什麼人説。」師云：「三頭兩面者。」云：「爲即不無還當也無？」師云：「蝦跳不出斗。」問：「如何是不從師邊得底事？」師云：「夜觀乾象。」問：「釋迦以何爲師，即得無上菩提？」師云：「三千條罪，莫大於不孝。」問：「知有亦不立，妄有亦不生，正當與麼時，如何話道？」師云：「六耳不同謀。」問：「如何是大道本源？」師云：「赤脚上船。」問：「古鏡未磨時如何？」師云：「三番羯磨。」云：「羯磨後如何？」師云：「爲什麼五戒不持？」問：「祇者猶不是，如何即是？」師云：「天性不喫酒。」問：「自古及今不從人得，六祖、黄梅，夜聞何事？」師云：「志公拄杖。」云：「得用時如何？」師云：「用那曲尺作什麼？」問：「如何是毛呑巨海？」師云：「六祖口脣大。」問：「如何是會佛法底人？」師云：「兩道行纏。」問：「青青翠竹，盡是真如，此理如何？」師云：「朝遊山水，暮宿草菴。」問：「自肯己〔一〕，常人知見；己不見己時如何？」師云：「看錮鏴著生鐵。」問：「纔伸一問，悔思不及，請師方便。」師云：「兩得便宜。」問：「如何是學人本分事？」師云：「三脚蝦蟆無後脚。」問：「目前無朕兆，如何顯真宗？」師云：「八十婆婆手擎扇。」問：「如何是無心鏡？」師云：「水深三尺。」云：「還照學人心也無？」師云：「徹膽見。」問：「一塵纔舉，大地全收。如何是一塵？」師云：「波斯上廟。」問：「只見龜毛長，不見兔角生。請師現兔角。」師云：「目裏瞳人築氣毬。」問：「絲盡停機，是諸佛權行之義。向上事，請師直道。」師云：「多母失愛。」問：「諸方卽心卽佛，未審和尚此問如何？」師云：「無底楪子七八片。」問：「如何是超毘盧越釋迦之談？」師云：「迦葉目視佛。」

上堂：「法鼓纔動，大地全收。諸德在鼓聲裏來往，還知也無？對衆道看！若道不得，被洞山熱瞞。」下座。

上堂：「卽心卽佛，破執二疑。非心非佛，止宿草菴，且居門外。向上一路，千聖不傳，葛藤言語。作麽生是衲僧分上事？」良久云：「拈得出來，也是破草鞋。」下座。

問：「天堂地獄，是什麽人居止？」師云：「洞山。」問：「如何是法身？」師云：「穿靴水上行。」云：「莫便是否？」師云：「水上烏龜頭赫赤。」問：「作止任滅，猶是禪那之病。如何免得？」師云：「梵僧不袒肩。」問：「未問未答，如何商量？」師云：「持鉢不得，撲破鉢盂。」問：「金烏出海耀天地，與此光陰事若何？」師云：「崑崙渡海誇珍寶，波斯門下髆鬚多。」

〔一〕「自肯己」，語要作「己自肯己」。

上堂：「無邊刹境，自他不隔於毫端。洞山魚鼓聲動，延慶白馬鷲嶺谷隱師僧，盡隊隊入僧堂裏喫飯。諸德識得幾箇？對衆道看！若向這裏道得，卽有可良善，不無行脚。若道不得，閻老徵你草鞋錢有日在。」便下座。

問：「超佛越祖人難得，請師一句顯根源。」師云：「裁衫錯却領。」問：「古寺清幽，如何辯主？」師云：「責。」云：「你何方便得覩慈悲？」師云：「焚香胡跪。」問：「不斷佛種，請師一言。」師云：「犯著太白星。」問：「遍地黃金，便與麽用時如何？」師云：「滿天列宿，白日雨下。」

上堂：「諸德提將鉢囊柱杖，千鄉萬里行脚，蓋爲生死不明。要得達法悟道，到處豈無親覲尊宿善知識！若爲你解粘去縛，道眼分明，甑別是非，堪爲師匠。卽便抝折拄杖，高掛鉢囊，取箇徹頭，莫愁不成辦。或若開口動舌，說向上向下、這邊那邊、玄會妙會、道出道入、君臣父子、明體明用，盡是謗般若，埋没宗風。不識好惡尿床鬼子，帶累後人無有了日。拽下繩床，落脊棒趁出三門，再教行脚，與伊爲增上緣，也與宗門出得氣。更向其中叉手竝脚唱諾，攝他野狐涎唾，自肯自重云：得和尚爲我揀爲我說，得箇安樂處。還睡覺也未？還洒洒也未？喚作病不遇良醫，悞服他毒藥。認得箇驢鞍橋，喚作阿爺下頷，與你本分事有什麽交涉？將知你一生行脚，只是踏破草鞋，始終成得箇不唧嚁漢。下去！」

問：「尅己求真，是修行人之大錯。能辯邪正，猶乖道體。未審如何修證？」師云：「六隻骰子一時赤。」問：「不在內，不在外，不在中間，未審在什麽處？」師云：「偏〔一〕衫不蓋體。」問：「如何是學人自己？」

〔一〕「偏」，語要作「褊」。

師云：「親人不著便。」問：「萬緣俱罷，六户齊寧時如何？」師云：「天晴不肯去。」云：「便與麽去時如何？」師云：「須待雨霖頭。」問：「盡大地人來，如何指示？」師云：「舌頭拄上腭。」問：「請師出欘。」師云：「七顛八倒。」問：「心境未明時如何？」師云：「吐舌至頂相。」問：「大藏教是一場是非，學人親切，請師道。」師云：「有手不彈指。」問：「天皇打典座，意如何？」師云：「喫酒不謝座。」問：「如何是學人究竟事？」師云：「説！」云：「未審説箇什麽？」師云：「泥裏搲椿。」問：「如何趣向，即得至理無差？」師云：「垂鈎水上。」云：「與麽則謬向途中枉施功。」師云：「自知較一半。」問：「但得本莫愁末，如何是學人本？」師云：「草鞋無底。」問：「如何是塵劫不昧底事？」師云：「脱衣不渡水。」問：「添一減一，理歸何所？」師云：「三年一閏。」問：「真修道人，不見世間過。未審世間有什麽過？」師云：「兩人著緋，一人著皁。」問：「煙雲不到處，喚作什麽？」師云：「燒錢不及時。」云：「與麽則劃地作佛像去也。」師云：「自屎不覺臭。」

問：「三身中，阿那身説法？」師云：「親言出親口。」問：「如何是説底口？」師云：「還我話頭來！」問：「如何是撥塵見佛底句？」師云：「楚山頭上播紅旗。」問：「心不是佛，智不是道，還有過也無？」師云：「知他大小。」問：「生死根源，請師指箇入路。」師云：「頭破額裂。」云：「學人不會，乞師指示。」師云：「天上天下。」問：「承古有言：『天得一以清，地得一以寧，君王得一以治天下。』衲僧得一時如何？」師云：「五九四十五，太陽來入户。」問：「佛法禪道是同是别？」師云：「梳頭不洗面。」問：「明月當空，如何鑒照？」師云：「量之不足。」問：「久淘砂磧，未覩真金，請師指示。」師云：「入水不濕脚。」云：「與麽則學人得用去也。」師云：「争奈脚板濶。」云：「一言可以喪邦？」師云：「不知是不是，是卽也大奇。」問：「諸方盡在繩墨裏，未審和尚此間如何？」師云：「篙箭射須彌。」問：「扶籬摸壁，時人盡知諸佛正法眼。請師直指。」師云：「夢裏打三更。」問：「十二時中，行住坐臥，自省覺時如何？」師云：「看人喫飯。」云：「争奈樹影不斜何？」師云：「親言出親口。」問：「一法若有，毗盧墮在凡夫。萬法若無，普賢失其境界。未審如何卽是？」師云：「眼裏瞳人築氣毬。」問：「森羅及萬象，皆從一法所印。如何是一法？」師云：「要你眼作什麽？」云：「還許學人受用也無？」師云：「可惜許。」問：「金鍮現前，請師辯。」師云：「兩脚蝦蟆呑却月。」問：「的言無證時如何？」師云：「牙疼灸左耳。」云：「甘苦常言。」師云：「聽事不真，唤鐘作甕。」問：「如何是不歷巨海獲驪珠底人？」師云：「四手八臂。」問：「久昧衣珠，請師指示。」師云：「磁石不攝針。」問：「彎彎似月，廓落三星，西士卽無，此間事如何？」師云：「東南西北。」問：「十二時中，如何得與道相應去？」師云：「拈東摸西。」問：「從上宗乘，請師垂示。」師云：「老鵶線斷。」問：「一念未生，爲什麽不見自己？」師云：「劃地成牢。」問：「盡未來際，遍法界中，盡此一句時如何？」師云：「有錢千里通，無錢隔壁聾。」

上堂：「九丹一顆，點鐵成金。至理一言，轉凡成聖。世間法亦復如是。洞山且問諸德，作麽生是轉凡成聖底道理？試對衆道看！雖然不出頭，肚裏道了也。作麽生是轉凡成聖底道理？且道轉箇什麽？莫瞌睡。作麽生？莫是一喝一棒麽？如此見解，是街頭巷尾打鐵磬輪，木槵數珠，念喝囉怛那，行者輩見解。在你衲僧家合作麽生？須是具眼方能辯邪正。莫只與麽過。諸德，時不待人，切須努力。睡一覺起來，看取是什麽道理？久立，珍重！」

問：「不與萬法爲侶底人，還有向上事也無？」師云：「道士頭戴冠。」問：「如何是佛？」師云：「灼然諦當。」問：「如何是三寶？」師云：「商量不下。」問：「如何是清淨法身？」師云：「醬甕裏蛆兒。」問：「一箭便中時如何？」師云：「過。」云：「過在什麽處？」師云：「著。」

上堂：「且如禪師者，須是己事分明，具擇法眼，遍參知識，方辯祖宗法胤，水乳岐分。若不然者，何名衲僧？行脚不遇師匠，最苦莫過於此。可惜許，大丈夫兒，莫限限隴隴地。禪德，洞山尋常道：待我家園麥熟，事持磨麵作箇餕餡，屈取東西南北善知識，同共一筵破除了。盡與伊出却釘，拔却楔，拈却炙脂帽子，脱却鶻臭布衫，作箇洒洒地禪師。後代學人有可依倚，豈不俊哉！」

問：「如何是洞山劒？」師云：「問作什麽？」云：「也要知。」師云：「罪過。」問：「如何是古佛劒？」師云：「何不問？」云：「用者如何？」師云：「鉛刀子。」問：「承古有言，諸旋未息，彼物先住，尚不可得，意旨如何？」師云：「虚空擲骰子。」

上堂：「莫捏目妄想，總不如是。道本無機，豈留心法。諸德，且作麽生領會？莫錯會好。珍重！」

問：「承古有言，其中長者子，箇箇盡無裩。如何是長者子？」師云：「衹你是。」云：「是箇什麽？」師云：「猫兒打筋斗。」問：「如何是洞山？」師云：「動則傾湫倒岳，不動即天地黑暗。」問：「學人欲殺父殺母，如何下手？」師云：「急。」問：「非時親覲，請師一句。」師云：「對衆作麽生舉？」云：「據現定舉。」師云：「放你三十棒。」云：「有什麽罪過？」師云：「罪不重科。」問：「風不鳴條，雨不破塊，是什麽人分上事？」師云：「要道卽道。」云：「便請道。」師云：「分付不著人，却令道者怪。」問：「久居洞中，爲什麽一物全無？」師云：

「脚大木履小。」云：「如何領會？」師云：「直覰步。」問：「如何是室中人？」師云：「不在外。」問：「壁上有一高僧至時，還説法也無？」師云：「來去不住。」問：「大衆雲臻，請師略舉綱要。」師云：「水上浮漚呈五色，海底蝦蟇叫月明。」問：「洞山鬱茂，爲什麼無味？」師云：「驗在目前。」問：「朗月當空，是什麼人境界？」師云：「闍黎境界。」云：「爲什麼日用不知？」師云：「非洞山過。」問：「如何是籠中鳥？」師云：「在籠中多少時？」云：「只爲籠中鳥。」師云：「却飛去。」問：「學人欲伸一問爲自己不見時如何？」師云：「無背面。」問：「朗月當空，爲什麼不見自己？」師云：「近後。」問：「如何是沙門行？」師云：「不損人。」問：「雲水是人遊，是什麼人能到峰頂頭？」師云：「無足人能行，無手人能執。」問：「佛卽不問，如何是法？」師云：「你爲什麼不出家？」

問：「無佛無人處，法從何生？」師云：「你在什麼處出家？」云：「現在目前，和尚自看。」師云：「五戒也不持。」問：「目覩瞿曇猶如黄葉，意旨如何？」師云：「襄州土宜，不出別物。」問：「量闊無邊，爲什麼不容自己？」師云「窄。」問「曹溪一句卽不問，如何是雲門一句？」師云「天下人咬不著。」云：「還當得生死也無？」師云：「是何生死？」問：「佛佛相應，祖祖相傳，未審相傳底事如何？」師云：「此去韶州八百五十。」云：「與麼則有口不如無聲。」師云：「速須懺悔。」問：「擘破成狼藉，渾崙〔一〕又不成。藥病俱消處，便請師商量。」師云：「雲生嶺上，水出高源。」云：「與麼則師子吼也。」師云：「還我師子吼來。」問：「無心道人還法示人也無？」師云：「黑地入漆甕。」云：「既是無法，緣何得入？」師云：「到老惺惺。」問：「如何是動乾坤

〔一〕「崙」，語要作「淪」。

底人？」師云：「須彌山上打筋斗。」問：「乍可永劫受沉淪，誓不將身求半偈。」師云：「官不容針，私通車馬。」云：「與麼則和尚容許也。」師云：「且領前話。」問：「大藏教是箇切脚，如何是字母？」師云「啞子上刀梯。」

兵馬都監太保問：「眼處入正受，諸塵三昧起，此意如何？」師云：「洞山茶椀裏有太保，太保茶椀裏有洞山。」太保無語，將此話問尊宿。谷隱云：「不落無言説。」延慶云：「喚什麼作三昧？」

師問僧：「莫便是新到否？」僧云：「是。」師云：「夜來投栖處，今朝事如何？」僧云：「今朝風較急，青山背上行。」師云：「不是，更道！」僧云：「珍重！」師便打。問：「如何趣向即得至理無差？」師云：「垂鈎水上。」云：「與麼則謬向途中枉施功。」師云：「自知者少。」問：「鼓聲纔罷，大衆雲臻。學人與麼來，請師速道！」師云：「撥雲看日暈，坐水看山行。」問：「釋迦掩室於摩竭，淨名杜口於毗耶，猶是中下之機。向上一路，請師説破。」師云：「玄玄無倚靠，逈逈勿人知。」問：「輪王寶劒常露現前。輪王即不問，如何是寶劒？」師云：「水裏無魚人皆信，空裏行船笑殺人。」問：「諸佛非我道，誰是最道者？」師云：「樓上打鼓，聽聲在外。」問：「父母非我親，誰是最親者？」師云：「瘂子買甜瓜。」問：「真即幻，幻即真。離此二途如何道？」師云「臨河照影。」云：「與麼則叉手當胸，退身三步。」師云：「若不同床卧，焉知被裏穿！」問：「衆魔到來，如何支遣？」師云：「鍾馗解舞十八拍。」云：「還受厭禳也無？」師云：「信邪倒見，死入地獄。」

問：「自知當作佛，未審什麼人證明？」師云：「耆婆賣針筒。」問：「寂寂無惺惺時如何？」師云：「波斯不過江。」問：「藤蘿高萬丈，身與白雲齊時如何？」師云：「昔時東海曾相識，却向西山弄日頭。」問：「擬問和尚，有煩尊重。擬欲不問，已事未明。今日上來，問即是，不問即是？」師云：「今日敗闕。」云：「爲什麽如此？」師云：「虛空烜赫無涯岸，海月圓時無別天。」問：「如何是透法身句？」師云：「千江有水千江月，萬里孤舟萬里身。」問：「學人擬歸鄉，請師指路頭。」師云：「楚山頭向東。」問：「如何是祖師西來意？」師云：「衣衫不整。」問：「以字不成，八字不是，未審是什麽字？」師云：「波斯入市。」問：「大海有珠，驪龍守護時如何？」師云：「困。」問：「如何是諸佛出身處？」師云：「楚山頭。」問：「心外無法，不可所求。法内無心，不可所得。離此二途，如何是道？」師云：「紙上畫鍾馗。」問：「真空得之不空，妙有得之不有，衲僧得之如何？」師云：「拈匙不把筯。」云：「與麽則一切法常也。」師云：「只爲不常。」問：「承師有言，禪子相投，西山月落。未審落在什麽處？」師云：「手裏把鈎。」問：「心外觀法，法不際心；心内觀法，法源不達。如何是本源？」師云：「面上眉長三尺二。」問：「停真罷想時如何？」師云：「水底弄傀儡。」云：「誰是看翫者？」師云：「停真罷想者。」云：「與麽則大盡三十日，小盡二十九也。」師云：「你見什麽道理？」云：「某甲合喫和尚痛棒。」問：「知而不悟時如何？」師云：「草鞋繨子斷。」問：「虛空無口憑何説？」師云：「木履鞘長三尺二。」問「撥塵見佛時如何？」師云：「旛竿頭上不插標。」問：「德山入門便棒，臨濟入門便喝。未審和尚意旨如何？」師云：「尖斗量不盡。」云：「還有爲人處也無？」師云：「頭戴天，脚履地。」

師到雲門，雲門問：「近離什麽處？」師云：「楂渡。」門云：「夏在什麽處？」師云：「湖南報慈。」門云：「幾時離彼？」師云：「八月二十五。」門云：「放你三頓棒。」師晚間入室次，却問：「今日祇對次，蒙和尚放三頓棒，未審過在什麽處？」門云：「江西湖南便與麽商量。」師於言下大悟。遂云：「他後向無人煙處卓箇庵子，不畜一粒米，不種一莖菜。接待十方往來，盡與伊抽釘拔楔，拈却炙脂帽子，脱却鶻臭布衫，教伊洒洒地作箇衲僧，豈不俊哉！」門云：「你身如椰子大，開得許大口。」

上堂：「洞山普樂，無言展托。終日現前，誰知適莫。無遮無障，不知不覺。更有一言，乾乾爆爆。」

歌頌

隨物通真頌并序

至大莫若於道，至廣莫若於法。無言表而不顯於道，無物象而不出於法。且夫衆生浩浩，窮本末以何歸？處處忙忙，據生死而何托？洞山聊述一頌，提舉大綱，號隨物通真頌曰

現在目前，何易何難。將何指陳，表法無言。物之有物，言之有言。明明無礙，了了無邊。見之成道，不用再三。物物是我，河沙體全。法法無法，言無可言。眼見耳聞，白日青天。東西南北，竺十大僊。印之可印，燈之燈傳。著衣喫飯，文殊普賢。手提巾子，赤脚上船。是水是火，本絶諸緣。禪僧座主，庶民大官。寬衣大袖，窄領布衫。接延賓客，對答語言。高之與下，不在詐言。上徹天界，下透黄泉。不是别物，古聖皆傳。得之可保，見之安然。今之浪説，出自無端。更有一言，好看好看。

明道頌

大道坦然，廓落無邊，了了虚徹，寂然何安。含容妙用，隨物方圓，自本心法，衆生迷源。道無别道，玄無别玄，向説不信，須要攀緣。識心是佛，了卽是安，心將何識，識者何心？心識兩亡，見道在

先，從古至今，體自如然。凡聖共有，沙界同源，前賢後哲，悟此而傳。著衣喫飯，語默言詮，不是別物，是箇癡頑。快須提取，勿放狂顛，巧施妙句，廣引多般。揚眉瞬目，閃爍機關，以此爲解，千山萬山。人迷逐物，切要自看，自看得力，諸聖准則。行住坐卧，皆承恩力，成佛作祖，越此不得。不得伊何，要你消磨，坐看北斗，立覷黃河。天南海北，於我於何，明明了了，你何不曉。惺惺皎皎，於何不照！世界根源，衆生祖老，終日現在，名名善巧。說之已說，聽亦甚好，會與不會，任自長保。

真讚

一巧一拙，誰許甄別？青山白雲，兒孫皆說。窈窕邪身，頭尖鼻缺。斫額看魚，焚香祭獺。

又

空生幻身，幻滅空存。谷傳其聲，鐘受其音。取之寫邈，號之曰神。一言纔發，四驟難尋。月之有水，鏡之有塵。不可虛傳，洞山之真。

又

身不奇兮貌不揚，語不異兮法不藏。滿天星宿兮月中月，白日金烏兮海岳彰。

又

我教不寫又被寫，我教不圖又被圖。可惜半匹青絲絹，畫了令人笑一場。

又

月兔走入海，日烏飛上山。見此若不會，虛度幾千年。

色空頌

眼病生色，空病仍存。真空真色，日月乾坤。白日買賣，夜裏屈人。東西南北，碧眼胡僧。

示徒頌

洞山寂寞，無可依托。禪子相投，西山月落。

提綱頌

洞山月冷雪漫漫，緑水清風刮骨寒。言談語句無滋味，釋迦達磨海東邊。

投機頌

向你道，泄天機。我不會，汝惺惺。徧法界，何不明。開眼睡，悟卽驚。好問伊，是阿誰。共商量，莫相悮。快道取，者衆生。

剪商量頌

見非言説知，真語卽是非。畫龍頭似馬，那箇得便宜。

指話會頌

洞山語孤孤，言淡人難措。舉目會宗風，辜負西來祖。

指通機頌

洞山寂寞，一無可有。無味之句，塞斷人口。

明心頌

禪不禪，律不律，赤脚著鞋〔一〕水上立。大洋海底黑雲生，回頭西山日初出。

因事頌

五臺山上雲蒸飯，佛殿階前狗尿天。幡竿頭上煎䭔子，三箇猢猻夜簸錢。

牛兒頌

自牧一牛兒，出入無欄圈。放在芳草中，毛色方能顯。朝去無人趁，暮歸無人唤。其力不可當，有角無鼻絭。不使任從伊，使著隨人轉。天下無荒田，盡是此牛變。有人若覓伊，走去天涯畔。牽來似諸人，問汝見不見。

隨牛狗兒

家有一狗兒，駭小人難見。終日隨牛去，未省使人唤。見客不作聲，見人偏能善。擬議上門來，早是輸他便。好好報禪師，須著精神看。任汝靈利人，不覺爲死漢。

法身頌

法身寥廓偏河沙，萬象森羅共一家。法法盡含真妙用，莫將眼病見空花。

報身頌

報身具足無窮體，現用分明勿是非。悟了始知言無異，休將巧妙用心機。

化身頌

〔一〕「鞋」，語要作「靴」。

化身來往任縱橫，隱顯諸緣應萬機。只這見心非不見，剛須見外强生疑。

又述一頌

洞山有一語，道得無用處。對面共商量，脱衫著却袴。

又

道本無言詮，言詮非本妙。對面共商量，誰人能得了。

又

洞山有一言，對答須提舉。瞪目若思量，者漢去去去。

彭殿直問和尚年多少，師有〔一〕頌

一臘更一臘，相續已年高。住持無別物，化導勿劬勞。勸人常有語，不用苦忉忉。只爲他不信，佛大卽泥多。

十心頌

心是春，普雨山河及大地。澀酸鹹淡甘與苦，盡受春功滋助力。

心是水，任器方圓與寛窄。或直隨人得濁惡，諸般皆盡法王法。

心是火，熱得衆生煩惱果。枝枝葉葉普皆榮，開得心蓮花一朵。

心是秤，萬户千門同共用。纖毫輕重自低昂，便合自知不高穩。

〔一〕「有」，語要作「乃有」。

心是尺，示與世人生條直。莫教指下有推那，地獄三塗難得出。
心是斗，量盡天涯是非口。堆山積岳在心思，死後波吒親自受。
心是燈，照見人間黑暗心。指教直行不能行，須作欺瞞地獄因。
心是鏡，照破人間邪與正。對面言談恰似直，背後猶來黑似漆。
心是道，凡聖同居月皓皓。只於鬧處證菩提，便合如來真正道。
心是師，條貫六賊不暫離。時時呼喚在目前，纔使出門不柰伊。

廓書狀上頌

十載學玄微，今朝方息機。洞山一句子，落處少人知。

師却問：「作麼生是洞山一句子？」書云：「逼塞虛空。」師云：「大好少人知。」書却問：「作麼生是洞山一句子？」師云：「峴山亭上無字碑。」

古尊宿語録卷第三十九

智門(光)祚禪師語録

門人住明州雪竇山資聖寺明覺大師賜紫重顯述

上堂，良久，師顧視左右云："莫有作家戰將？出來！雖然如是，風不來，樹不動。"時有僧問："十地菩薩見性如隔羅縠，祇如初地菩薩又隔什麽？"師云："須彌山。"進云："如何透得？"師云："三生六十劫。"僧問："一機未發，如何辨其語脉？"師云："大衆可驗。"僧云："學人如何進向？"師云："退後三步。"僧問："格外稱提，請師舉唱。"師云："你合作麽生？"進云："與麽則承指示也。"師云："莫妄想。"問："曹溪路上，還有俗談也無？"師云："六祖是盧行者。"問："一切智智清淨，還有地獄也無？"師云："閻羅王是鬼做。"問："如何是佛？"師云："踏破草鞋赤脚走。"進云："如何是佛向上事？"師云："拄杖頭上挑日月。"問："蓮華未出水時如何？"師云："蓮華。"進云："出水後如何？"師云："荷葉。"師乃云："一法若有，毗盧墮在凡夫。萬法若無，普賢失其境界。正當與麽時，文殊向什麽處出頭？若也出頭不得，金毛師子腰折。"又云："正好一盤飯，莫待糁椒薑。"便下座。

因舉僧問香林：「雲門親的旨，今夜囑何人？」林云：「涅槃經。」僧云：「與麼則親的？」林云：「末後品。」時有僧問師：「涅槃經意旨如何？」師云：「大喻八百，小喻三千。」進云：「末後品意旨如何。」師云：「鷄足三峰頭倒卓。」又云：「會麼？」僧云：「不會。」師云：「直待彌勒下生來。」問：「師子返躑卽不問，虎頭生角時如何？」師云：「生得幾箇？」進云：「漝麼則學人退身三步。」師云：「龍頭蛇尾。」問：「如何是大乘修行？」師云：「擔枷帶鏁。」問：「既是龍居，未審龍在什麼處？」師云：「眼下一帶青。」僧云：「學人未曉此意如何？」師云：「瞎。」

上堂云：「汝若進一步，卽迷其理。若退一步，又失其事。若也寂然地，又同無性。作麼生免得此過？所以古人道：明知與麼，故合不犯；正當與麼時，切忌傾倒著。」便下座。

問：「古人拈起拄杖，意旨如何？」師云：「看樓打樓。」進云：「放下拄杖，意旨如何？」師云：「百雜碎。」問：「聖僧爲什麼被大蟲咬？」師云：「不錯。」問：「如何是離却藥忌一句？」師云：「口是禍門。」又云：「叉手當胸。」問：「魚游陸地時如何？」師云：「取死不遲。」進云：「却下碧潭時如何？」師云：「鑽泥刺土。」問：「牛頭未見四祖時如何？」師云：「天寬地窄。」進云：「見後如何？」師云：「地窄天寬。」

上堂云：「德山入門便棒，臨濟入門便喝。你且道山僧者裏用箇什麼？還有人委悉麼？不如歸堂向火。珍重！」

上堂云：「三兩日來好春雨，可謂霶霈。凡夫人見水是水，天人見水是琉璃，魚龍見水是窟宅，餓鬼見水是火。你衲僧家喚作什麼？你若喚作水，又同凡夫見。若喚作琉璃，又同天人見。若喚作窟宅，又同魚龍見。若喚作火，又同餓鬼見。是你尋常還作麽生？所以道，若是得底人，道火不燒口，道水不溺身。你每日喫飯，還少得一粒麽？又古人云：『終日著衣喫飯，未曾咬著一粒米，未曾掛著一縷線。』雖然如此，又須實到者裏始得。若未到者田地，且莫掠虛。」

問：「諸法寂滅相，不可以言宣時如何？」師云：「好箇問頭。」進云：「潛麽則匝地普天？」師云：「更是一堆。」問：「如何是無縫塔？」師云：「四楞著地。」進云：「如何是塔中人？」師云：「鼻孔三斤稱不起。」問：「威音王以前，是什麽人先悟？」師云：「何不問露柱？」僧云：「便潛麽會時如何？」師云：「二頭三手。」問：「威音一響，妙色已彰時如何？」師云：「兩重公案。」問：「既是普眼，爲什麽不見普賢？」師云：「弄巧成拙。」問：「學人有龜毛拂子，將奉師時如何？」師云：「老僧有兔角拄杖與闍黎。」進云：「與麽則進貢得賞也。」師云：「三十年後，此話大行。」

上堂云：「諸上座，且得秋涼，正好進道決擇。還有疑情，出來對衆，大家共你商量，理長處就。所以趙州八十尚自行脚，秖是要飽叢林，又且不擔板。若有作者，但請對衆施呈。忽有騎墻察辨，呈中藏鋒；忽棒忽喝，或施圓相，忽象王廻旋，忽師子返擲，忽作大師子吼，忽拗折拄杖，忽掀倒禪床。但請施設，還有麽？」衆無對。又云：「若是宗門中兒孫，須瞻祖師機方可。是祖師苗裔，不可喫却祖師飯，著却祖師衣，趁讃過日，便道我是行脚僧。者箇秖喚作名字比丘，徒消信施，閻羅王久後徵你草鞋錢有日在。莫道我得便宜。忽然一日眼光落地，入地獄如箭射，又圖箇什麽？各自著便宜，又不是憨漢也。久立。」

因歲朝，上堂云：「斬新日月，特地乾坤，人人盡加一歲。你道露柱年多少？還有人道得麽？」對衆道看！若道不得，山僧與你註破也。祇是甲子會。」時有僧問：「大用現前，不存軌則時如何？」師云：「你爲什麽趯破脚指頭？」問：「日用而不知，常用事如何？」師云：「兩重公案。」進云：「溜麽則更不運步也？」師云：「草鞋底穿。」問：「金剛眼中著得箇什麽？」師云：「一把沙。」進云：「爲什麽如此？」師云：「非公境界。」問：「如何是學人自己？」師云：「問底是誰？」僧云：「學人請益。」師云：「也是作賊人心虚。」問：「絶功勳處，如何履踐？」師云：「更買兩緉草鞋。」進云：「溜麽則退步也？」師云：「太少在。」問：「如何是如來禪？」師云：「横擔拄杖，緊繫草鞋。」問：「如何是祖師禪？」師云：「上大人。」又云：「會麽？」僧云：「不會。」師云：「不會且順朱。」

上堂云：「是你諸人横擔拄杖，出一叢林，入一叢林。你道叢林有幾種？或有栴檀叢林，栴檀圍繞。或有荆棘叢林，荆棘圍繞。或有荆棘叢林，栴檀圍繞。或有栴檀叢林，荆棘圍繞。祇如四種叢林，是你諸人在阿那箇叢林裏安身立命？若無安身立命處，虚踏破草鞋，閻羅王久後徵你錢有日在。」

問：「衆生有難，炭庫裏藏身。諸佛有難，火燄裏藏身。衲僧有難，甚處藏身？」師云：「你不是衲僧？」問：「既是龍居，爲什麽不降甘雨？」師云：「踈田不貯水。」進云：「溜麽則衆生無賴也？」師云：「悲龍争柰何？」問：「國師三喚侍者，意旨如何？」師云：「憐兒不覺醜。」進云：「國師辜負侍者，意旨如何？」師云：「美食不中飽人飡。」進云：「侍者辜負國師，意旨如何？」師云：「粉骨碎身未足酬。」問：「三身中那身説法？」師云：「闍黎鼻孔塌。」進云：「因什麽如此？」師云：「謗斯經，故獲罪如是。」問：「既是諸法寂滅相，爲什麽却有真説？」師云：「話墮也。」進云：「寂滅相又何在？」師云：「不在你口裏。」問：「如何是一大事因緣？」師云：「問取目犍連。」進云：「學人不會，乞師再指。」師云：「舍利弗當知。」進云：「未審如何領會？」師云：「大似不齋來。」

問：「作麽生是和尚歇人一句？」師云：「待闍黎不溜麽來，卽得。」僧云：「祇如溜麽來，還得休歇也未？」師云：「驢年。」問：「盡大地人，各置一問，問問各別，未審和尚如何祇對？」師彈指一下。進云：「未審還副得他問也無？」師云：「隋州紙貴。」問：「如何是一合相？」師云：「明鏡當臺。」進云：「如何是貪着底事？」師云：「胡是胡，漢是漢。」問：「從上古德，以何酬効於師承？」師云：「驗在目前。」進云：「溜麽則心不負人，面無慚色？」師云：「你爲什麽辜負我？」僧云：「和尚也須領話。」師云：「放你三十棒。」問：「承教中有言，譬如摩尼寶殿，三角常隱，一角常現。如何是常現底一角？」師云：「險。」

上堂云：「數日好雨，且道雨從什麽處來？若道從天降。那箇是天？若道從地出，喚什麽作地？若更不會。所以古人道：天地之前徑，時人莫強移，箇中生解會，眼上更安錐。」又云：「赫日裏我人，雲霧裏慈悲，霜雪裏假褐，雹子裏藏身。還藏得身麽？若藏不得，却被雹子打破你髑髏。」

上堂云：「茫茫宇宙人無數，幾箇男兒是丈夫。且道男兒與丈夫是同是別？所以古人道：『佛法無多子，其中難得人。』且道難得什麽人？祇是難得不會佛法底人。衆中還有不會佛法人麽？若有，吐露箇消息來看！所以黄梅七百衆，却被行者傳衣得法去。且道行者還會佛法麽？故知籌盈石室，童子悟道，又何關多口衲僧之事？」

上堂云：「雪峰輥毬，羅漢書字。歸宗斬蛇，大隨燒畬。且道明什麽邊事？還有人明得麽？試道看！若明不得。所以道：斬蛇須是斬蛇手，燒畬須是燒畬人，瞥起情塵生妄見，眼裏無筋一世貧。」問：「如何是大通智勝佛？」師云：「言無再響。」進云：「如何是十劫坐道場？」師云：「禍不單行。」進云：「如何是佛法不現前？」師云：「金屑雖貴。」進云：「如何是不得成佛道？」師云：「眼裏著不得。」問：「久雨不晴時如何？」師云：「蘿蔔不生根。」進云：「既是久雨，爲什麼不生根？」師云：「一任叫皇天。」問：「如何是形山寶？」師云：「你有幾條袈裟？」進云：「請師指示。」師云：「一任亂走。」問：「如何是不變異句？」師云：「變也。」進云：「畢竟如何？」師云：「梟脚長，鶴脚短。」

上堂云：「若欲多求，恐妨於道。祇如諸上座，還得道業成辦也未？若也未辦，千般巧説，不益其心，萬種思量，是何道理？所以古人道：你若無心我也休，睛乾不肯去，須待雨霖頭。」

問：「如何是般若體？」師云：「蚌含明月。」進云：「如何是般若用？」師云：「兔子懷胎。」問：「三春已去，九夏又臨，學人未明，乞師直指。」師云：「打你頭破作七分。」僧云：「也知師爲迷徒切，争柰學人未曉何。」師云：「非日月咎。」問：「經有方便，學人情，〔一〕學人上來，乞師直指。」師云：「見成公案。」進云：「未審學人過在什麼處？」師云：「放你三十棒。」問：「未有世界時，還有佛法也無？」師云：「少一時不生，剩一時不死。」問：「拈槌竪拂，揚眉瞬目，即不問。向上一路，請師舉唱。」師云：「你爲什麼擔枷過狀？」進云：「與麼則謝師方便。」師云：「罪不重科。」問：「師唱誰家曲，宗風嗣阿誰？」師云：「重疊關山路。」進云：「今

〔一〕「學人情」，語要作「學無人情」。

日一會又奚爲？」師云：「對牛彈琴。」問：「真源無兆，如何話祖宗？」師云：「句裏明人。」進云：「恁麼則南山起雲，北山下雨？」師云：「楊花得暖風。」問：「如何是透法身句？」師云：「胡孫繫露柱。」

上堂云：「千人排門，不如一人拔關。」僧便問：「如何是千人排門？」師云：「守株待兔。」進云：「如何是一人拔關？」師云：「你不是這脚手。」問：「如何是禪？」師云：「最苦是黃連。」進云：「如何是道？」師云：「甜的是甘草。」

上堂云：「鼓聲纔罷，罕遇作家。」僧出禮拜。師云：「打鼓爲三軍。」僧云：「長蛇偃月休施展，匹馬單槍謾立功。」師云：「冰消瓦解。」僧云：「諾。」師云：「蘇嚕蘇嚕。」問：「空王殿中，以何爲侍者？」師云：「樓至佛。」

上堂云：「南泉道：『自小養一頭水牯牛，擬向谿東放，不免喫他國王水草。擬向谿西放，不免食他國王水草。不如隨處納些些，他總不見。』所以雲門大師道：『平地上死人無數，過得荊棘林是好手。』直饒你截斷凡聖，及盡有無，也只是老鼠入飯甕，未知有向上一竅在。」便有僧問：「如何是向上一竅？」師便打云：「我早是將一塊屎驀口抹了，你更來咬我手作麼？」僧擬議，師便趁。

上堂云：「神方秘術，父子不傳。山僧有個藥方，黑豆好合醬。」便下座。

問：「如何是清淨法身？」師云：「滿眼是埃塵。」問：「如何是色空？」師云：「薤園裏賣葱。」問：「應化非真佛，亦非說法者。未審是什麼人說？」師云：「露柱口脣缺。」問：「如何是無底鉢盂？」師云：「挂向壁上。」進云：「未審將何齋粥？」師云：「瓦椀竹筯。」問：「如何是佛？」師云：「拖贓叫屈。」問：「如何是祖師西來意？」師云：「山雲野雉。」問：「如何是然燈前？」師云：「空劫無閒人。」僧云：「如何是正然燈？」師云：「火星入牛斗。」進云：「如何是然燈後？」師云：「衲僧天下走。」

問：「古鏡未磨時如何？」師云：「也祇是箇銅片。」進云：「磨後如何？」師云：「且收取。」問：「學人有一問，未審師還答也無？」師云：「南地鵠，北地狐。」進云：「意旨如何？」師云：「三月裹看。」問：「善財入樓閣，是何時節？」師云：「末後殷勤。」進云：「畢竟如何折倒？」師云：「不如退後三步。」僧云：「恁麽則古人不先，今人不後。」師云：「秦王擊缶。」問：「終日切切，祇爲庭前殘雪。如何得雪消去？」師云：「相次春來。」進云：「恁麽則紅輪起處，底穿盪盡。」師云：「雪上更加霜。」問：「閉門造車時如何？」師云：「還得成就也未？」進云：「出門合轍時如何？」師云：「魯般門下。」問：「承教有言：一人發真歸源，十方虛空悉皆銷殞。既是虛空，云何銷殞？」師云：「歸源者合知。」進云：「恁麽則一漚生處衆波同。」師云：「細看前話。」

因李都尉奏師紫衣，到日上堂。僧問：「皇恩遠降，紫服新披，未審師今將何報答？」師云：「頭戴天，脚踏地。」進云：「恁麽則知恩報恩也。」師云：「你也是老鼠喫鹽。」問：「照日絲綸，自天而降。皇恩極大，師將何報？」師云：「大好天涼。」進云：「與麽則雲龍會合，日月重明。」師云：「閑言語。」師乃云：「問話且止，斯日皇恩，且道自何而降？老僧本志，弊衣遮幻質，糲食補飢瘡。無何都尉聞天，衆頒紫服。著卽又違本志，不著又負天心。挂不挂且致，你道祖師挂什麽衣？若也委悉，許上座終日著衣，未曾挂著一縷絲；終日喫飯，未曾咬著一粒米。若不委悉，看老僧今日披衣去也。」遂乃披衣。

師示衆云：「智門記得在母胎中時有一則語，今日舉似大衆，諸人又不得作道理商量。還有人商量得麽？若商量不得，三十年後不得錯舉。或云，登天不假梯，徧地無行路。正當恁麽時，向什麽處安身立命？或云，千人排門，不如一人拔關。還有人拔得關麽？試對衆道看！若道不得，且在門外。或云，日來月往，瘡疣轉多。你將什麽醫得？你若醫不得，作麽生柰者瘡疣何？或云，三十年前卽不問，你三十年後不用將來。正常卽今，還道得麽？若道不得，一處不通，兩處失功。或云，荆棘叢林則不問，你出身一句作麽生道？或云，頭上霹靂則不問，你雲開雨散道將一句來！或云，天下行脚道我參禪，你道禪是什麽義？或云，日裏來往，總不疑著，半夜裏道將一句來！或云，横擔拄杖則不問，你針筒鼻孔裏道將一句來！或云，鉢盂無底，成得箇什麽？或云，狂象無鉤，將何制勒？若制勒不住，莫教犯他苗稼。或云天降時雨，爲什麽枯木不生花？或云，天地及日月，時至皆歸盡，作麽生是透脱一句？或云，出身一句則不問，你三家村裏道將一句來！或云，衲僧須是透得名身句身，方可具得衲僧一隻眼，還有道得底麽？或云，滿口道不著底句，還道得麽？或云，仰面看天，爲什麽不識月？或云，低頭拾芥，爲什麽不見地？或云，初秋夏末，遊山翫水，且從你，驀劄一問，快道將來！或云，出門一句不問你，萬里無雲道將一句來！或云，險峻路上則不問你，平田莊裏道將一句來！或云，黄卷赤軸則不問你，衲僧分上一句，作麽生道？或云，直得凡聖情盡，未是衲僧本分事，且作麽生是衲僧本分事？試通箇消息來！若也道不得，莫道龍居相埋没好。」

綱宗歌

昆明池裏失却劒，曲江池内撈得鋸。齇齇齖齖且過時，莽莽鹵鹵河沙數。糲竭節，拽路布，㓞利衲僧通一路。師子不捉麒麟兒，猛獸那堪牀下顧。摩斯吒，入水去，者回休吐黑雲霧。俊鷹俊鶻搏[一]天飛，鈍鳥籬根捱不去。佛祖言，休更舉，直饒格外猶未許。見成公案早多端，那堪更涉他門户。夜烏鶏，誰捉去，天明戴雪遭指注。胡蜂不戀舊時窠，猛將那肯家中死。

三巴鼻

座主巴鼻，休誇不二，維摩一默，文殊失利。衲僧巴鼻，高原陸地，不生蓮華，豈容香氣。禪師巴鼻，師子遊戲，水漲船高，蒲牢聶肩。

示衆

何物苦求而不得？何物不求而自來？何物鐵槌打不破？何物夜合而晝開？若人不會山僧意，琉璃寶殿生青苔。

因事二首

左轉復右轉，身被摩訶衍。放下搆深泉，不論深與淺。

猛燄爐中看月輪，急須著眼莫因循。若未垂得勞生手，如何出得燄光身。

[一]「搏」，語要作「摶」。

世尊一日陞座，大衆雲集。文殊從座而起，白槌云：「諦觀法王法，法王法如是。」世尊便下座。

文殊白槌報衆知，法王法令合如斯。會中若有仙陀客，不待眉間毫相輝。

汾州莫妄想頌

馬祖出得一汾州，妄想如雷播九州。參禪若無衲子眼，多於海上覓浮漚。

雪峰示衆云：「南山有一條鼈鼻蛇，你等諸人切須好看。」

鼈鼻事難提，當陽薦者迷。舉頭錯入草，嶺上鷓鴣啼。

雪峰輥毬頌

象骨輥毬孰辨機，一千五百幾人知。眨起眉毛千萬里，須是吾門師子兒。

僧問雲門：「如何是吹毛劒？」門云：「祖。」頌

吹毛寶劒問雲門，來者投機豈更存。路逢劒客如何也，甑人攜首向南奔。

僧問雲門：「如何是和尚家風？」門云：「有讀書人來報。」

在處叢林有家風，且與雲門事不同。門外若有讀書者，任是顏回亦不通。

僧問雲門：「如何是祖師西來意？」門云：「日裏看山。」頌

日裏看山也是常，西來祖意謾商量。金毛師子稀逢有，多是狐狸喚作狼。

雲門抽顧頌

雲門抽顧笑咦咦，擬議遭他顧鑑咦。任是張良多計策，到頭於此亦難施。

僧問大隨：「劫火洞然，大千俱壞，未審者箇還壞也無？」隨云：「壞。」僧云：「與麽則隨他去也。」隨云：「隨他去。」頌

切忌隨他不會他，大隨此語播天涯。真淨性中纔一念，早是千差與萬差。

大隨和尚看烏龜在陸地，僧便問：「一切衆生皮裹骨，者箇衆生爲什麽骨裹皮？」隨脱一隻鞋，蓋却烏龜，便去。

如龜藏六已彰名，休向人前弄眼睛。一隻皮鞋都蓋却，直至如今猶未惺。

僧問洞山：「如何是佛？」山云：「麻三斤。」

麻皮三斤不用秤，秤頭那肯坐於蠅。一念纔生筋骨露，徒勞更覓定盤星。

僧問雲門：「如何是沙門行？」門云：「會不得。」僧云：「爲什麽會不得？」門云：「祇守會不得。」

君問沙門行，沙門行最高。若教人會得，業性卒難逃。

僧問趙州：「久嚮趙州石橋，到來祇見掠彴〔一〕。」州云：〔二〕「你祇見掠彴，不見石橋。」僧云：「如何是石橋？」州云：「渡驢渡馬。」

趙州石橋本無星，水急游魚不易停。橋上祇觀驢馬跡，誰人敢向御街行。

趙州問南泉：「離四句，絶百非，請師道。」泉便歸方丈。州云：「者老漢尋常口吧吧地，不消一

〔一〕「彴」原作「犳」，據語要改。
〔二〕「州云」，原作「不見」，據語要改。

問。」離却四句絶百非，作者相諳識得伊。跳下禪牀便歸去，從他鷂子搏〔一〕天飛。

同光帝命諸禪師坐次，云：「朕收得中原之寶，祇是無人酬價。」興化云：「如何是陛下中原之寶？」帝以兩手展幞頭脚。」化云：「君王之寶，誰敢酬價！」

君王之寶實難酬，興化形言下一籌。兩手展開幞頭脚，敕書挂在鳳皇樓。

南泉齋次，自將生盤去首座前云：「出生。」杉山時爲首座，云：「無生。」泉云：「無生猶是未。」便過。杉山乃召：「長老長老！」泉回首云：「作麽？」杉云：「莫道是未。」頌

古老巡堂親掠生，渡水行舟不易耕。莫道無生猶是未，纖毫不了亂縱橫。

僧問長慶：「有問有答，賓主歷然，不問不答時如何？」慶云：「相逢盡道休官去，林下何曾見一人。」頌

人人盡道我心休，問著何曾有地頭。口說心違瞞自己，業河迅速任漂流。

僧問長慶：「衆手淘金，誰是得者？」慶云：「有伎倆者得。」僧云：「學人還得也無？」慶云：「大遠在。」頌

衆手淘金得者誰？纖塵窒礙豈能爲。洪波浩渺黄金遠，一事無成空手歸。

〔一〕「搏」，語要作「摶」。

智門祚禪師語録序

利生機要，捨悲智無以立言；暢道軌圍，存中下無以臻極。苟非曠發羣動，越絶孤應，則何以談續千燈，芳騰五葉？師韶陽的孫，香林嗣子。闢天人之深域，振今古之洪謨。建化度門，高逕寰海。既編聯而互出，致流落以交參。敢議竊班輒形删定，但貴其簡略而已。於戲祖胄之來，星布攸廣，或局一方一師之解，玷瀆先知，藴半禪半律之宜，加諸後進。起異端於筆舌，固狂狷於辭鋒。識圓明有三句接人，指淨慧列三聚之語。既非摭實，頗共傳虚，衒惑見聞，盜求聲利。蓋叢室之巨蠹也，豈堪忍乎！夫欲抑其宗，必先入其奥。儻未甄别，徒自傷殘，魯語所謂君子非詩書不言，非禮樂不動。故昔賢人三緘其口，以誡于心。況吾徒萌一意立一事，得不務於弘濟，而恣銷金銷骨之毁説，寧不畏慎滅身之斧耶！可爲龜鑑矣。庶知我者，觀斯文而絶其謗，閲于集而味其道。則凜凜慧風，無遠不及。時辛未歲蕤賓月之五日，門人住明州雪竇山資聖寺明覺大師賜紫重顯序。

古尊宿語録卷第四十

雲峰（文）悦禪師初住翠巖語録

門人齊曉編

師在同安，受翠巖請，陞座。僧問：「師唱誰家曲，宗風嗣阿誰？」師云：「新長老不答話。」進云：「恁麼則大愚的子，汾陽親孫。」師云：「放你二十棒。」師乃云：「山僧今日平地喫交了也。你等諸人還知敗闕麼？然官不容針，私通車馬。」拍禪床，下座。

次夜小參。僧問：「昔日靈山分半座，二師今日意如何？」師云：「天高誰側首？」進云：「恁麼則昔日靈山，今日翠巖也。」師云：「地闊少知音。」學人喝，師便打。僧問：「抱璞投師，請師雕琢。」師云：「不雕琢。」進云：「爲什麼不雕琢？」師云：「雲從龍，風從虎。」僧問：「佛不化本國，和尚爲什麼歸鄉住持？」師云：「放過一著。」僧擬議，師便打。乃云：「莫更有作家禪客，本分衲僧，何妨出來共相證據，有麼？布袋裏盛錐子，不出頭來也大好。大凡扶竪宗乘，亦須是箇人始得。若未有奔流度刃，石火電光底眼，不勞拈出。」

臨濟大師與德山座次，德山云：「今日困。」濟云：「老漢寱語作麼？」山擬拈棒，濟便掀倒禪床。師云：「奇怪！諸禪德，看此二員作家，一拶一捺，略露風規。大似把手上高山。然雖如是，未免傍觀者哂。且道誰是傍觀者？」喝一喝，擊禪床，下座。

離同安，衆請上堂。僧問：「今離鳳嶺，將屆龍沙，如何是不動尊？」師云：「天寒雨至。」進云：「特地上來伸此問，師爲如何不指南？」師云：「緊捎〔一〕草鞋。」乃云：「山僧道慚荒薄，德揣無堪，豈謂使命遐飛，僧徒雲請！此蓋堂頭和尚友于情深，發揮道廣。但勵履冰之志，敢忘報德之誠！而又翠巖一行，專使附近四十餘人，數日之間，頗多喧聒，其於慼愧，併集山懷。兼此者一行參隨高德，既藴成人之美，更敦尅志之心。其如跋涉長途，各希愛護。然出家達士，以利人爲己任。動若行雲，止猶谷神。豈有心於彼此，情繫於動静者哉！既無心於彼此，亦無繫於去來，所以紜紜自彼，於我何爲？如是則冀諸上人，高横金錫，輕卷雲袍，明日遂行，胡往弗利。」

師在上藍，開堂宣疏罷，遂指法座云：「還有不受人謾底麽？有卽出來，推倒禪床，喝散大衆。然未是作家，也且救得一半，還有麽？」良久云：「既無人出來，山僧今日不惜眉毛，不免指鹿爲馬，翻日作月去也。三十年後莫錯恠人好。」便陞座。祝聖畢，又拈香云：「大衆，此一瓣香，天不能蓋，地不能載，塵沙諸佛、天下老師，未敢正眼覷著。諸人向什麽處摸索？然官不容針，私通車馬。奉爲先翠巖芝禪師。」乃跏趺而坐，維那白槌云：「法筵龍象衆，當觀第一義。」師云：「祖禰不了，殃及子孫。事到如斯，寧容分雪。所謂出世利生之事，呼爲第一義門。但有言説，都無實義。諸人若也委悉，山僧出世事畢。

〔一〕「捎」，語要作「帩」。

其或未然，有疑請問。」

僧問：「承教有言：『若有聞法者，無一不成佛。』此日朝蓋臨筵，如何是法？」師云：「劒過遠矣，爾方刻舟。」進云：「大愚山上曾施力，豫章今日正宣揚。」師云：「臨崖看滸眼，特地一場愁。」問：「師唱誰家曲，宗風嗣阿誰？」師云：「識法者懼。」進云：「一言纔出，駟馬難追。」師云：「放過一著。」僧撫掌。師云：「自領出去。」問：「朝蓋已伸三請禮，乞師一句露尖新。」師云：「重言不當吃。」進云：「恁麼則雲散家家月，春來處處花。」師云：「斫額望扶桑。」問：「師有衝天之略，學人有入地之謀，兩陣交鋒，如何卽是？」師云：「山僧打退鼓。」僧擬議，師便喝。學云：「相逢盡道休官去，林下何曾見一人。」師云：「拖出去。」乃云：「問話且止，佛法正論，非競辨而可求。擊揚鏗鏘，以摧異學。諸祖之道，豈其然乎？所以一大藏教，不能自詮；十方諸佛，不能提唱。輝騰今古，迥絕見知；圓滿十虛，寧有方所。只爲情生智隔，想變體殊，雖終口行，而不自覺。是以勞他先聖，迴首塵勞，曲開方便。方便卽有，還證明得麼？若也證明得，便能隨機利物，應化無方，出沒卷舒，人間天上。然雖如是，卽不得向衲僧門下，何故？笑破他口。」

師入山，大衆出接，首座問：「德山宗乘卽不問，作麼生是臨濟大用？」師云：「你甚處去來？」首座擬議，師便掌。首座云：「滕王閣又作麼生？」師喝云：「領衆歸去！」

入院陞座，僧問：「鼓聲絕，名香爇，臨濟德山請師決。」師云：「頭戴天，脚踏地。」進云：「學人今日失利去也。」師云：「錢唐去國三千里。」進云：「真善知識。」師云：「放你一頓。」問：「知師久蘊囊中寶，今日當機事若何？」師云：「何不高聲問！」進云：「恁麼則學人退身去也。」師云：「還我話頭來！」學云：「諾。」師云：「杜撰衲僧。」乃云：「山僧昔年曾到，今日重來，非唯人事增歎，抑亦林泉加秀。且道不傷物義一句，作麽生道？」良久云：「天高東南，地傾西北。」下座。

上堂，僧問：「師登寶座，舉唱宗乘，學人上來，請師垂示。」師云：「楚石不當玉。」進云：「相識滿天下，知心能幾人？」師云：「朽木不可雕。」復云：「此是普光明殿，華藏師子之座。人天普集，凡聖共居。今日曲順人情，如何剖露？若以宗乘舉唱，直須大地荒凉。就下平高，未免遭他笑怪。且道不落化門一句，作麽生道？」良久云：「惜取眉毛好。」便下座。

上堂：「諸佛出世，平地陷人。祖師西來，承虛接響。一大藏教，誑謼閭閻。明眼衲僧，自救不了。諸人到者裏，憑何話會？」良久云：「爲衆竭力，禍出私門。」擊禪床，下座。

上堂：「寶劒已失，虛舟徒刻。買帽相頭，江南江北。」擊禪床，下座。

上堂，僧問：「如何是道？」師云：「路不拾遺。」進云：「如何是道中人？」師云：「草賊大敗。」僧禮拜。師噓一聲，乃云：「臨濟先鋒放過一著，德山後令且在一邊。獨露無私一句，作麽生道？」良久云：「翠巖今日失利。」以拂子擊禪床，便下座。

上堂：「三轉法輪於大千，其輪本來常清淨。毗婆尸佛在你諸人眉毛眼睫上，放光動地，轉大法輪。看看！見諸人不會，却向翠巖拂子頭上般涅槃去也。」擊禪床下座。

上堂，僧問：「名喧宇宙知師久，翠巖家風略借看。」師云：「滑石不打連底凍。」僧便喝。師云：「作什麽？」僧擬議，師便打。問：「鴻門未踏時如何？」師云：「擗。」進云：「踏後如何？」師云：「裂。」進云：「恁麽則天下歸漢去也。」師噓一聲，乃云：「千人排門，不如一人踏關。一人踏關，千人萬人得到無疑安樂之地，豈不快哉！如今還有踏關者麽？」良久云：「見義不爲，何勇之有！」擊禪床，下座。

上堂，拈起拄杖云：「金鱗不現虚勞力，收取絲綸歸去來。」擲拄杖，下座。

上堂：「過去諸佛已滅，未來諸佛未生。正當今日，佛法委在翠巖。放行則隨機利物，把住則瓦解冰消。且道把住好，放行好？」良久云：「咄，這野狐精！」以拂子擊禪床，下座。

上堂：「髑髏常干世界，鼻孔摩觸家風。」驀拈起拄杖云：「玄沙老子穿過了也，會麽？」復云：「無人過價，打與三百。」擊禪床，下座。

上堂，僧問：「寶劍未出匣時如何？」師云：「在匣裏。」進云：「出匣後如何？」師云：「京三汴四。」問：「如何是和尚家風？」師云：「大木大皮裹。」進云：「忽遇客來，將何祇待？」師云：「小木小皮纏。」問：「如何是祖師西來意？」師云：「解纜放船。」問：「如何是佛法大意？」師云：「天長地久。」進云：「恁麽則大盡三十日，小盡二十九。」師云：「釋迦老子爲什麽失却鼻孔？」僧無語。師云：「脱空謾語漢。」復云：「真不掩僞，曲不藏直。現在可驗，固是謾人眼不得。且作麽生是諸人眼？還驗得麽？若也驗得，翠巖瓦解冰消；若驗不得，分付德山和尚。」便下座。

四月八日，上堂，僧問：「如何是佛？」師云：「寸釘入木。」進云：「意旨如何？」師云：「三生六十劫。」復云：「教中道：四月八是佛生之日，放大光明，照耀十方，地湧金蓮華，自然捧雙足。東西及南北，各行於七步，分手指天地，作師子吼聲。上下及四維，無能尊我者。後來雲門大師舉了云：老僧當時若見，一棒打殺，與狗子喫却，且圖天下太平。」師曰：「奇怪，諸禪德，雲門雖有定亂之謀，且無出身之路。若也辯得，許你頂門具一隻眼。」便下座。

上堂：「翠巖今日不惜眉毛，向你諸人道：一大藏教，祖師西來，天下老和尚横説豎説，並不是衲僧分上事。且作麽生是衲僧分上事？」驀拈起拄杖云：「這一隊漆桶！」便下座。

上堂：「竿木隨身，逢場作戲。然雖如是，一手不獨拍，衆中莫有作家禪客，本分衲僧，何妨出來共相唱和，有麽？」時有僧出禮拜，師云：「依稀似曲纔堪聽，又被風吹别調中。」下座。

上堂，僧問：「靈山拈花，意旨如何？」師云：「一言纔出，駟馬難追。」進云：「迦葉微笑，意旨如何？」師云：「口是禍門。」問：「國師三喚侍者，意旨如何？」師云：「有年有德。」復云：「不用愛聖，聖是空名。不用厭凡，凡是妄立。若得聖凡情盡，唤作體露真常。所以古者道：『但盡妄緣，卽如如佛。』諸人還信得及麽？若信得及，止宿草庵，且居門外，三十年後，鼻孔撩天，莫錯怪人好。」擊禪床，下座。

上堂：「官不容針，私通車馬。今日不惜身命，與大衆舉箇古人話。」良久云：「毗婆尸佛早留心，直至如今不得妙。」便下座。

上堂：「汝等諸人與麽上來，大似刺頭入膠盆。與麽下去，也是平地喫交。直饒不來不去，朝打三千，暮打八百。」便下座。

上堂：「一刀兩段，未稱宗師。就下平高，固非作者。翠巖到這裏，口似樞檐，你等諸人作麽生商量？」良久云：「欲得不招無間業，莫謗如來正法輪。」便下座。

上堂：「看風使帆，諸方共用，斬釘截鐵，翠巖不然。光呑萬象一句，作麽生道？」良久云：「龍頭虵尾漢。」下座。

上堂：「未達境唯心，起種種分別；達境唯心已，分別卽不生。知諸法唯心，便捨外塵相。諸禪德，秖如大地山河、明暗色空，法法現前，作麽生説箇捨底道理？於此明得，正在半途，須知向上更有一竅在。」便下座。

上堂：「三界無安，猶如火宅。出身一句，作麽生道？」良久云：「雲在嶺頭閑不徹，水流澗下太忙生。」下座。

上堂：「若見諸相非相卽山河大地，並無過咎。諸上座終日著衣喫飯，未曾咬破一粒米，未曾挂著一條絲，便能變大地作黄金，攪長河爲酥酪。然雖如是，著衣喫飯卽不無，衲僧門下汗臭氣也未夢見在。」下座。

解夏上堂，僧問：「西天以蠟人爲驗，和尚此間以何爲驗？」師云：「鐵彈子。」進云：「學人無用功處也。」師云：「學語之流。」問：「如何是諸佛出身處？」師云：「十字街頭。」進云：「豈無方便？」師云：「千重百匝。」復云：「日月易流，光陰倏忽，始見安居，又當自恣。此夏喜得大衆各各道體康安。然出家之流，曠達無礙。初秋夏末，或東去，或西去，出一叢林，入一叢林。忽有人問上座：『翠巖和尚今夏如何爲人？』被他一問，如何秖對？莫道九九八十一；莫道但得雪消去，自然春到來；莫道日出東方夜落西；莫道合取狗口。莫是下一喝，撫一掌，坐具驀口摵，拂袖便行。諸禪德，如斯布露，深屈翠巖。既不然者，別作麼生披露？試對衆道看！還有道得底麼？」衆無語。師云：「若到諸方，莫道我從翠巖來。」便下座。

上堂，僧問：「萬法歸一，一歸何所？」師云：「黃河九曲。」進云：「恁麼則今古無間斷也。」師云：「可憐沙塞鴈，嗚咽與春期。」問：「如何是第一句？」師云：「垂手過膝。」問：「如何是第二句？」師云：「萬里崖州。」問：「如何是第三句？」師云：「糞箕掃帚。」問：「巔山巖崖，還有佛法也無？」師云：「有。」進云：「如何是巔山巖崖佛法？」師云：「猢猻倒上樹。」復云：「老儒道：『仁者見之謂之仁，智者見之謂之智，百姓日用而不知，是故君子之道鮮矣。』肇法師亦謂：『在天而天，處人而人，原夫能天能人者，豈天人之所能哉？』諸禪德故知先聖垂範，理契必同，你等諸人如何委悉？」良久云：「穿僧堂，入佛殿，北斗裏藏身，三門頭合掌。阿呵呵，是什麼？」擊禪床，下座。

上堂，僧問：「學人心眼未通，乞師方便。」師云：「十字街頭石幢子。」僧無語。師云：「會麼？」僧云：「不會。」師云：「你豈不是洪州人？」問：「達磨未來時如何？」師云：「流沙浪闊。」進云：「來後如何？」師云：「熊耳山高。」問：「如何是禪？」師云：「軍期急速。」進云：「有什麼交涉？」師云：「日馳五百。」復云：「雲從龍，風從虎。水流濕，火就燥。且道衲僧就箇什麼？」竪起拂子云：「總在這裏，裂開也在我，捏聚也在我。」良久，喝一喝云：「王令稍嚴。」下座。

寒食日上堂：「諸上座還會麼？冬至寒食一百五，家家塚上添新土。翻思拾得與寒山，南北東西太莽鹵，南泉不打鹽官鼓。」以拂子擊禪床，下座。

上堂：「天明平旦，萬事成辦。北俱盧州，長粳米飯。」下座。

因入城，衆請上堂，僧問：「如何是豫章境？」師云：「樹色遠分仙尉宅，湖光寒浸昔賢亭。」進云：「如何是境中人？」師云：「朝看東南，暮看西北。」問：「如何是名無翼而長飛？」師云：「天上星。」進云：「如何是道無根而永固？」師云：「地下木。」

有俗弟子問：「如何是佛？」師云：「著衣喫飯量家道。」進云：「恁麽則退身三步，叉手當胸去也。」師云：「醉後添盃不如無。」復云：「語不投機，承言者喪。直饒你說得大雨四花，地搖六震，衲僧門下，總是喫棒數。然事無一向，理出多門，曲順機緣，豈無方便！所以古者道：鬧市裏識取天子，百草頭上薦取老僧。拘留孫佛在你諸人脚跟下放光動地，轉大法輪。」乃竪起拂子云：「看，看！見你諸人不會，却向翠巖拂子頭上入火光三昧去也。」擊禪床，下座。

上堂：「未離兜率，已降王宮；未出母胎，度衆生畢。古人與麽道，只見錐頭利，不見鑿頭方。」下座。

上堂，僧問：「承教有言：『唯此一事實，餘二卽非真。』如何是此一事？」師云：「鼻孔大頭向下。」進云：「與麽則晨朝有粥，齋時有飯也。」師云：「惜取眉毛好。」問：「如何是無縫塔？」師云：「四稜著地。」「如何是塔中人？」師云：「香風吹萎花，更雨新好者。」問：「如何是衲衣下事？」師云：「皮裏骨。」問：「牛頭未見四祖時如何？」師云：「庵内人不知庵外事。」「見後如何？」師云：「水流潤下任縱横。」問：「丹霞燒木佛，意旨如何？」師云：「横三竪四。」進云：「院主爲什麽眉鬚墮落？」師云：「七通八達。」復云：「始從鹿野苑，終至跋提河。四十九年間，都來說一夢。你等諸人還曾夢見麽？所以道：眼若不睡，諸夢自除。且作麽生是不睡底眼？還驗得麽？若也驗得，塵沙諸佛、天下祖師，總向上座眼裏百雜碎。若驗不得，翠巖今日死中得活。」

上堂：「道是常道，法是常法。汝等諸人切莫枉用身心，馳求語句。所以道：但有纖毫卽是塵，擧意便遭魔境撓。且道不涉廉纖一句，作麽生道？」驀拈起拄杖云：「放過一著。」便下座。

上堂：「看窟籠著楔，罕遇當人通。褒貶一句，作麽生道？良久云：「不得春風花不開，花開又被風吹落。」以拄杖卓一卓，下座。

上堂，僧問：「學人解問譊訛句，請師不答訝人機。」師云：「髮長僧貌醜。」進云：「恁麽則日日香煙夜夜燈。」師云：「腦後合掌。」問：「承教有言：『但一月真，中間自無是月非月。』如何是真月？」師云：「瞎驢趁大隊。」進云：「恁麽則早知今日事，悔不愼當初。」師云：「脚頭脚尾。」乃拈拄杖，示衆云：「我喚這箇作拄杖子，你諸人喚作什麽？若喚作拄杖子，蝦跳不出斗；若不喚作拄杖子，平地上喫交。還有道得底麽？」良久云：「翠巖今日失利。」擲拄杖，下座。

上堂：「有佛處不得住，無佛處急走過。你等諸人，横檐拄杖，向什麽處行脚？」良久云：「東勝身洲持鉢，西瞿耶尼喫飯。」下座。

上堂：「假使心通無量時，歷劫何曾異今日！且道今日事作麽生？」良久云：「烏龜鑽破壁。」以拂子擊禪床，下座。

上堂：「乾坤之内，宇宙之間，中有一寶，祕在形山。諸禪德頭上是天，脚下是地，口裏有舌，面上有鼻，寶在什麽處？」良久，喝一喝，下座。

上堂：「見聞覺知無障礙，聲香味觸常三昧，衲僧道會也。山是山，水是水，飢來喫飯，困來打睡，忽然須彌山跨跳入鼻孔裹，摩竭魚穿你眼睛中，作麽生商量？」良久云：「參堂去。」

上堂：「北鬱正中宵，閻浮卽當晝。輪迴如未惺，薝蔔何曾齅？諸上座還會麽？有智不假年高，無智徒勞百歲。」

冬至上堂：「晷運推移，日南長至。大家知有，何勞特地？日落三更，騎驢入市。參！」

上堂：「觸目不會道，猶較些子。運足焉知路，錯下名言。諸上座，翠巖今日將錯就錯，你等諸人見色有眼，聞聲有耳，齅香有鼻，了味有舌，因什麽却不會去？」良久云：「武帝求仙不得仙，王喬端坐却升天。」以拂子擊禪床，下座。

上堂：「門裹出身易，身裹出門難。冬行春令卽且置，不涉程途一句，作麽生道？」良久云：「渾家送上釣魚船。」便下座。

上堂：「普賢行，文殊智，補陁巖上清風起。瞎驢趁隊過新羅，吉獠舌頭三千里。」

上堂：「觀色卽空，成大智而不住生死。觀空卽色，成大悲而不住涅槃。諸禪德還會麽？東勝身洲走馬，西瞿耶尼著撲。看，看！不審維摩老子。」喝一喝，擊禪床，下座。

上堂：「天得一以清，地得一以寧。君王得一以治天下，衲僧得一旱地遭釘。」以拂子擊禪床，下座。

上堂：「動容揚古路，不墮悄然機。」師云：「古人與麽放開了也，還跳得出麽？直饒你跳得出，鼻孔也在翠巖手裹。且道翠巖鼻孔在什麽人處？」良久云：「得人一牛，還人一馬。」下座。

上堂，僧問：「不涉廉纖，請師速道。」師云：「須彌山。」僧擬議，師便打。問：「如何是第一要？」師云：「蛇穿鼠穴。」「如何是第二要？」師云：「猢猻上樹。」「如何是第三要？」師云：「村裏草鞋。」問：「如何是般若體？」師云：「箭穿楊葉。」進云：「如何是般若用？」師云：「李廣陷番。」問：「如何是清淨法身？」師云：「紫枝菻樹。」云：「向上更有事也無？」師云：「有。」進云：「如何是向上事？」師云：「風吹日炙。」復顧視左右，云：「放憨作什麽？」便下座。

上堂：「謹白參玄人，是何言歟？光陰莫虚度，雪上更加霜。」下座。

上堂：「道遠乎哉？觸事而真。聖遠乎哉？體之卽神。所以娑婆世界，以音聲爲佛事。香積世界，以香飯爲佛事。翠巖這裏，祇於出入息内，供養承事過去未來塵沙諸佛，無一空過者。過現未來塵沙諸佛，是翠巖侍者，無一不到，如一不到，三十拄杖。諸上座還會麽？將此身心奉塵刹，是則名爲報佛恩。」擊禪床，下座。

歲旦上堂，僧問：「大衆雲集，合談何事？」師云：「花須連夜發。」進云：「與麽則草偃風行也。」師云：「萬里望雲關。」進云：「入水見長人。」師云：「速禮三拜。」復云：「三十六旬竟，今朝還復起。刹那不相知，諸法何曾爾？尊卑敍禮儀，歡戚同居止。廓哉總持門，而人不能啓。玉兔金烏，藏頭露尾。」以拂子擊禪床，下座。

上堂：「德山入門便棒，臨濟入門便喝，看這兩箇老漢一場敗闕。然則事不孤起，起必有因。翠巖不著便，蓋是爲衆竭力。你等諸人，平地喫交，過在阿誰？」良久云：「當斷不斷，反遭其亂。」驀拈拄杖，一時趁下。

上堂：「摩竭掩室，已不及初；毗耶杜詞，至今話欛。向上一路，千聖不傳。是什麽熱，要當衲僧門下，壁立千仞，也是賊過後張弓。是你諸人心憤憤、口悱悱，皮下還有血麽？總在這裏遞相埋没，有什麽了期？」以拄杖趁下。

上堂：「卽今休去便休去，若覓了時無了時。此事若向言語上作解會，意根下卜度，天地懸殊。大丈夫一刀兩段，猶未相應。豈況被人喚去方丈裏，塗糊指注，舉楞嚴、肇論，根塵色法，向上向下，有無得失！他時後日，死不得其地。近世更有一般宗匠，二三十年馳聲走譽，只管教人但莫上他言句，喚作透聲色，便問東答西，以爲格外之句。將此狂解，遞相沿襲，從此混傷宗教，誑惑後生，苦哉，苦哉！我王庫中，無如是刀。總若似與麽行脚，清風月下守株人，涼兔漸遥芳草緑。」下座。

上堂：「汝等諸人與麽上來，大似抛却甜桃樹，尋山摘醋梨。人凡行脚人，十二時中，也須管帶些子始得。豈可只與麽隨行逐隊，虚生浪死！看他先聖百般不奈何了，向人道：『我今爲汝保任此事，終不虚也。』你等諸人還信麽？直饒向這裏信得及，也是聽事不真，喚鐘作甕。」以拂子擊禪床，下座。

到南嶽承天，陞座。僧問：「二師相見時如何？」師云：「石橋通大路。」進云：「恁麽則千里同風。」師云：「一字兩頭垂。」進云：「大衆證明，學人禮謝。」師云：「鈍置殺人。」問：「寶座既登於此日，翠嶺家風略借看！」師云：「雨來山色暗。」進云：「莫便是和尚家風也無？」師云：「鐵山南面三千里。」師乃云：「承天師兄，早是瞞你諸人了也。翠巖乍到，不可雪上更加霜。然則一言纔出，駟馬難追，事到如斯，不免塗灰抹士。蓋爲祖禰不了，殃及兒孫，三十年後，鼻孔遼天，莫錯怪人好。」下座。

次住法輪語録

初入寺，陞座。僧問：「法席久虚師子吼，乞師方便震雷音。」師云：「好生聽取。」進云：「與麽則一音纔剖，大衆沾恩。」師云：「雲綻不須藏九尾，恕君殘壽速歸丘。」僧便禮拜。師乃云：「法不孤起，仗境方生。道不虚行，遇緣卽應。然通方之士，舉必知歸；游涉之徒，何妨進步。有麽？」良久云：「釣竿斫盡重栽竹，不計功程得便休。」

上堂：「一道直如弦，家家當户前。有人争共進，至竟總論先。」喝一喝，擊禪床，下座。

上堂：「觀色卽空成大智，故不住生死。觀空卽色成大悲，故不證涅槃。」驀拈拄杖云：「竪窮三際，横遍十方。塵沙諸佛，天下祖師，盡在拄杖頭上，縱横十字，轉大法輪。見麽見麽？見你諸人不會，走入新羅國裏去也。」卓拄杖，下座。

上堂：「春日雨滋霔溥，逐根苗得門户，甜者甜兮苦者苦。」便下座。

上堂：「相逢不擎出，舉意便知有，也是萬里望鄉關。所以保福有言：『擊石火睒電光，透得透不得，未免喪身失命。』而今還有透得底麽？」良久云：「爲衆竭力，禍出私門。」下座。

上堂：「火熱風動摇，水濕地堅固。然於一一法，依根葉分布。所以雲從龍，風從虎，水流濕，火就燥。且道衲僧就箇什麽？」良久云：「千箇作團，萬箇作隊，困則一處睡，夢則各自做。」便下座。

上堂，僧問：「久戰沙場，爲什麽功名不就？」師云：「誰遣你？」進云：「道泰不傳天子令，時清休唱太平歌。」師云：「誰遣你？」復云：「元首明哉，股肱良哉，風以時，雨以時，五穀熟，萬民安。有什麽事，但能隨順世緣，自然合於正理。不見祖師道：入得世間，出世無餘。諸禪德還會麽？」良久云：「三邊若得渾無事，四海何愁不太平。」下座。

開堂，陞座。僧問：「善法堂開於此日，第一義諦請師宣。」師云：「何不早問！」進云：「學人未曉師深旨，乞師方便再垂慈。」師云：「去去西天路，迢迢十萬餘。」問：「如何是法輪境？」師云：「岣嶁峰高雲半出。」進云：「如何是境中人。」師云：「五湖來往任縱横。」問：「如何是和尚爲人一句？」師曰：「雨來山色暗。」進云：「莫便是和尚爲人處也無？」師云：「你眼在什麽處？」僧擬議，師便打。乃云：「且住且住，大象既消，希音杳絶。旁通實化，開拓權門。於是三藏五乘，對機設教，猶國家兵器，不得已而用之。爾後達磨西來，單傳心印，一花五葉，分布寰中。大似持聾作啞，何故？况你諸人各有一段事，耀古騰今，通廓等於太虚，明淨同乎皎鏡。現在可驗，固是瞞人眼不得。且何者是諸人眼？還驗得麽？若也驗得，塵沙諸佛、三乘十二分教、六代祖師、天下老和尚，盡向諸人眼裏百雜碎。若驗不得，前是案山，後是主山。」良久，復拈香云：「此日一會，固非小緣，匝地普天，孰不欣慶！更不敢祝贊皇風，回向諸僚，何故？古人道：吾禱久矣，豈況當今聖主、賢臣者哉？久立大衆，伏惟珍重！」

上堂：「直得地摇六震，天雨四花，祖師門下，白雲千里萬里。」下座。

上堂：「叮嚀損君德，無言最有功。任從滄海變，終不爲君通。諸禪德還會麽？口是禍門。」擊繩床，下座。

上堂，拈起拄杖云：「掌鉢盂向香積世界，爲什麽出身無路？挑日月於拄杖頭上，爲什麽有眼如盲？直得風行草偃，響順聲和，無纖芥可留，猶是交争底法。作麽是不交争底法？」以拄杖卓一卓，下座。

上堂，舉「教中道：『此見及緣，元是菩提妙淨明體。』又道：『林木池沼，皆演法音，交光相羅，如寶絲網。』奇怪！諸禪德，古聖與麽説話，喚作回首塵勞，曲開方便。所以道：如我按指，海印發光，汝暫舉心，塵勞先起。會麽？拂子且將揮世界，拄杖權爲答話人。」以拂子擊禪床，下座。

上堂，僧問：「浩浩之中，如何辨主？」師云：「波斯入鬧市。」進云：「與麽則不假披沙也。」師云：「學語之流。」僧便禮拜。師云：「語不離巢道，焉能出蓋纏！片雲横谷口，迷却幾人源。」下座。

上堂：「有情之本，依智海以爲源。含識之流，總法身而爲體。只爲情生智隔，想變體殊。達本情亡，知心體合。諸禪德會麽？古佛與露拄相交，佛殿與天王鬬額。若也不會，單重交拆。」擊禪床，下座。

上堂：「拂子吞却須彌山，尋常言論。德山卓牌鬧市裏，作麽生商量？」良久云：「官不容針，私通車馬。」下座。

上堂，僧問：「金烏未必常當午，玉兎半夜不曾昏時如何？」師云：「點即不到。」僧無語。師云：「會麽？」僧云：「不會。」師云：「到即不點。」問：「如何是心地法門？」師云：「莫從人覓。」進云：「不從人覓，如何得？」師云：「此去衡陽不遠。」乃云：「諸禪德既入叢林，善參知識。知識非他，非他謾覓，法性徧圓，心源湛寂，避尚無門，求之何益。君不見，黄檗掩耳，百丈卷席，直下分明，無别消息。得失是非，一時冰釋。」喝一喝，下座。

上堂：「玄沙不出嶺，保壽不渡河。善財參知識五十三員，慧遠結黑白一十八士。雪峰三度上投子，智者九旬談法華。且道這箇漢是野干鳴，師子吼？」喝一喝，擊禪床，下座。

上堂：「未離兜率已降王宫，未出母胎度衆生畢。法輪到這裏，有口無用處。你等諸人，還相委悉麽？若相委悉，天下老和尚鼻孔總在你手裏。若也不會，啼得血流無用處，不如緘口過殘春。」下座。

上堂：「舉不顧，卽差互；擬思量，何劫悟。」乃竪起拂子云：「如今舉了也，你作麽生顧？」良久云：「擬思量，何刼悟？」擊禪床，下座。

上堂，舉「教中道：於三七日中，思惟如是事，我寧不説法，疾入於涅槃。」師便喝云：「當時若有人出來，下得這一喝，塞却老胡咽喉。豈不天下肅静，四夷蕩蕩！而今放開了也，是你諸人還皮下有血麽？」良久云：「爲衆竭力，禍出私門。」拍禪床，下座。

上堂：「古鏡照精，其精自形。古教照心，其心自明。諸禪德會麽？心明諸法朗，性昧衆緣昏。日月不到處，特地好乾坤。」喝一喝，下座。

上堂：「十方同聚會，箇箇學無爲。此是選佛場，心空及第歸。古人一期與麽道，衲僧家還甘也無？若甘去，行脚眼在什麽處？若不甘，轉身一句作麽生道？」良久，喝一喝，拍禪床，下座。

上堂：「聲色不到處，病在見聞。言詮不及處，過在唇吻。離却咽喉一句，作麽生道？還有人道得麽？若道得，坐却天下人舌頭。若道不得，法輪門下有粥有飯。」下座。

上堂：「便與麽會，也是雪上加霜，更待鼓兩片皮，白雲千里萬里。」擊禪床，下座。

上堂：「語不離窠臼，焉能出蓋纏！白雲横谷口，迷却幾人源。所以言無展事，語不投機，承言者喪，滯句者迷。你等諸人，到這裏憑何話會？」良久云：「欲得不招無間業，莫謗如來正法輪。珍重！」

上堂，舉「教中道：『林木池沼皆演法音，交光相羅如寶絲網。』又道：『鐘鳴鼓響宣真實，水緑山青爲舉揚。』諸禪德還會麽？忽若有箇衲僧出來道：『話墮也。』且作麽驅遣？」良久云：「啼得血流無用處，不如緘口過殘春。」

上堂，舉「古者道：『學道先須有悟由，還如曾鬭快龍舟。雖然舊閣閑田地，一度贏來方肯休。』古人與麽道，大似貪觀白浪，失却手橈。衆中還有檢點得出底麽？若檢點得出，救取古人；若檢點不出，法輪今日失利去也。」擊禪床，下座。

後住雲峰語録

上堂：「古者道：『風動心摇樹，雲生性起塵。若明今日事，暗却本來人。』今日事且置，作麽生是本來人？」良久云：「鶴有九臯難翥翼，馬無千里謾追風。珍重！」

冬日上堂：「節令屆書雲，山家何所論。一輪纔出海，萬類盡沾恩。」以拂子擊禪床，下座。

上堂，舉明教大師示衆云：「初秋夏末，莫道我不向你諸人道，大家看火燭。」師云：「明教老人憐兒不覺醜，蓋由土曠人稀。是你諸人，今夏在這裏，老僧深不欲向你道，惜取眉毛好。」便下座。

上堂：「古者道：『古路若爲登，金僊道可憑，不勞乎有物，不物未全稱。』且道全稱一句，作麼生道？雲峰打退鼓。」以拂子擊禪床，下座。

上堂：「臨濟先鋒放過一著，德山後令且在一邊。獨露無私一句，作麼生道？」良久云：「堪嗟楚下鍾離末。」以拂子擊禪床，下座。

上堂：「古人道：『動容揚古路，不墮悄然機。』還會麼？古人與麼和底黐了也。有般漢聞之，如風過樹，有什麼救處？」以拂子擊禪床，下座。

上堂，舉興化問克賓維那：「汝不久爲唱道之師？」克賓云：「我不入這保社。」化云：「你會了不入，不會了不入？」克賓云：「我總不恁麼。」化便打。遂罰錢五貫，設饡飯了，趁出院。後來却法嗣興化。師云：「還會麼？路遥知馬力，歲久見人心。」以拂子擊禪床，下座。

上堂：「古人道：『言多去道轉遠。』祇如未言，道在什麼處？」乃云：「欲得不招無間業，莫謗如來正法輪。」以拂子擊禪床，下座。

上堂：「教中道：『種種取捨皆是輪迴，未出輪迴而辨圓覺。彼圓覺性卽同流轉，若免輪迴，無有是處。』你等諸人，到這裏且作麽生解圓覺？」良久云：「荷葉團團團似鏡，菱角尖尖尖似錐。」以拂子擊禪床，下座。

上堂，舉僧問法眼云：「秋風纔動，貧者何依？」法眼云：「若能知恩，卽解報恩。」師乃云：「還會麽？一葉飄空便見秋，法身須透鬧啾啾。來年更有新條在，惱亂春風卒未休。」以拂子擊禪床，下座。

上堂：「僧房闃寂夏修持，閉户踈人怪亦知。儂家自有同風事，千里無來却肯伊。且作麽生是同風事？還會麽？餬餅蒸作家常茶飯。一言半句，古人葛藤，雲峰與你兩無交涉。」下座。

上堂，舉「教中道：『歸源性無二，方便有多門。聖性無不通，順逆皆方便。』還會麽？所以道不浪階，隨功涉位，經有經師，論有論主，你道衲僧門下還有這箇消息麽？」良久云：「一言纔出，駟馬難追。」下座。

上堂：「聲色不到處，病在見聞；言詮不及處，過在脣吻。離却咽喉脣吻一句，作麽生道？還有人道得麽？若也道得，坐却天下老師三世諸佛舌頭。若道不得，但知隨例餐䭔子，也得三文買草鞋。」下座。

上堂，舉「教中道：『知幻卽離，不作方便；離幻卽覺，亦無漸次。』大衆還會麽？須彌踍跳入你鼻孔裏卽且從，你道娑竭龍王年多少？肉重千斤，智無銖兩。」下座。

古尊宿語録卷第四十一

雲峰（文）悦禪師初住翠巖語録

室中舉古

師一日謂侍者曰："汝問訊了，一邊立地，是什麽道理？"答云："不會。"師云："過這邊立！"侍者便過。師云："無端，無端。"

舉僧問雪峰："如何是佛？"峰云："寐語作什麽？"師云："古人與麽道，唤作應病與藥。放過卽不可，若不放過，你這裏下得什麽語？"僧擬議，師以拂子驀口打。

舉法燈禪師初開堂日示衆云："山僧本欲跧棲巖竇，隨衆過時。又緣清凉老人有不了底公案，今日出來爲他分析。"時有僧問："如何是不了底公案？"燈便打云："祖禰不了，殃及兒孫。"僧云："過在什麽處？"燈云："過在我殃及你。"師云："這漢一期與奪，也似光前絶後。及乎撈著，又却龍頭蛇尾。如今莫有爲清凉作主底麽？"

舉教中道："法身流轉於五道，是故衆生現時法身不現。"乃豎起拂子云："這箇是拂子，那箇是法身？"又云："這箇是法身，那箇是拂子？會麽？法身吞却拂子，拂子吞却法身？於此若不會，十月仲陽春。」

舉黄檗一日問百丈云：「從上相承底事，和尚如何指示於人？」百丈據坐。檗云：「後代兒孫將何傳受？」百丈云：「我將謂你是箇人。」便歸方丈。師云：「憐兒不覺醜。然雖如是，盡法無民。」

舉玄沙和尚一日見長生，乃作一圓相。生云：「一切人出此不得。」沙云：「情知你向鬼窟裏作活計。」生云：「某甲只恁麼，和尚作麼生？」沙云：「一切人出此不得。」生云：「某甲適來與麼道，爲什麼不得？和尚便道得？」沙云：「我道得，你道不得。」師云：「道得道不得，總在玄沙圈繢裏。如今還有出得底麼？」

舉僧問趙州：「學人乍入叢林，乞師指示。」趙州云：「你喫粥了也未？」僧云：「喫粥了也。」州云：「洗鉢盂去。」其僧大悟。後雲門拈云：「且道有指示無指示？若道有指示，向伊道什麼？若道無指示，其僧因什麼悟去？」師云：「雲門不識好惡。恁麼説話，大似爲蛇畫足，與黄門栽鬚。翠巖則不然，這僧與麼悟去，入地獄如箭射。」

舉雪峰示衆云：「盡乾坤大地，撮來如一粒粟米大，拋向面前。漆桶不會，打鼓普請看！」師云：「雖然匹上不足，翠巖更與葛藤。」拈拄杖云：「還見雪峰麼？」

舉黄檗在南泉會裏爲首座，一日捧鉢盂向南泉位上坐，南泉入堂見，乃問：「長老什麼年中行道？」檗云：「威音王已前。」泉云：「猶是王老師兒孫在。下去！」檗便過第二位坐，泉便休。師云：「從來叢林極有商量。或有道：『須知黄檗有陷虎之機。』又道：『須知南泉有殺虎之威。』若據與麼説話，誠實苦哉。殊不知這般老賊有年無德，一箇喫飯坐處也不依本分。若在翠巖門下，說什麼威音王已前，王老師更大？直須喫棒了趁出。」

舉雲門大師示衆云：「佛法也大有，祇是舌頭短。」師云：「雲門大師與麽道，也是秦州來。」僧云：「和尚作麽生？」師便打。

舉祖師道：「泡幻同無礙，云何不了悟？達法在其中，非今亦非古。」師驀拈拄杖云：「三世諸佛，六代祖師，天下衲僧鼻孔，總在這裏。」又打香臺一下云：「南贍部洲，北鬱單越。」

舉汾州和尚示衆云：「識得拄杖子，行脚事畢。」師拈起拄杖云：「這箇豈不是拄杖子！阿那箇是你行脚事？」復云：「榔檁横擔不顧人，直入千峰萬峰去。」

舉：「古者道：『有物先天地，無形本寂寥。能爲萬象主，不逐四時凋。』且道是什麽物？」又云：「水長船高。」

舉古者道：「過去諸如來，斯門已成就。現在諸菩薩，今各入圓明。未來修學人，當依如是法。」師云：「停囚長智，養病喪軀。」驀拈拄杖云：「什麽處去也？」

舉「古者道：『禪非意想，道絶功勳。』汝等諸人作麽生參？」

舉「祖師道：『如來一切法，爲度一切心；我無一切心，何用一切法？』還信得及麽？若信得及，止宿草庵，且居門外；若信不及，長連床上，有粥有飯。」

舉「肇法師道：『智有窮幽之鑒，而無知焉；神有應會之用，而無慮焉。』古人與麽道，也大殺費力，争如諸上座寒卽圍爐向火，熱卽竹林溪畔坐！然雖如是，我且問你畢竟事作麼生？」

舉「祖師道：『吾本來茲土，傳法救迷情。』你道這漢還自救得也未？又道：『一花開五葉，結果自然成。』一人傳虛，萬人傳實。」

舉古者道：「剃髮著袈裟，宜應行聖道，自餘閑雜事，俱爲生死因。」師云：「你等諸人，橫擔拄杖，撥草瞻風，遶天下行脚。且道還曾踏著田地也無？」僧無對。師云：「虛生浪死漢。」

舉瑞巖空寂禪師，尋常方丈內自召主人公，自云：「喏。」又云：「惺惺著。」師云：「鬼窟裏作活計。」却問傍僧云：「你還識瑞巖老漢麼？」僧無對。師云：「蒼天，蒼天！」

舉教中云：「有智若聞，則能信解；無智疑悔，則爲永失。」師云：「釋迦老子壓良爲賤，你還甘麼？若甘去，行脚眼在什麼處？若不甘，轉身一句作麼生道？」

舉智門和尚道：「何物苦求而不得？何物不求而自來？何物鐵椎打不破？何物晝合而夜開？若人會得山僧意，琉璃殿上長青苔。」師云：「會麼？穿破你髑髏，拶破你鼻孔。」

師一日，僧侍立次，師忽召云：「某甲！」僧應諾。師云：「過去諸佛也與麼，未來諸佛也與麼。」僧云：「和尚又作麼生？」師便打。復云：「來，來！」僧近前，師云：「我早是無端入屎坑裏，是你屎臭氣也不知。」

舉盤山和尚道：「似地擎山，不知山之孤峻；如石含玉，不知玉之無瑕。」師云：「這老漢生來莽鹵，學處顢頇。似地擎山，如石含玉，什麼處得這消息來？」

舉教中道：「此見及緣，元是菩提妙淨明體。」祖師亦云：「六塵不惡，還同正覺。」師云：「會麼？直饒你向這裏叅見祖師了，更買草鞋行脚三千里外，也被翠巖換却眼睛了也。還有不甘底麽？」

舉睦州見僧來，云：「見成公案，放你三十棒。」師云：「作賊人心虚。」

舉古者道：「虚堂閴寂夏修持，閉户踈人恠亦知，儂家自有同風事，千里無來却肯伊。」師云：「説什麽千里無來！直得萬里無來，鼻孔也在翠巖手裏。」僧云：「和尚只見錐頭利，不見鑿頭方。」師呵呵大笑云：「道什麽？」僧擬議，師以拄杖趁出。

舉盤山道：「心若無事，萬法不生。」師云：「會麽？」僧云：「不會。」師云：「賴遇你不會，山僧拾得口喫飯。」

舉睦州示衆云：「放開也在我，捏聚也在我。」師云：「負入不負出。」

舉古人道：「山河石壁，不礙眼光。」師云：「作麽生是眼？」又拈起拄杖，打禪床一下云：「須彌山百雜碎，即不問，你且道娑竭羅龍王年多少？」

舉舍利弗問須菩提：「夢中説般若波羅蜜，與覺時是同是别？」師遂喝云：「當時若下這一喝，免見落三落四。」須菩提云：「此義幽深，吾不能説，此會有彌勒大士，當往問之。」師云：「果然。」舍利弗遂迴首問彌勒，彌勒云：「誰名彌勒？誰是彌勒者？」師云：「什麽處去也？」

舉五洩初參石頭，纔到門便問：「一言相契卽住，一言不契卽去。」石頭據坐，五洩拂袖便行。石頭遂召：「闍黎，闍黎！」五洩迴首。石頭云：「從生至死，只是這箇，迴頭轉腦作什麽？」五洩因而有省。師云：「石頭老坐不定、把不住，似這般擔板漢，教去便休；又喚迴頭來，却被他塗糊一上，道我向這裏有箇悟處，驢年未夢見在。」

舉古德云：「擬將心意學玄宗，狀似西行却向東，徒經累劫終難會，會得還歸六道中。」僧云：「某甲不會。」師云：「苦瓠連根苦，甜瓜徹蒂甜。」

舉木平參洛浦，問：「一漚未發時如何？」浦云：「移舟諳水脉，舉棹别波瀾。」木平不契。後參盤龍，亦如前問，龍云：「移舟不别水，舉棹卽迷源。」木平於是大省。師云：「這漢當初於洛浦言下悟去，猶校些子，却向盤龍死水裏淹殺。」後來有人問：「如何是木平？」答云：「不勞斤斧。」師云：「果然只在這裏。諸禪德，大凡發足超方，也須甄别邪正，識辨真僞，帶些眼筋始得。然雖如是，賊過後張弓。」

舉趙州問南泉：「知有底人向什麽處去？」泉云：「山下作一頭水牯牛去。」州云：「謝和尚指示。」泉云：「昨夜三更月到窻。」師云：「若不是南泉，洎乎打破蔡州。」

舉法眼示衆云：「識得凳子，周匝有餘。」雲門云：「識得凳子，天地懸殊。」師云：「官不容針，私通車馬。」

舉僧問葉縣省和尚：「諸餘卽不問，如何是當今施設？」省云：「有你這驢漢問！」僧云：「恁麽則打鼓弄琵琶去也。」省云：「捺胄放屁聲。」師云：「然則倚勢欺人，争柰事不孤起。葉縣失却一隻眼，還有點檢得出麽？若也點檢得出，翠巖分坐與你；若檢點不出，横按鏌鎁全正令，太平寰宇斬癡頑。」

舉祖師示衆云：「吾有一物，非青黄赤白男女等相，汝等諸人還識麽？」師云：「當時忽有箇漢出來爲衆竭力，不惜身命，便與掀倒禪床，喝散大衆，子孫也未到斷絶。」却有沙彌出來道：「某甲識。」祖云：「你既識，喚作什麽？」云：「是諸佛之本源，神會之佛性。」祖便打云：「吾喚作一物尚不中，你更喚做本源佛性，此子已後設有把茅蓋頭，只成得箇知解宗徒。」師便喝云：「祖禰不了，殃及兒孫。如今還有不甘底麽？」

舉僧問汾州：「如何是接初機句？」州云：「你是行脚僧。」「如何是驗衲僧句？」州云：「西方日出卯。」「如何是正令行底句？」州云：「千里馳來呈舊面。」「如何是定乾坤底句？」州云：「北俱盧洲長粳米飯，食者無貪亦無嗔。」州云：「將此四轉語驗天下衲僧。」師云：「將此四轉語被天下衲僧勘破。」

舉保壽開堂，三聖爲請主。纔陞座，聖推出一僧，保壽便打。聖云：「似恁麽爲人，瞎却鎮州一城人眼去在。」壽擲下拄杖，便歸方丈。師云：「臨濟一宗，掃地而盡，因什麽到這裏？」驀拈起拄杖云：「什麽處去也？」

舉興化一日與同光帝坐次，帝云：「朕收下中原，獲得一寶，只是無人酬價。」興化云：「略借陛下寶看！」帝以兩手舒開幞頭脚。化云：「君王之寶，誰敢酬價！」師云：「會麽？真不掩僞，曲不藏直。有眼者辨取。」

舉睦州問僧：「什麽處來？」僧云：「那邊劄。」州云：「老僧屈。」僧云：「和尚卽得。」州云：「擔枷過狀，拶脊便打。」師云：「睦州何用繁詞？那邊劄，拶脊便打。」

舉先地藏問修山主：「甚處來？」主云：「南方來。」藏云：「南方近日佛法如何？」主云：「商量浩浩。」地藏云：「争如我這裏插田博飯喫！」師云：「會麽？插田博飯喫，言中誰辨的？午後打齋鐘，金剛曾失色。」

舉睦州示衆云：「裂開也在我，揑聚也在我。」時有僧問：「如何是裂開？」州云：「三九二十七，菩提涅槃，真如解脱，卽心卽佛，我且恁麼道，你又作麼生？」僧云：「某甲不恁麼道。」州云：「盞子落地，楪子成七片。」師云：「會麼？相罵饒你接嘴，相唾饒你潑水。」

舉雪竇示衆云：「要知真實相爲，但以上無攀仰，下絶己躬，自然常光現前，箇箇壁立千仞。」師云：「雪竇與麼爲人，入地獄如箭。」

舉五通仙人問佛：「佛有六通，我有五通，如何是那一通？」佛召仙人，仙人應喏。佛云：「那一通，你問我。」師云：「大小瞿曇，被這外道勘破了也。有傍不肯的，出來！我要問你，如何是那一通？」

舉古人道：「牽牛向水東，不免官中徭役，牽牛向水西，不免官中徭役。不如隨分納些子。」師云：「説什麼納些子，盡乾坤大地、色空明暗、情與無情，總在翠巖這裏。放行，則隨緣有地；把住，則逃竄無門。且道放行好，把住好？」

舉僧參南院，纔入方丈，以手指云：「敗也。」院乃拈起拄杖，度與僧。僧纔接，院便打。師云：「這僧雖然頂上有光，争柰脚下似漆。直饒十字縱横，朝打三千，暮打八百。」

舉古人道：「無邊刹境，自他不隔於毫端；十世古今，始終不離於當念。」師云：「手擎日月，背負須彌卽不問，你新羅國裏一句作麼生道？」

舉古人道：「鬧市裏識取天子，百草頭上薦取老僧。」雲門道：「蝦蟆入你鼻孔裏，毒蛇穿你眼睛中，且向葛藤處會取。」師云：「雲門大師恁麼道，大似和泥脱墼。若無後語，疑殺天下人。翠巖今日因行不妨掉臂。」乃豎起拂子云：「還見雲門麽？」

舉世尊一日於涅槃會上，人天普集，以手摩胷，告大衆云：「汝等善當觀我紫磨黄金身，瞻仰令足，莫令後悔。若言吾滅，非吾弟子；若言吾不滅，亦非吾弟子。」于時百千萬衆一時悟道。師云：「然則膏肓之門，不足以發藥，翠巖且作死馬醫。你等諸人皮下還有血麽？」

舉南泉一日問黄檗：「定慧等學，明見佛性，此理如何？」檗云：「十二時中，不依倚一物始得。」泉云：「莫是長老見處？」云：「不敢。」泉云：「漿水錢且致，草鞋錢教什麽人還？」檗便休。師云：「若不同床卧，焉知被裏穿。」舉古者道：「露裸裸，赤灑灑，四維無遮障，上下没可把。」師云：「朝游羅浮，暮歸檀特即不問，你脚跟下一句作麽生道？」

舉龐居士問馬祖：「不昧本來人，請師高著眼。」祖直上覷。士云：「一等無弦琴，唯師彈得妙」，祖直下覷。士禮拜，祖便歸方丈。士隨後云：「今日弄巧成拙。」師云：「且道賓家弄巧成拙，主家弄巧成拙？還有人揀得出麽？若揀得出，三十棒一棒也較不得；若揀不出，來年更有新條在，惱亂春風卒未休。」

舉教中云：「有諍則生死，無諍則涅槃。」師云：「直得風行草偃，響順聲和，不求諸聖，不重己靈，無纖芥可留，猶是争諍法。且作麽生是無諍底法？」

舉古者道：「三世諸佛不知有。」師云：「如蟲蝕木，狸奴白牯却知有。」師云：「雪上加霜。」

舉德山問龍潭：「久嚮龍潭，及乎到來，潭又不見，龍又不現。」潭云：「子親到龍潭山便休。」師云：「你識龍潭老麽？」僧擬議，師以拂子驀口打。僧入室。

舉僧問趙州：「萬法歸一，一歸何所？」師便喝，僧茫然。師却問：「趙州道什麼？」僧擬議，師以拂子驀口打。

舉僧問智門祚和尚：「如何是佛？」門云：「踏破草鞋赤脚走。」「如何是佛向上事？」門云：「拄杖頭上挑日月。」師乃問僧：「會麽？」僧云：「不會。」師乃以頌示之：「鞋穿赤脚走，衲僧休大口。日月杖頭挑，面南看北斗。」僧便禮拜出。師云：「來，來！」僧乃迴頭，師云：「莫教撞著露柱。」

舉溈山祐和尚方丈頌云：「溈山方丈，峭峻難上。若人踏著，氣如樊將。」師云：「作家宗師，天然有在。」僧云：「和尚作麽生？」師有頌示之：「翠巖方丈，曾無遮障。衲子入來，便見和尚。」僧便禮拜起。師云：「還見翠巖這箇老漢麽？」僧擬議，師以拂子驀口摵。

舉僧問香林：「如何是衲衣下事？」林云：「臘月火燒山。」師乃問僧：「會麽？」僧云：「不會。」師云：「你爲什麽謾老僧？」其僧良久云：「某甲也有箇會處。」師云：「香林亦須喫棒。」

小參，舉先百丈因歲暮示衆云：「你一隊後生，經律論固是不知也，入衆參禪，禪又不會。臘月三十日，且作麽生折合去？」師云：「灼然，諸禪德，去聖時遥，人心淡薄，看却今之叢林，更是不得也。所在之處，或聚徒三百五百，浩浩地，祇以飯食豐濃，寮舍穩便爲旺化也。中間孜孜爲道者無一人。設有十箇五箇，走上走下，半青半黃，會卽總道我會，各各自謂握靈虵之寶，孰肯知非？洎乎挨拶鞭逼將來，直是萬中無一，苦哉，苦哉！所謂般若叢林歲歲凋，無明荒草年年長。就中今時後生，纔入衆來，便自端然拱手，受他別人供養。到處菜不擇一莖，柴不般一束，十指不霑水，百事不干懷，雖則一朝快意，争柰三塗累身！豈不見教中道：『寧以熱鐵纏身，不受信心人衣；寧以洋銅灌口，不受信心人食。』上座若是去，直饒變大地作黃金，攪長河爲酥酪，供養上座，也未爲分外。若也未是，至於滴水寸絲，便須披毛戴角，牽犂拽杷，償他始得。不見祖師道：『入道不通理，復身還信施。』此是決定底事，終不虛也。諸上座，光陰可惜，時不待人。莫待一朝眼光落地，畬田無一簣之功，鐵圍陷百刑之痛。莫言不道，珍重！」

偈頌

原居二首

挂錫西原上，玄徒苦問津。千峰消積雪，萬木自迴春。谷暖泉聲遠，林幽鳥語新。翻思遺隻履，深笑洛陽人。

挂錫西原上，誰同振此風。卷簾千嶂日，坐石一枝筇。雪嶺書無説，衡陽信不通。迴觀清景外，雲鳥自憧憧。

三印

一印印泥，賢愚共知，裂轉鼻孔，頂上金槌。一印印水，徒張脣嘴，未涉流沙，洪濤競起。一印印空，明月清風，爍迦羅眼，齋後之鐘。

春日閒居四首

林下春時節，融融萬物新。睎茲和煦力，孰不謂通津。

林下春時節，幽居境倍清。曉雲分岳色，流水帶鶯聲。
林下春時節，遲遲日漸暄。不知歌有道，泉石自相便。
林下春時節，誰同狎此心。野花開不盡，巘檜冷森森。

布袋和尚五首

散誕不拘儀軌，終日拖泥帶水。茫茫竟未知歸，教伊從誰雪恥。
困來抱囊無語，傍觀盡生疑慮。未免開獻諸人，是甚閑家破具。
貧道本無遮護，舉目知君罔措。可憐二月三月，是處蜂狂蝶舞。
莫訝衣裳破碎，入廛且無忌諱。横身要道等人，那箇便知圈繢。
日暮愛游貧里，豈是圖他小利。分明報你諸人，臘水冰霜滿地。

和泥合水五首

余有一道，千聖不到。北走南奔，相頭買帽。是何之道？雲横碧嶠。
余有一辨，風生岳面。舉目千差，知君不薦。是何之辨？僧堂佛殿。
余有一説，善知時節。若人會得，眼裏添楔。是何之説？春寒秋熱。
余有一劒，寒光若練。虎嘯風生，飛霞走電。是何之劒？灰頭土面。
余有一機，聖凡共知。拈却鼻孔，舉起須彌。是何之機？淵明皺眉。

示學者三首

赫日光中誰不了，底事堂堂入荒草。擔簦負笈苦勞心，從門入者非家寶。演宗乘，提祖教，千年枯骨何堪咬！南北東西歸去來，拈得鼻孔失却口。

經不看，禪不會，終日擁爐長瞌睡。五湖禪子競頭來，眨上眉毛三門外。

翠巖不會禪，仰面看青天。打破大唐國，笑殺老南泉。

因雪示衆二首

雪雪片片，交飛無暫歇；萬里江山一樣平，要津把斷底時節。

文殊印，普賢訣，杲日當空還漏泄。無言童子念摩訶，憍梵鉢提長吐舌。

宗本義

宗本纔彰義已賒，徒將心識話周遮。漁人夜唱歸煙島，樵父春行踏落花。

六相義

成壞總別同異，帝網交參六義。拈起大地山河，透出過現未世。文殊夢裏揚眉，普賢空中彈指。三十年後自看，且恁和泥合水。

頌古十二首

灌水不滿巵，運雪不填井。吁哉碧眼人，迢迢涉葱嶺。絶粒既無功，負春寧有省。一花五葉開，猿嘯諸峰頂。

入門何必辨來機，潦倒禪和不自知。栢樹庭前剛指注，翻令平地下針錐。

抱拙少林已九年，趙州忽長庭前栢。可憐無限守株人，寥寥坐對千峰色。

平常心是道，舉步入荒草。翻嗟王老師，到底不能曉。玉兔金烏任飛走。

桃花見後謂無疑，壯志由來本是伊。若問玄沙言未徹，現前贓物自家知。

趙州有語喫茶去，明眼衲僧皆賺舉。不賺舉，未相許，堪笑禾山解打鼓。

杖林山下竹筋鞭，頭尾拈來總一般。莫怪玄沙不出嶺，他家元是釣魚船。

言中辨的老禪和，驀直臺山路不蹉。勘破却回人莫問，岳陽船子洞庭波。

踏著秤槌硬似鐵，矇瞳禪和猶未瞥。三冬嶺上火雲生，六月長天降大雪。

杜禪和，杜禪和，一箇餬餅無柰何。禮拜任君頭着地，海東船子過新羅。

洞山有語麻三斤，衲子擎拳要問津。因憶舊年看草字，張顛顛後更無人。

休問藏身北斗，撩他露柱煩惱。跱跳撞入燈籠，穿却湖南長老。

因僧舉溈潭頌，乃有頌示之

北斗藏身事不孤，韶陽猶是喪殘軀。而今澤國垂綸者，猶把髑髏誑懵夫。

留僧

侍余函丈二三秋，日損由來道未訓。何事解衣輕取別，鉢囊猶挂樹梢頭。

數珠

落落循環在手，茫茫未知出跳。雖然本自圓成，争柰其中一竅。放行怛薩舒光，把住毗沙匿耀。有時捉向手中，貴與衲僧取笑。

南峰師子山

狀奪西河類，雄雄鎮北峰。爪牙終不露，狐兔自潛蹤。

雲門上庵

草堂危構若耶西，九夏幽居景物奇。簾卷亂峰初雨後，白雲流水自相隨。

送化士

化門舒卷豈同時，出塞還須斬萬機。道泰却旋林下日，卷簾閑看岳雲歸。

送文禪者

禪人別我訪南宗，吴楚山川去幾重。莫謂臨岐無可贈，萬年松在祝融峰。

送寧首座

一語通諸密，開權涉化門。當機如有路，北斗坐南坤。

送就維那

振錫歸韶石，重來欵竹扉。無言宣祖意，溢目太陽輝。

送華禪者

一字不出頭，十字不挑脚。可惜少林人，端坐無斟酌。孰云錯，金錫高擊返故鄉，清風浩浩生寥廓。

送聰山主

故國曾不住，他鄉無暫留。肩横一枝錫，何處問蹤由。

寄慈濟大師

凛凛冰風臨晚景，環廬獨坐雙峰頂。茫茫六合曾未知，月寫千江萬江影。

寄福嚴禪師二首

跡遁寒巘雲鳥絶，陰崖流水花微發。昨夜天風掃石床，寥寥坐對三生月。

一葉落兮天下秋，古今人事謾悠悠。皇恩三讓名還大，千載真風詠未休。

寄雲蓋鵬禪師

情忘應許道相交，肯謂川途有所遥。月皎五峰湘水白，雲蒸石廪露偏饒。

寄南華慈濟禪師

曹溪何幸示來書，忽憶當年在大愚。堪笑堪悲無限事，甜瓜生得苦葫蘆。

握草爲金未足奇，韶陽風骨與誰知。年來老大渾無用，應對盧公獨斂眉。

寄木山長老

刊石休誇自點頭，武陵法道欲誰酬。年來應是慵開眼，獨坐龍門見九州。

寄龍王進長老

南北山居道不殊，不殊猶未得通途。龍峰地暖花應秀，石廪雲寒萬仞孤。

與李君行者

辭家日久慕參禪，不憚崎嶇甚可憐。報汝速須歸故里，闌冬耕取昔年田。

暮冬旅懷

雪壓怪松枝欲折，衰病畏寒長擁爐。添薪坐久眼忽瞑，偃卧不知山月晡。

瞻木平道人

岳頂雲披，清風貌古，一漚未形，萬機起縷。道極致淳，行敦亡矩，稽首木平，不勞斤斧。

禪人寫余真，固命余贊

頂高頰拳，祖佛之怨。脣尖鼻缺，禪庭之孽。天下人憎，這箇老傑。

十五十六，天輪地軸。日面月面，神號鬼哭。少室從風竹馬年，而今莫問胡家曲。咄！

自詒一首

壞衲曾披蒙雪頂，遠軒松竹冷相侵。虛堂夜永坐將半，花落嵓前知幾深。

山居四首

片片殘紅隨遠水，依依煙樹帶斜陽。橫筇石上誰相問，猿嘯一聲天外長。

靜聽涼飈遶洞溪，漸看秋色入冲微。漁人撥破湘江月，樵父踏開松子歸。

壠麥重重覆紫煙，太平時節見豐年。野雲忽散孤峰出，列派橫飛落澗泉。

凍把巖根雪尚稠，暮雲閑鑠遠峰頭。地爐榾柮高燒起，石銚烹茶時一甌。

答雲峰正大師二首

溢目江山雪正深，旅庭寒色尚沉沉。尤忻象外有良契，時以嘉言慰此心。

竹齋欹枕病方迴，春餘梅花忽寄來。珍重此恩何以報，搘筇時上石樓臺。

寄道友

散盡浮雲落盡花，到頭明月是生涯。天垂六幕千山外，何處清風不舊家。

對菊

澹然金菊映秋光，底事無人泛玉觴。翻憶陶潛舊池上，肯教和草過重陽。

退居寄承天偶作五首

道薄常慙繼祖猷，退居嵓谷任春秋。齋時自有盂羹飯，六合清風卒未休。

道薄常慙繼祖天，瞬眸金色已虛傳。而今猶舉僧伽服，端坐雞峰誑後賢。

道薄常慙繼祖燈，老來林下笑盧能。抱腰持石長三尺，不愧黄梅會裏僧。

道薄常慚繼祖心，九年何事絶知音。到頭無賴空迴首，皮髓紛拏直至今。

道薄常慙繼祖門，隨家豐儉且安貧。掌問日月須彌走，把住南星對北辰。

十二時歌

鷄鳴丑，朕兆之前還亂走。夢裏論量幾萬般，天明無是虛開口。

平旦寅，山河大地掌中擎。金剛焰裏空彈指，碧眼胡僧來未能。

日出卯，烜赫威光無剩少。茫茫宇宙未知歸，競向途中鬬機巧。
食時辰，南北東西誰是親。鉢裏不逢香積飯，深慚枉作出家人。
禺中巳，信手拈來無不是。迷却南街走北街，草鞋踏破因誰置。
日南午，翻出囊中無一縷。銅頭鐵額知未知，草偃風行立千古。
日昳未，休話真如論實義。官家不許夜行人，誰教醉酒街頭睡。
晡時申，遊子前來問要津。鉢盂打破渾閒事，茶鹽少了却生嗔。
日入酉，朝參暮請何曾有。不如靜坐念金剛，從他笑破衲僧口。
黃昏戌，一點寒燈照幽室。鐘鼓喧轟鬧一場，摩訶般若波羅蜜。
人定亥，啐啄之機遭哂怪。自從胡亂知幾年，不曾少人一文債。
夜半子，開眼尿床到如此。老胡猶自涉崎嶇，石塔空留鎮熊耳。

師嘉祐七年七月將示寂，上堂有頌

住世六十五年，爲僧五十七夏，玄徒休問指歸，鼻孔大頭向下。

題雲峰悦禪師語録

悦禪師語者，青山白雲，開遮自在；碧潭明月，撈摝方知；鐵石崩崖，霜弓劈箭。不受然燈記莂，自提三印正宗。假令古佛出頭，也下一椎定當。前則激惠南老子，出溈潭死水，而印慈明。後則勸祖心禪師，撥大愚寒灰，而見黃檗。看儂兩着，須天下碁客受先；破此一塵，與四海□宗點眼。有懷疑者，是不肯山谷老人；擬欲全提，且救取無爲居士。黃庭堅題。

古尊宿語録卷第四十二

寶峰雲庵真淨禪師住筠州聖壽語録

嗣法門人法深録

開堂日，宣疏罷。師乃云：「大通智勝佛，十劫坐道場。佛法不現前，不得成佛道。今日四衆圍繞，佛法現前，還得不得？」良久云：「欲行千里，一步爲初。」便登座，拈香祝聖罷。又拈香云：「大衆，此一瓣香還知落處麽？更不覆藏，直爲先黄龍南禪師爇向爐中去也。」於是趺坐白槌竟，師召大衆云：「當須自觀。若此觀者，名爲正觀；若他觀者，名爲邪觀。邪正未分，有疑請問。」

僧問：「列祖陞堂，賢侯堅請，向上宗乘，請師舉唱。」師云：「六六三十六。」進云：「常憶江南三月裏，鷓鴣啼處百花香。」師云：「好箇消息。」進云：「今日郎中承此善，退身三拜謝師恩。」師云：「深。」僧禮拜。問：「語默二途皆易辨，師今得法嗣何人？」師云：「早來向你道了也。」進云：「恁麽則黄龍的子，臨濟親孫去也。」師云：「猶自卜度在。」進云：「而今四海清如鏡，行人莫與路爲讎。」師云：「速禮三拜。」

問：「世尊出世，梵釋相隨。郎中請師，將何報答？」師云：「一雨普及，萬物咸滋。」進云：「一言生筆下，萬古落人間。」師云：「人間事又作麽生？」進云：「浪盡還歸水，月落不離天。」師云：「閑言語。」

行者問：「天地以萬物爲芻狗，聖人以百姓爲芻狗，未審和尚以何爲芻狗？」師云：「點。」進云：「禍入僧門。」師云：「交。」行者擬議，師便喝。行者禮拜，師云：「得與麼有前無後。」

問：「此日人天普集，太守臨筵。祖意西來，乞師端的。」師云：「的。」進云：「一句已蒙師指示，向上宗乘事若何？」師云：「向下底。」進云：「若不登樓望，焉知滄海深！」師云：「過。」進云：「四衆沾恩，學人禮謝。」師云：「猶欠一著在。」進云：「傍觀者醜。」師云：「放。」

有僧出云：「這裏是什麽所在？」師云：「好好問著，且莫虚頭。」問：「如何是虚頭一句？」師云：「這虚頭漢。」僧無語，師便喝。僧擬進語，師云：「鈍置殺人。」進云：「真善知識。」師云：「你是不得已也。」復云：「問話且止，祇知問佛問法，殊不知佛法來處。且道從什麽處來？」乃垂下一足云：「昔日黄龍親行此令，十方諸佛無敢違者。諸代祖師，一切聖賢，無敢越者。無量法門，一切妙義，天下老和尚舌頭，始終一印，無敢異者。無異卽且止，印在什麽處？還見麽？若見，非僧非俗，無偏無黨，一一分付；若不見，而我自收。」遂收足。乃喝云：「兵隨印轉，將逐符行。佛手驢脚，生緣老，好痛與三十棒。而今會中，莫有不甘者麽？若有，不妨奇特；若無，新長老謾你諸人去也。故我大覺世尊，昔日於摩竭陁國十二月八日明星現時，豁然悟道。大地有情一時成佛。今有釋子沙門克文，於東震旦國大宋筠陽城中，六月十三日赫日現時，又悟箇什麽？」以拂子畫一畫云：「我不敢輕於汝等，汝等皆當作佛。」下座。

師於熙寧八年，在洞山受請，於法座前拈帖示衆云：「最初一句子，便要衆人知。還會麽？」良久云：「符到奉行。」維那宣帖罷，師乃云：「大衆，諸佛出興於世，總祇赴箇時節。且道貧道今日赴箇什麽時節？」遂指法座，召大衆云：「今古應無墜，分明在目前。」便陞座。乃云：「還有問話者麽？」時有僧問：「承古有言：『不見一法卽如來，方得名爲觀自在。』如何是自在底事。」師云：「透七透八。」進云：「龍得水時添意氣，虎逢山色長威獰。」師云：「暗。」進云：「前村深雪裏，昨夜一枝開。」師云：「閑言語。」

問：「施主慇懃伸三請，今日當筵事若何？」師云：「新豐洞裏水潺潺。」進云：「若然者，得聞於未聞去也。」師云：「且道聞底事作麽生？」僧提起坐具，師云：「杜撰禪和。」進云：「大衆證明，學人禮謝。」師乃噓噓。復云：「更有問話者麽？」良久，乃喝云：「昔日大覺世尊起道樹，詣鹿苑爲五比丘轉四諦法輪，唯憍陳如最初悟道。貧道今日向新豐洞裏只轉箇拄杖子。」遂拈拄杖，向禪牀左畔云：「還有最初悟道底麽？」良久云：「可謂丈夫自有衝天志，不向如來行處行。」喝一喝，下座。

初入院陞座，僧問：「天地亢陽，願垂一雨。」師云：「自有淸涼者。」進云：「與麽則羣生有賴也。」師云：「知恩者少。」進云：「雲散家家月，春來處處花。」師云：「不易念得來。」

問：「如何是聖壽境？」師云：「參差舊屋宇，到者始應知。」進云：「如何是境中人？」師云：「一似不相識。」進云：「人境已蒙師指示，向上宗乘事若何？」師便喝，僧禮拜。師云：「不消一喝。」

問：「昔日世尊出世，坐斷乾坤。今朝和尚出世，意旨如何？」師云：「四衆圍繞。」進云：「大衆證明，學人禮拜。」師云：「何不更問？」復云：「青山淥水不能住，白日紅塵却自歸。而今避不得也，且混俗和光，灰頭土面，笑他林下人也要笑，若解笑，甚奇妙，十字街頭拈得箇破布衲襖，抖擻塵埃示衆人。好不好，曉不曉，從他肉案頭歌叫。」喝一喝云：「回頭轉腦。」

晚參，上堂。僧問：「不離當處常湛然，覓卽知君不可見。見卽不問，如何是不離底事？」師云：「傾心吐膽。」進云：「若不登樓望，安知滄海深？」師云：「祇如湛然底事，又作麼生？」進云：「三門佛殿長相對，翠竹松風滿院寒。」師云：「多虛不如少實。」進云：「也須檢點過。」師便喝。復云：「彌勒真彌勒，分身百千億。時時示時人，時人皆不識。」拈拄杖云：「還識麼？千箇萬箇，但識取這箇。」擲下拄杖，下座。

因請首座維那典座上堂，問：「流水下山非有意，片雲歸洞本無心。如何是無心一句？」師云：「你是有心耶？無心耶？」進云：「疊石峰高嶮，白雲出故關。」師云：「莫道無心好。」僧禮拜。師云：「三十年後醒去在。」復云：「三德六味，施佛及僧。香積廚中，善調在手。三世諸佛，向砧槌上聲聲相應。且道相應箇什麼？」良久云：「問取堂中第一座。」

上堂，僧問：「曉色未分人盡望，及乎天曉意如何？」師云：「你見麼？」進云：「城隍雖淡薄，林下道相親。」師云：「這裏是什麼處所？」復云：「有進有退，有急有緩。道在變通，事乃成就。監院荷檐竭力，街坊善巧化人。知客臨時接引，長老據欵結案。還有不涉斯美者麼？」良久云：「明年更有新條在，惱亂春風卒未休。」

上堂，僧問：「真則是幻，幻則是真。真幻既除，道歸何處？」師云：「若有處所，堪作什麼？」進云：「千江有水千江月，萬里孤舟萬里身。」師云：「却不如是。」進云：「江上漁人空點頭。」師云：「適來向你道什麼？」僧便喝。師云：「好一喝。」僧又喝。師云：「兩喝後，又作麼生？」僧禮拜云：「猶嫌少在。」師乃噓噓。復云：「大衆宿來萬福。數日人事相煩，更不一一陳謝，禮繁則亂，知是般事便休。且道是什麼事？」驀拈拄杖云：「風不鳴條，雨不破塊。堯風蕩蕩，行人讓路，萬姓歌歡。筠陽城中，誰家竈窟裏無煙？張公吃酒李公醉。」卓拄杖云：「寒山拾得。」

上堂：「昨日有僧從溈潭來，却往仰山去。」驀拈拄杖云：「筠陽城中，聖壽院裏，打鼓普請喫茶。」

上堂，有化主問：「承古有言：『天得一以清，地得一以寧，君王得一以治天下。』未審衲僧得一時如何？」師云：「善爲化導。」進云：「恁麽，則紅塵路上無閑客也。」師云：「家家觀世音。」僧禮拜。師云：「更須著力。」復云：「我觀法王法，法王法如是。」驀拈拄杖云：「穿却你諸人鼻孔，换却你諸人眼睛。還我法王法來！」乃喝云：「差之毫釐，失之千里。」擲下拄杖，下座。

上堂，僧問：「十方佛土中，唯有一乘法。如何是一乘法？」師云：「百尺幡竿尾指天。」進云：「學人退身三步去也。」師云：「脚跟下七縱八横。」進云：「月色和雲白，松聲帶露寒。」師便喝，僧亦喝。師云：「這野狐精！」復云：「宿來大衆萬福。方期首夏，已是初秋。今朝改旦七月一日。嗟乎！流光電速，四序推移，是事不常，人亦漸老。還有不涉老少者麽？」良久云：「八十翁翁著繡靴。」

因逍遥長老來，上堂。僧問：「一句了然超百億。一句卽不問，如何是百億？」師云：「道士繫腰帶。」進云：「一堂風冷淡，千古意分明。」師云：「番人頭戴冠。」進云：「大衆證明，且禮三拜。」師喝云：「瞎漢。」復云：「青山深處人，來我紅塵裏。紅塵偶不見，白雲與流水。耳目何所分，浮名與浮利。爲是紅塵非，爲復青山是？是非兩途間，幾多殊未已。幸遇逍遥人，可述逍遥理。」下座。

上堂：「天地與我同根，萬物與我一體。脚頭脚尾，横三竪四。北俱盧洲火發，燒著帝釋眉毛。東海龍王忍痛不禁，轟一箇霹靂。直得傾湫倒岳，雲黯長空，十字街頭廖胡子醉中驚覺起來。」撫掌呵呵大笑云：「筠陽城中，近來少賊。」乃拈拄杖云：「賊，賊！」下座。

上堂：「開雲門門，七通八達，却須知有關棙子去著。若也不知，雖活如死。現黄龍龍千變萬化，更須到伊窟宅潛處。若不到，有眼如盲。諸德，我觀法王法，法王法如是。有眼者辨取。」

因清涼長老到，上堂：「熱惱既盡，清涼現前。分别不生，虚明自照。然後，我當按指，海印發光；汝暫舉心，塵勞先起。」乃喝云：「三世諸佛，一棒打殺，填溝塞壑，抛東擲西，一任諸人看。」驀拈拄杖云：「過去諸佛亦如是，現在諸佛亦如是，未來諸佛亦如是。」遂擲下云：「看！」

上堂，僧問：「如何是珠？」師云：「烜赫光明在目前。」進云：「滿城盡是知音者，吟出新詩與衆看。」師云：「誰是知音者？」僧云：「大衆證明，學人禮拜。」師云：「虚頭漢！」復云：「一葉落，天下秋。老僧慵剃雪霜頭，風浩浩，水潺潺，忙者自忙閑者閑。終南山色翠相倚，湘岸橘朵紅鈎攀。諸禪德，會即途中受用，不會且世諦流傳。」拈拄杖云：「不是途中受用，又作麽生傳？」良久，乃喝云：「夜静水寒魚不食，滿船空載月明歸。」

謝月化主，上堂：「靈山話月，曹溪指月。聖壽今朝謝月。且道與古人誰親誰踈？莫有人辨得麽？若也辨得，將此身心奉塵刹，是則名爲報佛恩。若辨不得，無角鐵牛眠少室，生兒石女老黄梅，笑殺栽松道者參。」

上堂：「方經七月十五，已是八月中秋。徒知暑往寒來，人老區區未休。休休看看，便是結交頭。

大衆，丹霞老道底，百骸俱潰散，一物鎮長靈。」乃喝云：「無端騎聖僧。」

上堂：「東西南北，四維上下，觀機設教，應病與藥。」驀拈拄杖云：「馬大師來也。看，看！日面佛，月面佛，一一爲君重拈出。若善服者，病瘥藥除。舉足下足，無非道場。不善服者，藥病相治，盡大地是藥，觸途成滯。」遂擲下云：「祇在諸人面前。」便下座。

上堂：「有時灰頭土面，橫身荒草。衆生處處著，引之令得出。其柰飢逢王饍不能飡，又争怪得老僧！」

上堂：「德山呵佛罵祖，承其言者多，見德山者少。黄龍佛手驢脚，見黄龍者衆，善其機者稀。」驀拈拄杖云：「欲得見德山麼？」遂左邊卓云：「看！要知佛手驢脚麼？」復右邊卓云：「看！」乃橫云：「佛手驢脚，我宗恢廓。德山披毛，黄龍戴角。萬化目前，磊磊落落。」乃喝云：「眼孔定動，總是著縛。」下座。

上堂：「道泰不傳天子令，行人盡唱太平歌。五九四十五，莫有人從懷州來麼？若有，不得忘却臨江軍豆豉。」

因等慈長老到，上堂：「以平等慈度一切生，洒一法雨，潤一切物。良由根機不等，所受不同，互有得失，又争怪老僧！」下座。

上堂，因城中失火，僧問：「養兵千日，用在一朝。正當立國安邦，爲什麼各生退志？」師云：「千兵易得，一將難求。」進云：「忽遇軍旗急速，又作麼生？」師云：「自有安邦者。」進云：「與麼則汗馬不施，功勞不著也。」師云：「你是什麼人？」僧便喝。師云：「敗將不斬。」復云：「欻然火起，焚燒舍宅，及至煙消火滅，萬事成空。冷地裏一場懡儸。」遂喝云：「轉凡成聖又是什麽人？」

永固長老至，上堂：「幽固深遠，無人能到。到則山青水淥，别是人間好。諸禪德，江月照，松風吹，永夜清宵何所爲？却怪長時杜鵑子。春山無限好，猶道不如歸。」

上堂：「十月十五，迎寒送暑。唯有這箇，不來不去。該天括地，亘今亘古。雖則全彰，要且不露。」喝一喝，下座。

晚參，上堂：「十七十八，早是漏泄。若也不會，守繫驢橛。」

上堂：「聖壽有時壁立千仞，欲發人人之大機。我與麽來，你擬心早是蹉過了也。何故？此事非汝思心注意，常情之所能。諸禪德，盡情説了也，合作麽生？」

上堂：「十月二十五，臨濟太莽鹵。開却雲門門，德山罵佛祖。」下座。

上堂：「以字不成，八字不是。有利無利，不離行市。」驀拈拄杖云：「寰中天子，塞外將軍。」擊禪床，下座。

晚參，上堂：「十月二十三，天寒下暖簾。黄昏一覺睡，南海出榆甘。」

上堂：「聖壽長老不會禪，不會道，祇會解粘去縛，應病與藥。諸佛子，無禪可參，無法可學。棄本逐末，區區客作，不如歸去，來識取自家城郭。城中自有法王尊，一呼百諾。髻晃明月珠，手振黄金鐸。還要一切羣生自家省覺。來，來！應是從前佛法知見一時放却，乃得自己毗盧，心印明廓。」乃喝云：「大丈夫兒，莫錯，莫錯！」

上堂：「真不掩僞，曲不藏直。雪後始知松柏操，夜深方見把針人。參！」

檀越散藏經，請上堂：「奉佛至孝。四郎及孝眷等，爲先考二郎終七追薦，乃請真如聖壽二禪衆，開轉大藏經一遍，供僧一千員。斯晨闔郭齋以用表儭，上件龍藏琅函，靈文聖教，經律論三藏，五乘十二分，諸佛之祕詮。頓也漸也，半也滿也，中也邊也，權也實也，種種法門智慧海，種種因果德相海，種種進修行願海，種種教導方便海，種種依正究竟海，種種互融攝入海。不可説，不可説。法門功德光明海。薦嚴先考二郎，超生淨界。然冀四郎及孝眷等，生生世世，獲大善慶，居諸佛法會中，共證菩提。」乃召大衆：「今日與諸人在什麼會中？」驀拈拄杖，敲香卓云：「大衆，還聞麼？佛以一音演説法，衆生隨類各得解。諸佛於此得之，成一切種智，具正遍知。菩薩於此得之，獲無生忍，法眼清淨。獨覺於此得之，現神通光明，出無佛世。聲聞於此得之，證寂滅樂，永斷後有。天人於此得之，增長十善。世人於此得之，永盡三業。地獄於此得之，頓超十地。阿脩羅、餓鬼、畜生於此得之，永除癡業。四生六類，一切有情，於此得之，各隨根性，一一解脱。且道長老於此得之，又作麼生？」良久，喝一喝，下座。

上堂：「聖壽有時戴寶冠、挂瓔珞出來，十人有九人一時驚怖，毀謗罵詈，避走遠去。見伊不識，遂更著垢弊衣，與伊相見，百人千人一時讚歎歡喜，信知我所得智慧，微妙最第一。衆生之根鈍，著樂癡所盲。如斯之等類，云何而可度？」以拄杖擊香卓，下座。

因快山長老至，上堂：「快然大道，祇在目前。縱横十字，擬卽留連。」乃顧大衆，良久，喝一喝，下座。

上堂，舉「僧問古德云：『深山裏還有佛法也無？』德云：『有。』進云：『如何是深山裏佛法？』德云：『石頭大底大，小底小。』忽有人問聖壽云：『十字街頭還有佛法也無？』但向伊道：『無。』爲什麽無？貪名逐利。大衆，聖壽道『無』，古人道『有』，是同是別？試斷看！斷得出也大奇。」

在洞山受請，衆請小參。師云：「新豐古洞萬疊，争攢悟本真宗。千林競簇，古今勝地，佛事常興。所以昔日悟本大師有時提唱，唯有佛菩提是真。歸仗處復喝一喝云：『猶有者箇去就在。』諸德，祇如大師道：『猶作者箇去就在。』且道意作麽生？還知落處麽？叢林中多有商量者。有底道：『聞佛聞法，似生寃家，況更有歸仗處！故遭悟本大師檢點。』有底道：『悟本祇要人休歇去。』有底道：『悟本祇見錐頭利，不見鑿頭方。』似與麽匹配，又何曾夢見他古人？既不如是，又且如何？諸德，此箇事大須子細，不可麤心。一等參禪，窮教到底。宗門中千差萬別，隱顯殊途，唯大智方明。降兹已往，莫測涯際。而今多是抱不哭孩兒，打淨潔毬子，把纜放船，抱橋柱澡洗。彼此丈夫，阿誰無分！若便明去，驅耕夫之牛，奪飢人之食。入火不燒，入水不溺，於一切處不留，一切處成就。靈光獨耀，烜赫殊分。可謂蕩蕩乎，落落乎，張起濟岸帆，撥動渡人舟。於生死海内，白浪堆中，出没去來，逍遥自在。」乃喝云：「從他謗，任他非，雨中兼箬笠蓑衣。而今暫別海門月，攜魚且向市鄽歸。」下座。

住洞山語録

在聖壽開堂，衆官燒香宣疏，至白槌竟。師良久，乃云：「會麽？少室峰前曾示此，高安灘上復誰傳？會中若有傴陁客，莫學神光廢九年。」遂喝云：「有疑請問。」僧問：「有一人欲出長安，有一人欲入長安，未審那箇在先？」師云：「多少人疑著？」進云：「不許夜行。」師云：「蚊子錐鐵牛。」進云：「山頂老猿啼古木，渡頭新鴈下平沙。」師云：「長安人已入，你合作麽生？」進云：「春日華山青。」師云：「者僧雖然後生，却可與商量。」問：「新豐勝刹，古佛道場，侯伯請師，願垂方便。」師云：「耀古騰今。」進云：「此莫是和尚爲人處也無？」師云：「將謂是古佛道中人。」進云：「洞山境色重添翠，悟本玄風復振清。」師云：「有甚了期？」復云：「問話且止，言多道遠。然則通人分上，無可不可。問答縱横，何是何非？不二門開，一道清淨。所以古人云：道無不在，觸事而真。心若不邪，所爲自正。正覺之道，得在乎心，不在乎言。言語道斷，心行處滅，非去來今。今日一會，法法本然，心心本佛。官也私也，僧也俗也，智也愚也，凡也聖也，天也地也，悟則事同一家，迷乃萬別千差。差之毫氂，失之千里。」遂拈拂子召大衆云：「一花開五葉，結果自然成。」

施主捨法衣，上堂。僧問：「久晴無雨時如何？」師云：「點。」進云：「學人有賴也。」師云：「赫日爍破闍黎面門。」僧回首，召云：「大衆高著眼。」師云：「三十年後有人笑你。」復云：「諸佛出世，咸披此衣，説法度人。洞山今日亦披此衣，説法度人。」遂拈起衣角，召大衆云：「還有不受惡水潑者麽？」良久云：「月到天心白，波歸海上清。」

上堂：「久晴忽雨，久雨又晴，天機莫測，吾道可明。」乃喝云：「具頂門眼者看。」

因請知事，上堂：「至道無難，唯嫌揀擇。豈可以親踈好醜擇而然後用之？要用便用。人到手中，土作黄金，抛來擲去，滿目光輝，也要衆人見。諸德又作麽生不揀擇好醜而用之？」喝一喝，下座。

上堂：「佛法不順人情，諸方長老大開口，盡道我會禪會道。且道伊會也未？無端向屎坑裏坐，瞞神諕鬼，似者般的，打殺千萬箇與狗子喫，有什麽過？又有一般禪和子，大開著眼，被伊狐魅，殊不自知，驀頭著屎澆，亦不厭惡。」召云：「大衆，彼此丈夫争受與麽，自己合作麽生？」下座。

上堂：「欲雨不雨，使我伸舉。半陰半晴，要汝惺惺。果惺惺也，與天地合其德，日月齊其明。」乃喝云：「切忌拖泥帶水。」下座。

上堂：「智不到處，切忌道著。道著則頭角生。諸禪德，古人一期唱道，則無可不可。若是洞山即不然，智不到處，正好道；道不著時，無所生。無生大道闊縱横，縱横任運人難測，新羅日午打三更。參。」

上堂：「今朝八月一，漸熱既消，漸涼復至。調燮人間，育養萬類，成就四時。無思焉，無爲焉，寂然不動，感而遂通。祖師門下，豈孤然哉！是以真機無定，祖道難思。有時熱，有時涼，生也殺也，撈籠萬有，提拔四生。破妄想塵，出大經卷，而無心焉，而無爲焉。緣感乃應，豈預搔而待癢乎！諸禪德，且作麽生是各各當人一卷大經？會麽？垢盡則明現也。三千大千世界，遐邇祇在於毫端。十世古今，始終不離於當念。」乃喝云：「不信自殊勝，甘爲下劣人。」

上堂：「摩尼珠，人不識，如來藏裏親收得。既收得，不護惜，也要衆人見。」驀拈拄杖，擲下云：「還識麼？若識，燒沉水香供養。諸禪德，明月照見夜行人，良由不是他家事。參！」

上堂：「佛法現前，僧俗儼然。八月初五，冷落秋天。」

晚參，上堂：「有相身中無相身，無明路上無生路。志公和尚欺我等愚迷，壓良爲賤。然則敢問諸人，而今四大五蘊是有相之身，那箇是當人無相之體？」良久：「噓！欲報先聖護念恩，粉骨碎身又安得！」

上堂，舉雪峰云：「南山有條鼈鼻蛇，汝等諸人出入好看。」玄沙云：「用南山作麼？」師云：「奇哉！善知出處，非父不生其子。」驀拈拄杖，召大衆云：「南山鼈鼻蛇，却在者裏。」便擲下云：「擬卽喪身失命。」

上堂：「昔有五百羅漢，以六神通降一毒龍，了不能得。忽異方有一尊者至，衆謂曰：『我等盡其神力，降不可得。尊者可能降之。』尊者乃彈指一下，其龍便伏。諸禪德，據此還有優劣也無？若言無，五百衆盡其神力，皆曰不能，此尊者一彈指，而毒龍便伏。既有優劣，如何可明？於此明得，作箇出格道人。動靜去來，五眼不能覩，十力不能知，堪受人天供養，日消萬兩黃金。於此未明，山門今日作齋，供養羅漢，且隨隊，長連床上開單展鉢。」下座。

上堂：「祇知今日明日，不覺前秋後秋。諸禪德，休得也未便好休，而今更有什麼事？見麼？四大海水灌入你諸人鼻孔裏，須彌山突出額角邊。三十年後，不得辜負洞山長老。」

上堂：「師子吼，無畏說，百獸聞之皆腦裂。」遂拍禪床左邊云：「不是師子吼。」又拍禪床右邊云：「不是無畏說。你擬心早是腦裂也。更擬如何若何？一隊野狐精。」喝一喝，下座。

上堂：「平旦寅，狂機中有道人身。」乃喝云：「不是狂機。」又唾云：「不是狂機。若作狂機會，又爭得行住坐卧？山河大地不是狂機，且道作麽生是道人身？」良久云：「各自歸堂喫茶。」

晚參，上堂：「此箇事，學不得，教不得，傳不得，須是當人悟始得。悟得也，可可地、閑閑地、了了明明地、歷歷落落地，一切神通變化，悉自具足，不用外求。」乃拈拄杖横按云：「横按鏌鎁全正令，太平寰宇斬癡頑。」遂擲下，良久，喝一喝，下座。

上堂：「師子不食鵰殘，快鷹那打卧兔。放出臨濟大龍，抽却雲門一顧。」遂拈拄杖云：「雲行雨至，三草二木。」

上堂，撫掌，左右顧大衆云：「歸堂喫茶去。」

因發化主，上堂：「出家沙門當清淨自活，以乞食爲正命，食不過分，離憍慢故。以乞法爲正念，增長智慧，不滯寂故。」驀拈拄杖云：「你有拄杖子，與你拄杖子。你無拄杖子，奪却你拄杖子。於此薦得，增汝智慧，破汝憍慢。火焰裏藏身，淤泥中出現。千手千眼大悲菩薩，一任神通變化。於此不薦，有清泉兮恣汝飲，有碧巖兮從汝棲。切忌寒猿深夜啼。」

謝主首，上堂：「實際理地不受一塵，佛事門中不捨一法。」乃拈拄杖云：「不是一法，又捨箇什麽佛事也？三德六味施佛及僧，法界人天普同供養。受供養則不無，還知滋味也無？若不知，分付與首座。」復敲香臺云：「五千餘軸言言異，一一龍宫海藏來。」遂擲下云：「實際理地不用安排，分付與藏主。」

上堂：「九日無白醪，飽餐黄栗餻。十日有黄菊，催人打禾穀。五更鐘未鳴，隣鷄已數聲。相逢不下馬，各自奔前程。參！」

上堂：「昨日風氣暖，今朝天色寒。乾坤共著力，衲子眼皮寬。」下座。

上堂：「古德道：『從門入者，不是家珍。』又作麼生是家珍？」驀拈拄杖，召大衆云：「還見麼？」遂敲香臺，復乃嘘嘘。「釋迦老子棒打不殺，文殊普賢喚不回頭。休休，虚費力，且隨流。待伊時節至，一葉落，天下秋。」

上堂：「洞山門下，要行便行，要坐便坐。鉢盂裏屙屎，淨瓶中吐唾。執法修行，如牛拽磨。參！」

上堂，謝黄檗先馳云：「分枝列派共闡宗猷，祖令全提各隨機變。洒黄龍之一雨，枯木重榮。繼斷際之遺蹤，真燈再焰。光我先覺，以進後昆，不任歡慶。某無似之者，何承先馳？上人遠離鷲嶺，深入洞山，得得馳書，敍其法乳。過沐周勤，仰荷弗已。」復拈拄杖，召大衆云：「實謂雖與我同條生，不與我同條死。阿喇喇，也大奇，筭來彼此丈夫兒。睡則同床各自夢，古今此理少人知。少人知，付先馳，傳歸鷲嶺，分明舉向師。」

上堂：「洞山門下，要道便道，要用便用，救得眉毛失却鼻孔。」乃喝云：「久雨不晴。參！」

出縣回，上堂云：「三日不相見，不得故眼相看。是何言歟？洞山數日不相見，相見祇是舊時人。」乃合掌云：「不審過去諸佛、現在諸佛、未來諸佛。參退喫茶！」

上堂：「洞山門下，有時和泥合水，有時壁立千仞。你諸人擬向和泥合水處見洞山，洞山且不在和泥合水處。擬向壁立千仞處見洞山，洞山且不在壁立千仞處。擬向一切處見洞山，洞山且不在一切處。你不要見洞山，鼻祇在洞山手裏。擬瞌睡也，把鼻索一掣，祇見眼孔定動，又不相識也。不要你識洞山，且識得自己也得。」下座。

謝監院，上堂。僧問：「用之則行，捨之則藏時如何？」師云：「斬新日月，特地乾坤。」進云：「龍得水時添意氣，虎逢山色長威獰。」師云：「且得天下太平。」進云：「與麽則道泰不傳天子令。」師云：「老僧被你鈍置一場。」復云：「身是光明幢，心是神通藏。大衆，各自照顧，抖擻精神。而今現定，僧也如是，俗也如是，釋迦也如是，彌勒也如是。還有人信得及麽？若信得及，不爲分外。若信不及，亦不虧欠。信與不信，光明幢，神通藏。各自參堂去。」下座。

上堂，舉「僧問雲門：『如何是和尚家風？』門云：『有讀書人來報。』諸德，千聞不如一見。又作麽生見？」良久云：「祇爲分明極，翻令所得遲。」

上堂：「洞山門下，八凹九凸，交交加加，屈屈曲曲，崎崎嶇嶇，嶮嶮岏岏，水雲掩映，煙嵐重疊，一道直截。觀者遊者，十人九人，舉步早是迷却路頭也。其中莫有不迷者麽？」乃喝云：「且道洞山路頭在什麽處？」

上堂，舉「昔日天台國清寺因炙茄次，有拾得以竹串向維那背上打一下，維那叫直歲：『你看這風顛漢！』拾得云：『蒼天，蒼天！』寒山問：『你打伊作什麽？』拾得云：『費却多少鹽醬。』諸禪德，拾得打維那，實謂費鹽醬多也，唯當別有道理？明眼衲僧，試出來斷看！一爲衆決疑，已曉未悟。二表自己參學，辨其是非。冷地裏説葛藤，貶剥古今，不爲好手。有麽？若無，老僧爲你決疑去也。直歲苦苦告退，再三留得寒山拾得。總分付却，掃地底教掃地，燒火底教燒火，諸寮兒子，莫令空過。饒舌豐干到來，老僧爲伊勘過。監院維那典座直歲，更須要知寒山拾得姓箇什麽。若也不知，異日他時，總遭伊把鼻孔領過。」喝一喝，下座。

上堂：「光剃頭，淨洗鉢，好便住，惡便脫。好諸禪德，莫將世俗見，埋没道人心。」

上堂：「洞山深幽且固，千年林木生煙霧。林間多少葛藤枝，左攀右惹難回互。回而更相涉，不爾依位住。呵呵呵，將謂洞山多葛藤，元來却是參同契。」乃喝云：「明眼衲僧莫容易。」

上堂：「但知隨例飡饀子，也得三文買草鞋。祇如新婦騎驢阿家牽，又作麽生？直饒道得，更問祖師鼻孔長多少在？」下座。

上堂：「裩無襠，袴無口，頭上青灰三五斗，趙州老漢少賣弄。然則國清才子貴，家富小兒嬌。其柰禾黍不陽燄，競栽桃李春。翻令力耕者，半作賣花人。」

上堂：「但離虚妄，名爲解脱。其實未得，一切解脱。作麽生是一切解脱？」驀拈拄杖云：「關。」又云：「雲門大師在拄杖頭上踍跳，還見翠巖眉毛麽？若也不見，洞山爲你注破。長慶來也。」遂擲下云：「吹笛打鼓普請看！」

上堂，謝莊主監收，云：「參玄上士，味道高人，於動静日用間，百事成現，受用具足，一一要知來處。所以古人云：『譬如大地，何物不從地之所生？諸佛唯指一心，何法不從心之所立？』洞山分野地之所生，或麥或麻或豆或稻。然非其人，則不能成辦安立。既有安立，得不勞乎神用！然神用雖勞，粒粒不落别處。且道落在什麽處？」遂拈拄杖擲下，召大衆云：「見麽？阿誰無分知來處麽？若知，可謂不風流處也風流。」

上堂：「久參先德，不在斯限。後進初機，不用妄想。更依倚箇什麽？何不撥開自己心地靈源，放出神通光明，滔滔流注，成辦佛事，豈不快哉！」驀拈拄杖云：「不是神通光明。」又擊香卓云：「不是佛事。」遂擲下。良久，喝一喝云：「夜半烏鷄誰捉去，天明帶雪遭指註。」

上堂：「識情安排，工夫造作。一向攀緣，己事荒却。不信吾家正徧知，論劫莫能成正覺。」喝一喝，下座。

上堂，舉三聖云：「我逢人卽出，出卽不爲人。」興化云：「我逢人卽不出，出卽便爲人。」師云：「看者兩箇老古錐，竊得臨濟些子活計，各自分疆列界，氣衝宇宙。使明眼衲僧只得好笑。諸禪德，且道笑作什麽？還知落處麽？若知，一任七顛八倒。若不知，且向三聖、興化葛藤裏咬嚼。」下座。

除夜小參，云：「一年將盡夜，萬里未歸人。今夜一衆盡是他鄉之子，因何不歸？阿呵呵！直饒便歸得，歸得亦無家，正是諸人歸處。歸得麽？君不聞龐居士云：十方同聚會，箇箇學無爲，此是選佛場，心空及第歸。」以拂子敲禪床，便起。

歲旦，上堂：「不見一法卽如來，方得名爲觀自在。諸禪德，今日人人添一歲，還見麽？若不見，又道人人添一歲。若見，在什麽處安著？既見著處，便見出處。出處既明，方能世出世間於法自在，觀自在菩薩。將錢買餬餅，放下却是饅頭。好諸禪德，一年添一歲，一歲一如來。」拈拄杖云：「拄杖子亦成佛也。看！」

上堂：「佛法二字，不用道著，道著則頭角生。古人祇解殺人，不解活人。何不道佛法二字一一現成！諸禪德，欲知佛麼？祇諸人是。欲知法麼？祇諸人日用者是。是不是，是即也大奇，不是也大奇。殺也活也，一處不通，兩處失功，兩處不通，觸途成滯。」

出州回，上堂：「山中城裏事不相知，有一句子未敢泄機候。遍到寮中，一一當面分付。直是臨時各自著精彩，莫教蹉過。」

上堂：「汾州莫忘想，俱胝豎指頭。古今佛法事，到此一時休。休休，却憶趙州勘婆子，不風流處也風流。」拈拄杖云：「爲衆竭力。」

發化主後，上堂：「丐者月餘朝束裝，有煩知事首座大衆。一動一静，寧不有勞。然則勞動若是，道人分上無非佛事。所謂往復無際，動静一源。苟契神於動静，則無滯於往還。心迹不生，順逆何咎？此則於心無心，於事無事，又何妨於動静往還之勤？其或得之者，正乎心；失之者，亂乎性。蓋得失之自殊，非動静之有異。」乃拈拄杖擲下，喝一喝，下座。

上堂：「放過一著，落在第二。仲春漸暄，景色明媚，一衆高人，起居輕利。莫有不涉春緣底麼？」良久云：「遠道擊空鉢，深山踏落花。」

上堂：「相抛又十日，歸來山水中。眼開如夢覺，是事半成空。」喝一喝，下座。

上堂：「欲識佛性義，當觀時節因緣。古人無端向虛空裏釘橛，誑惑後人。今日四月一，初夏時節，久雨不晴。伏惟知事首座大衆道體萬福。更討什麼佛性義？你諸人各自有眼有鼻有口有耳，何不散去？莫妨我東行西行。」下座。

上堂，舉雲門云：「劄久雨不晴。」師云：「雲門雖善，臨時變豹，東劄西劄，未免和泥合水。和泥合水即且止，祇如雲門云劄，是那箇劄字？莫有明眼衲僧識麽？若識，雲門有甚氣息？若不識，衲僧有甚氣息？祇者氣息，有鼻孔者辨。」下座。

上堂云：「世尊拈花，迦葉微笑。」乃拈起拄杖云：「洞山拈起拄杖子，你諸人合作麽生？」遂擊香卓，下座。

上堂云：「此事如明珠在盤，不撥自轉。有底撥不轉，按不活，又争怪得老僧。要識明珠麽？各自歸堂喫茶。」

上堂云：「聖僧每日入骨入髓，爲諸人説。適來擊鼓，重爲宣揚。更待長老開口動舌，又堪作什麽？老僧恁麽道，也是爲蛇畫足。」

結夏日，上堂云：「十方聚會，三月一結。息狂妄心，除苦惱熱。獲勝清涼，證大寂滅。到波羅岸，出生死轍。以此聖制，故不虛設。聲聞緣覺，不見不聞。三世諸佛，祇可自知。衲僧跳不出，打在綣繢裏，動即開眼尿床，夢中説夢。且向洞山門下九十日討箇活路。」

上堂，舉昔日鹽官常教僧看見性法門。聞大潙亦爾，密遣二僧往探之。既至座下，凡百提唱俱不識，乃生慢意。一日會小釋迦曰：「你莫麤心。」小釋迦遂作一圓相，以手捧向前。二僧又不識，小釋迦云：「你莫麤心。」便起去。師云：「小釋迦三昧，二僧不知。洞山門下莫有知者麽？是什麽三昧？」良久云：「打麵還他州土麥，唱歌須是帝鄉人。」

上堂：「槌鐘復擊鼓，日輪正當午。拾得語寒山，畫龍却得虎。」下座。

上堂：「佛法兩字，直是難得人。有底不信自己佛事，唯憑少許古人影響，相似般若，所知境界定相法門，動卽背覺合塵，黏將去脱不得。或學者來，如印印泥，第相印授，不唯自誤，亦乃誤他。洞山門下無佛法與人，祇有一口劍，凡是來者，一一斬斷，使伊性命不存，見聞俱泯。却向父母未生前與伊相見，見伊纔向前，便爲斬斷。然則剛刀雖利，不斬無罪之人。莫有無罪底麼？也好與三十拄杖。」

上堂：「臘月二十，新豐一衆，衲僧巴鼻，滴水滴凍。」

上堂：「人貧智短，馬瘦毛長。」趙州云：「我青州做一領布衫重七斤。」師云：「有年無德。洞山見兔放鷹，知生不知其死。大衆，欲出生死，不涉有無。大用現前，勿隨言語。」

請首座典座及逍遥和尚來，上堂：「不動真際，爲諸法立處。昨日監院名，今朝首座號，緣應百千般，立處頭頭妙。典座把杓柄，一一臨時料，衆口若能調，逍遥同一道。諸法立處今已彰，作麼生説箇不動真際底道理？」喝一喝，下座。

上堂：「佛法門中，有縱有奪。縱也，四五百條花柳巷，二三千所管絃樓。奪也，天上天下唯我獨尊。不縱不奪，又作麼生？」良久云：「長把一聲歸去笛，夜深吹過汨羅灣。」下座。

因華嚴座主到，上堂：「法界者，一切衆生身心之本體也。」乃拈拄杖云：「不是法界，是諸人無始已來靈明廓徹，廣大虛寂之妙體。故此土他界、天堂地獄、六凡四聖、情與無情，同一無異，無壞無雜。猶帝網之明珠，互相融通，更相涉入。可謂無邊刹境，自他不隔於毫端；十世古今，始終不離於拄杖頭上。若爾，則何啻擲大千於方外，納須彌於芥中！而今百億日月，百億須彌，百億世界，都在拄杖子裏許。」乃擲下云：「擲在諸人面前，還見麽？信得及麽？不思議解脱力，神通游戲，妙用現前，非假於他術，皆吾心之常分耳。」喝一喝，下座。

出州回，上堂：「古人道：『去去實不去，途中好善爲；來來實不來，路上莫虧危。』古人見不透脱，强生節目，惑於後人。洞山卽不然，來但言來，去但言去，有什麽過？老僧入州途中，晚便住，曉便行，又善爲箇什麽？歸來路上，困便歇，飢便飯，又有什麽虧危？今復林下與諸道人相見，又有什麽事？參退，喫茶。」

上堂：「季冬極寒，伏惟知事首座大衆尊體萬福。仲冬已過，孟春未來，季冬現前。過去已過去，未來實未來，現在當無住。三世旣不留，四時何處去？若爾，則衲僧門下，是是非非，長長短短，有什麽過？」喝一喝，下座。

上堂：「入州僅十日，出縣又兩朝。此心苟無爲，動静皆逍遥。」拈拄杖云：「拄杖子不可不逍遥。」良久云：「莫動著，動著則打折你驢腰。」

晚參，上堂，擧僧問古德：「覿面來時如何？」答云：「分付與典座。」又云：「如何是有漏？」答云：「笊籬。」「如何是無漏？」答云：「木杓。」師云：「笊籬木杓，一時分付與典座，更莫外求。一一現成，物雖常式，妙在乎人。有底祇在面前，拽不來，推不去。縱拽得來，又千疑萬慮不敢用。有底信手拽來，超今越古。所以僧問雲門：『如何是超佛越祖之談？』門云：『餬餅。』諸禪德，好省力，是即是。還有超佛越祖底道理也無？試斷看！斷得出，僧堂裏一任橫咬竪咬。若斷不出，有煩新舊二典座。」

上堂，舉古有僧半夜大叫云：「我悟也。」傍僧把住云：「你悟箇什麼？」其僧云：「師姑元是女人做。」師云：「善即甚善，賺殺多少人，却須知有賺人處。洞山也有箇悟處，且道悟箇什麼？化主元是徒弟做，美即甚美，笑殺多少人，却須知有笑人處。賺人笑人，兩語雙陳，飽參衲子，試辨疏親。」

上堂，僧問：「新豐吟雲門曲，舉世知音能和續。大衆臨筵，願清耳目。」師以右手拍禪床一下。進云：「木人撫掌，石女揚眉。」師以左手拍禪床一下。進云：「猶是學人疑處。」師云：「何不脚跟下薦取。」僧以坐具拂一拂。師云：「争柰脚跟下何？」進云：「却是和尚見處。」師云：「爾見處又作麽生？」僧云：「三十年後，自有人舉著。」師云：「蒼天，蒼天！」復云：「僧問雲門：『如何是雲門一曲？』門云：『臘月二十五。』」師云：「今日是臘月二十五，若作雲門曲，又是臘月二十五。若作臘月二十五，又是雲門曲。」又云：「唱者如何？」門云：「且緩緩。」師云：「雲門云『且緩緩』，爲不肯這僧也，别有道理？」良久云：「一般佛法從人妙，兩處誵訛試斷看。」

歲旦上堂：「去年貧未是貧，今年貧始是貧。去年貧，猶有卓錐之地；今年貧，錐也無。」師云：「香嚴麽道，奇特甚奇特，要且只知其貧，不知其富。洞山即不然，去年富未是富，今年富始是富。去年富，唯與有一領墨黪布褊衫。今年富，添得一條百衲山水袈裟。歲朝抖擻呈禪衆，實謂風流出當家。諸禪德，洞山與麽，爲復是不肯古人耶？爲復扶古人耶？試辨看！」

立春日，因雪，上堂：「大地雪漫漫，春來依舊寒。説禪説道易，成佛作祖難。洞山則不然，而今坐立，一一成佛作祖，何更有難有易？」遂拈拄杖云：「不可不成佛。所以假言三十二，八十也空聲。拄杖子喚作成佛，不是空聲。釋迦彌勒文殊普賢不是空聲。而今觸目遇緣，萬别千差，不是空聲。都無實事，佛法到者裏也要人。有麽有麽？」乃擊香臺，下座。

上堂發化主，舉王大王向雪峰會裏請晏監院住鼓山。雪峰謂衆曰：「有一隻聖箭子，入九重城裏，建立佛事去也。」有孚上座去中路截住問云：「承聞聖箭子入九重城裏去，是否？」晏云：「是。」孚云：「忽遇三軍圍繞時如何？」晏云：「他家自有通霄路。」孚云：「與麽則離宫失殿去也。」晏云：「何處不稱尊？」孚遂回謂雪峰云：「聖箭子途中折了也。」峰云：「他道什麽？」孚舉前話。峰云：「奴奴，他語也得。」孚云：「和尚肐膊終不向外曲。」師云：「雪峰雖爲一千五百人善知識，受侯王供養，福報因緣即不無。若是佛法，未在。洞山則不然。云：『和尚聖箭子途中折了也。』云：『他道什麽？』」師云：「待伊舉了，拽拄杖打將出去。一使孚上座於後作箇本色衲僧，二與聖箭子出其鋒鋩，三與禪門作箇真正宗匠，爲後人眼目。諸禪德，是也不是，有眼者辨取。」良久云：「洞山也有三隻聖箭子，各往一方，作大佛事。莫有作家戰將，向途中截住，將聖箭子總與搊折，却來洞山手裏請棒喫。有麽，有麽？若無，明日普請向新豐亭上，隨例喫茶相送。」

上堂，舉悟本大師云：「古路坦然誰措足，無人解唱還鄉曲。清風月下守株人，涼兔漸遥春草緑。」乃拈拄杖云：「不是古路，豈不坦然！我措足也，海印發光，只是少人信。」復擊香卓云：「不是還鄉曲，且作麽生唱？若唱得，五音六律應難比，步步逍遥達本鄉。唱未得也，守株月下渾閒事，却恐蹉跎過一生。」喝一喝，下座。

施主捨大藏經函，上堂。僧問：「施主入山崇勝事，琅函星布意如何？」師云：「天無私蓋，地無私載。」進云：「恁麽則佛法得人，永鎮龍宫。」師云：「日月昭彰。」進云：「一人有慶，兆民賴之。」師云：「者僧却善知時節。」進云：「施主霑恩，學人禮拜。」復云：「世出世間法，立處皆相參。舉天便有地，舉北便知南。舉僧便見俗，舉聖便明凡。以新當見舊，以經方顯函。宜哉一一法，所立皆雙兼。雙兼不涉二，所立無不堪。此大解脱門，智者乃深諳。故石頭禪師云：當明中有暗，勿以暗相覩，當暗中有明，勿以明相遇。明暗各相對，比如前後步。」乃拈拄杖云：「且道是明是暗？跳得出，也大奇；跳不出，且在明暗裏。只這明暗也大難明。」遂擊香卓，下座。

上堂：「丹霞燒木佛，院主眉鬚落。又教中云：未見自作他受，他作自受。若爾，則禪門與教乘敵體相違。故丹霞自燒木佛，傍僧受殃。未審此理如何？莫有人明得麽？」良久云：「若無人，唯澄公首座深明此理，希諸高德旦暮親而扣之，就而明之。」下座。

上堂：「丹霞燒木佛，院主眉鬚墮落。」驀拈拄杖云：「不是木佛。」便擲下云：「誰敢燒你！擬即眉鬚墮落，不擬又且如何？」遂高聲叫行者。拈起拄杖，下座。

上堂，僧問：「江西佛手驢脚接人，未審聖壽如何接人？」師云：「鮎魚上竹竿。」進云：「全因今日去也。」師云：「烏龜入水。」僧云：「大衆證明，學人禮謝。」師云：「你作麽生會？」僧便喝。師云：「掠虚漢。」

僧又喝。師云：「一任跨跳。」僧云：「也不得放過。」師却喝，復云：「五月六月，飛霜散雪。水中火中，藕白蓮紅。參！」

解夏日，小參。師云：「有問話者麽？」乃以拂子擊禪床云：「天地造化，有陰有陽，有生有殺。日月照臨，有明有暗，有隱有顯。江河流注，有高有下，有壅有決。明王治化，有君有臣，有禮有樂，有賞有罰。佛法住世，有頓有漸，有權有實，有結有解。結也，四月十五，十方法界，是聖是凡，若草若木。」以拂子左邊敲云：「從者裏一時結。」舉拂子云：「總在拂子頭上，還見麽？」乃喝云：「解也，七月十五日，十方法界，若草若木，乃聖乃凡。」以拂子右邊敲云：「從者裏一時解。」舉拂子云：「總在拂子頭上，還見麽？」乃喝云：「衹如四月十五日已前，七月十五日已後，且道是解是結？」舉拂子云：「總在拂子頭上，還見麽？」乃喝云：「諸高德，此三喝中，有一喝是金剛王寳劒，有一喝是踞地師子，有一喝是探竿影草。若人一一辨得，始見臨濟大師道出常情。黄檗被掌，大愚遭築，雖相去三二百年許，你親爲的子，然後大開不二妙門。權諸祖道，摧邪顯正，扶宗立教，整頓頹綱，縱大知見，耀大法眼，不動本際，決勝魔軍。」乃喝云：「更須知有一喝不作一喝用，到者裏，須是具爍迦羅眼，向未屙已前驀提得去。諸德，且道提得箇什麽？」良久喝一喝，下座。

因檀越入山，小參。師云：「衆中還有具頂門上眼底衲子，出來照天照地看！」問：「鋪蓆既開當路畔，行人爭忍不相過。」師云：「我者裏釣鼇魚，跛鼈出來作什麽？」進云：「未審招賢事如何？」師云：「你不是賢者。」進云：「欲觀深閫内，更打一重關。」師云：「笑殺傍觀。」

問：「一棒一喝，未當宗乘。説妙談玄，全乖道體。去此二途，請師端的。」師云：「葛藤杜家，別置一問來！」進云：「若然者，猶未是衲僧分上事。」師云：「是。」進云：「相識滿天下，知心能幾人？」師云：「杜撰禪和。」進云：「三十年後，有人舉此話去在。」師呵呵大笑。

問：「昔日龍女獻珠，得成佛道。未審施主設齋，還成佛也無？」師云：「善惡若無報，乾坤必有私。」進云：「施主知心，如何領會？」師云：「知心底事作麽生？」進云：「有水皆含月，無山不帶雲。」師云：「却是闍黎會得好。」復云：「還更有問話底麽？」良久云：「三十年弄馬騎，却被驢撲。」遂撫膝云：「直得須彌岌業，海水騰波，三十三天一時退位，十八大地獄盡乃停酸。見麽？若者裏見得，釋迦拱手，彌勒攢眉，文殊普賢與伊作侍者。若也不見，看我七縱八横，且向葛藤裏薦取。阿呵呵！諸高德，且道我笑箇什麽？噫！我笑昔日雲門臨濟德山巖頭螢火之光，蚊蚋之解。一人道我呵佛罵祖，一人道我得末後句，一人道黄檗佛法無多子，一人道大覺世尊初生下時，一手指天，一手指地，天上天下唯我獨尊，我當時若見，一棒打殺與狗子喫。似者一隊掠虚漢，總直一期無佛處稱尊。若是如今，唤來一時與伊生按過。自餘之輩，放過卽不可。豈不聞僧問乾峰云：『十方薄伽梵，一路涅槃門，未審路頭在什麽處？』乾峰拈拄杖云：『在者裏。』祇如乾峰恁麽，曾夢見也未？若是老僧卽不然，十方薄伽梵，一路涅槃門，未審路頭在什麽處？攔脊便棒。却問伊路頭在什麽處？待伊擬開口，熱喝出去。更有箇雲門折脚老比丘，不分緇素，不辨正邪，拈扇子云：『𨁝跳上三十三天，築著帝釋鼻孔。東海鯉魚打一棒，雨似盆傾。』似者般和泥合水漢，糞掃堆裏埋却十箇五箇，又有甚過？阿呵呵！樂不樂，足不足，而今幸對山青水淥。年來是事一時休，信任身心嬾拘束。大衆休瞌睡好。」下座。

古尊宿語録卷第四十三

寶峰雲庵真淨禪師住金陵報寧語録

師開堂日，拈香云：「此一瓣香，恭爲今上皇帝，祝延聖壽萬歲，萬萬歲。伏願堯風永扇，同日月之盛明；湯德彌新，共乾坤而久固。此一瓣香，恭爲報寧大檀越主特進相公判府左丞，伏願舉族享於百祥，小大增乎善慶，更冀特進相公判府左丞，兄兄弟弟長爲佛法之壍牆，子子孫孫永作皇家之梁棟。此一瓣香，奉爲提刑大夫、運判朝奉，洎文武官僚，常居禄位。然提刑衆官，總同二相公，夙承佛記，示作王臣，佛法長興，外護斯在。以因向果，皆成佛道。」於是趺坐。白槌云：「法筵龍象衆，當觀第一義。」師乃垂一足云：「大衆，爲是一耶，是二耶？」良久云：「上士一決，一切了。中下多聞，多不信。有疑請問。」

僧問：「昔日梵王請佛，蓋爲羣迷。今朝相公請師，當爲何事？」師云：「看！」進云：「與麼，則靈山一會，今日親聞。」師云：「聞底事作麼生？」進云：「大衆證明。」師云：「錯。」問：「遠離洞山丈室，已坐報寧道場，如何是不動尊？」師云：「東西南北。」進云：「一言已布王官耳，吾道今朝得再昌。」師云：「大家在者裏。」進云：「相公證明，學人禮謝。」問：「昔日李公登藥嶠，雲在青天水在瓶。今日丞相請師，未審有何言句？」師云：「金桃帶葉摘，緑李和衣嚼。」進云：「與麼則法不孤起，仗境方生。」師云：「重疊關山路。」進云："洎乎蹉過。"師云："不少也。"僧問："曹溪一路，閩國人聞。報寧一路，什麽人聞？"師云："天下人聞。"進云："莫是和尚爲人處也無？"師云："且得你承當。"進云："作家宗師。"師云："一任闍黎卜度。"復云："欲識佛性義，當觀時節因緣。時節既至，因緣自會。大衆，今日一會要知麽？是大衆成佛時節，淨緣際會。大丞相荆國公，及判府左丞施宅舍園林爲佛刹禪門，固請大善知識開演西來祖道。所以教外別傳，直指大衆卽心見性成佛。大衆信得及麽？若自信得及，卽知自性本來作佛。縱有未信，亦當成佛。但爲迷來日久，一乍聞説，誠難取信。以至古今天下善知識，一切禪道，一切語言，亦是善知識自佛性中流出建立。而流出者是末，佛性是本。近代佛法可傷，多棄本逐末，背正投邪，但認古人一切言句爲禪爲道，有甚干涉？直是達磨西來，亦無禪可傳。唯祇要大衆自悟，自成佛，自建立一切禪道。況神通變化，衆生本自具足，不假外求！如今人多是外求，蓋根本自無所悟。一向客作，數他人珍寶，都是虚妄，終不免生死流轉。大衆，今二相公特建此大道場，作大佛事，出大衆生死流轉，復大衆本來廣大寂滅妙心，開發本來神通大光明正法眼藏。但迷則長居凡下，悟則卽今聖賢。大衆，言多去道轉遠，笑他明眼道人。衆中莫有明眼道人麽？今時佛法混濫，要分邪正，使大衆不墮邪見，作人天正眼。有麽？"良久云："我終不敢輕於汝等，汝等皆當作佛。"下座。

上堂："淨法界身本無出没，大悲願力示現受生。"乃拈拄杖云："釋迦老子又來也，只爲子孫不了。大衆，若喚作釋迦，又是拄杖子。若喚作拄杖子，又是釋迦。於此莫有人斷得麽？若無，報寧潑惡水去也。"良久云："容顔甚奇妙，光明照十方。我昔曾供養，今復還親覲。"遂擲下，下座。

因請主事，上堂：「祖師門下，燈燈相續，心心相印。一燈滅而一燈然，一心隱而一心照。故萬般之事，須藉心明。心若不明，是事失準。諸禪德，要不失準麽？僧堂裏大家著力。」

上堂：「日出心光曜，天陰性地昏。不知天地者，剛道有乾坤。直饒識得心，大地無寸土。廓徹十方自性境界，觸事全真。若透不過，眼不開，俱屬勝量，已見愚故。菩薩遊戲神通，淨佛國土，成就衆生，心不喜樂。所以若論此事，實謂止止，不須説。我法妙難思，諸增上慢者，聞必不敬信。」乃喝云：「向下文長。」

上堂：「臘月二十八，一年將合煞。孟春又到來，萬事從頭活。」遂拈拄杖擲下，召大衆云：「拄杖子已活也。見麽？爲他無佛法禪道知見，所以不被四時八節聲色所轉。諸禪德莫也要活麽？但是事一時放下，當人一大事，全體出現自然活。趯著磕著，齷齷齪齪，如虎戴角。阿呵呵！」下座。

上堂：「好諸禪德，若能離諸相，定入法王家。法王法道，恢廓無涯，威德自在，勝伏羣邪。一心空寂，妙用河沙。」

上堂：「七分八分，百億妙門。黄龍老傑，累及兒孫。然則知恩方解報恩。莫有解報恩底麽？你是箇漢，纔聞報寧説汝只道得七八分，便好拽倒地上，驀面唾，槌煞擲與狗喫。豈不快哉！亦未爲分外。阿呵呵！空將未歸意，説向欲行人。」

上堂，舉臨濟一日與普化在施主家齋。濟云：「毛吞巨海，芥納須彌。爲復是神通妙用？法爾如然？」化便踏倒卓子。濟云：「得即得，太麤生。」化云：「者裏是什麽所在？説麤説細！」至明日，又共一家齋。濟又問：「昨日供養何似今日？」化又踏倒卓子。濟云：「得卽得，太麤生。」化云：「瞎漢！佛法説甚麤細！」師云：「古人一等參禪，悟得脱灑，見處明白，得用便用，不在擬議之間。何也？爲他無佛法知見爲礙。而今莫有無佛法爲礙者麽？」良久喝云：「設有，又打在無事甲裏。」

請首座，上堂：「一番新，一番舊，新舊相資要成就。諸禪德，且道成就箇什麽？爲成就佛事耶？成就道場耶？成就叢林耶？若與麽成就，豈有教外別傳？」乃拈拄杖云：「此爲復是教内教外？是新是舊？不得喚作拄杖子，便成就取好。」遂擲下。下座。

上堂，僧問：「如何是佛？」師呵呵大笑。進云：「何哂之有？」師云：「我笑你隨語生解。」進云：「偶然失利。」師遂高聲云：「不要禮拜。」僧便歸衆。師復笑云：「隨語生解。」復云：「好大衆，也無禪，也無道，也無玄，也無妙，快活當明者一竅。一竅不明，愁殺人。動卽依他，和屎合尿。參！」

上堂：「法無定旨，深淺隨機。通人分上，祇可自知。莫有通人麽？點則不到。」喝一喝。下座。

上堂，僧問：「學人一面琴，不是凡間木，今朝捧上來，請師彈一曲。」師云：「大衆側耳。」進云：「得聞於未聞去也。」師云：「是何指法？」僧提起坐具。師云：「哀哉！哀哉！汝命何太短。」進云：「且喜勿交涉。」師云：「不是知音。」進云：「不如歸去〔一〕來，葱嶺有人憶。」師云：「何得忘却焦桐？」進云：「在者裏。」師云：「放下著。」復云：「適來一曲，諸人罔措。再爲一彈，快須聽取。」驀拈拄杖横按，良久云：「一曲兩曲闡不聞，悲風流水何方去。」卓拄杖。下座。

〔一〕「去」，原作「云」，據續藏本改。

上堂：「長安甚鬧，我國晏然。」驀拈拄杖云：「雲門大師來也。劄久雨不晴。」以拄杖敲香卓云：「新羅在海東，臨濟小厮兒，祇具一隻眼。普化賊漢，佯狂詐顛。叵耐豐干饒舌，指出文殊普賢。」

上堂：「心隨萬境轉，轉處實能幽。隨流認得性，無喜亦無憂。好諸禪德，恁麼也得，不恁麼也得，恁麼不恁麼總得。如來説一合相，卽非一合相。須菩提好與三十棒。」下座。

上堂，僧問：「聲前薦得，未是作家。喝下承當，猶爲鈍漢。學人上來，請師相見。」師云：「家富小兒嬌。」進云：「也是説道理。」師云：「與你一文錢。」進云：「今日不著便。」師云：「養子之緣。」僧便喝。師云：「不要哭，不要哭。」問：「昔日相國之家，今朝佛僧之舍。未審是同是别？」師云：「白鷺灘頭月。」進云：「不曉師機，願垂方便。」師云：「緊捎草鞋。」僧擬議，師云：「重疊關山路。」復云：「萬般施設不如常，又不驚人又久長。好諸禪德，古人道處，今人行處，可謂似地擎山，不知山之孤峻；如石含玉，不知玉之無瑕。」良久云：「祇恐不是玉，是玉也大奇。」

上堂，舉三聖問雪峰：「透網金鱗，以何爲食？」峰云：「待你出得網來，卽向你道。」三聖云：「一千五百人善知識，話頭也不識。」師云：「俊哉，俊哉！快活，快活！恰似一隻鷂子莫驚著。報寧卽不然，透網金鱗以何爲食？待你出得網來，卽向你道。待他道一千五百人善知識話頭也不識，但拽拄杖，打出三門外。」復云：「也好快活，恰似一隻虎，莫動著。諸禪德，且道報寧快活，何似三聖快活？莫有快活底漢麽？出來定當看！」良久，喝一喝云：「把手拽不住。」

上堂，僧問：「爇香煙上騰，集四衆座下，爲復是神通法爾？爲復是總不與麽？」師云：「一時被闍黎道了也。」進云:「有意氣時添意氣,不風流處也風流。」師云:「你作麼生會?」僧便喝。師云:「龍侗禪和。」僧又喝。師擲下拂子云:「何不更打一棒?」僧擬議。師云:「棒上不成龍。」問:「真淨界中纔一念,閻浮早是八千年。還許學人稱真淨之名也無?」師云:「許。」進云:「若然者,永劫飄流,無時解脱。」師云:「百草頭上薦取老僧。」進云:「恁麼則小出大遇去也。」師云:「且莫錯認好。」僧禮拜。師云:「果然。」復云:「佛法二字也太難明。三世諸佛向你諸人脚跟下走過,你擬要見他,早是眼睛落地。」驀拈拄杖擲下云:「你且道,三世諸佛與拄杖子相去幾何?」良久,喝一喝。下座。

上堂,舉雪峰云:「南山有條鼈鼻蛇,你等諸人出入好看。」師云:「雪峰無大人相。然則蛇無頭不行。長慶恰如箇新婦兒怕阿家相似,便道堂中今日大有人喪身失命。」雲門拽拄杖攛向雪峰面前作怕勢。師云:「爲蛇畫足。」玄沙云:「用南山作什麼?」師云:「道我見處親切,不免只在窠窟裏,更無一人有些子天然氣槪。報寧門下,莫有天然氣槪底麼?不敢望你别懸慧日,獨振玄風。且向古人鶻臭布衫上,知些子氣息也難得。」

上堂,舉起拄杖云:「舉起也,靈光洞曜,迥脱根塵。」復斜亞云:「放下也,體露真常,不拘文字。不舉不放,復名何物?」遂擲下云:「看!」良久,喝一喝,下座。

上堂云:「東家杓柄長,西家杓柄短。拈起黑漆盆,却是白甆盌。大唐天子笑不休,火裏蝍蟟三隻眼。參!」

住廬山歸宗語録

開堂日，宣疏罷。師拈香，乃趺坐。棲賢長老白槌了，便有僧出問：「草庵孤坐，誰知出格家風？拄杖橫空，未審是何宗旨？」師云：「雲開五老，水滿雙溪。」進云：「若然者，劒爲不平離寶匣，藥因救病出金瓶。」師云：「一條界破青山色。」進云：「忽遇五馬行春日，萬家和氣生。又且如何？」師云：「却被闍黎道著。」進云：「海神知貴不知價，留與人間光照夜。」師云：「靈利衲僧。」問：「飛錫一聲天地動，爐煙起處遍乾坤。爲國開堂於此日，師將何法報皇恩？」師云：「耶舍塔前消息在。」進云：「皇恩答處蒙師指，朝宰臨筵事若何？」師云：「已有隨車雨，何須動地雷。」進云：「若然者，虎出渡河皆此日，珠還合浦賀今朝。」師云：「知恩有幾人？」復云：「諸佛心印，祖祖傳授。所謂教外別傳者，蓋取其要妙也。其要妙之道，在人不在教乘。所以歸宗長老得之以妙明心印，印僧俗大衆，彼我無差，同成佛道。還信得及麽？權郡大夫得之以妙明心印，印一郡千里之事，則自然殊途同歸，一毛頭一一明了，一一無差。然後卷舒自在，縱奪臨時，皆吾心之常分，非假於他術。提刑都官得之以妙明心印，印十方華藏世界海，衹在一毛頭，於中或行或坐，或去或來，遊山翫水，選勝尋幽，法喜禪悦，皆吾心之常分，非假於他術。衆官得之，各以妙明心印印之，則王事民事一一明了，一一無差。然後可行則行，可止則止，皆吾心之常分，非假於他術。諸山禪師得之，三世諸佛，一切法門，各以妙明心印印之，則法法明了，一一無差。然後應機接物，通變臨時。或日面月面佛手驢脚，或竪拂拈槌，或呵佛罵祖作大佛事，皆吾心之常分也。」遂拈拂子劃云：「劃斷葛藤。」便擲下云：「是什麽？」良久，喝一喝。下座。

師在筠州九峰，辭衆晚參，遂舉拂子云：「昔日世尊拈花，迦葉微笑。今夜歸宗舉拂，大衆寂然。爲復寂然者是？微笑者是？又是箇什麽？祇如歸宗舉拂與世尊拈花是同是别？若言同，法無同相。若言别，豈有兩般。久參先德聞舉便了，後進初機却須子細。」良久云：「法法總歸宗，臨機要變通。靈源明妙處，平等主人翁。」

師初入寺陞座，僧問：「遠公符命禪師俯應機，祖令當行也，方便指羣迷。」師云：「深。」進云：「深意又如何？」師云：「淺。」進云：「學人如何領會？」師云：「點。」云：「大衆證明，學人禮謝。」師云：「老僧今日失利。」問：「遠離九峰丈室，已屆歸宗道場。如何是不動尊？」師云：「鵲鴣啼處百花香。」進云：「萎花風掃去，香水雨飄來。」師云：「今也如是，古也如是。」進云：「若然者，將爲少林消息斷，如今蹤跡宛然存。」師云：「如何是少林消息？」僧禮拜。師云：「點卽不到。」師云：「佛法要妙，但歸其宗。苟歸宗也，自然無可不可，一切成現，海印發光。今與大衆同已歸宗，住平等本際，敢問何者是宗？何者是要妙？」良久云：「祇爲分明極，翻令所得遲。」

上堂，爲新舊化主云：「舊者已還，新者復作。新舊相資，放過一著。」遂拈拂子云：「不可作新舊會。既不作新舊會，又落在什麽處？若知落處，受用無窮。若不知落處，亦受用無窮。知落處，受用無窮則可知。不知落處，因甚麽受用無窮？明眼衲僧試斷看。」

上堂，舉赤眼因見蚰，便與斬斷。傍僧云：「久嚮歸宗，元來只是箇麤行沙門。」眼曰：「你麤我麤。」師云：「大衆祇知赤眼斬蚰，向其僧道你麤我麤。且古人見處作麽生？」遂舉拂子云：「今日歸宗舉拂子，與當時歸宗斬蚰，是同是別？」良久云：「人人有箇真天佛，妙用縱横總不知。今日分明齊指出，斬蚰舉拂更由誰？」

上堂：「頭陀石被莓苔裹，擲筆峰遭薜荔纏。羅漢院一年度三箇行者，歸宗寺裏參退喫茶。」

上堂：「今日乃是第二箇四月。不見古人道：放過一著，落在第二。雖然第二，未免祇是前來孟夏漸熱。」乃呵呵大笑云：「有利無利，不離行市。西川成都府漏藍子，一文錢三箇五箇，撒在諸人面前，一一可以治病。又且不知廬陵米作麽價？」

上堂，師乃到法座前，顧視大衆，便歸方丈。

上堂云：「南泉斬猫兒，與歸宗斬蛇，叢林中商量還有優劣也無？優劣且止，只如趙州戴靸鞋出去，又作麽生？若也於此明得，德山呵佛罵祖，有什麽過？於此不明，丹霞燒木佛，院主眉鬚落。所以禍福無門，唯人自召。」喝一喝，下座。

上堂：「你有拄杖子，我與你拄杖子。你無拄杖子，奪却你拄杖子。大衆，見錢買賣，莫受人謾。知麽？有利無利，不離行市。阿呵呵！却憶趙州勘婆子，不風流處也風流。」喝一喝，下座。

上堂，舉「僧問雲門：『如何是雲門一曲？』門云：『臘月二十五。』忽有人問歸宗：『如何是歸宗一曲？』但向伊道：『五月二十五。』且道歸宗與雲門意作麽生？今之與古相去幾何？又云：『唱者如何？』

門云：『且緩緩。』忽有人問歸宗：『唱者如何？』向他道：『莫錯，莫錯。』且道歸宗是雲門非？雲門是歸宗非？」乃喝一喝云：「是非總去却，是非裏薦取。」

上堂，擲下拂子云：「歸宗擲下拂子，大衆一時覩見，任是鶻眼龍睛，也須遭伊繫絆。」喝一喝，下座。

上堂：「今朝七月二十，秋風凉冷相及，一切佛法現前，自是常情不入。」遂舉拂子云：「拂子已入也，爲伊無佛法知見解會。汝諸人見道無佛法知見，便道大盡三十日，小盡二十九，作箇無事商量。」喝一喝云：「瞎屢生！」

上堂，舉僧問悟本大師：「寒暑到來，如何回避？」本云：「何不向無寒暑處去！」僧云：「什麽處是無寒暑處？」本云：「寒時寒殺闍黎，熱時熱殺闍黎。」師云：「大衆，若也會得，不妨神通遊戲，一切臨時，寒暑不相干。若也不會，且向寒暑裏經冬過夏。」喝一喝，下座。

上堂：「八月中秋凉風蕭索，衲僧去來如雲似鶴。山北山南有路通，一條拄杖横擔却。是卽是，覺不覺，切忌隨他老盧脚。」喝一喝，下座。

上堂：「今日淵上座設道吾鑽飯，點趙州茶，拈出如來一大經卷，爲諸人徹困。」驀拈拄杖擲下云：「道吾飯，趙州茶，如來一大經卷，此三種法門，盡在拄杖頭上撒開也。東西南北，四維上下，一任變通，自在受用。三十年後，不得辜負淵上座。若也不知，數日雨寒，秋風漸冷。」喝一喝，下座。

施主捨法衣，上堂：「大衆，諸佛法衣，得之者出三界離五欲，成大道度衆生。」遂舉衣云：「舉起也，地獄停酸，脩羅息戰。放下也，帝釋摇頭，諸天罷樂。不舉不放，十方法界，情與無情，同成佛道。未審施法衣者，成得箇甚麼？」良久云：「自從盧老收歸後，須信人人總有之。」

長安化主歸，上堂：「大衆，一兩絲，一匹絹，一一盡從蠶口現。口中吐出濟人間，衲僧如何總不薦。若也薦，家家門裏含元殿。」喝一喝，下座。

開爐日，上堂：「凡夫色礙，二乘空礙，菩薩色空無礙。目前萬象森羅，理事融通自在。僧堂又添煖火，十方高人共會，不必更分彼此，同是一真法界。」喝一喝，下座。

上堂云：「今朝十月二十五，須知有法離言句，本明本妙不假修。一隊古佛參堂去。」

上堂：「冬後一陽生，乾坤解通變。衲僧莫守株，彼此丈夫漢。日日天真活，人人自可見。如何都不顧，隨他物所轉。」喝一喝，下座。

啓聖節，上堂：「舜日共佛日長明，堯風與祖風竝扇。所謂一人有慶，兆民賴之。祝延聖壽，今正是時。」乃呼：「萬歲，萬萬歲！」下座。

上堂，僧問：「乾坤之内，宇宙之間，中有一寶，秘在形山。山卽不問，如何是寶？」師云：「闍黎終日騎牛不識牛。」進云：「恁麼則從今日歸家去也。」師云：「如何是那一寶？」僧便喝。師云：「前三三，後三三，又作麼生？」進云：「謝師指示。」師却喝云：「不識雲門關捩子，等閑動著眼瞌瞌。」復云：「那一寶非今非古，非僧非俗，非男非女，十二時中，光明烜赫。還有人著得價麼？若有人著得價，三十年後不得辜負歸宗。莫有人著價麼？這一隊漢，十二時中是箇甚麼？」喝一喝，下座。

上堂：「今朝十月半，天上月初圓。」遂拈拂子云：「拂子豈不是圓！」又敲禪床云：「何曾偏來！大衆，只這偏圓道，聲色鬧浩浩，眼耳但見聞，莫問歸宗老。」

上堂：「衲僧門下，無非過量境界，自在禪定。」乃喝一喝云：「豈不是過量境界！」又謦欬一聲云：「豈不是自在禪定！阿呵呵，將此深心奉塵刹，是則名爲報佛恩。」

上堂：「好雪。大衆，米麪柴炭之屬，一切成現。寒則圍爐向煖火，困來拽被蓋頭眠。好大衆，適從僧堂來，却向僧堂去。」喝一喝，下座。

上堂：「大衆休得也無了期，共來林下學無爲。袈裟同肩一拂子，相逢能得幾多時。」喝一喝，下座。

化城大師來，上堂：「三界無安，猶如火宅。出得火宅，未到寶所，且在化城。今日相逢，化城不見，寶所何在？元來只是舊時源。上座大衆，元來一時總是舊時人。伏惟珍重。」

上堂：「大衆，古人道：『盡大地是箇解脱法門，枉作佛法會却，何不見山是山，見水是水！』歸宗則不然，盡大地是箇解脱法門，不作知見解會。有時見山不喚作山，有時見水不喚作水。大衆，彼此丈夫，莫受人謾。」

上堂：「大衆，歸宗不是無禪可談，無法可説。正值雪寒，不宜久立。」乃喝一喝云：「歸堂向火。」

上堂云：「今朝正月初五，未免爲君重舉。斬新日月分明，禪家且莫莽鹵。還有不莽鹵底麽？且道是什麽？」喝一喝，下座。

上堂：「今朝正月初十，晴暖春風襲襲。觸目無礙法門，大家一時證入。」喝一喝，下座。

上堂云：「大衆，佛法兩字，彼此不著便。衆中莫有師子見麽？不敢望你哮吼一聲，使大衆一時頂門上眼開。且莫嚼他古人殘羹餿飯也。難得歸宗今日謾你諸人去也。」驀拈拄杖擲下云：「南山鼈鼻虵，解弄者收取。」喝一喝，下座。

上堂：「二月仲春漸暄，時來萬物争妍。莫待桃花悟道，出門芳草芊芊。」喝一喝，下座。

上堂，舉教中道：「不見一法，是大過患。」乃喝一喝云：「有什麽過？」驀拈拄杖卓云：「有什麽患？」復横按云：「德山棒，臨濟喝。舉世何人解提掇？天高地逈萬象閑，總是僧家好時節。」遂擲下云：「是什麽時節？」喝一喝，下座。

上堂：「世尊三昧，迦葉不知。迦葉三昧，阿難不知。因甚不知？只爲淺深有異。三德六味，施佛及僧，法界有情，普同供養。首座三昧，大衆不知。因甚不知？對面不相識，開單展鉢，拈匙放筯。大衆三昧，各不相知。因甚不知？阿呵呵！」復拈拄杖横按云：「我觀法王法，法王法如是。」卓拄杖，下座。

上堂，拈拄杖云：「涅槃心易曉，差别智難明。古人道：『你有拄杖子，我與你拄杖子。你無拄杖子，我奪却你拄杖子。』歸宗則不然，你有拄杖子，我奪却你拄杖子。你無拄杖子，我與你拄杖子。大衆，芭蕉與麽，歸宗不與麽。且道與麽是，不與麽是？」擲下拄杖云：「是什麽？」良久云：「是卽龍女頓成佛，非卽善星生陷墜。」

上堂：「山門今日供養羅漢，爲十方檀越酬還心願。亡者生天，現存獲福。」召云：「大衆，但祇隨例滄餡子，莫問人間短與長。」復拈起拄杖云：「我生已盡，梵行已立。所作已辦，不受後有。三界不柰伊何，堪受人天供養。這一隊少叢林漢，總好與二十拄杖。」喝一喝，下座。

上堂：「大衆，彼我雖殊，根塵有異，然則性自平等。無平等者，平等尚無，況有不平等者！」驀拈拄杖云：「情與無情共一體，處處皆同真法界。」遂擲下云：「撲落非他物，且道是什麽物？」喝一喝，下座。

隆慶長老來，上堂：「大衆，教中道：佛滅度後，爲善知識者總是見佛來。然則其爲善知識者，亦不可容易，覩善知識者，亦不可輕慢。隆慶禪師斯之謂也。老僧與知事首座大衆，同增懽慶。」乃喝一喝云：「虎溪宗派，龍山子孫；吉州隆慶，大啓禪門。古人所謂從門入者，不是家珍。」驀拈起拄杖云：「爲是家珍，爲是外物？大衆却請隆慶禪師決斷。」擲下拄杖，下座。

因開福專使至，上堂：「近有人從成都來，乃得潭州信，却説廬陵米價高。」驀拈起拄杖云：「風行草偃。」擲下云：「是什麽？」喝一喝，下座。

上堂：「日往月來，大盡小盡，光陰已去，生死漸近。大衆，總是祖師門下客，須知生死不相關。且道歸宗與麽説話，還有過也無？」良久云：「父母不聽，不得出家。」

上堂，舉昔日臺山路上有一婆子，凡有僧問臺山路向什麽處去，婆云：「驀直去。」僧擬行，婆云：「好箇阿師，又恁麽去。」師云：「遊臺山者，憧憧往來莫知其數，未有一人不被伊瞞。唯趙州一日謂衆曰：『臺山下婆子被老僧勘破了也。』大衆，雖然不受伊瞞，若點檢來，也好喫婆手中棒。且道趙州過在什麽處？若知趙州過，方解不受人瞞。歸宗門下，莫有不受人瞞底麽？」喝一喝，下座。

上堂：「如來大師云：『不能了自心，如何知正道。』又寒山菩薩云：『一念了自心，開佛之知見。』大衆，是什麽直下了取？」拈拄杖云：「阿誰不見？阿誰不知？知見分明。」又擊禪床云：「阿誰不聞？阿誰不了？了心平等。若此觀者，名爲正觀。若他觀者，名爲邪觀。」卓拄杖，下座。

上堂，良久云：「船子下揚州，大地無寸土。蛇咬蝦蟇聲，更有衆生苦。」驀拈拄杖擲下云：「今朝二十五。」喝一喝，下座。

上堂：「今朝六月旦，萬物隨時變。地肥茄子多，雨足甜瓜賤。紅桃大似拳，緑李圓如彈。誰識歸宗大道心，拈來一一人難辨。」驀拈拄杖云：「你有拄杖子，我與你拄杖子。你無拄杖子，我奪却你拄杖子。又作麽生辨？若辨得出，不虚在歸宗過夏。若辨不出，禪床且替他喫棒。」乃擊禪床，下座。

上堂：「大道不假雕鐫，人心何須造作。但知一切臨時，拈來無非妙藥。」驀拈拄杖云：「豈不是妙！」又擲下云：「抛來擲去，有什麽過？」乃喝云：「纔有是非，紛然失心。」

上堂：「古人有大智慧，隨宜自在，無可不可。故僧問古德：『如何是古佛心？』答云：『牆壁瓦礫是。』僧云：『牆壁瓦礫豈不是無情？』德云：『是。』僧云：『無情還解説法否？』德云：『常説熾然，説無間歇。』其僧於言下大悟，證無情説法。」師云：「古佛身心，如飲醍醐，渴心永寂，奇特甚奇特，安樂則不妨安樂。若是德山、臨濟，烜赫兒孫，他亦不喫這般茶飯。何也？不是他所食之物。且道德山臨濟兒孫所食何物？」良久，乃嘘嘘。「佛法門中，可謂刁刀莫辨，魚魯難分。」下座。

上堂：「今朝六月二十五，莫問超佛及越祖。但祇粥飯飽便休，日月朝昬自回互。」驀拈拄杖云：「回互不回互，佛殿走出三門，僧堂趒過厨庫。拄杖子穿却諸人鼻孔，迴而更相涉。」乃擲下。良久云：「不爾依位住。」喝一喝，下座。

上堂：「一葉落，天下秋，廬山山北到江州。」驀拈拄杖擲下云：「若知撲落非他物，須信縱横得自由。」

解夏日，上堂：「四月十五結夏，七月十五解夏。世俗諦中，有秋有夏，有解有結。佛法門中，無是無非，無得無失，莫非妙用。有時結也，九十日内，水泄不通，聖凡路絶。誰敢咳嗽？若咳嗽也，須是你解咳嗽始得。有時解也，十方通徹，去來自在，亦須知有路頭去處始得。且道不解不結，又作麽生？」良久，喝一喝，下座。

上堂：「欲識佛性義，當觀時節因緣。昨日撞鐘送法眼入塔，今朝擊鼓集禪衆陞堂。千般時節，萬種因緣，總不出這箇。大衆，且道這箇是什麽？」乃喝云：「異生見解，我執不同，又争怪得老僧！」

上堂：「今朝八月中秋，正是月圓當户。所謂盲者不見，非日月之咎。故經云：『是法平等，無有高下，迷者自迷，悟者自悟。』大衆當知，不得莽鹵。」

上堂：「一切衆生總一般，妙明日用更無偏。等閑却被邪師指，剛道西來别有禪。」驀拈拄杖云：「且道是西來，是妙明心地？」復擲下云：「試斷看！」喝一喝，下座。

上堂云：「今朝九月一，夜來霜氣寒，當知門外路，一一透長安。」喝一喝，下座。

上堂：「諸州丐士經年去，次第歸來復納疏，打鼓普請共證明，今朝九月二十五，大衆證明則不無。須知鉢盂飯，粒粒皆辛苦。鉢裏飯滋味，大衆總知。歸宗道今朝九月二十五又且如何？」良久，乃呼侍者：「參退，請諸郡化主喫茶！」喝一喝，下座。

上堂：「今朝十月一，天下煖爐開。衲僧頂門眼，依舊蒙塵埃。歲月既已往，死生還到來。床添新藁薦，一任雪成堆。」遂拈袈裟角云：「大衆，人人有分，須是頂門眼開始得。」喝一喝，下座。

上堂：「古人所謂終日忙忙，那事無妨。」師云：「不妨簡要，只如開單展鉢，拈匙把筯，揚眉瞬目，有什麽妨處？行住坐卧，動静去來，又有何異？」驀拈拄杖，敲香卓云：「妨箇什麽？」復擲下云：「不可喚作忙也。敢問大衆，那事作麽生？」良久，喝一喝，下座。

上堂：「是日已過，命亦隨減。如少水魚，斯有何樂。唯二乘禪定寂滅爲樂，是爲真樂。學般若菩薩，法喜禪悦爲樂，是爲真樂。三世諸佛，慈悲喜捨，四無量心爲樂，是爲真樂。石霜普會云休去歇去，冷湫湫地去，是謂二乘寂滅之樂。雲門云，一切智通無障礙。」拈起扇子云：「釋迦老子來也，是謂法喜禪悦之樂。德山棒，臨濟喝，是三世諸佛慈悲喜捨之樂。除此三種樂不爲樂也。且道歸宗一衆，在三種内，三種外？」良久云：「今日莊主設饡飯俵䞋錢。參退，僧堂内普請喫茶去。」喝一喝，下座。

上堂：「萬法是心光，諸緣唯性曉。本無迷悟人，只要今日了。好大衆，修山主見處與大衆見處，日用無差。大衆見處與歸宗長老見處，日用無差。歸宗見處與雲峰山主日用無差。雲峰見處與深首座日用無差。」乃喝云：「莫分彼我，彼我無差。心光共曉，日用堪誇。」驀拈拄杖云：「阿誰不見，阿誰不曉？」擊香卓云：「阿誰不聞？」復擲下云：「是什麽？」喝一喝，下座。

上堂，舉「龐居士云：『十方同聚會，箇箇學無爲。此是選佛場，心空及第歸。』大衆總是選佛之人，既到歸宗門下，須是一箇箇心空及第歸，不可作長行粥飯僧。彼此出家離世俗，誰言祖獨有南能！」

上堂：「今朝臘月初五，有事爲君直舉。靈湯禪師到來，救濟大開府庫。差珍異寶不慳，所好臨時揀取。雖然一一歸宗，不妨却分賓主。」乃喝云：「且道是賓是主？」復喝云：「賓主歷然，久參到此，也須莽鹵。」

上堂：「獨樹不成林，人人總知有。梵刹一纔興，大家出隻手。」驀拈拄杖云：「家家門前火把子。」復擲下云：「各自看取。」喝一喝，下座。

上堂：「今朝臘月二十五，雲門一曲爲重舉。驢脚佛手總現前，明眼衲僧多莽鹵。」喝一喝，下座。

上堂：「滿目文殊、普賢境界，直下分明，道無不在。」驀拈拄杖擲下云：「抛來擲去，有什麼過？」喝一喝，下座。

上堂：「二月仲春漸暄，時來萬化可憐。到處桃紅柳緑，石頭也生暖煙。」驀拈拄杖擲下云：「有意氣時添意氣，不風流處也風流。」喝一喝，下座。

上堂：「靈光獨耀，迥脱根塵。體露真常，不拘文字。此是百丈大智禪師舉揚。大衆作麼生？」良久云：「在家疑是客，别國却爲親。」喝一喝，下座。

上堂：「南閻浮提衆生，以音聲爲佛事。所謂此方真教體清淨在音聞。是以三乘十二分教，五千四十八卷，一一從音聲演出。乃至諸代祖師，天下老和尚，種種禪道，莫不皆從音聲演出。庭前栢樹，北斗藏身。德山呵佛罵祖，臨濟喝，豈不從音聲演出！何況世間所有一切事法！不從音聲成就者，然後音聲無盡，演説無盡，見聞無盡，利樂無盡。苟入此法門，得旋陁羅三昧自在海。」良久，唱云：「十方羅漢。」喝一喝，下座。

上堂：「今朝三月初五，正是清明景序。豈獨游人往來，更兼蜂狂蝶舞。須信自在神通，彼此性真妙具。萬物總非斷滅，衲僧別求禪悟，棄本逐末。」喝一喝云：「驢年！」下座。

上堂：「今朝三月初十，劄久雨不晴。船子下揚州，東海鯉魚打一棒，洞庭湖裏浪滔天，須知大道本無偏。」喝一喝，下座。

上堂：「今朝三月十五，又是月圓當户。祖意教意同別，但看鷄寒上樹。」驀拈拄杖云：「春無三日晴，夏無十日雨。」復擲下云：「處處緑楊堪繫馬，家家門底透長安。」喝一喝，下座。

上堂：「如來世尊云：菩薩覺成就，故不與法縛。不求法脱，不敬持戒，不憎毁禁，不重久習，不輕初學。何以故？一切究竟覺，彼此成佛故。如是則僧也如是，俗也如是，凡也如是，聖也如是，賢也如是，愚也如是。」驀拈拄杖云：「拄杖子亦如是。」擲下云：「如是，如是。」

上堂，舉「西天昔有七女遊屍陁林，見一死屍。妹問姊曰：『屍在這裏，人在什麼處？』姊曰：『妹妹！』妹應喏。姊曰：『在什麼處？』於是空中散花。女曰：『空中散花者誰？』應曰：『我是帝釋，見聖者善説般若，感我天宫，特來散花。聖者欲何所須，我當供給。』女曰：『別無所須，只要箇無根樹子。』帝釋曰：『我天宫無種不有，若要無根樹子，即無。』女曰：『帝釋。』帝釋應喏。女曰：『這箇是什麼？』帝釋遂隱去。大衆，且道帝釋是會了隱去？不會了隱去？又道善説般若感我天宫，又道無無根樹子。大衆，且作麼生明得，不辜負聖女？若也不會，不得辜負帝釋。歸宗亦有箇無位真人，憨憨癡癡，跛跛挈挈，且恁麽過時。」喝一喝，下座。

王主簿到，上堂。僧問：「雲門大師欲一棒打殺釋迦老子，和尚又欲糞掃堆頭窨殺雲門，未審和尚罪過，還許學人點檢也無？」師云：「且莫造次。」學云：「和尚坐斷廬山，爲什麽不識某甲這話？」師云：「三十棒。」學云：「闕。」師云：「點。」學云：「劄。」師云：「念汝做街坊。」復云：「憶在報寧時，彼彼各年少。而今住山來，各各已衰老。休話人間短與長，相逢把手呵呵笑。呵呵笑，逍遥自合無爲道。」驀拈拄杖，敲香臺云：「不可不自在。」復擲下云：「不可不逍遥。」喝一喝，下座。

上堂，僧問：「馬祖下尊宿，一箇箇屙轆轆地，唯有歸宗老較些子。黄龍下兒孫，一箇箇硬剥剥地，祇有真淨老師較些子。學人恁麽道，還扶得也無？」師云：「打疊面前搕𢶍却。」進云：「若不同床睡，焉知被底穿。」師不對。進云：「這箇爲上上根，忽遇中下之流，如何指接？」師亦不對。進云：「非但和尚一場懡㦬，學人亦乃一場敗闕。」師云：「三十年後悟去在。」復云：「一切禪與道，觸目無非妙。貴賤但臨時，不要生機巧。」驀拈拄杖云：「三世諸佛説不到，諸代祖師傳不及。」遂擲下云：「是什麽？」喝一喝，下座。

住寶峰禪院語録

師開堂日，接得左司手中疏，乃示衆云：「左司傳授，炟赫現前。泐潭把呈，分明薦取。薦與不薦。」却付與表白。表白擬接，復收迴云：「不見到，權柄在手，縱奪臨時。非但泐潭如是，左司衆官神通變化，各各具足。」却度與表白，宣罷，於是就座。問話畢，師乃云：「適來白槌云：『法筵龍象衆，當觀第一義。』且道何名第一義？如何所觀？大衆當知，欲得分明現前，可以直截自觀。若能自觀，名爲正觀。若他觀者，名爲邪觀。而今莫有能自觀者麽？既能自觀，即能他觀。且道即今左司衆官、僧俗大衆，一一是箇什麽？噫！觀音妙智力，能救世間苦。可謂一一圓妙，一一本靈，一一神通變化，總不欠少，了無生死可相關。若不能自觀者，爲迷真覺性，還却受輪廻。然洪州乃江西大都督府，古今已來，人傑地靈，佛事興盛。」

昔有馬祖以禪道化人。亮座主乃教法救世。亮一日來參馬祖，祖曰：「見説座主大講得經論，是否？」亮云：「不敢。」祖云：「將什麽講？」亮云：「將心講。」祖曰：「心如工伎兒，意如和伎者，又争講得經？」亮乃抗聲云：「心既講不得，虚空莫講得麽？」祖曰：「却是虚空講得。」亮不肯，便出去。祖召云：「座主！」亮迴首，豁然大悟。師云：「而今聞却是虚空講得，多便向虚空裏釘橛。殊不識馬大師神通光明，解黏去縛。」

又龐居士問馬祖云：「不與萬法爲侣者，是什麽人？」祖曰：「待汝一口吸盡西江水，即向汝道。」師云：「禪門多作奇特商量，玄妙解會。又不見馬大師威光自在，裁長補短。」

又大梅初參馬祖，問：「如何是佛？」祖曰：「即心是佛。」師云：「如今往往向即心裏，喪身失命，須還他馬大師觀機設法，應病與藥，一切臨時，無可不可。」

其大梅蒙馬師開示，豁悟本心，一得永得，更不他觀。直入深山，庵居巖穴。後因有僧遊山見之，問曰：「庵主住此山多少時？」梅曰：「只見四山青又黃。」僧又問：「出山路向甚麼處去？」梅曰：「隨流去。」祖聞之，令一僧去問云：「和尚見馬師得箇什麼，便住此山？」梅曰：「馬師向我道卽心是佛，我便向這裏住。」僧云：「馬師近日佛法又別。」梅云：「作麼生別？」僧云：「又道非心非佛。」師云：「且道馬大師還有爲人底意也無？」

梅云：「這老漢惑亂人，未有了日在。任汝非心非佛，我祇卽心是佛。」師云：「知恩方解報恩。」僧迴舉似祖，祖召大衆云：「梅子熟也。」龐居士遂去問梅曰：「久嚮梅子熟，還許學人摘喫也無？」梅云：「你向什麼處下口？」士云：「百雜碎。」梅云：「還我核子來！」師云：「且道此二人相見，還有優劣也無？」

梅臨遷化時，聞鼯鼠聲，乃曰：「卽此物，非他物。汝等善護持之，吾今逝矣。」師云：「大衆，既非他物，是什麼物？」復云：「近有無盡居士曰：『大都此物非他物，豈有南宗與北宗。』如今衲子，多是爭南宗北宗。雲門臨濟却被箇俗漢子點破。雲門臨濟兒孫不勝慚懼。久立諸官，伏惟珍重！」

入院，上堂：「馬祖傳心，石門泐潭。乾師總師，前三後三。老僧到來，如何指南？」遂拈拄杖云：「你有拄杖子，我與你拄杖子。你無拄杖子，我奪却你拄杖子。」良久云：「我雖與你同條生，不與你同條死。」乃擲下拄杖，喝一喝，下座。

因雙林下生長老來，上堂云：「寶山不易到，既到莫空迴。莫有不空迴者麽？」遂擲下拄杖云：「是什麽？」良久云：「不見雙林釋迦老，又聞彌勒下生來。」喝一喝，下座。

上堂：「今朝正月二十五，孟春猶寒人共舉，分明佛法不二門。甜者自甜苦者苦。」喝一喝，下座。

開馬祖塔日，上堂：「放過一著，落在第二。有利無利，不離行市。家家門外緑柳垂，不獨春風折桃李。馬祖堂開二月初二，觸目遇緣，法門大啓。不如歸去來。」良久云：「向什麽處去？馬祖堂中燒香罷，僧堂裏喫茶。」

施主看藏經，請上堂，云：「毗盧藏中有大經卷，含真空而體寂，鏡妙色以圓明。」驀拈拄杖云：「三世諸佛，一大藏教，盡在裏許。阿誰不見？阿誰不聞？聞見分明，是箇什麽？」喝一喝，下座。

出外歸，上堂：「歸來閏二月，閴寂寶山中。城隍耳目盡，塵勞萬事空。春水緑，野花紅，須信禪家道莫窮。信手拈來一枝草，臨機生殺任西東。」

上堂，舉僧問馬祖：「如何是佛？」祖曰：「即心是佛。」師云：「馬大師也是看孔著楔。然現前一衆，雖不受馬駒所踏，是不可忘古人大慈悲故。誰教從來今日清明？」良久云：「與大衆同到塔上燒香。」

上堂：「今朝二月二十五，野草閒花相共舉。信手拈來一一玄，癡人莫認庭前樹。衆中莫有不受惡水潑者麽？」遂拈拄杖擲下云：「祇這拄杖子，亦不辜負大衆。」喝一喝，下座。

上堂：「時光迅速，那事如何？雖然如是，我不敢輕於汝等。汝等皆當作佛。故先覺云：一切障礙，即究竟覺。」驀拈拄杖云：「不是究竟覺。」遂擲下拄杖云：「抛來擲去，有何障礙？」喝一喝，下座。

上堂：「今朝三月初十，知事首座大衆尊候萬福。」良久云：「山前大小麥穗也未？直歲照顧牛馬，莫教践踏秧苗。典座厨中調和衆口。監院庫下坐籌帷幄，決勝十里。諸寮舍各各照顧火燭。勝上座設饡飯，供養馬祖大寂禪師。大衆總飽，老僧亦飽。」驀拈拄杖云：「拄杖子亦飽，山河大地亦飽。」遂卓云：「參退，堂中喫茶。」

上堂，擲下拄杖云：「撲落非他物，且道是什麽物？縱横不是塵。既不是塵，是箇什麽？山河及大地，全露法王身。山河大地諸人總見。那箇是法王身？」良久云：「只爲分明極，都緣日用親。」

上堂：「一夏九十日，看看將欲畢。爲報求佛人，今朝七月一。教中道：『佛身無爲，不墮諸數。』且道如何是無爲佛身？於此薦得，不逐四時之所遷，萬物之所變。若也不薦，人漸老，又經秋，等閑白却少年頭。」喝一喝，下座。

上堂：「今朝八月初五，禪家安閒國土。甜則甘草元甜，苦則黄檗元苦。若也得意忘言，自然超今越古。」

上堂：「古人道：『毫釐有差，天地懸隔。』且道毫釐不差又如何？」良久云：「僧堂裏喫茶。」

上堂：「今朝八月十五，又是月圓當户。月不照人，人不問月，彼此不相干。趙官家國土，不如歸去來。田中晚稻，近日好雨。」喝一喝，下座。

化主迴，上堂：「演上人今日作齋供養羅漢。爲供養過去耶？見在耶？未來耶？若供養過去，已過去。未來未至，見在無住。三世既不有，一心何所依？」乃召云：「演上座，正好供養。過去亦如是，見在亦如是，未來亦如是。彼亦如是，此亦如是，一切諸法亦如是。」復召云：「演上座，正好供養。供養亦如是，如是如是。」

上堂，道德經曰：「大巧若拙，大辯若訥。」師云：「達人到此，身心一如。身外無餘，十方世界只在目前。」

上堂：「一年十二月，倏忽又臨頭。人漸老，水長流，世有何人便肯休？休休不如歸去來，自有無繩水牯牛。」喝一喝，下座。

上堂：「方上人今日爲施主供養羅漢。且道羅漢來也無？若來，在什麼處？若不來，又供養他作什麼？」乃顧謂大衆云：「要識真羅漢麼？元來總在這裏。」復召云：「方上座還見麼？正好供養。來無所從，去無所至。一一不生，一一不滅。性真妙明，常住世間。清淨本然，周徧法界。若也如是，萬兩黄金亦消得。若不如是，滴水難消。老僧隨例飡餡子，也得三文買草鞋。」

聖節，上堂：「率土之土，皆屬王土。率土之民，莫非王民。今朝臘月八日，當釋迦如來成道之辰，是今上皇帝降誕之日。所謂前聖後聖，聖德共明。人王法王，王道同久。應千年之慶運，統萬國之歡心。伏惟皇帝陛下萬歲萬萬歲！」復召衆云：「大殿上念佛，祝延聖壽。」下座。

上堂，舉佛在之日，有一女人禮佛，乃於座前入定，佛遂敕文殊出之。文殊入百千金剛三昧出女子定，了不可得。時有網明亦入三昧，唯彈指三下，女子從定便起。師云：「且道文殊與網明見處，還有優劣也無？若道無，文殊何故出女子定不得？只如今日擊動法鼓，大衆齊到座前，與網明出女子定，爲是同是別？不見古人道：『欲識佛性義，當觀時節因緣。』大衆總是祖師門下參玄上士，試觀看！若見得，出家事畢，解脱安樂，世俗塵勞不用閒觀。」喝一喝，下座。

上堂：「數日出入，或風或雨，或陰或晴，或聚或散，或鄉或村，或縣或邑。及至歸來，三門依舊向南開。」復云：「大衆歸堂喫茶！」

上堂：「出家沙門，清淨佛子，莫於袈裟下失却人身。所以古人道：『了卽業障本來空，未了還須償夙債。』且道袈裟下了箇什麽便業障本來空？未了箇什麽還須償夙債？出家門中，也須子細，不得莽鹵。一等行脚，離鄉別井，出一叢林，入一叢林，訪尋善知識，決擇生死，直須子細。假饒了得，我更問你，只如僧問雲門：『二祖是了未了？』雲門云：『確。』衆中作麽生商量？時中如何受用？大衆要會麽？」良久云：「昨日化主歸山，一年在外化導不易。有利無利，不離行市。」喝一喝，下座。

上堂：「西瞿耶尼，北鬱單越，家家門前長安道，到處通徹。」驀拈拄杖云：「拄杖頭上千差萬別。」乃擲下拄杖，喝一喝，下座。

古尊宿語録卷第四十四

寶峰雲庵真淨禪師住金陵報寧語録

上堂："今朝欲入室，侍者報言參。搥鐘并擊鼓，分明爲指南。非但鐘鳴鼓響，飛禽走獸，草木叢林，森羅萬象。昨日仁上人設齋，一一爲諸人徹困。還有知恩報恩者麼？老僧亦在其間。"良久云："欲知端的意，盡在不言中。"下座。

上堂："今朝二月二十五，金銀琉璃握成土。禪家如意自在心，妙用縱横無不是。彼此男兒大丈夫，勸君莫咬他人語。"

上堂："三月本不生，二月何曾滅。不滅與不生，人心自分別。分別既不生，一切皆寂滅。山河大地，不可不寂滅。如今一一現前，不可不寂滅。大衆還入此境界麼？即今又總在何處？"喝一喝，下座。

上堂："今朝三月初五，天地不晴久雨。雲門劄意分明，衲僧如何伸吐？"驀拈拄杖云："雲門大師來也，劄久雨不晴，臨時變化，不涉途程。"遂擲下云："切忌隨他拄杖子去。"下座。

上堂："今日三月十朝，衲僧知見雄豪。步步直須有主，擬議打折驢腰。"

上堂：「先上座煑栗黃粥，供養禪衆，喫了總飽齁齁地，掛起鉢盂。知恩方解報恩，三十年後，不得辜負趙州老。直饒當下見得，倜儻分明，不隨古人言語所轉，各證無生法忍，得大解脱。須知三年一閏，九月重陽，是何宗旨？」喝一喝，下座。

上堂：「今朝九月初五，佛法未嘗間阻。開單心印發光，何況上來下去。大衆，了然生死不相干，快樂自在。」喝一喝，下座。

上堂：「今朝九月初十，衲僧門風壁立。不是宗乘強爲，欲破禪家法執。」遂拈拄杖云：「若喚作拄杖子，翳汝眼睛。不喚作拄杖子，避色逃聲。」乃擲下云：「還我師子兒來！」喝一喝，下座。

上堂：「今朝九月十五，月色十分顯露。人心纔有是非，便被浮雲點污。」喝一喝，下座。

上堂：「今朝九月二十，大道本無拘執。放開把住自由，還要人人悟入。」喝一喝，下座。

因施主，上堂：「佛以一音演説法，衆生隨類各得解。僧俗男女平等心，一一皆同證法界。」

上堂：「今朝十月初十，滴水滴凍。禪衆上來，長老説夢。忽然夢裏覺來，顯發人人佛之妙用。」乃垂一足云：「不是佛之妙用。」又喝一喝云：「不是佛之妙用。大衆上來下去，不是佛之妙用。」復召云：「大衆，分明是夢。」師一日到法座前，乃提起數珠，復顧視云：「大衆，數珠一百八。」便歸方丈。

上堂：「茲日夏首，衆僧結制之辰，溈潭山比丘克文，與清淨大衆踞菩薩乘，修寂滅行，以大圓覺爲我伽藍身心安居平等本際，涅槃自性，無繫屬故。今我敬請不依聲聞，當與十方如來及大菩薩三月安居，爲修菩薩無上妙覺大因緣故。離諸垢染，清淨梵行。若能如是，所謂如蓮華不著水，心清淨超於彼。」

上堂：「清大師則上人，數年在浙中緣化石篔供具等。比者廻山，不勝欣喜。然於道人分上，一切所作而無作意。既無作意，則是無功用大解脱法門。所謂無爲而無所不爲。信手拈來，不勞心力。種種聖像，種種經卷，種種莊嚴，種種供具，種種佛事。」驀拈拄杖云：「總在拄杖頭上東涌西没，南涌北没，撒開也，堂上庫下，佛殿僧堂，及諸寮舍，種種莊嚴，種種清淨，法喜禪悦。」遂擲下云：「撲亦撲不破，蕩亦蕩不散，來無所從，去無所至，無成無壞。東海鯉魚打一棒，雨似盆傾。若信不及，華藏世界所有塵，一一塵中現法界寶光，化佛如雲集。此是如來刹自在，却還清公大師，伏惟珍重！」

上堂：「今朝四月二十五，爲報禪家莫莽鹵。渌水青山在目前，一一分明佛淨土。擬心早不淨了也，不擬心又作麽生？歸堂喫茶。」

上堂：「倏忽又是五月時節，交參總别，同異成壞，重重一一融通皎潔。」驀拈拄杖云：「一切時分總在拄杖頭上，不見有一塵一衆生不成佛者。且道溈潭山一衆有不成佛者也無？」乃擲下云：「是成是壞？」喝一喝，下座。

上堂：「今朝五月復端午，隨衆生心解分布。糉子雖然應所知，要須一一知來處。且道從什麽處來？」驀拈拄杖云：「若知拄杖子來處，即知一切法來處。所以道隨衆生心，應所知量，循業發現。祇如大衆從甚麽處發現？一一分明在目前。若知發現，不妨奇特。若也不知，何名出家？」遂擲下云：「祇者末後一著也大難會。」喝一喝，下座。

上堂：「今朝五月半，爲衆決定斷。普請共成佛，不須怪老漢。」下座。

出外歸，上堂：「古人所謂『有物流動，人之常情』。情若不生，則老僧出入動靜，無去來之作，自然人事周徧，又何妨。遊戲神通藏，法喜禪悅樂，則與大衆同住如來寂滅海、究竟覺。」喝一喝，下座。

上堂：「今朝六月又初一，爲報諸人莫自屈。日用無非大智門，摩訶般若波羅蜜。」

上堂：「般若靈智，拔二親而歸佛國；沙門誠信，設一飯以飽禪僧。因緣既在，功德何窮！」驀拈拄杖云：「所謂靈源明皎潔，枝派闇流注。」乃擲下云：「參同不二心。歸堂喫茶去。」喝一喝，下座。

上堂：「今朝六月二十，却歎時光催急。看看解夏到來，拂拭拄杖與笠。無非妙用神通，盡是心心證入。不須向外馳求，拋却自家城邑。」

上堂：「今朝又是七月一，夏去秋來自相失。各悟自己性無生，人人當下成佛訖。大衆，莫道我不受者惡水潑，如今叢林多作此解。」

上堂，舉古德問僧云：「是什麼聲？」云：「虵咬蝦蟆聲。」德云：「將謂衆生苦，更有苦衆生。」又有古德問僧曰：「是什麼聲？」曰：「雨滴芭蕉聲。」德曰：「莫謗如來正法輪。」師云：「有一轉語，可以安邦定國，主聖臣賢。有一轉語，國清才子貴，家富小兒嬌。若是辨得出，許你於十字路頭，不畜一粒米，不種一莖菜，接待往來真善知識。若辨不出，炙脂帽子，鶻臭布衫，且與麽東過西過。」喝一喝，下座。

上堂：「但以禪門了却心，頓入無生知見力。」驀拈拄杖云：「不是無生桎著你鼻孔，東海鯉魚打一棒，雨似盆傾。不是知見，誰不明了！誰不具足！阿誰無分？不是頓入閻老子。」呵呵大笑云：「泐潭山裏一衆，若於者裏薦得去，盡作雲門炟赫兒孫。若薦不得，總屬閻羅老子所管。」遂擲下拄杖，下座。

上堂：「昨日有人從袁州來，却得洪州信。說道長安米價高，福建路荔枝熟。前三三，後三三，溈潭山裏，五日一參。」下座。

上堂：「今朝又是九月一，暑往寒來春復秋。須信人人一段事，不同時節逐遷流。既是人人一段事，爲什麽有信者，有不信者？不見世尊云：一雨所潤，三草二木。」

上堂，舉「古人云：『如珠在盤，不撥而自轉。』只如大衆開單展鉢，拈匙把筯，一切時中，所作所爲，又何假人撥而後轉？乃至雲門糊餅，趙州柏樹，德山棒，臨濟喝，又何假人撥而後應？自是你諸人不悟後錯會，又干他糊餅、栢樹、棒喝甚麽事？豈不見六祖大師云：汝當一念自知非，自己靈光常顯現。」

上堂，舉雲門大師云：「盡大地是箇解脱門，枉作佛法會却。何不見山是山，見水是水！」師云：「大小雲門錯下名言，好與三十棒。如今既不喚作山，不喚作水，又喚作什麽？若有明眼衲僧辨得出，三十棒却還溈潭。若辨不出，三十棒分付闍黎。」喝一喝，下座。

上堂，舉祖師云：「正說知見時，知見卽是心。當心卽知見，知見卽如今。」師云：「若道是教外別傳，又說道卽如今。況此一心知見，爲復是諸人卽今一心知見？爲復是諸佛知見？若道是諸人卽今一心知見，有底又不肯說心說性。若道是諸佛知見，又有何差別？試爲溈潭定當看！若定當不出，虚消信施。」

上堂：「今朝十一月，節候又嚴寒。倏忽光陰過，死生君自看。是日已過，命亦隨減，如少水魚，斯有何樂？須知人人赤肉團上有一物，能隨萬事變，不逐四時凋。且道是什麽？」喝一喝，下座。

上堂，舉僧問雲門：「如何是學人自己？」門云：「遊山翫水。」師云：「且道雲門答這僧，不答這僧？莫謗雲門好。若道不答這僧，什麼處是不答處？衆中多是師承學解，承言者喪。縱不在文字語言上，又打在無事裏，所謂滯句者迷。若識得雲門大師，即識得自己，可見『不見一法即如來，方得名爲觀自在』。」

上堂：「祖師西來，教外别傳。所謂如牛駕車，車若不行，打車即是，打牛即是？大衆，人各有一頭水牯牛，駕箇車子即是。毛色有異，心相不同，有赤者白者青者黄者黑者。如今莫待下痛鞭，各自拽箇車子。歸堂喫茶去。」下座。

元旦日，上堂，問話畢。師云：「一問一答，皆是當人。各各神通光明，清淨妙心，一一從自己運將出來，烜赫現前，自是衆生迷情，不覺不知。改旦新元，伏惟知事首座大衆尊候萬福。」良久云：「昨日今朝事不同，人人依舊主人翁。雖然平等添新歲，夢覺元來總是空。是空却不空，二十空門元不著，一性如來體共同。」喝一喝，下座。

供養羅漢，上堂：「三界唯心，萬法唯識。未有一法不從心之所生。心若滅也，一切法滅。所以過去心不可得，未來心不可得，現在心不可得。三際既不有，一心何所生？大衆，但盡浮想，盡證阿羅漢。浮想不盡，總屬流浪生死。」喝一喝，下座。

上堂：「古人云：『仁者見之謂之仁，智者見之謂之智。』雲門云：『一切智通無障礙。』」拈起扇子云：「釋迦老子來也。」又拈起扇子云：「踍跳上三十三天，築著帝釋鼻孔。東海鯉魚打一棒，雨似盆傾。好一切智智清淨，無二無二分，無別無斷故。佛手開驢脚步，東西生緣別處。」喝一喝，下座。

上堂：「今日供養羅漢。夜來四方高人諷誦妙法蓮華經安樂行品一遍。大衆，作麽生是安樂行？擬心早不安樂了也。」乃喝一喝云：「豈不是安樂行！如何是透法身？北斗裏藏身，豈不是安樂行！如何是祖師西來意？庭前栢樹子，豈不是安樂行！如何是超佛越祖之談？糊餅豈不是安樂行！以至僧俗大衆，一一清淨光明住持，豈不是安樂行！乃至一佛二菩薩，一一羅漢，一一辟支佛，無不清淨，實相住持，所謂安樂行也。大衆，唯有髻中寶珠，不妄與之。雖然不與，亦人人具足。十二時中，光明烜赫，阿誰欠少？還會麽？歸堂喫茶去。」喝一喝，下座。

上堂：「衲僧門下，有賓有主。有時賓也，和其光，同其塵，四五百條花柳巷，二三千處管絃樓。有時主也，奪賊馬，殺平賊，披毛戴角入鄽來，優鉢羅花火裏開。大衆，只如賓主未分時如何？今朝二月十五。」

章江長老來，上堂，舉「僧問雲門：『如何是諸佛出身處？』門云：『東山水上行。』泐潭卽不然，若有人問如何是諸佛出身處，但向伊道：『遠離洪井，深入寶山。』大衆，且道是同是別？忽有箇衲僧出來云：『這裏是什麽所在？』說同說別也難得，須是實到這田地始得。若未到，且不得草草。」

上堂，舉「僧問雲門：『如何是學人自己？』門云：『遊山翫水。』而今多作自己會，承言者喪。既不作自己會，又作麽生會？滯句者迷。德山入門便棒，其僧擬議，山云：『不得作棒會。』既不作棒會，又作麽生會？臨濟一喝不作喝用。既是一喝，何故不作一喝用？宗旨如何？其宗旨者，諸佛諸祖教外別傳，不屬文字言句。其文字言句，是心外戲論之法。既不屬戲論，直須自悟。若自悟也，事同一家。苟不然者，彼我途轍。」喝一喝，下座。

上堂：「今朝四月二十五，栽秧漸漸徧南畝。半饑半飽淡飯羹，泥裏雨裏可憐許。唯有高僧總不知。各自歸堂喫茶去。」

上堂：「衲僧門下，有春有冬，有秋有夏，有陰有陽，有晝有夜。天地蓋載，日月運行，成就四時，長養萬物。善知識者，觀機設教，應病與藥，成就衆生種種方便，亦復如是。然則無智人前，莫説打你頭破額裂。」

上堂：「釋迦老子道：『一切衆生，生死相續，皆由不知常住真心性淨明體。用諸妄想，此想不真，故有輪轉。』大衆，要得生死不相續，妄想心滅，但直下識取自己常住真心性淨明體，則自然生死不相關，共生慶快，所謂一得永得。若信不及，不聽受，則沉在業識無明海。」喝一喝，下座。

供養羅漢，上堂：「大衆，一切法即諸佛法，一切心即諸佛心，一切語即諸佛語，一切道即羅漢道。法也心也，語也道也，且道是一也是二也？是同別也？二由一有，一亦莫守，一心不生，萬法無咎。」

上堂：「二月復三月，一一應時節。柳絲弄春風，梨花白如雪。門門法界門，法法離言説。」驀拈拄杖云：「欲知交參處，杖頭諸佛刹。」乃擲下云：「不妨拋來擲去，總在諸人眼睛裏。」

上堂：「今朝三月初五，普天之下好雨。非但百姓歌謠，老僧不勝手舞。何也？豈不見乾闥婆王奏樂，迦葉起舞，直得須彌岌業，海水騰波。」驀拈拄杖云：「大衆，一波纔動衆波隨，萬法皆從一法歸。衲子大家同會取，七顛八倒總光輝。」擲下拄杖，下座。

上堂：「今朝又是三月半，離念身心登彼岸。泯其所以歸自然，兩箇五百作一貫。」喝一喝，下座。

上堂，舉「世尊問波斯匿王曰：『汝以何相觀佛？』王曰：『觀身實相，觀佛亦然。觀佛實相，觀法亦然。法界、衆生界，根根塵塵，一切清淨。』大衆，欲識如來大寂滅，汝但盡攀緣。」喝一喝，下座。

閉馬祖塔，上堂：「祖宗門下，總有關捩子，應機接物，有開有閉。苟開而不能閉，喪家失計。閉而不能開，誰辨往來。或開而能閉也，不妨遊戲。閉而能開也，重重善財。或不開不閉時又作麼生？大衆，僧堂裏隨例軟餅餕頭，橫咬竪咬。」喝一喝，下座。

上堂：「心生種種法生，心滅種種法滅。喚什麼作釋迦老子？」驀拈起拄杖云：「假名三十二，八十也空聲。一切人間總強名。」卓拄杖，下座。

上堂云：「天心得自在，盛熱復清涼。衲僧如薦得，珍重法中王。」喝一喝，下座。

上堂：「佛言：『捨家出家難，學道見性難。』元來捨家出家難，學道見性復難。如今學道者如恒河沙，見性者未有一二。佛又言：『性成無上道。』永嘉云：『自性天真佛。』雲門云：『如今諸方多是説心説性，教裏少哩。』」師云：「雲門又不許説心説性，佛言性成無上道。且道佛説底是？雲門説底是？大衆，差之毫釐，謬以千里。」

上堂：「知事首座大衆，出入相抛，歸來依舊。南山對北山，忙者自忙閑自閑。閑忙彼此不相關，依舊水雲間。」

上堂，舉「僧問雲門：『如何是佛法大意？』門云：『春來草自青。』又僧問首山：『如何是佛法大意？』山云：『楚王城畔，汝水東流。』忽有人問溈潭如何是佛法大意，向伊道：『久雨不晴。』此三轉語，有一轉語可以作諸佛如來之法藥，治一切衆生病。有一轉語，可以作諸祖之秘關，菩薩直截之要道。有一轉語，可以作衲僧解脱大道場，是禪者放身命處。大衆，若擇得出，如久客歸家。若擇不出，若行人失路。」喝一喝，下座。

上堂：「諸佛如來，説一切衆生身中有三大。何者爲三？體大、相大、用大。又古德云：『十方無壁落，四面亦無門。露躶躶，赤灑灑，没可把。』既没可把，喚什麼作三大？莫有人擇得出麼？若擇得出，不妨好手。若擇不出，衆生日用而不知。」喝一喝，下座。

上堂：「大衆，好雨點點不落别處。且道落在什麼處？莫是落在法堂前麼？莫是落在田野中麼？莫是落在山林間？若是通達底人，神通妙用，無可不可。有一般人更不求妙悟，但作平常一路實頭見解，又喚做不走作人。此之見解未出常流。若妙悟明眼底人，他一一知來處，一一知落處，更不顢頇。大衆，且道落在什麼處？久參先德，一舉便了。後進初機，更宜子細。」

因雪上堂，舉龐居士辭藥山因緣。師云：「全禪客，當斷不斷，返遭其亂。且道全禪客當時合下得什麼語，免被龐公折挫？如今莫有扶持佛事者麼？出來開發大衆眼目，亦表自己參學身心。如無，老僧爲你説破。今日臘月初十，山門街坊丐者，入寮打疊。忽有人問：諸丐者已在寮中時又作麼生？」良久乃喝云：「相逢不下馬，各自有前程。」

上堂：「今朝又是三月一，大道何曾有得失。桃花處處靈雲心，却笑玄沙弄不出。只道弄不出，罕遇知音。」

上堂：「今朝七月秋初一，時節循環夏又畢。衲僧活計拄杖頭，去兮住兮無固必。去住自由。且道祖意是同是別？只如古人云『雞寒上樹，鴨寒下水』，意旨如何？」喝一喝，下座。

上堂：「雲門云：『久雨不晴劄。』大衆且道，雲門一劄與德山棒臨濟喝，是同是別？若道別，祖宗門下豈有兩般！若道同，争柰德山臨濟雲門家風有異。衲僧到這裏，如何剖判？若剖判得出，可謂無邊剎境，自他不隔於毫端；十世古今，始終不離於一劄。今朝三月二十五，各自歸堂喫茶去。」

上堂，舉印宗法師問盧行者云：「仁者在黄梅有何言教旨趣傳授？」盧曰：「彼指授者，唯論見性成佛，不説禪定解脱，無念無爲。」宗云：「何故不説禪定解脱，無念無爲？」盧曰：「况是二法，不是佛法不二之法。」宗云：「如何是不二之法？」盧曰：「如仁者講涅槃經，明見佛性，是名佛法不二之法。」師云：「彼時小巧禪道，早是中半了也。如今叢林多是唯論禪定解脱，無念無爲。且道六祖底是，如今底是？分即是，不分即是？若分去，有違有順，有是有非。若不分，又不辨邪正，埋没我宗乘。譬如世間道路，有直有迂，有險有善；其行路者，可行即行，可止即止。大衆，還識溈潭老僧麼？」良久云：「將此深心奉塵剎，是則名爲報佛恩。」喝一喝，下座。

師首座時，在仰山結夏小參，云：「莫有真師子兒，試出來對衆哮吼看！」時有僧出禮拜。師云：「不知是不是，是卽也大奇。」僧問：「鐘聲纔動，大衆雲臻，禁足已臨，如何指示？」師云：「大家在這裏。」進云：「莫便是和尚爲人處也無？」師云：「多是向言句中轉却。」進云：「一堂風冷淡，千古意分明。」師云：「且莫亂道。」

僧問：「承古有言：『衆生日用而不知。』未審不知箇什麽？」師云：「道。」進云：「忽然知後如何？」師云：「十萬八千。」僧提起坐具云：「争柰者箇何？」師便喝。僧云：「好一喝，未有斷在。」師云：「喫棒且待別時。」復云：「更有問話者麽？」良久云：「洎合放過。」乃喝。復舉拂子云：「耶耶，盡十方世界，若凡若聖，若僧若俗，若草若木，盡向拂子下成佛作祖。無前無後，一時解脱。還有不解脱者麽？設有，命若懸絲。」又撫掌云：「知音者少。所以此箇事論實不論虚，參須實參，悟須實悟。若纖毫不盡，總落魔界。豈不見古人道：『平地上死人無數，過得荆棘林是好手。』如今人多是得箇身心寂滅，前後際斷，一念萬年去，休去歇去，似古廟裏香爐去，冷湫湫地去，便爲究竟。殊不知却被此勝妙境界障蔽。自己正知見不能現前，神通光明不得發露。或又執箇一切平常心是道，以爲極則。天是天，地是地，山是山，水是水，僧是僧，俗是俗。大盡三十日，小盡二十九。此依草附木，不知不覺，一向迷將去。忽然問他，我手何似佛手？便道是和尚手。我脚何似驢脚？便道是和尚脚。人人盡有生緣處，那箇是上座生緣處？便道某是某州人。是何言歟？且莫錯會好。凡百施爲，須要平常一路子，以爲穩當，定將去，合將去，更不敢别移一步，怕墮坑落塹。長時一似雙盲底人行路，一條拄杖子寸步抛不得，緊把著，憑將去，步步依倚。一日若道眼豁開，頓覺前非，抛却杖子，撒開兩手，十方蕩蕩，七縱八横，東西南北，無可不可。

豈可一向倚他門户，傍他行脚！有甚快活？自己畢竟如何？不見雲門大師道：『而今天下老和尚，多是師承學解，路布葛藤，印板上打來，模子裏脱出。當人若是明去，何不一切臨時！』又不見臨濟大師云：『我者裏是活祖師、西來意，把來便用，立處皆真。』他不説古又如何、今又如何，者語得、那語不得，那裏是虚、者裏是實。你與我拈出絲毫許實底道理來看！此蓋當人眼不開，自無見處，一向承虚接響，百般忌諱，自纏自縛。直饒與麽説，當下忽然見得倜儻分明去，也是棺木裏瞠眼。如今還有無師智，自然智，不與萬法爲侶者，烜赫底丈夫漢，齇齇齖齖，千變萬化，見我恁麽胡言漢語，便好近前驀口摑，拽下椅子擲向三門外，喝散大衆，豈不快哉！還有麽？」良久云：「若無，且看老僧騎案山，跳入你諸人眼睛裏，七顛八倒，呵佛罵祖去也。」喝一喝，下座。

師到崇勝，衆請小參。僧問：「未明心地印，難過趙州關。如何是趙州關？」師云：「過。」進云：「莫使是和尚爲人處也無？」師云：「你作麽生會？」僧作一圓相。師云：「且喜勿交涉。」進云：「也不得壓良爲賤。」師便喝。復云：「更有問話者麽？」良久無人出。師云：「不因一事，不長一智。説事亦不妨，説理亦無礙。爲報學道人，莫作理事會。阿呵呵，欲求長，須入水，是非中，聲色裏，放一倒，扶一起，是何宗？囉囉哩。」驀拈拄杖，畫一畫云：「適來許多葛藤，向甚麽處去也？」復舉拄杖云：「拄杖子變作觀世音菩薩，以甘露水灌入你諸人頂門裏。還有眼開心悟，神清氣爽底麽？」乃喝云：「莫妄想，活落落。須彌山，把便撲。」擲下拄杖云：「耶耶，三十三天，不知不覺，帝釋居善法堂，爲諸天説法，勸喻云：汝等諸仙，盡是閻浮提，歸依佛，歸依法，歸依僧，不殺不盜，不邪婬不妄語，不飲酒不食肉，布施持戒，廣作善業，來生此間受種種勝妙快樂。汝等諸仙，不得一向迷於妙樂。須知無常，念念不停，念念遷謝，速疾速疾，便是到來，相將墜墮。汝等當求不來不去，不生不滅，究竟解脱，清淨涅槃之樂。」師乃噓噓：「今日爲衆竭力，禍出私門，笑破衲僧口。然雖如是，也不得草草。」乃撫膝，下座。

師到九峯山，衆請小參。僧問：「古人道：『前三三，後三三。』前三三即不問，如何是後三三？」師云：「的。」進云：「恁麼則進前三步也。」師云：「闞。」進云：「大衆證明，真善知識。」師云：「杜撰衲僧。」復云：「大衆，此事若全提也，便須荒却院，散却衆，拳倒須彌山，踏翻四大海。三世諸佛，諸代祖師，天下老和尚，十二分教塡其溝，塞其壑。雖然如此，盡法無民，且向世諦流布，建化門中卽不可。」乃拈拂子云：「三世諸佛，諸代祖師，天下老和尚，十二分教，總在拂子頭上。分開也，懷州牛喫禾，益州馬腹脹，天下覓醫人，灸豬左膊上。」以拂子左邊敲云：「太虛爲鼓，須彌作槌。」遂喝云：「鼕鼕，鬧市裏識取天子，將錯就錯。」以拂子右邊敲云：「大地作床，長天爲幕。蹶倒打睡，百草頭上薦取祖師。病鳥栖蘆。噫！九年空面壁，撫掌不回頭，笑煞傍觀。如今莫有傍觀底麼？」良久乃喝云：「洎合停囚長智。」又舉拂子云：「穿却你鼻孔，却向脚跟下走出，東西南北，土曠人稀，天上天下，唯我獨尊。阿喇喇！」遂擲下拂子云：「是什麼？」下座。

師到大愚，衆請小參。師云：「二三月來，天氣和暖，萬物生長，百鳥和鳴。桃花紅，李花白，到處園林翠，連野色。誰家年少，賞勝踏青？唯有古寺老僧，坐對庭栢。」遂以拂子敲禪床云：「敲枷打鎖，出釘拔楔。大有癡頑，怕吞熱鐵。醍醐上味，候伊時節。趙州石橋，循途守轍。百丈野狐，爲君一決。狐疑淨盡，眼光雹掣。南北東西，有誰辨别？還有辨别底麽？試出來！」撫掌呵呵大笑：「打箇筋斗，供養大衆，一者慶快平生，二與天下人作標榜。有麽有麽？祇爲情生智隔，想變體殊，我者裏不免拆東籬補西壁去也。」以拂子畫云：「十方世界百雜碎，何處更有山河大地耶？看看！四大海水，在諸人面前滔滔地，氣象萬端，魚龍變化，還見麽？見則不無。忽然有箇巡海夜叉出來道：『禪和子，如何是脱生死底句？』向他道什麽即得？若不向他道，被他一吉獠棒打殺，餧魚鼈喫。當此之際，以何爲身？以何爲心？以何爲人？以何爲我？以何爲佛？以何爲祖？以何爲禪？以何爲道？會麽？」良久云：「五更侵早起，更有夜行人。」乃以拂子擊禪床，下座。

古尊宿語録卷第四十五

寶峰雲庵真淨禪師偈頌

嗣法門人福深錄

僧請問：「三聖問雪峰云：『透網金鱗以何爲食？』峰云：『待你透出網來，卽向你道。』聖云：『一千五百人善知識，話頭也不識。』」師以頌示之。

潦倒漁翁坐釣臺，金鱗赫赫鼓波來。海門空闊纔施網，霹靂一聲天地開。

雪峰云：「老僧住持事大。」

放去收來得自由，不堪優處亦堪優。可憐滯句承言者，爭是爭非空白頭。

僧請問：「丹霞騎聖僧，意旨如何？」

千變萬化，七顛八倒。騎却聖僧，踏倒水潦。釋迦起身，比丘悟道。若會此意，寒來著襖。

僧請問雪峰鼈鼻虵因緣。

打鼓弄琵琶，相逢一會家。雲門能合調，長慶解隨邪。古曲非音律，南山鼈鼻虵。何人知妙訣，的子是玄沙。

僧問南臺圓和尚大隨龜話，圓以手翻覆示之，其僧不肯，乃質於師，師以頌釋之。

少室之妙訣，觀根而密付。大隨曾泄機，南臺亦失悮。翻手與覆手，脱履著龜處。明明言外傳，信何有今古。擲金鐘，輥鐵鼓。水東流，日西去。

僧請問馬大師日面佛月面佛。

日面月面，胡來漢現。一點靈光，萬化千變。

僧請益僧問雲門：「如何是正法眼？」門云：「普。」

但無一切心，自然合大道。應用在臨時，莫分妙不妙。

僧請問雲門：「如何是諸佛出身處？」門云：「東山水上行。」

目前有路，誰解通方。東山水上，求者茫茫。

諸佛出身處，東山水上行。目前一彈指，徧現煞分明。日面月面過，佛手驢脚呈。皆承此箇力，言外度迷情。

僧曰：「衆中多以無事商量。」師復成頌。

多將無事會，無事困人心。有無俱勿念，自可剖靈音。落落雖殊應，寥寥不在尋。宜哉萬化首，都祇屬于今。

僧請問：「僧問首山：『如何是佛法的的大意？』山云：『楚王城畔，汝水東流。』」

楚王城畔水東流，樹倒藤枯笑不休。好是自從投子去，更無人解道油油。

僧舉趙州庭前柏樹子話，或云有此語，或云無此語。師以頌決之。

庭前柏樹子，趙州無此語。若是本色人，直下未相許。庭前柏樹子，趙州有此語。爲報同道流，覩面如何舉。

僧舉雲門北斗裏藏身

東涌西没，北斗藏身。法王法令，德非有隣。

趙州勘破婆子

似狂不狂趙州老，或凡或聖人難曉。是非長短任君裁，老婆被伊勘破了。

婆子云：「好箇阿師，又與麽去。」

臨岐有水復有火，遇賤卽貴全可可。臺山一路去無差，幾箇行人脱羈鎖。

庭前柏樹子二首

庭前柏樹子，我道不如松。枯枝折落地，打著去年椶。

造化無私不思力，一一青青歲寒色。長短大小在目前，可笑時人會不得。

頌黄龍和尚垂示佛手驢脚生緣

我手何似佛手，翻覆誰辨好醜。若非師子之兒，野干謾爲開口。

我脚何似驢脚，隱顯千差萬錯。欲開金剛眼睛，看取目前善惡。

人人盡有生緣處，認著依前還失路。長空雲破日華開，東西南北從君去。

烏窠和尚吹布毛

烏窠吹布毛，紅日午方高。趙王因好劒，滿國人帶刀。

僧問雲門：「如何是啐啄之機？」門云：「響。」

有問啐啄機，雲門答云響。昨日雷轟天，夜來山水長。

寶壽開堂，三聖推出僧。

探騎飛來棒下寧，瞎人翻滿鎮州城。太平本是將軍致，不許將軍見太平。

石火光中電影分，怒雷隨震動乾坤。耳聾眼瞎人無數，誰是知恩解報恩。

僧問風穴：「如何是佛？」穴云：「杖林山下竹筋鞭。」

杖林山下竹筋鞭，水在深溪月在天。良馬不知何處去，阿難依舊世尊前。

靈雲見桃花悟道

奇哉一見桃花後，萬别千差更不疑。獨有玄沙言未徹，子孫幾箇是男兒。

昔日靈雲見悟時，香苞紅萼一枝枝。如今到處還開也，陌上相逢説向誰。

僧問趙州：「狗子還有佛性也無？」州云：「無。」僧云：「上至諸佛，下至螻蟻，皆有佛性。狗子爲什麽無？」州云：「有業識在。」

言有業識在，誰云意不深。海枯終見底，人死不知心。

僧問雲門：「如何是吹毛劒？」門云：「骼。」

誰謂吹毛利，雲門駱可知。一朝權在手，看取令行時。

僧問龍牙：「古人得箇什麽道理便休去歇去？」牙云：「如賊入空室。」

買帽相頭，量才補職。明眼衲僧，面前不識。

僧問長沙：「了卽業障本來空，未了還須償夙債。秖如二祖是了不了？」沙云：「空。」

臨機無巧妙，得意不勞功。其如人不會，聞空便謂空。

僧問趙州：「一物不將來時如何？」州云：「放下著。」

移高就下縱威權，解脱門開信可憐。不得空王真妙訣，動隨聲色被勾牽。

僧問雲門：「如何是超佛越祖之談？」門云：「餬餅。」

超佛越祖之談，覿面相呈誰領。不知箭過新羅，動地閑争餬餅。

雲門關棙子

雲門關棙子，消息少人知。有時一撥動，大地眼瞌瞌。

雲門抽顧

雲門抽顧，自有來由。一點不到，休休休休。

臨濟三度問黄檗佛法大意，三度被打。

資糧更不著些些，岐路年深恐轉賒。直下痛施三頓棒，夜來依舊宿蘆花。

臨濟到大愚處悟

便言黄檗無多法，大丈夫兒豈自乖。脅下兩拳明有信，不從黄檗付將來。

僧問首山："如何是佛法大意？"山云："新婦騎驢阿家牽。"

張顛不似首山顛，不動毫芒百怪全。猶得黄龍再拈出，四方明眼若爲傳。

新婦騎驢阿家牽，低頭拈得一文錢。十字街頭拍手笑，東村王老屋頭穿。

雲門云："火裏蝍蟟吞大蟲。"

秦時轆轢鑽頭通，大施門開妙莫窮。火裏蝍蟟依舊活，拈來誰解恣英雄。

火裏蝍蟟吞大蟲，去年不似今年窮。直得黄茅瘴氣發，雪壓桃花處處紅。

臨濟鋤茶園次，見黄檗來，遂拄鋤頭而立。檗云："者漢困那？"濟云："鋤也未鋤，困箇什麽？"檗以拄杖便打，濟接住一送，檗便倒，叫云："維那相救！"維那近前扶云："争容得這風顛漢與麽無禮！"檗以拄杖却打維那。濟乃連鋤地數下云："諸方火葬，這裏一時活埋。"

奪旗掣鼓著精神，父子雖親法不親。爲報四方禪者道，等閑莫作守株人。

百丈再參馬祖

客情步步隨人轉，有大威光不能現。突然一喝雙耳聾，那吒眼開黄檗面。

興化打克賓維那

丈夫當斷不解斷，興化爲人徹底漢。已後從教眼自開，棒了罰錢趁出院。

雲門臘月二十五

臘月二十五，一曲超今古。鎮州大蘿蔔，生長在深土。

僧問雲門：「不起一念，還有過也無？」門云：「須彌山。」

不起一念，海裏須彌。把來便用，休別針錐。

百丈野狐

不落藏鋒不昧分，要伊從此脱狐身。相逢盡道休官去，林下何曾見一人。

寄百丈玿首座

百丈雄峰倚碧虚，其間今古道非孤。不知一句墮狐事，借問當時有也無。

有無閙説笑哈哈，不是知音不問來。莫把祖機容易泄，待伊狐眼自醒開。

潛能展事密投機，落草之談信有之。言下罕逢師子子，成羣作隊野狐兒。

和酬運使蔣公，頌古八絶句

仰山

潙仰法幢摧已久，從頭提起又重新。誰知斷臂傳來事，光顯須憑大智人。

父子有時揚密意，神通變化不相知。唤回業識茫茫者，笑倒潙山老古錐。

踈山

呵呵大笑意難論，樹倒藤枯問有因。縱向明招言下悟，眼開只是舊時人。

因兹自抱無弦琴，歸隱踈山煙翠深。有箇荆溪蔣居士，曾聞得得訪知音。

末山

末山不露凌雲頂，今古岧嶢在目前。又道本無男女相，非君莫辨火中蓮。非色非心非行業，成男成女解隨緣。而今僧俗并羣有，一一昭然總不偏。

洞山

掩耳重開眼界寬，金部到洞山留偈云：「眼處聞時方得，知誤作耳字故云爾。」廓然無法不同觀。山林瓦石縱横説，若到常情取信難。

按部不妨閒訪道，新豐一宿話皮膚。水聲山色紅塵外，軒蓋重來得也無。

寄雲居長老五頌

絶頂雲居北斗齊，雲門知見便高提。莫將透脱常情解，須是當機離水泥。

絶頂雲居北斗齊，藏身北斗最難提。叢林總作平常解，無限高僧没在泥。

絶頂雲居北斗齊，出羣消息要人提。其中未善宗乘者，奇特商量滿眼泥。

絶頂雲居北斗齊，參差光裏鬧中提。擎頭戴角誇能解，一一重教上細泥。

絶頂雲居北斗齊，横三豎四目前提。空中鵠眼殊無礙，還笑獰虵不離泥。

雪朝上堂，舉龐居士辭藥山因緣。復頌其意示諸禪者。

龐翁境界，滴水滴凍。藥山闍黎，兩目定動。機不發時，一場困夢。本自天真，阿誰解用。

師室中問僧云：「了也未？」僧云：「未了。」師云：「你喫粥了也未？」僧云：「了。」師云：「又道未了。」復云：「門外什麼聲？」僧云：「雨聲。」師云：「又道未了。」復云：「面前是什麼？」僧云：「屏風。」師云：「又道未了。」復云：「還會麼？」僧云：「不會。」乃云：「聽取一頌。」

隨緣事事了，日用何欠少。一切但尋常，自然不顛倒。

見僧來，以火筯敲火爐。僧云：「不會。」師乃頌曰

火筯敲火爐，日用更無餘。開單并展鉢，何處有親疎。

僧又問：「達磨西來，單傳心印又如何？」復乃成頌

火筯敲火爐，直指更無餘。開單并展鉢，一一晃心珠。

師室中問僧：「如何是無文字一句？」僧無語。僧却問：「如何是無文字一句？」師云：「廬陵米作麼價？」又云：「面前是屏風。」

一一超然一一玄，莫將情計自留連。從來大道無文字，不要安排喚作禪。

僧云：「洞山禪難參。」師乃有頌

洞山禪也不爲難，與君時復且閑閑。楖標迸開天地眼，一重山後一重山。

示衆二頌

了無一法，祇在臨時。把來便用，莫更遲疑。

於法應自由，更莫向餘求。殺活劒在手，到處得風流。

法界三觀六頌

色空無礙，如意自在。萬象森羅，影現中外。出没去來，此土他界。心印廓然，融通廣大。
理事無礙，如意自在。倒把須彌，卓向纖芥。清淨法身，圓滿上塊。一點鏡燈，十方海會。
事事無礙，如意自在。不動道場，十方世界。東涌西没，千差萬怪。火裏蝍蟟，吞却螃蠏。
事事無礙，如意自在。手把豬頭，口誦淨戒。趁出婬坊，未還酒債。十字街頭，解開布袋。
事事無礙，如意自在。拈起一毛，重重法界。一念遍入，無邊刹海。只在目前，或顯或晦。
事事不知，空色誰會。理事既休，鐵船下海。石火電光，咄哉不快。横按鏌鎁，魔軍膽碎。

讀金剛經「是法平等，無有高下」。佛意非傅大士頌指南，則異説者多矣。故水陸同真際，飛行體一如，則佛佛道同，信斯也。因成一頌，用示諸禪者。

平等群生類，迷爲七趣因。悠悠終莫覺，擾擾但隨塵。賴我從凡質，何緣獲法身。神通雖未具，作佛亦天真。

短歌寄端上人

鷲峰深，黄檗苦，一來知味便回去。去去不回顧，大地何曾有寸土。廓然胸臆寰宇寬，東涌西没胡爲難。早言云往逍遥山，又聞己在袁城間。因思孤坐雪寒夜，松風瑟瑟添蕭洒。端師端師聽我言，玉鑰在手須牢把。

寄人

一二三四五，清平打鼓道吾舞。脚踏金船海月高，無根樹下蹲龍虎。優鉢羅花火裏開，軒轅寶鑑埋糞土。爲報潁川善女人，信受摩耶千佛母。

送和禪者南雄作丐

見不見，逢不逢，千里萬里圓光中。左顧右眄華藏海，輕提重按開盲聾。此箇妙，窮不窮，是處園林落花紅。乾坤造化有時節，莫比仁者無間風。忽釋迦，慢彌勒，彼既丈夫我亦爾。都來祇在一毛頭，也解分身千百億。臨機一一不思量，好笑時人識不識。

送清禪者石城丐清乃善畫

菩提數珠一百八，榔栗拄杖六七尺。象王蹴踏潤無邊，達磨唯留履一隻。至今天下重黄金，笑殺寒山與拾得。觀音慈，布袋憨，維摩問疾文殊堪。千奇萬怪狀無盡，皎然此理誰相諳。石城人物多賢善，仁者一到皆和南。有人問著新豐老，切忌承言落二三。

送生禪者袁州丐

箭穿紅日影，山鬼把住麒麟兒。賨八破布衫，海神捧出珊瑚枝。臨濟三關透不透，雲門一字知不知。閒思昔日同參者，笑倒新豐老古錐。小釋迦，大禪佛，集雲峰下有窠屈。相逢須辨是與非，莫順人情剛負屈。鼈鼻虵，遼天鶻，徧問知音是底物。奇哉高步下層巒，好向前途恣輕忽。

送從禪者廬陵丐乃閩人石霜受業

鼓山頭上雲成蓋，石霜霜水清如鏡。新豐洞裏伸脚眠，眼開起來天地迥。拍手呵呵笑不休，堂上老胡俗姓鄭。廬陵米價高復低，兔角拄杖須親携。欲度門門一切境，當知密室爛如泥。

送長上人袁州丐

集雲峰下四藤條，誰復得逍遥。祝融峰頂萬年松，天下名標。新豐五位，拄杖頭挑。横三竪四，東西南北。偏中來，正中去，遇賤卽貴，逢低且高。撞著三家村裏老婆，掣斷裙腰。十字街頭醉翁子，扶起來與伊繫條。或是或非，胡抄亂抄，休話祖師密意，莫問世俗塵勞。道人活計，舉措堪褒。咄！將此深心奉塵刹，諸子不同袍，海裏須彌日月高。

送雅禪者石城丐

雞不鴿無功之食，水長船高；物歸乎有道之心，泥多佛大。德山呵佛駡祖，曾遭巖頭僧堂前領過。臺山路上老婆，有箇趙州不出門勘破。獨有雲門古錐，有口不妨道，火火本無火。承言者紛紛，自我不然也。非言道不通，非事理不果。理事通達人，利生無不可。既然也有却解臨時建立，又不善逐旋包裹。但可以直用好心，殊不知返遭惡禍。末法衆生，知恩者能有幾箇。雅禪者爲爾，老婆葛藤會麼。

寄南康魏處士寄茶

南康有箇魏處士，生來心淨開蓮華。蓮華妙心空無物，能爲佛事如塵沙。衆生佛種不自發，莫不覩相生道芽。觀音勢至自可仰，文殊普賢人共誇。豈惟慈善佛菩薩，不獨忿怒惡那吒。有時人頭及鬼面，有時虎豹諸龍蛇。一一臨時能變化，一一所應曾無差。當知皆承此箇力，不知處士自知耶。此也從來最靈物，當頭一著輪丹霞。誰言僧俗有南北，我道聖凡同一家。音通不問識不識，逢人便寄趙州茶。助我日用作佛事，啜者唯嫌苦澀加。苦也澀也益何盡，泥也水也與無涯。人間萬事卽佛事，正者自正邪者邪。因思昔日洞山老，問佛解道三斤麻。

寄吉州清平跨牛庵

庵内不知庵外事，跨牛誰識樂生緣。或舒驢脚步荒草，又把佛手開人前。頭頭應現頭頭別，元與跨者曾不偏。肥苗嫩稼觸途秀，飽亦不餐牛可憐。青煙萬户太和邑，白雪一曲清平禪。客來欲辨牛毛色，唯見長老庵中眠。世人有牛自可識，毛角分明頭角全。跨行一一乘他力，莫問清平別有玄。

送淨禪者丐南康

逢人便出，有理但伸。一錐一劄，要見通人。三頭兩面，任起情塵。道不屬静，法何有因。心既無住，道乃通津。南康教化，平等爲人。富亦不富，貧元不貧。男之與女，佛也天真。賢之與愚，性也法身。孰爲彼我，誰爲疎親。一一明妙，一一精神。臨事活潑，應機妙陳。不自覺悟，逐樂因循。從頭指出，無使漂淪。海淨禪者，莫憚苦辛。

送言隆二禪者之南華禮六祖真

曾聞菩提本無樹，又云一花開五葉。是非有眼分不分，可使吾道生暐曄。曹溪分派共入海，寶林人問翠相接。其中塔廟居真身，同往瞻禮不可輟。又聞彼既丈夫我亦爾，不應自當生退怯。又不見，古人己靈尚不重，況求諸祖解脱乎！大丈夫，大丈夫，靈光烜赫阿誰無？當機大用脱知解，舉措何曾涉道途。本非文字不屬教，亦非禪道莫昧渠。明明一一離諸相，剛把迷頭頌麵糊。二禪者，是不是？若是，不妨南去見老盧。

送十一禪者往諸方緣化

身是光明寶幢，心是神通法藏。多虛不如少實，千語終歸一當。欲知教外別傳，便是西來榜樣。神通利物昭昭，光明到處晃晃。不屬諸方語言，豈關森羅萬象。大機大用天真，或是或非過量。一得永絶攀緣，無法更堪比況。唯此一事真實，其餘總是虛妄。可使法界有情，同悟此心無上。十一禪者化行，雄雄法王大將。

後又添一人之萬載緣化

元是十一人，添子成十二。有利及無利，終不離行市。木塔老婆禪，河陽新婦子。普化解風顛，我今故直指。

上高李居士求頌

李翁李翁，慧性自通。知身幻妄，處世皆空。尊卑貴賤，暫且相逢。共若朝露，總如春紅。倏忽變滅，誰是我儂。唯心卽佛，靈妙難窮。長生不死，人性皆同。明明日用，不自信崇。悟無彼此，迷有西東。李翁李翁，夙植善功。一家蒙庇，吉慶常隆。兒孫樂善，齋心融融。正信清淨，諸佛法中。或讚或毀，如盲如聾。一切魔惱，自然銷鎔。道心堅固，有始有終。

送照禪者

齇齇齖齖，人謂我惡。是是非非，我謂人莫。不莫不作，不惡不樂。法喜禪悅，去黏解縛。黃龍家風，佛手驢脚。後代兒孫，須自開拓。大啓三關，末後一著。雖涉語言，不在糟粕。皎潔靈源，此彼何若。神通光明，圓滿大覺。切忌思量，應病與藥。

方禪人求師親書偈送

字要親手書，偈不憑人作。彼此有如意，應病卽與藥。鬧裏何妨佛手開，擬議之前出驢脚。任是碧眼胡兒，也須路頭迷却。不是特地，要辨清濁。活滚滚，明落落，本自天然，何須自縛。還鄉曲調和者稀，千木逢場但戲樂。

送諸郡丐者

諸郡丐者，道無此彼。直截根源，更何擬議。性本一源，用無有二。但盡凡情，别無勝義。觸目遇緣，無非佛事。有利無利，不離行市。千木隨身，逢場作戲。或逆或順，或非或是。一主一賓，一坐一起，照用臨時，縱奪有以。臨濟兒孫，衲僧巴鼻。教化衆生，成就根器。家家觀音，門門勢至。兒女大小，神通活計。通人不疑，法王已矣。

送德禪者丐平江

平江一派東流，穿過千門萬户。佛法大意分明，自是時人不顧。直到大海方休，浩浩無今無古。滔滔自有靈源，亦似參禪大悟。若也心地洞然，正法眼藏發露。何妨運出家珍，所在觀機救度。明年是日歸來，不爾却依位住。

南臺和福嚴長老結夏

今夏南嶽南臺，晚飯不通水泄。杉松空引寒風，田地莓苔不潔。又道禁足九旬，人人口中一舌。

去夏臘人消盡，今後渾鑄成鐵。殊不知有佛有法，豈更解移凹就凸。祇待置箇葛衫，準備來年夏熱。

送葉道人

一葉落天下秋，夕陽西去水東流。黄河澄清聖人出，三千年事何悠悠。稀復稀，少復少，使我虚生幾迴老。如今共憙居太平，何妨學佛閒訪道。歸去來，歸去來，老盧得不在黄梅。普光心印神通藏，日用分明眼自開。

送琪道者作丐

衲僧門下，縱奪臨時。靈虵在手，猛虎當騎。有鬚便捋，無尾莫追。放去防渴，把住知飢。賓主易見，隱顯難思。禪家大道，法眼慈悲。

送閑上人之黄龍觀老師

閑閑，一片祥雲别海山，卷舒出没自有信，豈同薄霧縈漁灣。閑閑，閑情意態西南還，黄龍久約待爲雨，我今目送胡高攀。

和黄檗老和尚送李居士

踏斷秤槌兩截，分明爲君直説。黄檗苦口多嫌，三冬何處無雪。難難！翻憶龐公與兒女，不婚不娉共頭活。

送吉州曾居士昆季

來從山下來，去從山下去。行也曉便行，住也晚便住。在路同弟兄，到家會兒女。莫嫌言語太尋常，最是爲君省要處。省要處，三四五，須彌踍跳迦葉舞。

寄福嚴謹上人時在南臺

白雲籠高峰，明月照淺水。誰云與日同，方曰爲知己。北嶺壤邊人，南臺石上子。救得老盧頭，失却少林齒。

送一禪者袁州丐

佛子之心，絲毫不掛。無底籃子，驪珠滿瀉。袁州城裏，任人著價。異日歸來，倒騎鐵馬。

送儼禪者吉州丐

佛子之心，大喜大捨。喚龜作鼈，指鹿爲馬。偃溪水聲，廬陵米價。一一法門，死蛇活把。

送慶禪者崇陽丐

佛子之心，無非利樂。衆生界中，應病與藥。或呈佛手，或出驢脚。我宗赫然，莫錯莫錯。

送泰禪者丐米

佛子之心，能施惠澤。山前穀熟，人間米白。十升一斗，大翁二伯。但盡凡情，錢不露陌。

送際修造

佛子之心，逢場作戲。遇緣卽興，常可如意。佛殿三門，觀音勢至。弹指乃成，九峰山寺。

過義井莊猛才上人求頌

古佛家風在，尋常已自知。不勞心力處，忽迸電光時。既作韶陽客，當爲師子兒。目前凡與聖，一一莫存伊。

又滿莊主求頌

智者能孤立，開花自有春。不爲萬法侶，肯作半途人。快臆乾坤大，威光日月新。尋常抛擲裏，誰識是天真。

寄饒守鄒幾聖

此身穢惡聚，無佗又不得。智者知是幻，飲食聊滋益。中有淨法身，精明妙誰識。君與我無差，一得卽永得。

寄葉推官二首

此心難是便忘機，況屬衣冠富貴時。終日素飡甘自得，浮生虚幻許誰知。能將悟意唯書偈，不把吟情更作詩。一種家居超俗類，西天摩詰亦如斯。

近想道彌著，前來所得深。虚通真法性，皎潔淨名心。王事何妨及，塵勞已不侵。妙靈居日用，誰古復誰今。

和宜春張簿見寄

萬類紛然居有爲，一一天真本無住。豈是明公獨妙明，我亦從中獲靈悟。情與無情及聖凡，解脱門開同一路。王也臣也自可知，此是如來親付囑。

卿上人禮師乞頌

有僧近從廬山來，輒然問我求禪偈。我既臨時解變通，人頭鬼面超言義。而況佛法無定機，宗門自有通人至。子應久歷叢林師，潦倒所說，是也不是。

張道人寂庵

離念性虛明，居此常寂照。萬象圓光中，清淨同一妙。開池養白蓮，門當市井道。我無人事心，人事不相到。

寄塘浦張道人

世俗塵勞今已徹，如淨琉璃含寶月。鍊磨不易到如今，寶月身心莫教別。死生倏忽便到來，幻化身心若春雪。唯有道人明月心，日用廓然長皎潔。

靖安令程節推一日遊山，以諸堂寮舊名猥亢，各隨事易之。揭爲熏修、精進、廓然、證宗、性空、實際、不二、了義、法忍、妙用、和集、雲鶴。老拙乃一一頌之，又作通人偈，共十三首寄呈。

熏修

圓滿菩提道，熏修乃得成。理雖頓悟勝，事要漸除輕。鏡藉重磨瑩，金須再煉精。勸令先自利，然後利羣生。

精進

六種波羅岸，先乘般若舟。自然無所住，何更有蹤由。勇猛能成佛，疎慵不到頭。蒙君共著力，禪者總精修。

廓然

每來常默坐，却洞廓然襟。廣大乾坤量，包含日月心。龐公雖去世，程老復知音。別聽爲霖雨，當期外護深。

證宗

達佛心宗也，寸無差互時。相應存解行，瞻敬見師資。琢玉當成器，磨磚莫問伊。西來諸祖令，一一總如斯。

性空

佛及衆生性，圓明體本同。見聞皆共有，取捨總非空。在事能潛隱，當機解變通。談禪并治俗，一一見全功。

實際

妙湛總持際，光明覺性身。在家疑是客，別國却爲親。漸誘終難信，高提復倍嗔。如今法末世，教我若爲人。

不二

平等觀諸子，家門不二開。客程無是處，浪迹總歸來。法寶名如意，禪朋號善財。共遊華藏界，寰宇一塵該。

了義

迷頭曾認影，了悟總成非。唯有道心在，更無禪病依。靜中聞水過，閒裏見蜂飛。一一天真事，何人共所歸。

法忍

對境心常寂，靈源本不生。事隨高下應，機逐淺深評。剖判彰神用，觀瞻洞覺明。無非法忍力，更莫外求聲。

妙用

神通并妙用，迎送及攀陪。更不假人教，自然隨事來。幻身同草木，淨性出塵埃。多謝程居士，迷頭總喚廻。

和集

法門元不二，所到便爲家。圓頂栴檀樹，方袍菡萏花。六和儀有伴，四攝道無涯。豈獨攜禪者，俱登大寶車。

雲鶴

且過晚應宿，山堂任去留。孤雲能自在，隻鶴更優游。柳楪開青眼，袈裟伴白頭。未明西祖意，萍迹謾悠悠。

寄通人

通人何揀擇，一一道無偏。擬欲分優劣，還應落蓋纏。心心同作佛，法法共談禪。但盡常情也，東流水滿川。

禪定軒十偈

攝心名淨戒，禪定號波羅。到岸仍留筏，行慈復度他。悟懷生極樂，見性識彌陀。即此明軒下，菩提薩摩訶。

其二

雖然迷悟別，平等一禪心。莫向雲門覓，休從臨濟尋。瑕銷成白玉，鑛盡得黃金。無比不思議，靈源最甚深。

其三

本來同作佛，妄想共留連。此日不爲道，何時能去纏。便宜歸寶所，休更認空拳。一一天真性，花開火裏蓮。

其四

西來元不二，天下所傳差。佛法無多子，門庭有幾家。主賓分兔馬，棒喝辯龍蛇。學者宜詳審，如今正可嗟。

其五

諸祖傳心印，何曾別有禪。宗乘迷有異，佛法悟無偏。寶覺人人大，靈機事事圓。莫求奇特說，荒却自家田。

其六

小乘不見性，心外别有禪。妄現涅槃樂，迷遭煩惱纏。豈知潭底月，元在屋頭天。更把古人語，將爲奇特傳。

其七

神通遊戲力，一一本無生。菩薩能親證，如來更妙明。聲聞聞未信，緣覺覺猶驚。唯有大乘器，靈源發便清。

其八

佛性天真事，誰言别有師。男兒彈指處，女子出禪時。不費纖毫力，何曾動所思。衆生總平等，日用自多疑。

其九

學道先須明有悟，法王法印印無偏。拈來事事皆過量，把出心心總離緣。由是衆生顛倒解，不覩諸祖上來傳。蓮花世界同遊戲，主伴交參影像前。

其十

龍象朝昏禪悦處，幽深難勝此軒窻。心爲遊戲神通藏，身是光明智照幢。徇物高低雖有二，歸源本末且無雙。但能知見同真正，外道天魔稽首降。

大義寮

大義無文字，誰云達磨傳。此心元淨妙，是法本明圓。有據人人佛，無生念念禪。開單兼展鉢，一一火中蓮。

其二

大義即爲寮，包容起一朝。聖凡同寂滅，主伴共逍遥。少語工夫大，多聞慧解饒。禪餘遊覺苑，朋友好相邀。

照軒

本性本明妙，如何却妄緣。常光常寂照，淨智淨空圓。舉衆皆平等，臨機總見前。唯除不信者，教外豈虚傳。

其二

西來教外傳，開悟却憑言。心是神通藏，身爲智照軒。法空平等座，善巧總持門。大義靈無盡，禪家各有源。

法會寮蘭軒

晚應清涼候，花苞吐國香。謝庭家世短，孔子教風長。有德更誰竝，無人亦自芳。蘭軒禪者衆，佛性戒冰霜。

其二

無人亦自秀，况植梵王家。僧衆共白業，禪庭開素花。對談爲法會，長養壅溪沙。正似修行者，常將戒定加。

春秋皆有蘭，復作偈以原之

鶴白兼烏黑，心爲造化元。二儀雖有象，一氣本無言。萬物遂其性，四時歸所存。秋花與春豔，香每滿蘭軒。

寄荆南高司户五偈

若把心無却，教誰辨主賓。不知妄想性，便是聰明人。祇要自覺了，頓忘能所親。但觀佛與祖，一一洞天真。

其二

知見無生力，禪門已了心。不從達磨得，豈向釋迦尋。莫被無言溺，須妨有語沈。現成常現在，唯悟始知深。

其三

小乘修小法，妄現寂寥禪。務静欣無念，嫌喧怖有緣。不知佛世界，卽是己心田。起坐明如日，衆生共皎然。

其四

學道多沙數，阿誰能自尋。二人禪悦性，千里月明心。瑩徹同僧俗，靈通共古今。莫將閒藝解，可惜枉埋沉。

其五

男兒丈夫志，開鑿自家田。莫逐雲門語，休依臨濟禪。人人元具足，法法本周圓。但作主中主，門門日月天。

和開福長老送强禪者七偈

逆行順行皆青春，或是或非不動神。往往總隨聲色轉，迴頭又昧本來人。

一氣纔和萬物春，不勞功力豈勞神。非言非句非文字，快活當機有主人。

多執平常夢裏春，依他妄計自傷神。更傳臨濟雲門語，奇特商量愁殺人。

雲門臨濟百花春，一一靈機總有神。到底不關言語事，錯傳錯解誤他人。

直截根源教外春，阿誰不聖不通神。雖然向道離蚖舍，又作無心常醉人。

言句清新便謂春，平常爲實用安神。希望成道不求悟，更把糟糠教授人。

悟來無物不爲春，荆棘林中解養神。常與不常虛對實，臨機提出總由人。

寄浮山巖中涣達二上人

若是金毛那守窟，奮迅東西警羣物。有時踞地吼一聲，突然驚起遼天鶻。

所食不食雕之殘，戲來還是弄活物。翻嗟疥狗一何癡，到處荒園咬枯骨。

送宣上人

落落空門子，心空法亦空。肩横楖㮚杖，南北與西東。

寄玿首座時在大愚

高安灘上古禪關，吾祖曾開徹困顔。經幾百年真迹在，長應留待子孫還。

和答�守錢郎中圓相頌送住洞山

未有難名，既形可措。圓滿現前，羣迷得路。

送榮上人往黄檗禮積翠庵老和尚

了然逆順皆方便，往往宗師昧者多。君欲決明心地印，鷲峰問取老禪和。

和真首座施茶

到日應須次第攀，入方境界妙堪觀。重重無盡重重異，一一憑君仔細看。

留真首座

從苗辨地知音少，獨有吾師鑒最靈。烹出異常還普施，幾人於味得全醒。

因事

名山靈迹遍優游，賞勝心應近已休。好住新豐古洞裏，共揚佛事老春秋。

南臺石頭真堂

祖師心印鐵牛機，直要當鋒決是非。掣電未收轟霹靂，相逢誰是丈夫兒。

南臺石上㲲㲲子，今古何人道可齊。昔日住庵真斧在，夜來明月落前溪。

寄信上人時在般若臺

要行便行住便住，去住尋常與誰語。而今又在般若臺，無錢取妻衣自補。

和香嚴和尚石磬

亂山深處雲藏久，不是知音辨也難。一日禪堂高掛著，時時響應萬機寒。

玎璫報曉會茶晨，直下無私唤起人。各各殷懃烹啜了，可憐幽韻又虚陳。

送道嚴沙彌南康丐

步步登高鳥道玄，心心開發火中蓮。沙彌品格沙門行，始解南康化有緣。

送則上人

困魚止濼鳥栖蘆，空奮雙拳大丈夫。一一盡從胸臆裹，蓋天蓋地灑醍醐。

送全禪者廣南作丐

達磨遺下一隻履，老盧把住諸祖衣。家家門前赫日月，太平不用將軍威。

送文禪人之吉州丐

自心隨色摩尼寶，莫問廬陵米價高。更欲徧遊華藏界，都歸仁者一眉毛。

滁州全椒塔院鑒上人邀宿草庵

未能直到覺元妙，且向途中息草庵。勿謂無心便休去，前三三有後三三。

庵内不知塵世事，此心能有幾人全。黑龍山寺椒城外，路入青林隱翠煙。

和酬運判李大夫

同鄉同姓通玄士，應念羣迷復現身。時向庵中開舊論，還隨法界在微塵。

按行雖是江西漕，藜杖分明長者身。須信此心能自在，外官作論總非塵。李公自言是長者之後。

又贈李運判

公道生平爲布施，況聞高潔到如今。利民利國何人識，元是仁慈古佛心。

竹炬點來明有盡，智燈然去照無窮。故知般若靈光妙，行處輝華到處通。

和泐潭乾長老見寄

泐潭乾老真淨翁，白頭彼此雪霜蒙。道人不必重相見，千里長同月下風。

長愛末山塵世外，老來無用更深藏。人間是事只如此，巖穴誰同一炷香。

答新昌簿求圓通頌

何妨識取主人公，妙性雖空用不空。王事更繁皆自了，未聞裴楷獨清通。

送昭禪者

馬駒踏處水雲深，問道無非特訪尋。別我又投三祖去，取魚不在一清潯。

和楊川秀才見別

詩句清新已出塵，西來祖道更能親。雖然頭戴烏紗帽，心是蓮花社裏人。

龍湫

參天四面碧崔嵬，中有龍湫偃石堆。往往山前爲雨雹，正應從此起風雷。

別江西漕王正言

滌盡塵勞破盡疑，廓然還得本心時。荒田不揀拈來草，生殺臨風自在施。

和人歲旦

剃髮因驚雪滿刀，年華須信不相饒。逃生脫死勤爲佛，莫謂明朝與後朝。

送華禪者

此心本是法中王，南北東西豈有方。若遇風雲轟霹靂，任教羣鴈不成行。

寄程承事

老也須知不老身，同行同坐有精神。雖然無相無容貌，能爲羣生作主人。

筠洪中路有驛，名大通。其傍精舍曰竹下，因投宿題之。

有寺路傍名竹下，去洪一驛大通前。偶來投宿滿窓月，伴我寥寥永夜禪。

送曉化主

滕王閣上江山勝，洪井城中萬事閒。祖意西來本清淨，不須更要離人間。

仙遊觀愚溪閣

濟用古今流不盡，閣中誰是不言人。此心若似愚溪水，天下悠悠總任真。

觀彭學士會黃檗老宿覺林院頌，遂乃詠之。

性覺瑩無垢，廓然圓滿心。發生功若地，長養行如林。居士從元大，禪師復本深。相逢一家內，僧俗世殊欽。

雪朝陞座，僧問：「雪上蹤由事若何？」師云：「片片色無別。」

高僧因雪問，長老令當行。片片色無別，紛紛性共明。一陽曾告報，萬物待生成。不獨資禪悅，臨機要盡情。

弔黄龍和尚塔

示滅師何速，空遺塔此中。僧閒四海錫，誰復九年風。島外千峰遶，人間一徑通。寥寥朝與暮，唯有白雲同。

新荷示徒

濁泥終不染，況在梵宮生。潔性　池碧，幽香滿座清。團團初映水，短短漸分莖。更待蓮花出，禪心妙可明。

投老庵示衆

九峰山色裏，拙者草庵深。投老遂疎懶，問禪徒訪尋。欲知諸祖道，不越衆人心。彼此同成佛，聊爲直指吟。

題清居柏樹

昔人曾指出，今古道傳馨。祖意憑君悟，禪心使我惺。故知非俗物，還長在僧庭。凡木幾回老，高標依舊青。

呈筠守徐朝議辭九峰命二首

捨家從學道，無用樂天真。豈謂至愚者，仍慚老病身。不堪爲度世，止合作閒人。乞放歸山去，翛然老百春。

六十四年期，歸閒已是遲。一身終有限，萬事畢無時。學道當求静，爲僧亦合宜。蜀江賢太守，外護却應知。

張文結再任洪州

洪都王者府，復鎮見君臣。不責辭南越，唯佳奉老親。江山千里舊，賓主一時新。曾對談禪客，慚非下榻人。

大寧山堂

禪家能自静，住處是深山。門外事雖擾，座中人亦閒。漁歌聞别浦，鴈陣下前灣。即此非他物，何妨洪府問。

散珠亭

一一分龍口，當軒號散珠。若教收拾得，却恐久長無。合浦圓相似，隋庭夜不殊。豈惟能善利，萬物有工夫。

擬王元澤題鳳凰臺

鳳去臺長在，園林别嶼連。因傷故國事，願學老盧禪。淨練澄江地，餘霞散綺天。六朝人不見，極目舊山川。

寄西庵法眼安師

不聞庵外事，此意有誰知。林壑路窮處，世途心盡時。鐘聲來舊寺，月色下新池。却笑承風者，區區老若爲。

寂軒

本來心自寂，不必更論禪。我欲辭多事，誰來共少緣。萬杉青靄裏，五老碧峰邊。第一幽藏處，廬山小洞天。

留題天水居士静宴閣

收心安養處，静不在山中。冬暖一爐火，夏涼三面風。遣時緣既薄，樂道意何窮。莫問人間事，勞生總是空。

洞山訥庵

寂寂坐無語，何人知此心。別傳來自昔，密付到如今。胡氏田園上，雷家洞府深。高僧庵舍在，誰爲訥相尋。

留題東軒

佛子異行藏，開軒亦有方。故因迎夜月，仍得待朝陽。羣木煙初煖，幽蘭花正芳。坐來禪性澹，蜂蝶自輕狂。

寄香城順禪師

靈觀抛頭後，名山護有神。道場千古舊，法席幾飜新。廢去何由物，興來故在人。況師先達者，不與衆同塵。

寄程承事

七十六七八，時來又共新。青煙池上柳，白髮鏡中人。但逐年華轉，焉知佛性真。寄言程老子，有酒且歌春。

答靖安黄尉問疾二首

書來蒙慰問，外護力何偏。槌鼓會雲侶，焚香開雪牋。滿池蓮出水，迥漢月生天。又似新裁錦，文章少比肩。

老病連緜發，寧忘苦惱縈。百骸雖朽敗，一物却精明。古屋縱傾倒，閒心亦坦平。但知行大道，懶更問前程。

宿彬上人房

人事少相干，亦由居處偏。不隨流過日，常得自安禪。野色郊源接，雞聲市井連。此身仍老矣，風暖杏花天。

退洞山上毛大夫

名山不到處，閒欲遍追尋。擬把新豐月，將還悟本心。禪門無著性，仙府有知音。筠陽乃李八伯昔隱之地也。聞説寒巖在，天台第一深。

遊東鼓寺

東鼓與西鼓，開先瀑布前。廬山圍不匝，勢更近南邊。

遊景福訪省長老

人生倏忽間，春色又東還。方丈新宗匠，禪門舊竹間。嶺雲飛片片，溪水瀉潺潺。總是天真物，高僧心共聞。

寄績溪蘇子由

達人居處樂，誰謂績溪荒。但得雲山在，從教塵世忙。文章三父子，德行二賢良。却恐新天子，無容老石房。

蘇子由闢東軒，有顔子陋巷之説，因而寄之。

才淹居亦弊，道在不爲貧。未洒傅巖雨，且蒙顔巷塵。曠懷隨處樂，大器任天真。半夜東軒月，勞生屬幾人。

訪寶雲長老

相見呵呵笑，園林落葉多。青松色尚在，仁者道如何。世態期朝暮，風光逐綺羅。居山禪寂子，無厭我頻過。

經宣梵院延亭

積善一方人，延祥日益新。共當千百載，長若二三春。座客心心静，環簷物物真。院頌宣梵號，天子福黎民。

寄無爲居士

世俗事無盡，養高心自閒。蔬園通緑野，林塢帶青山。丹竈慵添火，雲庵懶著關。别應修有術，七十見朱顔。

快亭

門徑松杉老，悠悠日月閒。法王真境界，禪者舊家山。祖意傳來久，人情自别攀。如何快我臆，滿座水聲還。

清涼軒

夏間逃暑處，軒户對巖阿。溪水漱無盡，竹風來更多。百骸煩既謝，諸祖意如何。坐久聞魚戲，時時動漾波。

師在雙嶺，清旦維那問訊，乃曰：「寂寞。」師曰：「寂寞，僧家事。」遂成其偈。

逈然生計别，趣向少知音。寂寞僧家事，諠譁世俗心。長遭兒女累，莫厭水雲深。但樂西來意，塵勞久自沉。

途中逢建州三秀才

桃紅兼柳緑，天地雨初澄。琴劍三才子，瓶盂一老僧。文章投北闕，道業繼南能。邂逅征途上，生平識未曾。

送周道士

歸去靈溪觀，匡廬碧嶂深。澗松多偃蓋，嵓溜盡鳴琴。不死徒湌藥，長生可練心。他年如有道，飛錫一相尋。

送張僉判遊開先

步入青松裏，迢迢一徑通。漸分華藏界，深隱法王宫。道與神仙别，人非世俗同。欲知西祖意，庭柏老春風。

謝新昌權宰見訪

秋試舉人迴，峨峨將相材。過橋分路處，勒馬入山來。邑佐閑空望，林僧静可陪。何當布霖雨，天下活枯荄。

送然上人化導

曾聽新豐曲，簷頭雨滴聲。還吹無孔笛，用度有緣生。欲破他迷暗，當開已悟明。春風活萬物，天道美何評。

清公默庵

久息遊方念，庵居道可親。依依雖有主，寂寂似無人。池裏蓮從老，門前事自新。此心誰會得，庭柏對長春。

留題瑶公寂照軒

幽軒名寂照，四海坐中閒。景物有遷色，主人無異顔。野泉澄檻外，香靄起簷間。涼夜誰相問，寥寥月滿山。

送人之南嶽

境幽南嶽寺，一一碧巖分。遠近松相接，高低鐘共聞。靈禽時奏樂，香石日籠雲。想到經行處，昭然趣不羣。

雷秀才顯閣

静搆南池上，羣芳益我曹。蘭仍霑雨露，松下隱蓬蒿。環坐山川秀，開懷意氣豪。爲儒斯有業，何慮桂枝高。

上藍清涼軒

觀機唯説法，一聽一清涼。欲盡衆生病，當開甘露場。幽深方丈後，掩映府門傍。有問西來意，城頭角韻長。

遊桃源贈劉君賓

宛若神仙府，疑無世俗風。人家山色裏，門徑水聲中。柳綫共垂緑，桃花相映紅。煙光正和暖，遊樂意何窮。

與道士話長生

悠悠人共老，誰復解追尋。豈信長生道，分明不滅心。魂飛瑶闕遠，夢役海山深。語此迷方者，無勞競寸陰。

書道士壁

仙學迷多説，當依柱史評。無心歸大道，有得失長生。物我同真宰，親疏豈可名。良哉衆妙本，一一在忘情。

留贈香城淳長老

簾卷西山色，禪心共月華。香城深處寺，靈觀上人家。絶頂壇猶在，盈頭乳已賒。而今淳道者，經誦白蓮華。

題矮鷄冠

潔白異衆卉，堦前莎草齊。曉來和露看，只欠一聲啼。

再遊永固院

悠悠塵世外，居者少關心。是事有遷謝，斯門無古今。乾坤同永久，山水共幽深。我愧重來此，諸方懶去尋。

淨頭端上人求洗滌之説，因而成偈。

段食共滋養，皆名有漏身。焉知大小事，不昧往來人。歷歷隨聞見，惺惺應屈伸。變通元自在，鑒照本天真。由逐江湖客，恥爲堯舜臣。所依投旅舍，妄計困風塵。病故嫌王膳，饑仍預國民。既能分皁白，須解別疏親。朽宅蚖虵會，浮泡屎尿陳。何妨觀穢惡，却要滅貪嗔。除垢超凡果，談空入聖因。迦文教雖舊，釋子道應新。革屣排朱户，禪衣掛緑筠。攝心彰戒定，彈指覺坑神。吐唾防塗壁，抛籌怕動隣。爲僧當異俗，學佛便行仁。伏忍寃憎盡，興悲鳥獸馴。汲湯宜讓伴，盥手忌淋垠。受用生慚愧，供承識苦辛。揩甎同鏡面，瓦宇若魚鱗。狼藉欣歡少，光明讚歎頻。桶盆還次第，灰土最精淳。塞鼻奢紅棗，迎賓熾絳脣。去驕終遠害，習慢必遭迍。匾器易盈滿，曠懷忘賤貧。沙門修慧命，菩薩振慈綸。總具如蓮性，誰偏可意珍。莫迷臭皮袋，苦海枉沉淪。

石筧二十韻

帶月眠霜磨復琢，南康匠者好規模。引迴鹿野靈源水，瀉入梵宮香積厨。宜作奇祥當聖代，永爲盛事在元符。年號 依依數里松蘿下，往往諸方佛刹無。左摺右盤何繚繞，高來低去更縈紆。屈伸宛若蒼虬活，裁剪分明碧玉俱。解逐方圓稱上善，能隨甜苦任殊途。既成蔬飯鳴犍椎，還奉林僧洗鉢盂。及物泠泠離洞府，潄湍瑟瑟近簾隅。禪堂客喜滋茶味，祖席人傳美畫圖。澄湛池塘縈菡萏，清涼肺腑飲醍醐。調和口腹功非小，蕩滌塵埃德不孤。遐邇溪山同掩映，朝昏鳥獸共歡呼。屯雲坳裏龍擡首，貯雪巖前虎踞軀。夾道栽杉根漸著，傍垠種竹葉微甦。橋横深澗優游也，亭起危巒悦望乎。佛手開時慚潦倒，馬蹄踏處媿疎愚。賢將世子勤其力，則與清師忘所劬。清則賢世四士人共成筧事。千載石門憑沃潤，萬家檀越賴霑濡。輒將長句伽陁讚，誰謂江河壯帝都。

題雙嶺曇顯法師影堂

雨花臺下真身在，便是梁朝顯法師。南嶽早傳思大道，北齊曾挫陸修詞。沙門既悟神通妙，道士休誇呪術奇。舉一無人能舉二，至今佛日聖明時。

秋夜宿景德院

荷滿秋塘菊滿籬，凄涼軒檻冷風吹。西來祖意堪任處，方丈禪心正寂時。岸住何妨停棹子，車行須是打牛兒。通人聞説呵呵笑，帶水拖泥老古錐。

和積翠庵老和尚送李二十歸袁州

深入靈山罷問禪，還家林徑步苔錢。悟懷此去須知幸，付偈誰來得有緣。隱俗但忘憎愛見，同塵寧畏是非遷。時時好味庵中旨，若遇如君始可傳。

和揚川秀才

同是浮泡幻化身，鬢邊白髮但驚春。墜星灣裏曾分舊，卷簟山中又話新。君把詩篇多適性，我將佛法獨怡神。雖然禪悦吟情別，得意逍遥總要津。

謝毛大夫見留

山野欣逢太守賢，故伸鄙臆下雲巔。莫嫌苦死辭幽隱，却爲勞生屬晚年。多病況慚非道德，疎慵虚占好林泉。片雲飀逸情無限，不用羈留重愛憐。

次韻郡倅李朝散留題洞山

凌空疊翠嵐光裏，一簇樓臺釋子宫。誰謂道場無事到，自須蓮社有緣通。曾迎彩旆長松下，得奉冰顏累日同。從此承恩何以報，悠悠心在白雲中。

悟本道場三百載，至今香火盛玄關。未遊長謂於人外，及到分明在世間。境屬化風林壑靜，僧依勝迹錫瓶閒。訟庭無事民情樂，洞寺何妨一再還。

寄蘇子由

偏因訪祖參禪後，拙直尋常見愛稀。有道却從人事得，無心應與世情違。時光易變誰驚老，真趣難窮自覺微。尤荷多才深此意，諠譁聲裏共忘機。

與會勝禪老同坐夏瑯琊，至秋作偈相別，以叙一時之事。

涼秋時節諸禪子，去去楊朱路任差。到處有山容駐錫，何方無寺不爲家。萬緣脱去輕浮世，一性常來看落花。我亦與師雖老大，更尋幽隱過年華。

送祥長老住雲門

曾學雲門自在禪，而今歸去豈無緣。南山下雨機雖妙，北斗藏身語更玄。衣到老盧長把住，法從少室廣流傳。諸方彼此休分別，唯佛功深見處圓。

退居彭判官以詩見留次韻奉答

勝刹當年偶重棲，老來猶占自知非。欲憑別選僧中德，可使重拈石上衣。法付王臣千古振，道期高下一心歸。何妨免我羈留事，閒爲君通佛祖機。

和饒守周開祖見贈

休話東西北與南，羣生佛性妙相參。詩書未必無夫子，道德何妨有老聃。不二靈源誰共覺，以三真教自殊探。山間老也爲遺物，多謝通人顧草庵。

寫懷寄五峰長老

此寄欲抛抛未得，長思來伴老嵩丘。道因無念殊途會，人到有年諸事休。閑徑草深方禁足，碧林蟬叫又驚秋。世情追逐何時盡，覽鏡那堪更白頭。

送西安丐者

禪性天真蓮出水，等慈及物别巖阿。供投野老門門到，飯謁林僧寺寺過。獨木溪橋人户少，孤村草店路頭多。風寒日晚宿歸處，猶隔畬園五里坡。

别洪帥張左司歸泐潭

自笑年來七十三，缾盂又汲石門潭。偶迎府帥一時意，抛却雲山幾處庵。大道也知無固必，通人應亦重相諳。翻思恩德何由報，潦倒扶持强指南。

寄洪帥張天覺

雲賴德風輕舉力，飄然又寄寶山中。龍虵每用春雷覺，草木時將法雨蒙。馬祖妙心傳不盡，泐潭靈派瀉無窮。回頭爲報張居士，豈獨今生外護功。

聞説當年虵虎穴，法王居後杳無蹤。庭幽寂寂深深處，山好千千萬萬重。張氏腴田圍大嶺，馬師靈塔蔟長松。勝遊輸却君先到，還屬南昌一化封。

楞嚴偈寄撫守許朝散

十卷楞嚴萬行林，法門開闢備機深。八還四就且除鑛，三漸七徵猶鍊金。見見見時當見性，聞聞聞處要聞心。使君爲物延僧講，付囑無忘佛正音。

留題佚老庵

勞生唯有僧無事，若悟真乘老更閒。三徑園林禪性在，一庵風月道心還。傍欄碧澗長來水，隔岸青岑不買山。却顧羣情塵土裏，名牽利役自忘艱。

送僧遊南嶽

住亦無求去亦閒，飄然到處是家山。偶棲龍嶠重嵓寺，又憶融峰絶頂關。禪性誰同秋月皎，吟情自得古風還。平生聚散三回也，知向何時更會顏。

送黄州丐者

東西南北齊安道，舜日高高照不偏。千里江山稱佛國，萬家香火祝堯天。麻城長者思聞道，柏子真身尚坐禪。機但大悲平等化，無人無我智爲先。

和僊上人秋夜對月

香殘火冷漏將沉，孤坐寥寥對碧岑。萬井共當門有月，幾人同在道無心。風傳喬木時時雨，泉瀉幽巖夜夜琴。爲報參玄諸子道，西來消息好追尋。

大丞相請疏

觀文殿大學士司空上柱國荊國公王安石

伏以肇置仁祠，永延睿筭；歸誠善導，開迹勝緣。文公長老獨受正傳，歷排戲論，求心之所祈嚮，發趣之所歸宗。俯惟慈哀，勉狥勤企。謹疏。元豐八年三月日。

判府左丞請疏

資政殿學士太中大夫魏郡開國侯王安禮

伏以施緑野之林園，蔚然華構；立青蓮之場地，寵以嘉名。申祝壽祺，推明美報，必資達識，爲覺迷情。文公長老夙悟真乘，久臨清衆。若心數法，非外假於虚名；由聞思修，可内觀於實相。舉揚密義，和會勝緣。謹疏。元豐八年三月日。

寶峰雲庵真淨禪師語録序

眉山蘇轍述

水流於地，發爲草木，鹹酸甘苦皆水也。火傳於薪，化爲飲食，飯餅羹胾皆火也。心藏於人，見於百骸，視聽言動皆心也。古之達人推而通之，大而天地山河，細而秋毫微塵，此心無所不在，無所不見。是以小中見大，大中見小，一爲千萬，千萬爲一，皆心爾法然，而非有所造也。故其指心法以示人也，有以光明相好化人，有以飲食卧具衣服，有以園林臺觀虚空，有以寂默無説無示。蓋事無非法者，然有聞思修法門。衆生由之以入，如六衢路，既徑且易。自達磨西來，諸祖相承，皆因言以曉人。心地既明，出語皆法。譬如古木生氣調達，華葉無數，顛倒向背，穠纖長短，無一不可。譬如大海濕性融溢，隨風舒卷，波濤流轉，充遍洲浦，無一不到。觀者眩耀，莫測其故。然至於循流返源，識其終始，可以拊手而笑。有禪師文公，幼治儒業，弱冠出家，求道得法於黄龍南公，説法於高安諸山。晚居洞山，實繼悟本，辯博無礙，徒衆自遠而至。元豐三年，轍以罪來南，一見如舊相識。既而其徒以語録相示讀之，縱横放肆，爲之茫然自失，蓋余雖不能詰，然知其爲證正法眼藏，得遊戲三昧者也。故題其篇首。

寶峰雲庵真淨禪師語録後序

鄱陽任軒程袞述

真淨文老，以華嚴海藏無量珍奇，放大光明，照四天下。高安鬧處，妙應化城。赫日現時，最初一句。新豐古洞，悟本家風。路逕依然，七凹八凸。開山建業，宰輔檀那。再拊清音，天然氣格。斬蛇機峻，祖令重行。鶻眼龍睛，亦遭捋駁。石門壁立，宴坐寶山。雲隱西堂，潭澄秋月。緒餘珠霧，流落人間。衲子允平，貫穿收拾。揭爲標鑒，掛向叢林。自性天真，此味元無差別；百千三昧，諸方各任招提。

崇寧改元季春望日靖安日舒軒序。

古尊宿語録卷第四十六

滁州瑯琊山(慧)覺和尚語録

參學門人元聚集

示衆云:「主賓互换,坐斷乾坤。料箇雙施,誰人舉目?釋迦聖主示滅雙林,達磨大師真歸熊耳。琅邪門下,還有具眼衲僧真正道流麽?若無,應病與藥,診候臨時。」

示衆云:「汝等諸人在我這裏過夏,與你點出五般病。一不得向萬里無寸草處去,二不得孤峯獨宿,三不得張弓架箭,四不得物外安身,五不得滯於生殺。何故?一處有滯,自救難爲。五處若通,方名導師。汝等諸人若到諸方遇明眼作家,與我通箇消息,貴得祖風不墜。若是常從,即須寢息。何故?躶形國内誇服飾,想君太殺不知時。」

師上堂,有僧出,打一圓相。師便打云:「道,道!」僧云:「不道,不道!」師又打僧云:「三世諸佛不出於此。」師又打乃云:「大衆,教中道:『以手指比丘,犯波逸提。』山僧今日入地獄如箭射。」

師一日上堂,舉「汾陽先師道:『汾陽門下有西河師子當門據坐,但有來者即便咬煞。作何方便入得汾陽門?得見汾陽人?』琅邪者裏也有些子。琅邪有據坐師子,若有來者,即自喪身失命。作何方便入得琅邪門，得見琅邪人？此兩轉語，汝等諸人還點檢得出也無？若點檢得出，方名擇法眼。若不如是，且無安身立命處。」卓拄杖一下，便下座。

上堂云：「彼我無差，色心不二。」遂拈拄杖云：「你若喚作拄杖子，有眼如盲。若不喚作拄杖子，還同避溺而投火。你若脱體會去，但知喚作拄杖子。」卓拄杖一下，便下座。

上堂，舉釋尊道：「若見諸相非相，卽見如來。」遂拈拄杖云：「山僧喚者箇作拄杖子，阿那箇是相？」良久云：「向下文長，付在來日。」以拄杖卓一下，便下座。

上堂，拈起拄杖云：「山僧有時一棒諸佛降生，有時一棒轉大法輪，有時一棒入般涅槃。你且道諸佛降生，轉大法輪，入般涅槃，相去多少？」良久云：「莫謗如來正法輪。珍重！」

小參，有僧問：「放過一着，滿目光生。把斷要津，萬木凋弊。學人上來，請師垂示。」師云：「老僧退後。」學云：「放過總由和尚去也。」師云：「闍黎進前三步。」學云：「不入虎口，爭見虎牙！」師云：「十字路頭，望空啓告。」又僧問：「十年磨一劒，霜刃未曾試時如何？」師云：「本分作家。」學人便喝。師云：「老僧失利。」學云：「恰是。」師乃呵呵大笑。師乃舉先梁山云：「南來者與三十棒，北來者與三十棒。然雖如是，不當宗乘。」師云：「梁山好一片真金，將作頑鐵賣却。琅邪卽不然。南來者與三十棒，北來者與三十棒，從教天下衲僧貶駁。珍重！」

上堂云：「夫學般若菩薩，須得智觀現前，方有少分相應。所以先聖道：『當觀過去猶夢，故不可得；當觀未來猶電，故不可定；當觀現在猶雲，故髣髴而有。』且道學般若菩薩當如何觀？不用思量，低頭難得。」卓拄杖，便下座。

師因巡寮次，舉布袋和尚凡在市鄽中，以破紙裹一片乾糞，見人便相呈云：「兜率陀天底，兜率陀天底。」遂令學衆下語。竟有云云。師末後下語云：「慈氏菩薩。」又舉布袋和尚凡見人，以手背上便拍一下，人纔迴首，云：「與我一文錢。」遂令學徒下語。師末後云：「但抛二文錢與伊。」

上堂，舉「汾陽先師云：『夫學般若菩薩，須參活句，莫參死句。』如今人便道：『函蓋乾坤是活句，截斷衆流是死句。』漝麽會，莫辜負他汾陽也無？衆中有一般禪客商量道：『如何是活句？今日好天晴。如何是死句？萬里崖州。』若漝麽會，學到驢年也卽是死句。山僧與你一時注破了也。作麽生是活句？」遂卓拄杖，便下座。

上堂云：「夫參學之人，直須真慧現前，鑒照無差。不見道：『差之毫釐，失之千里。』纔有異見，名爲異道。所以異道有二種見，因緣自然，以斯爲執，故乃成於異，所謂因而無始，緣而無終。又先聖道：『諸法不自生，亦不從他生，不共不無因，是故說無生。』山僧雖然與麽道，你且不得與麽會。若與麽會，入地獄如箭射。珍重！」

上堂，舉僧問馬大師：「如何是佛？」大師云：「卽心是佛。」「如何是道？」云：「無心是道。」云：「佛與道相去多少？」大師云：「佛如展手，道似握拳。」師云：「古人方便卽不可。山僧者裏也有些子。若無人買，山僧自賣自買去也。如何是佛？巖前多瑞草。如何是道？澗下足靈苗。佛與道相去多少？數片白雲籠古寺，一條淥水繞青山。珍重！」

師因小參，僧問：「言前薦得，辜負平生；句下承當，又成狂見。未審和尚如何爲人？」師云：「橫挑日月，竪括乾坤。」僧云：「真學人師。」師云：「本分衲僧。」其僧便喝。師嘿坐。僧云：「了。」師笑云：「不能打得你。」師乃舉僧問汾陽先師：「切急相投時如何？」汾陽云：「水中抱鷰子。」又問：「急切相投時如何？」汾陽云：「裸形見阿難。」師云：「有一轉語，截斷天下人舌頭。有一轉語，能開人眼目。你若揀得出，與你一條拄杖。」擲下拄杖，便下座。

上堂，舉「三聖老人去參德山，纔相見，便展坐具。德山云：『不用展，不用展。者裏無殘羹餿飯。』三聖云：『設有，向什麼處著？』德山不語。三聖將取坐具參堂去。衆中商量，極有云云。不見道：若無欒布作，争得見韓光。珍重！」

上堂云：「諸仁者未出僧堂時，聖僧已相爲了也。未到佛殿上重説偈言。來至法堂上，三通鼓罷，一炷香焚，便好散去。何故？不見安養國中，水鳥樹林悉皆念佛；知足天上，樹相撑觸演説苦空。山僧與麼道，爲是壓良爲賤，爲當是據理而論？若不甘者，但請對衆出來，山僧與你證據。若也無去，簑衣箬笠從偏側，收取絲綸歸去來。珍重！」

上堂云：「有句無句，如藤倚樹。樹倒藤枯，恰好喫棒。你且道過在什麼處？」良久云：「不是僧繇手，徒説會丹青。」以拄杖卓一下，便下座。

上堂云：「與麼來者，上間安排。不與麼來者，下間挂搭。向上人來，獨自悽悽暗渡江，更有一人向什麼處著？」良久云：「釣竿斫盡重栽竹，不計工程得便休。珍重！」

升座，僧問：「承師有言：『與麽來者，上問安排，不與麽來者，下問挂搭。』總不與麽來者，又作麽生？」師云：「今日遇著衲僧。」其僧便喝。師云：「厨前喫飯。」師乃云：「先聖道：『明暗交謝，寒暑迭遷，有物流動，人之常情。』又放光云：『法無去來，無動轉故。』若然者，旋嵐偃岳，日月歷天，江河競注，野馬飄鼓，而無流動。若如是諦觀，且道條然一句作麽生道？」良久云：「石火夜燒山，大地齊合掌。珍重！」

上堂，舉祖師道：「真性心地藏，無頭亦無尾，應緣而利物，方便呼爲智。」師云：「既是方便呼爲智，且道畢竟唤作什麽？」良久云：「任從滄海變，終不與君通。珍重！」

上堂云：「世尊三昧，迦葉不知。迦葉三昧，阿難不知。阿難三昧，商那和修不知。吾有三昧，汝亦不知。」師云：「爲什麽不知？不是不知，理合如斯。若人會得，南北東西。若不如是，更擬何之？」卓拄杖一下。

上堂云：「你等諸人，但自隨緣飲啄，任性浮沉，在聖而不增，處凡而非減。若能如是，方乃皇風蕩蕩，觸處閑閑。」乃云：「道也太煞，道了更須子細始得。珍重！」

上堂，舉先聖云：「若也廣尋文義，猶如鏡裏求形。更乃息念觀空，喻似日中逃影。諸禪德，不涉二途，作麽生道？」良久云：「看看便是春風至，冰釋魚行鳥亂飛。珍重！」

上堂，舉汾陽先師頌云：「三玄三要事難分，得旨忘言道易親。一句分明該萬象，重陽九日菊花新。」師乃喝一喝云：「是第幾玄？」良久云：「你也没量罪過，我也没量罪過。」卓拄杖，便下座。

上堂云：「君臣道合，猶是法身邊事。君不見君，臣不見臣，猶是法身向上事。向上向下，轉使心地不安。且作麽生是法身？」良久云：「任是僧繇手，難畫志公真。珍重！」

上堂云：「若論此事，説什麽龍樹馬鳴提婆鶖子辯似懸河，智如流水，莫能知之。摩竭掩室，衆手難淘。淨名默然，如何卽是？百丈卷蓆，諸方云云。祖師面壁，叢林浩浩。到者裏若辨得出，山僧與你一條拄杖。若辨不出，山僧有通方句。且道作麽生是通方句？」良久云：「手攜隻履西天去。珍重！」

上堂，舉先聖道：「有物先天地，無形本寂寥。能爲萬象主，不逐四時凋。」師云：「好箇頌，却成兩橛。若有人點檢得出，許你具一隻眼。珍重！」

上堂云：「若欲求佛，卽心是佛。若欲求道，無心是道。無心故，非法而不生。卽心故，歷刧而常堅。若然者，法法無差，心心不斷。所以古德道：『君但隨緣得似風，飛砂走石不乖空。但於事上通無事，見色聞聲不用聾。』珍重！」

上堂云：「春風颼颼，古佛嘉猷。渌水潺潺，道人活計。若與麽會，貶向崖州。本色衲僧，如何理論？」良久云：「果聞猿叫斷腸聲。珍重！」

上堂，舉「世尊云：『一切衆生，妄認四大爲自身相，六塵緣影爲自心相。』且問諸仁者，在眼曰見，在耳曰聞，在鼻嗅香，在舌知味，在手執捉，在足運奔，亦不喚作衆生，亦不喚作佛性。你且道喚作什麽？」良久云：「香嚴含悲接拄杖，仰山撲破潙山鏡。珍重！」

上堂云：「承言須會宗，勿自立規矩。若人下得通方句，我當刎頸而謝之。珍重！」

上堂，舉雪峰云：「若論此事，如一面鏡相似。胡來胡現，漢來漢現。」有僧云：「忽遇明鏡來時如何？」雪峰云「胡漢俱隱。」師云：「不見道：驗人端的處，下口卽知音。珍重！」

上堂云：「山僧因看華嚴金師子章第九『由心迴轉善成門』，又釋云：『如一尺之鏡，納重重之影像。』若然者，道有也得，道無也得，道非亦得，道是亦得。雖然如是，更須知有摶杖頭上一竅。若也不會，拄杖子穿燈籠，入佛殿撞著釋迦，磕倒彌勒。露柱拊掌，呵呵大笑。你且道笑箇什麽？」以拄杖卓一下，便下座。

上堂，舉「先德道：『吾早年來積學問，亦曾討疏尋經論。分别名相不知休，入海筭沙徒自困。却被如來苦呵責，數他珍宝有何益？』且問諸人，作麽生是自家珍宝？若也不會，拄杖子叫屈去也。」卓一下：「珍重！」

上堂云：「江月照，松風吹，永夜清宵何所爲。渌水澗中流不住，白雲片片嶺頭飛。珍重！」

上堂云：「先德道：『今古應無墜，分明在目前。片雲生晚谷，孤鶴下遥天。岍柳含煙緑，溪花帶雨鮮。誰人知此意，令我憶南泉。』」師云：「你且道南泉意作麽生？」良久云：「兩眼已隨青嶂合，雙眉猶帶野花顰。珍重！」

上堂，舉傅大士云：「未有無心境，曾無無境心。境忘心自滅，心滅境無侵。」師遂拈起拄杖云：「山僧喚者箇作拄杖子，你等諸人喚什麽作境？你若道得，山僧有通方句。若道不得，與你七百錢。珍重！」

上堂云：「若論此事，直饒辯似懸河，智若流水，且與那事没交涉。昔有僧問風穴大師：『如何是道？』大師云：『五鳳樓前。』『如何是道中人？』大師云：『問取城隍。』『使道與道中人相去多少？』大師云：『月似羅中鏡，星如霧裏燈。』」師云：「衆中商量，極有云云。山僧今日與你頌出：月似羅中鏡，星如霧裏燈。滿堂清淨衆，盡是坐禪僧。珍重！」

上堂云：「如釋尊言：應如是知，如是見，如是信解，不生法相。」師遂拈起拄杖云：「山僧喚者箇作拄杖子，何者是法相？」卓拄杖，下座。

上堂云：「山僧常向諸人道：擬心卽差，動念卽錯，不擬不錯，一任你諸人貶剝。你且道貶剝什麽處？」良久云：「想君不是金牙作，爭解彎弓射尉遲。」

上堂，舉僧問曹山：「雪覆千山，爲什麽孤峰獨露？」曹山云：「須知有異中異。」進云：「如何是異中異？」曹山云：「不覆千山頂。」師云：「曹山慈悲濃厚，接引羣生，要會卽不可。山僧者裏不然，如何是異中異？片片梅花飛落地。珍重！」

上堂，拈起拄杖云：「山僧有時一棒作箇幔天網，打俊鷹俊鷂。有時一棒作箇布絲網，撈蝦摝蜆。有時一棒作金毛師子。有時一棒作蝦蟇蚯蚓。山僧打你諸人一棒，且作麽生商量？你若緇素得出，不妨拄杖頭上眼開，照四天下。若也未然，從教立在古屏畔，待使丹青入畫圖。珍重！」

上堂，舉「魯祖凡見僧來，便面壁而坐。衆中商量，極有多般。梁山受業先師曾有一頌：『魯祖三昧最省力，才見僧來便面壁。若是同心達道者，不在揚眉便相悉。』山僧卽不然，祖師面壁播諸方，無限禪人謾度量。無事晚來江上立，數株寒柏倚斜陽。珍重！」

師舉行脚時，在衆中與一尊宿談論次。因舉僧問長沙和尚：「南泉遷化向什麽處去？」長沙云：「東家作驢，西家作馬。」僧云：「畢竟如何？」長沙云：「要騎卽騎，要下卽下。」其尊宿遂問師云：「莫是對他語否？」師云：「無。」「莫是成他問否？」師云：「無。」「莫是點他語否？」師云：「無。」「畢竟如何？」師云：「磬聲斷後，不許易價。」因成一頌示衆云：「要騎卽騎，要下卽下；磬聲斷後，不許易價。」

師上堂，拈起拄杖示衆云：「先佛世尊道：『觀法性空，是無上智。』山僧喚者箇作拄杖子，汝諸人作麽生觀？有智不假年高，無智徒勞百歲。」卓拄杖，下座。

上堂示衆云：「古人道：『有時先照後用，有時先用後照。有時照用同時，有時照用不同時。』若也先照後用，露師子之爪牙。若也先用後照，縱象王之威猛。若也照用同時，如龍得水，致雨騰雲。若也照用不同時，提獎嬌兒，拊憐愛子。諸仁者，此古德建立法門，爲合如是，不合如是？若合如是，似紀信登九龍之輦。不合如是，若項羽失千里烏騅。還有人爲琅邪出氣也無？如無，山僧自道去也。」卓拄杖，下座。

上堂云：「夫參學人，須是不滯於性相始得。若談於性，卽滯於相。若談於相，卽滯於性。者裏須是性相都泯，理事混融，方解卽事卽理，卽性卽相。當此之時，如拳十指，展縮自由。」乃拈起拄杖云：「拄杖走入新羅，高麗國中大醉。報道今年米貴，地神惡發生嗔，拄杖卽今入地。」便擲下拄杖，下座。

僧問：「大事未辦時如何？」師云：「金燈連夜照，不覺五更鐘。」進云：「大事已辦時如何？」師云：「跣足踏冰雪，方知徹骨寒。」問：「談真卽逆俗，順俗卽違真。離此二途，請師舉唱。」師云：「水底石牛吼，木裏瑞花開。」進云：「若然者，不因觀北斗，争得見南星。」師云：「世亂奴欺主，年衰鬼弄人。放汝三十棒」遂舉「大陽和尚示衆云：『平常無生句，妙玄無私句，體明無盡句。』後有僧請益：『如何是平常無生句？』『白雲覆青山，青山頂不露。』『如何是妙玄無私句？』『寶殿無人不侍立，不種梧桐免鳳來。』『如何是體明無盡句？』『手指空時天地轉，迴途石馬出紗籠。』第一句道得，師子嚬呻；第二句道得，師子踞地；第三句道得，師子返擲。縱也，周遍十方；擒也，坐在一處。正當與麽時，作麽生委悉？若委悉不得，來朝更向楚王看。」便下座。

上堂云：「山僧昨日因禪人請益郢州大陽和尚三句語。山僧昔曾奉侍巾瓶來，今日不可不報答他大陽和尚去也。山僧亦有三句語：如何是平常無生句？言前無的旨，句後絶追尋。如何是妙玄無私句？金鳳不棲無影樹，玉兔何曾下碧霄。如何是體明無盡句？三冬枯木秀，九夏雪花紅。將此三轉語供養大陽和尚。雖然如此，又不可辜負我汾陽先師去也。山僧亦有三轉語，供養我汾陽先師。如何是平常無生句？啐。如何是妙玄無私句？啄。如何是體明無盡句？好。」師乃頌云：「啐啄好，林間問三老，不飡王母桃，自有仙家棗。」便下座。

上堂，舉「一老宿道：『臨濟入門便喝，也是齋後打鐘，德山入門便棒，也是平地陷人。』諸仁者便道是幸然無事，向好肉上剜瘡，枝條上强生節目。似這般見解，更買三二十緉草鞋始得。又有一般老宿云：『臨濟入門便喝，德山入門便棒。到者裏，凡聖路絶，纖毫不立，坐斷天下人舌頭。汝若擬議，喪身失命。』似這般見解，滴水也難消。所以先師道：『德山棒，臨濟喝，獨震乾坤横該抹。』琅邪即不然，臨濟入門便喝，且不得麤心。德山入門便棒，更須子細。且道教汝諸人子細箇什麽？云：停囚長智，養病喪軀。」以拄杖卓一下。

上堂，拈起拄杖云：「十方諸佛降生，也在拄杖頭上。轉大法輪，也在拄杖頭上。入般涅槃，也在拄杖頭上。汝等諸人作麽生委悉？」良久云：「不可待緣木求魚，見危致命。」卓拄杖，下座。

上堂云：「夫參學者，須是智眼開明始得。今時諸尊宿纔見竪拂敲床，揚眉瞬目，便作是非褒貶。不見汾陽先師道：『識得拄杖子，一生參學事畢。』又泐潭澄和尚道：『識得拄杖子，入地獄如箭射。』聽取山僧一頌：汾陽拄杖子，天下走禪流，秋風急似箭，春雨潤如油。」便下座。

僧問：「昔日靈山以桴擊鼓，轉大法輪。今日師登法座，請師演唱。」師云：「白雲羃羃。」進云：「大衆臨筵，如何證據？」師云：「淥水潺潺。」進云：「淮甸一輪月，長江萬里清。」師云：「罕遇知音。」

僧問：「如何是琅邪境？」師云：「山高海闊。」進云：「如何是境中人？」師云：「天長地久。」進云：「人境已蒙師指示，向上宗乘事若何？」師云：「速禮三拜。」僧問：「談真卽逆俗，順俗卽違真。如何得不相違去？」師云：「杖頭挑日月。」進云：「施主臨筵，請師再垂方便。」師云：「袖裏貯乾坤。」進云：「野花連地發，春草徧園生。」師云：「釣人江上立，不覺失漁舟。」師乃云：「只麽地散去，亦有少分相應。雖然有少分相應，有似鈍鳥棲於枯枝，遊魚處於涸轍。作麽生是透脱一句？」卓拄杖，下座。

僧問：「承師有言：『開口錯，擬心差。』離此二途，請師別道。」師云：「蘇武不入單于帳。」進云：「與麽則今日失利去也。」師云：「旁觀塞草亂斑斑。」進云：「早知今日事，悔不慎當初。」師云：「愁人莫向愁人説。」

師因出州看陳轉運，喫茶次，乃問師云：「佛法總不在思量，是否？」師云：「既不在思量，如何道得？」運使大笑云：「争到者裏道不得。」師云：「請運使問，待山僧道。」運使遂將前問問師，師答云：「有過者且恕十三，無罪者莫決八棒。」運使呵呵大笑，乃就師乞頌，師遂與頌云：「莫於言上覓，切忌意中尋。疾餤過風旨，思量海岳沉。」師歸山升座，舉似大衆，頌後續兩句云：「祇陁親捨樹，長者布黄金。」

師因雪上堂云：「雪雪，大地山河一齊説。文殊普賢真妙訣，拈取拄杖驀頭擊。豐干林下笑呵呵，兩箇猢猻探水月。」僧問：「一法若有，毗盧墮在凡夫。萬法若無，普賢失其境界。正當與麼時，還許文殊出頭來也無？」師云：「樓頭吹畫角，安聽五更鐘。」進云：「學人未曉，乞師再指。」師云：「未到長城不肯休。」進云：「不入洪波裏，争見弄潮人。」師云：「草上斑斑衆者看。」

師乃舉靈樹和尚欲豎行狀碑，要選一轉語上碑，如契和尚意者，可以問如何是祖師西來意。人人下語，皆不契。雲門爲首座，下語云：「師。」方乃契得靈樹。師頌云：「師師師，知知知，三三兩兩過遼西，一雙紅杏换消梨。」

上堂，拈起拄杖云：「盤山道向上一路。」師云：「滑。」「南院道壁立千仞。」師云：「險。」「臨濟道石火電光。」師云：「鈍。」「琅邪有定乾坤底句，各各高著眼，高著眼。」卓拄杖，下座。

僧問：「承教有言：『法不在内，不在外，不在中間。』未審在什麼處？」師云：「逢人莫錯舉。」進云：「還許學人請益也無？」師云：「啼得血流無用處。」其僧禮拜。師云：「猶較些子。」問：「九夏賞勞，誰人得薦？」師云：「周秦漢魏。」進云：「與麼則昨夜一聲鴈，西風萬里秋。」師云：「靜處薩婆訶。」師乃拈起拄杖云：「在天則清，在地則濁。在人則神，在物則靈。且道在山僧手裏，喚作什麼？」良久云：「拄杖子。」

上堂，舉「仰山和尚見雪師子，遂問雲門：『還有過得此色者麼？』雲門遂推倒著。雪竇拈云：『雲門只會推倒，不會扶起。』卽今問汝諸人，推倒、扶起，相去多少？拄杖子𢹂過眉毛鼻孔裏。」呵呵大笑，便擲下拄杖。

僧問：「雪峰三度上投子，九度上洞山。爲什麼却去德山倒戈卸甲？」師云：「人平不語，水平不流。」進云：「石火電光人不顧，隨機設化有誰聞。」師云：「地無三寸土，人無隔宿恩。」進云：「霜後始知松柏操，事難方見丈夫心。」師云：「江南兩浙水。」師乃云：「見苦斷集，取捨難忘。獨契真常，悲心未廣。三祇五位，滯在長塗。一念成佛，心源未曉。諸仁者，若也薦得去，如金鱗透網，游泳波瀾，似俊鳥離籠，翱翔碧落。諸仁者若能如是，方有少分相應。若也未然，且莫雲居羅漢。」

僧問：「古人借問田中事，插鍬叉手意如何？」師云：「袈裟浮淥水，螺髻拂青雲。」進云：「不入洪波裏，爭見弄潮人。」師云：「作麼生是弄潮人？」其僧便喝。師云：「七棒對十三。」問：「古人道：『承言者喪，滯句者迷。』離此二途，如何卽是？」師云：「逢人莫舉。」僧應諾。師云：「作什麼？」僧便喝。師云：「好箇衲僧。」僧拊掌便禮拜。師云：「不消多。」

師乃舉「先聖道：『法爾不爾，俱爲唇齒。』汝等諸人作麼生會？若會得，開眼尿床。若也不會，遠之遠矣。」便下座。

師遂持此語，遍問諸禪者云：「汝作麼生會？」衆皆下語不契。末後有僧云：「請和尚下語。」師便起歸方丈。僧問：「古人道：『問無横竪，答者由師。』擬伸一問，師意如何？」師云：「你試問看！」進云：「劒閣路雖險，夜行人更多。」師云：「想君不是金牙作。」進云：「與麼則爲衆竭力，禍出私門。」師云：「教休不肯休。」師乃云：「諸方盡道拈槌竪拂，瞬目揚眉，曲爲中下之流。山僧卽不然。山僧拈起者拄杖子，也不爲上上之人，亦不爲中下之者。且道尋常用處作麼生？若知得一竅，方解穿窻透牖，動地摇天。若也未然，且向天台看華頂，却來南嶽度石橋。」便下座。

上堂，舉「先聖道：『見身無實是佛身，了心如幻是佛幻。了得身心本性空，斯人與佛何殊别。』者箇是拄杖子，阿那箇是佛？」良久云：「一時吹取入門來。」

上堂云：「千説萬説，不如一決。諸人者，且道決箇什麼？」良久云：「點鐵化爲金玉易，勸人除却是非難。歸堂去。」

上堂，舉永嘉和尚道：「但得本，莫愁末，如淨瑠璃含寶月。」遂拈起拄杖云：「者箇是拄杖子，阿那箇是本？」云：「任是深山更深處，也應無計避王徭。珍重！」

上堂，舉清平有僧問：「如何是有漏？」答云：「笊籬。」云：「如何是無漏？」答云：「木杓。」師云：「古人與麼道，實謂奇特。山僧爲你諸人頌出：有漏笊籬，無漏木杓，烜赫禪和，妄生卜度。靈利座主，何處摸搮？金牙解使神鏘，李廣箭穿雙鵰。歸去。」

上堂云：「東湧西没，蓋是尋常。南北縱横，未爲極則。透皮徹骨則不問汝，鼻孔遼天一句作麼生道？」良久云：「堪羨一堂無事客，卧雲深處不朝天。珍重！」

上堂云：「拄杖若是，頭上安頭。拄杖不是，斬頭覓活。離此二途，猶是無依滯魄。透脱一路，猶是著肉汗衫。汝等諸人各具金剛眼睛，到者裏作麼生會？若也不會，拄杖子透過渤海。看，看！」卓拄杖一下。

上堂云：「盡大地是箇餬餅，從他江南兩浙河北關西咬者咬、嚼者嚼。矇矓禪和被山僧擗頭打一棒，走入露柱裏藏身。且道露柱裏明得什麼邊事？若也不會，拄杖子爲汝念箇揭諦真言。」以拄杖卓一下。

上堂，拈起拄杖云：「永嘉道：『心是根，法是塵，兩種猶如鏡上痕。痕垢盡除光始現，心法雙忘性即真。』者箇是拄杖子，阿那箇是心？」卓拄杖一下。

上堂云：「依經解義，三世佛寃。離經一字，又同魔説。且作麼生得不傷物義去？汝等諸人聽山僧一頌：地凍草枯，水寒冰結。借問禪人，是何時節？臨濟走過新羅，德山愁眉不悦。珍重！」

上堂，舉先梁山云：「從南來者，與二十棒。從北來者，與二十棒。雖然如此，且不當宗乘。」師遂拈拄杖云：「點與不點等，盡抹爲微塵。」卓拄杖一下。

上堂，舉「先聖道：『森羅及萬象，一法之所印。』盡大地是一條拄杖，汝等諸人作麼生會？」卓拄杖一下，便下座。

上堂，舉虎溪菴主，僧問：「在者裏多少年？」主云：「只見春生夏長，年代總不記得。」僧云：「大好不記得。」庵主云：「你道我在者裏多少年？」僧云：「春生夏長。」庵主云：「鬧市裏虎。」師云：「聽取山僧一頌：鬧市中心虎，能歌不解舞。命值木星君，不遇羅睺土。」便下座。

上堂，舉先聖道：「纔有是非，紛然失心。到者裏還有商量也無？」云：「心麤者失，欺敵者亡。珍重！」

僧問：「今夜鐘鳴時，道人盡來此。向上宗乘，請師舉唱。」師云：「我到者裏總開口不得。」學云：「退身三步去也。」師云：「言不虛設。」學云：「今日失利。」師云：「放你三十棒。」

問：「拈搥竪拂卽不問，瞬目揚眉事若何？」師云：「趙州曾見南泉來。」進云：「學人未曉，乞師再垂指示。」師云：「今冬多雨雪，貧家争奈何？」進云：「百花皆毀折，冬後一陽春。」師云：「真師子兒，善師子吼。」

師乃舉「先韶陽大師道：『咄咄咄，力韋希。禪子訝，中眉垂。』諸高德，韶陽只有先鋒，且無殿後。山僧者裏卽不然。咄咄咄，横該抹。天不長兮地不闊。珍重！」

僧問：「久欽尊德，今日功明時如何？」師云：「山高日出早。」進云：「與麼則白馬敲金鐙，朝天萬里歸。」師云：「親面龍顔一句，作麼生道？」學云：「一片月生海，幾家人上樓。」師云：「在舍只言爲客易，臨岐方覺告人難。」師乃云：「過去諸佛已般涅槃，好與三十棒。見在諸佛轉大法輪，好與三十棒。未來諸佛當出於世，好與三十棒。諸高德，若要報佛之深恩，當如是學。學則從諸人，不得辜負老僧。珍重！」

上堂云：「先聖道：『在有破有，居空破空。二幻既除，中道不立。』若然者，山僧拄杖向什麽處著？

魚躍已隨流水去，鶯啼猶送落花來。珍重！」

上堂云：「拈起拄杖作靠山猛虎，放下拄杖如入水蛟龍。靠山猛虎作麽生商量？入水蛟龍如何話會？若也不知者一竅，拄杖子笑汝去也。」卓拄杖一下，便下座。

上堂云：「若論此事，如洪鐘待扣，聲應長空。如寶鏡當軒，影臨萬象。天不能蓋，地不能載，賢愚共處其間，聖凡出之不得。山僧與麽道，大有人笑去在。他也笑，我也笑，誰人知此竅？三十年更笑去在。珍重！」

僧問：「一塵才起，大地全收，一塵未起時如何？」師云：「李廣射落雲中鴈。」進云：「龍吟霧起，虎嘯風生也。」師云：「驚得胡兒走似煙。」問：「開口卽錯，動舌卽乖。如何是的？」師云：「摩竭陁國金剛怒。」學云：「離咽喉唇吻，又作麽生道？」師云：「驗人端的處，下口卽知音。」進云：「與麽則野花開滿地，流水自西東。」師云：「者回放過，後度難逢。」卓拄杖一下。

師云：「拈起拄杖，千花競發。放下拄杖，萬樹齊凋。不拈不放，一月在天。衲僧當此之時作麽生道？」良久云：「秋燕不聞梁上語，却看鴻鴈過長天。珍重！」

上堂云：「擊水魚頭痛，穿林宿鳥驚。黃昏不擊鼓，日午打三更。諸禪德，既是日午，爲甚却打三更？」良久云：「昨見垂楊緑，今逢落葉黃。珍重！」

上堂示衆云：「色卽是空，非色滅空。我喚者箇作拄杖子，你等諸人喚作什麽？」乃云：「欲知瀚海路，須是去來人。珍重！」

上堂云：「句中薦得，遊子返於故鄉。意中薦得，方解事於尊堂。若然者，須是轉身吐氣始得。若能如是，方解百尺竿頭進步。句中無意，意中無句，既能如是，且作麽生轉身吐氣？若也不會，拄杖子爲汝吐氣去也。」卓拄杖，下座。

上堂示衆云：「拈起拄杖，更無上上。放下拄杖，是何模樣？髑髏峰後卽不問汝，諸人馬鐙裏藏身一句作麽生道？若道不得，拄杖子道去也。」卓一下，便歸方丈。

上堂示衆，擧「先聖道：『説法不有亦不無。』山僧不可欺賢罔聖，埋没諸人去也。何以如此？也是湖南人賣麨。」便下座。

上堂，擧先百丈禪師示衆云：「百丈有三訣：喫茶、珍重、歇。直下若承當，知君猶未徹。」師拈云：「百丈與麽道，美則美矣，善則善矣。雖然如是，卽有順水之波，且無滔天之浪。山僧卽不然。琅邪有三訣：渌水、青山、月。三冬枯木花，九夏寒巖雪。珍重！」

僧問：「把斷綱宗則不問，通風一句請師宣。」師云：「清風戛地，紅燄亘天。」學云：「若然者，撒手卧長空，攢眉却迴去。」師云：「真師子兒，善師子吼。」學人便喝，師卓拄杖一下。學云：「和尚著忙作什麽？」師呵呵。

僧問：「昔日憂闐王刻像，蓋爲佛在忉利天説法。今日施主刻像，未審佛在什麽處説法？」師云：「三山鏁夜月。」進云：「大衆側聆，學人未曉。」師云：「照破萬家門。」進云：「恁麽則日出乾坤耀，雲收山岳青。」師云：「驗人端的處。」進云：「早知燈是火。」師云：「直待雨淋頭。」

師乃舉先聖道：「至道無難，唯嫌揀擇。」下面注云：「但莫憎愛，洞然明白。」師云：「汝諸人到者裏，作麽生下得一轉語契古人？」良久云：「汝也不著便，我也不著便。兩箇蒸餅，一斗好麫。歸堂去！」

僧問：「古人對拄杖子爲什麽哭蒼天？」師云：「蓬頭跣足。」進云：「蒼天，蒼天！」師云：「瞎漢！放你二十棒。」學云：「諾，諾。」師云：「棺木裏瞠眼。」

僧問：「無言無説，猶辱宗風。舉唱談玄，埋没宗旨。離此二途，請師別道。」師云：「千年田，八百主。」進云：「將謂胡鬚赤，更有赤鬚胡。」師云：「試對衆驗看！」僧禮拜。師云：「將謂南番舶主，元來此土商人。」師乃云：「内空，故無眼耳鼻舌身意。外空，故無色聲香味觸法。不是無，何故不見？石頭大師道：『然於一一法，依根葉分布。』歸堂去！」

僧問：「客路如天遠，侯門似海深。琅邪門下如何進道？」師云：「六六三十六。」進云：「學人未曉，乞師再垂方便。」師云：「卧雲深處不朝天。」進云：「恁麽則雲收山嶽静，春暖百花榮。」師云：「静處薩婆訶。」問：「承教有言：『諸法從本來，常自寂滅相。』學人見山是山、見水是水時如何？」師云：「賊是小人，智過君子。」進云：「莫言侵早起，更有夜行人。」師云：「此迴放過，後度難逢。」卓拄杖一下。

師乃云：「上不在天，下不在地，中不在人。若然者，四生六道承何恩力？汝且道著力一句，如何道得？若道不得，拄杖子與彌勒釋迦鬭打去也。」卓拄杖一下。

拈古

舉外道問佛：「不問有言，不問無言。」世尊據坐。外道云：「世尊大慈大悲，開我迷雲，令我得入外道去。」後阿難白佛：「外道見何道理讚歎而去？」世尊云：「如世良馬，見鞭影而行。」

師拈云：「依稀似曲纔堪聽，又被風吹別調中。」

仰山夜夢入五百聖堂，爲第二座，時有一尊者起來白槌云：「次當第二座説法。」仰山遂起白槌云：「摩訶衍法，離四句，絶百非。謹白。」其五百聖衆，各各散去。

師拈云：「且道五百聖衆散去，是肯他仰山，不肯他仰山？若肯他仰山，又辜負仰山。若不肯仰山，猶如平地上喫交。山僧今日不惜兩莖眉毛，與汝諸人注破。摩訶衍法，離四句，絶百非。你若舉似諸方，諸方若與麽會，入地獄如箭射。」

舉趙州一日與文遠論義，鬭劣不鬭勝，勝者輸果子。文遠云：「請和尚立義。」州云：「我是一頭驢。」文遠云：「某甲是驢糞。」趙州云：「將果子來。」

師拈云：「趙州大似蕭何制律，文遠也似蕭何制律。」

舉僧問：「如何是夾山境？」夾山云：「猿抱子歸青嶂裏，鳥銜花落碧巖前。」法眼云：「我二十年作境話會。」

師拈云：「且道如今作麽生會？」良久云：「上士游山水，中人坐竹林。」

舉崔禪上堂云：「出來打，出來打。」時有僧出來云：「崔禪聻崔禪。」擲下拄杖，下座。

師拈云：「久經行陣者，終不展旗鎗。」

舉臨濟示衆云：「但有問訊，不虧欠伊，總識得伊來處。與麼來者，恰似失却。不與麼來，無繩自縛。一切時中，莫亂斟酌。會與不會，都來是錯。分明與道：一任天下人貶剝。」

師拈云：「作麼生貶？作麼生剝？」良久云：「垂鈎四海，爲釣驪龍。格外玄談，蓋尋知己。」喝一喝。

舉順德問僧：「窻外什麼聲？」僧云：「雨滴聲。」順德云：「衆生顛倒，迷己逐物。」

師拈云：「得卽得，大似平地上陷人。」

舉鼓山示衆：「鼓山門下不得嗽咳。」時有僧出來咳嗽一聲，鼓山云：「作什麼？」僧云：「傷寒。」山云：「傷寒卽得。」

師拈云：「雷聲甚大，雨點全無。」

舉寶壽初開堂日，三聖爲請主，便推出一僧問話。其僧纔禮拜，寶壽便打。三聖云：「若與麼爲人，已後瞎却鎮州一城人眼在。」寶壽擲下拄杖，便歸方丈。

師拈云：「不是三聖，爭到今日！然雖如此，錯會者多。」

舉巖頭問德山云：「是凡是聖？」德山便喝，巖頭禮拜。後洞山聞云：「若不是豁公，大難承當。」巖頭云：「洞山老人錯下名言。我當時一手擡，一手搦。」

師拈云：「巖頭無人問著，不妨奇特。纔被洞山腦後一錐，直得瓦解冰消。」

舉興化道："此一炷香，擬欲承嗣三聖，三聖與我太孤。擬欲承嗣大覺，大覺與我太賒。此一炷香，不如承嗣臨濟先師。"

師拈云："且道因甚承嗣臨濟？"良久云："路逢劍客須呈劍，不是詩人莫獻詩。"

舉僧問疎山："如何是法身？"疎山云："枯椿。"僧云："如何是法身向上事？"山云："非枯椿。"僧云："法身還遍一切處也無？"山云："遍。"僧云："淨瓶内還有也無？"山云："無。"僧云："大好遍。"山便打。又僧問曹山云："滿月彎弓時如何？"師云："善射不中的。"學云："爲什麽不中的？"師云："左來左中，右來右中。"學云："大好不中的。"師便打。又僧問雲居："明鏡當臺如何？"師云："不鑒照。"學云："爲什麽不鑒照？"師云："胡來胡現，漢來漢現。"學云："大好不鑒照。"師便打。

師拈云："一轉語，賓家有道理，主家無道理。一轉語，主家有道理，賓家無道理。一轉語，賓主俱無道理。若也揀得出，鼻孔在琅琊手裏。若也揀不出，一任草鞋裏跨跳。"

舉僧問洞山初和尚："如何是道？"山云："卓。"學云："擬向如何？"山云："失卓。"後僧持此語問徹和尚："未審洞山意旨如何？"徹云："虎鬬龍傷。"

師拈云："金烏藏海岸，玉兔離青霄。"

舉百丈一日陞堂，大衆集定。以拄杖一時趁下法堂，却召大衆。大衆回首，乃云："月似彎弓，少雨多風。"

師拈云："若入洪波裏，須是弄潮人。"

舉雲門云：「釋迦老子初生下時，目顧四方，一手指天，一手指地道：『天上天下，唯我獨尊。』我當時若見，一棒打殺與狗喫，却圖得天下太平。」

師拈云：「將此身心奉塵刹，是卽名爲報佛恩。」

舉曹山云：「莫行心處路，不掛本來衣。何須更與麼，切忌未生時。」

師拈云：「不傷物義一句，作麼生道？」良久云：「庭前翠竹禪人種，嶺上青松野客栽。」

舉閑禪師示衆云：「不生想念，本來無體。大用現前，不説時節。」後臨遷化時，問侍者云：「坐去者誰？」侍者云：「僧伽。」又云：「立去者誰？」侍者云：「僧會。」閑禪乃周行七步，垂手而終。」

師拈云：「生既如是，死亦如然。」

舉趙州行脚時，到一鄉院，經旬日。臨去，乃辭院主。院主云：「何往？」趙州云：「臺山禮拜文殊去。」院主云：「某甲有頌相送云：何處青山不道場，遥須策杖禮清涼。雲中縱有金毛現，正眼觀時非吉祥。」趙州乃問：「作麼生是正眼？」院主無語。

師拈云：「啼得血流無用處。」

舉米倉與寶壽同赴州主齋次，州主令客司傳語，請二人長老談論佛法。寶壽云：「請師兄長老答話。」米倉便喝。寶壽云：「未曾奉問，喝箇什麼？」米倉云：「猶欠少在。」寶壽却與一喝。

師拈云：「大似點火夜行。」

舉臨濟上堂云：「赤肉團上有一無位真人，常從汝等面門出入。未證據者看！」時有僧出問：「如何是無位真人？」臨濟下禪床搊住。其僧擬議，濟乃托開云：「無位真人是什麼乾屎橛？」便歸方丈。

師拈云：「臨濟可謂冰凌上度過九鞠，劒刃上拾得全身。」

舉百丈開田次，問黃檗：「運闍黎開田不易。」檗云：「衆僧作務。」百丈云：「有煩道用。」檗云：「争敢辭勞。」百丈云：「開得多少田也？」檗乃將鋤頭築地三下。百丈便喝，黃檗掩耳便出。

師拈云：「百丈一喝，可謂垂絲於萬丈潭中。黃檗掩耳，獨聳於千峰之上。」

舉雲居上堂云：「譬如人將三十貫錢買得一隻獵狗，只解尋得有蹤跡。忽遇羚羊挂角時，莫道蹤跡，氣息也覓不著。」時有僧出便問：「羚羊挂角時如何？」雲居云：「六六三十六。」僧無語。雲居云：「會麼？」僧云：「不會。」居云：「不見道絶蹤跡。」

師拈云：「雲居與麼稱提，大似八尺布衫丈二袖。」

舉趙州到茱萸處，執杖子於法堂上，從東邊過西邊。茱萸便問：「作什麼？」州云：「探水。」茱萸云：「我者裏一滴也無，探箇什麼？」趙州靠了杖子便出去。

師拈云：「世亂奴欺主，年衰鬼弄人。」

舉僧問藥山：「平田淺草，塵鹿成羣。如何射得塵中主？」山云：「看箭！」僧便作倒勢。山云：「拖出者死屍著。」僧踍跳便出。山云：「揑泥丸漢，有什麼限！」

師拈云：「賊出關門，家中叫屈。」

舉乾峰上堂云：「舉一不得舉二，放過一著，落在第二。」雲門在座下出來云：「昨日一人新到，從天台來，却往南岳去也。」乾峰下座搊住云：「維那來日不得普請。」便托開，歸方丈。

師拈云：「路遥知馬力，歲久見人心。」

舉趙州聞俗行者勸僧云：「我有十貫錢。若有人下得一轉語，即捨此錢。」前後有人下語，並不契。趙州遂往行者家。行者云：「若下得一轉語，卽捨其錢。」趙州戴笠子便行。

師拈云：「武帝求仙不得仙，王喬端坐却昇天。」

舉巖頭爲渡子時，凡見人來，舉棹示之。忽有一婆子抱一孩子來，問云：「呈橈舞棹卽不問，且道婆手中孩兒甚處得來？」巖頭便打。婆云：「婆生七子，不遇知音。只者一箇也不消得。」便抛向水中。

師拈云：「欺敵者亡。」

舉百丈見趙州來參，百丈云：「甚麼處來？」州云：「南泉來。」丈云：「南泉近日有何言句示徒？」州云：「今時人直教悄然去。」百丈云：「悄然且致，茫然一句作麼生道？」州近前三步，百丈咄之。州作縮頭勢，百丈云：「大好悄然。」趙州拂袖便出去。

師拈云：「趙州老人向師子窟中換得牙爪。」

舉小乘毗沙論：有一聚落毒龍所居，時有五百尊者往彼降他不得。後有一尊者彈指一下，其龍卽降。

師拈云：「若據教乘，自有科判。琅琊者裏卽不然，祇者彈指也不消得。然雖如是，且莫困魚止濼，病鳥棲蘆。」

舉仰山參巖頭。巖頭纔見，豎起拂子，仰山便展坐具。巖頭放下拂子，仰山收坐具。巖頭云：「我不重你放，卽重你收。」

師拈云：「巖頭與麼道，錯批判者多。仰山出去，切不得麤心。」

舉黃檗見僧來，乃云：「諸方老宿，盡在我拄杖頭上。」僧便禮拜。僧後到大樹處舉前話，大樹云：「黃檗與麼道，曾夢見諸方也未？」其僧却回舉似黃檗，黃檗云：「我者話已行遍天下。」

師拈云：「大樹與麼道，大似有眼如盲。黃檗一條拄杖，天下人咬嚼不碎。」

舉臨濟上堂，有僧出禮拜，濟便喝。僧云：「老和尚莫探頭好。」濟云：「你道落在什麼處？」僧便喝。又僧問：「如何是佛法大意？」濟便喝，僧禮拜。濟云：「你道好喝也無？」僧云：「草賊大敗。」濟云：「過在什麼處？」僧云：「再犯不容。」臨濟乃云：「要會臨濟賓主句，請問取適來問話二禪客。」

師拈云：「真金須入火。」

舉金剛經云：「一切有爲法，如夢幻泡影，如露亦如電。應作如是觀。」

師拈云：「先聖可謂誠實之言。然雖如是，錯會者如麻似粟。」

舉僧問石霜：「咫尺之間，爲什麼不覩師顏？」霜云：「我遍界不曾藏。」僧又到雪峰處問云：「遍界不曾藏，意旨如何？」峰云：「什麼處不是石霜？」

師拈云：「雪峰雖有利人之心，且無出人之眼。石霜雖有出人之眼，未知向上一竅。」

舉淨名經云：諸菩薩各各説不二法門。於是文殊曰：「如我意者，於一切法，無言無説，無示無識。

離諸問答，是爲入不二法門。」於是文殊師利問維摩詰：「我等各各自説已，仁者當説何法，是菩薩入不二法門？」維摩默然。文殊讚言：「善哉，善哉！」乃至無有文字語言，是爲真入不二法門。

師拈云：「文殊與麼讚歎，也是灼卜聽虚聲。維摩默然，切不得鑽龜打瓦。」

舉圓明云：「瘥病不假驢駝藥。」三角云：「瘥病須假驢駝藥。」

師拈云：「圓明可謂小慈，妨於大慈。三角貪他一斗米，失却半年糧。」

舉僧問同安：「如何是向去底人？」安云：「寒蟬抱枯木，哭盡不回頭。」又問：「如何是却來底人？」安云：「火裏蘆花秀，逢春恰似秋。」又問：「如何是不來不去底人？」安云：「石羊遇石虎，相逢早晚休。」

師拈云：「古人雖解箭穿鴻鴈，要且不解遶樹射猿。」

舉僧問白兆：「師唱誰家曲？宗風嗣阿誰？」師云：「自小不曾歷他家門户。」僧云：「與麼則竺乾的子，白兆兒孫。」師云：「承言者喪，滯句者迷。」

師拈云：「巧人須得巧人佐，拙人須得拙人扶。」

舉僧問風穴：「寶塔元無縫，金門即日開時如何？」穴云：「智積佐來空合掌，天王捧出不知音。」「如何是塔中人？」穴云：「萎花風掃去，香水雨飄來。」

師拈云：「風穴若無後語，大似紀信詐降。」

舉大般若經云：善現問舍利弗云：「以何爲佛眼？」舍利答云：「以性空爲佛眼。」善現嘆云：「善哉，善哉！從上諸佛，皆以性空爲佛眼，從佛口生，從法化生。」

師拈云：「望天不見天，覷地不見地。」

舉教中道：「清淨本然，云何忽生山河大地？」

師拈云：「清淨本然，云何忽生山河大地？」

舉肇法師云：「旋嵐偃嶽而常靜，江河競注而不流。野馬飃鼓而不動，日月歷天而不周。」

師拈云：「肇法師與麽道，也是平地上陷人。山僧者裏即不然。巖前淥水，嶺上白雲。」

舉無著到五臺文殊處喫茶次，文殊提起琥珀盞子問云：「南方還有這箇麽？」無著云：「無。」文殊云：「尋常將什麽喫茶？」無著便休去。

師拈云：「若也是去，可謂虎口裏奪餐。若也非去，移舟看水勢，舉棹別波瀾。」

舉石霜在潙山會下作米頭。一日篩米次，潙山云：「施主物，不要抛撒。」石霜云：「不抛撒。」潙山於地上拈得一粒米云：「汝道不抛撒，者箇是什麽？」石霜無語。潙山云：「莫欺者一粒，百千粒盡從者一粒生。」石霜云：「百千粒從者一粒生，未審者一粒從什麽處生？」潙山呵呵大笑，便歸方丈。至晚上堂云：「大衆，米裏有蟲。」

師拈云：「潙山一粒米，彈破衲僧牙。」

舉僧問寶壽：「萬境來侵時如何？」寶壽云：「莫管他。」僧禮拜。壽云：「莫動著，動著即打折你驢腰。」

師拈云：「若無遺虵手，悮煞世間人。」

舉泰首座到洞山處，洞山晚間排果子管顧他。洞山便問云：「首座有一物，上拄天，下拄地，黑如漆，常在動用中，動用中收不得。且道過在什麼處？」首座云：「過在動用中。」洞山喚侍者收却果子牀，不得果子喫。

師拈云：「若不是洞山老人，〔一〕能辨得？雖然如此，洞山老人猶欠一著在。」

舉水潦參馬大師，問：「如何是祖師西來意？」被馬大師一踏踏倒。起來拍手呵呵大笑，當下大悟，便承嗣馬大師。住後有僧問：「如何是祖師西來意？」水潦云：「自從馬師一踏後，直至如今笑不休。」

師拈云：「大衆，你道水潦還曾悟也未？」

舉龐居士問馬大師：「不昧本來身，請師高著眼。」馬大師直下覷。居士云：「一等没絃琴，唯師彈得妙。」馬大師直上看，居士便禮拜。馬大師便歸方丈，居士隨後入方丈內云：「弄巧得拙。」

師拈云：「一夜作窠，不覺天曉。」

舉南院見僧來，竪起拂子。僧云：「敗闕。」南院放下拂子。僧云：「猶有者箇在。」南院便休。

師拈云：「狂狗趁塊，師子咬人。」

舉南泉示衆云：「道非物外，物外非道。」時有趙州出來便問：「如何是物外道？」南泉便打。趙州接住拄杖云：「和尚莫打，某甲已後錯打人去在。」南泉云：「龍蛇易辯，衲子難謾。」乃擲下拄杖，便歸方丈。

〔一〕此處疑脱「誰」字。

師拈云："不見道，酒逢知己飲，詩向會人吟。"

舉順德問僧："近離什麽處？"僧云："三峯。"德云："夏在什麽處？"僧云："五峯。"德云："放你三十棒。"僧云："未審某甲過在什麽處？"德云："爲你出一叢林，入一叢林。"

師拈云："割菜鎌子。"

舉僧問廣德："如何是佛？"德云："畫戟門開見墜仙。"僧馳此語至州中悟空處，便問："畫戟門開見墜仙，意旨如何？"空云："直饒親見釋迦來，智者咸云不是佛。"廣德後聞，遥望城中禮拜云："悟空古佛，豈止羊二十口！"

師拈云："廣德腦後添釘，悟空眼中拔楔。雖然善順機宜，敢保他家未徹。"

舉雪峯與玄沙行次，峯指一片地云："好造無縫塔。"玄沙云："高多少？"雪峯看上又看下。玄沙云："人天福報即不無，若是靈山受記，未夢見在。"峯云："你作麽生？"玄沙敲轎子云："昇，昇！"

師拈云："國清才子貴，家富小兒嬌。"

舉桐峯庵主，有一老人參，庵主問："從什麽處來？"老人不對。主云："善能對機，善能對機。"老人遂拈一枝草示庵主，庵主便喝。老人禮拜，庵主便歸庵。老人隨後看庵主云："與麽疑煞天下人在。"

師拈云："不見道：當斷不斷，反遭其亂。"

古尊宿語録卷第四十七

東林和尚雲門庵主頌古

侍者悟本錄

舉世尊未離兜率，已降王宮；未出母胎，度人已畢。

東林頌

是非海裏橫身入，豺虎羣中自在行。莫把是非來辨我，平生穿鑿不相關。

雲門頌

利刃有蜜不須舐，蠱毒之家水莫嘗。不舐不嘗俱不犯，端然衣錦自還鄉。

舉世尊纔生下，乃一手指天，一手指地，周行七步，目顧四方云：「天上天下，唯我獨尊。」

東林頌

老胡不免出胞胎，也解人前恁麽來。指地指天稱第一，衆生四十九年災。

雲門頌

老漢纔生便著忙，周行七步似顛狂。賺他無限癡男女，開眼堂堂入鑊湯。

舉世尊在靈山會上拈花示衆，是時衆皆罔措，唯迦葉尊者破顔微笑。世尊云：「吾有正法眼藏，涅槃妙心，分付摩訶大迦葉。」

東林頌

拈起一枝花，風流出當家。若言付心法，天下事如麻。

雲門頌

海水翻空滚底流，魚龍蝦蟹信沉浮。可憐金色頭陁子，直至如今笑未休。

舉外道問佛：「不問有言，不問無言。」世尊良久。外道遂讚嘆云：「世尊大慈大悲，開我迷雲，令我得入。」作禮而去。阿難問佛云：「外道有何所證，而言得入？」佛云：「如世良馬，見鞭影而行。」

東林頌

迷悟髑髏前，徒勞更舉鞭。只持鷄狗戒，不學祖師禪。

雲門頌

兩處牢關擊不通，纖塵不動自乖宗。忽然業鏡百雜碎，黄面瞿曇失却蹤。

舉達磨大師九年面壁

東林頌

少室山前風過耳，九年人事随流水。若還不是弄潮人，切須莫入洪波裏。

雲門頌

金鼇一擲滄溟竭，徒自悠悠泛小舟。今日烟波無可釣，不須新月更爲鈎。

舉二祖立雪多時，達磨問曰：「汝當何求？」二祖云：「請師安心。」達磨云：「將心來，吾爲汝安！」二祖良久云：「覓心，了不可得。」達磨云：「爲汝安心竟。」

東林頌

二祖當年立少林，滿庭積雪到腰深。叉手當胸無一事，不求不覓不安心。

雲門頌

覓心無處更何安，嚼碎通紅鐵一團。縱使眼開張意氣，争如不受老胡瞞。

舉世尊在靈山會上，有一女人近彼佛坐，入于三昧。文殊白佛云：「何此女人得近佛坐，而我不得？」佛云：「汝但覺此女，令從三昧起。汝自問之。」文殊遶女人三匝，鳴指一下，乃托至梵天，盡其神力而不能出。世尊云：「假使百千文殊，亦出此女人定不得。下方過四十二恒河沙國土，有罔明菩薩，能出此女人定。」須臾，罔明從地湧出，作禮世尊。世尊勑罔明出此女人定。罔明却至女人前，鳴指一下。女人於是從定而出。後有老宿問僧：「文殊是七佛之師，爲什麽出女人定不得？罔明爲甚却出得？」

東林頌

不假文殊神通，休要罔明彈指。爾時靈山會中，女子從定而起。

雲門頌

出得出不得，是定非正定。罔明與文殊，喪却窮性命。

舉讓和尚一日云：「道一在江西爲人説法，總不見寄箇消息來。遂遣一僧往馬祖處，俟見伊上堂，但出問云：『作麽生？』待渠有語，記取來。其僧依教往問之。祖曰：『自從胡亂後，三十年不曾少鹽醬。』」

東林頌

胡亂三十年，不少鹽與醬。江西馬大師，南嶽讓和尚。

雲門頌

見得分明識得親，舉來猶自涉途程。直饒不犯毫芒者，也是拈鎚舐指人。

舉百丈再參馬祖。祖竪起拂子，丈云：「即此用離此用。」祖掛拂子於舊處。良久，祖云：「你已後開兩片皮，將何爲人？」丈取拂子竪起。祖云：「即此用離此用。」丈亦掛拂子於舊處。祖便喝，百丈直得三日耳聾。

東林頌

江西一喝動乾坤，大用全機是滅門。三日耳聾風過樹，累他黄檗喪兒孫。

雲門頌

馬駒喝下喪家風，四海從茲信息通。烈火焰中撈得月，巍巍獨坐大雄峯。

舉南陽忠國師一日喚侍者，侍者應喏。如是三召，三應。國師云：「將謂吾辜負汝，却是汝辜負吾。」

東林頌

世路風波不見君，一回見面一傷神。水流花落知何處，洞口桃源别是春。

雲門頌

啞子得夢與誰説，起來相對眼麻迷。已向人前輪肺腑，從教他自覓便宜。

舉潙山示衆云：「有句無句，如藤倚樹。」疎山問：「忽遇樹倒藤枯時如何？」潙山呵呵大笑，歸方丈。疎山隨後云：「某甲三千里，賣却布單。特爲此事來，和尚何得相弄？」潙山遂喚侍者云：「取錢與這上座去。」遂囑云：「向去有箇獨眼龍，爲子點破去在。」後聞明招出世，徑去禮拜。招問：「甚處來？」曰：「七閩。」云：「曾到大潙麽？」曰：「曾到。」云：「大潙有何言句？」山遂舉前話。招云：「潙山頭正尾正，只是不遇知音。」山便問：「忽遇樹倒藤枯時如何？」招云：「却使潙山笑轉新。」山於言下省悟，乃曰：「潙山元來笑中有刀。」

東林頌

有句無句藤倚樹，元來白飯用米做。高樓吹笛柳如烟，滿地春風落飛絮。

雲門頌

若將此語定綱宗，孤負明招獨眼龍。笑裏忽分泥水路，方知千里共同風。

舉明招問僧：「虎生七子，那箇無尾？」僧云：「第七箇無尾。」

東林頌

無尾大虫難傍近，近前便是傷人命。除非自解據虎頭，自然頭正尾亦正。

雲門頌

第七菸菟没尾巴，食牛之氣已堪誇。叢林悱悱争唇吻，幾箇行人得到家。

舉南泉示衆云：「江西馬大師説卽心卽佛，王老師不恁麽，不是心不是佛，不是物。恁麽道，還有過麽？」

東林頌

剔起便行三萬里，只今休去八千年。分明更爲從頭舉，一任諸方取次傳。

雲門頌

倒腹傾腸説向君，不知何故尚沉吟。而今便如猛提取，付與世間無事人。

舉南泉和尚示衆云：「心不是佛，智不是道。」

東林頌

心不是佛，智不是道，青山白雲，落花芳草。若是靈利阿師，終不回頭轉腦。

雲門頌

雨散雲收後，崔嵬數十峯。倚欄頻顧望，回首與誰同。

舉黄檗示衆云：「汝等諸人，盡是噇酒糟漢。恁麽行脚，何處有？今日還知大唐國裏無禪師麽？」有僧出問：「只如諸方匡徒領衆，又作麽生？」黄檗云：「不道無禪，只是無師。」

東林頌

大唐國内無禪師，禮拜歸堂更不疑。堪笑河陽新婦子，不如臨濟小厮兒。

雲門頌

身上着衣方免寒，口邊說食終不飽。大唐國裏老婆禪，今日爲君注破了。

舉臨濟凡見僧，入門便喝。

東林頌

一喝喝上四禪天，臨濟元來不會禪。盡道朝陽生户外，不知夜月落堦前。

雲門頌

入門便喝，全無巴鼻。引得兒孫，弄粥飯氣。

舉臨濟坐次，麻谷問：「十二面觀音，那箇是正面？」濟下禪牀擒住云：「十二面觀音甚處去也？速道，速道！」麻谷却轉身坐禪牀。濟拈棒便打，麻谷接住相捉歸方丈。

東林頌

大悲觀音開正面，官不容針通一線。鼠拽葫蘆有底忙，鬼争漆桶無人頌。

雲門頌

昧却當陽箇一着，牽來拽去牙施呈。不知除却王維手，更有何人畫得成。

舉臨濟問僧：「什麽處來？」僧便喝，濟便揖坐。僧擬議，濟便打。又一僧來，濟竪起拂子，僧禮拜，濟便打。復見僧來，立竪起拂子，僧不顧，濟亦打。

東林頌

主賓都落第三機，陣陣開旗不展旗。石火光中分勝負，倒騎鐵馬上須彌。

雲門頌

五月五日午時書，赤口毒舌盡消除。更饒急急如律令，不須門上畫蜘蛛。

舉臨濟云：「赤肉團上有一無位真人，常在汝等諸人面門出入。未證據者看看！」時有僧出問：「如何是無位真人？」濟下繩床搊住云：「道，道！」僧擬議。濟托開云：「無位真人是什麽乾屎橛？」

東林頌

面門出入見還難，無位真人只尺間。去路一身輕似葉，高名千古重如山。

雲門頌

腦後見腮村僧，大開眼了作夢。雖然趁得老鼠，一棒打破油甕。

舉趙州訪臨濟。州纔洗脚，濟便下來問：「如何是祖師西來意？」州云：「正值老僧洗脚。」濟近前側聽，州云：「會卽便會，啗啄作麽？」濟拂袖便行。州云：「三十年行脚，今日爲人錯下注脚。」

東林頌

洗脚處更不安排，側聆時非是啗啄。趙州臨濟二老人，相見何曾不注脚。

雲門頌

一人眼似鼓槌，一人頭似木杓。兩箇老不識羞，至今無處安着。

舉趙州問南泉：「如何是道？」泉云：「平常心是。」州云：「還假趣向也無？」泉云：「擬向卽乖。」州云：「不擬又爭知是道？」泉云：「道不屬知，不屬不知。知是妄覺不豁，豈可强是非耶？」州於言下頓悟玄旨。

東林頌

若謂平常心是道，枝蔓向上更生枝。貼肉汗衫如脱了，喚來眼上與安眉。

雲門頌

勸君不用苦勞神，喚作平常轉不親。冷淡全然没滋味，一回舉起一回新。

舉趙州云：「諸人被十二時使，老僧使得十二時。」

東林頌

百年三萬六千日，一日朝昏十二時。使殺老僧渾不管，不知鬧裏有誰知。

雲門頌

使得十二時辰，呼來却教且去。倚官挾勢欺人，茫茫無本可據。

舉趙州一日將拄杖上茱萸法堂東西來去，萸云：「作什麽？」州云：「探水。」萸云：「我這裏一滴也無，探箇什麽？」州將拄杖靠壁而去。

東林頌

茱萸這裏無一滴，趙老無言便走去。春去秋來三百年，拄杖至今猶靠壁。

雲門頌

深淺聊將拄杖探，忽然平地起波瀾。傾湫倒嶽驚天地，到海方知徹底乾。

舉趙州一日從殿上過，乃喚侍者一聲。侍者應喏，州云：「好一殿功德。」侍者無對。

東林頌

殿上喚來先應喏，不知業識太茫茫。雖然功德已成就，爭柰當初不放光。

雲門頌

好一殿功德，總是過去佛。百福相嚴身，不使旃檀刻。日日香烟夜夜燈，看來當甚乾蘿蔔。

舉趙州問投子：「大死底人却活時如何？」投子云：「不許夜行，投明須到。」

東林頌

大死底人還却活，不許夜行投明到。陳州人出許州門，翁翁八十重年少。

雲門頌

禾黍不陽豔，競栽桃李春。翻令力耕者，牛作賣花人。

舉臺山有一婆，凡僧問：「臺山路向甚處去？」婆云：「驀直去。」僧纔行三五步，婆云：「好箇師僧，又恁麼去。」後有僧舉似趙州，州云：「待我去爲勘過這婆子。」明日便去，亦如是問，婆亦如是對。州歸謂衆曰：「臺山婆子，我已爲勘破了也。」

東林頌

劈面三拳，連腮七掌。盡大地人，不知痛癢。

雲門頌

天下禪和説勘破，争知趙州已話墮。引得兒孫不丈夫，人人黠過冷地卧。

舉趙州問南泉：「知有底人向什麽處去？」泉云：「山前檀越家，作一頭水牯牛去。」州云：「謝師荅話。」泉云：「昨夜三更月到窗。」

東林頌

眼中見慣是尋常，又不驚人又久長。留得寒窗夜來月，三更依舊照茅堂。

雲門頌

度體裁衣，量水打碓。毫髮不差，且居門外。

舉趙州一日在方丈内，聞沙彌喝參，州向侍者云：「教伊去。」侍者纔教去，沙彌便珍重。州向傍僧云：「沙彌得入門，侍者在門外。」

東林頌

得入門，在門外。説向人，人不會。更高聲，我耳背。

雲門頌

琴瑟風松，蕭蕭雨檜。師子咬人，韓獹逐塊。

舉趙州一日在東司上見文遠過，遂喚云：「文遠！」遠應喏。州云：「東司上不可與你説佛法。」

東林頌

老僧正在東司上，不將佛法爲人説。一般屎臭旃檀香，父子之機俱漏泄。

雲門頌

趙州有密語，文遠不覆藏。演出大藏教，功德實難量。

舉趙州一日共文遠行次，忽指面前地云：「這裏好造箇巡鋪。」遠便近前展兩手云：「把將公驗來。」州與一掌。遠云：「公驗分明過。」

東林頌

天子居鬧市裏，老僧在百草頭。擺手御街來往，不怕巡火所由。

雲門頌

一正一邪，一倒一起。文遠趙州，鞾裏動指。

舉趙州一日在佛殿上見文遠禮佛，以拄杖打一下。遠云：「禮佛也是好事。」州云：「好事不如無。」

東林頌

平生侍奉老師，全無些子氣息。佛法妙性天機，一字教他不得。

雲門頌

文遠修行不落空，時時瞻禮紫金容。趙州拄杖雖然短，腦後圓光又一重。

舉僧問趙州：「狗子還有佛性也無？」州云：「無。」僧云：「上從諸佛，下及螻蟻，皆有佛性。狗子爲什麽却無？」州云：「爲伊有業識在。」

東林頌

宣德門前過，回頭便招禍。若要無事時，且歸屋裏坐。

雲門頌

有問狗佛性，趙州荅曰無。言下滅胡族，猶爲不丈夫。

舉趙州示衆云：「金佛不度爐，木佛不度火。泥佛不度水，真佛屋裏坐。」

東林頌

金佛木佛泥佛，度爐度水度火。盡入趙州紅爐，烈焰光中煆過。一聲白雪陽春，萬古無人能和。

雲門頌

九十七種妙相，顧陸筆端難狀。趙州眼目精明，覷見心肝五臟。

舉僧問趙州：「萬法歸一，一歸何所？」州云：「我在青州作一領布衫，重七斤。」

東林頌

半夜墨漆黑，捉得一箇賊。點火照來看，元是王大伯。

雲門頌

青州七斤衫，盡力提不起。打破趙州關，總是自家底。

舉僧問趙州：「承聞和尚親見南泉，是否？」州云：「鎮州出大蘿蔔頭。」

東林頌

鎮州出大蘿蔔頭，師資道合有來由。觀音院裏安彌勒，東院西邊是趙州。

雲門頌

參見南泉王老師，鎮州蘿蔔更無私。拈來塞斷是非口，雪曲陽春非楚詞。

舉僧辭趙州，州云：「甚處去？」僧云：「南方學佛法去。」州云：「你到南方，有佛處不得住，無佛處急走過。三千里外，逢人不得錯舉。」僧云：「恁麽則不去也。」州云：「摘楊花，摘楊花。」

東林頌

有佛之處不得住，無佛之處急走過。三千里外摘揚花，他日歸來舉似我。

雲門頌

有佛處不得住，生鐵秤鎚被虫蛀。無佛處急走過，撞着嵩山破竈墮。三千里外莫錯舉，兩箇石人相耳語。恁麽則不去也，此語已行遍天下。摘楊花，摘楊花，唵嚤呢嗟哩吽嗘吒。

舉趙州問僧：「甚處來？」僧云：「雪峯來。」州云：「雪峯近日有何言句？」僧云：「雪峯道：『盡大地是沙門一隻眼，汝等諸人向甚處屙？』」州云：「上座若去，爲我寄箇鍬子與雪峯。」

東林頌

大地是眼何處㞗，天下不柰雪老何。趙州寄箇鍬子去，方得此話圓墒墒。

雲門頌

途路波吒數十州，傳言送語當風流。不知脚下泥生刺，踏着錐人脚指頭。

舉保壽問胡釘鉸：「莫便是否？」鉸云：「不敢。」壽云：「還釘得虛空麼？」鉸云：「請打破虛空來。」壽便打云：「他後有多口阿師與你點破在。」胡釘鉸後舉似趙州，州云：「你因什麼被他打？」鉸云：「不知過在什麼處？」州云：「只這一縫尚不柰何，更教打破？」胡釘鉸便領。州却云：「且釘這一縫。」

東林頌

一縫分明在，當頭下手難。饒君釘鉸得，終是不圓全。

雲門頌

直饒釘得這一縫，點檢將來非好手。可憐兩箇老禪翁，却向俗人説家醜。

舉有僧與踈山造壽塔了，來白踈山。山問：「你將多少錢與匠人？」僧云：「一切在和尚。」山云：「爲將三文與匠人，爲將兩文與匠人，爲將一文與匠人？若道得，與吾親造塔。」僧無對。羅山時在大庾嶺住庵，其僧到，羅山問：「甚處來？」云：「踈山來。」羅山云：「近日有何言句？」僧遂舉前話。羅山云：「還有人道得麼？」僧云：「未有人道得。」羅山云：「你却囘舉似踈山道：大嶺和尚聞舉云：『若將三錢與匠人，和尚此生決定不得塔。若將兩錢與匠人，和尚與匠人共出一隻手。若將一錢與匠人，帶累匠人眉鬚墮落。』」其僧便囘舉似踈山。山聞此語，具威儀，望大庾嶺禮拜。歎曰：「將謂無人，大庾嶺有古佛光明射到此間。」却向僧云：「汝去大庾嶺道：猶如臘月蓮花。」其僧却回舉似羅山。山云：「早已龜毛長數丈。」

東林頌

袖頭打領無添減，腋下剜襟有短長。大庾嶺頭一尊佛，踈山兩度放毫光。

雲門頌

鑿壞十方常住地，三錢使盡露屍骸。羅山古佛雖靈驗，未免將身一處埋。

舉羅山在禾山送同行矩長老出門次，山把拄杖向前一擲，矩無對。山云：「石牛欄古路，一馬勿雙駒。」後有僧舉似踈山。山云：「石牛欄古路，一馬生三寅。」

東林頌

不踏門前路，春歸又一年。帶花紅滿地，芳草碧連天。

雲門頌

出門握手話分携，古路迢迢去莫追。却笑波心遺劒者，區區空記刻舟時。

舉德山一日飯遲，先托鉢下堂。雪峯時作飯頭，纔見便問：「這老漢，鐘未鳴，鼓未響，托鉢向什麽處去？」德山便歸方丈。雪峯舉似巖頭，頭云：「大小德山不會末後句。」德山聞舉，令侍者喚巖頭來。問：「你不肯老僧那？」頭密啓其意。德山來日上堂，言語異常。頭於僧堂前撫掌大咲云：「且喜得堂頭老漢會末後句，他後天下人不柰何。雖然如是，只得三年後。」三年果遷化。

東林頌

鐘未鳴，鼓未響，依前托鉢歸方丈。德山不會末後句，巖頭密意誰相亮。只得三年也大奇，留與諸門作榜樣。

雲門頌

一搵塗毒聞皆喪，身在其中總不知。八十翁翁入場屋，真誠不是小兒戲。

舉雲門大師示衆云：「世界恁麼廣闊，爲什麼鐘聲披七條？」

東林頌

七條披向鐘聲上，遍界難藏比丘相。若以色見音聲求，迦葉師兄是虚妄。

雲門頌

鐘聲披起鬱多羅，碧眼胡兒不柰何。一箭雙鵰隨手落，拈來元是栅中鵞。

舉德山凡見僧入門，便棒。

東林頌

棒下真鍮不博金，德山徹底老婆心。後人只看波濤湧，不見龍王宫殿深。

雲門頌

入門便棒，郎當不少。依而行之，胡麻厮繳。

舉百丈每日上堂，常有一老人聽法，一日不去，百丈乃問：「立者何人？」老人云：「某甲於過去迦葉佛時，曾住此山。有學人問：『大修行底人還落因果也無？』對云：『不落因果。』墮在野狐身。今請和尚代一轉語。」丈云：「汝但問。」老人便問：「大修行底人還落因果也無？」丈云：「汝昧因果。」老人於言下大悟。

東林頌

百丈野狐，塞雁嘶蘆。李廣神箭，張顛草書。

雲門頌

不落不昧，石頭土塊。驀路相逢，銀山粉碎。拍手呵呵笑一場，明州有箇憨布袋。

舉深明二上座同行，見捕魚。忽見一魚跳出網，深云：「俊哉，一似箇衲僧相似。」明云：「争似當時不入他網？」深云：「你猶欠悟在。」明行三十里方省。

東林頌

網中跳出便飛騰，好箇天然俊衲僧。何似當初未入網，悟來方始是知音。

雲門頌

俊哉一躍透重淵，霹靂追之去不還。却笑龍門燒尾者，依前點額在波瀾。

舉甘贄行者詣南泉，設粥。南泉白槌云：「爲狸奴白牯念摩訶般若波羅密。」行者便出去。泉粥後問典座：「行者在甚處？」典座云：「當時便去也。」泉遂打破粥鍋。

東林頌

狸奴白牯念摩訶，爭似南泉打粥鍋。雖然佛法無多子，天下叢林不柰何。

雲門頌

南泉打破閑家具，浩浩諸方作話看。今日爲君重舉過，明明歷歷不顢頇。

舉首山和尚拈起竹篦子問僧云：「喚作竹篦卽觸，不喚作竹篦卽背。且道喚作什麽？」

東林頌

舉起竹篦子，如何便道家。秘魔巖不會，隨後便擎叉。

雲門頌

背觸非遮護，明明直舉揚。吹毛雖不動，遍地是刀鎗。

舉玄沙問僧：「甚處來？」僧云：「瑞巖來。」沙云：「瑞巖有什麽言句？」云：「和尚尋常喚主人公，自應喏云：惺惺着，他後莫受人瞞。」沙云：「一等弄精魂，猶較些子。」

東林頌

一主人公死，一主人公活。若解弄精魂，兩頭皆透脱。

雲門頌

瑞巖家風，喚主人公。昨夜南山，虎咬大蟲。

舉興化見同參來，纔上法堂，化便喝，僧亦喝。化又喝，僧復喝。化近前拈棒，僧又喝。化云：「你看這瞎漢猶作主在。」僧擬議，化直打出法堂。侍僧問：「適來僧有何相觸忤？」化云：「是他適來也有權也有實，也有照也有用。我將手向伊面前橫兩遭，到這裏去不得。似這般瞎漢，不打更待何時！」

東林頌

霹靂驚天地，那容掩耳聽。須知興化老，一半是人情。

雲門頌

鏌鋣在握，天魔膽落。明眼衲僧，休更卜度。

舉興化謂克賓維那曰：「汝不久爲唱導之師。」賓云：「不入這保社。」化云：「會了不入，不會了不入？」賓云：「總不恁麼。」化便打云：「克賓維那法戰不勝，罰錢五貫，設饡飯一堂。」至來日，興化自白槌云：「克賓維那法戰不勝，罰錢五貫，設饡飯一堂，不得喫飯，即時出院。」

東林頌

法戰從來許克賓，掣旗奪鼓兩分明。直須盡法方無媿，老漢他年要話行。

雲門頌

丹山生鸑鷟，師子產狻猊。棒下摩醯眼，徒誇第一機。

舉興化謂衆曰：「我聞長廊下也喝，後架裏也喝。諸子，汝莫盲喝亂喝，直饒喝得興化上三十三天，却撲下來一點氣也無，待興化蘇息起來，向汝道未在。何故如此？我未曾向紫羅帳裏撒真珠與你諸人去在。你虛空裏胡喝亂喝作什麼？」

東林頌

紫羅帳裏撒真珠，禪客相承總掠虛。拍手呵呵開口笑，釋迦彌勒是他奴。

雲門頌

對衆全提摩竭令，豈是閑開兩片皮。喝下瞎驢成隊走，夢中推倒五須彌。

舉興化上堂云：「今日不用如何若何，便請單刀直入，興化爲你證據。」時有旻德長老出衆禮拜，起來便喝，化亦喝。德又喝，化又喝。德禮拜歸衆。化云：「適來若是別人，三十棒一棒也較不得。何故？爲他旻德會一喝不作一喝用。」

東林頌

單刀直入更休論，擬議之間賓主分。不是放他旻德過，須知興化棒頭明。

雲門頌

暗中携手上高山，及至天明各自行。無限中途未歸客，明明開眼墮深坑。

舉三聖云：「我逢人則出，出則不爲人。」興化云：「我逢人則不出，出則便爲人。」

東林頌

人貧多智短，馬瘦見毛長。獨宿雙峯寺，同焚一炷香。

雲門頌

陽焰何曾能止渴，畫餅幾時充得饑。勸君不用栽荊棘，後代兒孫惹着衣。

舉南泉見鄧隱峯來，指淨缾云：「淨缾是境，你不得動着境，與我將水來！」峯將淨缾傾水於南泉面前，泉便休。歸宗云：「鄧隱峯也是亂瀉。」

東林頌

南泉不指淨缾，隱峯何曾瀉水。從教打瓦鑽龜，佛法不在這裏。

雲門頌

眼中無翳休挑刮，鏡上無塵不用磨。信脚出門行大路，横擔拄杖唱山歌。

舉石頭云：「恁麼也不得，不恁麼也不得，恁麼不恁麼總不得。」

東林頌

四海狼烟静，中原信息通。罷拈三尺劍，休弄一張弓。

雲門頌

好箇話端，阿誰解舉。舉得十分，未敢相許。

舉三聖問雪峯：「透網金鱗以何爲食？」峯云：「待汝出網來卽向汝道。」聖云：「一千五百人善知識，話頭也不識。」峯云：「老僧住持事煩。」

東林頌

錦鱗透網欲吞舟，一向衝波逆水流。却被漁翁閑引釣，隨波逐浪共悠悠。

雲門頌

全死中全活，全活中全死。一箇訝郎當，一箇福建子。

舉夾山云：「猿抱子歸青嶂後，鳥啣花落碧巖前。」法眼云：「我二十年作境話會。」

東林頌

三十年前此寺遊，木蘭花發院新修。如今再到經行處，樹老無花僧白頭。

雲門頌

境話會來雖未是，却問如今作麽生？清涼元本鼻頭直，夾山依舊兩眉横。

舉睦州喚僧，僧回首，州云：「擔板漢。」

東林頌

電火光中休草草，劒輪鋒上莫忉忉。等閑却放全身入，終不當頭犯一毫。

雲門頌

睦州擔板，那容眨眼。闊狹短長，不須增減。

舉僧問睦州：「一氣還轉得一大藏經也無？」州云：「有甚饆饠䭔子？快下將來」

東林頌

睦州只受錐頭利，這僧不見鑿頭方。直饒轉得百千藏，這般供養也尋常。

雲門頌

一氣轉一大藏教，頓漸偏圓權與實。無邊妙義炳然彰，元來一字也不識。

舉臨濟會中，兩堂首座齊下喝。僧問：「還有賓主也無？」濟云：「賓主歷然。」

東林頌

作家相見終不錯，兩兩同時看啐啄。喝下雖然賓主分，争如普化摇鈴鐸。

雲門頌

以平報不平，王法本無親。臨濟雖明眼，也是黄龍精。

舉普化常於街市摇鈴云：「明頭來，明頭打。暗頭來，暗頭打。四方八面來，旋風打。虚空來，連架打。」臨濟令侍者去，纔見如是道，便把住云：「總不與麼來時如何？」普化托開云：「來日大悲院裏有齋。」

東林頌

慺㦬須要逞聰明，金榜何曾得掛名。埒下幞頭歸去也[一]，莫騎驢子傍人門。

雲門頌

先師會裏呈真處，臨濟堂前喫菜時。連此三回露拴索，咄這沿臺盤乞兒。

舉明招一日天寒上堂，大衆才集，招云：「風頭稍硬，不是你安身立命處，且歸暖室商量。」便歸方丈。大衆隨至立定。招云：「才到暖室，便見瞌睡。」以拄杖一時趁下。

東林頌

[一]「也」，原本闕，據續藏本補。

風頭稍硬難安立，暖氣纔通瞌睡來。却笑明招閑費力，無端兩處强差排。

雲門頌

夜半明星當午現，愚夫猶待曉鷄鳴。可憐自屎不知臭，又欲重新拈似人。

舉保壽開堂，三聖推出一僧，壽便打。聖云：「恁麼爲人，非但瞎却這僧眼，瞎却鎮州一城人眼在。」壽擲下拄杖歸方丈。

東林頌

棒頭瞎却一城人，三聖撩地保壽瞋。正令只堪提一半，一盲引得衆盲行。

雲門頌

提起須彌第一槌，電光石火太遲遲。象王行處狐蹤絶，師子咆哮百獸危。

舉有一古德一日不赴堂，侍者來請赴堂齋，德云：「我今日在莊裏喫油糍飽。」侍者云：「和尚不曾出入。」德云：「你但去問取莊主。」侍者才出門，忽見莊主歸，謝和尚到莊喫油糍。

東林頌

近在口皮邊，遠過河沙國。世間多少人，不得油糍喫。

雲門頌

和尚不赴堂，莊主謝臨屈，一字入公門，九牛擻不出。

舉玄沙云：「若論此事，喻似一片田地，四至界分結契，賣與諸人了也。只有中心樹子猶屬老僧在。」

東林頌

萬事由王老師，樹子未屬你在。廣額屠兒成佛，二祖大師償債。

雲門頌

祖父田園都賣了，四邊界至不曾留。柰何猶有中心樹，惱亂春風卒未休。

舉僧問首山：「如何是佛？」山云：「新婦騎驢阿家牽。」

東林頌

阿家新婦兩同條，只尺家鄉路不遥。可笑騎驢覓驢者，一生錯認馬鞍橋。

雲門頌

新婦騎驢阿家牽，步步相隨不着鞭。歸到畫堂人不識，從今嬾更出門前。

舉烏臼見玄紹二上座來，遂問：「二禪伯近離什麼處？」僧云：「江西。」臼便打。僧云：「久嚮和尚有此機要。」臼云：「你既不會，第二箇近前來！」僧擬議，臼亦打，云：「同坑無異土，參堂去！」

東林頌

赤身挨白刃，死中還得活。一箭自迷蹤，萬車皆喪轍。

雲門頌

猛燄不容蚊蚋泊，大海那能宿死屍。任是三頭并六臂，望風無不竪降旗。

舉僧問雲門：「如何是佛？」門云：「乾屎橛。」

東林頌

不用唐言譯，休將梵語傳。摩醯首羅眼，對面隔西天。

雲門頌

雲門乾屎橛，全超法報化。無事出山遊，百錢杖頭掛。

舉僧問雲門：「不起一念，還有過也無？」門云：「須彌山。」

東林頌

一念不起須彌山，𣰽着襴衫退步看。直上拄天下拄地，言前薦得也顢頇。

雲門頌

巍巍一座大彌盧，荷負非干氣力麁。縱使不隨言語會，却來當面受荼糊。

舉僧問大愚芝和尚：「如何是佛？」芝云：「鋸解秤搥。」

東林頌

鋸解秤搥渾似鐵，大愚老子重饒舌。水流澗下太忙生，雲在嶺頭閑不徹。

雲門頌

問佛如何是？宗師即便酬。秤搥將鋸解，言外度迷流。

舉僧問興化：「四方八面來時如何？」化云：「打中間底。」僧便禮拜。化云：「興化今日赴箇村齋回來，中路撞著一陣卒風暴雨，却向古廟子裏閃避得過。」

東林頌

一陣狂風驟雨來，却於古廟且閑限。雖然打入鬼窟裏，呑炭藏身又一回。

雲門頌

古廟裏頭回避得，紙錢堆畔暗嗟吁。閑神野鬼皆驚怕，只爲渠儂識梵書。

舉雪峯示衆云：「望州亭與汝相見了也，烏石嶺與汝相見了也，僧堂前與汝相見了也。」

東林頌

盡道親曾相見來，依前還是狗來腮。好將大棒驀頭梢，貴得盲人便眼開。

雲門頌

望州烏石與僧堂，業識忙忙不可當。提起衲僧拄杖子，五湖四海沸如湯。

舉夾山示衆云：「目前無法，意在目前，不是目前。法非耳目之所到。」

東林頌

年來萬事總成魔，老去閑添白髮多。道泰不傳天子令，時清休唱太平歌。

雲門頌

癡人面前休説夢，生鐵團上須尋縫。明明説與却作聾，只管外邊閑打閧。

舉無業國師云：「若一毫頭凡聖情念未盡，不免入驢胎馬腹裏去。」白雲端和尚云：「設使一毫頭凡聖情念淨盡，亦未免入驢胎馬腹裏去。」

東林頌

一道如絃直，心親手更親。箭穿紅日影，方是射鵰人。

雲門頌

移身不移步，移步不移身。走却金師子，捉得玉麒麟。

舉靈雲見桃花悟道。

東林頌

桃花尋劒客，不語笑春風。白頭歸未得，家住海門東。

雲門頌

總道見桃花悟道，此語不知還是無。茫茫宇宙人無數，那箇男兒是丈夫。

舉玄沙云：「諦當甚諦當，敢保老兄未徹在。」

東林頌

敢保老兄猶未徹，玄沙之言何太切。君看陌上桃花紅，盡是離人眼中血。

雲門頌

打破鬼門關，日輪正當午。一箭中紅心，大地無寸土。

舉洞山云：「言無展事，語不投機。承言者喪，滯句者迷。」

東林頌

只要拔楔抽釘，爲人解粘去縛。如何洞山老人，先自藤蛇繞脚。

雲門頌

言無展事，語不投機。承言者喪，滯句者迷。逢人不得錯舉。

舉琅瑘和尚問舉和尚："近離甚處？"舉云："浙中。"瑘云："船來陸來？"舉云："船來。"瑘云："船在甚處？"舉云："船在步下。"瑘云："不涉程途一句作麽生道？"舉云："杜撰長老，如麻似粟。"拂袖便行。瑘却問侍者："這僧是何人？"侍者云："舉道者。"瑘遂去安下處見問："莫便是舉師叔麽？莫恠某甲適來相觸忤。"舉便喝。復問："長老何時到汾陽？"瑘云："恁時。"舉云："我在浙中早聞你名，元來見解只如此，何得名喧宇宙！"瑘乃作禮。

東林頌

官路無人獨自行，兩家公驗甚分明。路傍偷販私鹽客，草裏蹲身過一生。

雲門頌

奪得驪珠卽便回，小根魔子盡疑猜。拈來抛向洪波裏，撒手大家歸去來。

舉僧問風穴："語默涉離微，如何通不犯？"穴云："常憶江南三月裏，鷓鴣啼處百花香。"

東林頌

快騎駿馬上高樓，南北東西得自由。最好腰纏十萬貫，更來騎鶴下揚州。

雲門頌

忽爾出門先見路，才方洗脚便登船。神仙秘訣真堪惜，父子雖親不可傳。

舉趙州訪道吾。吾見來，着豹皮褌，把吉撩棒，在三門前等候。才見州來，便高聲唱喏而立。州云：「小心祇候着。」吾又唱喏一聲而去。

東林頌

稽首兩足尊，瞻仰不暫捨。眉間白毫光，照耀大千界。

雲門頌

有禮有樂，有唱有酬。人平不語，水平不流。

舉臨濟遷化時示衆云：「吾滅後，不得滅却吾正法眼藏。」三聖出云：「爭敢滅却和尚正法眼藏！」濟云：「已後有人問你，向他道什麽？」三聖便喝。濟云：「誰知吾正法眼藏，向這瞎驢邊滅却。」

東林頌

到老不曾開話路，臨行回首却叮嚀。深深海底猶嫌淺，直向金剛水際行。

雲門頌

瞎驢一跳衆皆驚，正法那堪付與人。三要三玄俱喪盡，堂堂把手出重城。

舉僧問乾峯：「十方薄伽梵，一路涅槃門。未審路頭在什麽處？」峯拈拄杖面前劃一劃云：「在這裏。」僧請益雲門，門拈起扇子云：「扇子𨁝跳上三十三天，築着帝釋鼻孔。東海鯉魚打一棒，雨似盆傾。」

東林頌

乾峯不用指陳，雲門休打骨董。自然東海鯉魚，築着帝釋鼻孔。

雲門頌

搐破雲門一柄扇，拗折乾峯一條棒。二三千處管弦樓，四五百條花柳巷。

舉雲門大師云：「聞聲悟道，見色明心。作麼生是聞聲悟道見色明心？」乃云：「觀世音菩薩將錢來買糊餅。」放下手云：「元來却是饅頭。」

東林頌

南無觀世音菩薩，補陁巖上紅蓮舌。不知成佛是何時，打刀須用并州鐵。

雲門頌

是色明心事已差，聞聲悟道更交加。觀音妙智慈悲力，荆棘林生優鉢花。

舉雲門大師拈起拄杖，舉教云：「凡夫實謂之有，二乘析謂之無，緣覺謂之幻有，菩薩當體卽空。」乃云：「衲僧見拄杖但喚作拄杖，行但行，坐但坐，總不得動着。」

東林頌

二乘菩薩何年盡？諸佛凡夫早晚休。世情但將公道斷，人心難似水長流。

雲門頌

剔開金殿鎖，撞動玉樓鐘。泣露千般草，吟風一樣松。

舉陸亘大夫問南泉：「肇法師也甚奇恠。解道，天地與我同根，萬物與我一體。」泉乃指庭前花召大夫云：「時人見此一株花，如夢相似。」

東林頌

若知天地本同根，終不應來更問人。却得南泉親指似，等閑花發夢中春。

雲門頌

天地同根伸一問，未曾擡步已亡家。無陰陽處花重發，玉本無瑕却有瑕。

舉玄沙示衆云：「諸方老宿盡道接物利生。忽遇三種病人來，作麼生接？患盲者，拈搥竪拂他又不見。患聾者，語言三昧他又不聞。患瘂者，教伊説又説不得。且作麼生接？若接此人不得，佛法無靈驗。」

東林頌

盲聾瘖瘂接不得，玄沙枉費閑心力。扁鵲盧醫拱手歸，三人俱是膏肓疾。

雲門頌

玄沙三種病人話，透出雲門六不收。莫待是非來入耳，從前知己反爲讎。

舉玄沙見新到才禮拜，沙云：「因我得禮你。」

東林頌

利刀自斷命根，不要依草附木。若有一法與人，永入拔舌地獄。

雲門頌

夫子不識字，達摩不會禪。玄沙無此語，切莫妄流傳。

舉南院上堂云：「赤肉團上壁立千仞。」時有僧問：「赤肉團上壁立千仞，豈不是和尚道！」院云「是。」僧便掀倒繩床。院云：「你看這漢亂做。」僧擬議，院便打出院。

東林頌

掌中擎白日，舌上覆金錢。壁立争千仞，毫光徹梵天。

雲門頌

赤肉團邊用得親，主賓有理各難伸。兩箇驢子相逢着，世上如今無直人。

舉百丈侍馬祖遊山歸，忽然哭。同事問曰：「憶父母耶？」丈云：「無。」事曰：「被人駡耶？」丈云「無。」事曰：「哭作什麽？」丈云：「問取和尚。」同事往問馬祖，祖云：「你去問取他。」同事回至寮中見百丈呵呵大笑，同事曰：「適來爲甚哭，如今爲什麽笑？」丈云：「適來哭，而今笑。」同事罔然。

東林頌

世間名利閑榮辱，雲雨紛紛手翻覆。悲歌相繼不堪論，棒頭無眼黄粱熟。

雲門頌

有時笑兮有時哭，悲喜交并暗催促。此理如何舉向人，斷絃須得鸞膠續。

舉楊岐和尚問僧：「栗棘蓬，你作麽生吞？金剛圈，你作麽生跳？」

東林頌

楊岐老人瑣口訣，萬里長城一條鐵。斫牌禪客如到來，不動金槌腦門裂。

雲門頌

金剛圈，栗棘蓬。玄沙三種病，石鞏一張弓。直截爲君説，新羅在海東。

舉僧問楊岐：「如何是佛？」岐云：「三脚驢子弄蹄行。」僧云：「便恁麽去時如何？」岐云：「湖南長老。」

東林頌

三脚驢子忒噉好，長放後園教喫草。等閑牽出向人前，踢倒湖南瞎長老。

雲門頌

楊岐一頭驢，只有三隻脚。潘閬倒騎歸，攧殺黄幡綽。

舉僧問青原思和尚：「如何是佛法大意？」原云：「廬陵米作麽價？」

東林頌

廬陵米價少知音，佛法商量古到今。繡出鴛鴦任人看，無端須要覔金針。

雲門頌

老青原，没縫罅。問佛法，酬米價。差毫釐，成話霸。無面目，得人怕。

舉僧問巖頭：「古帆未掛時如何？」頭云：「後園驢喫草。」

東林頌

後園驢喫草，莫隨言語討。跳上驀腰騎，來往長安道。

雲門頌

後園驢喫草，一老不一老。驀地撞出來，鬬湊得恰好。

舉僧問巖頭：「古帆未掛時如何？」頭云：「小魚吞大魚。」

東林頌

小魚吞大魚，門上釘桃符。邪魔俱不入，佛法也消除。

雲門頌

小魚吞大魚，直路太縈紆。古帆休更問，處處得逢渠。

舉僧問五祖：「如何是臨濟下事？」祖云：「五逆聞雷。」

東林頌

從來五逆怕聞雷，不似大蟲看水磨。孤峯頂上要同行，十字街頭還共坐。

雲門頌

五逆聞雷，曾參顔回。一粒豆子，爆出冷灰。

舉僧問圓悟和尚：「如何是佛？」悟云：「口是禍門。」

東林頌

的的當陽句，明明箭後路。着靴人喫肉，赤脚人趁兔。

雲門頌

口是禍門，雹激雷奔。娑竭出海，震動乾坤。

舉佛眼和尚讀靈源十二時歌，有偈云：「一日日，一時時，龍門老，心自知。」

東林頌

時時日日，日日時時，七顛八倒，孰是孰非。

雲門頌

日日日日，時時時時，違時失候，箇老古錐。

舉南禪師云：「鐘樓上念讚，床脚下種菜時如何？」黄檗勝禪師云：「猛虎當路坐。」

東林頌

猛虎當路坐，游魚脚底過。不學紫胡老，便打劉鐵磨。

雲門頌

直出直入，當面不識。更擬如何，著甚死急。

舉二十四祖師子尊者，因罽賓國王秉劒於前云：「師得蘊空否？」曰：「已得。」曰：「既得蘊空，離生死否？」曰：「已離。」曰：「既離生死，可施我頭否？」曰：「身非我有，豈況於頭。」王便斬之，白乳湧高數尺，王臂自墮。

　　東林頌

船子下揚州，浮萍逐水流。一聲河滿子，千古動悲愁。

　　雲門頌

殺人須是殺人漢，當下一刀成兩段。頭臂雖虧劒刃鋒，何似秦時轢轢鑽。

舉芭蕉和尚云：「你有拄杖子，我與你拄杖子。你無拄杖子，我奪却你拄杖子。」

　　東林頌

綿州附子漢州薑，最好沉黎出麝香。魯子師僧才一嗅，鼻頭裂破眼睛黄。

　　雲門頌

十字街頭，見成行貨。擬欲商量，漆桶蹉過。

舉汾陽十智同真

　　東林頌

十年海上覓冤讎，不得冤讎未肯休。芍藥花開菩薩面，椶櫚葉散夜叉頭。

　　雲門頌

兔角龜毛眼裏栽，鐵山當面勢崔嵬。東西南北無門入，曠劫無明當下灰。

舉雲門大師拈顧頌鑒咦

東林頌

韶陽一鑒，生鐵餕餡。直下咬破咦，莫恠相賺。

雲門頌

雲門鑒咦，少有人知。咄！無孔鐵槌。

舉龐居士問馬大師：「不與萬法爲侶者是什麽人？」大師云：「待汝一口吸盡西江水，卽向汝道。」

東林頌

大海波濤淺，小人方寸深。海枯終見底，人死不知心。

雲門頌

一口吸盡西江水，甲乙丙丁庚戊己。咄咄咄，囉囉哩。

舉法華經：「大通智勝佛，十劫坐道場，佛法不現前，不得成佛道。」

東林頌

種穀不生豆苗，蒸砂豈能成飯。大通智勝如來，一箇檐板底漢。

雲門頌

燕坐道場經十劫，一一從頭俱漏泄。世間多少守株人，掉棒擬打天邊月。

舉維摩云：「其施汝者，不名福田。供養汝者，墮三惡道。」

東林頌

入林不動草，入水不動波。鑊湯無冷處，合眼跳黄河。

雲門頌

獨坐許誰知，青山對落暉。花須連夜發，莫待曉風吹。

舉圓覺經云：「居一切時，不起妄念。於諸妄心，亦不息滅。住妄想境，不加了知。於無了知，不辨真實。」

東林頌

舉手攀南斗，翻身倚北辰。出頭天外看，誰是我般人。

雲門頌

荷葉團團團似鏡，菱角尖尖尖似錐。風吹柳絮毛毬走，雨打梨花蛺蝶飛。

舉楞嚴經云：「見見之時，見非是見。見猶離見，見不能及。」

東林頌

拄杖頭邊無孔竅，大千沙界猶嫌小。毗婆尸佛早留心，直至而今不得妙。

雲門頌

春至自開花，秋來還落葉。黄面老瞿曇，休摇三寸舌。

舉文殊菩薩所説般若經云：「清淨行者，不入涅槃。破戒比丘，不入地獄。」

東林頌

鵠白烏本玄，松直棘自曲。清淨比丘僧，却須入地獄。

雲門頌

壁上安燈盞，堂前置酒臺。悶來打三盞，何處得愁來。

舉楞伽經：五法、三自性、二種無我。

東林頌

破瓶豈復作瓶事，焦種不應生孽芽。如彼虛空盤大子，毛輪垂髮翳開花。

雲門頌

陝府鐵牛白癩，嘉州大象耳聵。兩箇病痛一般，咄哉漆桶不快。

舉殃崛摩羅尊者，於一長者家持鉢，適值其家一婦人產難。長者遂白尊者曰：「尊者是佛弟子，如何救得我家產難？」尊者曰：「我乍入道，未能相救。當去問佛尊者。」遂往見佛，具陳斯事。佛言：「汝但去說我自從賢聖法來，未曾殺生。」尊者依佛所說，往告長者。婦人聞之，當時分免。

東林頌

月裏姮娥不畫眉，只將雲霧作羅衣。不知夢逐青鸞去，猶把花枝蓋面歸。

雲門頌

華陰山前百尺井，中有寒泉徹骨冷。誰家女子來照影，不照其餘照斜領。

古尊宿語録卷第四十八

佛照禪師奏對録

宋淳熙三年十一月初三日，孝宗皇帝召對便殿。致恭三呼訖，賜坐。師奏云：「今春伏蒙聖旨，令灑掃靈隱。三月三十日，又准降香開堂，實增感激。今蒙召對，獲覩清光，千載一遇。」帝問：「師生何處？嗣法何人？」師對曰：「臣生長臨江軍，禮南山光化禪院長老普吉爲師。荷陛下天地覆載之恩，行脚參五十餘員善知識。末後於大慧禪師宗杲處打徹，遂法嗣之。」上曰：「朕惜不見大慧。」師云：「陛下既留心祖道，時時與大慧於大光明藏把手共行，豈在聚頭接耳爲相見耶！嘗蒙賜語録入藏，作萬世光明種子，非獨法門增輝，臣與天下衲子不勝榮幸。」上曰：「且喜得晴。」師云：「郊祀在卽，乃陛下聖德所感。」上曰：「朕此心與佛心通。」師云：「直下更無第二人。聞陛下萬機之暇，留心祖道，游泳楞嚴圓覺。自古帝王未有如陛下篤信此道。」上曰：「自古帝王英雄者有之，信此道者極少。如梁武帝亦未徹。」師云：「當面蹉過達磨。」上曰：「陷在泥坑裏。」師云：「只爲欛柄不入手，不得受用。」師云：「臣山野語言無倫，恐瀆聖聰。」上曰：「這裏正要與長老忘懷論道。」師云：「陛下日應萬機，直須向一切處著眼，看是什麽道理。」上曰：「天下事來卽應之。」師云：「可謂明鏡當臺，物來斯照。」上曰：

「步步踏著實地。」師云：「直須恁麼始得。」

上曰：「臨濟因緣可舉一二。」師遂舉臨濟在黄檗，因第一座勉令問黄檗：「如何是佛法的的大意？」檗遂與三十棒。如是三次問，每蒙賜棒，所恨愚魯，且往諸方去。第一座遂白黄檗云：「義玄上座雖是後生，却甚奇特。他日爲一株大樹，蔭覆天下人去在。他若來辭和尚，願垂提誨。」濟明日力辭黄檗，檗指往大愚處，必爲汝説。濟至大愚，愚問：「甚處來？」濟云：「黄檗來。」愚云：「黄檗有何言句？」濟遂舉前話。復云：「不知過在甚處？」愚云：「黄檗恁麼老婆心切，爲汝得徹困，猶覓過在。」濟於是大悟，乃云：「元來黄檗佛法無多子。」愚云：「尿床鬼子！適來道我不會，而今道甚無多子！是多少？」扭住云：「道，道！」濟便向大愚肋下築三拳。愚托開云：「汝師黄檗，非干我事。」濟返黄檗，檗問云：「來來去去，有甚了期？」濟云：「只爲老婆心切。」遂舉前話。檗云：「這大愚老婆饒舌，待見與打一頓。」濟云：「説甚待見，即今便打。」遂與黄檗一掌。檗吟吟而笑云：「這風顛漢，來這裏捋虎鬚。」濟便喝。檗云：「侍者引這風顛漢來參堂去。」上曰：「悟了直是快活。」

師云：「潙山問仰山云：『臨濟得大愚力，得黄檗力？』仰云：『非但捋虎鬚，亦解坐虎頭。』自此臨濟法道大興。」上曰：「源流好。」師云：「臣曾有頌。」上曰：「舉看！」師舉云：「黄檗山頭遭痛棒，大愚肋下報冤讎。當機一喝驚天地，直得曹溪水逆流。」

又問：「興化打克賓，克賓如此答，興化如何便打？」師云：「不可放過，臣有頌。」上曰：「舉看！」師舉云：「罰錢出院揚家醜，興化驀頭遇克賓。父子不傳真秘訣，棒頭敲出玉麒麟。」師復云：「昔翠巖可真禪師頌卽心卽佛、非心非佛因緣曰：『百萬雄兵出，將軍獵渭城。不開弓矢力，斜漢月初生。』令晦堂心禪師看。後因答客問西來意，有頌：『東吳幾度爲閑客，南越曾經作主人。可笑年來身老大，得同塵處且同塵。』眞見之云：『子徹也。』且如卽心卽佛，非心非佛，陛下如何會？」上云：「包含萬像。」師云：「包含萬像底是什麽？」上曰：「對面底是。」師云：「認著依前還不是。」上乃默契。上曰：「長老且歸觀堂。」師云：「謹領聖旨。」乃辭下殿。

繼而遣中使賜御製頌一首曰：「大暑流金石，寒風結凍雲。梅花香度遠，自有一枝春。」師答山頌一首曰：「當陽一句子，平地步青雲。踏翻關棙處，便是主家春。」初四日，復進卽心卽佛非心非佛一頌：「卽心卽佛無蹊徑，非佛非心有變通。直下兩頭俱透脱，新羅不在海門東。」上復答師頌一首曰：「欲言心佛難分別，俱是精微無礙通。跳出千重縛不住，天涯海角任西東。」師再山頌云：「一句截流心路絕，千差萬別豁然通。等閑更進竿頭步，莫問西來及與東。」

復召對，賜坐。師云：「夜來今日，兩蒙宣示御頌，神思粲發。夜來頌好，不如今日頌語句尤痛快。」上曰：「夜來得長老開發，乃有此頌。」師云：「陛下前後宣諸山尊宿論道如何？」上曰：「難得似長老直截。」師云：「聞陛下於『心隨萬境轉，轉處實能幽，隨流認得性，無喜亦無憂』處得個入頭，但未曾遇人。」上曰：「眞個如此。」師云：「如人學射，久久自然中的。所以五祖演禪師云：『悟了，須是遇人始得。若不遇人，十個有五雙杜撰。』」上曰：「須要遇人。」師云：「正是。」遂舉『羅山問石霜云：『起滅不停時如何？』霜云：『直須寒灰枯木去，一念萬年去，函蓋相應去，純清絕點去。』山不契，却往巖頭處問：『起滅不停時如何？』巖頭喝云：『是誰起滅？』山於此大悟。」上曰：「長老意謂如何？」師云：「巖頭與他本分草料。」

上曰：「長老見大慧，幾年後打徹？」師云：「臣癸亥年有個發明了，却被禪道佛法礙，又做十五年工夫。後到育王，一見大慧便打徹。慧一日掛牌，臣入室。慧舉『僧問趙州如何是趙州？州云東門西門、南門北門。你作麽生會？』答云：『大小趙州坐在屎窖裏。』慧云：『你甚處見趙州？』答云：『莫瞌睡。』慧打一竹篦云：『只恁麽做工夫？』答云：『莫掩彩。』慧乃唤侍者問：『這僧名什麽？』答云：『不得名。』慧云：『你看這漆桶亂做。』答云：『未爲分外。』便出。又一日入室，慧問：『唤作竹篦則觸，不唤作竹篦則背。如何？』答云：『請和尚放下竹篦與學人相見。』慧擲下竹篦云：『如何相見？』答云：『伎倆已盡。』慧云：『你看這漢又來老僧頭上行。』答云：『也是尋常行履處。』禮拜便出。又一日入室，慧問：『唤作竹篦則觸，不唤作竹篦則背。不得下語，不得無語，不得意根下卜度，不得向舉起處承當，速道，速道！』答云：『杜撰長老，如麻似粟。』慧云：『你是第幾個？』答云：『今日捉敗這老賊。』慧深肯之。」上曰：「如此相投！」師云：「禪家當機不讓。」遂舉「靈雲見桃花悟道，頌云：『三十年來尋劍客，幾回葉落又抽枝。自從一見桃花後，直至如今更不疑。』玄沙云：『諦當甚諦當，敢保老兄未徹在。』每舉問禪和子：『那裏是不疑處？』陛下且道，那裏是不疑處？」上擬議，師云：「只就疑處看，驀然看破不疑處，便是陛下受用不盡底。」上曰：「長老且道，那裏是不疑處？」師云：「紅爐上一點雪。」上乃點頭。

師云：「昔黑齒梵志得五神通，常在雪山説法。得梵王帝釋、閻羅王洎諸天神常來聽法。日説法畢，閻羅王目視梵志而泣。志曰：『大王何得視吾而泣？』王曰：『吾觀於汝善能説法，七日後命終，當來吾界受諸苦痛。』梵志惶怖求免無門。雪山諸天神謂梵志曰：『欲免斯難，唯有大覺世尊乃能爲汝免得此難。』梵志曰：『世尊者，何人也？』天神曰：『豈不聞淨飯王太子，十九出家，三十成道，爲人天師，其名曰佛。諸大菩薩，八部龍天，常轉法輪，度一切衆生。』梵志聞已，復作思惟：『我去見佛，將何供養？』乃運神力，手執合歡梧桐華兩株，飛空向世尊前供養。世尊召五通梵志，志應諾。世尊云：『放下著。』梵志棄左手華於世尊前。世尊又云：『放下著。』梵志又棄右手華於世尊。又云：『放下著。』梵志云：『世尊，我祇擎兩株華一時放下了，我今空身無可放捨。』世尊云：『五通梵志，吾非教汝放捨其華。汝當放捨内六根、外六塵、中六識，一時捨却到無可捨處，是汝免生死處。』梵志乃於言下悟無生法忍。」上曰：「祇是人不向緊要處做工夫。」師云：「欲得徑捷，須離却語言文字，真實參究。所以古德道：念得楞嚴圓覺經，猶如瀉水響泠泠。有人問著西來意，恰似蚊蝖咬銕釘。」上曰：「直是難入。」師云：「正好著力。」上曰：「如長老者難得，真可爲人師。」師云：「陛下過褒。」

初六日復召對。上曰：「觀堂中穩便麽？」師云：「荷陛下聖眷，極穩便。」上曰：「前日長老云『直至如今更不疑』處，朕有一轉語。」師云：「那裏是不疑處？」「朕有一轉語。」師云：「那裏是不疑處？」〔一〕上曰：「空手牽鐵牛。」師云：「如何見得？」上擬議，師云：「纔入思惟，便成剩法。」上曰：「若問長老，如何祇對？」師云：「千聞不如一見。」上喜曰：「朕且做工夫。」師云：「陛下果位中承願力，來示現帝王身。不被富貴聲色籠罩，但念念扣己而參，驀然一念相應，如桶底子脱相似，直至成佛，永無退轉。」師云：「若論

〔一〕「朕……」十三字，疑衍文。

此事，如兩陣對敵，進前則有活路。若望崖而退，不是丈夫漢。昔香嚴參潙山。潙山云：『我聞你在百丈處，問一答十，問十答百。是否？』嚴云：『不敢。』山云：『試向父母未生已前道一句看！』嚴無語。乃云：『請和尚爲某甲道。』山云：『我若爲汝説破，子他時後日眼開，罵我去在。』嚴遂檢尋平日看讀文字，討一句祇對，了不可得。乃云：『今生不學佛法也，且作長行粥飯。』僧乃辭潙山，往南陽覩忠國師遺跡，遂憩止焉。一日芟除草木，以瓦礫擊竹作聲，忽然大悟。遽歸沐浴，遥禮潙山云：『和尚大慈，恩踰父母。當時若爲我説破，何更有今日事！』乃述一頌云：『一擊忘所知，更不假修持。動容揚古路，不墮悄然機。處處無踪跡，聲色外威儀。諸方達道者，咸言上上機。』歸告潙山。潙山舉似仰山，仰山云：『待某甲勘過。』乃云：『聞師弟有悟道頌，試舉看！』香嚴舉了，仰山云：『此是閑時計較得底。』香嚴再舉一頌云：『去年貧，未是貧。今年貧，始是貧。去年貧，有卓錐之地。今年貧，錐也無。』仰山云：『祇會得如來禪，未會祖師禪。』香嚴又舉一頌云：『吾有一機，瞬目視伊。若也不會，別喚沙彌。』仰山云：『且喜師弟會祖師禪』。」上曰：「如來禪與祖師禪一般，何故分別？」師云：「殺人活人不眨眼。」上曰：「莫便是昨日道『諦當甚諦當，敢保老兄未徹』麽？」師云：「陛下須具透關眼始得。」上曰：「如長老直截者難得。想見爲衲子尤切。」師云：「臣不避誅，昨以直言。」上曰：「正要如此。」師云：「先師大慧與潙山佛性泰禪師同參圓悟。一日持論古今次，泰曰：『香嚴悟道頌云：一擊忘所知。只消此一句便了。』大慧云：『五祖演和尚頌狗子無佛性話云：趙州露刃劍。一句便了。』下面都是注脚。悟了底人與悟了底人説話，如兩鏡相照，直是明白。如陛下道：『欲言心佛難分別。』一句便了。下面三句，亦是注脚。」

上曰：「適來道：父母未生前一句子。朕道得也。」師云：「如何是父母未生前一句？」上曰：「昨夜今朝又明日。」師云：「若如此，方得古今無間斷。」上曰：「何不挨拶？」師云：「拶著須是有出身之路。」上曰：「長老可謂循循然善誘人。」「聖訓謙沖，非臣敢當。」師云：「臣不敢久居觀堂，乞歸靈隱。」上曰：「更要與長老説話在。」師云：「謹領聖旨。」却歸觀堂。

至初七日，中使傳旨，且歸靈隱，待賜禪號。師遂歸靈隱。四年正月二十四日，特賜佛照禪師號。師領衆門，迎勑黄歸寺次。至法堂，捧勑黄示衆云：「天書親自日邊來，一道神光徧九垓。爲瑞爲祥恩力大，直教枯木解花開。舉起便知，不妨慶快。苟或未然，重宣一徧。」遂陞座拈香云：「此一瓣香，恭爲祝延兩宮皇帝聖壽無疆！」乃歛衣就座。

僧問：「九重宣對，超過南陽忠國師。五宿禁闈，提持聖諦第一義。與二千年前釋迦老子出氣，使後五百世比丘增長威光。佛照禪師蒙特賜，世間出世更無雙。是什麽得恁麽奇特？」師云：「彼此一時皆盛事，未必今人媿古人。」進云：「兵隨印轉，將逐符行。」師云：「正令已行風凛凛，斗間劒氣燭天光。」進云：「同光帝問興化：『朕收中原獲得一寶，至今未有人酬價。』興化云：『略借陛下寶看。』帝引手舒幞頭脚示之。意旨如何？」師云：「奇特中奇特。」進云：「龍袖拂開千聖眼，金毛師子現全威。」師云：「點。」進云：「興化道：『君王之寶，誰敢酬價！』又作麽生？」師云：「古今牓樣。」進云：「普光明殿裏，撥轉上頭關。」師云：「虎頭虎尾一時收。」進云：「只如知恩報恩一句，如何話會？」師云：「一雨普霑沙界潤羣生，何處不承恩？」進云：「飛來峯頂瞻天闕，選佛場中謝聖恩。」師云：「錦上鋪花。」僧禮拜。

又僧問：「直截根源到日邊，帝恩降自九重天。中興吾道超今古，佛放毫光照大千。既沐宸恩，請師祝聖。」師云：「萬年松在祝融峯。」進云：「一言已祝南山壽，八表無私賀太平。」師云：「當頭道著。」進云：「直得九重城畔祥雲起，七寶山前瑞氣生。」師云：「清風來未休。」進云：「君恩師已報，祖意又如何？」師云：「一著高一著，一步闊一步。」進云：「王道與祖道相去多少？」師云：「不隔一絲毫。」進云：「靈雲見桃花悟道，意旨如何？」師云：「更參三十年。」進云：「只如空手牽鐵牛，意旨如何？」師云：「非子境界。」進云：「未審向什麼處見靈雲？」師云：「撞著額頭磕著鼻。」進云：「莫謂靈雲消息斷，桃花依舊笑春風。」師云：「逢人不得錯舉。」僧禮拜。

師乃云：「當陽目擊，直下知歸。左右逢原，七通八達。著著有出身之路，頭頭具透脱之機。有時神出鬼没換斗移星，有時八字打開兩手分付。恁麼也得，不恁麼也得，恁麼不恁麼總得。我爲法王，於法自在。放去收來，有何罣礙！直得龍驤鳳翥鸞翔，奇特中奇特，殊勝中殊勝。正當恁麼時，且道知恩報恩一句作麼生道？吾皇萬萬年！」

復舉黄檗和尚示衆云：「汝等諸人，盡是不著便底。恁麼行脚何處有？今日還知大唐國裏無禪師麼？」師著語云：「打草要蛇驚。」「時有僧出衆云：『只如諸方聚徒領衆，又作麼生？』檗云：『不道無禪，只是無師。』」師云：「黄檗眼觀東南，意在西北。點檢將來，未免面皮厚三寸。且道靈隱恁麼批判，意在什麼處？從前汗馬無人識，只要重論蓋代功。」下座。

師淳熙戊戌十月初二日召對。便殿引見，致恭：「即日孟冬薄寒，恭惟皇帝陛下聖躬萬福。臣前冬淳奉清光，繼蒙頒賜禪號，仰荷聖恩。」賜坐，師就坐。上曰：「朕近看華嚴經，至善財入法界品，思見善知識，如卿在前。」師云：「陛下今日召臣僧，陛下是主，臣僧是伴。主伴交參，機感相投，便是入華嚴法界。所以道：無邊刹境，自他不隔於毫端；十世古今，始終不離於當念。此乃不出陛下一念。」上曰：「是朕得暇常於損齋靜坐，但日用事繁，不能純一。」師云：「陛下但正心術，自然如明鏡當臺，物來斯照。」上曰：「朕每見臣僚上殿，開口便知他肺腑。可與者卽與，不可卽不與。」師云：「世間事不出一個公字。」上曰：「是如此。朕每看方册，自古帝王無悟道者。」師云：「古今唯陛下一人，更須退步體究，方得純一。覺得省力處，便是得力處。」上曰：「秀才家，多不信佛法。」師云：「佛者覺也，須是當人見性成佛。昔有一官人著無佛論呈仰山。接得便問云：『公所述論，意謂本來有佛故論，謂本來無佛故論？』官人無對。山又云：『若本來有，公爭得云無？若本來無，今製此論豈不成有！』官人又無對。」上曰：「好一拶。」師云：「三教聖人設教，只要整頓今人脚手。且如孔子道：『二三子以我爲隱乎？吾無隱乎爾。』此乃八字打開，自是時人不會。」上曰：「孔子好，孟子辨不及孔子。」師云：「陛下聖明，見得甚親切。昔德山和尚道：『凡有文字語言，盡是依草附木竹石精靈。所以老僧從頭棒將出去，待有獨脫底出來共伊商量。』陛下須是獨脫始得。」上曰：「朕未嘗放捨此事。」師云：「此事無有窮盡，譬如入海轉深。」

上曰：「是宗門緊要因緣，更舉一二。」師云：「昔興化和尚一日見同參來，纔上法堂，化便喝，僧亦喝。行三兩步，化又喝，僧亦喝，須臾近前，化拈棒，僧又喝。化云：『你看這漢，猶作主在。』僧擬，化便打，直打下法堂，却歸方丈。侍僧問云：『適來僧有甚言句觸忤和尚？』化云：『是伊適來也有權，也有實，也有照，也有用。我將手向伊面前橫兩遭，却去不得。似這般漢，不打更待何時！』」上曰：「如此作家。」師云：「只如興化道『我將手向伊面前橫兩遭』處，這些子須是著眼向上看得透始得。此是臨濟骨髓。」上曰：「山中想多有衲子理會得者。」師云：「做工夫者極多，亦有受得鉗鎚者。」上曰：「聞說住持得甚好。」師云：「上感聖恩。」乃辭下殿。

師淳熙七年四月二十九日進劄，乞歸老明州阿育王山廣利禪寺。奉聖旨依准，至五月三十日召對。便殿賜坐。上曰：「禪師何遽思山林而去朕耶？」師云：「臣本是山林人，今復山林去，理當然也。既此心契合，雖千里對面，又安能逃於至化也。昔南泉和尚道：『山僧自小牧得一頭水牯牛，擬向溪東放，不免食他國王水草；擬向溪西放，亦不免食他國王水草。』臣今雖歸林下，實不出陛下所統。」上曰：「然。但不得時復論道。」師云：「道不可說時有，不說時無。且諸天天鼓，常演苦空。彌陀國土，水鳥樹林皆悉念佛念法。儻正念現前，喧寂不問，則彈絲吹竹皆譚實相也。」上曰：「造次必於是。」師云：「直須如此。」上曰：「朕今心意釋然，常自怡悅。且如尋常所做工夫，并所作偈頌語言透徹已否？」師云：「陛下乘夙願力下生，以夙熏種智純熟，聞舉便知落處。既知落處，自然身心喜悅。此乃初心入道境界，暫得如是。實未曾啐地折嚗地斷百了千當。如臣所見，陛下所得正住歡喜地耳。」上曰：「何謂歡喜地？」師云：「菩薩進修有十地，歡喜乃初地。故經云：『若有菩薩深種善根，善修諸行，善集助道，乃至立廣大智，生廣大解，慈悲現前。』又云：『菩薩始發如是心，卽得超凡夫地，入菩薩位，生如來家，乃至決定當得無上菩提。』住如是法，名住歡喜地。菩薩住此地，成就多歡喜。今陛下心意釋然，常自怡悅，正合此耳。」上曰：「餘九地可盡説？」師云：「辭繁恐浼聖聽，容別具奏聞。」

上曰：「古來悟得性燥者誰？」師云：「臨濟水潦德山巖頭諸大老，皆悟得性燥。」上曰：「説看！」師云：「臨濟因緣向來已曾舉了。如水潦參江西馬大師，當胸踏倒，忽然大悟。起來撫掌大笑云：『百千三昧，無量妙義，盡向一毫頭上識得根源去。』已後示衆每云：『自從一喫馬師踏，直至如今笑不休。』又呵呵大笑。」上曰：「悟後直得如此快活。」師云：「這個便是啐地折曝地斷底樣子。」上曰：「德山巖頭如何？」師云：「德山參龍潭，因侍立至夜深。潭云：『子且下去。』山便珍重，揭簾而出。却回云：『外面昏黑。』龍潭乃點紙燭度與德山。山擬接，潭卽吹滅。山便禮拜，潭云：『子見個什麼道理？』山云：『某甲從今日去，更不疑天下老和尚舌頭。』後來保寧勇和尚頌云：『一條瀑布巖前落，半夜金烏掌上明。大開口來張意氣，與誰天下共横行。』又巖頭參德山，纔跨門便問：『是凡是聖？』德山便喝，巖頭便禮拜。洞山聞得乃云：『若不是奯公，也大難承當。』巖頭云：『洞山老漢不識好惡。』我當時一手擡一手搦。」上曰：「祖師也是性燥。俗人中還有如此者麽？」師云：「有。如本朝李附馬問石門聰和尚云：『弟子欲學禪，得否？』門云：『此是大丈夫事，非將相之所能爲。』李於是契悟，乃述頌云：『學道須是鐵漢，著手心頭便判。直趣無上菩提，一切是非莫管。』」上曰：「俗人能如此，也難得。」師云：「此事無僧無俗。上至佛祖，下及蠉動，皆悉具足。故古人有言：『悟則事同一家，不悟則萬別千差。』」上曰：「至言。朕須到此田地方已。」師云：「佛法至妙，無有窮已。如有窮已，則成住著。纔成住著，便有窠臼。如僧問石霜：『撥塵見佛時如何？』霜云：『直須揮劒。若不揮劒，漁父棲巢。』望陛下卓起脊梁，以金剛王寶劒揮除見刺，自然一著高一著，一步闊一步，佛祖亦奈何不得也。」上曰：「當如禪師之言，今辭朕去後，幾時復來？」師云：「臣既歸林下，不敢妄動。」上曰：「每遇朕生辰，可來一次。」師云：「謹領聖旨。」乃辭下殿。上賜御製云：「禪師所陳菩薩十地，乃是修行漸次，從凡入聖，夫復何疑！方知脚踏實處，十二時中，曾無間斷，以至圓熟。雜染純淨俱成障礙，任作止滅。脱此禪病，當如禪師之言。常揮劍刃，卓起脊梁，發心精進，猶恐退墮。每思到此，兢兢業業，未嘗敢忽。今俗人乃有以禪爲虚空，以語爲戲論，其不知道也。如此事至大，豈在筆下可窮也！聊敍所得耳。」

師淳熙九年十月十一日，恭奉聖旨召對。便殿起居，并進香畢。師云：「臣恭別聖顔三載，荷陛下恩覆隆厚，臣與徒衆日夕焚誦，仰報萬一。」上曰：「聞安衆行道不易。」師云：「上感聖恩。」良久賜坐。上曰：「久思與禪師説話。」師云：「陛下聖明天縱，道德日新。大圓鏡中，初無間隔。」上曰：「做工夫如何得徹？」師云：「做工夫是有心，打徹是無心。陛下但於日用應緣處常常提撕。」上曰：「朕於日用應緣，甚覺得力。」師云：「只這得力，便是受用處。陛下地位中人，乘願力而來，示現帝王身。但正心術，於富貴聲色中使得富貴聲色，乃見力量。正如趙州道『時人被十二時辰使，老僧使得十二時辰』底道理。七月間蒙賜問，以物見則惑，以目見則著。臣嘗對云：『見見之時，見非是見。』此語乃體聖意而對。」上曰：「善。」師有語云：「心不負人，面無慚色。」上曰：「好個心不負人，面無慚色。如向來所答圓覺經中四病語，亦愜朕意。且如經中道：『居一切時，不起妄念。於諸妄心，亦不息滅。住妄想境，不加了知。於無了知，不辯真實。』大意如何？」師云：「這個境界須是親證，自然世出世間打成一片。昔妙喜因讀至此，嘗有頌。」上曰：「舉看！」師云：「荷葉團團團似鏡，菱角尖尖尖似錐。風吹柳絮毛毬走，雨打梨花蛺蝶飛。」上曰：「好頌。別有甚因緣，更舉一二。」師云：「昔興化大覺會下每云：『我在南方二十年，脚尖頭未嘗踢著個會佛法底。』覺云：『你據什麽道理？』化便喝，覺便打。化又喝，覺又打。至明日，大覺在法堂上見興化，乃云：『我直下疑你昨日兩喝。』化便喝，覺便打。化又喝，覺又打。化云：『我在三聖處學得賓主句，總被師兄折倒了也。』覺云：『這漢來這裏納敗闕，脱下衲衣痛打一頓！』化於是大悟。」上曰：「古人相見，直是痛快。」師云：「臨濟下作用當如此。」上曰：「見禪師舉此，胸次豁然。」

師云：「又如俱胝住庵時，有一尼戴笠子繞禪床一匝云：『道得，即放下笠子。』胝無對，尼拂袖便行。胝云：『何不且住！』尼云：『道得即住！』胝又無對。尼去後，自歎云：『我雖是丈夫漢，無丈夫志氣。』擬棄庵往諸方參學。其夜，山神告曰：『不須下山，將有肉身大士來爲和尚説法也。』果旬日，天龍舉起一指示之，胝下大悟。後凡有問，只舉一指。有一童子每見人問事，也舉指祇對。有人謂胝曰：『和尚，這童子也會佛法。凡有所問，也舉一指。』胝聞得，一日潛袖刀子喚童子問云：『聞你也會佛法，是否？』童子云：『是。』胝云：『如何是佛？』童子舉起一指頭，被胝一刀斫斷，童子叫喚走出。胝遂喚童子，子回首。胝云：『如何是佛？』童子將手起，不見指頭，忽然大悟。」上曰：「俱胝爲人如此切。」師云：「俱胝自謂我得天龍一指頭禪，一生受用不盡。」上曰：「正如彈琴，初拘指法，已後絃指俱忘，自然得妙。」

師云：「又如惠超問法眼：『如何是佛？』眼云：『汝是惠超。』法眼與麽答，聖意以謂如何？」上曰：

「昨夜三更月正明。」師云：「陛下多了這一句。」上曰：「曾有人頌麼？」師云：「有。雪竇頌云：『江國春風吹不起，鷓鴣啼在深山裏。三級浪高魚化龍，癡人猶戽夜塘水。』又白雲頌云：『一文大光錢，買得個油糍喫。放肚裏了，當下便不饑。』」上曰：「古人製頌，大能顯理。」師云：「昔保寧嘗作：『清淨行者，不入涅槃。破戒比丘，不入地獄。』頌云：『平生疎散無拘檢，酒肆茶坊任意游。漢地不收秦不管，又騎驢子下揚州。』」上曰：「可謂雲無心而出岫，鳥倦飛而知還。」師云：「陛下此語，暗合孫吴。昔佛果與妙喜俱愛前頌。佛果云：『我二人各説一頌，要勝過他底。』時有小兒子於窻外念：『壁上安燈盞，堂前置酒臺，悶來喫三盞，何處得愁來？』妙喜云：『某甲頌得了也。適來兒子念便是。』圓悟大喜，乃云：『我與你改一字，可作悶來打三盞。』大底古人發揚先德因緣，所有言句，乃借路經過爾。其實縱横妙用，於言意之外，初不在文飾。」上曰：「甚善。」復云：「臣不敢久坐。」謝恩下殿。

師紹熙元年十一月初八日，壽皇召對賜坐。師云：「陛下釋萬機，燕御重華，想於此道日有新證。」壽皇云：「朕向來得禪師開發，日用便覺省力。」師云：「省力處得無限力，得力處省無限力。」壽皇云：「朕於一切事物亦不著。」師云：「陛下視天下如脱敝屣，以寶位授聖子。俾太祖丕祚中興，的的相承，綿億萬載。若非得大自在受用三昧，焉能如是！」遂舉「喚作竹篦則觸，不喚作竹篦則背。陛下如何會？」壽皇云：「放下著。」師云：「放下卽不無，著在什麼處？」壽皇云：「二邊不立。」師云：「如何行履？」壽皇云：「中道不安。」師云：「正坐在百尺竿頭，陛下如何進步？」壽皇擬議，師喝一聲。壽皇云：「謝禪師提撕。」壽皇云：「世法佛法，不出這背觸兩字。」師云：「若能轉物，卽同如來。」遂指御案淨瓶云：「只如淨瓶作麼生轉？」壽皇云：「去來自在。」師云：「去來自在底是什麼？」壽皇咳嗽一聲。師云：「更進一步始得。」壽皇：「朕直是要打徹。」師云：「但辦肯心，必不相賺。」壽皇復云：「禪師所陳，直指因緣甚好。其間亦有理會不得處。」師云：「陛下但扣己研窮，自然七通八達。」

壽皇云：「因緣更舉一二。」師舉夾山初住潤州鶴林時，道吾到遇。上堂，有僧問：「如何是法身？」云：「無相。」「如何是法眼？」云：「法眼無瑕。」吾不覺失笑。夾山便下座，請道吾問：「某甲適來祇對僧話，必有不是處，致令上座失笑。望上座不吝慈悲。」吾云：「和尚一等是出世，未有師在。」夾山云：「某甲甚處不是？望爲説破。」吾云：「某甲終不説，請和尚却往秀州華亭船子處去。」夾山云：「此人如何？」吾云：「此人上無片瓦，下無寸土。和尚若去，須易服裝束。」夾山乃散衆，易服直造華亭。船子纔見便問：「大德住什麼寺？」夾山云：「寺卽不住，住卽不似。」船子云：「不似，又不似個什麼？」夾山云：「不是目前法。」船子云：「甚處學得來？」夾山云：「非耳目之所到。」船子云：「一句合頭語，萬劫繫驢橛。」船子又問：「垂絲千尺，意在深潭。離鉤三寸，子何不道？」夾山擬開口，船子以篙打落水中。纔上船，船子又云：「道，道！」擬開口，又打。夾山於此有省，乃點頭三下。壽皇云：「他到此悟也。」師云：「可謂慶快平生。」師又曰：「船子云：『竿頭絲線從君弄，不犯清波意自殊。』夾山遂問：『拋綸擲鈎，師意如何？』船子云：『絲懸淥水浮，定有無之意。』夾山云：『語帶玄而無路，話頭談而不談。』船子云：『釣盡江波，金鱗始遇。』夾山乃掩耳。船子云：『如是，如是。』遂囑云：『汝向去，直須藏身處没踪跡，没踪跡處莫藏身。吾二十年在藥山單明斯事。汝今既得，他後不得住城隍聚落，但向深山裏钁頭邊接取一個半個，接續無令斷絕。』夾山乃辭行，頻頻回顧。船子遂喚：『闍黎，闍黎！』夾山回首。船子舉起橈云：『汝將謂別有。』乃覆船入水而逝。」壽皇云：「此公案好，禪師曾頌否？」師云：「有頌：驀口一橈全殺活，點頭三下鼻遼天。至今千古風流在，誰道華亭覆却船。」壽皇云：「好頌。」師云：「不敢。」謝恩下殿。

師紹熙四年二月十九日，壽皇聖帝召對於苑門宣引。壽皇望見師曰：「遠來不易。」師云：「即日仲春，謹時恭惟至尊聖躬萬歲萬萬歲！」至尊賜坐。師云：「臣昨自庚子年蒙恩歸老育王，今十四年矣，幸無曠敗。藉陛下蔭覆，去年臘月十六日蒙聖恩移住徑山。臣兩入奏告兩宮辭免。」至尊云：「此南内之意，朕亦要與禪師説話，遂教師速渡江相見。」師云：「今日再覩清光，不勝榮幸。」至尊云：「朕意，師十六七渡江。」師云：「臣十四渡江，如履平地。」至尊云：「聞古有浮笠而渡者。」師云：「昔日黄檗和尚路逢異僧同行，乃一羅漢至天台，值江漲不能濟，植杖久之。異僧以笠當舟，登之浮去。黄檗指而罵曰：『這自了漢我早知汝，定捶折其脛。』異僧乃歎曰：『道人猛利，非我所及。』」至尊云：「可謂神通。」師云：「宗門下不貴神通，只貴眼明。」至尊云：「須是如此始得。朕尋常不信幻怪等事。」師云：「陛下聖智洞明，見得如此。」至尊云：「莫也寬住幾日。」師云：「臣已選二十五日入院。」至尊云：「師所至處緣熟。」師云：「上感聖恩。」至尊云：「朕每日常誦楞嚴圓覺并儒書，終日倫然無一事。」師云：「足見陛下聖學日新。大抵看經教，展卷時便與古人對偶，正不在多讀。」至尊云：「朕常念兹在兹。」師云：「陛下乃菩薩地位中來，所以願力堅固。然一切語默動静處，直教正念現在，莫起第二念。只如臣即今與陛下相對，臣又安知陛下微細流注處？只此微細流注處，謂之偷心。偷心若無，自然不起第二念。」至尊云：「朕得禪師提這一念，不爲無補。」師云：「昔日雪峯和尚出嶺，參秀州精嚴靈光禪師。值靈光遷化，雪峯問其徒曰：『靈光在日如何指示學者？』其徒曰：『但云莫起第二念。』」至尊云：「這一則語，可以指示人做工夫。」師云：「所謂棒打石人頭，嚗嚗論實事。」

至尊云：「有甚機緣，更舉一二則。」師云：「昔紙衣道者參曹山，山云：『如何是紙衣下事？』道者云：『一裘纔挂體，萬法悉皆如。』山云：『如何是紙衣下用？』道者近前應諾，便脫去。山云：『汝只解恁麼去，不解恁麼來。』道者忽然開眼問云：『一靈真性，不假胞胎時如何？』山云：『未是妙。』道者云：『如何是妙？』山云：『不借借。』道者珍重，復脫去。曹山乃有頌云：『覺性圓明無相身，莫將知見妄疎親。念異便於玄體昧，心差不與道相隣。情分萬法沉前境，識鑒多端喪本真。如是句中全曉會，了然無事昔時人。』」至尊云：「參禪到這裏，方始得受用。」師云：「古人念念無間，方得到此真實田地。不敢久坐，聖躬謝恩。」下殿。

三月初五日，壽皇諭問札云：「朕每日止是塊坐，別做得個什麼？煩師寫來！」師答云：「恭承至尊垂問，每日止是塊坐，別做得個什麼？陛下但於塊坐處提撕，看是什麼。若別有，卽是剩法。所以南臺和尚有頌云：『南臺靜坐一炷香，終日凝然萬慮忘。不是息心除妄想，都緣無事可思量。』此是古德脚踏實地處。陛下於此契證，非但塊坐，向四威儀中，總是現成受用安樂法也。謹奏。」

四月初六日，壽皇諭問：「朕近頗悟佛法無多子。一言以蔽之，但無妄念而已。若起妄念，則有生滅。未知此說是否？」師云：「恭承聖諭，近頗悟佛法無多子，足見聖心昭徹。陛下所謂：『一言以蔽之，但無妄念而已，若起妄念，則有生滅。』誠如聖意，更能到妄忘起滅處，則乾坤獨露，應用縱橫，方是受用三昧。謹奏。」